道教研究自选集

李刚 汤伟侠 主编

整合·转型·升华

——道教史论集之一

李刚／著

四川大学出版社

责任编辑:谢正强
责任校对:郭鸿玲　袁　捷
封面设计:墨创文化
责任印制:王　炜

图书在版编目(CIP)数据

整合·转型·升华:道教史论集之一 / 李刚著.
—成都:四川大学出版社,2016.11
ISBN 978－7－5690－0127－3

Ⅰ.①整…　Ⅱ.①李…　Ⅲ.①道教史－中国－文集
Ⅳ.①B959.2-53

中国版本图书馆 CIP 数据核字(2016)第 285008 号

书名　**整合·转型·升华——道教史论集之一**

著　　者　李　刚
出　　版　四川大学出版社
地　　址　成都市一环路南一段 24 号 (610065)
发　　行　四川大学出版社
书　　号　ISBN 978－7－5690－0127－3
印　　刷　郫县犀浦印刷厂
成品尺寸　148 mm×210 mm
印　　张　20
字　　数　514 千字
版　　次　2016 年 12 月第 1 版
印　　次　2016 年 12 月第 1 次印刷
定　　价　68.00 元

◆读者邮购本书,请与本社发行科联系。
电话:(028)85408408/(028)85401670/
(028)85408023　邮政编码:610065
◆本社图书如有印装质量问题,请
寄回出版社调换。
◆网址:http://www.scupress.net

目　录

道教研究自选集丛书总序

究竟什么是道教？简单地说，道教就是以神仙长生不死之“道”为最高信仰的中国本土固有的宗教，它用神仙不死之“道”来教化信仰者，劝人们通过养生修炼和道德品行的修养而长生成仙，最终解脱死亡，求得永恒归宿。一言以蔽之：以神仙之道设教即是道教。法天行道，济世救人，这是道教孜孜不倦追求的信仰目标。按日本学者窪德忠的看法：“所谓道教，是以中国古代万物有灵论的各种信仰为基础，以神仙思想为中心，加之对道家、易、阴阳、五行、纬书、医学、占星等学说和对巫术的信仰，借鉴佛教的组织和形式，以长生不老为主要目的，具有浓厚咒术宗教倾向和现实利益的自然宗教。”[①]古罗马的西塞罗在其《论灵魂》中记述：外号叫“劝死者”的哲学家赫革西阿斯就“死亡不是使我们离开幸福，而是离开不幸”进行讲演，以至于“许多人在听了他的讲演之后自杀了”。又举例说明神明“给予凡人的最好的恩赐”就是死亡[②]。道教的宗旨与此截然相反，道教不是“劝死者”，而是“劝生者”，劝导人健康长寿，修道者长生不死；神明恩赐给凡人最好的礼物，就是长生不死，最

① 窪德忠《道教诸神》，四川人民出版社1989年版，第37页。

② 西塞罗《论灵魂》，西安出版社1998年版，第150、171页。

终成为神仙。梁启超《子墨子学说》揭示："世界大哲，莫不以死后问题为立教之源泉。佛有涅槃轮回天堂地狱之名，耶有末日审判往生天国之说，皆使人知区区数十寒暑之所经历，至短至幻至不足道，以身殉责任者，正所以求真利真福于来兹也。"[①]道教却并不以"死后问题为立教之源泉"，而是以如何可以做到"不死"为立教之源泉，道教也不会"求真利真福于来兹"，而是把神仙"不死"的"真利真福"就放在当下，就在此生尽全力为实现这一目标奋斗不息。这是道教与众不同的独特信仰，也是我们理解和认识究竟什么是道教的关键所在。

对道教的认识，学界尚未达成共识。20 世纪 80 年代，日本学者窪德忠就说："在'何谓道教'这个问题上，专家们尚未归纳出一个统一的见解。"[②]"我真担心'道教'一词被人滥用。一个原因是学术界对'何谓道教'至今没有一个明确的定义。"[③]窪德忠所提出的"何谓道教"问题，当前仍未解决。以至于有学者称："道教是什么？"竟然成了一个需要追问并加以澄清的问题。其背后隐含这样的考量，衡量道教之为道教的标准或尺度究竟是什么？道教研究中最根本的理论问题就是如何把握道教是什么的标准与尺度，就是在理论上澄清道教之为道教的内核与本质，这是道教研究的"理论谜题"。这一"理论谜题"目前尚未破解[④]。对于这一"理论谜题"，本丛书作者各显神通，表达了自己的观点，仁者见仁，智者见智，可谓百花齐放，百家争鸣。显而易见，要回答究竟什么是道教，达成共识，尚需时日，须经一步一个脚印深入研究来认识道教，现在还很难下各方认同的定义。

---

① 梁启超《饮冰室合集》8《专集》37《子墨子学说》，中华书局 1989 年版，第 46 页。

② 窪德忠《道教诸神·序》，四川人民出版社 1989 年版，第 2 页。

③ 窪德忠《道教入门·序》，四川人民出版社 1996 年版，第 1 页。

④ 参见李四龙主编《人文宗教研究》第二辑：郑开《道教史研究中最根本的理论问题》，宗教文化出版社 2012 年版，第 271 页。

所谓道教的“教”，其核心涵义是“教化”。何谓“教化”？董仲舒以“贤良对策”汉武帝时指出：“凡以教化不立而万民不正也。……古之王者明于此，是故南面而治天下，莫不以教化为大务。立大学以教于国，设庠序以化于邑，渐民以仁，摩民以谊，节民以礼，故其刑罚甚轻而禁不犯者，教化行而习俗美也。”“故养士之大者，莫大太学；太学者，贤士之所关也，教化之本原也。”①以教化之根本在于办学校，兴教育，培育人才。道教对此的解释是：“教者教也，化者变也。谓敷弘太上之教，广变人天之化。”②“教化”有时又谓之“教育”。《玄宗直指万法同归》卷一说：“穷理治天下，莫大于儒；性超生死，莫大于释；复命御三才，莫大于道。夫三家者，同一太极，共一性理，鼎立于华夷之间，均以教育为心也。”③儒释道三教均以教育为心。《太上妙始经》揭示：“道之教化，以师为主。故授张镇南正一之法，令世世子孙执持文教化。”④“教化”是一种师教，天师诵持经文教化信众。《云笈七籤》卷八九《诸真语论》宣扬只有身教才是最珍贵的：“圣人以身教，教可珍也。”⑤《云笈七籤》卷三《道教序》称教为“告”：“上古无教，教自三皇五帝以来有矣。教者，告也。有言、有理、有义、有授、有传，言则宣，教则告。”⑥“告”的含义当为告诫、告知。直到现在，道教依然如故强调：“天地万物的生命之源及运化动力，是至高无上的，以此为‘至宗’，以此兴‘教化之道’，故称‘道

① 《汉书》卷五六《董仲舒传》，中华书局标点本1962年版，第8册第2503～2504、2512页。

② 《玄坛刊误论》，《道藏》第32册第627页。（本序所引《道藏》均据文物出版社、上海书店、天津古籍出版社1988年版，以下只注所引《道藏》的册数和页码。）

③ 《玄宗直指万法同归》卷一，《道藏》第23册第913页。

④ 《太上妙始经》，《道藏》第11册第433页。

⑤ 《云笈七籤》卷八九《诸真语论》，《道藏》第22册第622页。

⑥ 《云笈七籤》卷三《道教序》，《道藏》第22册第12页。

教'。"[1]由于兴隆推行"教化之道",故而被称为"道教"。总之,对于道教之"教"的本来意义,要从"教化"之义去把握,不能完全以现代所谓"宗教"之"教"来理解,[2]而道教主要的社会功能,也正是在于"教化"人心趋向于"善",从而善导社会风气。

除了教化功能,道教还具有调节功能,其"宗教的思想、宗旨、规范、祭祀活动和宗教组织,实质上是调节人们行为的调节器",在"调节着人们的思想,意志和行为"[3]。这种调节思想、意志的功能,无疑对统治者的思想统治有所裨益,如果其运用得当的话。既然道教可以调节医治人们的精神痛苦,那么,统治者有什么理由不将其作为思想统治的工具而大加利用呢?思想统治是政治秩序的重要一环,当人们失去精神家园,就会造成思想混乱和危机,不利于统治秩序的稳定,而道教信仰恰恰具有某种补偿功能。从中国历史的实际情况考察,道教的确弥补了儒家思想的某些不足,给痛苦的生灵以精神上的抚慰,给社会的心理宣泄提供了场所,这些功用都非儒家思想所能代替。因此我们讲,道教在中国古代思想文化领域中占据着重要的一席之地,扮演其特有的角色并发挥功能。

道教的整合功能也不可忽视。所谓整合功能是指:"宗教具有使社会、集团结成整体的因素。宗教把个人的行为与活动汇集起来,把人们的思想、感情、向往结合起来,把社会集团和机构的力量集中起来,从而能促进社会的稳定。"[4]道教从思想上对人们的整合,在一定程度上限制了人们的反社会倾向,从而有助统治者对社会的控制,有助社会稳定。一般说来,宗教通过神圣的方式完成社会的秩序化,并对统治者掌

---

① 任法融《陕西道教两千年·序》,三秦出版社 2001 年版,第 2 页。

② 当然,也不能否认道教之"教"有一部分与现代所谓"宗教"之"教"是吻合的。

③ 伊·尼·亚布洛柯夫《宗教社会学》,四川人民出版社 1989 年版,第 121 页。

④ 同上。

握的权力做出合法性论证："政治权力被认为是神的代理者，或者被理想化为神的具体体现。于是，人间的权力、政府和惩罚，都成了神圣的现象，或者说，成了神力冲击人类生活的渠道。统治者代表神说话，或者就是神，而服从他就是与神的世界保持正常关系。"[①]这在中国，就是"君权神授"和"神道设教"，借此奠定政权的神圣性和合法性，达到了思想统治目的，并进而维护社会秩序井然稳定。道教在所谓"君权神授"和"神道设教"的历史过程中扮演了重要角色。道教还整合中国古代社会出现的各种新兴宗教，为统治者招安收编，使之具有合法性身份地位，化解中国社会官与民的结构性矛盾。

道教的社会经济功能，值得关注。美国学者 L. 约翰斯通说："在大多数社会中，有组织的宗教也扮演了经济的角色。"[②]道观既是传播神仙信仰的地方，又是展开各种经济活动的场所。凡属合法的道教经济活动，都在政府的保护之列，保护的目的是利用道教的积极功能维持统治秩序。道教官观经济具备所有权的不动产其实并不多，且没有军事实力保护自己的经济利益，道教经济的命脉掌握在政府手里，不得不依靠政府和世俗富豪的施舍过日子，故道教的发展规模始终是有限的。在古代，田租口赋是政府最大的一笔收入，这笔收入的根本保证是户口，户口减少或者逃亡，财政收入就受损失。户口逃亡有多种形式，如流民、豪门私荫户，而逃入道教、依附道观是其中的一种。于是政府经常清查道教户籍，把被挖走的劳力夺回来。检括道教户籍的主要工作是清查精壮劳力，令其还俗。政府通常规定年六十以上才任意出家（也有六十五或五十等等），凡属丁壮年龄范围，都严加控制，沙汰还俗者也主要是这个年龄层次的人。国家把已失去劳动能力、免除课役的老人

① 彼得·贝格尔《神圣的帷幕》，上海人民出版社 1991 年版，第 42 页。

② L. 约翰斯通《社会中的宗教》，四川人民出版社 1991 年版，第 195 页。

转入道观，道观成为变相的养老院，承担起“老有所养”的社会责任。通过对道教宫观经济的研究，我们发现：它具有慈善、养老、社会救济和社会福利等积极的社会经济功能。

西方学者所谓“教团道教”是按基督教眼光来命名的，如果一定要说道教组织，也就是以宫观为主体的一个个小山头组织，规模不大，互不干涉，互不统属。实际上，出生成长于中国宗法血缘社会的道教，金元以降至今，其组织机构的基本单位，除了正一道有血缘关系的家族式宫观（以江西龙虎山天师府为代表），另外就是全真道那种没有血缘关系的家族式宫观。金元以后，道教组织可以划分为两大类型，一类是正一道的在家组织，另一类是全真道的出家组织。对于全真道来说，各个山头、各个城市的道教徒都生存在宫观内，宫观既是宗教活动场所，也是这个无血缘关系的大家族中道徒们的“家”，所谓出家就是出离世俗之家，进入道观神圣之家。一个道观就是个大家族，虽说彼此没有血缘关系，但相互间的关系却类似宗法血缘社会中的父子兄弟，师徒关系类似父子，徒儿称老师为师父，徒儿们相互之间则以师兄弟相称（无论乾道还是坤道），并有严格的字辈，如同大家族中的辈分。全真道的宫观组织形式，明显受到宗法家族社会结构的影响，各个宫观在经济上独立核算，分灶吃饭。需要时，富庙也会帮助穷庙，就像一个大家族中的富裕家庭救助穷困户。全真道观一方面是开放的，是为民众的福祉而存在的，为社会提供各种宗教性服务，另一方面，又为出家的道众提供了相对与世隔绝的“家”，以便修道。这个“家”在信徒眼中是神圣的，既是一片净土，洗涤世俗社会的肮脏与丑陋，也是化度和训练出家道众的理想场所，拯救修道者脱离红尘苦海。和社会以血缘为纽带的家族组织相比较，其实道教的组织观念并不强，组织性也比较弱，组织机构涣散，徒众一不高兴，即可以随时随地离家出走，做游方道士去了，或投靠别的宫观，进入另一个“家”。

许地山《道教史》指出："从我国人日常生活的习惯和宗教的信仰看来，道的成分比儒的多。我们简直可以说支配中国一般人的理想与生活的乃是道教的思想；儒不过是占伦理的一小部分而已。"[①]可以说，道教的神仙信仰是中国普通老百姓日常生活的"习惯和宗教的信仰"，代表了中国文化的一个很重要的方面，反映了普通老百姓"理想与生活"的一个非常实在的内容。日本学者窪德忠也说："道教是产生于生活本身，因而与生活有着千丝万缕联系的宗教。"[②]在这个意义上，我们把道教称为"生活道教"。"生活道教"不仅仅是一种信仰体系和宗教仪式，它还提供了日常生活的指南，也是百姓们精神生活的方式之一，使老百姓过着最普通但却是有信仰支撑的生活。国内外都有一些学者认为，中国人是没有宗教信仰的民族，只有儒家的伦理道德来指导现实生活。其实，只要他们把研究的目光投向"生活道教"，像许地山先生那样去观察思考中国老百姓"日常生活的习惯和宗教的信仰"，就会克服中国人没有宗教信仰这一偏见。

道教在老百姓的日常生活中得到广泛运用，"生活道教"融化在民情风俗中，与民间信仰情同手足，如同润物细无声的春雨，这就是道教对老百姓日常生活的潜移默化影响。正因为道教已经彻头彻尾融化到老百姓的日常生活中去了，与民间信仰水乳交融在一起，所以人们常常和它打交道，却并不知道它的存在。譬如说，中国老百姓追求平安快乐似神仙的幸福生活就是如此，当他们说日子快活得像神仙一般时，普通老百姓绝不会想到这就是道教的信仰理念。

在道教眼中，宇宙间处处都有"道"的存在，但"道体窈冥，形声斯

① 许地山《道教史》，华东师范大学出版社 1996 年版，第 177 页。

② 窪德忠《道教诸神》，四川人民出版社 1989 年版，第 29 页。

绝”[①]，既无形象又无声音，所以从表面上看起来“道”的存在是“所在皆无”的。一般百姓每天都要接触和运用“道”，但因为“淳朴之道，其自细微”，虽然“能开化阴阳，亭毒群品”，却使百姓们“日用而不知”[②]。对于道教来说，“皆无”、“不知”并不能表明道不存在，恰好显示出道之存在与众不同。它的存在非人类感官眼睛、耳朵所能察觉，“不可以眼识求”，“绝视绝听”[③]，只能用心去直觉体悟道的“无所不在”。普通老百姓日常生活中表现出来的民间信仰，时时处处都潜伏着“道”，都有“道”在民间信仰这棵大树的“根柢”部运用，但百姓们却“日用而不知”。道教与老百姓日常生活的这种紧密关系，对我们当代人说来，仍然是如此。

有学者揭示：“儒学脱离百姓日用，也使儒者的实践经常缺乏再生产能力。”[④]与此恰好相反，道教与老百姓的日用密不可分，是切切实实扎根于老百姓生活世界中的宗教，因此其实践也就经常充满“再生产能力”，其生命之树也就常青，具有可持续发展的活力。道教能够做到这一点，很大程度上与其不断关注并整合民间信仰分不开，有这样一股清新的活水源头，使道教总能历尽艰辛而青春常在。民间信仰来源于老百姓的日常生活，是为了解决生活中各种各样的问题和困境而形成的，譬如为了大江大海航行的安全有保障，于是有妈祖的信仰。民间信仰是在对幸福生活的追求和向往中产生的，譬如百姓对于财富的渴望，于是有财神信仰的发生，百姓对长寿的祈求，于是有对寿星老的崇拜。生活之树常青，各种不同类型的民间信仰伴随着生活在时间跨度和空间

---

① 成玄英《老子注》卷二，第 17 页。严灵峰辑校本，见《无求备斋老子集成初编》(3)，台湾艺文印书馆 1965 年版。以下凡引成玄英《老子注》只注卷数、页数。

② 成玄英《老子注》卷三，第 1 页。

③ 同上，第 7～8 页。

④ 皮介行《儒学复兴的试验地在农村》，《社会科学报》2010 年 1 月 14 日第 5 版。

范围的流动，也就源源不断地成长，成为社会生态系统的不可分割的组成部分。只要老百姓的生活还在进行，民间信仰就一定会萌发，要想把民间信仰给铲除掉，除非把生活本身灭绝了，但这却是根本不可能的事！因此，道教的大智慧就在于，清醒地认识到民间信仰是不可逆转、不可消灭的，永远存在于百姓的生活方式当中，并且以此作为一个切入点，把民间信仰整合进自己的信仰体系，与老百姓建立起亲和性，对百姓日常生活的影响力和作用便超过了儒佛二家。道教也由此而成为中国传统社会中扎根基层社会组织、为一般民众提供所需精神食粮的宗教。因此我们说，道教在下层民众中具有广泛的受众性，广大受众的精神生活离不开道教。

道教中的神仙有很多都是吸取民间信仰的神而来的，道教恰似有一个吸神大法，一切神都被它吸进去了，而且是与时俱进。道教神团系统由此与民间的俗神崇拜难分难舍，融为了一体。正如牟钟鉴教授所指出："东岳大帝、四海龙王、城隍土地、门神灶神，最初都是民间信仰的神灵，后转而成为道俗共祭的偶像。道教对民间信仰中神灵的吸收改造，不仅在早期，在后来的发展过程中也没有间断，致使这两类神灵混杂交错，很难分得清楚。"①大量的民间俗神写进道教神谱，进一步使道教信仰与老百姓的日常生活发生密不可分的联系，道教神仙的世俗化和民间化，对民间信仰的影响也就必不可免。旧时民间普遍信奉的俗神，如财神、城隍神、东岳大帝、关圣帝君等都转化为道教信奉的神。另一方面，道教构造的神仙如太上老君、玉皇大帝、八仙等也在民间广为流传，成为人们生活的一部分。道教的某些禁忌、法术与风水术，在民间尤其是在农村社会具有广泛影响力，成为民间信仰和民间禁忌的组成要素。道教与中国民间信仰的结合是多方面的，比较主要的表现，在

① 牟钟鉴《中国道教》，广东人民出版社 1996 年版，第 5 页。

于岁时节令和神灵崇拜上。中国人吃喝拉撒睡的日常生活中，随处可见道教与民间信仰的影子。美国学者佩顿《阐释神圣——多视角的宗教研究》认为，从社会文化阐释法看来，“宗教的每一个方面都系统地表明它是集体生活的一种表达”[①]。可以这样讲，从社会文化的角度看，道教与民间信仰的方方面面就是我们中国老百姓“集体生活的一种表达”，体现了中国老百姓对于日常生活的诉求。

道教十分了解并且想方设法地满足老百姓各种各样的欲望，举凡“欲救疗病苦，欲求年命延长，欲求过度灾厄，欲求白日升天，欲求宅舍安稳，欲求田蚕如意，欲求贩卖得利，欲求仕宦高迁，欲求讼词理诉，欲求男女命长，欲求保宜子孙，欲求妇女安胎”[②]诸如此类的人生欲望，都通过祈求道教神仙的巨大“神通力”获得实现。而在日常生活当中，我们看到的现象，更多的是道教与民间信仰结合的神灵，受到老百姓的祈求，以满足大众的要求。百姓们的心很大，欲望又非常多，然而人的能力却是十分有限的，单单依靠人的力量，实现不了自己那些填都填不满的欲求，那怎么办呢？谁有能量可以实现老百姓“有求必应”的渴望？恐怕只有那些道教与民间信仰结合的神灵。所以老百姓见庙就烧香，见神就磕头。这就是在中国老百姓日常生活中，道教与民间信仰所发挥的重要作用。所以我们说，道教神仙信仰与民间信仰是一种顺应百姓的多种多样欲望并积极满足百姓们实现其生活需求的信仰，与宋明理学鼓吹的“存天理，灭人欲”，完全是两股道上跑的车，走的不是一条路。

民间信仰是考察一个民族的思维方式、心理素质、生活习惯、行为方式、伦理观念和民情风俗等文化事象的“活化石”，民间信仰受到经

---

① 佩顿《阐释神圣——多视角的宗教研究》，贵州人民出版社2006年版，第39页。

② 《太上正一咒鬼经》，《道藏》第28册，第368页。

济、政治、语言、宗教等因素的影响而发生发展。作为中国土生土长的宗教——道教,与中国的民间信仰有密切的关系。道教最初作为一种民间宗教、民间信仰而兴起,一开始便与百姓的日常生活结下了不解之缘。随着道教发展,道教的信仰又像种子一样播撒到民间社会,成为民众的信仰习俗,这特别表现在道教的宗教节日和神灵奉祀上。必须说明的是,道教与民间信仰是一种交叉互动的关系,二者是你中有我、我中有你的,悄悄地融会贯通于老百姓的日常生活当中,很难把它们作严格的区分。因此,我们透过普通老百姓的日常生活,考察道教与民间信仰的关系,是十分理想的考察路线图。

迄今为止,迷信在人类的社会生活中仍占有一席之地,洋人有洋人的迷信,中国人有中国人的迷信。人生无常,生活无常,世界之大,无奇不有,不可解释的现象太多,不可预测的事情太多,所谓"人在家中坐,祸从天上来",所谓"祸不单行,福不双降",所谓"死生有命,富贵在天",这些都使人或多或少地产生出迷信的念头。尤其在古代社会生产力不发达、科学不昌明的情况下,迷信在生活中所占的比重更大。今人是不应该以此来冷嘲热讽古人的。试想一千年之后,也许还用不了一千年,我们今天某些称之为科学真理的东西,将来的人们,说不定就把它判定为迷信和谬误。这就是人们经常所说的,后之视今犹如今之视古。因此,我们应该实事求是地看待古人的迷信,实事求是地以一颗平常心看待道教与民间信仰在古人迷信生活中的作用,不要一说起迷信就"谈虎色变",似乎就要把科学抛到爪哇国里去了。其实在古代,道教与民间信仰都是按照老百姓日常生活的需要而出世的。在一般民众的心目中,道教与民间信仰的神灵,用其智慧的眼光观照世间生活的诸多问题,会帮助百姓们解决生活中难以避免的问题和人力无法解决的苦难。所以在信众的观念中,能解决生活中各种各样问题的神灵具有超越凡尘的巨大威力,亦即人力达不到的"神力"。当这些凡夫俗子无法依赖自己的力量来解决生活中遇见的种种问题时，譬如自然灾害、社会人生的苦难这些重大问题，便不得不乞求于神灵的威力来克服困难，渡过眼下的难关。道教与民间信仰的神灵成为中国老百姓生活中的救世主，即由此而来。只不过，在我们今天一般受过科学训练的人看来，道教与民间信仰的神灵能否解决人们生活中的难题，必须打个大问号。但如果我们抱着同情心来理解，以历史的眼光去看待所谓迷信问题，只能说，它们在古代老百姓的生活环境中产生出来不是无缘无故的，而是因为老百姓在日常生活中有这样的需求，而且这些东西在信奉道教与民间信仰的民众心目中还是十分神圣的，认定它们能解决生活中碰到的五花八门难题，并成为古代社会很流行的时髦货。

古人的迷信生活促进了民间信仰的形成，而各地的民间信仰又多被整合成为道教文化的内容，于是道教与古人的迷信生活密不可分。任继愈主编《中国道教史》第一章，在谈到早期道教的主要来源时，认为古代民间信仰的神灵，"后来许多被道教所吸收，变成道教的尊神"，并揭示说："道教对民间信仰中神灵的吸收改造，不仅在早期，在后来的发展过程中也没有间断，致使这两类神灵混杂交错，很难分得清楚。"[①]道教对民间信仰中神灵的吸收改造，道教对民间信仰的整合，这是一个很容易观察到的历史现象。那么，究竟是何原因导致道教从产生一直到今天，从不间断对民间信仰的整合[②]？这个问题，用一句简单扼要的话即可回答，那就是道教是一个贴近老百姓生活、贴近基层民众实际需求的宗教，正是群众的日常生活把道教和民间信仰紧紧联系在一起，导致道教在其发展过程中从未间断对民间信仰的整合。整合了民间信仰的

---

① 任继愈主编《中国道教史》第一章《道教的孕育与诞生》，中国社会科学出版社 2001 年版，第 9 页。

② 我们可以看到，当今港台道教对民间信仰的整合仍旧在进行，没有间断过。

道教，反过来又在当时的社会历史条件下发挥作用，为当时生产力低下、在今人看起来充满迷信色彩的生活水平服务。这种服务，在人力达不到之处，通常借助于神灵的力量来达到目的。譬如请神驱鬼是民间信仰最重要的组成部分，也是民众迷信生活的“日用消费品”，生活中许多问题都要通过消费它来加以解决。假如我们把请神驱鬼看成古时候“第三产业”的消费品市场，那么除开巫师，大都由道士占据了这一市场，由道教向老百姓提供其所需要的服务。在这样的服务性行业中殷勤工作，更使道教与中国古人的迷信生活休戚与共，而道士本身也被儒家精英们视为搞迷信活动的从业者。但在普通老百姓的日常生活中，却又不能缺少这种精神的“日用消费品”，又确实有这样一种精神产品的市场需求存在，儒家精英那一套“存天理”的道德修养方案，虽说“高大全”，却满足不了老百姓日常生活的各种要求，对解决他们实际生活中遇到的具体问题和困难更是爱莫能助。正因为如此，道教与民间信仰就在中国古代老百姓日常生活的迫切需求与接受中，扮演了这样一个不可或缺的接地气的所谓“迷信”角色！

尽管对究竟什么是道教，学界尚未达成共识，但道教与中国老百姓日常生活的紧密联系却是学者们一致同意的。的的确确，道教就在中国人的生活之中！鲁迅先生在 1918 年 8 月 20 日《致许寿裳》的信中说：“前曾言中国根柢全在道教，此说近颇广行。以此读史，有多种问题可以迎刃而解。”①鲁迅先生这段话，曾在学术界引起争议。争议双方皆以鲁迅先生这段话为价值判断，或认为鲁迅先生赞赏道教为中国根柢，不懂得道教即不懂得中国，或指出鲁迅先生批判国民劣根性，其根子全在道教。其实，我们从这段话看不出鲁迅先生有任何价值评判。这只是个全称事实判断，鲁迅先生凭借“五四”之前“颇广行”的说法，点

① 《鲁迅书信集》上卷，人民文学出版社 1976 年版，第 18 页。

穿了一个中国历史上的事实,并指出以此去读中国历史,“有多种问题可以迎刃而解”。我们认为,“中国根柢全在道教”作为一个历史事实判断,还需要通过方方面面艰苦卓绝的海量研究来加以证明。本丛书的编辑出版有一个宗旨,就是试图深入追寻探究道教与中国老百姓日常生活、风俗习惯的关系究竟如何,从历史事实出发,让史料说话,少作或尽量不作价值评判,从多个侧面解读、揭示何以“中国根柢全在道教”的历史真相,由此使得中国历史上的“多种问题可以迎刃而解”。本丛书的编辑出版有一个目的,就是一步一步地深化对道教本质的认识,为各持不同观点的研究者搭建一个争鸣的平台,对究竟什么是道教的“理论谜题”各抒己见,求同存异,逐渐达成更多的共识,最终能够破解这一“理论谜题”,使道教的学术研究不断攀登新的高峰。这便是我们孜孜不倦的学术追求。

本丛书的出版经费获得香港圆玄学院及道教界朋友们的大力支持赞助,在此特表深切的谢意和致以崇高的礼敬!

李　刚

2013 年 12 月 6 日

序于成都科华街 3 号川大花园众妙斋

我对道教的认识

话语一旦落地，争议便随之而起，故百家争鸣是常态，一言堂是变态。每次学术会议我们常见同仁辩驳，争得面红耳赤，这是好事。我们每个人对自己的话语不应该执着，而应持开放态度，与不同的话语进行对话。对道教的认识，本来就是仁者见仁，智者见智，千姿百态的。我愿意就此问题提出自己的一孔之见，恭请诸位同仁雅正！

一　什么是道教

究竟什么是道教？这个问题，是国内外学术界都十分关心的议题。“在 1972 年第 2 届道教研究国际会议（日本蓼科）上，不断碰到的问题是‘什么是道教’。1979 年第 3 届国际会议（瑞士苏黎世）上同样如此。为了满足出席第 2 届国际会议的各位学者的要求，在该届会议的日本学术报告书《道教综合研究》（国书刊行会，1977 年）中，收进了论文《道教是什么》。但是，‘什么是道教’的问题并不是

70 年代才开始出现的，它是在整个道教研究史上经常遇到的问题。”① 对于道教的认识，学界至今尚未达成共识。20 世纪 80 年代，日本著名学者窪德忠就这样说过：“在‘何谓道教’这个问题上，专家们尚未归纳出一个统一的见解。”② “我真担心‘道教’一词被人滥用。一个原因是学术界对‘何谓道教’至今没有一个明确的定义。”③ 小林正美《中国的道教·前言》称：“在过去的道教研究之中，多在没有严格界定道教范围的情况下来论述道教，因此道教之中混杂了诸多‘道教’之外的思想和宗教。在道教包含什么这个问题上的差别，会导致道教的内容全然不同，所以即使提出‘道教是什么’这个问题，研究者们的回答也不尽相同，事实上甚至是众说纷纭。”④ 直到今天仍有学者认为“道教是什么”竟然成了一个需要追问并加以澄清的问题。其背后隐含这样的考量，衡量道教之为道教的标准或尺度究竟是什么？道教研究中最根本的理论问题就是如何把握道教是什么的标准与尺度，就是在理论上澄清道教之为道教的内核与本质，这是道教研究的“理论谜题”。这一“理论谜题”目前尚未破解。⑤ 有鉴于此，本文不惜花大量的篇幅力图揭示这一“理论谜题”。我们将以道教神仙信仰为核心，围绕其神仙信仰特征及与民间信仰、日常生活的关系等来认识道教。但要回答究竟什么是道教，学界达成共识，恐怕尚需时日，须经一步一个脚印深入研究来认识道教，当前很难下一个各方认同的定义。

---

① 福井康顺、山崎宏、木村英一、酒井忠夫监修《道教》：酒井忠夫、福井文雅撰《什么是道教》，上海古籍出版社 1990 年版，第 1 卷第 1 页。

② 窪德忠《道教诸神·序》，四川人民出版社 1989 年版，第 2 页。

③ 窪德忠《道教入门·序》，四川人民出版社 1996 年版，第 1 页。

④ 小林正美《中国的道教·前言》，齐鲁书社 2010 年版，第 2 页。

⑤ 参见李四龙主编《人文宗教研究》第二辑：郑开《道教史研究中最根本的理论问题》。宗教文化出版社 2012 年版，第 271 页。

究竟什么是道教？简单地说，道教就是以神仙长生不死之“道”作为最高信仰的中国本土固有的宗教，它用神仙不死之“道”来教化信仰者，劝人们通过养生修炼和道德品行的修养而长生成仙，最终解脱死亡，求得永恒归宿。一言以蔽之：以神仙之道设教即是道教。法天而行神仙道，济世救人，这是道教孜孜不倦追求的信仰目标。许地山说：“求长生，求享乐，是人类自然的要求，而中国民族便依着这种迷信来产生神仙道和求神仙底方术。后来张陵又把神仙道化成宗教，而成为天师道。……因此道教也可以名为神仙之宗教化，或神仙回向教。”① 按日本学者窪德忠的看法：“所谓道教，是以中国古代万物有灵论的各种信仰为基础，以神仙思想为中心，加之对道家、易、阴阳、五行、纬书、医学、占星等学说和对巫术的信仰，借鉴佛教的组织和形式，以长生不老为主要目的，具有浓厚咒术宗教倾向和现实利益的自然宗教。”② 陈国符说起“道及道教”，认为：道者，道术也。因道术之不同，而有太平道、干君道、五斗米道、帛家道、李氏道。“按道术又称法术，故佛道又称佛法；而中国本有之诸道，则统称为道法焉。又道法、佛法，亦称道教、佛教，盖总括此中国本有之诸道术者，谓之道教。于是金丹、仙药、黄白、玄素、吐纳、导引、禁咒、符箓之术，靡不统属焉。……始则颇乏条贯，至南北朝稍仿佛教而改变之，然后蔚然为中国三教之一。”③ 主要是从道术、道法来概括道教。荷兰汉学家许里和对道教的认识是：“我们在此以‘道教’这个词来表述一种集宗教与养生于一体的实践或信仰，这种实践或信仰据称可以上溯至黄帝、彭祖、西王母、老子和数量众多的神性或半

① 许地山《道教史》，华东师范大学出版社 1996 年版，第 4 页。

② 窪德忠《道教诸神》，四川人民出版社 1989 年版，第 37 页。

③ 陈国符《道藏源流考》，中华书局 2014 年版，第 207 页。

神性的人物，在当时的资料中常被冠以诸如‘道术’、‘仙道’、‘黄老（之术）’或‘道教’等名称”；道教的“基本目的是追求肉体不死、羽化而登仙的境界。‘仙’指的是生活在永远快乐之中的人”。[①] 认为道教是“集宗教与养生于一体的实践或信仰”，追求的目标是“生活在永远快乐之中”。日本学者石井昌子对于道教作二分法：“道教作为宗教具有阴阳两种颜色，即有两面性。阳面的道教是服从国家型，以道士们的道教为代表。与之相对，阴面的道教具有农民性或民众性，可包括民众中间的各种道教信仰和宗教性集团。将之与道士们的道教相对，可称为民众道教。”[②] 酒井忠夫、福井文雅所撰《什么是道教》，以日本学者对此问题的解答为主，从中归纳出了十三种看法，较具代表性的有：

（一）道教是在道家的名称之下，混合了神仙道和天师道，特别包含了民间信仰，并融合了佛教和儒教的教义和仪式，将老子神化，以长生升天为教旨，为了消灾弭祸，行各种方术。

（二）从神仙道吸收服食炼养，从道家哲学吸收治心养性，从民间信仰吸收多神，从巫祝吸收章醮之法，道教将这些综合统一起来。

（三）道教是从中国古老的民间信仰发展起来的，其内容和形式分为二。一是拥有道观和道士的教团组织成立的道教（亦被称为教会道教或教团道教），另一个是总称民间一切道教信仰的民众道教。道教内容包括：道家哲学；谶纬、巫祝、阴阳、神仙、卜筮等术数性部门；辟谷、服饵、调息、导引、房中术等医术性部门；民众伦理性部门。道教是以这些为基本内容，仿效佛教归纳而成的自然宗教。

---

① 许里和《佛教征服中国》，江苏人民出版社 1998 年版，第 492～493 页。

② 福井康顺、山崎宏、木村英一、酒井忠夫监修《道教》：石井昌子撰《道教的神》，上海古籍出版社 1990 年版，第 1 卷第 100 页。

（四）道教是中国的民族宗教，可与日本的神道、印度的印度教相比较。

（五）道教是综合自古以来的民间信仰、神仙说和老庄思想，以老子为开创者，模仿儒教的道德学说、佛教的因果报应思想、佛经、佛教教团组织而建立起来的宗教。

（六）道教和儒教一样，是中国人及中国社会的综合性的文化形态。其要素包括哲学、思想、宗教、迷信、民众生活、风俗习惯、道德、文学艺术、科学等，或与这些内容有关。它贯通中国历史。它是在一定的风土和地域条件下，在与政治、社会、文化各个方面的联系中产生并发展的。它是中国有代表性的民族宗教。①

从这些表述看来，日本学术界对道教的认识有共通处，也有很多差异的地方，可以说是仁者见仁，智者见智，各说不一。欧美与中国学术界同样如此。

仅就“道教”一词而言，先秦已有。《墨子·非儒下》就说：“农事缓则贫，贫且乱政之本。而儒者以为道教。”② 这是讲儒家以重农之“道”作为说“教”。汉魏时也在讲。汉代李燮拜京兆，吏民爱敬，乃谣曰：“我府君，道教举。”③《老子想尔注》痛斥世间伪伎自称道教：“真道藏，耶文出，世间常伪伎称道教，皆为大伪不可用。”这里所谓“耶文”的含义是“其五经半入耶，其五经以外，众书传记、尸人所作，悉耶耳”。④ 就是说儒家五经起码有一半属于邪文，则汉儒中有人自称“道教”。据《三国志·吴书·陆逊传》的记载：吴收复

---

① 福井康顺、山崎宏、木村英一、酒井忠夫监修《道教》：酒井忠夫、福井文雅撰《什么是道教》，上海古籍出版社 1990 年版，第 1 卷第 3～5 页。

② 《墨子·非儒下》，上海古籍出版社 1989 年版，第 73 页。

③ 《艺文类聚》卷十九，上海古籍出版社 1999 年版，上册第 350 页。

④ 饶宗颐《老子想尔注校证》，上海古籍出版社 1991 年版，第 22 页。

荆州后，“时荆州士人新还，仕进或未得所”。于是，陆逊上疏孙权说：“昔汉高受命，招延英异，光武中兴，群俊并至，苟可以熙隆道教者，未必远近。”建议孙权令这些士人“并获自进，然后四海延颈，思归大化”。“权敬纳其言。”① 意即任用儒士来光大儒道，使天下皆“思归”儒道的教化。上述表明，先秦汉魏时，世人从政治治理的角度把儒家之道的教化称为“道教”，儒士或自称其说教为“道教”。另据《牟子理惑论》载，有人问牟子说：“孔子以五经为道教。”② 《抱朴子外篇·诘鲍》称：“三、五迭兴，道教遂隆。”③ 这些所谓“道教”，亦指儒道之教。

日本学者揭示，“道教”一词不仅指儒教，也被用来指佛教。汉译佛典中称佛教为道教之处很多，如《佛说无量寿经》、《光赞经》、《超日明三昧经》等。《高僧传》卷三《求那跋摩传》：“必希顾临宋境，流行道教。”这里道教一词指佛教。《魏书·释老志》也用道教一词来指称“佛教”。④ 如果仅仅简单地说，以“道”为教即为道教，那么，儒道、佛道及道教之道的“教”，都可笼统称之为“道教”，这样“道教”一词本身就只是泛指。

用于儒道之教的“道教”，用来泛指佛教的“道教”，什么时候转化为今人特指的“神仙之宗教化”的“道教”？这个问题，迄今尚无定论。傅勤家《中国道教史》认为：“原夫道本行路，转为行为，三代以神道设教，于是有巫祝史之官。战国以来，方士朋兴，祈禳、禁

---

① 《三国志·吴书·陆逊传》，中华书局 1982 年版，第 5 册第 1346 页。

② 《弘明集》卷一，上海古籍出版社 1991 年版，第 2 页。

③ 杨明照《抱朴子外篇校笺》卷四十八《诘鲍》，中华书局 1997 年版，下册第 517 页。

④ 福井康顺、山崎宏、木村英一、酒井忠夫监修《道教》：酒井忠夫、福井文雅撰《什么是道教》，上海古籍出版社 1990 年版，第 1 卷第 7~8 页。

咒、黄白、呼吸道引、服饵之术先后出，于是东汉始有鬼道，所谓太平道、天师道之类，时佛法输入，亦称曰浮屠道，盖皆以道为名，初不云教也。迨道士以道之名专为己有，谓之道教，而佛儒二教亦起而鼎峙矣。”① 然而，对于究竟什么时候“道士以道之名专为己有，谓之道教”？傅勤家并未言明。关于这个问题，日本学者认为：“5世纪后半期南齐顾欢（420年—约483年）所书《夷夏论》称道教为‘道教’，大概是最早的例子”；“之所以判定《夷夏论》中的‘道教’一词与现代意义相同，是因为该论的确是道佛二教比较论”；“这意味着道教进入5世纪后，形成为一股强大的力量”。② 小林正美《中国的道教》也说：“与佛教相对比，明确指代三教之一的‘道教’的用例，应该最初见于顾欢的《夷夏论》。作为三教之一的‘道教’出现在顾欢的《夷夏论》中，这表现出当时南朝的道教信徒意识到自己信奉的宗教是与儒教和佛教相比肩的一个独立的圣人的教说”；“表示一个独立宗教名称的‘道教’，这个词最初出现在顾欢的《夷夏论》”。③ 问题在于，是否在顾欢的《夷夏论》自称“道教”之后，社会便逐步予以认可，专门用来指称我们现在所界定的“道教”，不再称呼儒道、佛道为“道教”，从而将“三教”区分开来。这个问题尚待进一步考证。

道教所谓的“教”，其核心涵义是“教化”。何谓“教化”？董仲舒以“贤良对策”汉武帝时指出：“凡以教化不立而万民不正也。……古之王者明于此，是故南面而治天下，莫不以教化为大务。立大学以教于国，设庠序以化于邑，渐民以仁，摩民以谊，节民以

---

① 傅勤家《中国道教史》，商务印书馆1998年影印版，第240～241页。

② 福井康顺、山崎宏、木村英一、酒井忠夫监修《道教》：酒井忠夫、福井文雅撰《什么是道教》，上海古籍出版社1990年版，第1卷第10、11页。

③ 小林正美《中国的道教·序章》，齐鲁书社2010年版，第3页。

礼，故其刑罚甚轻而禁不犯者，教化行而习俗美也。”“故养士之大者，莫大太学；太学者，贤士之所关也，教化之本原也。”[①] 以教化之本原在于办学校，兴教育，培育人才，教化之目的在于使万民“正”，教化之最大的任务就是治理好天下。道教对于教化的解释是：“教者教也，化者变也。谓敷弘太上之教，广变人天之化。”[②] “教化”有时又谓之“教育”的核心所在，儒释道三教的功能虽然各有不同，但均以教育为心：“穷理治天下，莫大于儒；性超生死，莫大于释；复命御三才，莫大于道。夫三家者，同一太极，共一性理，鼎立于华夷之间，均以教育为心也。”[③] “教化”是一种以师为主的师教，天师及其子孙诵持经文，在于教化信众。《太上妙始经》就揭示说：“道之教化，以师为主。故授张镇南正一之法，令世世子孙执持文教化。”[④]《云笈七籤》卷八九《诸真语论》宣扬只有身教才是最珍贵的：“圣人以身教，教可珍也。”[⑤] 教是一种“圣人”之教，非同凡响，故十分珍贵。佛教攻击道教就称：“斯皆语出凡心，实知非教，不关圣口，岂是典经?”[⑥] 抨击道经所讲的话都出于“凡心”，而非“圣口”说出来的“教”，亦即并非圣教，所以不能够号称为“典经”。更有甚者，直接宣布道教毫无资格称“教”，只有儒、释才“得称教”，其理由就在于：“凡立教之法，先须有主，道家既无的主，云何得称道教?”儒、释则有主有教：“儒者用三皇五帝为教主。《尚书》云：‘三皇之

① 《汉书·董仲舒传》，中华书局1962年版，第8册第2503～2504、2512页。

② 《玄坛刊误论》，《道藏》第32册第627页。（本书所引《道藏》均据文物出版社、上海书店、天津古籍出版社1988年版，以下只注所引《道藏》的册数和页码。）

③ 《玄宗直指万法同归》卷一，《道藏》第23册第913页。

④ 《太上妙始经》，《道藏》第11册第433页。

⑤ 《云笈七籤》卷八十九《诸真语论》，《道藏》第22册第622页。

⑥ 《广弘明集》卷八道安《二教论·明典真伪第十》，上海古籍出版社1991年版，第147页。

书，谓之三坟；五帝之书，谓之五典。’用坟典之教，以化天下。《毛诗》云：‘风以动之，教以化之。’坟典是教，帝皇为主，儒得称教。佛是法王所说，十二部经布化天下，有教有主也。然佛是出世人，经是出世教，故得称教。（主）三皇五帝是世主，三坟五典是世教。先以世教化，后以出世教化，事尽于此。摄法既周，为缘亦了，何须别有道教？又《毛诗》云：‘一国之事，系一人之本，谓之风。’天子有风，能化天下，故得称教。”而“道非天子，不得有风；既其无风，云何布化？无风可化，不得别称教也。据此而言，但有（儒释）二教”。更何况，“汉末张陵，以鬼道行化，遂有道士祭醮”，“大乖礼教”，天神不会接受这种“非礼”的仪式。① 如此说来，所谓“教”具有神圣性，只有具备神圣经典的“教”，又有“教主”，才有资格立足于朝堂之上，才能合法地向社会大众宣化。这些条件，“道教”皆不具备，故不得称“教”。面对佛教的这些猛烈攻击，道教把自己的经书奉为“天书”，而“天书”又通过圣教或曰师教传授下来。《云笈七籤》卷三《道教序》称三皇五帝以来才产生的“教”为“告”：“上古无教，教自三皇五帝以来有矣。教者，告也。有言、有理、有义、有授、有传，言则宣，教则告。”② “告”的含义为告诫或告知某种道理。一直到现在，道教依然如故地强调：“天地万物的生命之源及运化动力，是至高无上的，以此为‘至宗’，以此兴‘教化之道’，故称‘道教’。”③ 对此，日本学者石井昌子十分正确地总结说：“一言以蔽之，道教可称之为关于‘道’的教化之‘道’，体验‘道’的教

---

① 法琳《辩正论》卷二，《大正藏》第52卷第499、500页。

② 《云笈七籤》卷三《道教序》，《道藏》第22册第12页。

③ 任法融《陕西道教两千年·序》，三秦出版社2001年版，第2页。

化。"[①] 由于兴隆"教化之道"，体验"教化之道"，故被称为"道教"。

总之，对道教之"教"的本来意义，要从圣人的"教化"亦即"师教"之义去把握，教化是自上而下的，教化者与被教化者具有主从关系，是所谓风和草的关系。教化更需要人工制造的神，因为只有由这样的神出面来教化，才具有神圣性、权威性，故教化与造神是密不可分的。所以，道教为了教化的需要，不断地在进行造神运动。另一方面，道教也讲求自我反省，自我觉悟，觉悟了即是"道"。道教是外在教化与内省的结合体。还须指出，中国传统这个"教"本身就内含"正教"的政治意识形态在内，表示政治正确，不能完全以现代所谓"宗教"之"教"来理解。[②]

二　道教的社会功能

道教主要的社会功能，就在于"教化"人心，它认定人生的疾病、命运的不幸和多灾多难的原因，都是由自己一言一行的罪过造成的，要求人们通过特定的斋醮仪式，向神坦白罪行，悔过自新，使言行趋向于"善"，从而善化社会风气，使社会得以和谐稳定。也正因为道教的这个"教"及其与百姓生活密切结合的斋醮科仪，具有安定社会政治的功能，使得道教满足了历代帝王"南面而治天下"的要求，故被历代帝王认可接受，像儒、释一样，取得了"教"的资格，从而获得了替朝廷宣教的合法性地位。当然，其宣教的方式具有一定

① 福井康顺、山崎宏、木村英一、酒井忠夫监修《道教》：石井昌子撰《道教的神》，上海古籍出版社 1990 年版，第 1 卷第 101 页。

② 当然，也不能否认道教之"教"有一部分与现代所谓"宗教"之"教"是吻合的。

的秘密性，不少修行方法和斋醮仪式在关键之处都无文字记载，需要靠所谓“秘诀”在师徒间秘密传授，许多道经也要通过神圣的“歃血结盟”仪式才能传授，这就影响了其在社会上宣教的广度，其传播远不如佛教那样声势浩大，广为人知。

道教还具有调节功能，其“宗教的思想、宗旨、规范、祭祀活动和宗教组织，实质上是调节人们行为的调节器”，在“调节着人们的思想，意志和行为”。[①] 这种调节思想、意志的功能，无疑对统治者的思想统治有所裨益，如果其运用得当的话。既然道教可以调节医治人们的精神痛苦，那么统治者有什么理由不将其作为思想统治的工具而大加利用呢？思想统治是政治秩序的重要一环，当人们失去精神家园，就会造成思想混乱和危机，不利于统治秩序的稳定，而道教信仰恰恰具有某种补偿功能。从中国历史的实际情况考察，道教的确弥补了儒家思想的某些不足，给痛苦的生灵以精神上的抚慰，给社会的心理宣泄提供了场所，这些功用都非儒家思想所能代替。因此我们讲，道教在中国古代思想文化领域中占据着重要的一席之地，扮演其特有的角色功能。

道教的整合功能也不可忽视。所谓整合功能是指：“宗教具有使社会、集团结成整体的因素。宗教把个人的行为与活动汇集起来，把人们的思想、感情、向往结合起来，把社会集团和机构的力量集中起来，从而能促进社会的稳定。”[②] 道教从思想上对人们的整合，在一定程度上限制了人们的反社会倾向，从而有助于统治者对社会的控制，有助社会稳定。一般说来，宗教通过神圣的方式完成社会的秩序化，并对统治者掌握的权力作出合法性论证：“政治权力被认为是神

---

① 伊·尼·亚布洛柯夫《宗教社会学》，四川人民出版社 1989 年版，第 121 页。

② 伊·尼·亚布洛柯夫《宗教社会学》，四川人民出版社 1989 年版，第 121 页。

的代理者，或者被理想化为神的具体体现。于是，人间的权力、政府和惩罚，都成了神圣的现象，或者说，成了神力冲击人类生活的渠道。统治者代表神说话，或者就是神，而服从他就是与神的世界保持正常关系。”① 这在中国，就是“君权神授”和“神道设教”，借此奠定政权的神圣性和合法性，达到了思想统治目的，并进而维护社会秩序井然稳定。道教在所谓“君权神授”和“神道设教”的历史过程中扮演了重要角色。道教还整合了中国古代社会出现的某些新兴宗教，为统治者招安收编这些新兴宗教，使之具有合法性身份地位，化解中国社会官与民的结构性矛盾。

中国宗教的组织架构呈现为山头主义，山头林立，有的山头以道教为主，有的山头以佛教为主，总的来说是“天下名山僧占多”。在各宗教内部，山头之间互相不统属，互相不干涉，各自经营自己的地盘。佛道之间也有争夺山头的时候，如峨眉山曾为道教所在地，后为佛教所占；唐代青城山也发生过佛教前来争抢地盘的事。为什么中国宗教会形成这样的组织架构？这样的组织架构是教权顺从王权的结果。各个王朝绝不允许中国宗教发展成为全国性的社会组织，组织机构严密，有强大的实力同政府对抗，像中世纪欧洲的基督教会组织那样。而把宗教组织分散在各个山头，自立门户，恰好可以化解宗教在民众中全国性的号召力和组织力，使之失去战斗力，可以分而治之。中国古代除中央集权制的行政机构之外，还有以血缘为纽带的家族组织和无血缘关系的以佛道二教作为主体的宗教组织来辅助专制政府管辖社会，维持统治秩序。宗教组织虽然和家族组织有一定矛盾（要人出家，对家族组织是种破坏），但因其独特的社会救济作用，为看破红尘者提供避难场所，为世俗之人提供解决生死问题、灾难病患的

① 彼得 · 贝格尔《神圣的帷幕》，上海人民出版社 1991 年版，第 42 页。

"灵丹妙药"，政府和宗法血缘社会又离不开它。这是宗教在中国古代社会发挥的组织功能。但中国宗教的组织功能始终是弱化的，完全无法与王权组织对抗，道教的组织功能同样是如此。金元以降，道教组织可以划分为两大类型，一类是正一道的在家组织，另一类是全真道的出家组织。

西方学者所谓"教团道教"是按基督教的眼光来命名，如果一定要说道教组织，也就是以宫观为主体的一个个小山头组织，规模不大，互不干涉，互不统属。实际上，出生成长于中国宗法血缘社会的道教，其组织形式更类似于家族组织。汉末太平道、五斗米道的组织化程度较高，但曹魏时统治者已在想方设法控制道教领袖人物，旨在破坏其组织的严密性。晋代产生的李家道、帛家道、杜家道、葛氏道等，出现以家族名义来组织道教的端倪，规模已远不如太平道、五斗米道。而五斗米道演化为天师道，其组织系统以"治"为单位，天师后裔对于这些"治"已经基本失控了，各"治"之间亦无统属关系，且规定道民不能在各"治"之间串联，组织的联系大为削弱。晋代以降，世家大族进入道教队伍后，遂形成家族道教，天师家族则隐而不显。从陆修静和陶弘景开始，家族道教逐步向宫观道教演进，但也互不统属，各立山头，组织规模小，严密性也差，已从汉末太平道、五斗米道的政治、军事、宗教三合一的组织向单纯的宗教组织转变。金元以降至今，其组织机构的基本单位，除了正一道有血缘关系的家族式宫观（以江西龙虎山天师府为代表），另外就是全真道那种没有血缘关系的家族式宫观。对于全真道来说，各个山头、各个城市的道教徒都生存在宫观内，宫观既是宗教活动的场所，也是这个没有血缘关系的大家族中道徒们的"家"，所谓出家，就是出离世俗之家，进入道观神圣之家。一个道观就是个大家族，虽说没有血缘关系，但其组织关系却类似宗法血缘社会中的父子兄弟，师徒关系类似父子，徒儿称老师为师父，徒儿们相互之间则以师兄弟相称（无论乾道、坤道），并有严格的字辈，如同大家族中的辈分。全真道的宫观组织形式明显受到宗法家族社会结构的影响，各个宫观在经济上独立核算，分灶吃饭。需要时，富庙也会帮助穷庙，就像一个大家族中的富裕家庭救助穷困户。全真道观一方面是开放的，是为民众的福祉而存在的，为社会提供了各种宗教性服务，而另一方面，又为出家的道众提供了相对与世隔绝的“家”，以便修道。这个“家”在信徒眼中是神圣的，既是一片净土，洗涤世俗社会的肮脏与丑陋，也是化度和训练出家道众的理想场所，拯救修道者脱离红尘苦海。和社会以血缘为纽带的家族组织相比较，其实道教的组织观念并不强，组织性也比较弱，组织机构涣散，徒众一不高兴，即可以随时离家出走，做游方道士去了，或者投靠别的宫观，进入另一个“家”。道教在社会上发挥的组织功能是很有限的。另外，道士出家后，基本上依旧沿用其原来家族的俗姓，表明道士虽出家却并不离俗，道教与宗法家族血缘的社会组织有一种难舍难分的关系。

道教具有经济功能。美国学者 L. 约翰斯通说：“在大多数社会中，有组织的宗教也扮演了经济的角色。”[①] 中国古代王公大臣往往以“施主”名义向道观转移隐藏产业，或以施钱施物的形式修造道观庙宇，或私度自己所掌握的人手出家，在道教界培植私人势力，一来邀福，获得精神安慰，二来留条退路，狡兔三窟，在人生无常的岁月中进退都不失其据。许多王公大臣失意或家道破落后，往往躲进道观，从高官摇身一变而为高道，一有机会又重振家业。这是上流社会信仰道教，成为道教社会经济基础的重要原因之一。道观既是传播神仙信仰的地方，又是展开各种宗教经济活动的场所。道观财产受到法

---

① L. 约翰斯通《社会中的宗教》，四川人民出版社 1991 年版，第 195 页。

律的保护，不得任意盗取破坏，违者必究。凡属合法的宗教经济活动，都在政府的保护之列，保护的目的是利用道教的积极功能维持统治秩序。道教宫观经济具备所有权的不动产其实并不多，且没有军事实力保护自己的经济利益，道教经济的命脉掌握在政府手里，不得不依靠政府和世俗富豪的施舍过日子，故道教的发展规模始终是有限的。

政府常常资助大型的道教活动，资助的主要形式就是赏赐钱财物件。这些赏赐解决了道教法事活动所需的大量财力，假如没有这些赏赐，道教活动要维持下去及维持一定规模都很难，可见政府的资助对道教界非常重要。道教宫观经济是在政府培植下发展的，政府主要是赐给土地和劳动力，赏赐物大都给那些为政府管理宗教事务的道官，在道观中培养了一批为政府服务的高道。政府控制宫观经济，也体现在对高道财富增值的控制上，防止他们从国家手里挖走过多的劳力和蚕食土地，必要时予以强行收回。宋代以前经济上对道教的控制不太严格，政府给予道观免除劳役租税的特权，刺激道教队伍膨胀，许多人假借信教而躲避徭役租税，使国家财赋受损。宋代以后加强了经济控制，如建立专门的道教户籍——“度牒”制度，严格控制加入道教的人数，强行沙汰还俗不合格道士，控制土地兼并等，而在非常时期如战争中军费不足时，出售道教户口，对道教界实行课税政策。

在古代，田租口赋是政府最大的一笔收入，这笔收入的根本保证是户口，户口减少或者逃亡，财政收入就受损失。户口逃亡有多种形式，如流民、豪门私荫户，而逃入道教、依附道观是其中的一种。于是政府经常清查道教户籍，把被挖走的劳力夺回来。检括道教户籍的主要工作是清查精壮劳力，令其还俗。政府通常规定年六十以上才任意出家（也有六十五或五十等等），凡属丁壮年龄范围，都严加控制，沙汰还俗者也主要是这个年龄层次的人。国家把已失去劳动能力、免除课役的老人转入道观，道观成为变相的养老院，让社会承担“老有所养”的责任。通过对道教宫观经济的研究，我们发现：它具有慈善、养老、社会救济和社会福利等积极的社会功能。

三　从“生活道教”看中国人的宗教信仰

许地山《道教史》指出：“从我国人日常生活的习惯和宗教的信仰看来，道的成分比儒的多。我们简直可以说支配中国一般人的理想与生活的乃是道教的思想；儒不过是占伦理的一小部分而已。”[①] 可以说，道教的神仙信仰是中国普通老百姓日常生活的“习惯和宗教的信仰”，代表了中国文化的一个很重要的方面，反映了普通老百姓“理想与生活”的一个非常实在的内容。日本学者窪德忠也说：“道教是产生于生活本身，因而与生活有着千丝万缕联系的宗教。”[②] 在这个意义上，我们把道教称为“生活道教”。“生活道教”不仅仅是一种信仰体系和宗教仪式，它还提供了日常生活的指南，也是百姓们精神生活的方式之一，使老百姓过着最普通但却是有信仰支撑的生活。国内外都有一些学者认为，西方一神教讲究信仰，而中国人是没有宗教信仰的民族，只有儒家的伦理道德来指导现实生活。显然，按照西方一神教的信仰标准来观察道教，自然而然就会得出中国没有宗教、中国人没有宗教信仰的荒诞结论。其实，只要人们把研究的目光投向“生活道教”，像许地山先生那样去深入观察思考中国老百姓“日常生活的习惯和宗教的信仰”，就会克服这一偏见。从“生活道教”去观察思考，中国人宗教信仰的特征如下：

---

① 许地山《道教史》，华东师范大学出版社 1996 年版，第 177 页。

② 窪德忠《道教诸神》，四川人民出版社 1989 年版，第 29 页。

一是多神性。万物有灵，“举头三尺有神明”，神无处不在，举凡天文地理、植物动物以及居住空间、人体自身，都有神的踪影。自秦汉大一统进入帝制时代直到清朝，政府容纳不同地域和不同族群的神祇进行祭祀，这种宽容的政策成为传统，也有利于中国宗教多神崇拜的形成发展。由于中国人的宗教信仰极其富于功利主义，便不断强化了多神崇拜，随着时代流变，陆陆续续有新神加入“神”的队伍，“神”越来越多，接受人们顶礼膜拜。中国宗教是所谓“功能性神灵的大杂烩”，形形色色的神都有作用。譬如，门神的作用是保护家宅和家庭成员安全，驱鬼辟邪。土地神保护一个社区的平安。送子观音起着生育的功能。牛郎和织女扮演婚姻神的角色。风神、雷神是有关天气的神。龙王、河神是控制水利的神。这种多神信仰的结果，使得我们在进入寺观后，往往感觉有令人眼花缭乱的神，数不胜数，说不清楚其扮演的角色功能究竟是什么。日本学者石井昌子提醒人们：“这里不可忘记的重要一点是，中国民众对待神，不考虑它是道教的神，还是包含着很多佛教内容的神。……‘只是困难时候的神’，才是最高的，必需的。不存在区别三教的问题，也不会去考虑区别它们。这一点是理解民众道教的根本。”① 在中国，“只是困难时候的神”，将使多神教永远不会趋向于一神教，而只能是神越来越多。因为社会越发展，社会生活中需要承担的功能或者说面临的困难也就越多，譬如开汽车谁来保佑免遭车祸？乘飞机谁来保证空中飞行的安全？诸如此类从前农业社会没有的新东西、新困难，需要有新的保护神，因此我们完全可以预料，将会有层出不穷的适应新需求、新困难的功能神制造出来。由此也表明，信奉多神并不意味着就是低级宗

---

① 福井康顺、山崎宏、木村英一、酒井忠夫监修《道教》：石井昌子撰《道教的神》，上海古籍出版社 1990 年版，第 1 卷第 101 页。

教，信仰一神并不代表着就是高级宗教，西方宗教学理论指指点点的由多神向一神发展即由低级走向高级的必由之路，在中国是行不通的，是注定要落空的。自古以来中国人就善于造神，历朝历代都有人造的神，形成“江山代有神才出，各领风骚数百年”的局面，这个惯性恐怕还不会就此打住。然而，不管这些人造的“神”如何花样翻新，万变皆不离其宗——必须灵验、有用。

二是极强的功利性。中国人信仰宗教是“有病乱投医”，有事乱求神，遇到生活中的各种问题，管他儒家祖宗、道教神仙、佛教菩萨，见庙就烧香，见神就磕头，只要解决问题就好，只要有求必应、满足要求就行。对待神，可以说“有奶就是娘”。这种功利主义，与世俗社会中求人办事完全一样，使中国宗教从其一出生，世俗性就远超神圣性。包括帝王将相及达官贵人，只求带来实惠，信仰成为人们祈福避祸的工具。中国的俗语“无事不登三宝殿”、“平时不烧香，临时抱佛脚”等，也表现出中国人信仰宗教的功利主义特征。平时“无事不登三宝殿”，一旦有事了，“临时抱佛脚”。从许愿与还愿，也可以观察到中国人宗教信仰的功利性特征。许愿就是在神灵面前表达愿望祈求帮助，如果愿望实现了，许愿者就会来还愿。还愿是愿望实现后向神表达感恩之情，无论是病愈之后，还是家财兴旺，或是生育男孩等，人们不会食言，一定来还愿。[1] 中国人信仰宗教的功利特征不仅表现为个体行为，而且表现为群体行为。我们看《水浒传·楔子》：宋仁宗时，瘟疫盛行，天子命令在京宫观寺庙做仪式禳灾，不料瘟疫转盛，范仲淹奏称：“要禳此灾，可宣嗣汉天师星夜临朝，就京禁院，修设三千六百分罗天大醮，奏闻上帝，可以禳保民间瘟疫。”于是，派洪太尉前去龙虎山迎请“虚靖天师”，在东京禁院做了七昼夜法事，

---

① 参见杨庆堃《中国社会中的宗教》第四章，上海人民出版社 2007 年版，第 92 页。

普施符箓，禳救灾病，终于使“瘟疫尽消，军民安泰”。[1] 从民间到政府，整个社会群体对待宗教都是功利化的，将其作为解决社会人生问题和应对灾难的工具使用。所以我们说，中国人信仰宗教具有强烈的功利主义特征和实用主义态度，非常实在，有灵验则信，有用处就信，这是中国人实用理性的具体展示。功利性自然会导致现世性，先秦诸子百家就没有一家宣讲来世，目光都放在现世人生，或朝后看，赞美古代，但目标最终在于当下实际生活。中国人尤其是汉族的信仰，重点关心的是“现世”的生命，把超越生死的终极关怀放在来世，对他们来说始终放不下心。道教追求现世成仙，正是这一心态的真实生动反映。中国人带着功利心走进神的殿堂，带着世俗目的求神帮助，从纯粹信仰的角度看，可谓是信教的“动机不纯”。功利性使中国人对待神的态度是看其到底灵不灵验，灵验的神则饱享祭祀，香火旺盛，不灵验的神则遭受冷落，甚至被游街示众，挨鞭打。面对实用主义，神的能力决定其生存，只有神通广大的神，换句话说“有求必应”十分灵验的神，才可以生存长久，生存得好。

三是怀疑性。既然万物有灵，神通广大，能够给人带来福利，也能制造祸患，具有正反两重性。所崇拜的神本身各有其独自的功能，拜神的人也怀揣各自的事功目的，关键在于所求之神是灵验还是不灵验。某个神越灵验则香火越旺，若不灵验则人们会持怀疑态度。产生怀疑是因为求了神不给人办事，功利目的达不到时所引起的。我们看《祝福》当中祥林嫂的“疑惑”，她反复追问：“一个人死了之后，究竟有没有魂灵的?”[2] 可以说代表了中国人对于灵魂是否存在、是否有地狱的疑惑与“说不清”。尽管怀疑主义存在，但绝大部分老百姓

---

① 《水浒传·楔子》，上海古籍出版社 1991 年版，第 2、7 页。

② 《鲁迅全集》第一卷，新疆人民出版社 1995 年版，第 326 页。

还是不会放弃对神灵的信仰和崇拜，因为在他们看来，“信者不生亏”，信仰总比不信仰好，不会吃亏。不怕一万，就怕万一真有神灵存在，别人都在祈求神办事，自己不去拜，那岂不亏了吗？这仍是一种功利心态。

四是包容性。正是这种功利主义，多神信仰，决定了对各路神灵的兼容并包。多个朋友多条路，多个青蛙多四两力，多个神灵也就多一份力量，神不嫌多，多多益善。外来的“洋神”，只要能解决人生的种种问题，很灵验，拍巴掌欢迎光临，欢迎加入到中国宗教的神灵队伍里来。从宗教接受的视点看，无论什么神，只要它使信徒的现实生活有利可图，信徒都可以接受，都可以包容。功利使绝大多数中国人都本能地接受了宗教多样性，不归属特定的宗教，在信仰上有宽容精神，宗教情感富含包容性，海纳百神，三教共奉。对于统治者，这是种有原则的宽容，即在纲常名教基础上的社会政治秩序得到加强。功利主义、实用主义的信仰特征和宽容精神提供了中国人人生追求的宽松环境，以道养生，以佛理心，以儒修身治国平天下，各有各的妙用。

五是地域性。自古即有所谓“百里不同风，千里不同俗”[①] 之说，风俗习惯是如此，与其共生的宗教信仰尤其是民间信仰亦同样如此。特有的经济和地理因素，使得中国人的宗教信仰呈现地区差异，各具地方特色。如长江以北的虫神崇拜，与那些地方的蝗虫灾害危及人们生活有关。许多山区的树神崇拜，是因为林业为山区的重要产业，所谓靠山吃山。沿海和沿江地带的水神崇拜，同样如此，靠水吃水。明清以来的碧霞元君（泰山奶奶）信仰流行于北方，而沿海沿江则是妈祖的地盘。财神信仰尽管是全国性的，也可以看到不同地方所

① 《风俗通义·序》，上海古籍出版社 1990 年版，第 3 页。

供奉的财神是不一样的。

六是行业性。各行各业都有自己所信仰崇拜的神灵对象，有本行业的保护神。如建筑行业的鲁班，医药行业的华佗、孙思邈，航运业的天后，梨园行的唐明皇。行业神除了加强人们对具有危险性的职业充满信心和乐观外，还起到了整合有组织的职业团体的作用。宗教仪式和行会团结之间的关系是非常紧密的，因为违规者是要被带到神像前罚香火钱的。宗教特性是行会的重要性质，祖师成为行会的集体象征。如果不是有宗教纽带，行会不会维持这么久。每年最有趣的活动是各个行会的宗教游行，其守护神像及其他神像被抬出来游街，其作用是增强行会组织的凝聚力，表明自身的存在，从而增强成员对团体的忠诚度和自豪感。在寺观中，除了要供奉的主神以外，有影响的寺观还经常把其他信仰的神灵吸纳进来，通常是司掌不同行业的保护神，这就使信仰不同和行业相异的人都可以把该寺观看作是一个共同崇拜的中心。①

七是阶层性。中国人宗教信仰的阶层差别是一个基本事实，不同的职业群体之间的宗教差别尤其明显，商人与农民崇尚的神有区别，前者更敬财神，后者更看重龙王。受过教育的知识分子比未受过教育的普通老百姓显然更少受迷信思想的束缚，但在涉及考试成败的问题上，他们又极度迷信文昌神。社会上每一个职业群体都有自己的保护神，这些神帮助其成员结成一个共同体组织。这些宗教组织可以用来鉴别社会地位，如一贯道主要由商人组成，也有一些政客和其他行业人员，它特别排斥剃头匠与戏子、妓女等社会人群。而文昌庙的聚会和孔庙的祭祀活动则是有功名的儒生这一阶层的特权，没有功名者不

① 参见杨庆堃《中国社会中的宗教》第三、四章，上海人民出版社 2007 年版，第 77～81、87 页。

得参与。儒家群体与大多数中国人持有同样的宗教生活模式，只是由于他们社会经济地位的不同，他们的宗教行为和活动与普通老百姓有一些相对差别。[①]

八是有条件的自由性。古代中国政府允许信仰或不信仰宗教，没有强迫人民改变其宗教信仰，出家与还俗都很自由，形成了宗教信仰自由的传统。自古以来，中国之所以能形成信仰自由的传统，与中国人信仰的功利主义、实用主义特征有关。从显贵到一般百姓，往往不问是哪种宗教的神灵，只要能得到福应，有好报，于是见神就拜；除了极虔诚的儒教徒、佛教徒、道教徒，一般人是儒、佛、道三教兼信共奉，换言之，绝大多数人都自觉接受了宗教的多样性，在信仰问题上富有宽容精神。这样的多神信仰特征，自然有利于信仰自由传统的形成。另外，从传统的“神道设教”观点出发，无论三教甚至于民间宗教中哪个宗教，只要有助于社会治理与社会和谐，不危及既得利益集团的利益，不破坏政府制订的游戏规则，政府都可以允许其存在，并加以提倡实行。这是统治者听凭老百姓宗教信仰自由、从来不横加干涉的原因之一；而统治集团本身很多人也皆出入于儒、佛、道三教之间。

九是神圣性弱化。在多神崇拜的信仰中，尽管信徒对所有的神都怀有一种敬畏之心，但是，这种敬畏心建立在神是否灵验的基础上。当选择某种神达不到目的时，便会选择其他的神来试效果。往往同一个神在不同的寺观中，其“有求必应”的效果不同，于是如果该神在某个寺观中特别灵验，那么这个寺观的香火就特别旺盛。中国宗教所谓“有求必应”，所谓“灵验”，就是测试神的功能性强不强大的指

① 参见杨庆堃《中国社会中的宗教》第十章，上海人民出版社 2007 年版，第 251～253 页。

标，在这样的指标面前，神的神圣性便被弱化了。也就是说，无所谓神圣不神圣，只看你这个神有没有用，能否满足信众“有求必应”的现实需要，这才是关键所在。正因为这些数也数不清的功能神弱化了中国人信仰宗教的神圣性，使中国宗教从一产生就是世俗的，太世俗的。神能否存在及其地位的高低，乃根据它是否满足了人的需要和在多大程度上满足人的需求来决定的，所以中国宗教常有“江山代有神才出，各领风骚数百年”的现象。功利性与怀疑主义大大削弱了中国宗教的神圣性，使宗教在中国社会不具备神圣不可侵犯的地位。另外，人居然能够“功德成神”，这就使人与神合二为一，神的超越性、至高无上的权威性也就大打折扣。

不论如何，从上述可见，中国人是有宗教信仰的，这些信仰就隐含在日常生活中，与老百姓的生活密不可分。如果我们仅仅把基督教、伊斯兰教等一神教的信仰特征作为宗教信仰的标准来讨论中国人是否有宗教信仰的问题，那就很难得出实事求是的结论。可以说，所谓“生活道教”，有助于我们更深刻地认识中国人的宗教信仰问题，也有助于我们更深刻地认识道教是“中国根柢”的问题。

中国老百姓的宗教信仰为什么会产生呢？一是对现实生活中的许多灾害苦难找不到原因时，不知是由什么东西造成的，于是总想寻求超人、超自然的力量来保护自己，这也是道教在老百姓日常生活面临各种不同类型的灾难时的功能，所发挥的自身独特的优势作用。二是因为对人自身生命的困惑不解，对于人生短暂、人生如梦的不满足，尤其是对于人的死亡现象产生惊愕、恐惧等所激发出的求知欲望，急迫地需要认识人自身，特别是人死后的去向问题，也就是说人生的终极烦恼需要得到解脱。人生变幻无常，生死无法确定，各种偶然因素太多。正如《红楼梦》第一回甄士隐注解跛足道人的《好了歌》所高唱的：“金满箱，银满箱，转眼乞丐人皆谤。正叹他人命不长，那知自己归来丧?”[①] 面对生命的不堪一击，道教宣誓要怜惜所有的生命，建立起拯救生命不同的大门，让老百姓通过这些门走上解脱生死的路。道教对于人从何处而来，死后将往何处去，人为什么不得不出生等问题，都有许多讨论。对于生命从哪里来、到哪里去的高度关怀，对于死亡偶然无常的深度感触，迫使道教去思考如何逃脱生死，实现生命的不朽。但在现实的人生中，有许许多多的美好东西和愿望是人们实现不了的，尤其是逃脱生死，恐怕只能到信仰世界中去寻找安慰，获得一种在我们今天看来是虚拟的实现。尽管神仙世界只是一种虚拟的实现，然而道教信仰还是弥补了信仰者的人生遗憾和缺欠，使其面对死亡时的恐惧心理和烦恼得以宣泄解除，达到情感与心灵的平衡，找到了人生的意义所在，不失为信仰者摆脱荒谬的人生困境的一种路径依赖。王羲之《兰亭集序》：“古人云，死生亦大矣，岂不痛哉!”[②] 面对死亡大事，生命的意义究竟何在？如果人的生命仅仅昙花一现地存在于这个世界，随及旋风般归于大地，成了泥土，化为乌有，人生又有什么意义与价值呢？古诗中所谓：“人生天地间，忽如远行客”；“人生寄一世，奄忽若飚尘”；“浩浩阴阳移，年命如朝露”。[③]“良时忽一过，身体为土灰。冥冥九泉室，漫漫长夜台。”“人生一世间，忽若暮春草。”[④] 都在感叹生命的短暂。有时候想起来，果然是“粪土当年万户侯”呵，当年那些盛极一时的帝王将相，那些令人羡慕的荣华富贵，如今安在？还不是都早已化作了粪土！生命是如此的短暂，身体终将化为土灰，我们为什么要活着？对此若是给予

---

① 《红楼梦》第一回，上海古籍出版社 1991 年版，第 7 页。

② 《古文观止》卷七王羲之《兰亭集序》，中华书局 1959 年版，下册第 287 页。

③ 《文选》卷二十九《古诗十九首》，中华书局 1977 年版，第 409、410、411 页。

④ 《建安七子集》卷五阮瑀《七哀诗》、卷四徐幹《室思》，中华书局 1989 年版，第 154、140 页。

非常冷静的理性回答，答案极有可能是生命毫无价值意义，像存在主义所说的那样，存在即虚无，人只能直面虚无而存在。纯粹理性而不带丝毫幻想的思考，也许使我们会越来越多地培育起追逐死亡、藐视生命的虚无主义者、厌世者及自杀者，对于他们来说，反正早晚都是一死，人生毫无意义可言，还不如趁早结束生命。或者从虚无主义走向及时行乐的人生道路："对酒当歌，人生几何!"[①] "十年亦死，百年亦死。仁圣亦死，凶愚亦死。生则尧舜，死则腐骨；生则桀纣，死则腐骨。腐骨一矣，孰知其异？且趣当生，奚遑死后?"[②] 正因为如此，"为乐当及时，何能待来兹"。[③] 不管你是"仁圣"也好，也不管你是"凶愚"也好，不管你短命也好，也不管你长寿也好，反正最终都难逃一死，死则都成了腐骨，为什么不及时行乐？于是醉生梦死，花天酒地，放纵情欲，消费主义，贪图享受。[④] 值得我们庆幸的是，答案并非完全都是冷冰冰理性主义的东西，还有各种各样充满了人情味的宗教答案，来帮助中国老百姓理解生命的意义何在，回答生命的价值在哪里。作为宗教之一且特别接地气的道教，于是成为扎根底层社会日常生活、为普通老百姓提供解决生死问题所需要的精神生活食粮。

许地山《道教史》所谓"中国一般人的理想与生活"，或许不包括中国知识分子，那么中国知识分子如何解决死而不朽的问题？胡适先生以这样的方式提问："就中国知识分子来说，究竟有没有什么中

---

① 《曹操集·短歌行》，中华书局 1959 年版，第 5 页。

② 杨伯峻《列子集释·杨朱》，中华书局 1979 年版，第 221 页。

③ 《文选》卷二十九《古诗十九首》，中华书局 1977 年版，第 412 页。

④ 自"上帝已死"后，我们看到地球人又陷入了虚无主义、及时享乐主义的怪圈，如同中国魏晋时代的情形。那个时代，神仙不灵光了，佛教轮回说又尚未站稳脚跟，国人以人生为虚无缥缈，"且趣当生，奚遑死后"，及时行乐之风大行其道。虚无主义与及时行乐主义是人类社会一对形影不离的双胞胎。

国人的概念或信仰可以取代其他宗教人类不朽观念呢?”他自问自答道:“当然有的,据《左传》记载,公元前549年——即孔子不过是两岁大的孩子的时候——鲁国的一个聪明人叔孙豹曾说过几句名言,即所谓有三个不朽:‘太上有立德;其次有立功;其次有立言。虽久不废,此之谓不朽。’……这段话两千五百年来一直是最常被援引的句子,而且一直有着重大的影响。这就是一般所谓的‘三不朽’。”胡适先生指出:“这古老的三不朽论,两千五百年来曾使许多的中国学者感到满足。它已经取代了人类死后不朽的观念,它赋与了中国士大夫以一种安全感,纵然死了,但是他个人的德能、功业、思想和语言却在他死后将永垂不朽。”① 我们看到,儒教继承发扬了传统意义的立德、立功、立言“三不朽”说,终极追求的是万古不朽、青史留名的“名教”。富于历史意识的名教士人,特别看重在历史上的定位,渴求在历史的墓碑上刻下自己的名字:某某到此一游。千秋万代之后还有人知道自己的大名,还有人知道自己曾经到此世界一游,对自己顶礼膜拜,那就心满愿足矣!这是儒教士人的终极关怀。然而,这只解决极少数极少数人的死亡焦虑问题,满足了不到亿分之一人对不朽的追求(即使是中国士大夫也只有非常少的精英实现了这一追求)。绝大多数人怎么办?他们既不能立德,没有希望立功,也无法立言,根本就不可能获得不朽之“名”,仰望蓝天,他们如何实现心中秘藏的永垂不朽的愿望?极具理性的儒教对一般人千古不朽的梦想不予关注,人们在其中找不到永久的慰藉,所以绝大多数人弃儒教而去,不少人去道教中寻找解决生死问题的答案,尤其是社会底层的民众。这一点连国外的学者都已经观察到:儒教“这个简单而又几乎是理性的

---

① 《胡适学术文集·中国哲学史》上册《中国人思想中的不朽观念》,中华书局1991年版,第545、546页。

宗教，并不能使中国人十分满意。它的教条没有给人们留下幻想的余地，对于他们的希望和梦想，也没有回报的赐予，对于他们日常生活中充满的迷信，也没有鼓励和慰藉的作用。……中国人，尤其是南方人，最为迷信，他们遭到极具理性的儒家思想的统御，他们渴求有一种信仰，使中国像其他国家一样，得到永久的慰藉”。能够使民众得到永久慰藉的这种信仰是什么？那就是东汉时期产生的道教。“群众对于这种新的宗教趋之若鹜，为它建庙盖堂，慷慨解囊支援其道士，热衷研读那充满迷信的经典以充实其新的信仰。老子被尊为神，老子的思想变成了超自然的思想。”[①] 一直到今天，道教仍给予信仰它的社会底层民众“永久的慰藉”，积极帮助他们解决生命能够永垂不朽的问题，使他们不再对死后的去向问题感到极大的困惑与恐惧，这样一来他们极其平凡而又默默无“名”的人生便有了意义支撑，生活就有了奔头，生命就有了价值，虚无主义在他们那里就找不到市场。道教神仙信仰就这样隐含在信众的日常生活中，不显山，不露水，信众日用而不知，所谓“生活道教”的意义就在这里。

道教的神仙信仰反映了中国古人解决死亡问题的终极理想，也可把它看作是我们祖先的一种“科幻”意识，只不过这种“科幻”与当代流行的科幻所处的时代不同，其所使用的技术手段也大相径庭。道教神仙不死的“科幻”所使用的技术方法，无非是属于古代科技范畴的炼内外丹一类，而当代科幻使用的则是人类社会发展到今天的高科技。当代科幻作品仍然在憧憬着“一个唾弃死神的时代”，在这个未来时代，“快速冷冻，分子修复，生命与死亡的界限模糊了”。这就是微型科幻小说《2065：冰棺时代》所幻想的。小说主人公为女儿口中

① 《港台及海外学者论中国文化》上册威尔·杜兰《人民和国家（节录）》，上海人民出版社 1988 年版，第 47 页。

的“老冯”，她工作在一家出版社，做过科幻小说编审，61 岁那年（2015 年），因为患癌症死去，为节省开支，把身体抛弃，只冷冻头颅，在零下 196℃的液氮里沉睡了 50 年，由于一种崭新的解冻技术被开发出来，她被唤醒。她死去那年女儿 27 岁，醒来之后发现，女儿已经 77 岁了，而她还是 61 岁，女儿比她更老。她死过一回，现在又活了，但又不算真正活着。她想能真正活着、走在大街上去看看。但最大的麻烦在于，由于医学伦理尚未对自体医用克隆开放禁令，机械身体又尚未成熟，想要获得一具健康的身体，必须等待遗体捐赠。而这意味着漫长的等待，以及一具不属于自己的陌生身体。有鉴于此，她希望再次被冷冻。然而等她再一次醒来，不单是女儿，这个世上所有在世的亲人朋友，就再也见不着了。小说描绘，人体冷冻公司，有缴纳一百万年冷冻费用的大冒险家，有埋好古董等待升值的艺术品掮客，有车祸濒死的伤员，有只想把自己冷冻起来的冷冻爱好者等。[①] 读到这篇小说，我们很自然而然地就会想起道教中凡人遇仙的故事。这些遇仙故事中，由于仙界方七日，世上已千年，于是当误入仙界的凡人回到自己家乡时，全都变了样，子女亲人全都不见了，谁都不认识他。令人惊奇的是，道教这类凡人遇仙的故事在当今借助于超高科技又还魂了！尽管道教遇仙故事和科幻小说叙事方式不同，但思维逻辑却完全一致，从这个世界消失的人，若干年后，又以消失时同样的年龄回到了这个世界，尽管这个世界物非人亦非，消失者的年龄却不变。试想科幻小说中缴纳了一百万年冷冻费用的大冒险家，当其一百万年后醒来，还是死去那个年龄，这简直和道教故事中成仙以后年龄就定型了一模一样，比如八仙中的何仙姑、韩湘子就永远保持青春年少。所以从当代科幻的角度看过去，我们不妨把道教神仙信仰

① 张冉《2065：冰棺时代》，《南方周末》2016 年 1 月 7 日 C24 版。

看作是中国古代产生的一种“科幻”，只不过这种“科幻”建立在古代的低科技水平上。不管是建立在低科技水平上的道教神仙信仰“科幻”，还是当代建立在超高科技水平上的科幻，它们的终极目标却是一致的——“唾弃死神”。

古罗马的西塞罗在其《论灵魂》中记述：外号叫“劝死者”的哲学家赫革西阿斯就“死亡不是使我们离开幸福，而是离开不幸”进行讲演，以至于“许多人在听了他的讲演之后自杀了”。又举例说明，神明“给予凡人的最好的恩赐”就是死亡。① 道教的宗旨，与此截然相反，道教不是“劝死者”，而是“劝生者”，苦口劝导人健康长寿，修道者长生不死；神明恩赐给凡人最好的礼物，就是长生不死，最终成为神仙。梁启超《子墨子学说》揭示：“世界大哲，莫不以死后问题为立教之源泉。佛有涅槃轮回天堂地狱之名，耶有末日审判往生天国之说，皆使人知区区数十寒暑之所经历，至短至幻至不足道，以身殉责任者，正所以求真利真福于来兹也。”② 道教却并不以“死后问题为立教之源泉”，而是以如何想方设法做到此生“不死”作为立教之源泉，道教也不会“求真利真福于来兹”，放到来世，而是把神仙“不死”的“真利真福”就放在当下，就在此生此世，今生就要尽自己的全力为实现这一理想目标而奋斗不息。这是道教与众不同的独特信仰，是道教的特色所在，也是我们理解和认识究竟什么是道教的关键所在。认识一个宗教，必以其信仰作为观察的核心点，对于认识道教来说，同样是如此。道教的信仰如何呢？成仙不死，这是道教对死亡的独特解释，这一解释的丰富内涵，构成其独特的神仙信仰。

---

① 西塞罗《论灵魂》，西安出版社 1998 年版，第 150、171 页。

② 梁启超《饮冰室合集》八《专集》三十七《子墨子学说》，中华书局 1989 年版，第 46 页。

四 道教神仙信仰的内容

道教的神仙信仰是中国普通老百姓生命精神的一种浓缩，道教思想坐标的起点就是成仙不死，它主要包括下列内容。

（一）天地之间人为贵；唯生重生，神仙长生

道教，可以说是一种生命宗教，它关心人为什么会生病，为什么会死亡，并提出解决问题的办法："凡人生在胞胎之中，皆禀九天之气，凝精以自成人也。既生而胞中有十二结节盘固五内，五内滞閟，结不可解，节不可灭。故人之病，由于节滞也，人之命绝，由于结固也。兆能解结于胞中十二结节，则求死亦不得也。"[①] 这种探求在今天看来不免浅薄，但正显示出道教与儒家的不同所在。道教经书明确表示要给人指出一条神仙长生不死之路："今留此书于世，令后人知有长生之路，不死之门，若能依法而修，无不至神仙者也。"[②] 意谓依照道教的法门修炼，一定能够解决生死问题，成为神仙。道教称其神仙信仰易知易行："玄门之书千万言，内圣外王之道既备，其神仙长生语，特曰虚静恬淡，寂寞无为，可谓易知易行矣。"[③] 意谓神仙之道，并非如一般人所认为的那样难以理解，难以实行，以此劝导人修学神仙。道教说："夫人一也，悟则仙，不悟则亡。"[④] 大家都是人，觉悟即为神仙，执迷不悟生命即消亡。

道教神仙信仰对于人从何处来，死后往何处去，人为什么不得不出生等问题，都有所讨论。《玄宗直指万法同归》卷四提问："父母未

① 《云笈七籤》卷二十九《解胎十二结法》，《道藏》第 22 册第 212～213 页。

② 《混元八景真经》卷三，《道藏》第 11 册第 439～440 页。

③ 《岘泉集》卷四《赵原阳传》，《道藏》第 33 册第 232 页。

④ 《皇经集注》卷三，《道藏》第 34 册第 652 页。

生之前，此身在何处？答云：父母之前，了然无物，因缘媾合，始结胞胎，形质之累有矣。曰：形质若殁，此身复在何处？答云：复如未生之前，了然无物也。曰：若无，则无有也，又云复生，何也？答云：火本无形，木为之根；泡本无形，水为之根；人本无形，父母为之根，何得不生也？”既然生前死后，了然无物，人何以又会出生？只因为“父母为之根，故不得不生”。若问修道者死后归于何处？“答云：亦不生天堂，亦不在地狱，亦不在南阎，亦不在西国。曰：然则在什么处去？答云：寂然不动，无来无去，清净本然，周遍法界，得意生身，自由自在。”①《碧苑坛经》卷下《济度众生》追问生前死后的来龙去脉：“学者参求生死，此身未有之前，你在何处？此身死殁之后，你向何方？”②《洞玄灵宝玄一真人说生死轮转因缘经》有云：“人生世间，如春草之华，生无定日，死有常分。”③ 对生命从哪里来、到哪里去的高度关怀，对生死无常的深度感触，迫使道教思考如何逃脱生死，实现生命的不朽。道教立教的宗旨，即在于解决人的生死问题：“太上垂教，悯诸众生，故立救拔之门，以济生死之路。”④

中国古代对不死的追求发生甚早，先秦时代神仙长生的神话传说广为流行，人们渴求能够长生不死。秦汉时，燕齐一带神仙不死说尤为盛行，荆楚和巴蜀文化中也流传许多神仙长生的仙话。《山海经·海外南经》记载：在交胫国东或曰穿匈国东有“不死民”，“其为人黑色，寿，不死”。袁珂案云：“屈原《天问》‘何所不死’，王逸注引《括地象》云：‘有不死之国’，《淮南子时则篇》复有不死之野，《吕

① 《玄宗直指万法同归》卷四，《道藏》第23册第939～940页。

② 《碧苑坛经》卷下《济度众生》，《藏外道书》第10册第202页，巴蜀书社1994年版。（本书所引《藏外道书》版本同，以下只注所引《藏外道书》的册数和页码。）

③ 《洞玄灵宝玄一真人说生死轮转因缘经》，《道藏》第24册第692页。

④ 《洞玄灵宝自然九天生神章经·诵经应验》，《道藏》第5册第848页。

氏春秋求人篇》有不死之乡，均以‘不死’为说，则殆皆古人心目中之仙乡乐土矣。”[①] 这些都为道教所继承发挥，也是道教神仙不死信仰得以形成的因素之一。秦汉道教从发生开始，即充满了神仙长生思想，只不过没有加以系统论证。到魏晋，经葛洪从理论上予以论证，遂形成体系化的神仙信仰。南北朝至隋唐，受佛教生命观的影响，道教神仙信仰的追求重心逐步从肉体不死转向为精神不死，修炼的方法也逐渐由向外的追求转向对内的体证，最终形成宋元以后的内丹学。内丹学追求精神生命的永存，但实质上仍是企求永恒的“自我保存”。道教神仙信仰看起来是在崇拜神仙，实质上是把“人”放在第一尊贵的地位，并试图以修炼成仙解决人的生死问题。

《云笈七籤》卷二九《禀生受命》申明：“夫人生于天地之间，禀二气之和，冠万物之首，居最灵之位，总五行之英，参于三才，与天地并德，岂不贵乎？”[②] 人在天地之间居于最灵之位，为万物之首，自然尊贵。《太上老君内观经》宣称：“万物之中，人最为灵。性命合道，人当爱之。内观其身，惟人尊焉。”[③]《太上洞玄灵宝法烛经》反复强调：“万物人为贵，人以生为宝。”[④] 万物之中，人是最为宝贵的，而人最贵重的，就是生命，尤其是有道的生命，所谓“夫人之所贵者，生也；生之所贵者，道也”。[⑤] 人最贵重的，就是人的身体，所谓“人身最贵”。[⑥] 因为身体象征生命的存在。

重视生命，乃是道教的基本特征之一。道教对于“生”持一种虔

---

① 袁珂《山海经校注》，上海古籍出版社 1980 年版，第 196、197 页。

② 《云笈七籤》卷二十九《禀生受命》，《道藏》第 22 册第 211 页。

③ 《太上老君内观经》，《道藏》第 11 册第 396 页。

④ 《太上洞玄灵宝法烛经》，《道藏》第 6 册第 178 页。

⑤ 《云笈七籤》卷九十四《坐忘论序》，《道藏》第 22 册第 643 页。

⑥ 《云笈七籤》卷五十四《说魂魄》，《道藏》第 22 册第 373 页。

敬尊重的态度，以生命为天地万物的自然本性，高度礼赞生命的神圣，以生死为人生第一要事。《太平经》说："生者，其本也。死者，其伪也。""天上度世之士，皆不贪尊贵也。但乐活而已者。"① 只要能够活着，什么荣华富贵，皆可抛弃，因为"生"是第一要紧的事。《老子想尔注》将"生"提升到"道"的高度来体认："生，道之别体也。"②《正一法文天师教戒科经》指出，"道重人命"，自古以来"死者万亿，不可胜数，皆由不信其道"。③《养性延命录序》宣称："禀气含灵，唯人为贵。人所贵者，盖贵为生。"④《太上洞玄灵宝法烛经》："万物人为贵，人以生为宝。"⑤《悟真外篇·石桥歌》唱道："人生大事惟生死。"⑥《无上玄元三天玉堂大法》卷二四说："使人人皆跻仁寿，则太上好生之本心也。"⑦ 这些说法都充分展示了道教"重生"、"贵生"的思想。这些思想其实是对中国古代社会生命崇拜的继承，尤其是对于道家唯生、重生观的直接延续。老子讲究长生久视之道。⑧《庄子·让王》说过："夫天下至重也，而不以害其生，又况他物乎！"⑨ 认为生命的价值比天下更为贵重。这一点，在杨朱派道家当中尤为突出。《韩非子·显学》指出杨朱为"轻物重生之士"，⑩《淮南子》卷十九《氾论训》则称杨朱"全性保真，不以物累

---

① 王明《太平经合校》，中华书局 1960 年版，第 53、288 页。
② 饶宗颐《老子想尔注校证》，上海古籍出版社 1991 年版，第 33 页。
③ 《正一法文天师教戒科经》，《道藏》第 18 册第 236 页。
④ 《养性延命录序》，《道藏》第 18 册第 474 页。
⑤ 《太上洞玄灵宝法烛经》，《道藏》第 6 册第 178 页。
⑥ 王沐《悟真篇浅解》，中华书局 1990 年版，第 172 页。
⑦ 《无上玄元三天玉堂大法》卷二十四，《道藏》第 4 册第 89 页。
⑧ 《老子》第五十九章，上海古籍出版社 1989 年版，第 15 页。
⑨ 郭庆藩《庄子集释·让王》，中华书局 1961 年版，第 4 册第 965 页。
⑩ 《韩非子·显学》，上海古籍出版社 1989 年版，第 159 页。

形”。[①] 道教即继承了道家这种“轻物重生”、唯有生命最高的人生价值观。

道教神仙信仰的核心范畴是所谓长生不死之“道”，人的生命与此种不死之“道”合而为一即可以神仙长生，正如《云笈七籤》卷十七《太上老君内观经》说：“道不可见，因生以明之；生不可常，用道以守之。若生亡则道废，道废则生亡。生道合一，则长生不死，羽化神仙。”[②] 对道教来说，人发现了神仙不死之道就发现了自身，尽管神仙不死之道无限地超越于他，但道教信徒总是想接近它，与它合为一体。从这种本体追求出发，道教神仙信仰追求无限存在，即道教所谓“无极之道”。这种“无极之道”不受时空的限制，但却又是此在的。一般说来，世界上绝大多数宗教向往的是对于彼岸天国的死后追求，道教与众不同之处就在于，信奉的是对此岸生命获得永恒的追求，人生的意义和价值是此岸世界，而非彼岸世界。这种对此岸生命不死的追求，在道教中是自由自觉的，但能不能实现，却还是一个悬而未决的问题，只不过在这种追求中，道教信徒渴求生命永恒的潜意识得到了满足，面对死亡产生的恐惧心理得到了极大的慰藉，心灵有了安顿之地。

（二）我命在我、心作主宰、无量度人、神仙可学的生命主体论

莎士比亚名剧《哈姆莱特》中有句著名的台词：“生存还是毁灭，这是一个值得考虑的问题。”[③] 面对生存还是毁灭，这一永远令人深思的问题，道教毫不动摇选择“生存”，也就是所谓长生不死。并由此出发建立起我命在我、心作主宰、无量度人、神仙可学的生命主

① 《淮南子》卷十九《汜论训》，《道藏》第 28 册第 101 页。

② 《云笈七籤》卷十七《太上老君内观经》，《道藏》第 22 册第 128 页。

③ 《莎士比亚全集》第九卷，人民文学出版社 1978 年版，第 63 页。

体论。

道教神仙信仰的主体性，突出地表现在：沿着墨子“非命”、荀子“制天命而用之”的思想轨迹奋勇前行，对儒家天命观以及道家生死自然观予以颠覆，对所谓“我命在我”的高扬。它与西方中世纪把人变为神的奴仆也不一样，是在生命问题上自作主张，通过修炼完成由人转化为神的过程。道教有一句震撼人心、激励人类战胜死亡斗志的名言：“我命在我不在天。”这句名言，表达了道教对儒家命定论、天命论和道家生死自然观的否定，鲜明而又集中地体现了道教神仙信仰的主体性。道教中许多人对这句名言作了自己的诠解。

《西升经·我命章》假托老子的话说：“我命在我，不属天地。”① 李荣注解称：“天地无私，任物自化，寿之长短，岂使之哉！但由人行有善有恶，故命有穷通。若能存之以道，纳之以气，气续则命不绝，道在则寿自长，故云不属天地。”② 就是说，人的生命长短是由人自己所把握，人通过存道纳气的修炼，延长了自我生命，甚至使生命不绝，所以人的生命长短并非由天地来决定，也不是命中注定的，说到底一切全看主体自我如何作为。这就是人在生命问题上的主体性发挥。另外，人的道德表现有善有恶，所以人的命运就有好有坏，人的寿命也就有长有短。“道君皇帝”宋徽宗解释《西升经》“各有行宿，本命禄之所”时说：“命之立也，其称人事乎。命虽莫之致而至。然其死生贵贱，祸福寿夭，皆本于宿昔之所行。积善积恶，殃庆各以其类至，无毫厘之差，有影响之应，道者同于道，德者同于德，失者同于失，顾所行何如尔。”③ 道德行为是人能自主选择的，这种选择

---

① 《西升经》大约产生于晋代。

② 《西升经集注》卷五，《道藏》第 14 册第 594 页。

③ 《西升经》宋徽宗注，《道藏》第 11 册第 496 页。

决定了人的生命走向，这同样显示了人在生命问题上的主体性发挥。《西升经》“我命在我”的主体性原则，为后世道教广泛引用阐发。《真气还元铭》坚信：“天法像我，我法像天。我命在我，不在于天。”强名子注解说：“人性命生死，由人自己。人若能知自然之道，运动元和之气，外吞二景，内服五芽，动制百灵，静安五藏，则寒温饥渴不能侵，五兵百刃不能近，死生在手，变化由心，地不能埋，天不能煞。此之为我命在我也。”① 尽管天人互相“法像”，天人合一，但我的生命由我自己掌握，不是由上天来作出决定的。唐代著名道教学者司马承祯《坐忘论序》引《西升经》“我命在我，不属于天”后指出：“由此言之，修短在己，得非天与，失非人夺。”② 就是说，生命的长短在自己，得到长寿不是天的赐予，短命夭亡也不是他人所夺去。在司马承祯看来，既然人的生命长短，既非上天赐予，也非他人所能定夺，主动权操于自己手中，那么通过修习坐忘之法，人就能够依靠自己的力量战胜死亡，求得生命之永存。

对于道教说来，求仙不死是一种“心学”，道在人身中表现为神明即所谓心，得道乃是种“自心得道”，故必须从自我内在的“心”下手，人的主体性由此得以极大发挥。《云笈七籤》卷九《三洞经教部 · 释太上上皇民籍定真玉箓》声言：“先能定心，仙名乃定。”③《云笈七籤》卷十七《三洞经教部 · 老君清净心经》得出结论：心神“既常清静，及会其道。与真道会，名为得道。虽名得道，实无所得，既无所得，强名为得。为化众生，开方便道。老君曰：道所以能得者，其在自心。自心得道，道不使得，得是自得之道，不名为得，故

---

① 《真气还元铭》，《道藏》第 4 册第 880 页。

② 《云笈七籤》卷九十四《坐忘论序》，《道藏》第 22 册第 643 页。

③ 《云笈七籤》卷九《三洞经教部 · 释太上上皇民籍定真玉箓》，《道藏》第 22 册第 52 页。

言实无所得。”[①] 所以得道，在自己内心，因而虽名得道，实无所得。《墉城集仙录》卷一《圣母元君》元君为修道人宣讲：“夫仙者心学，心识则成仙；道者内求，内密则道来。”[②]《云笈七籤》卷一百五《清灵真人裴君传》引《八素经》强调说：“求生养命在于心，三丹田三寸之间耳。是以龙变蝉蜕，皆以一致而成也。《八素经》曰：仙者心学，心诚则成仙；道者内求，内密则道来。”[③] 心的根本任务，就是修道，修心即修道，修道亦即修心。诚如《太上老君内观经》所讲：“道者，有而无形，无而有情，变化不测，通神群生，在人之身，则为神明，所谓心也。所以教人修道，则修心也，教人修心，则修道也。”[④] 亦如《道法心传》所揭示：“夫心者，一身之主，万法之根。其大无内，其小无外，大则包罗天地，小则隐在毫芒；修之则作佛成仙，纵之则披毛带角；存之于内则为性，施之于外则为情；千变万化，无有定时。故圣人教之修心即修道也，教之修道即修心也。”[⑤] 心作主宰，也充分反映了道教神仙信仰的主体性。

道教吸收了佛教区分大乘、小乘的做法，及佛教以普度众生为己任的思想，发展出一整套大乘道教济世度人并最终自己得救的生命主体性原则。对道教来说，“道”自体本身就是好生恶杀，救护贫苦，济度一切的。《赤松子章历》卷六宣告：“大道普慈，好生恶杀，无灾不救，无厄不解。”[⑥]《太上北斗二十八章经》揭示：“大道之意，行于平等，救护贫苦，给济衣食，一切病患，给以汤药。”[⑦]《至言总》

① 《云笈七籤》卷十七《三洞经教部·老君清净心经》，《道藏》第 22 册第 132 页。

② 《墉城集仙录》卷一《圣母元君》，《道藏》第 18 册第 167 页。

③ 《云笈七籤》卷一百五《清灵真人裴君传》，《道藏》第 22 册第 716 页。

④ 《太上老君内观经》，《道藏》第 11 册第 397 页。

⑤ 《道法心传》，《道藏》第 32 册第 420 页。

⑥ 《赤松子章历》卷六，《道藏》第 11 册第 223 页。

⑦ 《太上北斗二十八章经》，《道藏》第 11 册第 364 页。

卷五《功过》教诲说："夫道所贵，在适而无累，和而常通，永劫无穷，济度一切。此之长生，乃可为重。"① 济度一切的长生，才是可贵重的。道士追求的得道长生，如此而已，岂有他哉！《太上老君说长生益算妙经》称有一万二千七百种能生成、能育养、能覆爱的"道"救护人，为人增加寿算："万道下生，与我增算。道能覆爱，道能救护，道能生成，道能育养。若人算尽者，是道能益一万二千九百九十九算，与道齐坚。天地合德，万物滋荣，其道能生。真君下世，与我长生，益我寿算，禀气长存。一万二千七百种道，下生护人。"② 大乘道教"度人为先"、"无量度人"以及"先人后己"从而成仙的精神境界，既是利他主义的，但实际上最终还是利己的，因为其最高最终的目标仍然是为了修度"己身"成为"天仙"。这正是大乘道教的精神："仙道贵生，无量度人。"③ 无量度人，既是主体性发挥，也体现了主体间性，展示出修道之人对他人生命的关怀。利他又利己，度人终度己。在大乘道教看来，那种自家生命自家了的自了汉，终于只能成为品位低下的"地仙"，因此特别强调无量度人。

既然我的生命在于我自己主体能动性的发挥，我的生死是由我自己来决定的，那么神仙可以学致便是顺理成章的了。神仙可学论也是对传统命定论的否定。有一种意见认为，神仙不死乃命中注定，非积学可以获得。这显然是宿命论的。道教的主流观点认为，神仙可以学致，人们通过自己主观上的刻苦努力，可入于神仙长生之林。唐代著名道教学者吴筠撰《神仙可学论》，专门阐述这一观点。《九还七返龙虎金丹析理真诀》强调："人得一以灵。夫欲灵于人，莫过学长生不

① 《至言总》卷五《功过》，《道藏》第 22 册第 869 页。

② 《太上老君说长生益算妙经》，《道藏》第 11 册第 411 页。

③ 《灵宝无量度人上品妙经》卷一，《道藏》第 1 册第 5 页。

死之道也!"[①] 指出获取长生不死之道，可以通过学习而实现。道教神仙长生可学的命题，让生命永存的想象纵横驰骋，试图凭自我学道来解化生死，消除时间的流逝，其中固然不乏充满梦想之处，但也反映了中国人对于生命存在的执着追求，面对死亡所作的不懈抗争。

道教坚信："人能弘道，非道弘人。"[②] 生命之树所以长青，就在于人去弘扬。假如人不能将生命的价值高扬，活泼泼的生命之流就不会冲破种种障碍，排除"天"的制约，流向无限的时空。人"可以得道"，然而"道"在哪里去寻求？按照《净明宗教录》的看法："道非他求，本自我身。"[③] 道就存在于"我"自身当中，调动自己奔放的生命活力，以艰苦卓绝的精神，在充满无常的人生道路上披荆斩棘，又何愁不能寻求到"道"？而一旦获得神仙长生之道，便可以"游行超宇宙，掌握回死生"。[④] 超越宇宙，掌握生死，这就是道教神仙信仰主体性的恢宏气度。

总之，道教神仙信仰的主体性，其要旨包含以下四方面的内容：一方面是对自我生命的自作主宰，坚持"我命在我不在天"，颠覆儒家的命定论和道家庄子的安命论[⑤]。另一方面是对道德主体性的强调，人们有权对善恶作自由选择，选择善就选择了生命的光明走向，反之则使生命掉进黑暗的深渊，人们的道德动机与生命的最终结果紧紧联系在一起。发挥道德主体性，从而延长生命存在的时间，提高生命存在的质量，人"心"是关键之所在。所以从多侧面、多角度去阐

---

① 《九还七返龙虎金丹析理真诀》，《道藏》第 4 册第 325 页。

② 《净明宗教录·胡洞真述净明大道说》，《藏外道书》第 7 册第 828 页。

③ 《净明宗教录·中黄八柱经虚四谷章第三》，《藏外道书》第 7 册第 813 页。

④ 《吕祖全书》卷九，《藏外道书》第 7 册第 212 页。

⑤ 《庄子·德充符》讲："知不可奈何而安之若命，唯有德者能之。"（郭庆藩《庄子集释》，中华书局 1961 年版，第 1 册第 199 页）

述修心养心，是道教神仙信仰讲主体性的重要内容之一。在道教，生命的历程也就是心路的历程，是人心不断作出各种价值选择的历程，这种选择正是人的生命主体性的展示。第三个方面是对万物生命的解救，不仅只是拯救自我生命，更重要的是拯救全人类的生命，并且只有拯救了全人类的生命，修道者自我本身才能成仙不死。对于一个修道者来说，解救他人的生命越多，了道成仙的品位就越高。上引《灵宝度人经》所说的“仙道贵生，无量度人”，其意思就是超度他者的生命，使之长生不死，多多益善，最高境界是“无量”的，换句话说，就是拯救全人类的生命。这就是大乘道教所展示的胸襟广阔无边的生命主体精神，其中既有主体性，也包含了主体间性。当然，第四个方面，不论是拯救全人类的生命，还是拯救自我的生命，不论是做到“我命在我不在天”，还是要发挥道德主体性，修心养性，做到“无量度人”，都离不开长期“学道”修炼的过程。梅花香自苦寒来。不经历风雨，就见不到彩虹。在道教看来，如果缺乏艰难困苦、百折不挠的修道的体验，并由此最终得道成仙，那么，所谓“我命在我不在天”，所谓“积善乃可长生”，所谓“仙道贵生，无量度人”，这些都只不过是在讲空话。因此，如何修炼，用什么方法修炼学道，从而成仙了道，这便成为实现自我主体性的一个实实在在要解决的问题。

（三）神仙信仰的实证性和可操作性

怎样解决这一实际问题？这就落实到道教神仙信仰的技术层面、应用层面。道教神仙信仰并非纯粹思辨性的产物，而是应用性非常强，它要求人们在实际运用中加以验证，它注重应用性和实证性，不仅只是对生命问题坐冷板凳作神学上的沉思。道教神仙信仰鼓励人们在行动中去体验生命的真昧，去证实生命的不朽，去实现对生命的理想追求。道教神仙信仰重视当下的现世利益，不追求来生，但求今生今世生命得到了证，而对现世幸福的追求，对死亡的否定，是不能通过空谈来实现的，必须亲身践行。道教神仙信仰强调神仙可学，学习神仙之道的过程就是种践行，就是对生命问题进行实际的体证。所谓“神仙可学”也强烈地体现了道教神仙信仰的实证性。

实证的目的是要拯救生命。道教对生命的拯救，并不是到外面去建树一个上帝来拯救自己，而主要是通过自我修炼，自己拯救自己。“道”就在自己心中，或者干脆说：“道”即是“心”，“心”即是“道”，修道即是修心，修心即是修道。道教并因此而创建了种种修道的方法，这些方法，亦强烈地体现了道教神仙信仰的实证性特征。

一直到近现代，道教仍然十分注重仙学的实证性。近代著名道教学者陈撄宁先生于20世纪30年代在上海创办《扬善半月刊》、《仙学月刊》以及仙学院，提倡中华仙学，以求生命问题之圆满解决。在《答上海钱心君七问》中，他指出：“神仙要有凭有据，万目共睹，并且还要能经过科学家的试验，成功就说成功，不成功就说不成功，其中界限，假如铜墙铁壁，没有丝毫躲闪的余地。……譬如我自己是个学仙的人，设若侥幸将来修练成功，必有特异之处，可以显示给大家看见，倘仍旧不免老病而死，又无丝毫神通，你们切切不要烘云托月，制造谣言，说我已经得道，免得欺骗后人。”此即对生命所抱的一种实证态度。在陈撄宁先生看来，神仙家走的道路就是一条实证的路，所以他说：“我劝君还是走神仙家实修实证这一条路罢。”[①] 走实证的路，这就是道教神仙信仰选择的人生路向。

所谓实证，包含经得起经验事实验证的意义在内。中国人是最讲究经验主义的民族，于事实无验的东西，是很难取得他们信任的。向秀《难嵇叔夜养生论》批评嵇康所说“导养得理，以尽性命，上获千余岁，下可数百年”，实在是“未尽善也。若信可然，当有得者，此

① 陈撄宁《道教与养生》，华文出版社1989年版，第331、333页。

人何在？目未之见，此殆影响之论，可言而不可得”。[①] 连通过养生“上获千余岁，下可数百年”的人“目未之见”，经验得不到证明，都是“可言而不可得”，不可信赖的，更不用说长生不死的神仙了。正因为如此，实证性——这既是道教神仙信仰的一个特色，也是其最为致命的弱点所在。道教长生不死的神仙信仰，从来没有得到验证，人们从来没有见过长生不死的人，长久以往，人们便由信仰转为怀疑，不再相信，甚至还有很多人指责其妄想虚诞。韩愈《谁氏子》诗云：“非痴非狂谁氏子，去入王屋称道士。白头老母遮门啼，挽断衫袖留不止。翠眉新妇年二十，载送还家哭穿市。或云欲学吹凤笙，所慕灵妃媲萧史。又云时俗轻寻常，力行险怪取贵仕。神仙虽然有传说，知者尽知其妄矣！”[②] 谁家小子竟然不顾老母娇妻的劝阻，执意要去王屋做道士，智慧之人皆清楚神仙传说的虚无缥缈呀。也正如李觏《重修麻姑殿记》中所说：“三代之英既往，礼教不竞，人欲大胜。欲莫甚乎生，恶莫甚乎死。而道家流诵秘书，称不死法以啖之。故秦汉之际，神仙之学入于王公，而方士甚尊宠。然或云延年，或云轻举，皆人耳目间事，久而未验，众则非之矣。”[③] 神仙不死无验，便遭受人怀疑甚至非难，信仰神仙不死的人日趋减少，这正是由于神仙学过于追求实证的缘故。难怪李觏《疑仙赋》提出各种各样的疑问：“噫嘻仙乎，为有为无？为天之居？为地之庐？为山之国？为水之都？为古为今？为智为愚？为崇为卑？为肥为癯？与人类乎？与人异乎？将天下之利乎？将一身而已乎？既匪闻而匪见，我焉知其所如。”[④] 表示

① 《全上古三代秦汉三国六朝文》卷七十二向秀《难嵇叔夜养生论》，中华书局 1958 年版，第 2 册第 1876～1877 页。

② 《韩昌黎全集》卷五《谁氏子》，中国书店 1991 年版，第 81 页。

③ 《李觏集》卷二十三《重修麻姑殿记》，中华书局 1981 年版，第 255 页。

④ 《李觏集》卷一《疑仙赋》，中华书局 1981 年版，第 4 页。

没有亲眼看见神仙，不能知道其究竟是有还是无，神仙的存在十分令人怀疑。

对于这种疑问，陈撄宁的答复是："古代的神仙，尸解的已经尸解了，飞升的已经飞升了，都是离开这个地球，跑到别的世界上去了。你如何能看见？尚有一两位未曾做到尸解地步的半仙，他又躲在深山古洞之中，人迹罕到之处，永远不肯出来，在那里等候尸解。所以世上人也不能看见他们。"[①] 神仙住在别的星球上，神仙世界与人的世界，这是两个互不相通的世界，人们当然无法得以目睹仙颜，这是陈撄宁作出的解释。

不论是疑问的一方，还是释疑的一方，都从神仙是否实存出发，讨论人是否能不死的问题。一方肯定神仙不死存在，一方表示怀疑甚至干脆加以否定，都试图运用实证的手段驳倒对方，这是崇尚经验主义的民族所习用的手段。到目前为止，争执双方谁也没有说服谁，信奉神仙不死的仍有人在，他们仍在孜孜不倦地力求实证神仙不死存在。

在道教对神仙不死"乐此不疲"地追求中，也产生了一些相当有效的实证手段或者说操作方法，这些方法，虽不能做到使人不死，却可以让人延年益寿，强身健体，进一步提高生命存活的质量。这些具有可操作性的方法，正是道教神仙信仰实证性的具体展示。道教的操作方法可归结为两大类，一类借助外力，一类借助内力。借助外力的如服食丹药等。这类方法在魏晋、隋唐较为盛行，由于产生的负效应较大，服外丹后中毒而死的事件屡有发生，故这类方法渐为道教所不取。尽管道教外丹术在探索生命奥秘的过程中出现了失误，没有能证实道教神仙不死的可靠性，但它却产生了好些有益的副产品，涉及化

---

① 陈撄宁《道教与养生》，华文出版社 1989 年版，第 330 页。

学、矿物学、冶炼学和医药学等多门学科，客观上刺激和推动了古代中国科学技术的发展，举世闻名的中国古代四大发明之一的火药，便与道教徒炼外丹大有关系，是道士炼外丹追求生命不死过程中派生的产物。我们现在要写中国古代科学技术史，大量的内容都与道教外丹术有瓜葛。借助内力的方法主要是行气、服气乃至发展为内丹学。这类方法宋元后成为道教徒修炼长生不老的主要操作方法。

现代生物学认为，生命活动的独特原则是节奏性，所有生命都有节奏。道教早已注意到人的生命节奏性，并探讨怎样从“气”的角度把握这种节奏，使生命协调健康地发展。于是有道教气功的产生形成。在道教之前，道家已看到人的生命与“气”有休戚相关的联系。《庄子·知北游》说：“人之生，气之聚也；聚则为生，散则为死。”气聚则生命存在，气散则生命消失。关尹子也讲：“生死者，一气聚散耳。”[①] 与庄子意见一致。《淮南子·地形训上》指出：“食气者神明而寿。”高诱注称：“仙人松乔之属是也。”[②] 认为人吃五谷生百病，难免一死，只有食气者才能够神仙长生。由于道家发现人的生命存在离不开气，故在老庄书中，已经谈到炼气问题。《道德经》第十章有所谓：“专气致柔，能婴儿乎？”《庄子·大宗师》指出真人的呼吸方法是与众不同的，“真人之息以踵”，而“众人之息以喉”。《庄子·刻意》揭示说：“吹呴呼吸，吐故纳新，熊经鸟伸，为寿而已矣；此导引之士，养形之人，彭祖寿考者之所好也。”道家对气的讲究，为道教所进一步发展。

道教提出了道即是气、以气为本的学说。《养性延命录》卷下《服气疗病篇第四》引《服气经》说：“道者，气也，保气则得道，得

① 《文始经言外旨》卷四，《道藏》第14册第711页。

② 《淮南子》卷七《地形训上》，《道藏》第28册第29页。

道则长存。”[①] 把气提升为道的高度，保气则可得道长存。《云笈七籤》卷六十《诸家气法》主张：“道者，气也。气者，心之主。精者，命之根。爱精重气，然后身心保之矣”；“夫人以元气为本”。[②]《长生胎元神用经》引用《仙经》说：“道者，气也。气者，身之主。主者，身之命。命者，身之根也。若惜精、保气，始全其生。”又引用《行气诀》曰：“道者，气也。保气得道，即长生矣。”[③]《道教义枢》卷二《三洞义》，阐述了道教三洞以气为本的观点：“洞真教主天宝君为迹，本是混沌太无元高上玉皇之气；洞玄教主灵宝君为迹，本是赤混太无元上玉虚之气；洞神教主神宝君为迹，本是冥寂玄通无上玉虚之气。”[④] 这实际上是南北朝以来道教流行的一气化三清之说，三洞教主皆是迹象，其所产生的根本是“气”。以气为本的学说，是道教气功内丹术的理论根据。

道教气功内丹术为中华养生文化的上乘精品，它积淀了中国文化的优良传统，其中固不免一些过时的糟粕，但其主体部分，仍然不失为原始生命科学的结晶，是道教对中国古代科学技术的一大贡献。这一贡献，对当今人类的人体生命科学及医疗养生学的发展仍有巨大的借鉴价值，值得我们深入发掘，认真总结，正确引导运用，以造福今人。

（四）生命伦理学

除上述外，还能通过什么途径获得成仙不死？道教的答案是：除了用外丹或内丹等炼养身体外，不可或缺的就是道德上的为善立功德，洗去自己生命中的罪恶，成为品格高尚的圣人和真人。因为神仙

---

① 《养性延命录》卷下《服气疗病篇第四》，《道藏》第 18 册第 481 页。

② 《云笈七籤》卷六十《诸家气法》，《道藏》第 22 册第 424、416 页。

③ 《长生胎元神用经》，《道藏》第 34 册第 315 页。

④ 《道教义枢》卷二《三洞义》，《道藏》第 24 册第 812 页。

在德行上都是尽善尽美、无懈可击的，所以人要想变成神仙，那就非得在道德品质上脱胎换骨，洗心革面，像神仙那样成为真善美的统一体。在道教中，理想的道德行为是在神仙身上体现出来的，修道者只有尽最大努力效仿神仙的“善良生活”，以此来衡量自己的道德水准，才能成为神仙之国的“选民”，亦即道教所谓“种民”。神仙是至善至美的化身，创造了一个充满正义与善良的世界，并为人们建构了一套道德价值标准，人们的道德表现应该听命于神仙，以神仙的道德风范作为个人的楷模。道教神仙信仰的一个重要内容，就是承认儒家关于生命的伦理价值观，就是将其神仙信仰与儒家伦常结合起来的生命伦理学，它以“劝善成仙”作为讨论的主题，由神仙信仰和道德修养两大板块构造而成，或者说是二者联姻的产儿。

道教主张：“上士积善，永久长生”，“长生之本，惟善为基也”；[①]“天道平正，以生赏善，以死罚恶”；[②]“清贞廉洁，久则神仙”，“笃厚诚实，久则神仙”；[③]“善男信女，命终之后，不见地狱，径生天堂”；[④]“上士广开法关，先人后已，救度国君，损己济物，仁及鸟兽，惠逮有生，恭师奉法，常如封神，长斋苦思，精研洞玄，吐故纳新，心灰体槁，意勤气柔，人神并劝。如此之行，一灭一生，志不退转，克成上仙”；[⑤]然而“积恶造罪，无由冀仙”。[⑥]善则意味着

---

① 《墉城集仙录》卷一《圣母元君》，《道藏》第 18 册第 166 页。又参见《云笈七籤》卷八十九《诸真语论》引元君曰：“万善之基，亦在三业。十善相生，至于万善。行善益算，行恶夺算。赏善罚恶，各有职司。报应之理，毫分无失。长生之本，惟善为基也。”（《道藏》第 22 册第 622 页）

② 《正一法文天师教戒科经》，《道藏》第 18 册第 233 页。

③ 《洞真太上八素真经三五行化妙诀》，《道藏》第 33 册第 475 页。

④ 《碧霞元君护国庇民普济保生妙经》，《道藏》第 34 册第 745 页。

⑤ 《三论元旨 · 真源章》，《道藏》第 22 册第 913 页。

⑥ 《北极真武普慈度世法忏》卷一，《道藏》第 18 册第 354 页。

生，恶则意味着亡；善则长生成仙，恶则造罪与仙无缘。这样一来，生命存在的长度便与道德善恶相联系，长生成仙即为至善的标志。只要人能行善，生命就是幸福的、充实的。通过行善，我们感受到生命的价值所在，意识到生命是一种享受，值得永久维持下去，而长生不死，是人行善理应所得的回报。行善给人的感觉，乃是自我生命找到了目标和追求，这种目标追求不会导致人走向毁灭，而是升入永恒。马克斯·韦伯颇有见解地揭示："很可能，中国一切本来意义上的'神明'观都立足于这样一种信仰：至善之人能够免于死亡并在幸福的天堂永远活下去。"① 这揭示了问题的一面，另一面是：至恶之人由于道德败坏，会减短寿命并在黑暗恐怖的地狱永世不得翻身。

道教相信："修善得福，为恶得罪"，"修善者福至，为恶者祸来"，"积修功德，谦让行仁义，柔弱行诸善，清正无为，初虽勤苦，终以受福"，"不犯恶，善积行著，与道法相应，受福无极"；② "积善隆福基"；③ "为善者，善气覆之，福德随之，众邪去之，神灵卫之，人皆敬之，远其祸矣。为恶之人，凶气覆之，灾祸随之，吉祥避之，恶星照之，人皆恶之，衰患之事，并集其身矣"；④ "持戒念道，众恶不生，善因日建，虽经生死，今身后身，常在福中，及至成道"；⑤ "积万善之因，积万恶之苦。造恶之人，常被物使也，流浪生死，沉沦苦海"；⑥ "生时惟恶无善，死时入地狱，考治魂魄，苦痛备至"。⑦

---

① 马克斯·韦伯《儒教与道教》第六章"儒教的处世之道"，商务印书馆 1995 年版，第 195 页。

② 《正一法文天师教戒科经》，《道藏》第 18 册第 232、233、235 页。

③ 《太上三洞传授道德经紫虚箓拜表仪》，《道藏》第 18 册第 330 页。

④ 《赤松子中诫经》，《道藏》第 3 册第 445 页。

⑤ 《太上老君戒经》，《道藏》第 18 册第 201 页。

⑥ 《太上北斗二十八章经·大道北元统章第八》，《道藏》第 11 册第 358 页。

⑦ 《太上妙始经》，《道藏》第 11 册第 432 页。

善即意味着幸福与快乐，恶即意味着罪恶与灾祸，这样一来，生命存在质量的高低好坏，便与道德行为密切关联。人生的命运际遇，实质上掌握在人自身手上，人要想离苦得乐，获无量福，与灭恶兴善是分不开的。行善，可以使人产生无与伦比的快乐幸福，是对自己生存能力的一种体验，体验到自己的能力不仅足以保证自我的存在，而且能帮助他人生命具足，在行善中实现了自我。善的人生是幸福与快乐的人生。从美学角度讲，善的人生也是美的人生，行善是生命价值的最完美体现，生命之美，美就美在至善。如果说西方文化注重以真实为美，寻求真知识，那么中国文化则追求以善为美，生命之美在善行中闪闪放光。道教生命伦理学，正是以至善作为生命之美所在。道教生命伦理是对其信仰者时刻发挥监督作用的伦理要素，使之发自内心自觉行善，其对世界伦理的贡献不可估量。

（五）身体政治

所谓身体政治，是道教神仙信仰扩充运作的产物，亦即神仙信仰和政治学的联姻，其主要内涵就是道教的“身国同治”论，即从治身的原理出发向外推到政治之道，以治身之道来治理天下，天下太平。这就是道教常讲的“理身理国之道”。中国哲学具有以政治哲学为主的明显特征，自先秦诸子起已形成多元而非一元的政治哲学，汉代以降，则为儒道法互补的政治哲学，表现形式为儒道二元，道教的身体政治在魏晋之后成为其中一元，而且是独具特色的一元。当然，道教身体政治诉求的目标与皇权保持一致，是为皇权服务的，只不过是在策略手段的运用上有自己的独到之处

道教主张：“至道能出世，不以出世为至道。既能出世，又能入世。”[1] 既要出世却又不忘入世，入世又能出世，徘徊于出入之间，

① 《碧苑坛经》卷下《济度众生》，《藏外道书》第10册第204页。

这就是道教不同于世界上大多数宗教的鲜明个性。既然要入世，便难免涉足政治，就会产生自己的政治见解，就有一套自己的政治理论，终于形成其身体政治。道教说："古圣帝王官天下者，首以神仙之道默相传授，家天下者，其道不传，是以至禹而止，后遂散于方外之士。"① 在"官天下"的"古圣帝王"时代，先是以解决生命问题的"神仙之道"在统治者之间默默传授，意即古圣帝王先习神仙之道，再以之指导政治。但到了"家天下"时代，"神仙之道"失传于帝王，流落到了方士手中。而道教的任务就是要把失传于帝王的"神仙之道"重新传播给帝王，使他们知道首先要养好身体，懂得养生的原理，然后以此原理向外投放于政治，才能治理好国家。身体是政治的出发点，故道教告诉帝王："天下之要，不在于彼，而在于我，不在于人，而在于身。身得，即万物备矣。"② 既要出世却又入世的道教，关心政治，参与政治，从思想上为政治参谋，为政治提供服务，并曾试图谋求政治指导思想的地位。道教与政治关系之密切，由此可见一斑。

中国古代传统有所谓"不为良相，即为良医"，良相与良医都要能治病，良相治国家机体之病，良医治人的身体之病，治病救人，这是二者的共同努力目标。在古人眼光中，人的身体是一个有机的生命体，国家也是一个有机的生命体，故二者的"医治"有相同处，因而有"医国手"之说。自古以来又有所谓"十道九医"的现象，道士多通晓医药，对身体的关注颇同于医家，对于治身体之病与治国家之病是相互融通的道理，自然而然地予以认同。道教认为，对身体器官功用的描述，也适用于政治机构的功能，身体与政治之间的这种同构关

① 《谷神篇序》，《道藏》第 4 册第 534 页。

② 《云笈七籤》卷九十一《九守》，《道藏》第 22 册第 632 页。

系，决定了可以在二者的互动中探索为政之道。德国哲学家恩斯特·卡普把人体器官看成是一切人造物的模式和一切工具的原型，在此基础上提出“器官投影”学说，并运用“器官投影”说解释了当时已知的各种技术现象。[①] 实际上，道教“身国同治”的身体政治，就是一种“器官投影”说，因为在道教那里，国家机器系统被看作类似于人体的生理器官系统，君臣民皆是人体的“器官投影”，治理国家的本质，也不外乎是人体器官作用于国家行动的投影，是人体器官的外在化和客观化。道教“身国同治”的身体政治，是用“器官投影”说来解释古代中国的政治现象。这样一种解释，往往是通过对君人南面之术的《道德经》作注疏来完成的，从汉代河上公到唐末五代杜光庭，再到北宋陈景元，都是如此。[②] 这种解释，承认以君主为中心的大一统王朝，认为君主的生命如果能够与道同体，就会充满活力，而生命活力是成就政治功业的动力，君主生命的活力越旺盛，生命的跃进就越巨大，生命的延续就越久长，在政治上就越有成就，终究将作为明君而青史留名。英国汉学家葛瑞汉曾指出：在古代中国，“除了道德的限制以外，无人想到对权力的任何限制——法家连道德的限制也没有。正是这点被假定（再次排除法家），即善政依靠的是治理者的道

---

① 参见李文潮、刘则渊等《德国技术哲学研究》第二章《“器官投影”的现代解说》，辽宁人民出版社 2005 年版，第 77～82 页。

② 道教认为，《道德经》既能治身，也能够治国。“此经博通群品，无大无小，随志所求，无有拘碍，送死养生，并无不宜也。亦能安国宁人，制伏边夷，莫不顺道者也。”“夫五千文盖三洞之精华，一乘之奥旨，理身理国，遣有归无，言象莫诠，寻绎难极而百王楷式，千劫不刊之文也。”（《传授三洞经戒法箓略说》卷上，《道藏》第 32 册第 186 页）《玄坛刊误论》引“云光先生曰：夫经者，太上所说，人之所禀持，或修之于身，或修之于国，此乃奉经之旨也”（《道藏》第 32 册第 625 页）。禀持《道德经》的宗旨，就是修身治国。

德的善”。[1] 事实上道教不仅认为“善政依靠的是治理者的道德的善”，更大程度上关注治理者的身体状况，关注治理者是否懂得养生并运用养生的原理去治理国家，实现“善政”。道教的这种政治哲学其实就是对帝王权力的限制，要求其通过节制欲望甚至无欲无为，从而限制自己的权力，实现“身国同治”的“善政”。这对帝王形成一种政治导向，是为帝王服务的，我们可称之为帝王之学。由此可以发现，道教神仙信仰并非只追求纯粹的终极关怀，它对于现世社会的政治问题也表现出热切关怀，它力图用自己解决生命问题的方法去解决现实的政治问题，从以道治身，走向以道治国，实现所谓“道治”。并且道教“身国同治”的政治哲学也确实在中国历史上发挥了特定的社会政治作用，与儒家政治哲学形成互补之势，故我们称它是由内圣之道发而为外王之用、治身又治世的学说。

（六）塑造神仙形象，证明人能成仙不死

不老不死的神仙，的的确确存在么？为了解开人们心中的疑团，树立起修炼者对于长生不死的坚定信心，道教塑造了数不胜数的形形色色的神仙，以榜样的力量感染世人，以神仙不死的形象召唤修炼者，证明人能成仙不死的真实性。道教神仙信仰经由神仙形象来展示其精义，透过凡人修炼成仙的故事来感人肺腑，以劝化人们追随神仙信仰。

道教透过神仙传记来展示“天下有神仙”存在。《墉城集仙录》卷二《上元夫人》讲述了西王母、上元夫人启发汉武帝刘彻的故事。西王母说，汉武帝对神仙之道“勤心已久，而不遇良师，遂欲毁其正志，当疑天下必无仙人”。因此西王母降临汉宫，“既欲坚其胎志，又

① 葛瑞汉《论道者：中国古代哲学论辩》，中国社会科学出版社 2003 年版，第 343 页。

欲令向道不惑也”。汉武帝“既见王母及夫人，乃信天下有神仙之事，但不精勤，久得尸解而去，不能升天”。于是“王母、夫人、青真小童皆云：帝无仙才。斯固玄察之矣！然仙桃灵果，天膳灵酒，帝皆得而食之，但至诚求道之感应，亦非凡骨矣！不然者，何以茂陵之物出于人间？亦聊示神变之迹，知神仙之不可诬也”。[①] 汉武帝虽好神仙之道，然而没有遇到良师，信仰发生动摇，怀疑天下是否有神仙。经西王母及上元夫人点化，方对神仙之事确信无疑。可惜汉武帝“无仙才”，加之不能“精勤”修道，终于未成正果。但在道教看来，这个故事已经足以证明“天下有神仙”，让人知道“神仙之不可诬”。

中华民族所共认的始祖——黄帝，成为道教塑造的神仙之一。道教对黄帝的塑造，继承道家、方仙道以及汉代谶纬之书而来。至迟在战国时代，已经有黄帝成仙的传说。《楚辞·远游》：“轩辕不可攀援兮，吾将从王乔而娱戏。”[②] 周灵王太子王乔是传说中的仙人，将他与黄帝相提并论，说明当时社会已将黄帝神仙化，黄帝成为人们心目中不死的偶像，寄托了初民对不死成仙的渴望。

《庄子·在宥》记录了黄帝问道于广成子的故事：广成子“修身千二百岁”之后，“形未常衰”，黄帝问道广成子以求“形乃长生”的“至道”。[③] 表明黄帝不甘心只做“天子”，还渴望能够“长生”。《庄子·大宗师》讲：“夫道，有情有信，无为无形……黄帝得之，以登云天。”成玄英疏解说：“黄帝，轩辕也。采首山之铜，铸鼎于荆山之下，鼎成，有龙垂于鼎以迎帝，帝遂将群臣及后宫七十二人，白日乘云驾龙，以登上天，仙化而去。”[④] 成玄英如此解释，并非空穴来风。

---

① 《墉城集仙录》卷二《上元夫人》，《道藏》第18册第173、175页。

② 黄寿祺、梅桐生《楚辞全译》，贵州人民出版社1984年版，第125页。

③ 详见郭庆藩《庄子集释·在宥》，中华书局1961年版，第2册第379～383页。

④ 郭庆藩《庄子集释·大宗师》，中华书局1961年版，第1册第246～247、250页。

据《史记·封禅书》载，公孙卿上书汉武帝，乘武帝召见时称："申公，齐人。与安期生通，受黄帝言，无书，独有此鼎书。""申公曰：'……黄帝且战且学仙。……黄帝采首山铜，铸鼎于荆山下。鼎既成，有龙垂胡髯下迎黄帝。黄帝上骑，群臣后宫从上者七十余人，龙乃上去。余小臣不得上，乃悉持龙髯，龙髯拔，坠，坠黄帝之弓。百姓仰望黄帝既上天，乃抱其弓与胡髯号，故后世因名其处曰鼎湖，其弓曰乌号。'"① 托名刘向所著《列仙传》记载："仙书曰，黄帝采首山之铜，铸鼎于荆山之下。鼎成，有龙垂胡髯下迎，帝乃升天。群臣百僚，悉持龙髯，从帝而升。攀帝弓，及龙髯拔而弓坠，群臣不得从，仰望帝而悲号。故后世以其处为鼎湖，名其弓为乌号焉。"②

纬书《河图始开图》说："黄帝名轩辕，北斗神也，以雷精起，胸文曰：黄帝子。修德立义，天下大治。""黄帝名轩，北斗黄神之精。母地祇之女附宝，之郊野，大电绕斗，枢星耀，感附宝，生轩，胸文曰：黄帝子。"③ 纬书《龙鱼河图》载天遣玄女授兵信神符、西王母遣道人授符帮助黄帝打败蚩尤的故事："天遣玄女下，授黄帝兵信神符，制伏蚩尤，以制八方。""玄女出信兵符付黄帝，制蚩尤。""帝伐蚩尤，乃睡梦西王母遣道人，被玄狐之裘，以符授之曰：太乙在前，天乙备后，河出符信，战则克矣。……力牧与黄帝俱到盛水之侧，立坛，祭以太牢。有玄龟衔符出水中，置坛中而去。黄帝再拜稽

① 《史记·封禅书》，中华书局 1982 年版，第 4 册第 1393、1394 页。

② 守一子《道藏精华录》下册《列仙传》，浙江古籍出版社 1989 年版，第 1 页。《四库提要》作者怀疑《列仙传》"或魏、晋间方士为之，托名于向耶?"余嘉锡《四库提要辨证》卷十九《子部十》则肯定："此书之为依托，固不待言。"并指出："此书已盛行于东汉，不自魏、晋始矣。""综合诸说观之，此书盖明帝以后顺帝以前人之所作也。"（中华书局 1980 年版，第 3 册第 1202、1203、1204、1207 页）

③ 安居香山、中村璋八辑《纬书集成》下册《河图始开图》，河北人民出版社 1994 年版，第 1105 页。

首，受符视之，乃梦所得符也，广三寸，袤一尺。于是黄帝佩之以征，即日禽蚩尤。”[①] 北斗、玄女、西王母，后来都成了道教所信奉膜拜的神仙。纬书《尚书中候握河纪》说黄帝驾龙登天的故事：“乃铸鼎荆山之下，成，有龙下迎。黄帝上龙，群臣后宫从上天者，黍秩余人。小臣悉持龙髯，拔坠，黄帝弓。”[②] 与《史记·封禅书》所载大同小异。

唐人王瓘所撰《广黄帝本行记》，对黄帝问道求仙有更为丰富多彩的描述：“黄帝以天下既理，物用具备，乃寻真访隐，问道求仙，冀获长生久视，所谓先理代而登仙者也。”“黄帝居代总二百一十年，在位一百年，升天为太一君，又为轩辕之星，备黄龙之体，在南宫之中。后代享之，列为五帝，居中配天。盖黄帝土德，中央之位，兼总四方也。”[③] 《云笈七籤》卷一百《轩辕本纪》中，黄帝治国平天下后，寻访仙道、最终修炼成神仙的故事，与王瓘《广黄帝本行记》相比照，基本雷同，依此类推，全文有可能间接取材于《新唐书·艺文志》著录的“王瓘《广轩辕本纪》三卷”。[④]《历世真仙体道通鉴》卷一《轩辕黄帝》，则完全抄录自《云笈七籤·轩辕本纪》，只有十分微

---

① 安居香山、中村璋八辑《纬书集成》下册《龙鱼河图》，河北人民出版社 1994 年版，第 1149、1150～1151 页。

② 安居香山、中村璋八辑《纬书集成》上册《尚书中候握河纪》，河北人民出版社 1994 年版，第 422 页。

③ 王瓘《广黄帝本行记》，《道藏》第 5 册第 32～35 页。《新唐书·艺文志》著录“王瓘《广轩辕本纪》三卷”（中华书局 1975 年版，第 5 册第 1484 页）。今《道藏》本王瓘《广黄帝本行记》只收录黄帝平天下后“修行道德”事迹，当系“王瓘《广轩辕本纪》三卷”之节本。

④ 《云笈七籤》卷一百《轩辕本纪》，《道藏》第 22 册第 674～684 页。按：《轩辕本纪》前有《真宗皇帝御制先天纪叙》，依其所叙，《先天纪》为王钦若收集道书编辑，宋真宗冠名。如果《云笈七籤》以《先天纪》为底本，则《先天纪》取材于唐人王瓘《广黄帝本行记》是无疑问的。

小的差异。[①] 这些文献材料表明，道教把黄帝从人塑造为神仙，其完整故事到唐代已见分晓。道教对黄帝的塑造，也为其把道教的产生追溯到黄帝时代提供了神学依据。黄帝成了仙，于是中华民族不仅仅是龙的传人，而且成为神仙的传人。

道教还把哲学家老子塑造为“太上老君”，使之成为由人经修炼变化后，获得最高果位的“道德天尊”。《道法会元》卷二《清微应运》明确说：“由人道而生仙境者，曰道德天尊。……道德天尊即是人道而生仙界者。”[②] 杜光庭《释老君盛唐册号》：“太上者，统教之尊名，证圣之极果也。太者，大也；上者，高也。太者，大也；无大于太上者，高也。无高于上，乃修行证果极位之称也。世人修行，自凡而得道，自道而得仙，自仙而得真，自真而得圣，圣之极位，升为太上。太上者，六通万德，无不毕备，绍法王位，统临万圣，即得居此尊名。亦如代间皇帝，代代绍位，皆得称之。自元始天尊之后，即有太上大道君、太上老君、太上丈人、太上高皇帝，皆极此位。而太上丈人、高皇帝，虽兼有尊极之名，而不行教。其传祚行教，为万天之主，惟道君、老君耳。”[③] 杜光庭《老君赞》赞美：“无上元元，化身万亿。开辟乾坤，古今莫测。万象之宗，帝王之则。先天地生，备全道德。”[④] 杜光庭《道德真经元德纂序》神化太上老君：“道本至无，能生妙有。运至无之道，成妙有之功，其惟太上老君元元皇帝

---

① 《历世真仙体道通鉴》卷一《轩辕黄帝》，《道藏》第 5 册第 103～112 页。比如说，《历世真仙体道通鉴》引用《先天纪》称：黄帝之后“子孙相承凡一千五百二十年”。而《云笈七籤》为“一千二百五十年”。

② 《道法会元》卷二《清微应运》，《道藏》第 28 册第 680 页。

③ 《全唐文》卷九四四杜光庭《释老君盛唐册号》，上海古籍出版社 1990 年版，第 4 册第 4350 页。

④ 《全唐文》卷九四四杜光庭《老君赞》，上海古籍出版社 1990 年版，第 4 册第 4349 页。

乎！起于象先，尊为化本；融神亿劫之始，分灵覆载之中；亭毒万殊，陶钧庶品。由是三皇受命，尚遵淳一之风；五帝握图，渐散无为自朴。老君虽历代降迹，随时应机，或为国师，或为宾友，授经传道，以教时君。”① 太上老君能够“运至无之道，成妙有之功”，故不仅仅是神仙的最终极果位，而且变幻莫测，化身万亿，历代降迹，或为国师宾友，从政治上教化君王，其经教成为“帝王之则”。

神仙的存在是人能不死的最佳证据，是人可以超越生死的最强有力的活生生证明。为何这样说？因为神仙的大多数，都是人修炼变化而成的。② 道教的这些来源各异、层次不同的神仙有一个共同的特征，那就是有着浓郁的人情味，盖因其本由凡人转化而来，神仙也是人做的。神仙与凡人不同的是，凡人会死，而神仙却不会死。“道”被神仙化，在道教中常常将其具体描述为由“气”化生或者说是凝结而成神仙，这种气化说令人更能感受到道教神仙的实存性，使神仙与人的距离拉近，神仙与人有一种强烈的亲和感。在道教看来，因为人是由阴阳二气交媾产生的，而神仙也是由气化生来的，人与神仙都是气化生出来的产物，所以人在其先天的本源上即具备了成仙的可能性，亦即人先天就有资格、有条件成为神仙。只不过化生神仙的“气”，道教称之为“祖气”，乃是先天之气，而产生人的“气”，不过是后天之气，故人要想成仙，就必须经过长期的刻苦修炼，从后天之气返回到先天祖气，这是一个逆反的修炼过程。这种结成天上神仙的所谓“祖气”，其实就是人本来有的先天之气，人在修炼中，逐渐把

---

① 《全唐文》卷九三一杜光庭《道德真经元德纂序》，上海古籍出版社 1990 年版，第 4 册第 4300 页。

② 读《神仙传》、《续仙传》、《历世真仙体道通鉴》等道教神仙传记著作，用统计学的方法可发现，除了少数虚构的至高无上神仙，大多数神仙都由凡人修炼变化而成，或因建立某种功德被后人追封而成。

肉体凡胎的后天之气去掉，转换成为“本来自性”的先天祖气，换言之，从后天之气朝逆反方向回归到先天之气，于是可以与道同一，人就获得了“道”所具有的永恒不朽性。用道教的话讲，这样的人取得了进入神仙不死世界的资格，从此以后，即可逍逍遥遥、快快乐乐地做那长生不死的神仙了。然而，道教生命价值观的矛盾悲剧也正在于此：既要实证，又不能向世人证实神仙不死的存在。

以上即道教神仙信仰的主要内容，从中可以窥见道教对生死问题的解决方案不同于儒家和佛教，有其独特的个性。

五　道教神仙信仰对生死问题的独特解决

生死乃是人生的最大问题，古今中外的各种宗教莫不对此作出自己的解答。宗教满足了信仰者对死亡之后人往哪里去的关怀，亦即所谓终极关怀。美国学者 A. 哈维兰说：“一切宗教都满足许多社会和心理需求。这些需求中，有一些——例如，正视死亡和解释死亡的需求——是普遍性的。”① 可见一切宗教都将对人们解释死亡的需求给予心理上的满足，对人的终极关怀作出解释，当然这种解释是五花八门的，各说不一。道教是种关于人的生命学问的宗教，以生命为本位，通过时间与空间的无限延伸，形成一个超越于人间世界之上的永恒的生命之网，那就是神仙世界，以此来解决生死问题。

道教之“道”与道家的不同之处，在于特别看重修炼神仙长生之道，修道从而得道，成为其“道”论的重要组成部分。对于道教来说，指出“道”是宇宙本源，世界根本，万物依据，这固然十分重要，但还很不够，还必须同解决人的生命永恒存在问题联系起来，劝

---

① A. 哈维兰《当代人类学》，上海人民出版社 1987 年版，第 502 页。

人刻苦修道，从而得道成仙不死，这是更为重要的。道教所谓人人自身都有道性，从理论上回答了每个人通过努力修行都能得道成仙，都能解决生命不死的问题。这种人皆有道的思想直到清代仍在道教中流行，比如先天派的创始人千峰老人赵避尘就认为："道者人人有分，位位可得。大则成仙佛，小则延年寿。"[①] 可见其影响之深远。

道教神仙信仰，与道家追求个人精神自由有相一致的地方。但与道家不同之处在于，道教反对在生死问题上像道家那样"顺其自然"，顺从"生—死"自然的演化之道，而是主张"逆反自然"，走一条"生—不死"的路线。据《庄子·至乐》记载："庄子妻死，惠子吊之，庄子则方箕踞鼓盆而歌。惠子曰：'与人居，长子老身，死不哭亦足矣，又鼓盆而歌，不亦甚乎！'庄子曰：'不然。是其始死也，我独何能无概然！察其始而本无生，非徒无生也而本无形，非徒无形也而本无气。杂乎芒芴之间，变而有气，气变而有形，形变而有生，今又变而之死，是相与为春秋冬夏四时行也。人且偃然寝于巨室，而我嗷嗷然随而哭之，自以为不通乎命，故止也。'"唐代道教著名学者成玄英疏解说："大道在恍惚之内，造化芒昧之中，和杂清浊，变成阴阳二气；二气凝结，变而有形；形既成就，变而生育。且从无出有，变而为生，自有还无，变而为死。而生来死往，变化循环，亦犹春秋冬夏，四时代序。是以达人观察，何哀乐之有哉！"[②] 生来死往，恰似春夏秋冬四时代序，是一种自然而然的变化，用不着哭泣、悲哀，否则就是"不通乎命"，因此庄子妻死，他不仅没有哭泣，反而在那儿"鼓盆而歌"。这是道家解决生死问题的典型表述、形象说明。但道教不这样看，葛洪《抱朴子内篇·释滞》批评说："文子庄子关令

---

① 东方修道文库《先天派诀》，中国人民大学出版社 1990 年版，第 2 页。

② 郭庆藩《庄子集释·至乐》，中华书局 1961 年版，第 3 册第 614～615 页。

尹喜之徒，其属文笔，虽祖述黄老，宪章玄虚，但演其大旨，永无至言。或复齐死生，谓无异以存活为徭役，以殂殁为休息，其去神仙，已千亿里矣，岂足耽玩哉？”[①] 在道教眼中，道家“齐死生”与道教追求神仙不死之间的距离相去“千亿里”，二者简直就是两股道上跑的车，所追求的全然不是一条道路。道教不甘心顺着生死自然的路走下去，时刻想着如何可以不死。于是道教要抗命，要抵制命运的安排，要想方设法打败生老病死的自然法则。道教的生死观与道家相比有很大不同，这一点，就连当代新儒学大家冯友兰先生都看得明白：“宋明道学家，常将道家与道教相混。实则二者中间，分别甚大，道家一物我、齐死生，其至人的境界是天地境界。道教讲修炼的方法，以求长生为目的，欲使修炼底人维持其自己的‘形’，使之不老，或维持自己的‘神’，使之不散。道教所注意者，是‘我’的继续存在。其人的境界是功利境界。道教承认，有生者有死，生死是一种自然底程序。但以为，他们有一种‘逆天’的方法，可以阻止或改变这种程序。他们可以说是有一种‘战胜自然’的精神。”[②] 在冯友兰先生看来，道家“至人”境界，这是一种天地境界，是“顺其自然”；而道教神仙境界，仅仅是一种功利境界，是要想“逆天”、“战胜自然”，道教与道家二者之间解决生死问题的“分别甚大”。即便从道教的斋醮科仪看，在更高的层次上，也是要逆反自然的：“科仪是达到与道合一的瞑想程序。即道士在宿启—三朝—正醮等一系列仪式中，与混

---

① 王明《抱朴子内篇校释·释滞》，中华书局 1985 年版，第 151 页。

② 冯友兰《贞元六书·新原人》，华东师范大学出版社 1996 年版，第 689～690 页。从观察自然现象出发，道教承认：“天下万物，无有长存。有死有生，有成有败。日出则没，月满则亏。从古至今，谁能违返？”（《云笈七籤》卷三十八《说戒》，《道藏》第 22 册第 269 页）另一方面道教说：“我命在我不在天”、“神仙可以学得”，意图抗命，反抗自然之道。这一点，冯友兰先生看得很准。

沌—三清—五行—万物这样一个造化程序逆行，最后达到混沌状态，在这种状态中实现与道合一。"[①] 道士法师瞑想程序"逆行"于自然程序，在关乎生命的仪式——不管是关乎生者的"阳法事"还是关乎死者的"阴法事"中，才能收到信徒想要的最佳效果。

儒家强调"不孝有三，无后为大"，希望通过"有后"来延续自己的肉体生命，通过人伦来传宗接代，在精神上则希望通过所谓"立德、立言、立功"的"三不朽"，从而走向"长生不死"。道教虽然并不反对儒家伦常对传宗接代的要求，但真心诚意追求的是自我肉体和精神的不死，具备个体化意识。道教神仙信仰的个体意识，展示了道教对个体自由选择的重视，使人成为自我生命的主人。在道教看来，个人的生命能否存在，并非由外在的他物所决定，而是取决于内在的自觉意志选择，主体的自由选择是问题的关键所在。道教所讲的主体性，不仅承认人的理性存在，而且也承认人的经验性存在，继承了先秦道家对个体意识的渲染。成仙了道毕竟是个体的事，生命永恒存在，只能具体地体现于每一个个人的身上。故道教与儒家的群体主义不同，道教在承认群体、不违背群体利益的前提下，又给个体生命保留了一块自由活动的地盘，使个体的生命价值得以实现。从实质上说，在道教神仙信仰的主体性中，含有比较强的个人主义精神，特别关注"我"，强调"我"的生命不死。这种个人主义，在一定程度上无疑是对儒家的家族群体主义的挑战和反叛，故道教神仙信仰颇遭儒家的非议和攻讦。但正因为有了这种个人主义意识的觉醒，这才奠定了道教神仙信仰的主体性基础，使道教把生命看成是个人自己不断作出各种价值选择的历程。个人主义意识的觉悟，个性的张扬，激发了

---

① 福井康顺、山崎宏、木村英一、酒井忠夫监修《道教》：松本浩一撰《道教和宗教仪礼》，上海古籍出版社 1990 年版，第 1 卷第 165 页。

道教对生命永恒存在的主体能动追求。当然，这种追求为了不至于被儒家的家族宗法主义所扼杀，它不得不公开承认儒家的家族宗法主义的权威性，甚至论证此种权威性为修仙之必需品，所以儒家伦常一般被道教看作是成仙追求的前提。道教在肯定个体生命的同时，也肯定儒家的家族生命，保证仙道并不妨碍孝道。这或许最初在道教只是某种策略性的东西，后来则演变为不二法门，化解了道教与儒家的矛盾冲突。

道教超越死亡的强烈意识，使其形成不同于儒家的独特的人生价值观。对于道教的信徒来说，为了要实现超越死亡这一终极目的，人生的旨趣不在于世俗的所谓得失成败，不在于儒家的功名利禄，而在于追求生命存在本身。对一位虔诚的道教徒来说，保持恬静淡雅的人生情调，保持生命存在而终获不死，就是人生意义所在，就是自我价值的实现。《西山群仙会真记》卷五引《洞天语录》说："世人不悟大理，以尘世石火电光中暂荣暂贵役使，心绪无定，一日气弱而病，气绝而死。转转不悟，流身异类，透灵于别壳，终不达生死之宜。"世俗之人看不透尘世间花花绿绿、形形色色的荣华富贵皆如石火电光，一闪即过，转眼就消失得无影无踪，反而被这些空幻的东西搞得个天花乱坠，"心绪无定"，昏头昏脑，结果是机关算尽太聪明，反误了卿卿性命，终于无法超越生死。因此之故，"修真之士，志在玄元而甘寂寞"。[①] 为了"玄元"，耐得住寂寞，心甘情愿的坐冷板凳，不为尔虞我诈的名利场所勾引，威武不能屈，富贵不能淫，自然可以在成仙

① 《西山群仙会真记》卷五，《道藏》第4册第441、440页。

路上“飞黄腾达”，升迁仙位，[1] 最终完成对生死的超越。

这样的人生价值观显然为儒士所鄙薄，被儒家批评为保命哲学。尖刻者甚至讥讽道教的不死之道是专门为怕死鬼设计的生存之术。面对这种种批评责难，虔诚的道教徒仍然一意孤行，一往情深，孜孜不倦地修炼神仙，因为他们的人生路向就是指往不死之道，他们的人身价值目标就是追求超越生死而长生成仙，舍此之外的酒色财气、官位功名、荣华富贵等等一切，对于他们来说，都必须抛弃。换言之，对于修道者，儒家的那一套仕途经济的人生价值观，除了保留其道德观念，其他都必须无条件的束之高阁，或丢到九霄云外，假若做不到这一点，就不能实现对于生死的超越！

儒家提出以伦理为本位的价值取向，如果生命与道义发生了冲突，二者不可得兼时，便应该把道德理想放在首要的位置，为担待道德义务而超越个人的生存欲望，舍生取义。故孔子大声疾呼：“志士仁人，无求生以害仁，有杀身以成仁。”[2] 孟子的选择是：“生，亦我所欲也；义，亦我所欲也。二者不可得兼，舍生而取义者也。”[3]《吕氏春秋 · 士节》说儒士的品节应该是：“当理不避其难，临患忘利，遗生行义，视死如归。”[4] 道德生命远远高于肉体生命，这是儒家的理想人格。与此不同，道教以肉体生命为本位作价值取向，具有强烈的个体生命意识，在对个体生命永存的追求中实现自我，获得圆满具足的人生。且道教并不把生与义对立起来，而是强调二者的和谐统

---

① 《真仙直指语录》卷上讲：“解州平陆县李得和与众结灵宝会，祭祀亡魂，有善功。忽夜梦青衣自空而降，赍天书开示曰：‘授中条山土地。’李公曰：‘一生好道，不得下仙，而止授此职耶？’仙童曰：‘三载职满，别升福地仙官。’”（《道藏》第 32 册第 437 页）由此可见道教神仙文化深受儒家官本位思想的影响。

② 《论语 · 卫灵公》，上海古籍出版社 1987 年版，第 66 页。

③ 《孟子 · 告子上》，上海古籍出版社 1987 年版，第 89 页。

④ 《吕氏春秋 · 士节》，上海古籍出版社 1989 年版，第 86 页。

一，并将伦常道德作为成仙了道的先决条件。从《太平经》开始，便寻求将道教神仙长生说与儒家伦理结合起来的途径，初步形成别具一格的生命伦理学。到魏晋时，这种修仙必以忠孝为先的生命伦理观得到发扬，许多道经宣传此说，葛洪对此也持赞许态度。《抱朴子内篇·对俗》引《玉钤经中篇》说："欲求仙者，要当以忠孝和顺仁信为本。若德行不修，而但务方术，皆不得长生也。"[①]"忠孝"、"仁信"为儒家伦理的核心范畴，以此作为道教追求神仙长生的"本"，这就极大地凸显了道教神仙信仰的此在性，解决了"仙"与"圣"之间的冲突，形成道儒互补的人生。后来，宋元内丹家虽然不赞成葛洪式的佐时修仙，不走儒者修齐治平、名垂青史的人生道路，而把人修炼内丹，脱胎神化，名题仙籍，位号真人，看成"大丈夫功成名遂之时"，[②]但对于儒家伦理仍然不排斥，仍将其作为修仙的先决条件。如陈致虚《金丹大要》卷二称："金丹之道，先明三纲五常，次则因定生慧。纲常既明，则道自纲常而出，非出纲常之外而别求道也。"[③]王重阳《金关玉锁诀》以"忠孝"作为修炼丹道的先行功夫，认为太上老君"炼九转还丹，令人去病疾，了生死"，而孔子"教仁义礼智信，恐人招业在身，令人修此，亦能治其疾病"。又指出道教神仙最高等级"天仙"的重要特征之一就是"孝养师长父母"。[④]可以说，道教始终坚持了修仙和儒家伦理纲常相结合，这就使其神仙信仰能长期在中国宗法社会中合法化存在，熔融进民众日常生活。修仙和儒家伦理相结合的生命伦理观被吸收进宋明道教劝善书，比如《太上感应篇》、《功过格》之类，自明清以来在社会上产生了广泛的影响，人们

---

① 王明《抱朴子内篇校释·对俗》，中华书局 1985 年版，第 53 页。

② 王沐《悟真篇浅解》：张伯端《悟真篇自序》，中华书局 1990 年版，第 3 页。

③ 《金丹大要》卷二，《道藏》第 24 册第 9 页。

④ 《金关玉锁诀》，《道藏》第 25 册第 803、802 页。

以行善尽忠孝作为获得长生不死的敲门砖，从而修成所谓“忠孝神仙”。这是道教神仙信仰与儒家伦理纲常联姻的结果，也凸显出道教对生死问题的独特解决。

佛教讲求生死轮回循环，生生死死，死死生生，此正如张载所指出的：“今浮屠极论要归，必谓死生转流，非得道不免，谓之悟道。”① 道教与佛教的“悟道”不同，不讲死生转流循环，只追求今生的不死。② 道教寻求“我”的真实存在，把人生看成实有并希望永远保住这个实有，把自然界的万事万物也看成真实性的实在，人与万物都有其自性，都有其自体存在。这与佛教“诸法无我”、“人生空幻”的人生观正好针锋相对。按照佛教对于人生的观察和思考，凡有“我见”，即是“无明”，无论“人我执”也好，“法我执”也好，通通都是执着虚假的“我”不放，不明白人生的真谛，都是“我见”，都必须予以坚决破除。在佛教眼里，人与万物都无自性，都无自体，都是种“假我”，都是空空如也，因此真理在于“人无我”、“法无我”。道教神仙信仰追求“我”的长生不死，对于佛教来说，就是一种外道的“有我”论，就是“人我执”，应当予以破除。然而，道教神仙信仰对不死的追求，恰恰就体现在这个所谓的“人我执”上。假如把“我”破除了、看空了，道教追求的长生不死就没有一个实体来作承担者，其神仙信仰也就失去了存在的理由。因此，道教无论如何都要坚守住“我”这一根基，都要讲“我”是有自性、有自体的。佛教还有所谓色、受、想、行、识“五蕴”，认为人的这五种生命要素，全都是依缘而起的虚假无常之物，根本就不能自作主宰。既然人是由如此虚幻的“五蕴”集合而构成，那么，人也就没有一个实实在在的主

① 《张载集》，中华书局 1978 年版，第 64 页。

② 道教先是说肉体不死，后来转向讲精神不死为主。

体的“我”存在，这叫“五蕴无我”。而站在道教的立场，刚好相反，道教认定“五蕴有我”，完全能自作主宰。比如说一般人身体会老，而道士则努力通过修炼来使自己返老还童，这是色蕴要自作主宰；一般人受到外界刺激，通常有相应的痛苦、悲伤、愤怒等情感反应，而道士则以不动情来应对，这是受蕴要自作主宰；一般人常常会胡思乱想，而道士则运用心斋、坐忘、存思等方法来控制心猿意马，这是想蕴要自作主宰。凡此种种，都展示出道教神仙信仰中有一个实实在在的主体的“我”存在，这个“我”想方设法对身心作全面的宰制，最终达到长生不死之目的。这是道教与佛教解决生死问题的不同所在。需要指出的是，道教修炼长生不死的神仙，绝非易事，故古往今来能成仙的人并不多。《抱朴子内篇·对俗》在论及是否有神仙这个问题时说：“若谓世无仙人乎，然前哲所记，近将千人，皆有姓字，及有施为本末，非虚言也。”① 有名有姓有记载的神仙，其数量不过“近将千人”，在古往今来的亿万人中，能够修炼成仙者实在少得可怜。不能济度亿万普通大众，解决其生死问题，这对道教吸引信仰者，占领信仰市场是很不利的。各个宗教对解脱死亡的力量是不一样的。道教讲求实证的力量，显得气力不足，捉襟见肘，难以自圆其说。而佛教说空幻，在“普度众生”的激动人心口号下，以其既不能证实、也不能证伪的三世轮回说，宣称要把亿万普通人运载到“西方极乐世界”，且方法简便可行，只需要念一念“阿弥陀佛”。所以尽管佛教并非本土宗教，却发挥了“外来和尚会念经”的大本事，大力量，招徕了亿万信众追捧，成为名副其实的“大乘佛教”。难怪有人声称，“佛教征服中国”。当然，相对于儒家名教的“三不朽”只解决了极少数精英的“不朽”问题来说，道教在一般群众中还是比儒教更具有吸引

---

① 王明《抱朴子内篇校释·对俗》，中华书局 1985 年版，第 46 页。

力的。因此，如果说在解决中国人生死问题上，儒释道三教的力量大小不一，那么佛教是“大乘”力量，道教就是“中乘”力量，而儒教只是“小乘”力量。

归纳起来，道教神仙信仰所追求的生命，是种向善永恒的自然生命；这样一种个体的小我生命与生生不已的宇宙大我生命合为一体，交融互摄，化育不止；个体生命的完美历程是凭借自力而非他力完成的，通过主体能动性的高扬，自我的刻苦修炼“道”，个体生命终将得救。这种神仙信仰的形上学依据是不死之“道”，肯定人的生命经过自我创造的历程，可以与日月同辉，与天地同在，与“道”同体。这样来解决生死问题，与佛教所谓的“生死转流”和儒家的“舍生取义”都不雷同，在中国文化里面独树一帜。牟宗三先生曾经说过：“中国哲学以‘生命’为中心。”“它是以‘生命’为中心，由此展开他们的教训、智慧、学问与修行。”① 显而易见，道教神仙信仰即是如此，它是一种以生命存在为中心的智慧，围绕究竟如何解决生死问题来展开，并给出自己独特的解决方案。这套独特的解决方案之产生，并非无源之水，无根之木，有其古老深厚的价值体系倾向作支撑：“中国的价值体系中某种一般性的倾向，有利于一个以老子之教说为基础的特殊教派之发展。这种倾向就是对自然生命本身的珍重；故而，重视长寿，以及相信死是一种绝对的罪恶。因为照理说来，一个真正完美的人应该是可以避开死亡的。”② 自古以来，中国人的价值体系就倾向于“对自然生命本身的珍重”，“重视长寿”，“相信死是一种绝对的罪恶”，这对道教神仙信仰的形成及发展是极为有利的。那么，道教神仙信仰是否能为中国人所接受呢？

---

① 牟宗三《中国哲学的特质》，上海古籍出版社 1997 年版，第 6 页。

② 《韦伯作品集·中国的宗教》，广西师范大学出版社 2004 年版，第 266 页。

六　道教神仙信仰成为中国人藏在心里的秘密

道教神仙信仰一旦形成发展起来，就会向普通中国人回报反馈，使他们心中常怀有长生不老之秘密愿望。

生命是什么？有位西方学者比夏提出了一个关于生命的著名定义："生命乃是抗拒死亡的各种功能的总和。"他认为，生物机能的目标主要是维持机体生命和"抵制死亡"，换句话说，生命在其本质上就是抗拒死亡，不死是生物的一种本能意识。[①] 道教神仙信仰对不死的追求，在这里可以找到其生物学意义上的解释，换句话说，道教信仰神仙不死，实际上是出于生物的一种本能追求，是潜意识中抗拒死亡的自然而然的表露。人类最深切、最永恒的焦虑，莫过于死亡的焦虑。道教对于神仙不死的信仰和追求，在某种程度上使人类这种最深切的内心焦虑得到缓解和慰藉，减少了对于死亡的恐惧，甚至让那些虔诚的信仰者感受到有可能超越死亡的苦海，到达长生不死的神仙世界。从宗教心理学的理论出发分析，人对死亡的焦虑和恐惧感，强烈地反弹过来，使人产生出不死的渴望和追求，可以说，这是形成道教神仙不死信仰的心理机制，是道教寻求超越生死的心理原因所在。这样的心理机制与人体本能地抵制死亡的生理机制完全是一致的，可见，人类无论在生理上还是在心理上都力图去抗拒死亡，获得永恒。从目前人类所能认识到的客观现象来说，人的生命从出生那一瞬间就意味着死亡，生必有死，死是生的必然结果，生与死不可分割地联系在一起，此即庄子所谓"方生方死"。然而从主观上讲，从人的情感和心理上讲，谁又不渴望长寿呢？假如确有不死的可能性存在，谁又

① 参见莫里斯·迪热《政治社会学》，华夏出版社1987年版，第183、184页。

会不渴望不死呢?

在世界上许多民族的神话中，都幻想过曾存在一个没有死亡的时代，原始宗教思想，也断然否认人会死亡的真实可能性。考古学的发现表明，在人类的童年时代，人们已经对死亡现象产生极大的关怀，希望不死。直到现代，相信自己会不死的仍有人在。美国学者菲利普·劳顿等在所著《生存的哲学》第九章《死亡——生命不受欢迎的结局》中指出：大多数人从八至十岁起就知道他们也会死，但他们觉得自己难以真正相信这一点，难以严肃对待自己的死亡这个问题，这是奇怪的心理现象。更为严重的是，无法相信自己会死的显然大有人在。他们认为，他人会死，当我们想象到自己的死时，我们把自己想象成了他人。书中提出了这样一个问题："前人的死是直接而不容置疑的事，在这极为频繁的事面前，为什么会有如此众多的人公然否认自己也终有一死呢?"① 书中认为，这些人意识到自己会死，而否认自己终有一死，不过是消除这种意识的一个办法而已。就是说，这样可以消除对于死亡的恐惧，获得心理上的安宁平和。这是人的非理性的本能意识，是必不可少的自我安慰，是藏在心底的强烈愿望。丰子恺在其散文《秋》当中就把这样一种藏在心底的强烈愿望表达了出来："我的年龄告了立秋以后，心境中所起的最特殊的状态便是这对于'死'的体感。以前我的思虑真疏浅！以为春可以常在人间，人可以永在青年，竟完全没有想到死。又以为人生的意义只在于生，我的一生最有意义，似乎我是不会死的。"② 人在青少年时代，往往会自以为是不死的，而人类在其童年时代，也通常是这样一种心理状态，神话学和心理学的研究成果，都告诉了我们这一点。

---

① 菲利普·劳顿等《生存的哲学》，湖南人民出版社 1988 年版，第 302 页。
② 《丰子恺散文》，浙江文艺出版社 2000 年版，第 32 页。

既然千百年来直至现在，都有人否认自己会死，甚至于孜孜不倦地追求不死，于是便有了产生长生不死思想和学说的温床，而此种不死的信仰一旦形成，也有接受和信奉它的某些群众基础，在某些特定的时代，甚至信奉它的人趋之若鹜。《陶真人内丹赋》引吴筠讲："仙者，人之所美也；死者，人之所恶也。"[①] 这就是自道教产生以来，其神仙不死说在信仰领域始终占有一席之地的一个重要的社会心理原因。美国人欧文·斯通在其《心灵的激情》中说过："宗教的历史就是所有惶恐不安的民族试图找到一个藏身之处以抵御那未知的黑暗与恐怖的历史。"[②] 死亡，对于活着的人们来说就是一种"未知的黑暗与恐怖"，为了要抵御这种未知的黑暗与恐怖，有些人便找到了道教，从它的神仙不死信仰中寻求解除这种未知的黑暗与恐怖的精神支柱，获得心灵的永恒慰藉。

道教对不死的渴求，也是中国文化的土特产品，是中国人国民性的特征之一。中国人所说的"五福"也就是人生的五种幸福当中，第一幸福亦即最最幸福的就是长寿。《尚书·洪范》的所谓"五福"："一曰寿，二曰富，三曰康宁，四曰攸好德，五曰考终命。"[③] 特别鲜明地反映了自古以来中国人的幸福观是以"寿"为第一位。许地山先生就此评论说："《洪范》以寿，富，康宁，攸好德，考终命为五福，以凶短折，疾，忧，贫，恶，弱为六极。五福之首为长寿，六极大半是疾病。这样表露着要求长生和趋避短折底心情。故中国人底生活目的只是'长命富贵'四字。"[④] 对中国人来说，富贵是其次的，长命

---

① 《陶真人内丹赋》，《道藏》第 4 册第 579 页。

② 转引自《中国实用禁忌大全·民族宗教禁忌箴言录》，上海文化出版社 1991 年版，第 34 页。

③ 《十三经注疏》上册，上海古籍出版社 1997 年版，第 193 页。

④ 许地山《道教史》，华东师范大学出版社 1996 年版，第 168～169 页。

才是最为重要的，因为在中国老百姓看来，尽管你拥有金山银山，但如果不能长命，你享受不了，富贵荣华都等于零。相反，尽管生活较贫困，粗茶淡饭，但只要能够长命百岁，也是令人羡慕不已的。当然，既长命百岁，又享尽富贵荣华，那就十全十美，得大圆满了。所以，“长命百岁”，“活一百二十岁”，这是中国人对别人最良好的祝愿，而中国老百姓骂人或者诅咒人最毒辣的话就是“短命鬼”。尽管儒家严厉批评道教的神仙不死信仰，但并不反对长寿：“儒教与信徒的关系，不管是巫术性质的，还是祭祀性质的，从其本义上讲，都是此岸性的，比起任何地方、任何时期的宗教关系的常规表现来，这种此岸性都要强烈的多，原则的多。正是在那些除了对（天地）大神的特殊的国家祭祀以外最受优待的祭祀中，延年益寿的愿望扮演着主要角色。”[①] 儒家祭祀典礼对延年益寿的乐此不疲追求，进一步强化了老百姓以长寿为幸福的心态，而儒家祭祀强有力的此岸性，也与道教神仙不死的此岸性特征脱离不了关系。除祭祀之外，许多地方风俗习惯，小孩子生下来要挂长命锁，以保佑孩子顺利成活，活得长寿。这些都反映了普通老百姓“要求长生和趋避短折”的心态。道教经书将中国人“要求长生和趋避短折”的这些心态详细记录在案。《云笈七籤》卷十九《老子中经下》向天发出虔诚的“心祝”：“天道天道，愿得不老，寿比中黄，升天常早，愿延某命，与道长久。”[②] 《吕祖全书》卷二十八一针见血揭示了国人追求长命富贵的心态：“予每见世俗之所谓好道者，无非求神仙接引，或学其烧丹炼汞，或学其采阴补阳，以希长生，永保富贵。如所云‘腰缠十万，跨鹤扬州’，皆是

---

① 马克斯 · 韦伯《儒教与道教》第六章《儒教的处世之道》，商务印书馆 1995 年版，第 195 页。

② 《云笈七籤》卷十九《老子中经下》，《道藏》第 22 册第 140 页。

也。”[①] 道教对此保证，一定会满足国人对于长命富贵的要求，尤其是对于那些信仰者，可以使其：“所求者得，所愿亦良。求道得道，升为仙王。出入玄门，安乐寿长，高官显位，金紫煌煌。求财得财，玉帛盈堂。心中所欲，不求自彰，心中所愿，不索在傍。出乘舟车，入御三光，女为贵人，男为侯王。”[②] 可以说，道教的种种许诺有的放矢，充分满足了国人的心理需求。

而国人又充分发挥想象力，塑造出天上的寿星，以之作为多寿多福的象征。唐玄宗《置寿星坛敕》称：“德莫大于生成，福莫先于寿考，苟有所生，得无祝之。……且寿星，角亢也，既为列星之长，复有福寿之名，岂惟朕躬，独享其应；其天下万姓，宁不是怀？盖秦时已有寿星祠，亦云旧矣。宜令所司特置寿星坛，恒以千秋节日，修其祀典。”[③] 活着就是最大的德，长寿就是首要的福，故中国自秦代以来即设立寿星祠，唐玄宗不仅继承传统，更要进一步将其发扬光大，正是为了满足统治者与老百姓心理的需求。自古以来，长寿的老人就受到人们的普遍尊敬，敬老之道一直为中国社会所提倡。林语堂曾经就此发问说：“中国向来提倡敬老之道，老人有什么可敬呢？”他的答案：“是敬他生理上的一种成功，抵抗力之坚强，别人都死了，而他偏还活着。这百年中，他的同辈早已逝世，或死于水，或死于火，或死于病，或死于匪，灾旱寒暑攻其外，喜怒忧乐侵其中，而他能保身养生，终是胜利者。这是敬老之真义。敬老的真谛，不在他德高望重，福气大，子孙多……所以敬老是敬他的寿考而已。”[④] 这一答案

① 《吕祖全书》卷二十八，《藏外道书》第7册第451页。

② 《三洞道士居山修炼科》，《道藏》第32册第586页。

③ 《唐大诏令集》卷七十四，学林出版社1992年版，第381页。

④ 万平近编《林语堂论中西文化·中国的国民性》，上海社会科学院出版社1989年版，第12页。

真可谓是说到了点子上。渴望长寿，追求长寿，梦想着像那些长寿的老寿星一样长命百岁，这的确是中国人敬老之道的心理真谛之所在。

社会风行敬老之道，家族则讲孝道，国外学者已经注意到中国人讲孝道与追求长寿紧密联系的民风民俗。英国学者詹·乔·弗雷泽《金枝》发现："在中国，为了确保长寿曾求助于某些复杂的法术。这些法术本身集中了顺势原则所具有的从时日到季节、从人到物各种巫术精髓。传输这种赐福感应力的器具中没有比寿衣更合适的例子了。许多中国人在活着的时候就准备好了寿衣，而绝大多数人的寿衣是由未婚姑娘或很年轻的妇女来剪裁和缝制的。人们很聪明地考虑到她们年方少艾，在缝制寿衣时，她们那旺盛的生命力将肯定有一部分传给这些寿衣，从而将使它们延缓许多年才会真正被用上。另外，这样的寿衣都是选择有闰月的年份来制作的。因为，在中国人的心目中，有闰月的年份既然不寻常地长，那么也就更具有延长生命的能力，在这样的年份里制做寿衣显然更好些。这类衣服中，有一种长袍制作得最精致，目的在于赋予它以最珍贵的品质。它是一件深蓝色的长丝袍，从上到下用金丝绣了许多'寿'字。中国人认为，送给年老的父母这样一件奢华的礼服是儿女对父母行孝和关注的表现。老人经常穿着这件使他延年益寿的衣服，特别是在喜庆的场合穿它就更能使这件闪耀着许多金色寿字的衣服充分发挥其效果。尤其是在他生日的那天，他决不会忘记穿它，因为在中国，一般都祝福一个人在他生日的那天贮存大量的精力，并在那一年以后的日子里转化为他的健康与活力。在祝寿的庆典上，他穿上这华丽服装，用每个毛孔吸取着它感染的福气，洋洋得意地接受亲友们的祝福。而他们则热情地表示对这件华服和对他的子孙们的孝心的羡慕。正是这种孝道促使后辈们向他们的家长赠送了如此漂亮和实用的礼品。”[①] 这样的民风民俗十分清楚地表明，中国的孝道文化里面含有长寿文化，对长寿的追求浸润到生活方式的方方面面，行为方式的点点滴滴。

追求长寿再向前走一步，那就是想着长生不死。这种长生不死不是死后生命的永生，不是死后上天堂，而是此在生命的不朽。如果说，基督教文化圈内的西方人解决生死问题所期待的是天国而不是尘世，基督徒在现世的辛勤耕种，目的是为了进入天国，取得生命永恒的收获，那么，道教文化熏陶下的中国普通老百姓所希望的，则是现实生命的无限延续。因为中国人的“人生之目的并非存于死亡以后的生命”，“中国人爱好此生命，爱好此尘世，无意舍弃此现实的生命而追求渺茫的天堂。他们爱悦此生命，虽此生命是如此惨愁，却又如此美丽”。[②] 对现实生命的如此热爱与执着，以至于在中国人当中，“除掉纯理论的学者，常怀有长生不老之秘密愿望。孔子学说没有神仙之说，而道教则有之”。[③] 道教的神仙信仰，在一定程度上弥补了中国人的国民心理中孔子思想所不能予以满足的一面。[④] 缺少了隐藏在中国人内心世界深处的这一面，将是不可想象的，而没有道教对这方面的救济与关怀，许多普普通通的中国老百姓如何克服面对死亡焦虑的痛苦，也是无法给予解释的。

冯友兰先生曾经指明：“人所可能有底境界，可以分为四种：自然境界、功利境界、道德境界、天地境界。”[⑤] 处于不同境界中的人，

---

① 詹·乔·弗雷泽《金枝》上册，中国民间文艺出版社 1987 年版，第 55 页。

② 林语堂《吾国与吾民》，中国戏剧出版社 1990 年版，第 91、93～94 页。

③ 林语堂《吾国与吾民》，中国戏剧出版社 1990 年版，第 106 页。

④ 所谓“一定程度上”是指，除了道教，在佛教传入中国后，解脱死亡问题上也对儒家思想有所弥补。

⑤ 冯友兰《贞元六书·新原人》第三章《境界》，华东师范大学出版社 1996 年版，第 554 页。

对待生死的态度会完全不一样："对于在自然境界中底人，生没有很清楚底意义，死也没有很清楚底意义。对于在功利境界中底人，生是'我'的存在继续，死是'我'的存在的断灭。对于在道德境界中底人，生是尽伦尽职的所以（所以使人能尽伦尽职者），死是尽伦尽职的结束。对于在天地境界中底人，生是顺化，死亦是顺化。""就人的境界说，在自然境界中底人，不知怕死；在功利境界中底人，怕死；在道德境界中底人，不怕死；在天地境界中底人，无所谓怕死不怕死。""在道德境界及天地境界中底人，不受死的威胁。"①

由冯友兰先生所阐述的四种境界中人对于生死的不同态度可以发现，道德境界、天地境界中的人非常伟大、崇高，令人佩服，令人敬慕，令人颂扬。但是问题就在于，这样的人自古以来在中国的现实生活中微乎其微，屈指可数，而绝大多数人包括帝王将相、文人墨客以及普通老百姓，都生活在功利境界，他们把生看成是"我"的存在继续，死看成是"我"的存在的断灭，他们"最是怕死。他们有目的地、有计划地，设法对付死"，或者花"费很大底力，以求避免死"；或者"极力求名"，"有名留于身后"；或者"急求眼前底快乐，得些实受"；或者"相信灵魂不死"，"形死而神不灭"。既然中国从古至今以来的最大多数人都生存于功利境界中，心中都秘藏着不死的愿望、长生的梦想，那么，道教神仙信仰将他们的这些愿望、梦想表达出来并给予他们安慰，也就是顺理成章的事。在解决生死问题上，中国国民性体现为功利境界，而一般中国人的宗教信仰也十分功利化，所谓"无事不登三宝殿"，所谓"平时不烧香，临时抱佛脚"即是最好写照。道教神仙信仰正好满足了中国绝大多数人的形形色色功利要求，

① 冯友兰《贞元六书·新原人》第十章《死生》，华东师范大学出版社 1996 年版，第 687、686 页。

尤其是满足了他们对“避免死”的追求，于是直到现在仍有追随者，仍未放弃那心中的秘藏。

生活在功利境界的中国帝王将相及普通老百姓，其第一要义就是尽可能避免死亡，也很不情愿思考死亡，特别禁忌说“死”字。《史记·秦始皇本纪》说：“始皇恶言死，群臣莫敢言死事。”[①] 武则天追求长生不死，所制的新字中以千千万万为年，永主久王为证，长生王为圣（一说“长正主”），可见她对于长生不死的向往。[②] 中国文化传统里，与死字同音的数目“四”，人们想方设法避免使用，直到现在有的楼房不设第四层。人们日常生活中，没有死亡的位置，迫不得已涉及死亡时，如举办丧事，也常用欢喜的面纱将它装扮起来，称为“白喜事”，办得欢欢喜喜、热热闹闹。鲁迅先生《立论》讲述了中国人禁忌死亡的事：一家人家生了一个男孩，合家高兴透顶了。满月的时候，抱出来给客人看，大概自然是想得一点好兆头。一个说：“这孩子将来要发财的。”他于是得到一番感谢。一个说：“这孩子将来要做官的。”他于是收回几句恭维。一个说：“这孩子将来是要死的。”他于是得到一顿大家合力的痛打。[③] 死的禁忌在中国现实生活中如此深沉，以致说穿这一事实的人遭到痛打，回避死亡已经到了掩耳盗铃的地步。为何如此？这种死亡禁忌的背后，不正透露出中国人心目中极度厌恶死，不正表白了他们内心世界“常怀有长生不老之秘密愿望”吗？

从上述分析可知，道教神仙信仰试图超越死亡从而走向长生不死，既有主观上的生理心理因素，也有客观上的社会民众信仰因素、

---

① 《史记·秦始皇本纪》，中华书局 1982 年版，第 1 册第 264 页。

② 参见《汤用彤学术论文集》，中华书局 1983 年版，第 352 页。

③ 《鲁迅全集》第一卷《野草·立论》，新疆人民出版社 1995 年版，第 258 页。

民俗民风因素。道教的神仙不死信仰不是凭空产生的，决非无本之木，无源之水，并非像儒家所尖刻批评的那样，完全是胡说八道，胡编乱造，纯粹是痴人说梦的产物，而有其生理和心理的依据，有其社会需要的依据，有其历史的根源，故几千年来一直没有消失，至今仍有信仰者。而按照康有为对未来的设想，道教“炼形神仙之乐”是大同社会、太平盛世才配享用的奢侈品，因为“大同之世，人无所思，安乐既极，惟思长生，而服食既精，忧虑绝无。盖人人皆为自然之出家，自然之学道者也。于时人皆为长生之论，神仙之学大盛。于是中国抱朴、贞白、丹丸之事，炼煞、制气、养精、出神、尸解、胎变之旧学，乃大光于天下。人至垂老，无不讲求，于是隐形、辟谷、飞升、游戏、耳通、目通、宿命通亦必有人焉。若是者，可当大同之全运，或亦数千年而不绝益精也。惟人受公政府之教养二十年，报之作工亦须二十年，如乱世人之当报父母也。其有入山屏处者，必须四十岁之后，乃许辞工专学道也。盖神仙者，大同之归宿也”。[①] 照康有为充满美梦的愿景推论，将来人类进入大同社会，科技高度发达，快乐到了极点，什么都不想，只想着如何长生不老，四十岁之后，既有闲暇，也有能力修炼神仙长生之道，到那个时候，中国的神仙“旧学”简直盛况空前，一定“大光于天下”。

总之，道教神仙信仰顺着世人悦生恶死的欲望而诱导之，迎合了普通中国人对生存的需要。因此，道教神仙信仰对死亡的超越尽管是非理性的产物，但反映了一般中国人感情、心理的某种本能要求。对此我们应当作实事求是和深入细致地研究，不可马虎从事，简单地认定它纯粹是荒唐的迷信，是痴迷不悟的结果。顾颉刚先生曾经讲：

---

① 《康有为大同论二种·大同书》，生活·读书·新知三联书店 1998 年版，第 367～368 页。

"一部《道藏》，用实用的眼光看固然十之八九都是荒谬话，但若拿它作研究时，便是一个无尽的宝藏；我们如果要知道我们民族的信仰与思想，这种书比了儒学正统的《十三经》重要得多。"[①] 认为如果拿《道藏》来作研究，这是了解"我们民族的信仰与思想"的"一个无尽的宝藏"，真可谓是一针见血。道教神仙信仰，这是中国传统文化的土特产品，是中国民众风俗习惯的延伸，是中国人国民性的深层特征之一，是"我们民族的信仰与思想"。道教神仙信仰的目的，在于超越生死，而"除掉纯理论的学者"，除掉儒门的忠实信徒外，在一般中国人的内心深处秘藏着这一目的，接受了这一目的。因此，我们要了解中国的历史、社会思想、风俗习惯和民众生活，中国人的国民性及国民心理素质，一句话，我们要解析中国历史上的诸多问题，认识中国文化之根柢所在，就不能不了解道教，就不能不深入了解道教企图超越生死的神仙不死信仰，否则中国历史与文化的很多问题就不能迎刃而解。

七　从日常生活看道教神仙信仰与民间信仰的关系

道教给人的希望是什么？神仙世界给人提供了终极关怀，不死的神仙当然是人们所企求的，但除了坚信不疑的信徒，理性的人会认定这是根本不可能的，一般老百姓会感到这是无法超越的高度。能不能成仙，这是信徒的事，一般人对此并不抱奢望，只关心当下的生活难关如何能够度过。所以，道教更多的是运用神秘的力量和法术，从而解决人们日常生活中的难题。道教关注今生今世的问题，关注现实的

---

① 顾颉刚《古史辨自序》上册《古史辨第一册自序》，河北教育出版社 2000 年版，第 87 页。

生活问题，包括疾病、灾难、命运等等。道教以其对人性的洞察，帮助人们克服对于不可知未来的恐惧感，提高人们对未来的信心。对普通老百姓来说，道教更重要的是给他们提供解决生活难题的方案，比如怎样遇难呈祥，如何改变命运，如何生活得更加幸福等等。道教想方设法为一般老百姓提供了度过日常生活难关的神秘力量，这是道教保持其生命活力的最重要原因。

道教在老百姓的日常生活中得到广泛运用，“生活道教”融化在民情风俗中，与民间信仰情同手足，但“百姓日用而不知”。如同润物细无声的春雨，这就是道教对老百姓日常生活的潜移默化影响。正因为道教已经彻头彻尾融化到老百姓的日常生活中去了，与民间信仰融会贯通，水乳交融在一起，所以人们常常和它打交道，却并不知道它的存在。譬如说，中国老百姓追求平安快乐似神仙的幸福生活就是如此，当他们说日子快活得像神仙一般时，普通老百姓绝不会想到这就是道教的信仰理念。通过人们的日常生活，道教与民间宗教信仰始终处于一种紧密的互动关系之中，很难将二者截然分开来。经由道教神仙信仰与民间宗教信仰的互动关系这一路径，我们亦可考察中国人国民性的某些特征，尤其是考察中国草根社会令人眼花缭乱的生活现象。

在道教眼中，宇宙间处处都有“道”的存在，但“道体窈冥，形声斯绝”，[①] 既无形象又无声音，所以从表面上看起来“道”的存在是“所在皆无”的。一般百姓每天都要接触和运用“道”，但因为“淳朴之道，其自细微”，虽然“能开化阴阳，亭毒群品”，却使百姓

---

① 成玄英《老子注》卷二第 17 页，严灵峰辑校本，见《无求备斋老子集成初编》(3)，台湾艺文印书馆 1965 年版。以下凡引成玄英《老子注》只注卷数、页数。

们“日用而不知”。[1] 对于道教来说，“皆无”、“不知”并不能表明道不存在，恰好显示出道之存在与众不同。它的存在非人类感官眼睛、耳朵所能察觉，“不可以眼识求”，“绝视绝听”，[2] 只能用心去直觉体悟道的“无所不在”。普通老百姓日常生活中表现出来的民间信仰，时时处处都潜伏着“道”，都有“道”在民间信仰这棵大树的“根柢”部运用，但百姓们却“日用而不知”。道教与百姓日常生活中表现出来的民间信仰这种关系，对我们当代人说来，仍然是如此。

有学者揭示：“儒学脱离百姓日用，也使儒者的实践经常缺乏再生产能力。”[3] 与此恰好相反，道教与老百姓的日用密不可分，是切切实实扎根于老百姓生活世界中的宗教，因此其实践也就经常充满“再生产能力”，其生命之树也就常青，具有可持续发展的活力。道教能够做到这一点，很大程度上与其不断关注并整合民间信仰分不开，有这样一股清新的活水源头来，使道教总能历尽艰辛而青春常在。民间信仰来源于老百姓的日常生活，是为了解决生活中各种各样的问题和困境而形成的，譬如为了大江大海航行的安全有保障，于是有妈祖的信仰。民间信仰是在对幸福生活的追求和向往中产生的，譬如百姓对于财富的渴望，于是有财神信仰的发生，百姓对长寿的祈求，于是有对寿星老的崇拜。生活之树常青，各种不同类型的民间信仰伴随着生活在时间跨度和空间范围的流动，也就源源不断地成长，成为社会生态系统的不可分割的组成部分。只要老百姓的生活还在进行，民间信仰就一定会萌发，要想把民间信仰给铲除掉，除非把生活本身灭绝了，但这却是根本不可能的事！因此，道教的大智慧就在于，清醒地

---

① 成玄英《老子注》卷三第 1 页。

② 成玄英《老子注》卷三第 7~8 页。

③ 皮介行《儒学复兴的试验地在农村》，《社会科学报》2010 年 1 月 14 日第 5 版。

认识到民间信仰是不可逆转、不可消灭的，永远存在于百姓的生活方式当中，于是以此作为一个切入点，把民间信仰整合进自己的信仰体系，与老百姓建立起亲和性，对百姓日常生活的影响力和作用便超过了儒佛二家。道教也由此而成为中国传统社会中扎根基层社会组织、为一般民众提供所需精神食粮的宗教。因此我们说，道教在下层民众中具有广泛的受众性，广大受众的精神生活离不开道教。

“道教是一个多神崇拜的宗教，典型反映了以巫教观念为根基的中国人的神灵观。道教成立后，吸收了古代巫教的一些神灵，还自创了许多纯属道教的神和仙。在发展过程中，又不断采纳民间信仰的神灵，使道教成为民间信仰的上层架构。”① 道教中的神仙，有很多都是吸取民间信仰的神而来的，道教恰似有一个吸神大法，一切神都被它吸进去了，而且是与时俱进。道教神团系统由此与民间的俗神崇拜难分难舍，融为了一体。正如牟钟鉴教授所指出的：“东岳大帝、四海龙王、城隍土地、门神灶神，最初都是民间信仰的神灵，后转而成为道俗共祭的偶像。道教对民间信仰中神灵的吸收改造，不仅在早期，在后来的发展过程中也没有间断，致使这两类神灵混杂交错，很难分得清楚。”② 大量民间俗神写进道教神谱，进一步使道教信仰与老百姓的日常生活发生密不可分的联系，道教神仙的世俗化和民间化，对民间信仰的影响也就必不可免。旧时民间普遍信奉的俗神，如财神、城隍神、东岳大帝、关圣帝君等都转化为道教信奉的神。另一

① 高寿仙《中国宗教礼俗》，天津人民出版社1992年版，第91～92页。

② 牟钟鉴《中国道教》，广东人民出版社1996年版，第5页。当然，道教也有与民间信仰不同之处，如某些祭祀仪式。小林正美《中国的道教》揭示：“五斗米道和天师道都禁止在社灶祭祀之中供奉酒与牺牲。这体现了五斗米道和天师道的祭祀和民间信仰的祭祀有着根本的不同。……五斗米道对于供奉牺牲和酒的民间信仰一开始就是反对的。”（齐鲁书社2010年版，第21～22页）但这些不同，并不妨碍道教对于民间信仰及其仪式的吸收整合。道教信仰及仪式与民间信仰及仪式是个相互接触、相互作用的过程。

方面，道教构造的神仙如太上老君、玉皇大帝、八仙等等也在民间广为流传，成为人们生活的一部分。道教的某些禁忌法术与风水术，某些斋醮仪式，在民间尤其是在农村社会具有广泛影响力，成为民间信仰和民间禁忌的组成要素。道教与中国民间信仰的结合是多方面的，比较主要的表现，就在于岁时节令、法术仪式和神灵崇拜上。在中国人吃喝拉撒睡日常生活中，随处可以看见道教与民间信仰的影子。美国学者佩顿《阐释神圣——多视角的宗教研究》认为，从社会文化阐释法看来，“宗教的每一个方面都系统地表明它是集体生活的一种表达”。① 可不可以这样讲，从社会文化的角度看，道教与民间信仰的方方面面就是我们中国人“集体生活的一种表达”，体现了我们中国人对于日常生活的诉求？这是完全可以的。

道教十分了解并且想方设法地满足老百姓的各种各样欲望，举凡“欲救疗病苦，欲求年命延长，欲求过度灾厄，欲求白日升天，欲求宅舍安稳，欲求田蚕如意，欲求贩卖得利，欲求仕宦高迁，欲求讼词理诉，欲求男女命长，欲求保宜子孙，欲求妇女安胎”，② 诸如此类的人生欲望，都通过祈求道教神仙的巨大“神通力”，通过特定的斋醮仪式，通过各种道术获得实现。而在日常生活当中，我们看到的现象，更多的是道教与民间信仰结合的神灵，受到老百姓的祈求，以满足要求。百姓们的心很大，欲望又非常多，然而人的能力却是十分有限的，单单依靠人的力量，实现不了自己那些填都填不满的欲求，那怎么办呢？谁有能量实现老百姓“有求必应”的渴望？恐怕只有那些道教与民间信仰结合的神灵，所以老百姓见庙就烧香，见神就磕头，奉请道士做斋醮科仪迎神降福。这就是在中国老百姓日常生活中，道

① 佩顿《阐释神圣——多视角的宗教研究》，贵州人民出版社 2006 年版，第 039 页。

② 《太上正一咒鬼经》，《道藏》第 28 册第 368 页。

教与民间信仰所发挥的重要社会作用。所以我们说，道教神仙信仰与民间信仰是一种顺应了老百姓的多种多样欲望，并积极帮助百姓们实现其生活需求的信仰，与宋明理学鼓吹的“存天理，灭人欲”，完全是两股道上跑的车，走的不是一条路。

民间信仰是考察一个民族的思维方式、心理素质、生活习惯、行为方式、伦理观念和民情风俗等文化事象的“活化石”，民间信仰受到经济、政治、语言、宗教等因素的影响而发生发展。作为中国土生土长的宗教——道教，与中国的民间信仰有密切的关系。道教最初作为一种民间宗教、民间信仰而兴起，一开始便与百姓的日常生活结下了不解之缘。随着道教发展，道教的信仰又像种子一样播撒到民间社会，成为民众的信仰习俗，这特别表现在道教的宗教节日和神灵奉祀上。所以我们再三说明，道教与民间信仰，这是一种交叉互动的辩证关系，二者是你中有我、我中有你的，悄悄地融会贯通于老百姓的日常生活当中，很难把它们作严格的区分。因此，我们透过普通老百姓的日常生活，考察道教与民间信仰的关系，是十分理想的考察路线图。

迄今为止，迷信在人类的社会生活中仍占有一席之地，洋人有洋人的迷信，中国人有中国人的迷信。人生无常，生活无常，世界之大，无奇不有，不可解释的现象太多，不可预测的事情太多，所谓“人在家中坐，祸从天上来”，所谓“祸不单行，福不双降”，所谓“死生有命，富贵在天”，这些都使人或多或少地产生出迷信的念头。尤其在古代社会生产力不发达、科学不昌明的情况下，迷信在生活中所占的比重更大。今人是不应该以此来冷嘲热讽古人的。试想一千年之后，也许还用不了一千年，我们今天称之为科学真理的东西，后来的人们说不定就把它判定为迷信和谬误。这就是人们经常所说的，后之视今犹如今之视古。因此我们应该实事求是地看待古人的迷信，实事求是地以一颗平常心看待道教与民间信仰在中国古人迷信生活中的作用，不要一说起迷信就“谈虎色变”，似乎就要把科学抛到爪哇国里去了。其实在古代，道教与民间信仰都是按照老百姓日常生活的需要而出世的。在一般民众的心目中，道教与民间信仰的神灵，用其智慧的眼光观照世间生活的诸多问题，会帮助百姓们解决生活中难以避免的问题和人力无法解决的困难。所以在信众的观念中，解决生活中各种各样问题的神灵具有超越凡尘的巨大威力，亦即人力达不到的“神力”。当这些凡夫俗子无法依赖自己的力量来解决生活中遇见的种种问题时，譬如自然灾害、社会人生的苦难这些重大问题，便不得不乞求于神灵的威力来克服困难，渡过眼下的难关。道教与民间信仰的神灵成为中国老百姓生活中的救世主，即由此而来。只不过，在我们今天一般受过科学训练的人看来，道教与民间信仰的神灵能否解决生活中的难题，必须打个大问号。但如果我们抱着同情心来理解，以历史的眼光去看待所谓迷信问题，只能说，它们在古代老百姓的生活环境中产生出来不是无缘无故的，而是因为日常生活中有这样的需求，而且这些东西在信奉道教与民间信仰的民众心目中还是十分神圣的，认定它们能解决生活中碰到的五花八门难题，并成为古时很流行的时髦货。

古人的迷信生活促进了民间信仰的形成，而各地的民间信仰又多被整合成为道教文化的内容，于是道教与古人的迷信生活密不可分。任继愈主编《中国道教史》第一章，在谈到早期道教的主要来源时，认为古代民间信仰的神灵，“后来许多被道教所吸收，变成道教的尊神”，并揭示说：“道教对民间信仰中神灵的吸收改造，不仅在早期，在后来的发展过程中也没有间断，致使这两类神灵混杂交错，很难分得清楚。”[①] 道教对于民间信仰中神灵的吸收改造，道教对民间信仰的整合，这是一个很容易观察到的历史现象。那么，究竟是何原因导致道教从产生一直到今天，[②] 从不间断对民间信仰的整合？这个问题，用一句简单扼要的话即可回答，那就是道教是一个贴近老百姓生活、贴近基层民众实际需求的宗教，正是群众的日常生活把道教和民间信仰紧紧联系在一起，导致道教在其发展过程中从未间断对民间信仰的整合。整合了民间信仰的道教，反过来又在当时的社会历史条件下发挥作用，为当时生产力低下、在今人看起来充满迷信色彩的生活水平服务。这种服务，在人力达不到之处，通常借助于神灵的力量来达到目的。譬如请神驱鬼是民间信仰最重要的组成部分，也是民众迷信生活的“日用消费品”，生活中许多问题都要通过消费它来加以解决。假如我们把请神驱鬼看成古时候“第三产业”的消费品市场，那么除开巫师，大都由道士占据了这一市场，由道教向老百姓提供其所需要的服务。在这样的服务性行业中殷勤工作，更使道教与中国古人的迷信生活休戚与共，而道士本身也被儒家精英们视为搞迷信活动的从业者。但在普通老百姓的日常生活中，却又不能缺少这种精神的“日用消费品”，又确实有这样一种精神的市场需求存在，儒家精英那一套“存天理”的道德修养方案，完全满足不了老百姓日常生活中的各种要求，对解决他们实际生活中遇到的具体问题和困难更是爱莫能助。正因为如此，道教与民间信仰就在中国古代老百姓日常生活的迫切需求与接受中，扮演了这样一个不可或缺的“迷信”角色！

综上所述，道教神仙信仰与民间信仰分工协作，不知不觉地在老

---

① 任继愈主编《中国道教史》第一章“道教的孕育与诞生”，中国社会科学出版社 2001 年版，第 9 页。

② 我们可以看到，当今港台道教对民间信仰及其仪式的整合仍旧在进行，没有间断过。

百姓的日常生活中发挥作用，形成百姓生活中的许多风俗习惯，沿袭至今，对于我们深刻认识中国的特殊国情是一条不错的路径，可谓曲径通幽。有人试图割裂道教神仙信仰与民间信仰的密切关系，对此日本学者批评说："也有人认为民间宗教的神信仰不是道教的神信仰，而是'民间信仰'。这种见解没有将民间宗教的信仰，放在'道教'这一宗教的、社会的、历史的概念的范围中来把握，而是作为'民俗学'的研究对象去认识。"并揭示出，道教是"中国人固有信仰，即中国民间信仰的系统化"；通观历史，中国民间信仰"浸透于农民或民众的日常生活和习俗之中。战国以后，它以有关神仙、方士和道士的咒术及方术信仰为中心发展起来。这些得到巫祝，以及上层贵族和知识分子阶层的支持。东汉时期，以这种民间信仰为基础的方术、道术在事鬼神、役使鬼神的巫祝道上，增加了道家、神仙（养生、行气、金丹），以及儒教、佛教的影响，融合了复杂的成分，出现了施行这种方术和道术的农民或民众集团——'道'（民众道教的原始组织）。它成为道教的基础"；"'民间信仰'和'道教'的关系，即民间信仰是道教信仰的民众基础"。[①] 也就是说，道教产生于民间信仰的土壤，根本无法与民间信仰切割。还需指出，道教产生于农业社会，其乡土气息浓郁，与乡土社会紧密结合，信徒中农民占居多数，因而有人将其称之为"农民的宗教"。[②]

当然，不可否认的是，道教与民间宗教信仰还是有区别的，而道教自己，尤其是唐宋之前的道教，为了避免对抗政府的嫌疑，常常坚决地把自己和民间宗教信仰切割开来，表明自己与王朝合作的正统地

① 福井康顺、山崎宏、木村英一、酒井忠夫监修《道教》：酒井忠夫、福井文雅撰《什么是道教》，上海古籍出版社 1990 年版，第 1 卷第 5～6、12、14、21 页。

② 至今道教队伍包括其神职人员仍旧以农民为主体。

位。正如索安《西方道教研究编年史》所揭示："在道士们自己所做的界说中，他们从不认为自己与儒家或佛教相对立，相反倒与民间宗教相对立。"索安并列举了道教与民间宗教的四点不同之处：1. 道教有世代相袭的祭司职位，道士须有专业的训练、秘密的传授和仪式性的授职。而民间宗教的专职人员则是自选的，他们常通过萨满才能和经验从事其职业。2. 道教中的传授始终是经书的传授。道教的经典和仪式用汉语文言文书写，它们构成了中国文学史上占有一席之地的散文和诗歌。民间则是通过口头传授。民间宗教的善书、宝卷、小说和仪式用的是白话。3. 道士们将自己视为精英，并为中国文化贡献出了神秘主义者、哲学家、诗人、炼丹家和学者。民间宗教的专职人员没有形成有组织的教会团体，没有集体精神，没有产生精英。4. 道教是清楚其身份的宗教，表现其身份的是藏经、正统和异端观念、对历史起源的传统纪念。民间宗教是古代传统的丰富宝库，种类最为繁多的影响的大容器，信仰和风俗的多样化，它没有身份意识或历史感。道教，特别是在它的第一个千年里，无论如何不能与民间宗教相混淆。① 尽管道教在口头上、文献中反复申明自己的正统性，称自己为"正"，称民间宗教为"邪"，把自己与"异端"的民间宗教信仰断然切割开来，但在日常生活的现实中，道教却不断地从民间宗教信仰那里吸取原料和养分充实自己，以拉近与人们日常生活需要的距离。尽管作为研究者的我们，无论如何都不能把道教和民间宗教相混淆，但现实生活中二者水乳交融的那样一种密切关系，我们是想割也割不断的。

无论如何，道教始终是一种"接地气"的宗教，其所接的"地气"，就是人们在日常生活中自然而然要运用到的民间宗教信仰和民

---

① 索安《西方道教研究编年史》，中华书局2002年版，第89～90页。

情风俗，这使道教不断地有活水源头来延续其生命，保持其生命的鲜活力。然而令人遗憾的是，在之前已出的道教史书写著作，却忽略了道教与人们日常生活的千丝万缕联系，忽略了道教在中国人的社会生活史中所扮演的十分重要的角色，忽略了道教神仙信仰与民间宗教信仰及风俗习惯的密切关系，这是迫切需要我们的研究工作进行补课的!

中国道教史之我见

一

德国学者卡尔·雅斯贝斯在《论历史的意义》一文中指出："迄今为止的一切历史，就是试图去获得自由。"① 对于道教的历史来说，就是试图去获得生命永恒的自由，免于死亡的自由。试图获得免于死亡的自由，这当然不是事实，只是道教追求的目标，而且是永远"在途中"的目标，换句话说，这很有可能是永远都实现不了的目标，但道教史却依然将锲而不舍地"梦想"下去，这就是道教史的意义。

道教史并非历史学的"主流"，在许多史家眼中不过是"边缘史"。传统的精英史学，十分轻视道教史，很少有历史家愿意记述描写道教在他们所生活的那个时代的状况，所谓"正史"中的道教史料，实在是非常零散，少得可怜。日本学者早已发现这一点："中国正史记述过去的历史时，对宗教是极为冷淡的，记载甚为贫乏。绝无

① 《现代西方历史哲学译文集》，上海译文出版社 1984 年版，第 47 页。

仅有的例外是《魏书》新设《释老志》，以便详述佛、道二教史。”①对于道教史，《魏书·释老志》之前的正史，从来没有设立专志，在此之后，也不多见。正统历史学家十分关注宏大的政治叙事，像五斗米道和太平道，如果不是作为重大政治事件发生，恐怕难以受到史家注意，被历史家记录在案。但当代人应该知道，通过道教史的研究和书写，有助于提高我们对社会史、政治史、心理史、经济史、思想史、女性史及总体中国历史的认识水平。无论如何，究竟应该如何来认识道教？究竟应该如何来认识道教史？道教是如何发生的？道教经历了什么样的发展历程？这些就是我们探讨道教史的问题意识所在。和对道教的认识各种观点纷然杂陈一样，对于道教史的认识，也是各说不一的，需要我们经过探究辩驳慢慢达成共识。

道教史首先涉及道教界自身的“神学历史”与学术界“学术研究的历史”问题，亦即神学的“史实”与客观存在的“史实”问题。道教实际的历史与其神学所记载的历史，显然不是一回事，但又难舍难分，因为离开道教神学记录的历史这条线，道教史的许多地方就成了没有史料来源的空白点。正统史家及文人并没有为道教记录历史的主动意识，他们所记录的主要是帝王将相的历史，偶尔有零星材料涉及道教，故道教史的史料大多数只能“礼失求诸野”，从道教神学浩如烟海的记录中来寻找勘察历史的本来面目，把隐藏在神学记载背后的真实历史信息挖掘出来，而这是一项极其艰难的工作，十分复杂。②

---

① 福井康顺、山崎宏、木村英一、酒井忠夫监修《道教》：秋月观暎撰《道教史》，上海古籍出版社1990年版，第1卷第29页。

② 一些学者完全怀疑道教神学记载史料的真实性，走向另一个极端。如傅勤家说：“《道藏》之书虽多，要皆空虚诞妄，等于无物，无从采择。”（《中国道教史》，商务印书馆1998年影印版，第9页）彻底否定了《道藏》的价值，这样一来道教史的研究便成了无米之炊。

美国学者鲁滨孙说："历史这样东西，自古以来就隐在一个假面具里面。这个假面具，或者将他本来的面目变得异常美丽，或异常丑陋，所以无怪历史家适用科学的眼光异常迟缓。"[①] 人是戴着假面具在历史舞台上演戏的，总想要为自己"遮丑"，总考虑掩盖一些东西，故历史本身总是跟史家玩捉迷藏，存心不让史家找到其本真面目。史家若打算把年代久远的假面具揭开，暴露真相，只能勉为其难，在前人记录在案的基础上，尽可能去还原历史面貌。所以说，要书写一本百分之百真实无误的中国道教史是不可能做到的，任何作如此吹嘘者，千万不要相信他。道教历史的疑案甚多，长期以来难以破案的主要原因，限于破案所需证据（史料）的缺乏，而且已有的证据往往令人真假难辨，需要花大功夫去鉴别证据，或许有些东西是研究人员永远也破解不开的历史谜团。历史活动中，身体力行书写道教史的那些人物，想方设法把真相保密，而研究人员的任务则是千方百计解密。不幸的是，随着历史人物的退场，许多历史真相已经进入坟墓，道教那种"天机不可泄"的理念，更使研究者难以揭开秘密。守秘与揭秘，这是道教史及其书写的一大问题所在。

道教自己构造的神学历史，大约从晋代就开始了。所谓"正一盟威道"、"天师道"即是张陵后裔对自我历史的神圣化，是其神学历史的符号，是其已经蓄意改写过的历史。这是道教对其自身历史的认识和建构，夹杂着许多神话与仙话。道教自身书写的历史，各种各样的

① 鲁滨孙《新史学》，广西师范大学出版社 2005 年版，第 27 页。

神仙纪传体历史，纪事本末体历史，[①] 色彩斑斓神学旨趣各异的教派历史，就是一部描述人如何经过修炼转化为神仙的历史，道教教派的发展史，道教在社会上传播、被社会所接受的历史，在此基础上，道教形成了自己的神学史学。一方面，道教神学史学的叙事走向为其神学即神仙信仰所规定，所指导；另外一方面，道教神学史学又通过为神仙作传，通过对自身历史的种种建构，反过来给予以神仙信仰为核心的道教神学一种历史的证明，力图证明神仙存在的历史真实性，从而增强了其神学在信徒心中的可信度。道教神学历史的功能就是告诉其信徒，凡人皆有成仙的可能性，从而强化信仰者的信心，使道教在信仰市场上占有更多的信众份额。对于道教神学历史的书写，站在教内和教外看是不一样的，教内的人认为这样的历史是神圣性的，是真实可信的，教外的研究者则认为，这只不过是为了证明神仙信仰的虚拟历史，完全靠不住，或将道教神学历史的某些内容如《神仙传》等仙传，看成是为了宣教而创作的文学作品。

顾颉刚先生提出“层累地造成的中国古史”观，他建立了一个假设：“古史是层累地造成的，发生的秩序和排列的系统恰是一个反背。”[②] 并解释说：“这有三个意思。第一，可以说明‘时代愈后，传

---

① 《列仙传》、《神仙传》、《洞仙传》等，代表了道教神学历史纪传体的兴起。《云笈七籤》卷一百的《轩辕本纪》，卷一百一的《元始天王纪》、《太上道君纪》、《上清高圣太上玉晨大道君纪》、《三天君列纪》，卷一百二的《混元皇帝圣纪》、《太微天帝君纪》，卷一百三的《翊圣保德真君传》，以及卷一百四的《玄洲上卿苏君传》、《太和真人传》、《太极真人传》等，已可见道教神学历史纪传体的逐渐趋于成熟。《历世真仙体道通鉴》及《体道通鉴后集》虽名为“通鉴”，但由于“难以考覆年代”，而且“何必局于编年”，（《仙鉴编例》、《体道通鉴后集跋》，《道藏》第5册第102、449页）故实际上并非编年体，仍采用纪传体写成。而《历代崇道记》、《体玄真人显异录》等则属于纪事本末体。这些都是道教神学历史的史料，对于学术界的道教史研究来说，也具有某些特定的史料价值。

② 顾颉刚《古史辨自序》上册《古史辨第一册自序》，河北教育出版社2000年版，第68页。

说的古史期愈长’。如这封信里说的，周代人心目中最古的人是禹，到孔子时有尧、舜，到战国时有黄帝、神农，到秦有三皇，到汉以后有盘古等。第二，可以说明‘时代愈后，传说中的中心人物愈放愈大’。如舜，在孔子时只是一个‘无为而治’的圣君，到《尧典》就成了一个‘家齐而后国治’的圣人，到孟子时就成了一个孝子的模范了。第三，我们在这上，即不能知道某一件事的真确的状况，但可以知道某一件事在传说中的最早的状况。我们即不能知道东周时的东周史，也至少能知道战国时的东周史；我们即不能知道夏、商时的夏、商史，也至少能知道东周时的夏、商史。”① 道教自己构造的神学历史也是“层累地造成”的历史。我们以正一道为例。从五斗米道演化为正一道的历史，就是“层累地造成”的历史。从五斗米道的张陵演变为正一道的天师张道陵的历史，同样如此。在正史的记录中，张陵身世隐约，这样的人物最适宜由道士们任意打扮，以此撑起道教门面。特别是在江西龙虎山张天师家族掌握江南道教事务后，更需要抬高其祖张陵在道教中的创教者地位，借以自重，以便统领江南道教。因此张陵在道教的记载中，越到后来，越是被渲染得厉害，历代都有添加的神话故事。② 我们再以全真道为例。正如世俗的家族十分重视谱写自己的家谱，全真道也逐渐构造起了自家的宗祖谱系——“五祖七真”，即东华帝君、钟离权、吕洞宾、刘海蟾、王重阳“五祖”，马钰、谭处端、刘处玄、丘处机、王处一、郝大通、孙不二“七真”。全真道构造自己的历史，同样如顾颉刚先生揭示的“时代愈后，传说的古史期愈长”；“时代愈后，传说中的中心人物愈放愈大”。伴随全

---

① 顾颉刚《古史辨自序》上册《与钱玄同先生论古史书》，河北教育出版社 2000 年版，第 4 页。

② 关于从五斗米道到正一道“层累地造成”的历史，详见本论文集《五斗米道新论》一文。

真道的逐步发展，渐渐地从王重阳“甘河遇仙”故事发展到“五祖七真”，从“五祖七真”再到远接“混元老子”，全真道的历史是越来越长，传说中的神仙也“愈放愈大”，终于“层累地造成了”全真道的神学历史，并且坚如磐石地奠定了全真道的历史与现实地位，成为从明清以来直至今日和正一道并足而立的道派。这是我们在书写道教史时必须看到的。

无论怎样看，目前乃至将来学术界对中国道教史的研究，显然还是离不开道教神学关于其自身历史的某些说法，否则，很难找到史料来讲述道教历史。由于史料阙如，以至于学术界已有的道教史成果中，仍然掺杂了不少道教神学史料，不得不依从道教神学历史已有的旧说，使历史事实与道教神学的“事实”交涉在一起，真假难辨。这是道教史研究中无论现在还是将来的一大难题，非常不好解决。由此可见，道教史研究的未来还将是一个十分长期的积累过程，每隔十年或者十五年如果有一本新的道教史著作出现，应当是合情合理的、十分正常的现象。十年或者十五年间的研究，不论是史料还是观点，都将会有不少新的突破和发现，随着研究深入持久地开展下去，每十年或者十五年能够改写一次道教史，对于逐步逼近历史真相也是十分有意义的。道教史的研究毕竟还很不成熟，许多问题远远研究不够，历史真相尚未充分把握，从历史的碎片中整理令人信服的道教史，其难度系数忒大。而且，道教史的史料并非死水一潭，它是一个动态过程，不断会有新的材料涌现出来，而道教史的研究书写本身，也是一个不断发展的动态过程。读者的阅读，亦应当是动态的，不能抱有成见去阅读，不能以为已出的道教史成果，即是最后的定论，可以不用怀疑，更不允许颠覆。这一点，诚如日本学者小林正美所深刻揭示的那样：“在实际上，就连中国文化的研究者都认为道教只是迷信和低俗的民间信仰，长期以来不把道教作为学问研究的对象。道教成为近代的学问研究对象，只是在五六十年前。然而，此后专门从事道教研究的学者非常少，到近年虽说数量有所增多，而和道教以外的中国思想史和中国佛教史的研究者相比，世界的道教学者还是很少，这便是现状。因此，道教研究的步伐必然就很缓慢，道教史中至今还没有可称得上‘定说’的东西”；“世界的道教学者之间，其正确性得到公认的定说还是数量有限，而且世界的道教学者之间广为流传的通说之中，也依然存在着种种谬误”。[①] 的确如此，至今仍然没有“定说”，故任何一本宣称已经把道教史“终结”了的著作，都不要轻信，并没有所谓定于一尊的“权威”著作。从认识论的角度去看，历史就是解读者的一种认识活动，各个解读者对于问题的认识是不同的。因此，一部道教史会因作者不同而有各种不同的解读法，写出来的道教史也就色彩纷呈。况且由于解读者的时代背景和生活阅历各不相同，这也使得道教史的研究写作注定会与时偕行，成为一部“活”的历史，而非一劳永逸的“死”历史。可以大胆预言，对于道教史的解读并非一成不变的，一定会随着时代的变迁而变迁，将来的研究者，又有他们自己对道教史的解读和写作，写出一部活的、随着时间变化的道教史著作是毋庸置疑的。实际上，道教史的研究还有许多“谜团”值得进一步探究破解，已出的道教史成果皆有其各自的不足之处，包括本书作者的成果在内同样是如此。道教史的研究依然“在途中”，同仁仍需努力！

---

① 小林正美《六朝道教史研究 · 前言》，四川人民出版社 2001 年版，第 1 页；小林正美《中国的道教 · 前言》，齐鲁书社 2010 年版，第 1 页。

二

道教史的景观可以作“河系观”。道教是一条滔滔奔流不息且非直线流动的大河系，如同黄河、长江那样，既有支流汇合的来源，在长期流动过程中，沿途又不断吸取收纳其他支线河流的活水，亦即“整合”民间宗教、新兴宗教的“活水”而汇聚起来，最终形成一片汪洋大海，流淌在中国人的日常生活里。与世界上基督教、伊斯兰教、佛教等三大宗教河系十分不同的是，“道教河系”找不到创立者，所谓创教人，所谓教主，那都是后来信徒们给封的。此正如牟钟鉴教授所指出的：“从宗教发生学的角度看，道教既不是典型的原生型宗教，也不是典型的创生型宗教，而是介于两者之间的宗教。其生成的特点是没有统一的创教教主和集中创教时间，其孕育过程缓慢而分散，经过多种渠道，在不同地区发展，逐渐汇合在一起，所以上限极不易确定。‘老子创教’是宗教神话，史家不采。”① 没有创教人，这就是道教与世界三大宗教不同的特点所在。从道教发生的地理状况看，它本来就发源流淌于黄河、长江流域，从遥远的古代流了过来，是五千年中华文明汇合以及中国原始宗教文化的结晶，所以道教信徒将其历史的源头追溯到黄帝时代，以黄帝作为开端来计算“道历”，也是有其道理的。当“道教河系”流动到秦汉时代，涌现出“方仙道”和“黄老道”。到了东汉末年时，川流交错纵横，“太平道”出现于北方的黄河流域，其水系分布在河北、山东等区域，“五斗米道”出现于南方长江流域，水系分布在四川、陕西南部等区域。无论是“太平道”还是“五斗米道”，其实都不能代表道教的创立或者说形

---

① 牟钟鉴《中国道教》，广东人民出版社1996年版，第3页。

成，只不过是“道教河系”在流动过程当中冒出来的令人瞩目的两朵较大的浪花，只能说，这是道教发生时期比较重大的值得我们书写的“事件”。然而，迄今为止，海内外道教学术界“叙述道教史，一般均从东汉（25—220）的太平道和五斗米道开始”。尾崎正治“将这两个运动称为原始道教。这是因为它们建立了原初的教团，在历史上是道教活动的肇始”。[①] 实际上，“这两个运动”是作为政治上的大事件引起正统史家注意，从而载入正史的。尤其是太平道，东汉的覆灭正是由其引爆的，五斗米道则建立了地方割据政权，书写东汉末年历史，即便是根本不关心宗教问题的正统史家，也不能不写“这两个运动”。但是，它们并非如尾崎正治所说是“道教活动的肇始”，在此之前，道教活动早已展开。

“道教河系”在几千年的流动过程中，其主体和流动方向，并未打破原有的传统，另起炉灶，主要是在继承、“整合”各个支流后推陈创新，而非所谓“改革”推动。南北朝，这是道教第一次重大的继承、“整合”与升华时期。陆修静以灵宝经为中心来“整合”各道派经典，推陈出新构建起所谓“三洞四辅”的经教体系。海内外学术界所谓陆修静“改革”道教的说法，实乃毫无证据的人云亦云之谈。实际上，陆修静只是假托张陵之说来“恢复”而非改革“三张”以来的祖训旧制。陆修静的“总括三洞”，为以后《道藏》的编纂奠定了坚实基础，进一步推动了道教各经派之间的融合发展，使道教作为一个整体能与儒、释相鼎足而立于中国历史舞台上。当时佛教方面评说他

---

① 福井康顺、山崎宏、木村英一、酒井忠夫监修《道教》：尾崎正治撰《道教经典》，上海古籍出版社 1990 年版，第 1 卷第 61 页。由于对研究对象“道教”尚未达成共识，故关于道教的创立、开端或形成时代众说纷纭，各持己见。笔者怀疑，道教是否如其他宗教一样，有个清晰的创立时间或者说能够人为地寻找到一个开端，所谓道教形成时间的问题或有可能是个伪问题。

“祖述三张，弘衍二葛”，① 意即对张天师道采取“祖述”亦即一种述而不作的立场，对葛玄、葛洪的所谓葛氏道则进行“弘衍”——弘扬光大，真可谓实事求是，一语破的。作为道教对手的佛教方面的“祖述三张，弘衍二葛”的评价，比当今海内外学术界的陆修静“改革天师道”说更为准确。陆修静并未着手对道教进行所谓“改革”，他其实只是在继承发扬道教传统的基础上，做了一系列整合“三张”与“二葛”乃至三洞经教的重要工作。经过陆修静“整合”，道教进一步转型升华。而寇谦之所谓的“清整”道教，则是一场“革命”而非改革，要害在于寇天师革了张天师的命，夺了张天师的权，取而代之。在这场夺权行动中，寇谦之宣布张天师的道法是“伪法”，必欲将之除去而后快，以其所谓“新科”取代三张的旧科，清理整顿三张留下的道教队伍，革除张天师的世袭制度，颇有点类似于周人革殷人的命。不同的是，周人借助于天命转移说，寇天师则宣称太上老君授权于他，他的天师一职具有不容置疑的合法性地位。实际上，寇天师的所谓“新法”，仍然“整合”了不少三张的旧法。经南北朝道教的“整合”，转型升华，形成隋唐北宋全新的道教史格局，以“三洞”融合为特色。

当“道教河系”流动到南宋金元，这是其第二次重大的“整合”与转型升华时期，作为民间新兴宗教的全真道，主动“整合”进道教，构建起了元明清直至今天的正一、全真两大道派，再一次形成了全新的道教史格局。说全真道本为民间新兴宗教，理由就在于，王重阳创教时与道教并无师承关系，所谓“五祖七真”这一北宗传承系统是后来出于神学需要构造出来的，王重阳所创全真道在性质上起初并

① 《广弘明集》卷四《归正篇》，上海古籍出版社1991年版，第116页。又见《集古今佛道论衡》卷甲《北齐高祖文宣皇帝下敕废道教事》，《大正藏》第52卷第370页。

非道教。既然如此，那么王重阳所创之教最初的性质究竟是什么呢？按照传统的史学观，它是“宋之忠义”、“宋遗民”。按照今日宗教学眼光去审视，它是新兴的民间宗教社团组织，它汲取了儒释道三家的思想养料构筑而成。王重阳从大定八年（1168）八月到其羽化（1169）的一年之间，在山东沿海一带先后建立了“三教七宝会”、“三教金莲会”、“三教三光会”、“三教玉华会”、“三教平等会”等五个全真教的宗教会社，全都以“三教”作标榜，从而显示其并不单独属于道教，而是糅合儒释道三教的一个新宗教。早在王重阳弃家入终南南时村修炼，构筑“活死人墓”，在四隅各栽海棠一株，就已有“四海教风为一家”——也就是要自成一家新宗教的壮志凌云，到山东后所创立的宗教团体便是其当年理想的实践，因此通通冠以“三教”，并不以道教自居。我们将其定性为融合三教、自成一家的新兴民间宗教，应该说是符合王重阳本意的。至于全真道演变为道教那是王重阳之后的事。王重阳之后，迫于形势，全真道主动将自己“整合”进道教，从而获得了合法性的生存地位，一直存活至今。很显然，全真道如果不是主动将自己“整合”进道教，其命运就将和金元明清那些新兴的民间宗教社团组织一样，受到帝国政府的残酷镇压，或转入地下活动，或遭遇灭顶之灾。

道教演变到今天，依据文物考古和历史文献材料，“道教河系”的表现形态，从方仙道开始，到黄老道、太平道、五斗米道，直至正一、全真两大道派最后形成，可以说，完全不同于西方式的“宗教改革”，道教更大程度上是在“整合”新老水源，转型升华，无论干流还是支流，吸收八面来风，形成了所谓“杂而多端”的历史格局。元人马端临归纳儒家观点评论说：“道家之术，杂而多端，先儒之论备矣。盖清净一说也，炼养一说也，服食又一说也，符箓又一说也，经典科仪又一说也。”①认为道教由清净、炼养、服食、符箓、经典科仪这“杂而多端”的五种成分构成。其实，他带着儒学偏见，只看到表面现象，没有透彻了解道教对种种学说包括佛教理念和五花八门方术乃至于民俗信仰的“整合创新”，转型升华，道教历史正是在这样一种“整合创新”和转型升华的过程中发展前行的。刘勰《灭惑论》声称：“道家立法，厥品有三，上标老子，次述神仙，下袭张陵。”②道安《二教论》同样认为：“道家厥品有三，一者老子无为，二者神仙饵服，三者符箓禁厌。”③都把道教的结构划分为上中下三品，上品相当于元人马端临所谓的“清净”，中品相当于马端临所谓的“炼养、服食”，下品相当于马端临所谓的“符箓、经典科仪”。且不论这样划分是否合理，从中可以发现的是，在佛教及其信徒眼里，道教并不是铁板一块的单一结构，而是由不同品级的成分“整合”起来的。这种“整合创新”，以及转型升华，当然不是一蹴而就的，它经历了一个漫长的历史过程，在此过程中间形成了两次大的高潮，一次是在南北朝时期，一次是在南宋金元时期。

总之，“道教河系”在流动过程中虽然也曾经出现过危机，但从未发生断裂，其发展保持了连续性，是一个不断继承融合教内外各家各派包括民间信仰的“整合升华”过程，通过继承、整合创新和渐进式的转型升华，成为一个有机的整体。因此我认定，道教的历史并不是一部改革史，而是一部不断进行继承—整合创新—转型升华的历史。

---

① 《文献通考》卷二二五，中华书局 1986 年版，下册第 1810 页。

② 《弘明集》卷八，上海古籍出版社 1991 年版，第 52 页。

③ 《广弘明集》卷八，上海古籍出版社 1991 年版，第 146 页。

三

道教整合不仅是针对教内的，也是针对教外的。道教对佛教的“整合”，前人和今人往往将其诟病为抄袭或剽窃，这实在是把事情简单化了。日本学者已经指出：“道教不是创立式宗教。它在具有完备的经典和教义，达到能与佛教相对抗的地步之前，曾长年累月地从佛教中摄取养料。这是不可否认的事实”；“但是，不可忽略的是，道教绝不是原封不动地摄取佛教说教，而是扎扎实实地下了一番巧妙的脱胎换骨的功夫”。例如，道教的“三世思想仅仅是模仿佛教说教，佛教将报应归于业的发动作用，道教将报应说成是三官赏罚。二者之间依然存在着本质的不同，道教说教并没有丧失自己的基本立场”。[①]还要看到，佛教的报应仅仅针对的是个人，所谓“自作自受”，道教的报应则针对的是个人及其家族链条，个人作恶会给家族的列祖列宗及后人带来灾难，列祖列宗得不到上升神仙“大福堂”的救度，后人承负“余殃”，这是二者的不同所在。

道教对儒教的“整合”，主要是整合其政治伦常思想以及礼仪。道与儒都是彻头彻尾的现世主义，道教更把这种现世主义推向永恒。在与佛教论战，互相抗衡中，道教往往联合儒教结成统一战线，共同作战。道教力图借助于同为本土文化的儒教力量，取得自己更高的政治地位。

在中国传统思想文化中，道家最具有学术上的开放性和包容风格，它不拘一格，博采众家之长，融汇贯通，正如司马谈论六家要旨

---

① 福井康顺、山崎宏、木村英一、酒井忠夫监修《道教》：秋月观暎撰《道教史》，上海古籍出版社 1990 年版，第 1 卷第 43、44 页。

指出：道家“因阴阳之大顺，采儒墨之善，撮名法之要”。①道家学术上的外向开放精神为道教所继承。道教信仰体系是个开放的体系，善于容纳八面来风，不同观点、不同见解都不排斥。道教不仅不排斥其他思想流派，反而大胆摄取他门他派的思想原料，以滋养丰富自己。道教不仅勇于吸收本土传统文化的营养成分，而且对于外来佛教文化也抱着开放融通的态度，学习借鉴舶来品的精华，尽管这种学习不是公开进行的（拿古人的话说叫“偷取”），表面上还采取一些激烈的攻击形式。可以说，正是道家、道教促成了佛学的中国化，从而使中国哲学的理论思辨性上升到新的高度。汉代人视佛教为一种道术，佛教因此而得以稍广流传。到魏晋，佛学又倚傍玄学道家而传播。南北朝隋唐时，佛教逐步中国化，在这一过程中对道家、道教都有吸取。这时期道教也大量吸收佛教的思想，甚至许多名词术语都佛教化了，以此充实提高自己。这充分体现了道教理论形态的开放性和融贯性。譬如《太上洞渊神咒经》吸收了般若本无论思想；《度人经》袭取三界及随劫轮回思想；《真诰》仿照吸取《佛说四十二章经》；《本际经》讲诸法空寂无常，一切果报皆由业缘；《洞玄灵宝定观经》改造佛教止观和定慧说；道教重玄学派对佛教中道观的运用；司马承祯吸收天台宗止观学说。这些都说明道教对待佛教这一异质文化的态度比保守的儒家开放。道教的主流以博大胸怀去拥抱外来的佛教文化，主张儒释道三教同源异流，融汇合一。道教遵循这条三教同一的路，海纳百川，以自己为主，吸取他家，建构了一个开放的思想系统和仪式系统。道教还不断吸纳、整合民间信仰和生活礼俗充实自己。道教真正做到了有容乃大，这使它充满了生机活力，于是在与儒、释争夺人们灵魂尤其是下层民众灵魂的竞争中，始终保有举足轻重的一席之

① 《史记·太史公自序》，中华书局1982年版，第10册第3289页。

地。此正如牟钟鉴教授所揭示："从宗教关系学上说，道教是诸宗教中较少排他性、较多包容性的宗教。它上溯远古，兼综百家，是多种文化融合的产物；在其后来的发展中，亦以开放的姿态，广纳博采，形成'包罗万象，贯彻九流'（陈撄宁语）的特点。孤立地看，道教自身力量不大，但道教通于百家，所以能成为传统社会三大精神支柱之一。"[①] 还必须指出的是，道教的开放包容，积极主动吸取和有选择地接受外来佛教文化的精神及做法，启发带动了儒学，在儒门淡泊、收拾不住的情况下，儒学也学习仿效道教，一面坚守道统，驳斥佛道二氏，一面暗中选择性吸取佛道二氏的精华，最终形成集各方面大成的宋明理学，重振雄风。探究道教与儒、佛的并存互动关系，这也是道教史的书写必不可少的一个环节。换言之，道教与佛教的关系史，道教与儒教的关系史，乃是道教史书写中不可回避的课题。

道教史书写更离不开对道教经典的关注。在道教中，不是凡人所作，而是神灵降授下来的文本，才称得上是作为"天书"的"道经"。故道教经典一般采用"道曰"、"天尊曰"、"太上曰"等形式来阐述教理教义，挑明这都是神的启示教导。除了古上清经留下较为明确的记载外，绝大多数"道经"究竟是什么时间从天上降授到人间，降授给什么人，如何进行传播的，这些都是绝密，以展示"道经"的神圣性和神秘性。这也给今人研究"道经"的产生时间和作者，带来了非常大的难度。可以这样说，能够把"道经"的问世考证出一个大概的时代范围，比如说这是魏晋，还是南北朝，或者是隋唐的"道经"，就算不错了。如果有人非要去钻牛角尖，硬是要把某部"道经"判定在某一特定时间内，这是令人难以相信，吃力不讨好的事情。我认为，学术界大可不必在考证"道经"产生的具体时间上争论不休，纠缠不

① 牟钟鉴《中国道教》，广东人民出版社 1996 年版，第 3 页。

清，浪费我们宝贵的研究时间。

四

许多研究者借用西方宗教的“教团”一词来说明道教史上存在的宗教组织，这恐怕不太合适。尽管汉末太平道、五斗米道的组织化程度较高，但曹魏政权已在集中控制道教领袖人物，使其群龙无首，旨在破坏其组织化网络系统。晋代出现的所谓李家道、帛家道、杜家道等，以某一姓家族的名义来作为组织架构，规模已然比太平道、五斗米道小。而五斗米道演化为所谓天师道，其组织系统是以“治”为单位，各治之间并无统属关系，道民也不能在各治之间游走串连，各治之间的组织联系大为削弱，且“治”本身组织涣散，道民不再严守“治”内的原有规矩，各行其是，汉末以来天师自上而下的垂直领导系统已遭严重破坏。东晋至南朝世家大族卷入后，更形成相互联姻的家族道教，除了个别家族还在利用道教搞政治外，大多数家族都以追求神仙享乐生活为主，张天师家族此时则隐而不显，看不到其活动的信息。而在陆修静和陶弘景的带动下，家族道教又逐渐向宫观道教演化，各宫观之间相互也并不统属，各立山头，自守门户，组织规模不大，没有形成所谓“教团”。道士的组织性不强，来去也自由，宫观组织的性质已从汉末的政治、军事、宗教三合一组织，演变为规模很小的单纯宗教组织，不再与帝国的政权组织对抗，而是成为其友好的合作小伙伴。

道教从一开始就实行师傅带徒弟的形式来传播发展，教内以师徒关系作为纽带形成网络，师徒以及徒儿之间虽无血缘关系，却颇为类似中国古代社会的家族组织，在法术的传授上则颇像工匠群体组织内的秘授技术，与西方宗教的“教团”组织模式，可说是风马牛不相及。而中国高度中央集权的皇权政治，也决不会允许道教拓展“教团”模式的宗教组织，从而形成与皇权组织相抗衡的社会组织力量。故中国古代宗教政策明文规定，道教不得在宫观外发展组织，道士不得走乡窜巷，四处串联，因此它只能在宫观内以师傅带徒弟的形式来传播发展，于是形成一个一个山头的宫观道教，互不统属，组织力量分散微弱，此与西方的“教团”组织相比较，的确是不可同日而语的。古代帝制政府，最怕的就是百姓“聚众”，因为在它们眼里，聚众就意味着闹事。就政府对待“聚众”的态度而言，道教也绝不可能形成所谓“教团”。日本学术界在道教史研究上，普遍使用“教会道教”一词。尾崎正治认为：“道教可分两类，一类是成立道教，或称教团（教会）道教，另一类称为民众道教。……大概可以这样认为：民众道教包括中国农民和民众的一般信仰，和以此为基础的民众社会行动意识与集团活动等成分。成立道教是以民众道教为基础，将各时代上层统治阶层的支持作为母体的道教教团，它们为各个王朝体制所认可。”[①] 对于道教作这样的二分法是否恰当，可以另当别论，但所谓“教团（教会）道教”的提法，并不合乎中国道教史的实际情况。已经有日本学者认识到：“从中国人自己的用语来看，‘教会’是指‘教’和‘会’，即固有信仰、宗教集团、结社及宗教意味淡薄的民众集团结社的名称，所以‘教会道教’这一学术术语也许是不恰当的。”[②] 近代以来，汉语学术语境里，“教会”一词，主要是特指基督宗教的组织，将其用于宫观道教显然是不妥当的，宫观并非等于“教会”。总之，道教史的研究可以借鉴西方宗教学的理论形态，但我们

---

① 福井康顺、山崎宏、木村英一、酒井忠夫监修《道教》：尾崎正治撰《道教经典》，上海古籍出版社 1990 年版，第 1 卷第 60 页。

② 福井康顺、山崎宏、木村英一、酒井忠夫监修《道教》：酒井忠夫、福井文雅撰《什么是道教》，上海古籍出版社 1990 年版，第 1 卷第 22 页。

万万不可机械照搬，不分青红皂白地拿来使用，更不应该不加分析地沿用日本或欧美学术界的某些提法和观点，而是应当从道教史的实际出发，按道教史的真情实况来实事求是地分析总结，并进而能在道教及道教史研究的基础上，发展出具有中国特色、自成一家的宗教学理论来。

五

研究道教史应该密切关注道士们的日常生活，密切关注道教与社会生活、民风民俗的关系，从社会史的角度去观察把握道教史，只有与道士的生活紧密结合以及与社会生活、民风民俗密切相关的道教史，才是鲜活而有生命力的道教历史本身的真实样子。我们所谓“生活道教”，就是要说明道教一直存在于中国社会的日常生活中，决不能脱离中国社会的日常生活去认识道教史，而这正是此前的道教史研究所忽略了的地方。

有日本学者深刻地揭示出：“作为中国人或中国民众的一般文化，道教比儒教更具代表性。因此，道教是理解中国人以及中国文化，特别是理解中国民众文化的关键。这一结论是从 19 世纪以来传统的汉学研究中得出来的”；中国学研究者提出“理解中国（文化）先从理解道教开始”的主张；“道教和儒教、中国佛教一起，构成代表中国文化的三大支柱。可以认为，对儒教、道教和中国佛教的研究，将能阐明中国文化。特别是对于理解中国的民众和民众文化，道教研究的重要性要超过其他二教”。[①] 有的日本学者深深认识到：“道教是充分

① 福井康顺、山崎宏、木村英一、酒井忠夫监修《道教·序言》；《道教》：酒井忠夫、福井文雅撰《什么是道教》，上海古籍出版社 1990 年版，第 1 卷第 1、2 页；第 1 卷第 2 页。

反映中国人的宗教意识和精神生活的宗教”；“通过了解道教的目的、内容、特点诸因素，可以从一个侧面弄清古今中国社会、人民的意识、感情、愿望等等”。另外，有日本学者从其亲身体验中感受到：“中国人信仰的中心是道教”；“要了解中国，首先必须了解道教”；“要了解中国和中国人，最有效的手段是研究中国固有的道教”。[①] 有日本学者一针见血指出：道教在现代，“不仅中国大陆、台湾和香港，就是在东南亚各地的中国人之中仍是广泛被信仰的宗教，确实可以说，这是在中国人的生活和心性中深深扎根、由中国人培育起来的民族宗教。因此，在探讨中国民族文化特性时，当然就必须把道教纳入视野进行考察”。道教对中国文化的形成，发挥了重大作用。除了宗教上的作用以外，还有自然科学和医学的进步，以及文学、音乐、美术、书法等艺术领域的发展，都从道教中获益匪浅。离开了道教就无法理解中国文化的精髓。[②] 由上述看来，研究道教的日本学者对于道教在中国社会生活和信仰文化中的地位有相当深刻的认识，把“了解道教”放在“了解中国和中国人”的首要位置，“特别是理解中国民众文化的关键”。

在 1918 年 8 月 20 日《致许寿裳》的信中，鲁迅先生一针见血揭示：“前曾言中国根柢全在道教，此说近颇广行。以此读史，有多种问题可以迎刃而解。”[③] 鲁迅先生这段话，曾在学术界引起颇多争议。争议双方皆以鲁迅先生这段话为价值判断，或认为鲁迅先生赞赏道教

---

① 窪德忠《道教诸神》，四川人民出版社 1989 年版，第 29 页；窪德忠《道教入门·致中国读者》，四川人民出版社 1996 年版，第 1 页。

② 小林正美《六朝道教史研究·前言》，四川人民出版社 2001 年版，第 1 页；小林正美《中国的道教》，齐鲁书社 2010 年版，第 244 页。

③ 《鲁迅书信集》上卷，人民文学出版社 1976 年版，第 18 页。有可能，鲁迅所谓“近颇广行”的“此说”即来自日本学界。

为中国根柢，不懂得道教即不懂得中国，或指出鲁迅先生是在批判国民劣根性，其根子全在道教。实际上，我们从中看不出鲁迅先生作任何价值评判。这只是一个全称事实判断，鲁迅先生凭借“五四”之前“颇广行”的说法，点穿了一个中国历史上的事实，并指出以此去读中国历史，“有多种问题可以迎刃而解”。所以我认为，“中国根柢全在道教”，并没有对道教作出任何价值判断，只是一个历史事实判断，有助于我们解读中国历史的“多种问题”。自黄帝以来，中国传统信仰文化和民俗文化的“基因”有不少保留在道教中，又吸取了外来宗教文化的种种精华，使道教表面上“杂而多端”，实质上却内涵丰富多彩，成为中国文化的根部，虽深深掩埋在黄土中隐而不显，但层层叠叠积累至今，支撑起中华文化这棵大树，其作用万万不可小视或片面下判断。我这本论文集的目的，即尝试从道教史这样一个角度来解读何以“中国根柢全在道教”的真相，希望中国历史上的“多种问题可以迎刃而解”。这也算是作者一点点小小的“野心”吧。

中国人的历史意识非常强，历史著作大约应该算得上世界之最。历史既给我们带来丰富的经验积累，深刻的教训借鉴，也带来沉重的包袱，往往压得我们喘不过气来，使我们不得不重装前进，举步维艰。我们应该如何卸掉这包袱，焕发青春，轻装上阵，这是必须思考的重大问题！对于道教史的研究来说，同样如此。当前，人类社会正处于一个“胡适之”的时代，究竟走向何方，西方与东方，各有各的道理，各有各的选择，无所适从。面对如此时代背景的道教，同样面临选择，是原地踏步还是转型现代化，这决定着道教的生死存亡。历史学具有预测未来的功能，以史为鉴照见未来，从历史的发展趋势预测未来走向。道教史的研究也是如此，并非纯粹为史而史，它不仅着眼于历史，更要面向未来，一手抓住历史，一手抓住道教的未来，这样的道教史才是“活”的道教史。我们应在道教史的资源中，一方面追寻古典道教知识的源头，另一方面寻找现代道教知识的意义，以利于道教走向未来。道教究竟应该如何走向未来，未来的道教将会成为世界性宗教吗？这是我们研究道教史的问题意识之所在。我们在此祝福道教的光明未来！

论道教发生的思想文化渊源

道教的发生绝不是偶然的，有其深刻的思想文化渊源，既有原始宗教信仰和祭祀仪式乃至古代神话的层累积淀，又有古代哲学思想的活水源头，还受各具特点的地域文化影响。道教作为一个开放的信仰体系，思想文化来源成分很杂，可以说吸收融化了八面来风，从而给人一种“杂而多端”的印象。

一　原始宗教文化与古代神话

（一）原始宗教文化

中国远古社会，曾流行过自然崇拜和鬼神崇拜的原始宗教文化，这为道教的产生奠定了社会文化基础。日本学者窪德忠指出：“道教源于各种各样的民间信仰，而这些民间信仰的中心，是从古至今在中国人中有广泛影响的万物有灵论”；“道教中包含着中国古代的各种思想和信仰，首先包含着源于万物有灵论的各种信仰，这些信仰成了道教的理论基础”。[①] 自然崇拜和鬼神崇拜的原因就在于万物有灵论，

① 窪德忠《道教诸神》，四川人民出版社 1989 年版，第 28、36 页。

万物有灵论积淀于远古以及后来的民间信仰之中，而道教又从这些民间信仰中汲取了大量精神资源。作为民间信仰中心的万物有灵论，是道教多神信仰的初始来源之一。① “中国各民族的自然崇拜始自新石器时代，延续至20世纪的今天，是历史上各种宗教形式中存在时间最长的。不仅如此，它还是历史上最普遍的宗教形式。……数千年来，上至帝王，下至平民百姓，无不在强大的自然力面前俯首称臣，拜倒在天、地、日、月、星、雷、雨、风、云、水、火、山、石等自然神的脚下。可见，自然崇拜是中国历史上极其重要的文化现象。”② 这一文化现象贯穿道教直到现在。

鬼神崇拜为中国古代原始宗教意识之一，早在原始社会便已存在，到殷商时演变为信仰上帝和天命，建立了以上帝为至上神的天神系统，遇到事情便由巫祝通过卜筮向上帝请求答案。先民由于不懂得人的生死现象及做梦等生理活动，以为有独立于人体之外的灵魂，人死了便成为鬼，遂产生鬼魂崇拜，这种崇拜又与祖先崇拜交织在一起。周代形成天神崇拜和祖神崇拜，把崇拜祖宗神灵与祭祀天帝统一，称为敬天尊祖。周人敬天祀祖已经系统化，所崇拜的鬼神已形成了天神、人鬼、地祇三个系统，演化为神、人、鬼三个世界的世界观，逐渐成为后世道教多神信仰的渊源。尤其是符箓派的符咒斋醮科

① 有学者提出，中国新石器时代晚期的宗教形态，是以“灵”为主要的宗教职能者，以玉神为主要崇拜对象的“灵教”。灵教的创始者，是楚人的始祖颛顼。颛顼之名本身，就是“以玉事神”的意思，他是最早的“灵”，也是最早的灵教大教主。儒家的“礼”，从灵教的以玉事神的宗教仪式中发展而来。在道教中，至尊大帝称为“玉皇”，最高仙境称之为“玉清”，以玉为名的物事，更是多得不可胜数，如玉诀、玉液、玉音、玉牒等等，可以说道教虚构的仙境是由一个“玉”字做成（徐文武《楚国宗教概论》，武汉出版社2001年版，第4～5、8～9页）。依此，则万物有灵中之最灵者在中国古代当数“玉”，后世所谓“通灵宝玉”。道士通灵，道教贵玉，“灵”与“玉”的确在道教文化中遗存深厚。

② 何星亮《中国自然神与自然崇拜》，上海三联书店1992年版，第399页。

仪，多与古代的巫祝之术和鬼神祭祀的礼仪有关。原始宗教文化中，用巫术和祈祷仪式救度死亡的手段，被道教继承了。另外，还有鬼神信仰与五行观念结合形成的五方五色神灵，反映了五行思想与鬼神信仰的互相影响，也为道教吸收，成为其鬼神系统的重要来源之一。秦汉时代，对天帝鬼神的祠祀日渐增加。汉初，刘邦增加祭祀五帝。汉武帝即位后，尤敬鬼神之祀，封泰山，遍祀五岳四渎，新增了许多神祠，最尊者为太一神，治病和征战等都向太一神祈祷。秦汉社会这些新造的鬼神信仰与崇祀，表明中国文化是一种很善于不断造神的文化，此种造神文化为道教的产生培植了适宜的宗教氛围，并为道教所继承且发扬光大。道教产生后，中国文化的造神重担便由其责无旁贷地担当起来，随着历史步伐演进，后来的道教不断制造新的神仙问世，一直发展到当代，道教还在继续进行造神。

古代社会的宗教职业者巫祝，专门从事勾通人与鬼神的关系，请神除邪，解说吉凶，转达神的旨意。远古"巫"与"圣"其实是密切相关的。《国语·楚语》说："在男曰觋，在女曰巫。"巫、觋是由人之中"其智能上下比义，其圣能光远宣朗，其明能光照之，其聪能听彻之"① 的圣明聪慧者担当，具有神圣性，地位很高，最初就是巫师君王一体化的产物。《易经》所谓"圣人以神道设教"的"圣人"，显然扮演了沟通神灵的巫师角色，或许就是巫师君王一体化的产物，因为这样的"圣人"能够接通"神道"，把"神道"传达给人间，以之"设教"，教化治理民众。在殷商文字中，巫字很像事神之形。当时的巫以歌舞取悦神灵从而降神，并有一套符咒驱鬼的巫术。祝是宗教祭祀活动中负责祈祷迎神的礼仪者，把人的诉求告知神灵。卜则通过占卜了解神的旨意，替人预测吉凶祸福，以决疑难。巫、祝、卜都是当

---

① 《国语》卷十八《楚语下》，上海古籍出版社1988年版，第559页。

时社会生活中不可缺少的人物，且社会地位高。葛洪揭示："楚之灵王，躬自为巫。"[①] 柳存仁先生曾经推测："也许最早的古帝自己就是一位大巫，神权和君权两种势力都掌握在部族领袖一个人的手里也说不定"；"后来巫和君主的职位分开来了，国君的身旁，也还有巫做他的近身"。[②] 最早的巫，本身就是君王，一身而二任。李泽厚在论及"巫君合一"这个问题时，也揭示说："自原始时代的'家为巫史'转到'绝地天通'之后，'巫'成了'君'（政治首领）的特权职能。……尽管有各种专职的巫史卜祝，最终也最重要的，仍然是由政治领袖的'王'作为最大的'巫'，来沟通神界与人世，以最终作出决断，指导行动。这意味着政治领袖在根本上掌握着沟通天人的最高神权。"[③] 神权赋予君权合法性，因此，君王拼了命都要把持神权，扮演最大的"巫"的角色。

殷人尚巫，社会上巫风盛行。春秋时，理性主义高扬，巫的地位渐渐降低，但社会上巫风仍浓，特别是荆楚、巴蜀等地方，原始巫教并没有消失，还在民间继续活动。汉代的"方士"，此后的道士，都具有通神的方术，承接了巫师的特点。古代巫教中的许多内容都遗留给了道教，可以说道教就是从古代巫教发展而来的中国本土宗教。道教宫观中的司香火者被称为庙祝，这就是古代巫祝留下的称呼。古人以为生病是恶鬼缠身，须请巫师用符咒驱鬼的法术加以除病，以后道教有符水治病，道经中有所谓驱鬼、斩鬼品，这些其实都是古代巫风遗传。早期道教如五斗米道和太平道，巫术色彩更深。五斗米道被人称为"米巫"，佛教指责其为"三张之鬼法"。"巫术中常用的禹步也

① 王明《抱朴子内篇校释·道意》，中华书局 1985 年版，第 171 页。

② 柳存仁《道教史探源》，北京大学出版社 2000 年版，第 20、21 页。

③ 李泽厚《历史本体论·己卯五说》，三联书店 2003 年版，第 159 页。

被纳入道教法术体系，成为道士作法施术的基本步伐。"“禹步”原是巫觋作法的基本方式之一，秦简《日书》已有关于禹步的记载。至汉代，禹步已经成为巫医作法的基本步法，马王堆汉墓帛书《五十二病方》记载巫医治病时经常使用咒语和禹步，敦煌悬泉汉简也有关于禹步的记载。葛洪《抱朴子》在《仙药》、《登涉》中介绍过两种禹步之法，比起汉代巫觋作法的“禹步三”，要复杂规整，应当是在民间巫术基础上加工而来的。[①]《古今注》卷下载：拾栌木一名“无患”，“昔有神巫，名曰宝眊。能符劾百鬼，得鬼则以此为棒杀之”。[②]神巫“符劾百鬼”。道教中的符水一派，以咒语符箓劾百鬼、打鬼、捉鬼、杀鬼，迎神请神，斋醮活动，上章诵宝诰以消灾祈福等，可以说都含有古代巫教的遗风。鲁迅指出：巫“在他那本职的‘降神’之外，一面也想法子来记事，这就是‘史’的开头。况且‘升中于天’，他在本职上，也得将记载酋长和他的治下的大事的册子，烧给上帝看，因此一样的要做文章”。[③]道士上章时与巫一样，也是“要做文章”的，把写好的文章“烧给”神灵看，这明显是巫的流风遗韵。闻一多《道教的精神》称道教“实质是巫术的宗教”。[④]傅勤家《中国道教史》认为：道教“义理固本之道家，而其信仰，实由古之巫祝而来，展转而为秦、汉之方士，又演变而成今之道士。然虽在今日，巫祝仍与道士并行不废，且彼此相混合焉”。[⑤]指明道教与古代巫术的关系，道士由巫祝演变而来，这些看法都不无道理。

---

① 参见贾艳红《汉代民间信仰与地方政治研究》，山东大学出版社2011年版，第341页。

② 《汉魏六朝笔记小说大观》，上海古籍出版社1999年版，第248页。

③ 《鲁迅全集·且介亭杂文·门外文谈》，新疆人民出版社1995年版，第2卷第607页。

④ 闻一多《神话与诗·道教的精神》，上海世纪出版集团2006年版，第120页。

⑤ 傅勤家《中国道教史》，商务印书馆1998年影印版，第43页。

古代宗教文化中包含的民间祭祀习俗，从远古一直延续到汉魏晋社会，也成为道教发生的文化和社会基础。在汉魏晋社会，民间祭祀求福及求仙不死蔚然成风，世俗不重德行“而求于鬼，怠于礼而笃于祭”，对巫祝的需求大增，以至于“街巷有巫，闾里有祝”，而那些“饰伪行诈，为民巫祝”者，趁机骗取高额服务费，有的甚至因此“成业致富”。[①]《潜夫论·浮侈》揭露：一些女人“休其蚕织，而起学巫祝，鼓舞事神，以欺诬细民，荧惑百姓”。致使疾病之家“或弃医药，更往事神，故至于死亡不自知为巫所欺误，乃反恨事巫之晚”。[②] 巫祝如此“欺诬细民”，不惜致人死亡，目的在于骗取钱财，即桓宽《盐铁论·散不足》所谓借机“成业致富”。直到东晋葛洪，仍在猛烈抨击“巫祝小人”想方设法“欺诱百姓，以规财利，钱帛山积，富踰王公，纵肆奢淫，侈服玉食，妓妾盈室，管弦成列”。用骗取来的钱财发家致富，过着花天酒地的奢侈生活，而被骗者，“富室竭其财储，贫人假举倍息，田宅割裂以讫尽，箧柜倒装而无余。……财产穷罄，遂复饥寒冻饿而死”。[③] 这样的民间祭祀习俗不断在中国社会流传，形成庞大的信仰需求市场，从而使道教也有广阔的活动空间。于是从东汉起，巫祝所从事的祭祀业务大体上逐渐被道士取而代之，以满足信众日常生活的需要。巫祝逐渐被道士所取代，有其自身的原因，主要就在于巫祝以其巫术大肆敛财，把自己的名声搞臭了，许多学者包括桓宽、王充、王符乃至道教中人葛洪等，纷纷予以揭露，于是巫祝在社会上的地位江河日下，其功能作用便渐渐被道士所取代了。所谓“道士”是指：“人行大道，号为道士。士者，何也?

---

① 桓宽《盐铁论·散不足》，上海古籍出版社1990年版，第102页。

② 王符《潜夫论·浮侈》，上海古籍出版社1990年版，第19页。

③ 王明《抱朴子内篇校释·道意》，中华书局1985年版，第173、172页。

理也，事也。身心顺理，唯道是从。从道为事，故称道士。道士谦辞，于道未富，自言贫，亦云贫士。理未周足，足如未周，我独若遗，故为贫士。士之为理，修善为事。事修无数，善岂可崖。崖无之善，随时增长。”① 从功能上说，道士与巫祝一样，都是沟通神灵的媒介，其法术大多异曲同工。从目的上说，道士与巫祝一样，都要为人消灾祈福，预卜吉凶，驱鬼治病。然而，真正的“道士”即所谓“于道未富”的贫道、贫士，是以“从道为事”、“修善为事”作为表征的，其终极目的是要成神仙，故为民间祭祀习俗提供优质服务，理当免费或少收费。这样一来，道士与巫祝相比之下，自然就具有很强的竞争力，于是“道士”便逐渐代替巫祝在社会上扮演主要的角色。此外，汉代的一些地方官及有道之士，有意识地打击巫祝，也使巫祝的地盘日渐萎缩。比如《后汉书·第五伦传》记载：第五伦“变名姓，自称王伯齐，载盐往来太原、上党，所过辄为粪除而去，陌上号为道士”。后来第五伦做了会稽太守。时“会稽俗多淫祀，好卜筮。民常以牛祭神，百姓财产以之困匮……伦到官，移书属县，晓告百姓。其巫祝有依托鬼神诈怖愚民，皆案论之。有妄屠牛者，吏辄行罚。民初颇恐惧，或祝诅妄言，伦案之愈急，后遂断绝，百姓以安”。② 葛洪称赞说：“第五公诛除妖道，而既寿且贵。”③ 先前“号为道士”，后来又当上了地方官的第五伦，对“巫祝依托鬼神”欺诈恐吓百姓，给予严厉打击。又如《后汉书·栾巴传》载：栾巴好道，“素有道术，能役鬼神”。当其为豫章太守时，“郡土多山川鬼怪，小

① 《洞真太上太霄琅书》卷八，《道藏》第33册第690页。按：《说文解字》：“士，事也。”（中华书局1963年版，第14页）《白虎通德论》卷一《爵》：“士者，事也。任事之称也。”（上海古籍出版社1990年版，第7页）专任“道”事，故称“道士”。

② 《后汉书·第五伦传》，中华书局1965年版，第5册第1396、1397页。

③ 王明《抱朴子内篇校释·道意》，中华书局1985年版，第172页。

人常破赀产以祈祷”。栾巴“乃悉毁坏房祀，翦理奸巫，于是妖异自消。百姓始颇为惧，终皆安之”。[①] 入列道教《神仙传》的栾巴，也是被当作道士来看待的，他作地方官时清理打击“奸巫”，安稳了地方上的百姓。上述例子，从一个侧面揭示了汉代“道术”之士是如何取巫祝的地位而代之的，是如何逐渐在社会上崭露头角发挥功能的。

可以说，道教渊源于原始巫教又超越了巫教，道士则脱胎换骨于巫祝，并在民俗信仰活动中大体上取而代之。所谓“大体上”的意思是说，巫祝在社会上自古至今从未绝迹，道士也并没有百分之百地占领民俗信仰活动中巫祝的“市场”。

（二）古代神话

神话学界通常认为，昆仑神话系统，这是中国第一个神话系统。作为神话渊府的《山海经》，其中保存了大量昆仑神话。《山海经·海内西经》说：“海内昆仑之虚，在西北，帝之下都。昆仑之虚，……百神之所在。”[②] 以后，《淮南子·坠形训》也称：“昆仑之丘，或上倍之，是谓凉风之山，登之而不死。”[③] 一直到东汉，人们依然以为：“天之门在西北，升天之人，宜从昆仑上。”[④] 此乃山岳崇拜而形成的高山神话。《山海经》的昆仑神话中，记载了不死民、不死国、不死山、不死树、不死药，反映了先民对不死的追求和心愿。神话表现出的这些不死的心愿，皆积存于道教神仙不死信仰中。《山海经·海外南经》又有“身生羽”的“羽民”，郭璞注云：“能飞不能远，卵生，

---

① 《后汉书·栾巴传》，中华书局1965年版，第7册第1841页。

② 袁珂《山海经校注》，上海古籍出版社1980年版，第294页。袁珂案：《西次三经》云：“昆仑之丘，实惟帝之下都，神陆吾司之。”即最早有关昆仑神话的记叙。

③ 何宁《淮南子集释》，中华书局1998年版，第328页。

④ 《论衡·道虚》，上海人民出版社1974年版，第107页。

画似仙人也。”袁珂则认为：“羽民自是殊方一族类，非仙人也。”[①]至汉代却演为仙人图形：“体生毛，臂变为翼，行于云则年增矣，千岁不死。”[②] 可以说，“羽民”即后来道教自由自在翱翔于太空的“天仙”的神话原型。《山海经·海外北经》载：“夸父，与日逐走……未至，道渴而死。弃其杖，化为邓林。”这是人死变化为植物。《北山经》载：发鸠之山有精卫鸟，“是炎帝之少女名曰女娃，女娃游于东海，溺而不返，故为精卫”。[③] 这是人死变化为动物。神话中人死后可以变化为动植物的故事，对道教神学“变形而仙”说的形成无疑具有启发意义。夸父追日的神话，还表现了一种与时间赛跑的精神，誓死要把失去的时间追回来。红日西下，一天的时间即将过去，日复一日，年复一年，太阳的运行代表着时间的消失，而时间就是生命，生命就在时间中流逝。夸父向时间挑战，也就是向生命挑战。这样一种挑战精神浸透进道教的血液，道教神仙长生信仰不正是在向时间挑战，向生命挑战么？精卫填海的神话则体现了一种改变自然环境，以解救他人生命的精神。“女娃”溺死东海，化为“精卫”，为何要填海？或许感觉到大海对人类生命的严重威胁，她要填平这一威胁，让

---

① 袁珂《山海经校注》，上海古籍出版社 1980 年版，第 187 页。关于“羽人”，陈天俊《从山海经看古代民族的崇拜、信仰及其遗俗》指出：《山海经》各卷记述的“羽民国”及其饰羽的习俗，是古代民族鸟崇拜的另一种形式。《山海经》中的“羽民”装饰，在南方民族中很普遍，并在出土文物中得到证实。（参见《山海经新探》，四川省社会科学院出版社 1986 年版，第 162～163 页）邓启耀《宗教美术意象》说：云南邱北狮子山洞穴崖画有“人形化飞鸟”（注：或可疑为树）；沧源崖画有“鸟形人”图像，有头插长短羽毛的“羽人”；铜鼓图纹中也有“羽人”。（见云南宗教文化研究丛书，云南人民出版社 1991 年版，第 29～33 页。）王祖龙《楚美术观念与形态》称：楚美术图式中有大量人鸟复合的“羽人”形象。曾侯乙墓漆棺有人面鸟身的“羽人”形象。信阳长台关 1 号战国楚墓出土的漆瑟上，也绘有人面鸟身的“羽人”，似在接引护卫墓主灵魂升天。长沙出土的一面铜镜，纹刻着三个有翅赤身的“羽人”，有明显的飞升之意（巴蜀书社 2008 年版，第 96 页）。

② 《论衡·无形》，上海人民出版社 1974 年版，第 24 页。

③ 袁珂《山海经校注》，上海古籍出版社 1980 年版，第 238、92 页。

他人不再遭遇她那样溺水而亡的不幸，于是百折不挠、持之以恒填起海来。道教神仙信仰高呼“仙道贵生，无量度人”，不正是对“精卫填海”这种拯救他人精神的继承么？

继昆仑神话系统而起的，就是蓬莱神话系统，有的学者称为蓬莱仙话。《山海经》中已出现蓬莱仙话的影子。《海内北经》说：“蓬莱山在海中。”[①] 有学者认为：“追本溯源，战国时期日益兴盛并在其后的中国仙话创作中占有重要位置的蓬莱仙话就是由此发展演变而来的。”[②] 也有学者指出：“早在春秋末叶，齐国海滨地区就出现了海外仙山的传说，蓬莱仙话已经萌芽产生了。”[③] 古今学者多以为蓬莱仙话的形成，与东部滨海地区的海市蜃楼幻象是有关的。无论如何，此乃海洋崇拜而形成的大海神话，为后来兴起于燕、齐海滨地区的道教奠定了基础。循此可以发现，西部高山神话——昆仑神话，东部大海神话——蓬莱神话，这两大神话系统流行的区域，正好是汉代道教发生的热点区域，应当不是偶然的巧合，其间必有一定的文化关联性。无论高山神话，还是大海神话，都为道教的神仙境界提供了想象力的原始素材，道教仙境想象与神话休戚相关。

按神话学者的分类，仙话是神话的分支之一。如果说神话关注的重点是“神”，仙话则更看中“仙”。神话及其所蕴涵的仙话促成神仙信仰发生，故神话与后世道教神仙信仰有不可分割的关系。神话中的神，道教将其演化为神仙。如盘古神话中的创世神盘古，葛洪《枕中书》已演化为道教的“盘古真人”，说是“天地之精，自号‘元始天王’”。[④] 陶弘景《真灵位业图》以“元始天王”为“西王母之师”，

① 袁珂《山海经校注》，上海古籍出版社 1980 年版，第 324 页。

② 梅新林《仙话——神人之间的魔幻世界》，上海三联书店 1992 年版，第 55 页。

③ 姚圣良《先秦两汉神仙思想与文学》，齐鲁书社 2009 年版，第 39 页。

④ 《元始上真众仙记·枕中书》，《道藏》第 3 册第 269 页。

列入神仙图的第四左位。[①]《云笈七籤》卷三《天尊老君名号历劫经略》称："盘古真人因立功德，见召于天中"；"盘古以道治世万九千九百九十九载，白日升仙，上昆仑，登太清，天中授号曰'元始天王'"。[②] 大禹神话的夏禹，《真灵位业图》列为第三中位，称其"受钟山真人，灵宝九迹法治水有功"。[③] 一些神话人物进入道经的传承序列，如帝喾、夏禹就与灵宝经的传授有关：太上遣三天真皇将灵宝五篇真文以授帝喾，奉受供养。帝喾将仙，乃封之于钟山。至夏禹登位，得帝喾所封灵宝真文，于是奉持出世，依法修行，得大神仙力，能治水患。禹未仙之前，复封灵宝真文于北岳及包山洞庭之室。[④] 神话常常被道教用来演说其神学创世记，如混沌神话。《云笈七籤》卷二《太上老君开天经》讲述：太素既没而有混沌。混沌之时，始有山川。老君下为师教，示混沌以治天下七十二劫。混沌以来，始有识名。混沌生二子，大者胡臣，死为山岳神，小者胡灵，死为水神。因即名为五岳四渎，山川高下。混沌既没而有九宫。[⑤]《云笈七籤》卷二《混沌》引《太始经》云：昔二仪未分时，如鸡子状，名曰混沌。又引《灵宝经》云：九气出太空之先，开辟玄通三色，混沌乍存乍亡。同书《混元》指称："混沌者，厥中惟虚，厥外惟无，浩浩荡荡，不可名也。"[⑥] 混沌神话也被用来阐述道教哲学："乖浑沌之至淳，顺有无之取舍。是以不终天年，中途夭折"；"夫浑沌者，无分别之谓

---

① 《真灵位业图》，《道藏》第3册第276页。
② 《云笈七籤》卷三《天尊老君名号历劫经略》，《道藏》第22册第16、17页。
③ 《真灵位业图》，《道藏》第3册第275页。
④ 《云笈七籤》卷三《灵宝略纪》，《道藏》第22册第15页。
⑤ 《云笈七籤》卷二《太上老君开天经》，《道藏》第22册第10页。
⑥ 《云笈七籤》卷二《混沌》、《混元》，《道藏》第22册第7～8页。

也”；“夫浑沌无心，妙绝智虑”。[①] 创生神话与创世神话都为道教神仙的诞生、道教的创世说输送了养分。道教并秉承神话创作方式，建构起自己的一整套仙话体系，组成庞大的神仙队伍，其影响力逐渐盖过了神话，譬如唐宋以后，玉皇大帝的风头即远在黄帝之上，成为地位最高、主宰宇宙的大神。道教仙话是中国古代神话的继承者，并将其发扬光大。

通常，“在创世神话中，始祖或始祖神，往往又是这个民族各种文化事物的创造与发明者——文化英雄。作为中华民族始祖的黄帝亦是如此。古籍中，许多文化事物起源神话，都把创造发明权归之于黄帝”。[②] 黄帝既是创世神话中的文化英雄，又被史家历史化，从司马迁开始就把黄帝塑造为历史人物，一直到现代，史学家依然认为：“言中国信史者，必自炎黄之际始”。而“今日中国所有之文化，尚皆黄帝所发明”，比如天文、井田、文字、衣裳、岁名、律吕、壬禽、神仙、医经都作于黄帝，“则中国文化，自黄帝开之，可无疑义”。[③] 作为文化英雄的黄帝开创了中国文化，其中包括神仙文化，故在道教心目中，道教的历史由黄帝开创，道教的历法即从黄帝开始，至今已近四千八百年。

中华民族的始祖——黄帝，成为道教塑造的神仙。道教对黄帝的塑造，继承道家、方仙道以及汉代谶纬之书而来。至迟在战国时代，已经有了黄帝成仙的传说。《楚辞·远游》就说：“轩辕不可攀援兮，吾将从王乔而娱戏。”[④] 周灵王太子王乔是传说中的仙人，将黄帝与

---

① 成玄英《南华真经疏》卷三《应帝王》、卷五《天地》，中华书局1998年版，第179、249页。

② 陶阳、钟秀《中国创世神话》，上海人民出版社1989年版，第46页。

③ 夏曾佑《中国古代史》(上)，岳麓书社2010年版，第12、15~17页。

④ 黄寿祺、梅桐生《楚辞全译》，贵州人民出版社1984年版，第125页。

其相提并论，说明当时社会已将黄帝神仙化，黄帝成为人们心目中不死的偶像，寄托了初民对成仙的渴望。《庄子·在宥》记录黄帝问道于广成子的故事：广成子“修身千二百岁”，而其“形未常衰”，黄帝问道广成子以求“形乃长生”的“至道”。① 这表明黄帝并不甘心只做“天子”，还渴望“长生”。《庄子·大宗师》讲：“夫道，有情有信，无为无形……黄帝得之，以登云天。”成玄英疏说：“黄帝，轩辕也。采首山之铜，铸鼎于荆山之下，鼎成，有龙垂于鼎以迎帝，帝遂将群臣及后宫七十二人，白日乘云驾龙，以登上天，仙化而去。”② 据《史记·封禅书》的记载，公孙卿上书汉武帝，乘着汉武帝召见时称：“申公，齐人。与安期生通，受黄帝言，无书，独有此鼎书。”公孙卿并称“申公曰：‘……黄帝且战且学仙。……黄帝采首山铜，铸鼎于荆山下。鼎既成，有龙垂胡髯下迎黄帝。黄帝上骑，群臣后宫从上者七十余人，龙乃上去。余小臣不得上，乃悉持龙髯，龙髯拔，坠，坠黄帝之弓。百姓仰望黄帝既上天，乃抱其弓与胡髯号，故后世因名其处曰鼎湖，其弓曰乌号。’”③ 托名刘向《列仙传》载：“仙书曰，黄帝采首山之铜，铸鼎于荆山之下。鼎成，有龙垂胡髯下迎，帝乃升天。群臣百僚，悉持龙髯，从帝而升。攀帝弓，及龙髯拔而弓坠，群臣不得从，仰望帝而悲号。故后世以其处为鼎湖，名其弓为乌号焉。”④ 到汉代，对黄帝成仙不死的崇拜蔚为大观。王充《论衡·

---

① 详见郭庆藩《庄子集释·在宥》，中华书局1961年版，第2册第379～383页。

② 郭庆藩《庄子集释·大宗师》，中华书局1961年版，第1册第246～247、250页。

③ 《史记》卷二八《封禅书》，中华书局1982年版，第4册第1393、1394页。

④ 守一子《道藏精华录》下册《列仙传》，浙江古籍出版社1989年版，第1页。《四库提要》怀疑《列仙传》“或魏、晋间方士为之，托名于向耶?”余嘉锡《四库提要辨证》卷十九《子部十》首先肯定“此书之为依托，固不待言”。继而指出：“此书已盛行于东汉，不自魏、晋始矣。”“综合诸说观之，此书盖明帝以后顺帝以前人之所作也。”（中华书局1980年版，第3册第1202、1203、1204、1207页）

道虚》指出："黄帝好道，遂以升天。"[①]"神仙不死"升天的黄帝在汉代社会各阶层有广泛的流传，于是许多神仙方术托名黄帝。

纬书《河图始开图》说："黄帝名轩辕，北斗神也，以雷精起，胸文曰：黄帝子。修德立义，天下大治。""黄帝名轩，北斗黄神之精。母地祇之女附宝，之郊野，大电绕斗，枢星耀，感附宝，生轩，胸文曰：黄帝子。"[②]《龙鱼河图》记载了天遣玄女授兵信神符、西王母遣道人授符帮助黄帝打败蚩尤的故事："天遣玄女下，授黄帝兵信神符，制伏蚩尤，以制八方"；"玄女出信兵符付黄帝，制蚩尤"；"帝伐蚩尤，乃睡梦西王母遣道人，被玄狐之裘，以符授之曰：太乙在前，天乙备后，河出符信，战则剋矣。……力牧与黄帝俱到盛水之侧，立坛，祭以太牢。有玄龟衔符出水中，置坛中而去。黄帝再拜稽首，受符视之，乃梦所得符也，广三寸，袤一尺。于是黄帝佩之以征，即日禽蚩尤。"[③]北斗、玄女、西王母后来都成为道教信奉膜拜的神仙。《尚书中候握河纪》说黄帝驾龙登天的故事："乃铸鼎荆山之下，成，有龙下迎。黄帝上龙，群臣后宫从上天者，桼秩余人。小臣悉持龙髯，拔坠，黄帝弓。"[④]与《史记·封禅书》所载大同小异。

唐人王瓘所撰《广黄帝本行记》，对黄帝问道求仙有更为丰富多彩的描述："黄帝以天下既理，物用具备，乃寻真访隐，问道求仙，冀获长生久视，所谓先理代而登仙者也。""黄帝居代总二百一十年，在位一百年，升天为太一君，又为轩辕之星，备黄龙之体，在南宫之

---

① 《论衡·道虚》，上海人民出版社1974年版，第105页。

② 安居香山、中村璋八辑《纬书集成》下册《河图始开图》，河北人民出版社1994年版，第1105页。

③ 安居香山、中村璋八辑《纬书集成》下册《龙鱼河图》，河北人民出版社1994年版，第1149、1150～1151页。

④ 安居香山、中村璋八辑《纬书集成》上册《尚书中候握河纪》，河北人民出版社1994年版，第422页。

中。后代享之，列为五帝，居中配天。盖黄帝土德，中央之位，兼总四方也。”[①]《云笈七籤》卷一百《轩辕本纪》中，黄帝治国平天下后，寻访仙道、最终修炼成神仙的故事，与王瓘《广黄帝本行记》相比照，基本雷同，依此类推，全文有可能间接取材于《新唐书·艺文志》著录的“王瓘《广轩辕本纪》三卷”。[②]《历世真仙体道通鉴》卷一《轩辕黄帝》，则完全抄录自《云笈七籤·轩辕本纪》，只有十分微小的差异。[③] 这些道经材料表明，道教继承道家传统对黄帝成仙不死神话的塑造，其完整故事到唐代已见分晓。在中原地区古典神话中，“黄帝神话的道教化是另一种类型”，其中最典型的就是“铸鼎”等传说。黄帝因为创造了文化被推为“人文始祖”。而“道教选择黄帝不是偶然的。首先选中的是他崇高的威望，一个征服四海、创造文明的民族始祖，具有无可比拟的号召意义与权威效应”。黄帝的故事早已深入人心，广为传播，“对道教教义的宣传有着积极的意义”，“黄帝被仙话为道教教主，号令天下诸神”。[④]

“黄帝成仙不死”的美丽神话，反映了中国远古初民潜意识中对

---

① 王瓘《广黄帝本行记》，《道藏》第5册第32～35页。《新唐书·艺文志》著录“王瓘《广轩辕本纪》三卷”（中华书局1975年版，第5册第1484页）。今《道藏》本王瓘《广黄帝本行记》只收录黄帝平天下后“修行道德”事迹，当系“王瓘《广轩辕本纪》三卷”之节本。

② 《云笈七籤》卷一百《轩辕本纪》，《道藏》第22册第674～684页。按：《轩辕本纪》前有《真宗皇帝御制先天纪叙》，依据其所叙，《先天纪》为王钦若收集道书编辑，宋真宗冠名。如果《云笈七籤》以《先天纪》为底本，则《先天纪》取材于唐人王瓘《广黄帝本行记》是无疑问的。

③ 《历世真仙体道通鉴》卷一《轩辕黄帝》，《道藏》第5册第103～112页。比如《历世真仙体道通鉴》引用《先天纪》称：黄帝之后“子孙相承凡一千五百二十年”。而《云笈七籤》为“一千二百五十年”。

④ 张振犁、陈江风等《东方文明的曙光——中原神话论》，东方出版中心1999年版，第223、224页。按：因为“黄帝被仙话为道教教主”之故，道教神学所描述的道教史即以黄帝作为开端。

"不死"的梦想。这个梦不是无意义的、荒谬的，而是远古初民面对死亡焦虑的宽慰，是其心中所藏"不死"愿望的满足，反映了他们的真实冲动与渴求，是他们的"集体无意识"。按荣格所说，"集体无意识的内容则是所谓的'原型'"，"原型从根本上说是一种无意识的内容"，"它指的只是那些尚未经过意识加工的心理内容，所以还是心理经验的直接材料"。而表达原型的方式之一是神话。[①] 黄帝成仙不死这个神话原型，就是我们祖先"尚未经过意识加工的心理内容"，表达的是先民面对死亡问题时的心理活动状况，是其渴望不死的"心理经验的直接材料"。黄帝成仙不死的神话就是中国远古初民"相信永恒"的符号表征。

道教对于黄帝成仙不死塑造的最终完成，得到了内心深处藏有神仙不死之梦老百姓的认同，与他们的"秘密愿望"一拍即合，成为荣格所说的"集体无意识"，一代又一代传承下来，至今不绝。历代都有人以咱们的老祖宗黄帝为榜样，以成仙了道作为光耀老祖宗黄帝的人生价值目标，持之以恒追求，黄帝成仙不死的事业于是后继有人。而这一切，都与作为"中国根柢"的道教分不开，是道教把中华民族老祖宗黄帝的神仙不死之"根"留住了，道教是中华民族神仙不死传人的中坚力量。如同黄帝一样，许多古代神话中的英雄后来都进入道教神仙队伍，而许多道教神仙也继承了神话中英雄的秉性和气质。这是神话英雄对道教神仙的影响力。

道教神仙信仰的思维方式，也是对中国古代神话精神的继承和发扬光大。中国古代著名的神话"女娲补天"、"夸父追日"、"精卫填海"等等，都充满了丰富的想象力，在想象中生出逆反自然、战胜自然、支配自然的雄心壮志，反抗命运的安排，有种明知其不可为而为

---

① 《荣格文集·集体无意识的原型》，改革出版社 1997 年版，第 40、41 页。

之的精神和思维方式。德国学者恩斯特·卡西尔的《人论》在谈到原始宗教和神话对待死亡的态度时明确指出："如果有什么东西需要证明的话，那么并不是不朽的事实，而是死亡的事实。而神话和原始宗教是绝不承认这些证明的。它们断然否认死亡的真实可能性。在某种意义上，整个神话可以被解释为就是对死亡现象的坚定而顽强的否定。由于对生命的不中断的统一性和连续性的信念，神话必须清除这种现象。原始宗教或许是我们在人类文化中可以看到的最坚定最有力的对生命的肯定。"① 道教继承了中国古代原始宗教和神话对死亡坚决否定的精神，欲与常人看来不可克服的死亡进行较量，想象自己能够战而胜之，并且塑造神仙形象来表达这一想象，的确是继承和发扬了中国古代神话那种明知其不可为而为之的精神和富于想象的思维方式，延续了神话对死亡作浪漫表现的手法。

某些道经的产生方式，或许与神话的产生方式具有异曲同工之妙。所谓"神话"，顾名思义，即是神所讲的话，神的话由谁说出来呢？在远古时代，自然是借助于巫师之口。巫师做法术的过程，在古人看来就是神附体和神显灵的过程，此时巫师口中讲的话，就被当做神的话，在人群中传播开来即是神话。而某些道经的产生，也是借助于这样一种神灵附体的过程，由方士或道士把神仙的旨意讲述出来并记录下来。试看《太平经》中，天师、神人等宣讲的话，可以说就是方士或道士借助神灵附体的法术，把"神语"记录成文，汇集起来编成大部头道经，所以号称"神书"，意思是说，这书不是人写的。因此可见，道经的制作与来自远古神话的创作方式是一脉相传的。

道教经典《阴符经》据说为"骊山老母"所传授，而"陕西骊山有女娲遗迹甚多，女娲在骊山号称'骊山老母'，并有'老母殿'为

---

① 《人论》第七章《神话与宗教》，上海译文出版社 1985 年版，第 107～108 页。

人祭祀”。[①] 道教与女娲神话透过骊山老母曲折表达出来，表明某些道经的产生与神话脱不了关系。道经中保留了不少古代神话，并且进一步加以创作，推陈出新，丰富了中国的神话系统。女娲、西王母、大禹等神话在道教中保存下来，通过信徒膜拜或道教仪式，使这些成为活神话，体现在民众的日常生活中。比如说在淮阳太昊陵，流行一种“拴娃娃”习俗，其实，在“拴娃娃的背后是‘女娲抟土造人’的神话。女娲抟土造人，繁衍了人类，在民间，她被尊奉为送子娘娘。求子的群众在太昊陵的女娲观里，塞给道士钱以后，悄悄地拿走一个泥娃娃。人们相信这样做，女娲便能满足自己生子的愿望”。[②] “拴娃娃”这一民俗在道观里完成，道士成为神话与民俗的中介，由此亦可见神话、道教与民俗之间的互动关系。

二 诸家思想

（一）道家思想

先秦道家原是学术上的派别，并非宗教，《老子》、《庄子》都是学术著作，而非宗教经典。但道家与道教，既有区别，又有联系。有的史家对道家与道教不作区分，径直把道教称为道家，如魏收的《魏书·释老志》：“道家之原，出于老子。其自言也，先天地生，以资万类。上处玉京，为神王之宗；下在紫微，为飞仙之主。”[③] 这里所谓“道家”，实际上述说的是“道教”。有的学者如马端临，则竭力割断道教与《老子》的联系，声称老子并未以五千言“设教”，是“羽人

---

① 陶阳、钟秀《中国创世神话》，上海人民出版社 1989 年版，第 50 页。

② 张振犁、陈江风等《东方文明的曙光——中原神话论》，东方出版中心 1999 年版，第 181 页。

③ 《魏书·释老志》，中华书局 1974 年版，第 8 册第 3048 页。

方士借其名以自重，而实不能知其说”，“俱欲冒以老氏为之宗主而行其教”。[①] 实际上，道家与道教的联系是切割不开的，道家成为道教的思想理论来源之一是历史演变中形成的，也是道教主动地大加利用的结果。道教之所以能利用先秦道家的思想作为其宗教教义的基石，是道家思想中有一些可供选择的因素。道家强调生命的自然属性，认定人的生命只有回归自然，与自然合一，才能获得自由和永恒，这与道教的信仰差别很大。[②] 但道家重视人的生命，相当注重养生，其中有些思想便说到“长生”，比如《老子》中就有“谷神不死”、“长生久视之道”。《庄子·在宥》说过：“必静必清，无劳女形，无摇女精，乃可以长生。”《庄子·天地》提到了“上仙”，声称：“千岁厌世，去而上仙，乘彼白云，至于帝乡。”这些说法，都演变成为后世道教神仙长生思想的理论依据。《庄子·大宗师》描述神话人物得道时的状况说：狶韦氏得道，“以挈天地”；伏戏氏得道，“以袭气母”；黄帝得道，“以登云天”；西王母得道，“坐乎少广，莫知其始，莫知其终”；颛顼得道，“以处玄宫”。[③] 这些对后世道教所演义的神仙得道的故事，都有一定的启发。《庄子·逍遥游》形容藐姑射山的“神人”“不食五谷，吸风饮露。乘云气，御飞龙，而游乎四海之外”。《田子方》

---

① 《文献通考》卷二二五，中华书局 1986 年版，下册第 1811 页。

② 窪德忠《道教诸神》的观点：“许多日本人认为道教是从中国古代思想或哲学的道家发展起来的，我认为并非如此”；“最近日本还有人说不应将道家同道教加以区别。可是道教是宗教，而道家属哲学或思想的范畴，所以我仍然坚持应将两者区分开来”。又说：法国道教学者马伯乐主张道家同道教不应有区别，称道教为“道家的宗教”（四川人民出版社 1989 年版，第 35～36 页）。道教与道家的关系，中外学者对此都有不同的看法，或作区别，或不作区别。本书认为二者既有区别又有紧密联系。至于马伯乐主张老庄时代已经有道教，从那个时代开始，求仙就在道教中占有重要地位，真人、圣人都是神仙，老庄及列子属于那种以精神灵修而非以道术为旨趣的道派，代表了当时道教的一个支派，具有神秘主义特色，这都是马伯乐的一家之言，可以供我们的研究做参考。

③ 张默生《庄子新释》，齐鲁书社 1993 年版，第 278、302、202 页。

描绘“至人”“上窥青天，下潜黄泉，挥斥八极，神气不变”。[①] 这些对后世道教构思遨游宇宙的神仙形象，启迪多多。

道教首先是吸取改造了《老子》中的某些内容，使之宗教神学化，建立起早期的道教神学思想，后来又吸收改造了庄学思想及其“心斋”、“坐忘”等养生方术。《真灵位业图》将庄子拉入仙班，号称“韦编郎庄周”，列在第三右位。[②] 闻一多曾深刻指出：“后世的新道教虽奉老子为祖师，但真正接近道教的宗教精神的还是庄子。《庄子》书里实在充满了神秘思想，这种思想很明显的是一种古宗教的反映。《老子》书中虽也带着很浓的神秘色彩，但比起《庄子》似乎还淡得多。”[③] 在他看来，保留“古宗教”更多的《庄子》，给后世道教留下更好加以利用的遗产。现存《庄子》书中，明显可见其受神仙思想影响很深，甚至有对神仙“神人”、“真人”、“圣人”的描写刻画，这都为后世道教所利用，从而拉近了道教与庄子的距离。实际上，汉代已经出现了把道家思想和神仙思想混同起来的现象，老子已经被神仙化了，世人眼中道家既讲君人南面之术，也讲神仙长生。这样一种混同，也给后世道教借用道家提供了前提条件。

先秦道家哲学的“道”具有神秘蕴义，道教将其进一步神秘化，把它人格神化，使之成为有意志、有感情的造物主，从而使道家哲学宗教神学化。有学者认为，老庄思想与原始宗教本有渊源，道家和道教来自一种古老的宗教根源，故二者关系极为密切，道教是道家思想的延伸、继承而非堕落。这种紧密联系正是先秦道家演化为后世道教的内在契机。闻一多就说：“我常疑心这哲学或玄学的道家思想必有

① 张默生《庄子新释》，齐鲁书社 1993 年版，第 82～83、476 页。

② 《真灵位业图》，《道藏》第 3 册第 276 页。

③ 闻一多《神话与诗·道教的精神》，上海世纪出版集团 2006 年版，第 121 页。

一个前身，而这个前身很可能是某种富有神秘思想的原始宗教，或更具体点讲，一种巫教。这种宗教，在基本性质上恐怕与后来的道教无大差别……我们可暂称为古道教，因之自东汉以来道教即可称之为新道教。我以为如其说新道教是堕落了的道家，不如说它是古道教的复活。不，古道教也许本来就没有死过。新道教只是古道教正常的、自然的组织而已。”他针对性指出：“后人爱护老庄的，便说道教与道家实质上全无关系，道教生生拉着道家思想来做自己的护身符，那是道教的卑劣手段，不足以伤道家的清白。另一派守着儒家的立场而隐隐以道家为异端的人，直认道教便是堕落了的道家。”在他眼里，道家、道教都来源于古道教，而古道教如真存在，他怀疑“它原是中国古代西方某民族的宗教”。[①] 假如道家、道教都来源于同一种古老的宗教，则所谓道教拉着道家思想来做自己的护身符便是顺理成章的事。李泽厚也指出：“《老子》一书中最为重要的观念‘道’—‘无’，其真实根源仍在巫术礼仪。‘无’，即巫也，舞也。它是在原始巫舞中出现的神明。……道家、老子、《道德经》，也都来源于或脱胎于上古的巫史传统，都具有‘重过程而非对象’，‘重身心一体而非灵肉二分’这些基本特征。”[②] 既然是道家“来源于或脱胎于上古的巫史传统”，那么，继承了上古巫教礼仪的道教，自然而然就会毫不迟疑地认可道家、老子和《道德经》，以之作为神圣的理论支柱。难怪石井昌子会说出这样的观点：“构成‘道’的教——‘道教’的基本资料，在《老子道德经》中已经齐备了。《老子道德经》是道教的根本圣典，同

---

① 闻一多《神话与诗·道教的精神》，上海世纪出版集团 2006 年版，第 120、127 页。

② 李泽厚《历史本体论·己卯五说》，生活·读书·新知三联书店 2003 年版，第 185 页。关于道教与古代巫教，见本文第一节“原始宗教文化与古代神话”。

老子一起组成道教的核心。”[①]

从道家的发展阶段来看，有先秦老庄道家、秦汉黄老道家、魏晋玄学道家。道家成为道教教理教义的理论基础，其关键的演变阶段，正是秦汉的黄老道家。蒙文通《古学甄微·道教史琐谈》指出：“道家之与道教，初似无大关系，自后世道教徒奉老子为神人，尊老、庄书为经典，道家之与道教遂若不可复分”；“晚周以来之道家，虽不必为道教，然自魏、晋而后，老、庄诸书入道教，后之道徒莫不宗之，而为道教哲学精义之所在，又安可舍老、庄而言道教”。[②] 汤一介先生也揭示说：“道教是中国本民族的宗教，它和道家（老庄思想）有着密切的关系，我们可以说道教在思想文化上是道家思想宗教化的继承和发挥”；“查《道藏》中收入了对《道德真经》（《老子》）的注释五十余种，对《南华真经》（《庄子》）的注释十余种，这些注释都是在不同时期、不同历史条件下对老庄思想的发挥”；“重玄学的主要代表人物成玄英和李荣都是道教徒，而且以后大多数通过注释《老子》、《庄子》来发挥其思想的大都也是道教徒。这就是说，到隋唐以后，从哲学理论上看，前此的道家思想是由其后的道教接着向前推进的”；重玄学之后的“‘内丹心性学’虽是唐末以后一直到宋明道教思想发展的特有形式，但从理论上看它仍然是道家思想宗教化的发展。就这个意义上说，道教的思想理论是和道家的思想理论分不开的”。[③] 牟钟鉴提出自己的观点：“道教是道家的一个特殊的流派，它对道家有所继承和发展，也有明显的转向和偏离。在道教内部，不同的层次与

① 福井康顺、山琦宏、木村英一、酒井忠夫监修《道教》：石井昌子撰《道教的神》，上海古籍出版社 1990 年版，第 1 卷第 101～102 页。

② 蒙文通《古学甄微》，巴蜀书社 1987 年版，第 315、317 页。

③ 汤一介《道家文化研究丛书总序》，见李申《道教本论》，上海文化出版社 2001 年版，第 2～3 页。

道家的远近亲疏亦不一致，其清修炼性者最近道家，积精炼气者次之，炼丹服食者再次，符箓科教者最远。换言之，内丹派与道家较亲，外丹派与符咒派最疏。道家学者可以不信道教，然而道教学者无一不依道家。道教不论何家何派，均修习道家经典，自居于道家旗帜之下。这样就形成了道家和道教在历史上有离有合、同异并存、纠结发展的复杂动态。"[①] 潘雨廷在《道教史发微》中深刻揭示："自唐代第一部编成《道藏》起，道教本有其哲理，早已由道家且兼及先秦各家的学说，成为道教的理论基础。故以学术论，确可专论道家的哲理，与道教毫无关系。而以道教论，早已见及道家的精微处，方能继承发展，进一步成为具有宗教性质的道教。故道教加深道家的哲理，一如后世的佛教徒加深释迦牟尼的大乘教义。凡论道家可不及道教，论道教必及道家，此尤为写《道教史》时必须注意的纲领。"[②] 可以说，道家思想是道教神学最直接最重要的思想理论渊源，道教借助于道家思想以托古的方式来证明其神学的正统性和历史悠久。

道家思想甚至贯彻落实于道教戒律中。《太上老君经律·道德尊经想尔戒》要求奉道之人："行无为，行柔弱，行守雌勿先动（此上最三行）。行无名，行清静，行诸善（此中最三行）。行无欲，行知止，行推让（此下最三行）。"并宣布守戒行的结果："上行者神仙，六行者倍寿，三行者增年不横夭。"[③] 《道德经》清静无为、无欲知足、无名守雌等思想贯注于戒律中，水乳交融，汇成一体。《庄子》中的"心斋"精神遗传给了道教。《洞玄灵宝斋说光烛戒罚灯祝愿仪》称："夫斋当拱默幽室，制伏性情，闭固神关，使外累不入，守持十

① 牟钟鉴《道家与道教之异同》，收入李养正主编《道教综论》，香港道教学院 2001 年版，第 24 页。

② 潘雨廷《道教史发微》，上海社会科学院出版社 2003 年版，第 7 页。

③ 《太上老君经律·道德尊经想尔戒》，《道藏》第 18 册第 218 页。

戒，令俗想不起，建勇猛心，修十道行，坚植志意，不可移拔，注玄味真，念念皆净，如此可谓之斋。”[①] 这正是《庄子》“心斋”精神的完美体现。道家思想成为道教斋戒“政治正确”的理论指导方针。

不仅如此，道家的养生术也流传给了道教。“如何实现‘全性保真，不以物累形’，这是道家之重己贵生学派的思想核心，而吐纳术、导引术、服饵术、房中术则构成这一学派的四门养生之术，重在追求个人立命，长生久视”；“自秦汉起已视黄老为道家宗祖，后世道教相承，并无疑义。东汉后道教创生，流派虽杂，而实有清楚脉络，应上承道家学派而来。外人论道教与道家无关，直是妄说”。[②] 道家留给道教的遗产，既有理论上的“学”，也有实践中的“术”。道家与道教，既是二，也是一，不一不二，亦一亦二。

还要看到，从母权制时代的原始宗教文化到父权制时代的原始宗教文化，再经过宗法礼教的洗礼，男尊女卑的宗法血缘社会得以形成，此以儒家文化为代表。但母系社会中原始宗教文化的女权主义、女性崇拜基因却在道家思想里面遗存下来，由道家又传给了道教。这是我们探索道教发生的思想来源时必须留意的。母系社会中，知母不知父，氏族以女性为血缘中心，身为部落酋长同时又掌握了神权的“大巫”，皆为女性，那是女权主义的天下。道家思想里面，明显保存了母系社会的这样一些特征。《道德经》第六章说：“谷神不死，是谓元牝。元牝之门，是谓天地根。”把母性生殖器官“牝”说成“天地根”，以说明“道”是天地万物产生的根源，这显然是母系社会原始宗教文化对女性生殖器崇拜的遗存。《道德经》第二十五章在描述道

① 《洞玄灵宝斋说光烛戒罚灯祝愿仪》，《道藏》第9册第821页。

② 王尔敏《先民的智慧·道家之重己贵生学派及其养生道术》，广西师范大学出版社2008年版，第183、186页。

家的最高概念“道”的时候说：“周行而不怠，可以为天下母。”[①] 切不可小看这个“母”字，它暗含了母系社会原始宗教文化中女权主义的遗存密码。道家贵阴尚柔思想保留的母系社会原始宗教文化中的女权主义、女性崇拜，后来道教都把它收拾起来，装进了自己的思想库里。在此思想指导下，形成以西王母为领导核心的女仙群体，并不遗余力地为这些女仙撰写纪传，其在仙界的地位并不亚于男仙，可谓是平起平坐，阴阳平衡。而在道教上清经派自我描绘的神学历史中，上清经派的缔造者为女仙魏华存，其地位更是崇高无比。所以我们认为，与儒家大力弘扬男尊女卑的男权主义不同的是，道教努力地延续道家思想里保留的母系社会原始宗教文化中的女权主义、女性崇拜精神，力求达到阴阳平衡，并在其神仙信仰中把它发扬光大了。

（二）儒家思想。

闻一多揭示出：“道家的全部思想是从灵魂不死的观念推衍出来的，以儒道二家对照了看，似乎儒家所谓死人不死，是形骸不死，道家则是灵魂不死。形骸不死，所以要厚葬，要长期甚至于永远的祭祀。”“儒家是重形骸的，以为死后，生命还继续存在于形骸，他们不承认脱离形骸后灵魂的独立存在。道家是重视灵魂的，以为活时生命暂寓于形骸中，一旦形骸死去，灵魂便被解放出来，而得到这种绝对自由的存在，那才是真的生命。”[②] 儒家十分注重形骸，认为脱离形骸的灵魂不能独立存在，死人形骸不死，所以实行厚葬和祭祀。从这一点上说，道教完全继承了儒家的衣钵。汉唐道教宣讲形神不离方可不死，或即源于儒家“不承认脱离形骸后灵魂的独立存在”，道教的

---

① 《道德经》第六章、第二十五章，上海古籍出版社1989年版，第2、6页。

② 闻一多《神话与诗·道教的精神》，上海世纪出版集团2006年版，第125、126页。

法术“太阴炼形”，或许所依据的即是儒家“死人形骸不死”的传统理念。

道教斋醮科仪的历史渊源与儒家礼乐文化脱不了关系。儒家礼乐文化有“神道设教”的传统，内含鬼神之说。儒家祖先崇拜的祭祀中，夹杂鬼魂信仰和仪式。“祭祀仪式和祭祖成为儒家社会控制体系的重要组成部分，这些都注定儒家思想倾向于宗教事务。实际上，它们可以被看作儒家思想的宗教方面。”① 丧葬祭祀等生命礼仪原来就是儒者的老本行，儒家礼乐文化中的“宗教方面”，基本被道教仪式继承了下来。另外，秦皇、汉武到泰山封禅的主要目的，除了祭祀天地，就是追求神仙不死，开创了利用儒家礼仪满足自己神仙不死信仰的新格局。这种借用儒家祭祀礼仪来实现道教神仙不死信仰的手段和方法，也被道教科仪尤其是度亡仪式继承下来。《论衡·解除》叙说汉代民间祭祀：“世信祭祀，谓祭祀必有福。又然解除，谓解除必去凶。”② 道教把儒家祖先崇拜祭祀与汉代及后来的民间祭祀相结合，逐步完善成一套宗旨在于报本孝祖、祈福求仙、解灾除厄的斋醮科仪。这些斋醮科仪，如果要追本溯源，就在儒家礼乐文化身上去寻找。而道教修养术，也以儒家《周易》作为理论支撑，借之广为宣传。正如傅勤家所揭示的：“至于儒家之《周易》，更为道教所奉为瑰宝。盖道教修养之术，尤必藉《易》说以宣传焉。”③

西汉陆贾抨击那些追求神仙者，入深山，“弃二亲，捐骨肉”，④ 有违儒家伦常。至东晋葛洪时仍有人责问：“审其神仙可以学政，翻

---

① 杨庆堃《儒家思想与中国宗教的相互作用关系》，收入《费正清文集·中国的思想与制度》，世界知识出版社2008年版，第304页。

② 王充《论衡·解除》，上海人民出版社1974年版，第384页。

③ 傅勤家《中国道教史》，商务印书馆1998年影印版，第199页。

④ 陆贾《新语·慎微》，上海古籍出版社1990年版，第9页。

然凌霄，背俗弃世，烝尝之礼，莫之修奉，先鬼有知，其不饿乎!”葛洪回应说：“盖闻身体不伤，谓之终孝，况得仙道，长生久视，天地相毕，过于受全归完，不亦远乎?”如果真能成仙了道，“先鬼有知，将蒙我荣”。且“得道之高，莫过伯阳。伯阳有子名宗，仕魏为将军，有功封于段干。然则今之学仙者，自可皆有子弟，以承祭祀，祭祀之事，何缘便绝!”① 在儒家责难者看来，不孝有三，无后为大，如果断了香火，祖先的鬼魂岂非要挨饿？葛洪的答复也很妙：成仙了道使自己身体不伤，这是永久性的孝，而且还能光宗耀祖，更何况修道学仙者并未绝后。也就是说，仙道并没有违背儒家的孝道，反而使孝道之树常青。《正一法文天师教戒科经·大道家令戒》以“大道”的名义训导教民们说：“吾晨夜周流四海之内，行于八极之外，欲令君仁臣忠，父慈子孝，夫信妇贞，兄静弟顺，天下安静。”② 这些训导词全都是儒家“五常”的内容，如此一来，儒家纲常便自然而然地与“大道”联姻了。实际上，从汉代道教产生一直到今天，都把孝道作为成仙的先决条件，完全接受了儒家礼教文化，因而有所谓“忠孝神仙”之说。道教戒律中也充满儒家礼教的规定。在底层民众社会，儒家礼教往往是通过道教仪式、法术以及劝善书等生动活泼的形式，以更为老百姓所喜闻乐见的宣传教化得到贯彻实施。历代思想僵化封闭的儒生，对于道教的指责或者是出于无知，或者是唯我独尊的吃独食心态。实事求是地说，道教并没有自己的一套道德价值体系，完全是从儒家那里吸取承接而来的，因此，从根本上就不会与儒家的价值观冲突，道教绝不是儒家的对立面，而是儒家礼教文化的积极维护者

① 王明《抱朴子内篇校释·对俗》，中华书局 1985 年版，第 51~52 页。

② 《正一法文天师教戒科经·大道家令戒》，《道藏》第 18 册第 236 页。

和参与者。[①] 人们常说“儒道互补”，而二者“之所以能互补，是因为二者虽异出却同源，有基本的共同因素而可以相连结相渗透，相互推移和补足。所谓‘同源’，即同出于原始的‘巫术礼仪’”。[②] 既然儒家和道家的源头都来自原始的“巫术礼仪”，那么，道教同时继承儒道二家的东西便是顺理成章、毫无障碍的事情。上述表明，道教斋醮科仪继承发扬光大儒家礼乐文化也是因了“巫术礼仪”的缘故，换句话说，从“巫术礼仪”到儒家礼乐文化再到道教斋醮科仪，这是一脉相承的传统，中间圆融无碍。

柳存仁先生《道教为什么是多神教》一文，全从先秦及秦汉儒家身上去找根源：“人神溷杂，在古史和儒教的经典里常常混合的出现，不用说是会影响社会和民间一般的观感和信仰的，作为是土生土长的道教，它先天地也脱不开这个偌大的樊篱的拘囿”；“长成以后的道教，完全或大部分承袭上述的这一个儒教和阴阳术数结合的崇拜系统，是不足异的”。[③] 儒教的人神混杂和多神崇拜系统，为道教承袭下来，作为多神教的道教，即产生于“这个偌大的樊篱”之中，此即道教为什么是多神教的儒家思想背景。

阴阳五行的思想理论，“从汉代起，这一理论被儒家学者广泛地运用于‘五经’的研究和解释。从此以后，几乎没有一个儒家学者能逃避用这一理论来粉饰他们的思想”；在汉人著作中，“全部或部分地

① 有西方学者以为汉代道教与儒家是对立的：“道教与官方儒家学说决裂”；“老子的神化不能解释为民间迷信。相反，它意味着把这位作为‘帝王师’的圣人抬高到最高神老君的地位，以与集中体现于祭祀‘素王’孔子的既定秩序相对立（索安 1969，1978）”（索安《西方道教研究编年史》，中华书局 2002 年版，第 20、21 页）。许多史料证明，实际情况并非如此。

② 李泽厚《历史本体论·己卯五说》，生活·读书·新知三联书店 2003 年版，第 183 页。

③ 柳存仁《道教史探源》，北京大学出版社 2000 年版，第 58、64 页。

讨论这一理论的书籍占了《汉书·艺文志》所列全部书籍的四分之一到三分之一。关于这个主题有23篇文章，占董仲舒所著《春秋繁露》所在类别中所有文章的一半。董仲舒是儒家思想的代表人物，他成功地使儒家思想成为国家的正统思想，他的成功显然与有效地运用这一理论是密不可分的”。[①] 道教所直接继承的，正是经汉儒消化后运用的阴阳五行思想，换句话说，是结合了阴阳五行思想的儒家思想。而汉武帝所要独尊的儒术，据潘雨廷《道教史发微》的看法：“已与孔子本人的思想有相当的距离，且已综合齐燕方士所形成的方仙道。”[②] 顾颉刚也独具慧眼揭示：“儒生和方士的结合是造成两汉经学的主因”；“皇帝有什么需要时，儒生们就有什么来供应。这些供应，表面上看都是由圣经和贤传里出发的，实际上却都是从方士式的思想里借取的”。[③] 可见汉代道教与儒家的相互影响，相互融合吸收，汉代儒学经学亦即所谓“汉学”，有力地推动了道教的形成。

需要特别指出的是，儒家的生命伦理学对道教有深远的影响，在拙作《我对道教的认识》一文中，所述道教的生命伦理学即受此影响而形成。远古人类的生命会遭受猛兽的威胁，需要抱团对付，而狩猎等滋养生命的生产活动，也需要抱团才能够进行。在族群抱团维持生命的过程中，人与人之间，自然而然就会产生与性命攸关的伦理关系，远古的生命伦理或即由此产生。《书经》卷四《周书·康诰》告知说：“惟命不于常。”蔡沈注云：“惟命不于常：善则得之，不善则失之。”[④] 天命虽然是无常的，但与道德行为的善恶，却是密切相关

---

① 杨庆堃《儒家思想与中国宗教的相互作用关系》，收入《费正清文集·中国的思想与制度》，世界知识出版社2008年版，第299～300页。

② 潘雨廷《道教史发微》，上海社会科学院出版社2003年版，第8页。

③ 顾颉刚《秦汉的方士与儒生·序》，上海古籍出版社1998年版，第5、6页。

④ 《书经·康诰》，上海古籍出版社1987年版，第90页。

的，善者得命，恶者失命。注重道德生命的儒家，对道德与幸福长寿的关系，除了论说，也在礼仪中展示出来。譬如在举行“冠礼”时，就祝福并训教受冠者：“弃尔幼志，顺尔成德；寿考惟祺，介尔景福”；“敬尔威仪，淑慎尔德；眉寿万年，永受胡福”；“咸加尔服，兄弟具在，以成厥德；黄耇无疆，受天之庆”。[①] 在举行成年礼时，告诫且祝福每一个人，只要你立身行事有德，上天定然保你“寿考”、“黄耇无疆”、“景福”、“永受胡福”。生命的长度与幸福，建立在伦理的价值意义上，道教无论在理论上还是仪式上都完全继承了儒家的这套衣钵。除此之外，儒家唯四书五经为上的本本主义，唯圣人语录为训的教条主义，官本位观念，都感染了道教，以至于道教的神仙世界充斥着大大小小的仙官，道教的经典本本就是天书，神圣不可侵犯，仙真的训诫教条，句句都是真理，都必须不二奉行。

深知儒家对于道教存在发展的重要性亦即保护伞意义，道教紧紧抓住儒家不放，投桃报李，予儒家代表人物以神仙名分，《真灵位业图》中，第三阶位的左位便有“太极上真公孔丘，明晨侍郎三天司真颜回”。[②] 如此一来，道教与儒家的关系便我中有你，你中有我，天衣无缝，就算是遭到儒学老冬烘的万炮轰击，道教亦可立于不败之地了。

（三）墨家思想

春秋战国时，理性主义高扬，但社会上仍有人力图证明天的意志与鬼神是存在的，这从《墨子》的《天志》和《明鬼》等篇章即可看出。墨子的尊天、明鬼思想为道教所吸取，道教并将某些神仙方术依

① 《十三经注疏·仪礼注疏》卷三《士冠礼》，上海古籍出版社 1997 年版，上册第 957 页。

② 《真灵位业图》，《道藏》第 3 册第 275 页。

托于墨子名下，把墨子列入神仙之林。《神仙传·墨子》讲述墨子遇神人，表示“愿得长生，与天地同毕”，于是“神人授以素书朱英丸方、道灵教戒、五行变化，凡二十五卷”。墨子拜受，“撰集其要，以为《五行记》五卷，乃得地仙”。《神仙传·刘政》称其“治墨子《五行记》”。《神仙传·孙博》也载其“治墨子之术，能使草木金石皆为火，光照耀数十里”。[①] 此所谓“墨子之术”，当即墨子《五行记》的变化之术。《五行记》的变化术又称“五行之道”，九灵子、太阳子、太阳女等皆修“五行之道”。[②]《抱朴子内篇·遐览》曾说起过：“其变化之术，大者唯有《墨子五行记》，本有五卷。昔刘君安未仙去时，抄取其要，以为一卷。其法用药用符，乃能令人飞行上下，隐沦无方，含笑即为妇人，蹙面即为老翁，踞地即为小儿，执杖即成林木，种物即生瓜果可食，画地为河，撮壤成山，坐致行厨，兴云起火，无所不作也。”[③] 道教的变化方术即托名《墨子五行记》。另外，道教炼丹术也有托名墨子的。据《抱朴子内篇·金丹》记载：“墨子丹法，用汞及五石液于铜器中，火熬之，以铁匕挠之，十日，还为丹，服之一刀圭，万病去身，长服不死。”[④] 章太炎曾经指出道教依托墨家，墨子学派为道教的思想渊源之一。王明先生对此评论称：“章太炎说黄巾道士，其术远法巫师，近出墨翟。所说虽非确切，也不完备，但

---

① 胡守为《神仙传校释》，中华书局 2010 年版，第 124、130、133 页。按：胡守为“校释”发问说，墨子主张兼爱非攻，尚俭约，何以入道家《神仙传》？胡应麟称：“墨子绝不及神仙事，然道家率以为得仙，《太平广记》、《御览》皆载之，《抱朴子》引墨子七变法诸幻化之术，总之方士依托也。”（《少室山房笔丛》卷四四《玉壶遐览三》）张衡以图纬虚妄，上疏陈事，亦曾提到《春秋元命苞》中，有公输班与墨翟事（《后汉书》卷五九《张衡传》），《春秋元命苞》乃流传颇广之纬书，则方士列墨子为伍，东汉时已然（胡守为《神仙传校释》，中华书局 2010 年版，第 125 页）。

② 胡守为《神仙传校释》，中华书局 2010 年版，第 148、153、155 页。

③ 王明《抱朴子内篇校释·遐览》，中华书局 1985 年版，第 337 页。

④ 王明《抱朴子内篇校释·金丹》，中华书局 1985 年版，第 81 页。

是却有一定的理由。”并揭示说：墨子所主张互助、互爱、互利的思想，自食其力的观点，都是墨学的优秀传统。到后汉中晚期，又被原始道教经典吸收进去，成为道教思想精华的一部分。“从现存五十七卷《太平经》残书里，可以看到它的有关社会政治的一部分言论是从墨子思想演变来的。”由于“墨学演变为原始道教经典中一部分社会政治思想，它的内容比较丰富和深刻起来。就它思想的继承性说，它是墨学流变”。[①] 墨子一派的鬼神思想、科技成果及技术传授方式，皆为道教所继承发展。《元始上真众仙记》中，墨子封为道教的“岷山真人”。[②]《真灵位业图》中，墨子排列在神仙世界第四阶位的左位。[③] 道经中有托名墨子所传者，如《墨子枕中记》等。《墨子》十五卷，收入《正统道藏》太清部。栾调甫《墨子要略》说：“至明正统十年刊行《道藏》，世遂重见十五卷之全书。”《墨子》免于亡佚，全有赖于《道藏》保存的功劳。毕沅《墨子注》叙曰：“本存《道藏》中，缺宋讳字，知即宋本。”明《藏》本源出宋《藏》，而且没有明清诸翻刻本以意改字的毛病，良可珍贵。故王念孙《读墨子杂志叙》称赞曰：“是书传刻之本，惟《道藏》本为最优。”[④] 由此也可见，道教对于《墨子》一书的高度重视，将其视为思想理论和方术的来源之一。

（四）神仙思想

在世界文化之林中，神仙文化是中国人独有的，神仙在中国人心目中的地位无比崇高，中国人至今把最美的地方称为“仙境”，最幸

---

① 《王明集·从墨子到〈太平经〉的思想演变》，中国社会科学出版社 2007 年版，第 192、197 页。

② 《元始上真众仙记》，《道藏》第 3 册第 270 页。

③ 《真灵位业图》，《道藏》第 3 册第 276 页。

④ 任继愈主编《道藏提要》，中国社会科学出版社 1991 年版，第 568～569 页。

福的生活称为“快活像神仙”。道教之前，“神”与“仙”有明显区别。“神”字从“示”，神的观念充满了先秦古籍，为一种超自然的存在，具有神秘的主宰力。“仙”字从“人”，实际上指的是长生不死之人，《说文解字》解释“仙”是“长生仙去”，[①]《释名》也说“老而不死曰仙”。[②] 神仙连用，这是后世道教的术语，但神仙不死思想却早已经萌发。《左传》昭公二十年载：齐景公正“饮酒乐”，忽然联想起“古而无死，其乐若何”这个问题。晏子对答说：“古而无死，则古之乐也，君何得焉?”[③] 从这段对话中可以看出，古代曾经有过不死的乐园，后来却不知什么原因“失乐园”，使得不死凝固在“古之乐”，齐景公要想得到这个“乐”，就只能望“古之乐”而兴叹不已了。有学者推测说：“战国中晚期以来正是神仙思想开始发达之时，而在战国初年的曾侯乙墓的棺木上就漆有羽人、神怪之物，可见这种神仙思想的源头甚至可能上推至战国初期。”[④] 《山海经》中记载了“不死之国”、“不死之药”、“不死树”以及“不死民”等等。古人认定，海中之地有长生水、不死草：玄洲，在北海中，“上有芝著玄涧，涧水如蜜味，服之长生”；祖洲，位于东海中，“上有不死草，生琼田中，草似菰苗。人已死者，以草覆之皆活”。[⑤] 不死的观念形态已然形成。古代又有许多长寿不死的神仙人物的传说，如说彭祖在世八百余岁，广成子修身二千余岁而形不衰。神仙与不死的观念结合在一起，或许是在春秋晚期，或许是在战国初期，即已完成。秦汉时期的

① 《说文解字》，中华书局 1963 年版，第 167 页。

② 《释名疏证补》，中华书局 2008 年版，第 96 页。

③ 《春秋三传》，上海古籍出版社 1987 年版，第 460 页。

④ 蒲慕州《墓葬与生死——中国古代宗教之省思》，中华书局 2008 年版，第 200 页。

⑤ 《太平御览》卷五十九引《龙鱼河图》及《淮南子》、卷六十引东方朔《十洲记》，中华书局 1960 年版，第 1 册第 284、288 页。

神仙或来源于历史英雄人物，或来源于各行各业普通人，或来源于神话中的神，后世道教的神仙来源基本上也是如此。

神仙思想来源于何方？一般认为是燕齐，由于其地位临大海，海市蜃楼的幻景，激发了人们的无限遐想，幻想海上有神仙，居住着不死的仙人，于是，在燕齐大地兴起了宣传神仙不死和播弄神仙方术的神仙家。《史记 · 封禅书》说：相传在勃海中，有蓬莱、方丈、瀛洲三神山，“诸仙人及不死之药皆在焉”。由此“世主莫不甘心焉”，从齐威、宣王、燕昭王到秦始皇，都派人入海寻求不死的仙药，秦始皇甚至亲自“南自湘山，遂登会稽，并海上，冀遇海中三神山之奇药”。然而都落个空手而归。[①] 据《列子 · 汤问》记载：渤海之东，不知几亿万里，有个名叫“归墟”的地方，其中有岱舆、员峤、方壶、瀛洲、蓬莱五山，山上的“珠玕之树皆丛生，华实皆有滋味；食之皆不老不死。所居之人皆仙圣之种；一日一夕飞相往来者，不可数焉”。[②] 但闻一多的看法，却独树一帜：“实则春秋时的不死观念不会直接产生战国时的神仙说，齐国（山东半岛）也并非神仙的发祥地，因之海与神仙亦无因果关系。齐之所以前有不死观念，后有神仙说，当于其种族来源中求解答。”在闻一多看来：“齐人本是西方迁来的羌族，其不死观念也是从西方带来的。但西方所谓不死本专指灵魂，并主张肉体毁尽，灵魂才得永生。这观念后来又演变为肉体与灵魂并生。齐人将这观念带到东方以后，特别因为当地土著思想的影响，渐渐放弃了灵魂观念，于是又演变为纯粹的肉体不死。”他最后得出的结论是：“神仙思想是从西方来的，他只是流寓在齐地因而在那里长大的，并非生在齐地。齐地的不死思想并没有直接产生神仙思想，虽则他是使

① 《史记 · 封禅书》，中华书局 1982 年版，第 4 册第 1369～1370 页。

② 杨伯峻《列子集释 · 汤问》，中华书局 1979 年版，第 151～152 页。

神仙思想落籍在齐地的最大吸引力。”[①] 比较前述昆仑神话中不死的“羽人”、不死药，可知闻一多主张的“神仙思想西来”说，有其一定的道理。考古发现也表明，仰韶文化半坡类型的彩陶上出现蛙形纹，马家窑文化的陶盆图像有蟾蜍，蟾蜍与蛙是同类动物，有冬眠习性，冬天钻进泥土，如同死去一般，次年春天复苏，如同重新获得生命。这在原始人眼中必定具有神秘甚至神圣的意味，是他们崇拜蟾蜍与蛙的一个重要原因，人们祈求死去的亲人也能像青蛙一样重获生命。联系到战国时期流行的嫦娥奔月传说和汉代普遍流行的西王母信仰，蟾蜍都有象征不死的意义。甘肃、青海一带曾是神话中的昆仑山所在地，传说中的不死民、不死药都在这里。甘肃、青海也正是流行蛙纹的马家窑文化彩陶聚集地。我们或许可以推测这种不死观念的起源很早，新石器时期彩陶上广泛出现的蛙形纹，就有生命周而复始的含义在内。[②] 日本学者秋月观暎提请人们注意：“关于战国末期以前各地出现的神仙说，我们不能再像过去那样，仅仅从山东半岛沿岸出现的海市蜃楼去寻找起源，而考察包括昆仑传说在内的更多元的根源，似乎更为妥当。我们还应当重新充分考虑西方异民族羌族（甘肃、新疆）升天观念的影响。”[③] 综合兼顾学界各种说法，渴求长生不死的愿望，在遥远的新石器时期即有可能发生，古代神仙思想在西羌民族地区萌发，燕齐沿海地区较为流行，在荆楚、巴蜀一带神仙传说也比较多。可以这样说，中国的西部与东部地区都出现了神仙传说，古老的西羌民族文化、春秋战国时的燕齐文化、吴越文化和荆楚、巴蜀文

---

① 闻一多《神话与诗·神仙考》，上海世纪出版集团 2006 年版，第 129、131～132、133 页。

② 李淞《远古至先秦绘画史》，人民美术出版社 2000 年版，第 129 页。

③ 福井康顺、山琦宏、木村英一、酒井忠夫监修《道教》：秋月观暎撰《道教史》，上海古籍出版社 1990 年版，第 1 卷第 29 页。

化等共同孕育了中国人的神仙不死思想。当然，关于神仙思想还是有知识产权之争的。都珖淳在《韩国的道教》中就认定："'神仙思想'本身则是韩国原始的、固有的思想。……而'神仙思想'则起源于韩国，是韩国的主体性思想，它在后世吸收外来的三教时期，成了吸收三教的温床。因此，可以说中国神仙思想传到韩国，它一开始就具有从韩国传到中国后重又传入韩国的意味。"他反复强调，试图要说明："神仙思想则是韩族的思想。神仙思想同天神信仰、山岳信仰、山神信仰、黄教等有关，所有这些原来都是东夷族的信仰和思想。因而可以说，这些全都具有游牧、骑士文化性质，与农耕文化的信仰和思想不同。……这样形成的神仙思想，首先传到同韩族疆域相近的大陆山东省、河北省，接着逐渐传到中国全境。"① 然而可惜的是，这些观点都没有考古学发现和文献材料做支撑，只不过是作者主观的推测臆断，难以成立。所以，神仙思想这一知识产权属于中国，这是不可撼动的。

神仙思想产生的时代背景是什么？顾颉刚先生"猜想"，一是时代的压迫。战国是社会组织发生根本变动的时代，大家都感到苦闷，但想不出解决的办法。那么还是用玄想去解决罢，于是"吸风饮露，游乎四海之外"的超人就出来了。二是思想的解放。战国时代，旧制度和旧信仰都解体了，"天地不仁"、"其鬼不神"的口号喊出来了，在上帝之先的"道"，也寻找出来了，"于是天上的阶级跟了人间的阶级而一齐倒坏。个人既在政治上取得权力，脱离了贵族的羁绊，自然会想在生命上取得自由，脱离了上帝的羁绊。做了仙人，服了不死之药，从此无拘无束，与天地相终始，上帝再管得着吗！不但上帝管不

① 福井康顺、山琦宏、木村英一、酒井忠夫监修《道教》：都珖淳撰《韩国的道教》，上海古籍出版社 1992 年版，第 3 卷第 47 页。

着我，我还可以做上帝的朋友，所以《庄子》上常说‘与造物者（上帝）游’，‘与造物者为人’。这真是一个极端平等的思想！有了这两种原因做基础，再加以方士们的点染、旧有的巫祝们的拉拢，精深的和浅薄的，哲学的和宗教的，种种不同的思想糅杂在一起，神仙说就具有了一种出世的宗教的规模了。”① 这意思是说，战国出现的神仙说是时代压迫、时代苦闷和思想解放的产物。我们还必须加上一点，神仙思想也是当时人们死亡焦虑的产物。

神仙思想对先秦两汉的文学作品产生极大影响。屈原最先把神仙题材纳入诗歌创作，开创游仙诗。庄子塑造了文学史上最早的神仙形象：《庄子·逍遥游》描绘藐姑射山的神人不食五谷，乘云御龙，游于四海之外；《庄子》中多处对神人、至人、真人等神仙的生活与法术作了形容。汉赋借助神仙传说作夸张描写，形成“巨丽”之美。《列仙传》是第一部神仙传记，开启仙话创作的基本主题模式。② 反过来，先秦两汉的文学作品又对神仙思想的广泛传播起了推波助澜的作用，使其在社会上日益深入人心，为道教的发生形成制造了巨大的舆论气场。

先秦的神仙思想发展到秦汉时期，更由于统治者的热衷而盛行不衰，秦皇、汉武掀起了大规模的求仙浪潮。这些都与道士的前身方士有关，诚如明人张瀚《松窗梦语》卷六《方术纪》所讲：“若神仙之说，创自齐威、燕昭，而秦皇、汉武炽焉，皆方士之为也。”③ 在方士的推波助澜之下，汉代成为造就神仙的重要时代，西王母、黄帝和

---

① 顾颉刚《秦汉的方士与儒生·神仙说与方士》，上海古籍出版社 1998 年版，第 9～10 页。

② 参见姚圣良《先秦两汉神仙思想与文学》，齐鲁书社 2009 年版，第 4 页。按：从本质上说，《列仙传》是道教构造神学历史的史籍，今人一般将其作为文学作品看待。

③ 张瀚《松窗梦语》卷六《方术纪》，中华书局 1985 年版，第 108 页。

老子是当时神仙信仰中最耀眼的明星。道教发生后，继承发展了自古以来长生不死的神仙思想，使之成为道教最基本的信仰，这是道教不同于世界上其他宗教的独一无二特点。而在道教的推波助澜下，经修炼成为不死的神仙，内化为中国人心灵中最理想的人生。

（五）谶纬神学

在汉代统治者的大力倡导之下，谶纬神学非常盛行。谶是一种宗教性的神秘预言，又称谶语，以之预测吉凶，因通常配有图，故又叫图谶。古人多用于政治斗争中，比如，秦始皇晚年，卢生奏《箓图书》说：亡秦者胡。当时又有“始皇帝死而地分”、“今年祖龙死”等谶语。纬是相对于经而言，指用图谶等神秘含义解释儒家经典，又称为“纬书”，如纬书《孝经援神契》说孔子已经预言了刘邦当皇帝。实际上，谶纬神学是古代的具有宗教神学色彩的政治宣传心理学，以此为谋求权力者或已登上权力宝座的统治者大造舆论，从而俘获具有传统天命观的民众之心，收到得民心者得天下的效果，另外也证明其权力的合法性。谶纬神学在西汉末年的哀、平之际大兴，在王莽与刘秀的推波助澜下，到东汉更成为占统治地位的思想。本来，董仲舒以神秘的阴阳五行学说附会儒家经义，提出天人感应的神学目的论，使儒家学说宗教化。儒生与方士的结合造成了汉代社会浓郁的宗教气氛，这样的社会环境也就给神仙方士创立宗教提供了方便。太平道、五斗米道发生于东汉末年，这绝不是偶然的，与谶纬神学的流行分不开，并得到其启示，比如受纬书对孔子神化的启示，早期道教逐渐装扮老子，终至捧老子为道教教主“太上老君”。谶纬神学对道教的影响深远，后世道教也曾大量造作和利用图谶，如魏晋南北朝时“老君应治，李弘应出”的谶语。又如陶弘景，“梁武兵至新林，遣弟子戴猛之假道奉表。及闻议禅代，弘景援引图谶，数处皆成‘梁’字，令弟子进之”；而且“弘景妙解术数，逆知梁祚覆没，预制诗云：‘夷甫任散诞，平叔坐论空。岂悟昭阳殿，遂作单于宫。’诗秘在箧里，化后，门人方稍出之。大同末，人士竞谈玄理，不习武事，后侯景篡，果在昭阳殿”。[①] 这是陶弘景以图谶、诗谶预言政治结局。陶弘景编辑《真诰》时，“谨仰范纬候，取其义类，以三言为题”。[②] 因为仰慕纬书，便仿照其“义类”，以三言为篇名。钟来因先生揭示说：《真诰》“在取题命篇时，更受汉朝纬书影响，纬书名如《稽览图》、《运期授》、《汎历枢》、《斗威仪》、《叶图徵》、《演孔图》、《援神契》等；汉朝留下的纬书共七种，称七纬。纬书中的预言吉凶，荒唐怪诞，在《真诰》中均有反映，如杨羲、许谧、许玉斧的寿限，都有预言”。[③] 此后，唐代道教徒为帮助唐高祖李渊打天下而制作的“桃李谣”等，亦属于诗谶一类。法国学者索安更揭示出：“道士入教仪式中有纬书中天命授予有德君王之词”；“受箓”、“受图”或“受符”，是“一种表达和赞美王者获得天命的优雅词句”。而在道教中，“不只是师徒间经典的传授仪式称‘授符箓’，道士在六朝宫廷上为帝王授皇权的仪式也称为‘授箓’。因此，这种用词上的选择不会仅仅是一种偶然：在帝王的授权仪式和道士的入教仪式之间，一定有一种意义上的关联。解释这种关联，可以探究纬书中适宜的道教根源”。索安并且指出：“由控制人命寿夭的天司录监视人们行为的道教信仰，也是最早见于纬书的。”[④]

谶纬神学的某些神话故事，为后世道教经典提供了原料。《河图

---

① 《南史·隐逸传》，中华书局1975年版，第6册第1898、1900页。

② 吉川忠夫、麦谷邦夫编《真诰校注》卷十九，中国社会科学出版社2006年版，第564页。

③ 钟来因《长生不死的探求——道经〈真诰〉之谜》，文匯出版社1992年版，第43页。

④ 《法国汉学》第四辑：索安《国之重宝与道教秘宝——谶纬所见道教的渊源》，中华书局1999年版，第54～55、67页。

绛象》讲："太湖中洞庭山林屋洞天，即禹藏真文之所，一名包山。吴王阖闾登包山之上，命龙威丈人入包山，得书一卷，凡一百七十四字而还。吴王不识，使问仲尼，诡云：赤乌衔书以授王。仲尼曰：昔吾游四海之上，闻童谣曰：吴王出游观震湖，龙威丈人名隐居，北上包山入灵墟，乃造洞庭窃禹书。天帝大文不可舒，此文长传六百初，今强取出丧国庐。丘按谣言，乃龙威丈人洞中得之，赤乌所衔，非丘所知也。吴王惧，乃复归其书。"① 这一故事，即被道教采取。《抱朴子内篇·辩问》记载说："《灵宝经》有《正机》、《平衡》、《飞龟授袟》凡三篇，皆仙术也。吴王伐石以治宫室，而于合石之中，得紫文金简之书，不能读之，使使者持以问仲尼，而欺仲尼曰：'吴王闲居，有赤雀衔书以置殿上，不知其义，故远咨呈。'仲尼以视之，曰：'此乃灵宝之方，长生之法，禹之所服，隐在水邦，年齐天地，朝于紫庭者也。禹将仙化，封之名山石函之中，乃今赤雀衔之，殆天授也。'"② 该故事所涉及的人物大禹、吴王、孔子，都在道教灵宝经的降世传说中出现了。故事情节大体一致，具体细节有所改编，"赤乌衔书"变成"赤雀衔书"，大禹所藏"真文"演为"灵宝之方，长生之法"的"紫文金简之书"。而在《太上灵宝五符序》卷上、《云笈七籤》卷三《灵宝略纪》中，孔子所"闻童谣"，则被全文采纳，吴王阖闾、龙威丈人、包山、洞庭等人名、地名原样照搬，故事内容倍增，但主线却基本雷同。③ 举一反三，道教神学吸取谶纬神学，于此可见一斑了。小林正美《六朝道教史研究》指出："原本《五符经序》

---

① 安居香山、中村璋八辑《纬书集成》下册，河北人民出版社 1994 年版，第 1187 页。

② 王明《抱朴子内篇校释·辩问》，中华书局 1985 年版，第 229 页。

③ 《太上灵宝五符序》卷上，《道藏》第 6 册第 317～318 页；《云笈七籤》卷三《灵宝略纪》，《道藏》第 22 册第 15 页。

和原本《五符经》是受到纬书《河图》思想的强烈影响形成的。《抱朴子》中，也引用了《河图记命符》（卷六《微旨篇》）、《孝经援神契》（卷十一《仙药篇》）等纬书，如在前面所见，有'符皆神明所授'之'天文'那样的说法，也可以看到纬书思想的影响……而把经典视为天文的想法在后来的《灵宝经》和《上清经》中也被继承着，可见对于道教经典观的形成，纬书的影响之大。"① 小林正美这里所谓《抱朴子内篇·仙药》引用《孝经援神契》的原话是："椒姜御湿，菖蒲益聪，巨胜延年，威喜辟兵。皆上圣之至言，方术之实录也。"② 其实，道教也把纬书本身视为"上圣之至言，方术之实录"，的确反映了纬书在道教中的神圣地位以及对道教经典观形成的巨大影响。

顾颉刚先生揭示："纬书是东汉时民间信仰的一个荟萃。这些民间信仰，依附孔子，以孔子作中心。他们似乎要造成孔教，但因有一班儒者的不合作，而且起来破坏他们，所以未能成功。"③ 按照这一观点，道教对纬书的继承，实际上也就是对东汉民间信仰的吸取，由此亦表明东汉民间信仰及风俗习惯基本遗存在道教中。道教与汉代民间信仰的关系，于此可见一斑了。

三　地域文化

从地域文化的角度看，道教的缘起，与古代燕齐文化、吴越文化、荆楚文化、巴蜀文化和关陇文化的关系更密切。

---

① 小林正美《六朝道教史研究》，四川人民出版社 2001 年版，第 58 页。

② 王明《抱朴子内篇校释·仙药》，中华书局 1985 年版，第 196 页。

③ 顾颉刚《古史辨自序》上《三皇考·道教中的三皇》，河北教育出版社 2000 年版，第 313 页。

（一）燕齐文化

燕齐神仙文化孕育大批神仙方士，出现方仙道，而方仙道是道教的最初形态。早在战国时期，“客有教燕王为不死之道者，王使人学之”。[①] 燕王派人学“不死之道”，表明燕地的神仙长生文化已露端倪。替秦皇汉武寻求仙人仙药的方士也多为燕齐人。如齐人徐市，燕人卢生，是为秦始皇出海寻求仙人仙药的主要方士。又如齐人少翁，与少翁同出一个师门的胶东宫人栾大，齐人公孙卿，齐人丁公，济南人公王带，这些人是汉武帝求仙、封禅、定明堂制度的主谋，此外，还有齐人向汉武帝上疏“言神怪奇方者以万数”。陈寅恪先生指出：自战国邹衍传大九州之说，至秦始皇、汉武帝时方士迂怪之论，据太史公书所载，皆出于燕齐之域。“盖滨海之地应早有海上交通，受外来之影响。以其不易证明，姑置不论。但神仙学说之起原及其道术之传授，必与此滨海地域有连，则无可疑者。故汉末黄巾之乱亦不能与此区域无关系”；“张角之道术亦传自海滨，显与之有关也”。[②] 从方仙道到太平道，都与地处海滨的燕齐文化关系密切。顾颉刚亦看到方士与燕、齐地方的关系：“方士的兴起本在战国时代的燕、齐地方，由于海上交通的发达，使得人们对于自然界发生了种种幻想，以为人类可以靠了修炼而得长生，离开了社会而独立永存，取得和上帝同等的地位。”[③] 有学者揭示：“被称为‘东方宗教’的道教，其思想信仰体系的形成，则直接根源于齐文化中的方仙道、黄老之学和阴阳五行思想。”[④] 学术界大多赞成燕齐文化为孕育道教产生的重要地域文化

① 《韩非子·外储说左上》，上海古籍出版社 1989 年版，第 91 页。

② 《陈寅恪史学论文选集·天师道与滨海地域之关系》，上海古籍出版社 1992 年版，第 150、152 页。

③ 顾颉刚《秦汉的方士与儒生·序》，上海古籍出版社 1998 年版，第 5 页。

④ 邱文山《齐文化与中华文明》，齐鲁书社 2006 年版，第 316 页。

之一。必须指出的是，齐文化自古以来因为与吴越文化地理上的毗邻，彼此之间有密切的交流互动关系，相互影响。

（二）吴越文化

《史记·秦始皇本纪》载：秦始皇“南登琅邪，大乐之，流三月。乃徙黔首三万户琅邪台下，复十二岁。作琅邪台，立石刻，颂秦德，明得意”。《集解》引《地理志》：“越王句践尝治琅邪县，起台馆。”又《正义》引《括地志》：“密州诸城县东南百七十里有琅邪台，越王句践观台也。”越王勾践在其都城琅邪建立了“观台”，不知要观望东海什么，所引诸书皆未交待。《史记》称秦始皇也在此地“作琅邪台”，紧接着就叙述说：“既已，齐人徐市等上书，言海中有三神山，名曰蓬莱、方丈、瀛洲，仙人居之。请得斋戒，与童男女求之。于是遣徐市发童男女数千人，入海求仙人。”[①] 似乎秦始皇所作“琅邪台”，有在台上观望海上神仙的意图。很有可能，自古以来琅邪的神仙文化就颇为流行。《太平经》这本早期道教“神书”的问世，即与琅邪人宫崇相关。据《后汉书·襄楷传》记载：“初，顺帝时，琅邪宫崇诣阙，上其师干吉于曲阳泉水上所得神书百七十卷，皆缥白素朱介青首朱目，号《太平青领书》。”[②] 道教典籍《正一法文天师教戒科经·大道家令戒》也说：“道重人命，以周之末世始出。奉道于瑯琊以授干吉，太平之道起于东方。”[③] 《老君说一百八十戒叙》亦称：“昔周之末，赧王之时，始出太平之道、太清之教，老君至瑯琊授道

① 《史记·秦始皇本纪》，中华书局1982年版，第1册第244、247页。

② 《后汉书·襄楷传》，中华书局1965年版，第4册第1084页。“干吉”又作“于吉”，为同一人。

③ 《正一法文天师教戒科经·大道家令戒》，《道藏》第18册第236页。“瑯琊”即“琅邪”，又作“瑯琊”、“瑯邪”。

与干君。”① 东汉之后，琅邪出了不少著名道士。三国时“有道士琅邪于吉”，往来吴会传教，“立精舍，烧香读道书，制作符水以治病，吴会人多事之”。后被孙策所杀。② 琅邪算得上是汉魏南朝道教的风水宝地，热点地区，琅邪道士于吉到“吴会传教”，且“吴会人多事之”，可以看出，当时道教在山东和吴越地区的传播途径，而其渊源则可以追溯到远古时期吴越文化和齐文化的互动。琅邪地处山东，而山东与江南沿海地区自古海路畅通，文化面貌相近，关系密切。古文献中，会稽有三处，一在山东，一在辽西，一在江南。这三处的夏文化遗址，其中山东最早，因山东夏裔来到江南，把“会稽”的地名也带了过去。就是说会稽原在山东，越国王室本是夏裔，从山东经海路迁来。越王勾践迁都琅邪后，曾想迁葬琅邪，并已经采取一定的行动。勾践为何要迁葬琅邪？那就是“鸟飞返故乡”，故乡情结使然。山东本属东夷地区，所谓古“东海”指山东及苏北连云港一带。西周时期，茅山两侧的文化面貌泾渭分明，西侧的宁镇地区是吴文化区，东侧的太湖地区是越文化区。到春秋晚期，茅山两侧的文化面貌已趋一致，融合统一而成吴越文化。吴越地区有羽人神话。传说古代中国有所谓“羽民国”存在，大致方位在东南方。尤其是《吕氏春秋》将羽人、裸民相提并论，更是表明两地相近。而“裸民（国）”正是代指后来的吴国。“断发文身、裸以为饰”恰恰是吴越先民的习俗。《史记》形容越王勾践的相貌是“长颈鸟喙”，《吴越春秋》有“大越鸟语之人”的说法。说明羽人国大体在吴越这一方土地上。近年来，吴越地区考古新发现，为进一步揭破羽人之谜提供了新资料。1976 年，浙江鄞县出土了春秋战国时的青铜钺，正面有“羽人划船”的图像。

① 《云笈七籤》卷三九《老君说一百八十戒叙》，《道藏》第 22 册第 270 页。

② 《三国志·孙破虏讨逆传》，中华书局 1982 年版，第 5 册第 1110 页。

1986年发掘的浙江余杭良渚文化（约前3300—前2100）时期墓葬中，出土了许多玉琮和玉钺等玉器，玉琮上的图像镂刻戴羽冠的宗神，脚为三爪的鸟足。而宗神简化标志图像的两侧雕琢着飞翔的神鸟，衬托了宗神在空中腾云驾雾的情状。最引人注目的是1989年江西新干大洋洲商墓的发现，其族属为古越民族的一支，令人尤为惊叹的是墓中有一件完整的玉羽人，高勾鼻、戴高羽冠。这些发现于吴越土地上的文物精品，恰好印证了文献中羽人生活在中国东南区域的记载。① 如果把良渚文化玉琮上的"祖宗神"图像断定为羽人，则吴越地区的羽人神话有接近五千年的历史。且考古发现表明，从商到周代，这一羽人神话的传统在吴越地区并未断过。而众所周知，羽人神话与后来产生的神仙具有千丝万缕的联系，直到现在道教仍把成仙称为"羽化"，留有羽人的胎记，前者可以说是启迪了后者。特别值得引起我们注意的是，越王勾践的相貌被描绘为与羽人相关，晚年的他又曾在琅邪建立"观台"，似乎是要观望东海中的神仙吧？越国王室本是夏裔，从山东迁到江南来。越王勾践又曾迁都琅邪，还曾想迁葬琅邪。这样的往返迁徙过程，势必带来齐文化和越文化的频繁交流，起初吴越的羽人文化向北传播到齐地，后来燕齐的神仙文化向南传播到越地，这些都是文化互动中自然而然的事情。假如越王勾践在琅邪海边建立"观台"真的是要观望神仙的话，那么很有可能春秋末期或战国初期齐地的神仙文化已悄然兴起，而且浸润到江南吴越之地。换言之，战国时期的吴越文化可能已有神仙文化的内容。这样一来，我们就很好理解为什么三国时期吴越之地的社会各层是如此热烈地接受山东琅邪传来的道教，东晋南朝时期吴越之地的道教突然就勃兴起来

① 董楚平、金永平《吴越文化志》，上海人民出版社1998年版，第49～52、62～63、224～227页。

了，而且许多奉道的世家大族从琅邪迁徙而来；特别是，江南吴越之地的道教随着隋唐的统一又传播到北方乃至全国，成为隋唐道教的主流。很显然，这是因为吴越之地有久远深厚的羽人文化、神仙文化，道教在这里简直就是如鱼得水。

《汉书·地理志》称：吴“世传《楚辞》”，又说“吴粤与楚接比，数相并兼，故民俗略同”。而楚地的民情风俗，“信巫鬼，重淫祀”。划入楚地的汉中，则“与巴蜀同俗”。至于“属楚”的陈国，也“好祭祀，用史巫，故其俗巫鬼”。[①]《后汉书·第五伦传》记载：“会稽俗多淫祀，好卜筮。”[②] 由此看来，地处长江下游的吴越文化与长江中游的楚文化、上游的巴蜀文化有比较接近的一面，即都信奉“巫鬼”，看重“淫祀”，而“巫鬼”恰好是道教的来源之一（见本文前述道教与古代宗教文化）。吴越文化的所谓“巫鬼”、“淫祀”的风俗习惯，成为自晋代起江南道教突飞猛进传播和发展的深厚文化土壤。

（三）荆楚文化

荆楚为道家文化产生兴盛之地，道教与道家的关系已如前述。道教与楚国巫鬼文化的关系，饶宗颐先生《道教与楚俗关系新证——楚文化的新认识》一文论之甚详：“东汉三张之设鬼道，为人治病请祷等等活动，实际上秦汉之际，在楚国地区已是司空见惯。北周甄鸾斥责三张之术‘造黄神’杀鬼之法，这在《五十二病方》中已证明所谓‘黄神’不是他们所杜撰，而有悠远的来历，实在出于楚国的巫医。许多名目可以看出当时民间流行的医术，正和鬼道有许多雷同之处，加以马王堆出土各种房中术养生方等等方技之流行，正是后来道教徒的课题。这时虽无道教之名，而有道教之实……道教的成立，一般都

① 《汉书·地理志》，中华书局1962年版，第6册第1668、1666、1653页。

② 《后汉书·第五伦传》，中华书局1965年版，第5册第1397页。

认为起于三张，但目前新资料告诉我们，《五十二病方》应该是鬼道的前驱。楚文化内涵的‘巫’，以前是非常笼统含糊，现在通过各种新出地下资料知道和医术早已结在一起。关于楚国的巫医，已可掌握到具体的资料，使我们对于楚文化内涵有进一步的认识。道教的萌芽，可以提前，道教的形成，与楚国巫医存在着非常密切的关系。”① 楚人风俗“信鬼而好祠。其祠，必作歌乐鼓舞以乐诸神”。② 在现存楚文物描绘有巫师形象的造型艺术作品中，灵巫都佩带长剑。在灵巫那里，剑能起到驱鬼辟邪的作用。《九歌·东皇太一》说灵巫降神时要“抚长剑兮玉珥”。王逸注称：“灵巫常持好剑以辟邪。”剑是灵巫从事宗教活动必备的法器，被视为具有神秘功能的神物。③ 而剑同样是道教仪式中重要的必备法器，也许就来源于楚灵巫。依据王祖龙《楚美术观念与形态》的研究，楚人在其心中设立了一个至高无上、超离人间的“天”，于是“通天”就成了现实人生的最高境界和目标。楚人的虎座飞鸟系列作品，外形是一只展翅欲飞的凤鸟，又采取虎和鹿的个别特征，通过复合的方式，构成一个集壮、奇、美于一身的崭新的飞升形象，其巫术含义明显指向“升天”。2000 年，在湖北天星观楚墓出土的漆木羽人，其造型为人面鸟身，以人和鸟彼此转形的方式，暗示祭祀仪式中，巫师在魔力作用下的身份转换，以便进入天界。这个人面鸟身的复合造型，即是祭司用来作为人神转换的道具。④ 楚文化中那种强烈的“通天”、“升天”意识，对于后来道教飞升成仙、成为天仙的人生理念，很难说没有影响。而楚文化中漆木羽人作为人神转换的道具，表现巫师的身份转换，在后来道教中也有类

① 饶宗颐《中国宗教思想史新页》，北京大学出版社 2000 年版，第 55～56 页。

② 洪兴祖《楚辞补注》，中华书局 1983 年版，第 55 页。

③ 徐文武《楚国宗教概论》，武汉出版社 2001 年版，第 38 页。

④ 王祖龙《楚美术观念与形态》，巴蜀书社 2008 年版，第 61、62 页。

似的东西，比如道士在作雷法时，就必须把自己的身份转换为雷神，在进行这样的“人神转换”之后，才能具备呼风唤雨的法力。从《山海经》、《楚辞》、《淮南子》记载的神话看，不少与楚文化有关，而这些神话与道教的关系已从前述可见，从这个角度说，楚文化对于道教的影响力，也是显而易见的。屈原在《天问》中不断追问：“何所不死?”“延年不死，寿何所止?”[①] 这些问题，同样是道教特别关注的。还必须指出的是，汉代文化的许多内容取之于楚文化，而孕育发生于汉代的道教，毫无疑问直接受到楚文化的洗礼。综合上述，我们都可以发现荆楚文化与道教的关系。

（四）巴蜀文化

巴蜀文化学者谭继和指出：神仙说，最早即起源于巴蜀（神仙说最早源于昆仑，古指岷山，岷山在蜀）。从文献看，蜀王仙化的传说很早就存在，蚕丛、柏灌、鱼凫三代蜀王“皆得仙道”等如仙如幻故事，显示巴蜀是蜀人最早羽化成仙的文化想象力的起源处。从考古发现看，“羽化飞仙”的想象力最早源于三千多年前的“三星堆”和“金沙”文明。三星堆与金沙遗址出土了大量鸟形、人鸟形青铜器物，可看出道经所说“人鸟”观念的诞生与“教人学仙”的“上古之法”的思维来源。从这些器物可看出古蜀人仙化思维的发展历程，是古蜀仙道流传的真实记录。古蜀文化的内涵是重仙重神器的文化，与中原重礼制重礼器的文化不同。巴蜀确是仙道起源地，其说流传至今至少三千年以上。巴蜀确是道教创始地，它是在古蜀仙道基础上形成的。巴蜀是仙源故乡，三星堆和金沙人的仙化想象力是蜀人精神家园最早

① 洪兴祖《楚辞补注》，中华书局1983年版，第95、96页。

的来源和核心。[①] 他的观点可以归纳为四个字——“仙源在蜀”。四川出土的汉代丧葬图像，可分为西王母图像系统、天国图像系统、成仙图像系统，这三个图像系统表达的是一个主题，即“升天成仙”。[②] 宋真宗景德年间（1004—1007）于四川境内发现的《仙集留题》有“汉安元年（142）四月十八日会仙友”。[③] 由此可见巴蜀文化孕育下神仙思想的普及流行，且喜好神仙之道的志同道合者结为“仙友”，定期聚会。与荆楚文化一样，巫鬼也是巴蜀文化的一大特色。《华阳国志》称：“民失在征巫，好鬼妖”；“巴西宕渠賨民，种党劲勇，俗好鬼巫”。[④] 开天辟地的盘古故事，最早出现于四川。饶宗颐先生说：“道教起于蜀中，汉人传说第一位开天辟地的人物盘古氏，最先竟始出现于四川。东汉末献帝兴平元年（194），益州刺史张收刻绘于文翁石室的壁画人物中，有盘古与李老并列，位次于列代君主之前。似乎即以盘古为创世之主。”[⑤] 盘古后来演变为道教的主神元始天尊，而盘古在东汉即已出现于四川，由此也可以看出巴蜀文化与道教发生之间蛛丝马迹的关系。

（五）关陇文化

由战国到秦代，黄老学广泛流行于今陕西地区。陕西境内的汉水上游地区自春秋战国以来一直是周秦文化、荆楚文化和巴蜀文化的融合交流之区。秦地的黄老崇拜与荆楚、巴蜀的巫鬼信仰很容易地就结合在一起，神仙方术流行甚早，巫风很盛。原立于城固县（1970 年

---

① 谭继和《儒释道的根柢与巴蜀文化》，收入蔡方鹿主编《蜀学与中国哲学》，四川文艺出版社 2013 年版，第 8～10 页。

② 李凇《论汉代艺术中的西王母图像》，湖南教育出版社 2000 年版，第 214 页。

③ 龙显昭、黄海德主编《巴蜀道教碑文集成》，四川大学出版社 1997 年版，第 1 页。

④ 任乃强《华阳国志校补图注》卷三、卷九，上海古籍出版社 1987 年版，第 175、483 页。

⑤ 饶宗颐《中国宗教思想史新页》，北京大学出版社 2000 年版，第 89～90 页。

移存西安碑林）的《仙人唐公房碑》，记述了西汉居摄二年（7），城固人唐公房“一人得道，鸡犬升天”的神话传说。“东汉顺帝时（126—144），蜀郡人张楷隐华山之中，能作‘五里雾’，学者众多，从者如市，是缅匿道活动的主要团体。”到东汉熹平、光和年间（172—184），“在三辅即今关中地区，以骆曜为首领的缅匿道在民间教习缅匿法，其内容不详，从字义理解为隐身之术。但这一股势力不久就销声匿迹了”。[①] 由考古发现的与道教科仪有关的“禹步”，可以揭示关陇文化区域实为道教孕育地之一。“近年考古资料对于‘禹步’可追溯至云梦秦简及马王堆七十二方。甘肃天水秦始皇八年邽简上日书所载有一条说：‘得择日出邑门　禹步。’这是秦日书所载《禹须臾行》中非常重要的一段证明，朝拜北斗而作禹步，秦时西北风俗已是如此。汉以前已甚流行各处。‘禹步’至今道士圈内尚行之。”[②] 另外，汉武帝为了求神仙，寻访黄帝踪迹，曾经“至陇西，西登崆峒，幸甘泉”。[③] 陇西也是一片神仙热土，崆峒山更有黄帝访道的传说。这些都表明道教的产生与关陇文化脱不了关系。

---

① 参见樊光春《陕西道教两千年》，三秦出版社 2001 年版，第 28～33 页。

② 饶宗颐《中国宗教思想史新页》，北京大学出版社 2000 年版，第 127 页。

③ 《史记·封禅书》，中华书局 1982 年版，第 4 册第 1394 页。

从方仙道到黄老道、太平道

按照现有的史料，战国时期已产生的方仙道，实为我们目前所知的道教最初形态。但由于现有史料的不充分，国内外都有学者不承认方仙道的存在，更不用说把方仙道看作是道教的最初形态。本文想要阐明的观点是，方仙道就是道教的初始形态，道教史当从方仙道开始书写；汉武帝之后，方仙道逐渐与黄老学结合，向道教的另一种形态——黄老道演变；从方仙道到黄老道，再从黄老道到太平道，具有一脉相承的关系。

一 方仙道

方仙道一名，最早见于《史记·封禅书》："自齐威、宣之时，邹子之徒论著终始五德之运，及秦帝而齐人奏之，故始皇采用之。而宋毋忌、正伯侨、充尚、羡门高最后皆燕人，为方仙道，形解销化，依于鬼神之事。"① 战国时，燕齐一带的方士将其神仙学说及方术与邹衍的阴阳五行说糅合起来，形成了方仙道，主要流行于燕齐的上层社

① 《史记·封禅书》，中华书局1982年版，第4册第1368～1369页。

会，甚至进入宫廷，获得帝王青睐，齐威王、齐宣王、燕昭王都信奉方仙道。方仙道的方术形解销化，依于鬼神，企图长生不死求仙。其所谓“方”，指不死的神方，所谓“仙”，指长生不死的神仙。所谓“方仙道”，其实就是一套如何实现神仙不死之道的技术方法。神仙思想，由来已有，春秋战国时逐渐形成了以追求神仙不死为目的的方士集团，他们以神仙方术活跃于社会上并渗透到贵族上层，以此作为谋生手段。齐威、宣王时，邹衍之徒论说阴阳五行，为方士所吸收，成为学术上蹩脚但在神仙术上却颇有几下子的神仙家，迎合统治者贪生怕死的心理，大力鼓吹神仙长生。从战国中后期到汉武帝时，神仙家与帝王相互鼓动，掀起了中国史上有名的入海寻求不死药的事件。齐威、宣王和燕昭王、秦始皇、汉武帝等，都曾经派方士到海上三神山寻求神仙及不死之药，其规模虽然越来越大，但最终都毫无结果。《盐铁论·散不足》记述秦始皇寻求神仙不死药的盛况时说：“秦始皇览怪迂，信禨祥，使卢生求羡门高，徐市等入海求不死之药。当此之时，燕齐之士释锄耒，争言神仙方士，于是趣咸阳者以千数，言仙人食金饮珠，然后寿与天地相保。于是数巡狩五岳、滨海之馆，以求神仙蓬莱之属。”① 到了汉武帝时，言说“神怪奇方”的方士甚至“以万数”，言“海中神山”的方士有“数千人”，派遣去“求仙人”的方士“以千数”。② 方士寻药求仙蔚然成风，通过服食不死仙药从而解救自我生命的方仙道发展到鼎盛期。方仙道的方士，应当是脱胎于春秋战国时的“士”阶层，为该阶层中的一个群体，这个群体拥有的知识系统，与纵横之士的长于政治外交不同，而是以一技之长的神仙“方技”干谒人主，其本身即是求仙之人。《论衡·道虚篇》揭示：

---

① 桓宽《盐铁论·散不足》，上海古籍出版社 1990 年版，第 104 页。

② 《史记·封禅书》，中华书局 1982 年版，第 4 册第 1397～1398 页。

“方术仙者之业。”① 此所谓“仙者”即指求仙的方士，此所谓“方术”即指求仙的技术，方士以此技术作为谋生的职业，以求生存。方仙道的方士信仰神仙，致力于个体生命得救，有一套成仙了道的技术知识，诱导社会各层次的信徒包括帝王崇奉神仙长生不死，可谓是道教史上最早的道士，这些特征都流传给了后世的道士。

方仙道的兴起在于社会有这种信仰需求。秦汉人“背天地之宝，求不死之道”；“目放于富贵之荣，耳乱于不死之道”。② 眼睛紧紧盯着现世生活享受富贵，心中渴求不死，以永久性保持富贵并不死作为信仰追求的目标，这使方仙道不仅仅受到帝王狂热信奉，而且为一般人所衷心向往。更何况方士们运用古代的科技知识，发明创造了一系列求神仙的方术，诱惑世人，且颇具诱惑力，连帝王都被搞得神魂颠倒，到处寻求神仙。方仙道求仙的方术，诸如祠灶、导引、望气、却老方等等，都为道教所继承；特别是冶炼金丹，服不死药成仙，自己拯救自己生命的思想和方术，被后世金丹道教视为法宝。这些入海求仙的方士之中，不乏探险家、思想家、科学家、航海家、博物家兼幻想家、宗教家（当然不免夹有骗子)。顾颉刚《秦汉的方士和儒生》说“方”是“方术”及“方药”之意，其实还应该包括“方物”“方位”。方士是兼掌巫术宗教、天文地理的旅行家，主要活动在燕齐，但却不一定都是燕齐人氏，他们是天下趋一，地域相通、文化交流、

---

① 《论衡·道虚篇》，上海人民出版社 1974 年版，第 106 页。

② 陆贾《新语》，上海古籍出版社 1990 年版，第 9、16 页。四川出土的汉代摇钱树有象征神仙不死的西王母图像，汉代铜镜铭文有“命久富贵”（李凇《论汉代艺术中的西王母图像》，湖南教育出版社 2000 年版，第 209～210、246 页）。西汉铭镜常见“大乐富贵，千秋万岁”（刘艺《镜与中国传统文化》，巴蜀书社 2004 年版，第 17 页）。这些都显示了当时民间盛行富贵而且不死的心态。

时代进步的矛盾产物。① 从现在留存下来的材料看，方仙道只有不太复杂的“术”，而没有“道”，即缺乏一套成系统的神仙理论。这一不足之处，后来由葛洪弥补完成。从方仙道开始，道教对于人的身体的认识，关于人的生命的知识，逐步形成，逐步完善，最终演化为一套世界上独具一格具有神仙学色彩的生命知识体系。尽管在今人看来，其信仰动机不纯洁，世俗的功利目的太强，但方仙道士积极探索关于生命知识与技术的精神，还是值得予以肯定的。方仙道士把自己的“客户”锁定在上流社会的权贵人物，力图以自己具有神学特征的人体生命知识为这些帝王将相服务，从而能够飞黄腾达，获得自己的富贵荣耀。方士们中，也不乏历史掌故知识丰富，甚或有文物专家。如汉武帝时的李少君“尝从武安侯饮，坐中有九十余老人，少君乃言与其大父游射处，老人为儿时从其大父，识其处，一坐尽惊。少君见上，上有故铜器，问少君。少君曰：‘此器齐桓公十年陈于柏寝。’已而案其刻，果齐桓公器。一宫尽骇，以为少君神，数百岁人也。”② 即便是李少君事前做好了功课，也表明他熟悉那个九十多岁老人“大父”的历史掌故，对汉武帝宫中收藏的齐桓公“故铜器”文物有丰富知识。而时人闻听李少君“能使物及不死”，是个有名的方士，并不把他当普通人看待，却“以为少君神，数百岁人也”。这样一来，李少君所掌握的广博知识反而被时人神化了。

今人往往认定：“秦汉时代之所谓方士，是一种讲神仙方术以欺世盗名的骗子。”③ 似乎齐威、宣王和燕昭王、秦始皇、汉武帝，这

---

① 参见《山海经新探》：肖兵《山海经：四方民俗文化的交汇——兼论山海经由东方早期方士整理而成》，四川省社会科学院出版社 1986 年版，第 132 页。

② 《史记·封禅书》，中华书局 1982 年版，第 4 册第 1385 页。

③ 白寿彝总主编《中国通史》第四卷，上海人民出版社、江西教育出版社 2013 年版，下册第 1307 页。

些痴迷神仙不死而不悟的帝王，遇到并傻傻地相信了骗子，于是才有方士们的“招摇过市”，“欺世盗名”。其实，方士中除了那些靠行骗谋取官禄富贵者，也不乏虔诚信仰长生成仙者。撇开其欺骗的一面，应当说，方士们的思想是解放的，探索自然界和人自身的勇气是可嘉的，眼光是开阔的，他们走南闯北，有的甚至冒着生命危险闯荡海外，阅历十分丰富，见多识广。方士或许还是那个时代中外文化的交流者和传播者。据卓鸿泽《汉初方士所录古印度语》一文说：淮南王刘安大集方士、主持汇编而成的《淮南子》卷十二《道应训》有所谓“鸡斯之乘”，高诱注称“鸡斯，神马也”。神马“鸡斯”，当是江北、淮南间方士之说。而“鸡斯”实为古印度神马的译音。其后，隋代印度僧人阇那笈多在《佛本行集经》中将之译作“鸡尸”。可知在佛典入华之前，古印度语的译音“鸡斯”早已渗入方士们参与写作的《淮南子》一书中。[①] 如果卓鸿泽所说成立，则汉初方士已在从事一些翻译外来语、与外来文化进行交流的工作。方士是当时把诸多自然知识和技术知识汇聚起来的专家：“方仙道中的养生、服饵、炼丹、黄白等”，是“与生命、体育、本草、化学有关的科学方面”，[②] 其科学技术知识含量代表了当时所能达到的水平。

方仙道的知识技术中即含有冶炼金丹术及黄白术。陈国符《道藏源流考》附录五《中国外丹黄白术考论略稿》指出：“我国之金丹术与黄白术，可溯源至战国时代燕齐方士之神仙传说与求神仙仙药；盖战国时代先有神仙传说与求神仙奇药，及前汉始有金丹术与黄白术之发端也。”并揭示说：当时方士除言神祠之外，复化丹砂诸药剂为黄

---

① 卓鸿泽《历史语文学论丛初编》，上海古籍出版社 2012 年版，第 1～3 页。

② 福井康顺、山崎宏、木村英一、酒井忠夫监修《道教》：酒井忠夫、福井文雅撰《什么是道教》，上海古籍出版社 1990 年版，第 1 卷第 16 页。

金。黄金成以为饮食器则益寿。其法创自汉武帝时李少君。“盖秦代则求神仙仙药；前汉则演进而为人工制造延年益寿之黄金矣。”[①] 日本学者揭示：传播神仙信仰的方士，“是中国炼金术的直接祖先。方士的‘方’是技术的意思。因为他们多探求长生不老药，研究能量和生命构造；从事实验和技术活动，故被称为方士。这种方士圈中的一个，是有名的邹衍”。[②] 换句话说，方仙道是中国炼丹术的“直接祖先”，是方仙道最先开始了炼丹活动。汉武帝时，李少君以其“祠灶、谷道、却老方”见武帝，告诉武帝说：“祠灶则致物，致物而丹沙可化为黄金，黄金成以为饮食器则益寿，益寿而海中蓬莱仙者乃可见，见之以封禅则不死，黄帝是也。臣尝游海上，见安期生，安期生食巨枣，大如瓜。安期生仙者，通蓬莱中，合则见人，不合则隐。”[③] 李少君通过“祠灶”冶炼丹砂变化为黄金，并以这种黄金制作的“饮食器”用来饮食，说是这样可以延年益寿，而益寿则可见到海上的仙人，最终获得不死。于是汉武帝开始亲自祠灶，派遣方士入海寻求蓬莱安期生这一类仙人，并进行化丹砂诸药为黄金的试验。有关汉武帝时方士冶炼丹药，从淮南王刘安身上亦可得到旁证。据《汉书·淮南王传》载：刘安“招致宾客方术之士数千人，作为《内书》二十一篇，《外书》甚众，又有《中篇》八卷，言神仙黄白之术，亦二十余万言”。[④] 后刘安谋反下狱，讲神仙黄白术的书便落到了刘向父亲刘德手中。据《汉书·楚元王传》载：刘向本名更生。时逢汉宣帝正在

① 陈国符《道藏源流考》附录五《中国外丹黄白术考论略稿》，中华书局 2014 年版，第 357、359 页。

② 福井康顺、山崎宏、木村英一、酒井忠夫监修《道教》：村上嘉实撰《炼金术》，上海古籍出版社 1990 年版，第 1 卷第 236 页。

③ 《史记·封禅书》，中华书局 1982 年版，第 4 册第 1385 页。

④ 《汉书·淮南王传》，中华书局 1962 年版，第 7 册第 2145 页。

尽力“复兴神仙方术之事，而淮南有《枕中鸿宝苑秘书》。书言神仙使鬼物为金之术，及邹衍重道延命方，世人莫见，而更生父德武帝时治淮南狱得其书。更生幼而读诵，以为奇，献之，言黄金可成”。刘向献书汉宣帝之后，“上令典尚方铸作事，费甚多，方不验。上乃下更生吏，吏劾更生铸伪黄金，系当死”。后“上亦奇其材，得逾冬减死论”。[①] 刘向（即更生）幼年既读淮南王刘安的《枕中鸿宝苑秘书》，以为奇书，又动手操作，差一点就以“铸伪黄金”的罪名丢掉性命。从这些记载可知，淮南王刘安与方仙道有密不可分的关系，他招致的宾客方士，不仅冶炼丹药，而且将其实践总结成书，某些书流传到上层社会人士手中，献给朝廷，照本“铸作”，却未能获得成功。尽管屡战屡败，但服药成仙不死的诱惑力太大，那些有钱有势的瘾君子依旧支持方士们进行冶炼丹药的试验。直至唐五代之后，服食外丹之风才衰落下来。方仙道的炼丹术没有被太平道、五斗米道继承，而是由魏伯阳、左慈、葛玄、郑隐、葛洪等继承下来，并且将其发扬光大。

方仙道的兴盛时期，为战国后期到汉武帝时，其代表人物有宋毋忌、正伯侨、徐福、卢生、李少君、少翁、栾大、公孙卿等等。这些人物中，既有方士化的儒生，也有儒生化了的方士，当是方士与儒生结合的产儿。夏曾佑指出：“观秦、汉时之学派，其质干有三。一儒家，二方士，三黄老。一切学术，均以此三者离合而成之。”在他看来：“方士之说，内丹始见于屈原，外丹始见于邹衍，而后皆并入孔教。”诸如儒学博士为《仙真人诗》，某些治《尚书》者，治《穀梁春秋》者，治《公羊春秋》者，皆合方士之说；董仲舒之学，“实合巫蛊厌胜、神仙方士”的那一套；“至于易道阴阳，更与方士为近，而

① 《汉书·楚元王传》，中华书局1962年版，第7册第1928～1929页。

道人之名，即起于京房之自号”。于是，“汉儒之与方士，不可分矣”。他揭示说：“诸儒皆出荀子”，这些人表面上“法黄帝，和方士”，但“实承《荀子》之意者也”。假如“荀子而生秦皇、汉武之世，有不为文成、五利者乎?”[①] 方士与荀派儒生的结合，使方仙道得以活跃于上层社会，对秦皇、汉武都产生了巨大影响，汉武帝甚至表示，只要能够成仙不死，家室妻子皆可抛弃。按汉武帝时的宗教政策：“方士所兴祠，各自主，其人终则已，祠官不主。他祠皆如其故。”[②] 假若把方士所兴的“祠”看成类似于后世道士修建的道观，则自汉代以后的历代政府，都沿袭了汉武帝时“祠官不主”的政策，并不派出官员主持道观，而是由道士“各自主”。方士们不仅“兴祠”，而且还修建了道坛：“元光二年（前 133）十月，文成将军李诏建会仙左坛，工四万五□。”[③] 这里所谓“会仙左坛”，当系为了迎接神仙降临、与之相会而建立的道坛。汉武帝之后，方士与儒生浑然一体，方士不多见了，为什么呢？“原来儒生们已尽量方士化，方士们为要取得政治权力已相率归到儒生的队里来了。”[④]

在方士们的策划或建议下，秦始皇生前死后都建有“宫观”。生前的：“乃令咸阳之旁二百里内宫观二百七十复道甬道相连。”死后的：陵墓中“宫观百官奇器珍怪徙臧满之”。“正义”解释说：“言冢内作宫观及百官位次，奇器珍怪徙满冢中。”建造的所谓“宫”，可能是象征天上的宫庙。据说：秦始皇“更命信宫为极庙，象天极”。“索

---

① 夏曾佑《中国古代史》（下），岳麓书社 2010 年版，第 321～324 页。汉代道教第一部经典《太平经》中即不乏荀派儒家的思想，由此也可见儒家对道教的影响。

② 《史记·封禅书》，中华书局 1982 年版，第 4 册第 1403 页。

③ 陈垣《道家金石略·会仙左坛题字》，文物出版社 1988 年版，第 1 页。按其所注云：李少君“未尝拜文成将军”，“少君、少翁为两人，此误以少君为少翁矣”。

④ 顾颉刚《秦汉的方士与儒生·序》，上海古籍出版社 1998 年版，第 6 页。

隐”对此解释说：“为宫庙象天极，故曰极庙。《天官书》曰‘中宫曰天极’是也。”[①] 建造的“观”，则是观望迎候神仙降临的地方。这些“宫观”多与方仙道的神仙信仰密切相关。秦始皇信奉方仙道、建造宫观的衣钵为汉武帝继承。方士少翁为汉武帝造“作甘泉宫，中为台室，画天、地、太一诸鬼神，而置祭具以致天神”。少翁死后第二年，汉武帝于鼎湖病重，据说与“神君”在甘泉宫相会之后病愈，于是便下令“大赦，置寿宫神君。寿宫神君最贵者太一，其佐曰大禁、司命之属，皆从之”；“又置寿宫、北宫，张羽旗，设供具，以礼神君”。[②] 建造甘泉宫并在宫中起“台室”的目的就在于“置祭具以致天神”，又建置寿宫、北宫“以礼神君”，这些建筑都是汉武帝迎候、祭拜神灵的神圣空间。元鼎六年（前 111）公孙卿说：“仙者非有求人主，人主者求之。其道非少宽假，神不来。言神事，事如迂诞，积以岁乃可致也。”汉武帝听信了他的话，“于是郡国各除道，缮治宫观名山神祠所”，期望神能够降临。[③] 如此大规模“缮治宫观”以迎候神仙，与秦始皇如出一辙。然而神仙始终不见踪影。公孙卿分析仙人不见的缘故说：“仙人可见，而上往常遽，以故不见。”又提出建议：“今陛下可为观，如缑城，置脯枣，神人宜可致也。且仙人好楼居。”于是，汉武帝下令：“长安则作蜚廉桂观，甘泉则作益延寿观”，派遣公孙卿“持节设具而候神人。乃作通天茎台，置祠具其下，将招来仙神人之属。于是甘泉更置前殿，始广诸宫室”。[④] 因为“仙人好楼居”的缘故，所以这些宫观都修建成高楼大厦，更有所谓“通天茎台”，直上

---

① 《史记·秦始皇本纪》，中华书局 1982 年版，第 1 册第 257、265、266、241、242 页。

② 《史记·封禅书》，中华书局 1982 年版，第 4 册第 1388 页。

③ 《史记·封禅书》，中华书局 1982 年版，第 4 册第 1396 页。

④ 《史记·封禅书》，中华书局 1982 年版，第 4 册第 1400 页。

云霄“招来仙神人之属”。方士们不仅在各地“兴祠”，而且还修建了“会仙左坛”，又鼓动秦皇、汉武大建迎候神仙的宫观。显然，道教宫观作为神圣空间的功能，在秦皇、汉武时代已经得到广泛的应用，而道教宫观的始作俑者就是方仙道的方士。由此可见方仙道对后世道教的深远影响，所以我们说，方仙道就是道教的初始形态。

汉武帝“礼神君”，对于“神君所言，上使人受书其言，命之曰‘画法’”。[①] 这是说，汉武帝派人把“神君”与神接通之后所说的话书写下来，号称“画法”。有可能，黄老道的经书《太平经》即采取这一方法书写，故采用神与人的对话体，号称“神书”，即这是神启示人的书，而后世道教经书如《真诰》等亦多采用此种方法制作。公孙卿声称，他拥有的“札书”上说：“黄帝得宝鼎宛朐，问于鬼臾区。鬼臾区对曰：‘帝得宝鼎神策，是岁己酉朔旦冬至，得天之纪，终而复始。’于是黄帝迎日推策，后率二十岁复朔旦冬至，凡二十推，三百八十年，黄帝仙登于天。”公孙卿八方钻营，托受汉武帝宠爱的人把“札书”递了上去。汉武帝看见后大悦，便召问公孙卿。公孙卿趁机称：“受此书申公，申公已死。”武帝问申公是什么人，公孙卿说：“申公，齐人。与安期生通，受黄帝言，无书，独有此鼎书。曰：‘汉兴复当黄帝之时。’曰：‘汉之圣者在高祖之孙且曾孙也。宝鼎出而与神通，封禅。封禅七十二王，唯黄帝得上泰山封。’申公曰：‘汉主亦得上封，上封则能仙登天矣……’”[②] 齐人公孙卿所谓申公“受黄帝”的“札书”，隐约预言汉武帝通过封禅能够成仙“登天”。这个所谓黄帝授予申公的“札书”，十分类似后世道教所谓神仙降授的“天书”。可以说，从黄老道到后世道教的经典制作方式，在方仙道这里已经露

---

① 《史记·封禅书》，中华书局1982年版，第4册第1388页。

② 《史记·封禅书》，中华书局1982年版，第4册第1393页。

出小荷的尖尖角。由此可见方仙道对后世道教的深远影响，所以我们说，方仙道就是道教的初始形态。

当李少君病死后，汉武帝还以为他只不过是“化去不死，而使黄锤史宽舒受其方”。[①] 汉武帝所谓李少君“化去不死”，就是道教讲的“尸解”。葛洪《抱朴子内篇·论仙》引董仲舒所撰《李少君家录》说：“少君有不死之方，而家贫无以市其药物，故出于汉，以假涂求其财，道成而去。”又引用《汉禁中起居注》说：“少君之将去也，武帝梦与之共登嵩高山，半道，有使者乘龙持节，从云中下。云太乙请少君。帝觉，以语左右曰，如我之梦，少君将舍我去矣。数日，而少君称病死。久之，帝令人发其棺，无尸，唯衣冠在焉。……今少君必尸解者也。”[②] 看来，李少君成仙的故事，经各种各样的文本记载，广为流传。而关于李少君“尸解”的说法，则开了后世道教所谓“尸解成仙”的先河。由此可见方仙道对后世道教的深远影响，所以我们说，方仙道就是道教的初始形态。

汉武帝“初即位，尤敬鬼神之祀”；“是时上求神君，舍之上林中蹄氏观”。此神君本“长陵女子，以子死，见神于先后宛若。宛若祠之其室，民多往祠。平原君往祠，其后子孙以尊显”。汉武帝即位，“则厚礼置祠之内中。闻其言，不见其人云”。[③] 这个只“闻其言，不见其人”的女性“神君”，其身份当系女巫，能通神，故死后被世人祠祀。汉武帝将其祠堂移入上林“蹄氏观”，厚礼奉祀，此类活动显然与方仙道的方士有关。这不由人不联想起后世上清经派的众多女仙真降临人间，获得“紫虚元君上真司命”仙位的南岳魏夫人从天而降

① 《史记·封禅书》，中华书局 1982 年版，第 4 册第 1386 页。

② 王明《抱朴子内篇校释·论仙》，中华书局 1985 年版，第 19、20 页。

③ 《史记·封禅书》，中华书局 1982 年版，第 4 册第 1384 页。

授予杨羲《上清经》等故事，这些天上降下的女仙们，在《真诰》等道经典籍的记载中也是只“闻其言，不见其人”的。方士们显身手让“神君”降临，使“神君”的信奉者只“闻其言，不见其人”，这一方术看来亦为上清经派以及其他道派的道士们继承了下来，因而后世道教不断上演神仙降临只“闻其言，不见其人”的戏剧性场面。由此可见方仙道对后世道教的深远影响，所以我们说，方仙道就是道教的初始形态。

少翁为了使汉武帝能够“与神通”，请求汉武帝把乘坐的车子画成如同神仙乘坐的“云气车”，在类似后世的黄道吉日亦即所谓“胜日”，驾车出行以“辟恶鬼”，又在甘泉宫的台室画天、地、太一诸鬼神，进行祭祀活动以迎接“天神”。[①] 在这些沟通神灵的活动中，都出现了神灵形象或神仙使用的交通工具，这种方式对道教影响深远。黄老道经书的合集《太平经》中即画有神仙图像，用于道士修炼时看着神仙图像“存思”，以便较快进入角色与神交通。后世道教做道场时悬挂的“水陆画”，其功能同样也是便于通神。可见，在使用神像图画接通神灵这一点上，道士与秦汉方士也都是一脉相承的，所以我们说，方仙道就是道教的初始形态。

少翁被汉武帝拜为“文成将军”，栾大被汉武帝拜为“五利将军”，“佩天士将军、地士将军、大通将军印”，“又刻玉印曰‘天道将军’”，[②] 后来，东汉末太平道张角自称“天公将军”，张宝称“地公将军”，张梁称“人公将军”，[③] 东晋末孙恩自号“征东将军”，[④] 这些著名方士、道士被封或自号某某“将军”，值得我们关注！这个“将

---

① 《史记·封禅书》，中华书局 1982 年版，第 4 册第 1388 页。

② 《史记·封禅书》，中华书局 1982 年版，第 4 册第 1387、1390～1391 页。

③ 《后汉书·皇甫嵩传》，中华书局 1965 年版，第 8 册第 2300 页。

④ 《晋书·孙恩传》，中华书局 1974 年版，第 8 册第 2632 页。

军”符号的象征意义，目前我们尚不清楚，但有一点我们是可以肯定的，即从方仙道到太平道乃至于东晋天师道，在使用“将军”符号上是一脉相传的。此外，栾大请求汉武帝说，一定要招致神灵，就当“使各佩其信印，乃可使通言于神人”。①栾大所谓佩戴“信印”乃可通神，而后世道教做法事必定要用“印”，其中的奥秘就在于此，且道教将其进一步发展，用法印调动神灵来为自己的目的服务。栾大佩戴“将军印”，方仙道这个“印”的符号象征意义，可谓被后世道教彻头彻尾地继承下来。由此可见方仙道对后世道教的深远影响，所以我们说，方仙道就是道教的初始形态。

秦皇、汉武对神仙长生的狂热追求，直接催促了方仙道的大发展，于汉武帝时达到其顶点，言“神怪奇方”的方士“以万数”，言“海中神山”的方士有“数千人”，派遣去“求仙人”的方士“以千数”，其人数规模丝毫不逊色于汉魏之后的道教。方仙道所信仰的神仙长生，对不死的追求，自我拯救生命，成为后世道教最基本的信仰，换言之，道教神仙信仰的基本特征在方仙道中已经形成，其神仙方术如冶炼丹药、祠灶、求仙等也为后世道教所继承并发展。从这一角度看，可以说，方仙道就是道教发生期最早的表现形态，后世所谓神仙道教、金丹道教即由此发展完善而来，道教史从方仙道开始书写，也是能够成立的。方仙道的神仙方术包含古代医学和体育卫生知识的积累，为强身健体、修心养性的实践经验总结，正好为道教神仙信仰宗旨提供了技术支持。方仙道作神仙画像供奉信仰的方式，后来也为《太平经》吸取，《太平经》的存神术同样作画像来进行存思。这些都表明，自战国时期兴起的方仙道，就是道教最早期的一种形态，道教史不从方仙道开始书写，难以令人信服。潘雨廷《道教史发

① 《史记·封禅书》，中华书局 1982 年版，第 4 册第 1390 页。

微》指出："道教的内容，实汇合各种论'道'的教派，先秦早已存在。如《史记》提及的方仙道等，且《荀子》已引用《道经》之言，故道教自有其历史"；"此所谓《道经》，疑即方仙道的文献"。又推论"《内经》之成，似与方仙道有关"。并揭示说，方仙道"可安慰生死"；"在战国末至汉初有大发展"。[①] 推测《荀子》所引用的《道经》，有可能即方仙道的文献，果然如此，则方仙道先秦时已存在。巫鸿《礼仪中的美术》认为：方仙道的所谓"'方'指方术，'仙'指行方术的目的，'方仙道'因此是用各种方法以求成仙的道术。成仙之术大略可分两类，其大宗为长生术以求不死"。他并且进一步指出："'方仙道'不仅追求不死，其道术也包括追求死后成仙的'尸解'或'形解'之法术，即《封禅书》所说'形皆销化，依于鬼神之事'。行'方仙道'的人也叫'方士'、'道士'，或'神仙家'。其最重要的特点一是对'术'的重视，二是私相传授，独立行道，因此与有组织的宗教集团有根本性质上的区别。由于'方仙道'基本是个人性的和流动性的，其活动范围就可以极广，虽发源于特定地区，但随后即流入各地，渗入各个社会阶层。一般说来，在汉代不管某人所行何种之术，只要是为了成仙的个人性行为就都可以归入'方仙道'。"[②] 按照巫鸿的观点，则方仙道属于"为了成仙的个人性行为"的道教，虽然没有道教组织，但流传的地域范围却十分广大，受其影响的人士，社会各阶层都有，其对后世道教的发展也产生了深远影响。

---

① 潘雨廷《道教史发微》，上海社会科学院出版社 2003 年版，第 4、10、9、12 页。《荀子·解蔽篇》讲，"故《道经》曰：'人心之危，道心之微。'危微之几，惟明君子而后能知之"（《二十二子·荀子》，上海古籍出版社 1986 年版，第 341 页）。如果《荀子》所引《道经》确系潘雨廷先生所疑为"方仙道的文献"，那么此《道经》是如何产生的，又成为一个谜团。

② 巫鸿《礼仪中的美术》下卷《汉代道教美术试探》，生活·读书·新知三联书店 2005 年版，第 458 页。

方仙道炼丹服食的方术传统，后来演变成所谓“金丹道教”，其修炼风格为魏伯阳、葛洪等一些具有“个人性行为”的道士所继承。尽管有一些研究者对方仙道究竟存不存在还有所存疑，但近来考古发现已证实方仙道的来源与存在，故饶宗颐先生喜不自禁地说：“近岁地不爱宝，马王堆、张家山简帛陆续问世，新资料层出不穷，对古代方仙道之由来提供重要实证。”① 我们相信，将来如果还有新的考古发现及出土文物，会进一步充分证明方仙道及其经典的存在。

二 黄老道

黄老道继方仙道之后兴起，并由此逐步过渡到太平道、五斗米道，是道教产生期很重要的一环。所谓“黄老”，黄指黄帝，老指老子。黄帝在《山海经》中已有记述，约有十六处叙说黄帝事，把黄帝塑造为天神，具有非凡的神力，同时又是一个伟大的人王，其子孙不仅是先秦史上许多帝王如夏、商、周的祖先，还是北狄、西戎和苗民的祖先。到司马迁写作《史记》时，已形成了“百家言黄帝”的局面。而《山海经》所记的黄帝世系，却和《史记》不乏共同处，二者关于黄帝世系简表的基本结构差不多，黄帝成了各族的共祖。《山海经》是记述黄帝事迹的“百家”中的一部重要论著。② 黄帝本是西北夏人集群的祖先神，但是到战国时期，势力突然膨胀，而首传黄帝的正是齐国。徐中舒先生《陈侯四器考释》，最早指出齐人祀黄帝为祖先神，黄帝在战国忽然显赫与齐有关。丁山先生补充说黄帝的确是夏

① 饶宗颐《中国宗教思想史新页》，北京大学出版社 2000 年版，第 69 页。

② 参见《山海经新探》：徐中舒、唐嘉弘《山海经和“黄帝”》，四川省社会科学院出版社 1986 年版，第 94～99 页。

后氏之先祖。杨宽先生说：邹衍之五德终始说，确以土德为始，以黄帝为先。可见阴阳家极为推重黄帝。黄帝原来神性很强，及战国而盛传于齐，始由天帝而转为人王。顾颉刚先生《史林杂识》说："以宗教宣传力之伟大，竟使东方之王者确认西方之上帝为其高祖。"可见黄帝跟燕齐文化，跟东方的阴阳家、神仙家、早期方士关系极密切，《山海经》容纳黄帝世系是意料中事。[①] 尊崇黄帝，具有燕齐文化的背景，这一点黄老道和方仙道完全一致，所以黄老道自然而然地便接收了方仙道的遗产。不同的是，黄老道还融会了楚文化的老子。

先秦思想家老子，在汉代逐渐被神化、仙化。东汉成都人王阜《老子圣母碑》，径直将老子神化为"道"，崇敬地颂扬说："老子者，道也。乃生于无形之先，起于太初之前，行于太素之元；浮游六虚，出入幽冥；观混合之未别，窥清浊之未分。"[②] 东汉陈相边韶《老子铭》称：当时的"好道者"们，"以老子离合于混沌之气，与三光为终始，观天作谶，（缺）降斗星，随日九变，与时消息，规矩三光，四灵在旁，存想丹田，大一紫房，道成身化，蝉蜕渡世。自羲农以来，（缺）为圣者作师"。[③] 在"好道者"眼中，老子已经成为"蝉蜕渡世"的神仙。考察老子神化的资料还有《老子变化经》，它是从敦煌写经中发现的，为隋大业八年（612）国立道观玄都观道士校订的敕修本，其编纂时间约为2世纪后半叶至3世纪初，几乎与太平道和五斗米道同时。经文中有老子应现的事迹。其内容是说，老子在历史的推移中化形现生为许多人物，救济众生。并说，假如有人诵持《老

---

① 参见《山海经新探》：肖兵《山海经：四方民俗文化的交汇——兼论山海经由东方早期方士整理而成》，四川省社会科学院出版社1986年版，第135页。

② 《全上古三代秦汉三国六朝文·全后汉文》，中华书局1958年版，第1册第652页。

③ 洪适《隶释》卷三，中华书局1986年版，第36页。

子五千文》，老子就将在他面前显现，使他的信仰有效验。老子最后五次应现的时间，集中于阳嘉元年（132）至永寿元年（155）约三十年间。永寿元年之前最近的应现事迹是建和二年（148）。建和、永寿均为汉桓帝执政时期。[①] 老子的神化、仙化，在这一时期到达高峰。可以说，黄老道既是燕齐文化和楚文化结合的产物，也是黄帝和老子神仙化以及黄老学和方仙道的神仙方术相结合的产物。有学者认为："在黄老道阶段的前期，黄帝是信仰的中心，后期则逐步过渡为以老子为崇拜中心。"[②] 老子在黄老道中的信仰地位不断升格的结果，为其后来演变为道教的太上老君奠定了基础。

黄老学大约产生于战国中期的齐国，齐国稷下的黄老学派都学黄老道德之术，并发明其旨意，一直流传到汉初。汉初黄老学的主流是帝王南面之术和阴阳五行思想，但又包含神仙思想，当其在汉武帝时政治上失势后，便从政治转向养生求神仙。汉武帝时方士化的儒生们更以黄帝附会神仙学说，逐渐将神仙学与黄老学捏合在一起，宣讲神仙者都托名黄帝。因为黄老学兴盛于齐地，而燕齐的神仙家也最活跃，二者成长于同一环境中，互相影响，终至结合发展为黄老道。二者的结合是一个长期的过程，大体可以分为三个阶段。其一是汉武帝独尊儒术之后，黄老学和方仙道初步结合。其二是西汉宣帝（前73—49）到东汉明帝、章帝时（58—88）。西汉宣帝通达黄老学，又"复兴神仙方术"，促成了二者的进一步结合。西汉时，已有黄老道的爱好者。蔡邕六世祖勋，汉平帝时为郿令，"好黄老"。[③] 到东汉明、章帝时，黄老道已流行于宫廷及上层社会。据史载，楚王刘英"晚节

---

① 见福井康顺、山琦宏、木村英一、酒井忠夫监修《道教》：石井昌子撰《道教的神》，上海古籍出版社 1990 年版，第 1 卷第 102 页。

② 高寿仙《中国宗教礼俗》，天津人民出版社 1992 年版，第 92 页。

③ 《后汉书·蔡邕传》，中华书局 1965 年版，第 7 册第 1979 页。

喜黄、老”，“诵黄、老之微言”。曾为蜀郡太守后为司空的第五伦“好黄、老，以孝行称”。[①] 章帝章和元年（87）拜司空的任隗“少好黄老，清静寡欲”。[②] 其三是到东汉桓帝、灵帝时（147—189），黄老道成熟并向道教转化。[③] 到汉桓帝时（147—167），黄老道的名称已经正式见于史籍。按照《后汉书·王涣传》所说：“延熹（158—167）中，桓帝事黄老道，悉毁诸房祀。”[④] 桓帝公开承认黄老道的合法性，于延熹八年（165）一年内两次派宦官到苦县祠老子，延熹九年（166），又祠黄老于濯龙宫。[⑤] 边韶《老子铭》称：延熹八年八月甲子，桓帝“存神养性，意在凌云”；“梦见老子，尊而祀之”。[⑥] 于此可见黄老道在汉桓帝那里的崇高地位。汉灵帝熹平二年（173），国相师迁追奏前相魏愔与愍王宠共祭天神，希幸非冀，罪至不道。魏愔则辩解称，只不过是与愍王“共祭黄老君，求长生福而已”。[⑦] 可见，当时上流社会为了“求长生福”，对黄老道大加信奉。汉灵帝时（168—189），又有河北人张角自称为“大贤良师”，“奉事黄老道”，蓄养弟子，招引来众多百姓信向。[⑧] 底层社会对于黄老道，也乐此不疲。张角发动黄巾起义后，黄巾军曾经移书于曹操，称赞曹操：“昔

① 《两汉纪》下册袁宏《后汉纪·孝明皇帝纪》，中华书局 2002 年版，第 186、196 页。

② 《后汉书·任隗传》，中华书局 1965 年版，第 3 册第 753 页。

③ 樊光春《陕西道教两千年》的观点：“西汉武帝之后，民间出现专业事奉黄老之道的道士。成帝时，有齐人甘忠可著《天官历包元太平经》，以《老子》基本思想为纲，提出一系列社会改良理论，并开始神化老子。以此为标志，黄老道正式形成。”（三秦出版社 2001 年版，第 31～32 页）

④ 《后汉书·王涣传》，中华书局 1965 年版，第 9 册第 2470 页。

⑤ 《后汉书·桓帝纪》，中华书局 1965 年版，第 2 册第 313、316、317 页。又见《后汉书·祭祀志》，第 11 册第 3188 页。

⑥ 洪适《隶释》卷三，中华书局 1986 年版，第 36 页。

⑦ 《后汉书·孝明八王传》，中华书局 1965 年版，第 6 册第 1669 页。

⑧ 《后汉书·皇甫嵩传》，中华书局 1965 年版，第 8 册第 2299 页。

在济南，毁坏神坛，其道乃与中黄太乙同。”[①] 由此看来，很有可能，曹操也曾信奉过黄老道。可见社会上层与下层都有黄老道的信奉者，信仰虽一样，只是各自代表的利益不同，政治立场也就迥然不同，乃至相互残酷厮杀。以上为黄老学向黄老道演变的大致过程。

从《论衡·道虚》的批评中，可以反观黄老道求仙不死的方术。一是服食：“闻为道者服金玉之精，食紫芝之英，食精身轻，故能神仙。”除了食精，就是食气：“真人食气。以气而为食，故传曰：‘食气者寿而不死，虽不谷饱，亦以气盈。’”再就是服食药物：“道家或以服食药物，轻身益气，延年度世。”二是导气养性：“道家或以导气养性度世而不死，以为血脉在形体之中，不动摇屈伸，则闭塞不通。不通积聚，则为病而死。”三是恬淡无欲以及养精爱气：“世或以老子之道可以度世，恬淡无欲，养精爱气。夫人以精神为寿命，精神不伤则寿命长而不死。成事，老子行之，逾百度世，为真人矣。”四是辟谷不食之术：“世或以辟谷不食为道术之人，谓王子乔之辈以不食谷，与恒人殊食，故与恒人殊寿，逾百度世，遂为仙人。”至于成仙不死的方式，则为“尸解”。当时学道的人死去，人们“谓之尸解而去，其实不死”。[②] 可以看出，黄老道求仙的方术大多继承自方仙道，与方仙道一样，黄老道也具有一种强烈的生命关怀精神。对于黄老道的哲理部分，王充则给予了高度赞赏：“夫天道，自然也，无为。如谴告人，是有为，非自然也。黄、老之家，论说天道，得其实矣”；“贤

① 《三国志·武帝纪》注引《魏书》，中华书局 1982 年版，第 1 册第 10 页。所谓“昔在济南，毁坏神坛”是指：“初，城阳景王刘章以有功于汉，故其国为立祠，青州诸郡转相仿效，济南尤盛，至六百余祠。贾人或假二千石舆服导从作倡乐，奢侈日盛，民坐贫穷，历世长吏无敢禁绝者。太祖到，皆毁坏祠屋，止绝官吏民不得祠祀。及至秉政，遂除奸邪鬼神之事，世之淫祀由此遂绝。”（《三国志·武帝纪》注引《魏书》，中华书局 1982 年版，第 1 册第 4 页）

② 王充《论衡·道虚》，上海人民出版社 1974 年版，第 109、113、114、112 页。

之纯者，黄、老是也。黄者，黄帝也；老者，老子也。黄、老之操，身中恬淡，其治无为”。[①] 充分肯定了黄老对天道自然无为、人道无为而治的论述。由此也可见，自然无为的天道观、政治观乃是黄老道的宗教哲学核心所在。在日本学者的眼中：“道家在西汉初叶，已经以‘黄老之术’为内容，在老子的哲学和思想中混合了神仙道的影响和阴阳、儒、墨、名、法各种成分。一方面，西汉时期互相有别的方仙道与方术和医方术，在东汉时期合为一体，在与神仙、医方等各种民间信仰的接触面上起作用的巫医术、咒术、鬼道之术，也被包括于‘方术’之中。这样一来，在东汉，方术即变为道术，再加以谶纬思想的影响，变成了综合道家、阴阳家、术数、方伎（医、房中、神仙等）、巫祝咒法等在内的博物综合式的东西。”[②] 黄老道就是这样一种混合了“道”与“术”在内的“博物综合式的东西”，内容已经非常庞杂，追求神仙的道术成为其重要的方面。

求仙的目的自然是为了不死，至少可以长寿。与方仙道一样，黄老道存在的社会心理基础，就在于当时人们对不死以及长寿的渴求。据《汉书·五行志》记载：哀帝建平四年（前3）夏，京师郡国民聚会里巷，“歌舞祠西王母。又传书曰：‘母告百姓，佩此书者不死。不信我言，视门枢下，当有白发。’”[③] 西王母是不死的象征符号，老百姓狂热崇拜西王母，以为佩带西王母所传之“书”（或即后世道教的护身符之类），即可以不死。即使做不到长生不死，退而求其次，也要快乐长寿——“今日乐相乐，延年万岁期”；“今日相对乐，延年万岁期”；

---

① 王充《论衡》卷十四《谴告》、卷十八《自然》，上海人民出版社1974年版，第224、280页。

② 福井康顺、山琦宏、木村英一、酒井忠夫监修《道教》：酒井忠夫、福井文雅撰《什么是道教》，上海古籍出版社1990年版，第1卷第21页。

③ 《汉书·五行志下之上》，中华书局1962年版，第5册第1476页。

"为当欢乐，心得所喜。安神养性，得保遐期"。[①] 由此可见，当时社会民众追求不死及长寿的热潮，而这种迫切心理需求，正是黄老道传播发展的强大推动力，从宫廷上层社会传播到民众社会。

按照《汉书·艺文志》所著录书目：道家九百九十三篇，阴阳家三百六十九篇，小说家千三百八十篇，天文家四百四十五卷，五行家六百五十二卷，杂占家三百一十三卷，形法家百二十二卷，房中家百八十六卷，神仙家二百五卷。其中神仙十家录有：《宓戏杂子道》二十篇，《上圣杂子道》二十六卷，《道要杂子》十八卷，《黄帝杂子步引》十二卷，《黄帝岐伯按摩》十卷，《黄帝杂子芝菌》十八卷，《黄帝杂子十九家方》二十一卷，《泰壹杂子十五家方》二十二卷，《神农杂子技道》二十三卷，《泰壹杂子黄冶》三十一卷。[②] 另据《隋书·经籍志》说："推寻事迹，汉时诸子，道书之流有三十七家，大旨皆去健羡，处冲虚而已，无上天官符箓之事。其《黄帝》四篇，《老子》二篇，最得深旨。"[③] 或许，这些不同流派的道家、神仙家等作品中就有属于方仙道和黄老道制作的经书，可惜今天我们已难以看见其庐山真面目，不能以此为根据仔细分析方仙道和黄老道的神学思想和仙术。

在黄老学和方仙道的结合过程中，方士化的儒生起了推波助澜的作用，今文学派的谶纬神学也推动了黄老道形成。[④] 即使史料不足，但我们仍可推测，黄老道士的主体成分很有可能即由方士化的儒生构

---

① 逯钦立辑校《先秦汉魏晋南北朝诗·汉诗》卷九《艳歌何尝行》、《白头吟》、《满歌行》，中华书局 1983 年版，上册第 272、274、276 页。

② 《汉书·艺文志》，中华书局 1962 年版，第 6 册第 1731、1734、1745、1765、1769、1773、1775、1779 页。

③ 《隋书·经籍志》，中华书局 1973 年版，第 4 册第 1093 页。

④ 潘雨廷《道教史发微》一针见血指出："方仙道本与黄老结合的道术，包括黄白术及易学的象数等，散在民间流传，逐步由谶纬学形成黄老道。"（上海社会科学院出版社 2003 年版，第 12 页）

成。与方仙道仅活跃于上层社会，全力以赴为帝王求仙不同，黄老道已发生分化，在上层社会、底层社会都能发现其身影。黄老道与方仙道一样的是，没有形成规模化的严密宗教组织，[①] 但很可能已有一些人数不多组建的修道小团体。依据1991年河南省偃师县出土的东汉章、和两帝时期的"肥致碑"，"可以明白无误的说，东汉章和时期社会上就出现了以道教信仰为中心的早期道团"；"早期小道团的出现远早于张角太平道和张修的五斗米道"；在太平道和五斗米道之前，"应该有一些政治色彩淡薄、以宗教活动为本、各自为事的小教团"。[②] 这些以修炼为主的"小道团"，当即黄老道的组织形式。黄老道与方仙道不一样的是，已经形成比较系统的教义和宗教理论，我们可以把《太平经》认作黄老道的代表性经典，黄老道已经有了自己的教义和教理。按照《汉书·东方朔传》的记载，东方朔曾经"陈《泰阶六符》，以观天变"。这里所谓"泰阶六符"，注引孟康说："泰阶，三台也。每台二星，凡六星。符，六星之符验也。"又注引应劭说："《黄帝泰阶六符经》曰：'泰阶者，天之三阶也。上阶为天子，中阶为诸侯公卿大夫，下阶为士庶人。上阶上星为男主，下星为女主。中阶上星为诸侯三公，下星为卿大夫。下阶上星为元士，下星为庶人。三阶平则阴阳和，风雨时，社稷神祇咸获其宜，天下大安，是为太平。三阶不平，则五神乏祀，日有食之，水润不浸，稼穑不成，冬雷夏霜，

---

① 樊光春《陕西道教两千年》认为："黄老道是正规道教组织的最早形式"；"五斗米道与太平道应当同出一源，即黄老道"；"张角、张陵、张修都是黄老信徒，在不同的地区各自建立起新的教团"（三秦出版社2001年版，第8、9页）。本文同意五斗米道与太平道源出黄老道，但并不等于黄老道，不能把五斗米道与太平道的组织形式看成就是黄老道的组织形式，黄老道只是建立了一些小规模的修道团体，未见其在政治上举起义旗。直到晋南北朝，黄老道才与五斗米道亦即天师道合流。

② 王育成《文物所见中国古代道符述论》，载《道家文化研究》第九辑，上海古籍出版社1996年版，第281～283页。

百姓不宁，故治道倾。天子行暴令，好兴甲兵，修宫榭，广苑囿，则上阶为之奄奄疏阔也。’以孝武皆有此事，故朔为陈之。”[①] 应劭所说的《黄帝泰阶六符经》，讲述社会各个阶层即“三阶”的平衡和谐，才会有“天下大安”亦即“太平”的局面。《黄帝泰阶六符经》所阐述的道理，与《太平经》所谓的“三合相通，天下太平”如出一辙，可以看作是黄老道的经典，反映了黄老道的教义。需要特别指出的是，与方仙道仅仅传授方术不同的是，黄老道在传授方术的同时还在传授以神的名义降下的经书，即所谓“神书”，并且特别重视对经书的传授。像《天官历包元太平经》、《太平经》都在黄老道士之间传授，《太平经》甚至被献给汉顺帝和桓帝，试图将黄老道经书的政治方案传授给皇帝，以此理想的蓝图指导皇帝治理朝政，转变汉王朝日趋衰败的命运。张角在打出“太平道”的旗号之前，本来是“奉事黄老道”的道徒，也得到了《太平经》，可见经书的传授在黄老道中已成气候。这一重视对经书传授的特点，为后世道教继承下来并发扬光大了。除此之外，假如《汉书·艺文志》著录书目中有黄老道制作的经书，那么汉代黄老道传授以神的名义降下的经书就不只是《太平经》，还有更多的经书在传授，只是我们今天已无法得知详情了，只能做一些推测。

直到魏晋南北朝，黄老道仍在士大夫群体中传播。《三国志·魏书·管宁传》载：太仆陶丘一等上书推荐管宁时，称其“玄虚淡泊，与道逍遥；娱心黄老”。[②] 嵇康在游仙中还想象着与黄老相逢：“飘飖戏玄圃，黄老路相逢。授我自然道，旷若发童蒙。”[③] 钟嵘《诗品》

---

① 《汉书·东方朔传》，中华书局 1962 年版，第 9 册第 2851 页。

② 《三国志·魏书·管宁传》，中华书局 1982 年版，第 2 册第 359 页。

③ 戴明扬《嵇康集校注》，中华书局 2014 年版，上册第 64～65 页。

指出：西晋“永嘉时（307—313）贵黄老，稍尚虚谈。……爰及江表，微波尚传”。[①] 黄老道不仅是士大夫精神上的谈资，而且是他们生活中离不开的方术。据《晋书·郗鉴传》记载：郗鉴之子郗愔奉“事天师道”，“与姊夫王羲之、高士许询并有迈之风，俱栖心绝谷，修黄老之术”。[②] 郗愔、王羲之、许询既奉事天师道，又修习黄老术，则士大夫流把天师道与黄老道看成是一回事，或者“黄老之术”已经融入天师道，合二为一。葛洪把黄老的地位置于尧舜周孔之上：“夫体道以匠物，宝德以长生者，黄老是也。黄帝能治世致太平，而又升仙，则未可谓之后于尧舜也。老子既兼综礼教，而又久视，则未可谓之为减周孔也。”[③] 赞美黄老既能治世又能长生。葛洪还把仙经与黄老并提：“今若按仙经，飞九丹，水金玉，则天下皆可令不死，其惠非但活一人之功也。黄老之德，固无量矣，而莫之克识，谓为妄诞之言，可叹者也。”仙经金丹的救活人之功能，即是“黄老之德”。又指出：“道书之出于黄老者，盖少许耳，率多后世之好事者，各以所知见而滋长，遂令篇卷至于山积。”[④] 堆积如山托名黄老的道教经书，其实只有“少许”出于黄老，大多数为后世好事者按自己的“知见”造作。这也表明，葛洪对于黄老所作的“道书”是认同的。一直到南朝时，仍有称“黄老道”者，如梁人萧子显所撰《南齐书》就说：道士顾欢“事黄老道”。[⑤]《南史·隐逸传》则称顾欢：“好黄、老，通解阴阳书，为数术多效验。”[⑥] 另外，曾为新安太守的羊欣，“素好黄

① 许文雨《钟嵘诗品讲疏》，成都古籍书店1983年版，第2页。

② 《晋书·郗鉴传》，中华书局1974年版，第6册第1803、1802页。

③ 王明《抱朴子内篇校释·明本》，中华书局1985年版，第188页。

④ 王明《抱朴子内篇校释·释滞》，中华书局1985年版，第149、151页。

⑤ 《南齐书·顾欢传》，中华书局1972年版，第3册第930页。

⑥ 《南史·隐逸传》，中华书局1975年版，第6册第1874页。

老，常手自书章，有病不服药，饮符水而已。”① 在爱好黄老道的同时，又如同五斗米道徒那样，通过上章、饮符水来治病。而杜京产“世传五斗米道”，同时又“颇涉文义，专修黄老”。② 黄老道与五斗米道此时显然已经合流，换言之，黄老道已融会贯通于五斗米道即天师道，一直在流传。亦可见黄老道影响之深远，或许在六朝时人们的心目中，就已经把黄老道等同于天师道来看待，并不分伯仲。

除了官僚士大夫，帝王同样“雅好黄老”。在南方，东晋哀帝“雅好黄老，断谷，饵长生药”。在北方，北魏道武帝“好黄老之言，诵咏不倦，数召诸王及朝臣亲为说之”。③ 北魏明元帝继承道武帝之业，“亦好黄老”。④ 这些都说明，黄老道对于帝王和士大夫群体的影响力，在南北方都还存在。直到北宋王钦若等编写《册府元龟》时，仍然还在以“尚黄老”来说明帝王们对道教的崇尚膜拜。

黄老道是秦汉道教发生期的一种独特形态，不了解黄老道，也就不能完整地认识道教历史。唐人封演《封氏闻见记》卷一“道教”条说：“本自黄帝，至老君祖述其言，故称为黄老之学。”⑤ 很显然，封演所说道教是从黄老道开讲。当代有学者认为，黄老道其实就是道教。譬如李申《道教本论》就认定：“从汉朝末年开始，‘黄老’一词所指，也是我们今天所指称的道教。”张角的“太平道就是黄老道，而这个黄老道就是道教”；“张陵或张修所创的五斗米道，也是黄老道。而当时人们的概念中，黄老道就是我们今天所指称的道教”。⑥

---

① 《宋书·羊欣传》，中华书局1974年版，第6册第1662页。

② 《南齐书·高逸传》，中华书局1972年版，第3册第942页。又参见《南史·隐逸传》，中华书局1975年版，第6册第1881页。

③ 《册府元龟》卷五三《帝王部·尚黄老一》，中华书局1960年版，第1册第585页。

④ 《魏书·释老志》，中华书局1974年版，第8册第3030页。

⑤ 王汝涛编校《全唐小说》，山东文艺出版社1993年版，第2卷第1612页。

⑥ 李申《道教本论》，上海文化出版社2001年版，第7～8页。

那么，学术界为什么还有人不承认黄老道为道教呢？潘雨廷《道教史发微》指出："至于何以不承认黄老道为道教，而必以五斗米道为道教。今究其原因，黄老道的教义为黄巾起义所利用，故自黄巾起义惨遭镇压而失败后，即讳言黄老道。"并认为：《太平经》是"由黄老道产生的第一部道书"。结论是："故舍黄老道而仅以五斗米道为道教，决不能说明道教中所包含的可贵知识"；"研究道教而未及黄老，未足以明道教的精义所在"。[①] 潘雨廷先生这样的见解是十分精辟的。延续了黄老道神学遗产而诞生的是太平道。

三　太平道

与五斗米道差不多同时，有太平道的出现，由自称"大贤良师"且"奉事黄老道"的河北钜鹿人张角发起。太平道最初兴起的原因，可能和干吉、宫崇的《太平青领书》（即《太平经》）有关系。按《后汉书·襄楷传》记载："初，顺帝时，琅邪宫崇诣阙，上其师干吉于曲阳泉水上所得神书百七十卷，皆缥白素朱介青首朱目，号《太平青领书》。其言以阴阳五行为家，而多巫觋杂语。有司奏崇所上妖妄不经，乃收臧之。后张角颇有其书焉。"[②] 汉顺帝时，琅邪宫崇向朝廷献其师干吉在曲阳泉水上所得神书《太平青领书》，共一百七十卷，内容以阴阳五行为主而多巫觋杂语，朝廷以该书妖妄不合经典即正统意识形态而收藏起来。后来张角得到黄老道的这本经书，便利用其中主张阴阳五行、平均财富、追求"太平"的宗教神学思想作为依据，

① 潘雨廷《道教史发微》，上海社会科学院出版社 2003 年版，第 4、12、9 页。

② 《后汉书·襄楷传》，中华书局 1965 年版，第 4 册第 1084 页。按："干吉"又作"于吉"，为同一人。

创建起了太平道。黄老道的《太平经》实为太平道的内核，太平道是黄老道神学思想的改造拓展，包含了神仙长生学说，吸收了黄老道中的某些道术。诚如日本学者所揭示的那样："至东汉末，黄老观念被当作'黄老之道'，即叩拜、祭祀黄老君，祈求长生福祥。张角奉持的'黄老之道'即指此，别无其他。正是这种黄老信仰，才在现世主义精神上将肉体疗病信仰和政治革命运动有机地统一起来，成为强大能量的原动力，使'徒众不畏死'，'官军夺志而不敌'。"① 但我们必须指出的是，与黄老道在政治上主张汉王朝"再受命"的改良不同，太平道改造了《太平经》的改良教义，准备进行改朝换代的"革命"。太平道成为改朝换代"革命"的指导思想和理论基础，到中平元年(184)，张角便利用太平道这一宗教、军事组织揭竿而起，此即历史上有名的黄巾暴动。

据《后汉书·灵帝纪》说："中平元年春二月，钜鹿人张角自称'黄天'，其部帅有三十六方，皆著黄巾，同日反叛。安平、甘陵人各执其王以应之。"②《后汉书·皇甫嵩传》对此记载比较详细："初，钜鹿张角自称'大贤良师'，奉事黄老道，畜养弟子，跪拜首过，符水咒说以疗病，病者颇愈，百姓信向之。角因遣弟子八人使于四方，以善道教化天下，转相诳惑。十余年间，徒众数十万，连结郡国，自青、徐、幽、冀、荆、扬、兖、豫八州之人，莫不毕应。遂置三十六方。方犹将军号也。大方万余人，小方六七千，各立渠帅。讹言'苍天已死，黄天当立，岁在甲子，天下大吉'。"暴动者们"以白土书京城寺门及州郡官府，皆作'甲子'字"。到了"中平元年，大方马元

① 福井康顺、山琦宏、木村英一、酒井忠夫监修《道教》：秋月观暎撰《道教史》，上海古籍出版社 1990 年版，第 1 卷第 31～32 页。

② 《后汉书·灵帝纪》，中华书局 1965 年版，第 2 册第 348 页。按：注引《续汉书》曰："三十六万余人。"

义等先收荆、扬数万人，期会发于邺。元义数往来京师，以中常侍封谞、徐奉等为内应，约以三月五日内外俱起。未及作乱，而张角弟子济南唐周上书告之，于是车裂元义于洛阳”。紧接着，灵帝下命令“案验宫省直卫及百姓有事角道者，诛杀千余人，推考冀州，逐捕角等。角等知事已露，晨夜驰敕诸方，一时俱起。皆著黄巾为摽帜，时人谓之‘黄巾’，亦名为‘蛾贼’。杀人以祠天。角称‘天公将军’，角弟宝称‘地公将军’，宝弟梁称‘人公将军’。所在燔烧官府，劫略聚邑，州郡失据，长吏多逃亡。旬日之间，天下响应，京师震动”。[①]信奉黄老道的“大贤良师”，钜鹿（今河北平乡西南[②]）人张角，以符水咒说疗病作为组织信众的手段，在社会上传道布教，招徕民众甚至“宫省直卫”信奉，而当政者还以为他是在“以善道教化天下”，并未加严密管控，致使其在十余年间，聚集了“徒众数十万”的太平道组织，并且有宫廷中信奉太平道的宦官封谞、徐奉等作为内应，为暴动做好了组织准备工作。尽管做了长期周密的准备和部署，但由于张角弟子唐周的告发，事起仓促，打乱了原有的部署，不得不把暴动时间提前。不到一年间，终于遭到官军的残酷镇压而失败，张角病死，其弟阵亡。到了中平五年（188），青徐黄巾军再次暴动，战败后为曹操收编，太平道徒的许多人由此成为曹魏军事集团成员。[③]

《三国志·张鲁传》注引《典略》说：“太平道者，师持九节杖为符祝，教病人叩头思过，因以符水饮之，得病或日浅而愈者，则云此人信道，其或不愈，则为不信道。”[④] 与《后汉书·皇甫嵩传》所说

① 《后汉书·皇甫嵩传》，中华书局1965年版，第8册第2299～2300页。

② 本文所述古今地名对照参见白寿彝总主编《中国通史》第四卷上册，上海人民出版社、江西教育出版社2013年版，第358、361页。

③ 此事详见本论文集《曹操与道教》。

④ 《三国志·张鲁传》，中华书局1982年版，第1册第264页。

“跪拜首过，符水咒说以疗病，病者颇愈，百姓信向之”类似。太平道的“道师”，“持九节杖为符祝”，教诲病人忏悔罪过和喝“符水”来进行治疗，与五斗米道的治病方法大体一样，其效果似乎还不错，所谓“病者颇愈”，在汉末瘟疫大流行的情况下，吸引了老百姓前来信仰。太平道信仰中黄太一神，奉持《太平经》，具有实现太平政治理想的诉求，提出以太平道“黄天”取代汉王朝“苍天”的政治口号，亦即革除汉王朝“苍天”之命，建立太平道“黄天”之命，从而达到变革天命、改朝换代的政治目的。从组织行为学的角度观察，太平道建立了空间结构为宗教和军事二合一的组织——“方”，大方有万余人，小方六七千人，一共三十六方，皆有统帅，以此在青（今鲁西北、胶东）、徐（今鲁南、江苏、长江以北）、幽（今冀东、辽宁）、冀（今冀中、冀南）、荆（今湖北、湖南）、扬（今苏南、皖南、浙、赣、闽）、兖（今豫东、鲁西）、豫（今豫东、皖北）八州之地编织起组织网络，通过这样的网络空间传播其信仰，发展军事队伍。这是一支由神仙不死信仰武装起来的军事队伍，所以打起仗来能做到“不畏死”，前仆后继。《后汉书·皇甫嵩传》载：皇甫嵩与张角弟张梁战于广宗（今河北威县东），“大破之，斩梁，获首三万级，赴河死者五万许人”。① 何以如此勇敢地投河而死的黄巾军将士达五万多人？这不由不使我们想到东晋孙恩“自号征东将军，号其党曰‘长生人’……其妇女有婴累不能去者，囊簏盛婴儿投于水，而告之曰：‘贺汝先登仙堂，我寻后就汝。’”待到孙“恩穷蹙，乃赴海自沉，妖党及妓妾谓之水仙，投水从死者百数”。② 孙恩信徒婴儿被投水而死后，祝贺为“登仙堂”，孙恩投水死后则被其信徒称之为“水仙”，这是由于有神

---

① 《后汉书·皇甫嵩传》，中华书局1965年版，第8册第2302页。

② 《晋书·孙恩传》，中华书局1974年版，第8册第2632～2633、2634页。

仙信仰的缘故。那么，这一“水仙”“登仙堂”的神仙信仰，是否在太平道的黄巾军将士中已经有了呢？史料语焉不详，不敢妄下断论。但我们还是可以做些推论，从这五万多黄巾军将士面对死亡，毫不畏惧，同时投水而死的英雄气概看，如果没有一种信仰力量的强大支撑，恐怕是很难做到的。换言之，太平道的黄巾军将士已经被神仙信仰洗了脑，他们将投河而死看成是“登仙堂”，因此才慷慨赴死。后世民间宗教组织的所谓“刀枪不入”，与此颇有异曲同工之妙。与五斗米道张鲁的宗教、军事和行政三合一的空间结构组织不同的是，太平道还未来得及建立起行政组织。而和五斗米道相同的是，其信徒多为下层社会民众，具有较浓的巫教色彩。此外，崇尚黄色，头戴黄巾，身穿黄服，这些都是太平道的宗教特征。

有学者就此评论说：“中国早期道教是硬汉子的宗教，张角兄弟的太平道不光是嘴上许诺太平时光，而是以反抗暴政的实际行动去争取，天下人云集响应，腐败的东汉王朝在这场风暴打击下趋向于灭亡。张氏兄弟虽然被统治者所杀害，但那如划破夜空的闪电的革命，在历史上写下了光辉的一页。张氏开以宗教形式反抗暴政的先河，从此，宗教往往是革命的前奏，故宗教领袖时常遭到迫害。”① 如此评价，未免有一点夸大其词。其实，黄巾暴动的目的依然是想改朝换代取而代之的“革命”，只不过是为了把刘姓的“苍天”，改变为张姓的“黄天”，坐上皇帝的宝座。要知道，中国的老百姓历来是善于“望气”的，特别是其中某些精英人物，比如张角兄弟之类，对政治气候的观望与普通人相比更胜一筹，眼见得刘皇帝的“苍天”气数已经不行了，此时不趁机而起，做“黄天”庇护的张皇帝，更待何时？然而不幸的是，太平道的“三张”兄弟们尚来不及称帝，便失败而亡。而

① 田兆元《神国漫游》，上海人民出版社 1999 年版，第 21 页。

益州黄巾军的马相，则迫不及待地“自称天子”，[①] 其想当皇帝的野心，暴露无遗。范晔在描述东汉末的史实时说：“安、顺以后，风威稍薄，寇攘寖横……假署皇王者盖以十数。或托验神道，或矫妄冕服。”[②] 在东汉王朝气数将尽的形势下，群雄并起，托称神道，以天命来“假署皇王”的造反者居然“以十数”，都在梦想黄袍加身。太平道的“三张”兄弟又何尝不是如此呢？完全可以得出这样的结论：生长在帝制时代的太平道黄巾军领袖人物，不可能不沾染上浓厚的皇权思想，也不可能逃脱那个时代“成王败寇”的历史命运。

张角兄弟之后的太平道传授不明，恰似“泥牛入海无消息”，其去向如何史无明载。[③] 唐长孺先生揭示说：“直到建安五年，吴会太平道仍然流行。如《江表传》所述，此后也仍‘祭祀求福’。”[④] 认定黄巾起义之后的太平道在江南吴会地区“仍然流行”。太平道和天师道似乎有一种合流的趋向。据《南史·沈庆之传》记载：沈僧昭“少事天师道士，常以甲子及甲午日，夜著黄巾衣褐醮于私室”。[⑤] 则太平道戴“黄巾”的特征融入天师道的醮仪中，但似乎又须避嫌，不好公开，故只能于夜间偷偷摸摸在“私室”中穿戴。《正一法文天师教戒科经·大道家令戒》索性就把张角抹掉，修改了太平道的历史：“道重人命，以周之末世始出。奉道于瑯琊以授干吉，太平之道起于

---

① 《后汉书·刘焉传》，中华书局1965年版，第9册第2432页。

② 《后汉书·张法滕冯度杨传》，中华书局1965年版，第5册第1288页。

③ 唐长孺先生《魏晋南北朝史论拾遗·魏晋期间北方天师道的传播》揭示说：曹魏时期对祠祀巫祝的禁令之严，“当然由于黄巾起义的余威犹在，因此太平道必然是主要镇压对象。所以太平道的活动以后就不见记载，西晋以后我们却见到天师道在北方的传播”（中华书局1983年版，第220页）。

④ 《唐长孺文存·太平道与天师道》，上海古籍出版社2006年版，第748页。

⑤ 《南史·沈庆之传》，中华书局1975年版，第3册第970页。

东方，东方始欲济民于涂炭。”[①] 经此修改，太平道造反的历史不见了，只是一种“济民于涂炭”的宗教，因此可以为天师道接受。《老君说一百八十戒叙》亦称：“昔周之末，赧王之时，始出太平之道、太清之教，老君至瑯琊授道与干君。”老君授太平道给干君的宗旨就在于“助人救命，忧念万民”。[②] 同样可见，太平道与张角并没有关系，而太平道与正一道皆为老君所授，合二为一并无障碍。这些都表明，晋南北朝时关于太平道的历史，已被天师道修正，太平道不再有朝廷所痛恨的造反劣迹，可以为统治集团所接受。有的学者认为：“在南朝太平道已完全被天师道同化了”；“无论如何，太平道和天师道的关系一定很密切，因为天师道一直认为太平道是自己的先宗”。[③] 实际上，在曹操的军队中，大量的太平道徒与天师道徒都存在，天师道首领人物张鲁又与曹魏联姻，故天师道具有相应的合法性，曾经造反的太平道徒转化为天师道是顺理成章的事。也有学者认为：“太平道的余绪在魏晋时也不是完全无稽可查。”并从“太平清约道”之名推测说：“六朝天师道的确在一定程度上吸纳了太平道的某些经教”，“天师道承认有于吉太平道传统的存在，却认为这一传统已经是历史上失效的太上教法，并不值得继承和效仿”。又进一步揭示说：“刘宋的天师道对于吉与《太平经》关系做出了一系列新的界定：首先，承认于吉而非张角才是东方太平道的代表人物。其次，把于吉按照方士传统的方式从水中获得神书，改编为得自天师道主神太上老子的亲传，使于吉变成了天师道的人物。第三，将于吉领受《太平经》和太

---

① 《正一法文天师教戒科经·大道家令戒》，《道藏》第18册第236页。

② 《云笈七籤》卷三十九《老君说一百八十戒叙》，《道藏》第22册第270页。或许，想方设法要修正太平道历史者，就是汉末太平道徒的后裔们，尽管其已拥有天师道身份，但这样一来可以名正言顺地利用太平道留下的仪式及思想遗产。

③ 《法国汉学》第七辑，施舟人《道教的清约》，中华书局2002年版，第154页。

平道法的时间，从东汉中期提早到周代或是西汉之前。第四，太平道法也是老君所传，但它已经过时，现在要尊奉的应该是老君传授给张道陵的‘三天正法’。这可以看作是号称继承西部五斗米道传统的晋宋天师道，对东部（包括琅琊、吴会）太平道传统的一种容纳。”① 也就是说，通过对六朝天师道与《太平经》关系的考察，作者认为当时天师道对太平道既排拒又容纳，太平道的某些经教内容被融会贯通进天师道去了，太平道并非消失得无影无踪，其“余绪”还是可以追踪的。日本学者同样认为：“东汉末，太平道教团与五斗米道并存。它的活动与五斗米道类似，经常被混淆，其结果是它的独自教法不久即被吸收到五斗米道中。”② 太平道徒或许已经摇身一变，转化为天师道徒，借体还魂了。另外，后世民间秘密宗教——明教，尊奉张角为教主，表明太平道在民间宗教中仍有一定影响。

归纳起来，方仙道是道教发生期最早的表现形态，道教史应该从方仙道开始书写，然后就是继方仙道之后兴起的黄老道；黄老道是道教发生期非常重要的一环，不了解黄老道，也就不能完整地认识道教历史；太平道是黄老道神学思想的延伸改造，吸收了黄老道中的神仙长生学说及某些道术，一脉相承，然而，其“黄天当立”的政治主张与黄老道“更受命”的改良思想是完全不同的。从方仙道到黄老道、太平道，一环扣一环，演化为道教发生期历史的组成部分。

---

① 刘屹《排拒与容纳——六朝天师道与〈太平经〉关系的考察》，收入郑开编《水穷云起集——道教文献研究的旧学新知》，社会科学文献出版社 2009 年版，第 2、12、13 页。又：页 2 注引《世界宗教研究》1985 年第 1 期龙显昭《论曹魏道教与西晋政局》认为，青州黄巾的家属被迁至邺城附近屯田，在此与五斗米道产生融合。笔者也认为：曹操既收编了青州黄巾军，又招降了张鲁五斗米道，故太平道与五斗米道在魏晋时融合发展的可能性极大。

② 福井康顺、山琦宏、木村英一、酒井忠夫监修《道教》：秋月观暎撰《道教史》，上海古籍出版社 1990 年版，第 1 卷第 29 页。

五斗米道新论

东汉顺帝时（126—144），沛人张陵来到蜀中，创立了五斗米道。五斗米道的创立与当时西南少数民族的原始宗教有一定关系。近代学者向达以五斗米道信仰天地水三官，联系前秦氐族苻坚、后秦羌族姚苌笃信三官的事实，认为张陵入蜀鹤鸣山所学之道是氐、羌民族的宗教信仰，而缘饰以《老子》。[①] 蒙文通也认为："天师道盖原为西南少数民族之宗教。汉末西南民族向北迁徙，賨人、氐人北入汉中及汉水上游，五斗米道亦于此时入汉中。"[②] 实际上五斗米道的创立，既有燕齐滨海地域神仙文化的内容，也有西南少数民族的巫教成分。古代中国的部落皆信仰巫鬼，而以氐羌苗等巫风最盛，《山海经》中对此有较多的记载。张陵在西南少数民族的环境中学道传教，难免不受到少数民族原始巫鬼教的影响，吸收其中的某些内容，以便更多地招来

---

① 参见向达《唐代长安与西域文明》，三联书店 1957 年版，第 175 页。按：《列仙传·葛由》讲了一个神仙故事："葛由者，羌人也。周成王时，好刻木羊卖之。一旦，骑羊而入西蜀，蜀中王侯贵人追之，上绥山，在娥媚山西南，高无极也。随之者不复还，皆得仙道。故里谚曰：'得绥山一桃，虽不得仙，亦足以豪。'山下立祠数十处云。"（王叔岷《列仙传校笺·葛由》，中华书局 2007 年版，第 50 页）此虽系仙话，但也折射出西蜀羌人与"仙道"的深远关系。五斗米道之所以发生于蜀地，当与少数族的信仰传统切割不开。

② 蒙文通《古学甄微》，巴蜀书社 1987 年版，第 316 页。

少数民族百姓的信仰。另一方面，张陵又对原始巫鬼教进行了改造，与燕齐神仙文化相结合，产生了具有所谓“鬼道”特点的五斗米道。

一 何谓“五斗米”

柳存仁先生在《一千八百年来的道教》一文中说：“五斗米的‘斗’字通常一向认为是量词，和陶渊明不为五斗米折腰的‘五斗’没有分别。沈子培（曾植）先生的《海日楼札丛》卷六有《五斗》一条，以为五斗米的‘五斗’的意义也许是指东斗、西斗……等五斗，五斗米当是祀五斗时向教民收的米谷。这个见解是很新颖的，恐怕也很正确。”[①] 按《海日楼札丛》的观点，所谓五斗米的“五斗”非指米的数量，而是东南西北中五个方位的星斗，因此所谓“五斗米”乃是早期道教在祭拜五方星斗时，向教民收取的米，用于做仪式。依这一说法推论，则教民所交纳的米并不照“五斗”定量，而是随着各自的经济条件量力而为，富人多交纳，穷人少交纳，多少都可以。这米并非教民所交纳的会费，用在经济上以支撑早期道教组织的运行。[②]这米是一种象征性的信仰之米，其用途在于做祭拜五方星斗的仪式。换句话说，祭拜五方星斗所用的米称为“五斗米”，这是一种与人的命运紧密关联的所谓“星命米”。看起来，《海日楼札丛》作了一个比

---

① 柳存仁《和风堂文集》中，上海古籍出版社1991年版，第656页。按：古灵宝经之一，刘宋时已著录的《太上无极大道自然真一五称符上经》卷上指明：“五称自然符，上应五星制致，五斗合盟，下表五岳、五行同根。”（《道藏》第11册第633页）此所谓“五斗”，即指东南西北中五方星斗，可见道教对五方星斗之重视，用米做仪式祈求五方星斗赐福消灾，即与“五斗合盟”，是顺理成章的事。

② 即便就算是会员费，大约也和今日工会组织缴纳会费一样，根据各自的工资收入按比例收取，收入水平高者多交，低者少交，在数量上并不相同。换言之，“五斗米”的含义非数量，而是信仰。

较合理的假设，但没有史料加以证明。柳存仁先生指出“这个见解是很新颖的，恐怕也很正确”。为何是正确的？他没有举例说明，也没有予以论证。

“五斗”既代表了五个方位的星斗，也说明天地之数的基础为“五”的观念。易经的“《系辞》和《说卦》都推崇‘五’，以五为天地之数的基础，以此解释大衍之数的来源”。[①]《论衡》卷十九《验符篇》揭示：“贾谊创议于文帝之朝，云：‘汉色当尚黄，数以五为名。’”[②]《太玄》第十卷《玄图》说：“著明乎五，……中和莫盛乎五。”[③] 贾谊所谓“色黄数五”，扬雄所谓“著明乎五”，表明汉代特别尊崇“五”这个数。故五方星斗的提出，应该与天地之数的基础为“五”，汉代特别推崇“五”这一数字有关系。另据《史记》卷二十八《封禅书》记载：秦德公建都于雍，“雍之诸祠自此兴”。在秦都城雍地的百余庙中，就有朝廷奉祀“南北斗”的庙。[④]《周易参同契》第四章有“升降据斗枢”，第七章有“履斗步罡宿”。[⑤] 由此看来，秦汉时对于星斗的崇拜，从官方到民间社会是普遍存在的，且已有人在践行踏罡步斗之术。此外，《史记》卷二十七《天官书》有所谓：“如食倾，小败；熟五斗米倾，大败。”[⑥] 这里提到的“五斗米”不知究竟是何涵义？但放在《天官书》中讲，似与星象气候有关。

---

① 朱伯崑《易学哲学史》第一卷，华夏出版社 1995 年版，第 64 页。

② 《论衡》卷十九《验符篇》，上海人民出版社 1974 年版，第 306 页。

③ 《太玄》第十卷《玄图》，上海古籍出版社 1990 年版，第 104 页。

④ 《史记》卷二十八《封禅书》，中华书局标点本 1982 年版，第 4 册第 1360、1375 页。《汉书》卷二十五上《郊祀志上》亦载雍地有奉祀“南北斗”的庙。（中华书局标点本 1962 年版，第 4 册第 1206 页）

⑤ 潘启明《周易参同契通析》，上海翻译出版公司 1990 年版，第 28、47 页。潘启明注：“履斗步罡宿，据俞本、王本。陈本、朱本作‘履行步斗宿’。”

⑥ 《史记》卷二十七《天官书》，中华书局标点本 1982 年版，第 4 册第 1340 页。

“民以食为天”，米是人类维系生命存在的食物来源之一。用道教的话说：米为“五谷之首，米即生人之本”，“命之资米”。[1] 人要活着不能没有米谷，尤其是在南方地区。作为生命的“资米”，将其用于祀奉延长生命之“星斗”，米与五方星斗在道教科仪中便自然而然地联系在一起。关于“五斗米”与奉道者之间的关系，《三天内解经》有一个很妙的揭示：“自奉道不操五斗米者，便非三天正一盟威之道也。五斗米正以奉五帝，知民欲奉道之心。圣人与气合，终始无穷，故圣人不死。世人与米合命，无米谷则应饿死。以其所珍奉上幽冥，非欲须此米也。”[2] 奉行“三天正法”的道民，必须交纳“五斗米”，否则就不具备成为“三天正一盟威之道”的信徒资格。所谓“五斗米”，其实表达的是道民虔诚的“奉道之心”，因为人是“与米合命”的，没有米吃就要饿死，把如此珍贵保命的东西奉献给“五帝”这样的神灵，正是要向神表明信奉道的决心很大。其实神灵并非“欲须此米”，只不过是以此米作为一种“信物”，来检验道民的“奉道之心”究竟虔不虔诚。正所谓：“三天正法，化民受户以五斗米为信。”[3] 既然如此，道民所交纳的“五斗米”当非数量的多少，而是信仰是否坚定的象征性符号。因此之故，道民可根据各自的具体情况和能力交纳“五斗米”，富人家可以多交，穷困户可少交。在《三天内解经》看来，五斗米道、无为幡花道及佛道，“此皆是六天故事，悉已被废”，并“非正法”。[4] 这是为避开佛教方面对于东汉末“米贼”曾经反叛朝廷揭老底式的攻击，迫不得已将“三天正一盟威之道”与“五斗米道”作了切割，但所谓“三天正法”却又继承了五斗米道交纳“五斗

---

① 《元始无量度人上品妙经四注》卷一，《道藏》第 2 册第 193、473 页。

② 《三天内解经》卷上，《道藏》第 28 册第 415 页。

③ 《三天内解经》卷上，《道藏》第 28 册第 414 页。

④ 《三天内解经》卷上，《道藏》第 28 册第 415 页。

米”的科条，这又是为什么呢？显然，南北朝道教信徒对五方星斗的信仰依然故我，仪式中仍然离不开拜斗，拜斗所需要的信物“五斗米”则必不可少，形式上的切割，只是为了掩盖信仰内容的传承。

那么在道教科仪与法术中，米有何作用呢？《客座赘语》卷三《猿妖》讲了一个用“法咒米”劾治猿妖的故事，可见道教禁咒法用米的情况。[①] 由此也可以看出，米在道教科仪与法术中有其神圣的用途，具备相应的法力。这种“法咒米”，或许就是“五斗米”在后世的仪式遗存。可以说在道教神学中，人的命运、生死与五方星斗是休戚相关的，道民交付拜斗所需的“信米”即是“五斗米”。

施舟人《道教的清约》一文则从救助贫困、预防灾荒的角度解读“五斗米”。他说：“早期天师道往往接受道民的五斗米。可能有人会问，这是不是算道士薪水的一种？我认为应该不是。天师道的《太真科》记载：‘家家立靖崇仰，信米五斗，以立造化五性之气。家口命籍系之于米，年年依会，十月一日同集天师治，付天仓及五十里亭中，以防凶年饥民往来之乏，行来之人不装粮也。’这就是说，当时每户道民把五斗米放在靖室内，安排在东西南北中五方，做为‘设坛’之用，然后每年一次把这五斗米交纳给当地的天师治，同时更新家里的‘宅箓’。每年五斗‘信米’可以说是天师道的一种会费，而且是为了救助贫困、预防灾荒用的，绝对不是给天师署男女祭酒当作薪水。因为东汉蜀郡农民以米纳税，地方官对这种把米交给天师治的做法很有意见。尤其百姓用他们的会费做各种社会服务工作，大大加强了天师道在民间社会的势力。因此官府挖苦天师道为‘五斗米道’，并骂张道陵和他的男女祭酒是‘米贼’。”[②] 这是从宗教经济的角度分

① 元明史料笔记《客座赘语》卷三《猿妖》，中华书局 1987 年版，第 95 页。
② 《法国汉学》第七辑，施舟人《道教的清约》，中华书局 2002 年版，第 150 页。

析“五斗米”。小林正美《六朝道教史研究》则认为：“天师道被称为五斗米道，正如前引《典略》所说：‘使病者家出米五斗以为常，故号曰五斗米师。’这是由于作为治病的报酬，要病家供出米五斗（今约五升）之故。”又引《三国志·张鲁传》所讲“从受道者出五斗米，故世号米贼”推测说：“入道者要纳五斗米，这或是由于信徒的增多，需要支撑教团的财源，就把这以前作为治病谢礼而交纳的五斗米，改为在入道时交纳了。”其《中国的道教》第一章“神仙道的形成”中亦说：“信徒要捐出五斗米（约十升）作为对祭酒治疗疾病的谢礼，在此祭酒也被称为‘五斗米师’。这也是此后该教团被称为‘五斗米道’的缘由。”[①] 秋月观暎称：“因为该道让信徒出五斗米作为入道费，而得名五斗米道。”[②] 仅仅把交纳“五斗米”看成病家支付的医疗报酬或支撑教团财源的“入道费”，似乎把这一问题简单化了，且多推测之辞。

综上所述，尽管我们现在仍然没有发现直接的确凿证据，但种种迹象表明，所谓“五斗米”看来并不等于一种简单的数量关系，而应当是道教徒信仰五方星斗的神圣之“米”，道士做仪式法术所用的神圣之“米”。也许，“五斗米道”可以把道民交纳的多余的“米”和做仪式法术后用过的“米”用于救助贫困、预防灾荒，或者作为生活来源之一，就像后世敬神的“供果”事后被信徒们吃掉一样。其实对于信徒们来说，吃这样的“圣米”，这只不过是一种神灵赐予恩惠和福气的象征性符号。若一定要坚持说“五斗米”仅仅就是数量意义上的米，就是作为“五斗米道”的经济来源和生活来源的米，并无神圣意

---

① 小林正美《六朝道教史研究》，四川人民出版社 2001 年版，第 184、202 页；小林正美《中国的道教·神仙道的形成》，齐鲁书社 2010 年版，第 19～20 页。

② 福井康顺、山琦宏、木村英一、酒井忠夫监修《道教》：秋月观暎撰《道教史》，上海古籍出版社 1990 年版，第 1 卷第 32 页。

义，我们也找不到直接的确凿证据加以证明。或许，张陵要求“受道者出五斗米”的内涵很复杂，既有信仰的也有经济的因素在内。对这个问题的争论，恐怕只有寄希望于考古材料的新发现来解决。

二　张陵的种种神话

张陵，沛国丰人（今江苏丰县），“客蜀，学道鹄鸣山中，造作道书以惑百姓，从受道者出五斗米，故世号米贼。陵死，子衡行其道。衡死，鲁复行之”。[①] 据《华阳国志·汉中志》说：“汉末，沛国张陵，学道于蜀鹤鸣山，造作道书，自称太清玄元，以惑百姓。陵死，子衡传其业。衡死，子鲁传其业。”[②] 《后汉书·刘焉传》说：张陵“顺帝时客于蜀，学道鹤鸣山中”。[③] 结合这些史料看，张陵的生卒年虽不详，但活动于汉顺帝时代（126—144）是肯定的，他先在成都大邑的鹤鸣山学道，然后“造作道书，以惑百姓”。至于张陵的经历，造作了什么道书，传道的地点和内容，有没有建立什么宗教组织和实施宗教仪式，这些史书都没有讲，不得而知。见诸史料的只有简简单单的“学道”，造作符书，向百姓传教，受其道的出五斗米，当时被官方称为“米贼”。这就是最早也是较可靠的关于张陵的描述。从这些材料可以看出，张陵在当时的影响和名声都有限，仅仅是位活动范围有限的方士化儒生，其人生经历、成长背景融合了燕齐文化、荆楚

① 《三国志·张鲁传》，中华书局1982年版，第1册第263页。

② 任乃强《华阳国志校补图注·汉中志》，上海古籍出版社1987年版，第72页。

③ 《后汉书·刘焉传》，中华书局1965年版，第9册第2435页。

文化和巴蜀文化。[①] 由于张陵的真实面目当时史家已经语焉不详，这就给张陵的后裔及信众神化张陵开了一个方便之门。

离开张陵的时代越远，在他脸上贴的金越多。葛洪首先站出来捧张陵，凭着他的想象力把张陵神化一番。他说：张道陵字辅汉，本大儒生，博宗五经，晚乃计此无益于年命，遂学长生之道，弟子千余人。陵得黄帝九鼎丹法，欲合之用药，皆糜费钱帛。陵家素贫，欲治生营田牧畜，非己所长，乃不就。闻蜀人多纯厚，易可教化，且多名山，乃与弟子入蜀，住鹄鸣山，著作道书二十四篇，乃精思炼志。忽有天人下，千乘万骑，金车羽盖，骖龙驾虎，不可胜数，或自称柱下史，或称东海小童，乃授张陵以新出正一明威之道。陵受之能治病，于是百姓翕然奉事之以为师。即立祭酒，并立条制。领人修复道路，不修复者皆使疾病，无所不为，皆出其意，而愚者不知是张陵所造，以为此文是从上天降下。张陵又使有疾病者将所犯过失手书投水中，与神明共盟，约不得复犯法。张陵还让弟子输出米绢器物之类，多得财物，以买药合丹，丹成服半剂，不愿即升天。乃能分形作数十人，又行气服食，及导引房中之事。后陵与赵升、王长白日冲天而去。[②] 官方口中的所谓“米贼”张陵，摇身变为“张道陵”，还能炼丹服食，白日飞升，真个是神通广大。另一方面又把张修、张鲁实行的一些宗教措施如疗水治病、设祭酒、三官手书等等附会在张陵身上，并把他入蜀学道变换为到蜀中布道。葛洪的这些描绘半是虚造历史，半是神

---

① 陈寅恪认为：张陵出生地“丰沛又距东海不远，其道术渊源来自东，而不自西，亦可想见”（《陈寅恪史学论文选集·天师道与滨海地域之关系》，上海古籍出版社 1992 年版，第 152 页）。实际上，张陵出生成长地处于燕齐文化和荆楚文化两大文化圈之间，其后客蜀又接受巴蜀文化熏陶，其道术渊源应当是来自这三大地域文化。

② 《云笈七籤》卷一百九，《道藏》第 22 册第 746～747 页；《太平广记》卷八引葛洪《神仙传》，上海古籍出版社 1990 年版，第 46～48 页。

话书写。

葛洪以后，各式各样关于张陵的神话满天飞，张陵的后裔及信众都起而效仿葛洪，竭力提高张陵地位，也是借此抬高自身在道教中的地位。《三洞珠囊》卷五《长斋品》引《道学传》第二云："张天师弃家学道，负经而行，入嵩高山石室，隐斋九年，周流五岳，精思积感，真降道成，号曰天师。"[①]《魏书·释老志》称："张陵受道于鹄鸣，因传天官章本千有二百，弟子相授，其事大行。"[②] 此所谓张陵"传天官章本千有二百"，当采纳自道教神学的说法。可见，史家亦受到道教神化张陵的影响。晋南北朝时，兴起了所谓二十四治说，到唐代这种说法极为流行。说是张陵奉太上之命，布化二十四治，又有什么张陵二十四治图，分为上中下各八治，上应天之二十四气，并合二十八宿；说是张陵在蜀郡临邛县赤石城中，静思精至五月一日，夜半有五神人率龙虎鬼兵不可称数，授予张陵鬼号，子孙为国师，抚民无期。[③] 为了和佛教在政府面前争政治地位的高低，为了在民众信仰的宗教市场上夺取到更多份额等需要，张陵被道教戴上了天师的桂冠，成为各代皇帝的法师，在中国社会上颇有势力和影响。

到明代，四十二代天师张正常集历代大成，替其祖先立传：祖天师讳道陵，字辅汉。九世祖张良，得黄石公授书，汉高祖封留侯，语帝曰，愿弃人间事，从赤松子游。桐柏真人大顺，天师父也。母梦神人自北斗魁星中降，感而有妊，汉建武十年（34）正月十五夜，生于吴之天目山，身长九尺二寸，庞眉广额，隆准方颐，龙踞虎步，望之俨然。七岁读老子书即了其义，于天文地理图书谶纬之秘，无不贯

---

① 《三洞珠囊》卷五，《道藏》第25册第325页。

② 《魏书·释老志》，中华书局1974年版，第8册第3048页。

③ 参见《云笈七籤》卷二十八，《道藏》第22册第204页。

通。永平二年（59）二十五岁，以直言极谏科中之，拜江州令，谢官归洛阳北邙山，修炼三年。游淮，居桐柏太平山，独与弟子王长从淮入鄱阳，登乐平雩子峰，炼丹其间。山神知觉，双鹤导其出入，遂弃其地，入云锦山，炼九天神丹，丹成而龙虎见，山因以名。时年六十余。汉安二年（143）七月一日登青城山，山有鬼城鬼市，鬼众分为八部，各有鬼帅领之。天师以丹笔书空，鬼众立仆，鬼物哀号乞命，请受约束，遂命会于青城黄帝坛下，使人处阳明，鬼处幽暗。立二十四治，生人分属各治，每治立仙官、阴官及祭酒之曹，分统之。仙官录善，阴官纪罪，由是善恶之报捷如影响，使蜀民向化。永寿二年（156）游渠亭山，奉太上玉册，敕命为六合无穷高明大帝。既而太上敕为第六代道之外孙，封道陵为天师。道陵乃以经箓印剑付子衡，戒之曰："吾遇太上，亲传至道，此文总领三五步罡，正一枢要，世世一子，绍吾之位，非吾家宗亲子孙不传。"后与夫人雍氏乘云上升，在人间者一百二十三年。[①] 这一篇洋洋大观的祖先颂，除了尽量吸取前代道教徒的夸张成分外，又掺入了不少神学内容，诸如龙虎山立道，道教的三宝，张家的世袭之类。这些东西，毋宁说是为了巩固张天师法统的需要而制作的。对张天师的这许多神学制造以及志怪小说对张天师绘声绘色地描写，使他在中国民间社会家喻户晓，遂成一般人们心目中的道教祖师。[②] 从葛洪《神仙传》到张正常《汉天师世家》，张道陵天师的身世历史就这样"层累地造成"了。

伴随着道教徒对张陵的抬高身价，统治者们对于张天师也日渐关

① 参见《汉天师世家》卷二，《道藏》第34册第820～821页。当今一些学者撰写的张陵传，也颇受道教神学说法的影响，把张陵神化，许多内容远离了史实。参阅蒋朝君《斗转星移——张陵天师大传》，宗教文化出版社2006年版。

② 民间关于张陵的故事传说，详见刘守华主编《张天师传说汇考》，华中师范大学出版社2009年版。

怀备至。张陵起初的境况并不太好，范、陈二书站在统治者立场上大骂他是“米贼”，而寇谦之则要除去所谓“三张伪法”。但这毕竟只是暂时地冷落，很快张天师便大走红运了。统治集团开始利用这位身世不明的张天师作文章，其内部对张陵的看法，起初虽有一些分歧，但终于殊途同归，都要借助于张天师的法剑来维护统治秩序。

就像孔子在儒教中的地位越抬越高一样，张陵在道教的记载中，越到后来越是被渲染得厉害，历代都有添加的神话故事。实际上，就目前保留下来的史料分析，张陵生前的影响并不大，仅限于巴蜀一带。[①] 看来葛洪的一番美化是要提高张陵的身份，以免道教在那重门第的时代里显得出身太寒碜。张陵可能只是个会符水疗病、制作道书的下层方士，他用方术为人治病，以信仰的名义收五斗米作为报酬。既然如此，道教草创时的一切何以都记载在他的名下呢？这是有原因的。张陵建树虽不多，但其孙张鲁在道教的创建上有一定地位，又借助于政治、军事、宗教三合一的政权推行其道。后来张鲁投降曹操，五斗米道流传到北方和江南，原本在北方的太平道却为统治者镇压，于是五斗米道从此逐渐获得士大夫信仰，扩大了影响，发展了较为庞大的势力，作为张陵的后裔当然要捧他而非别人。从张陵本人来说，并无叛逆朝廷的事迹，虽说曾称为“米贼”，但毕竟没有“反”字见于史籍记载，这正符合统治者的要求。另外，抬出张陵，道教也正好

---

① 鱼豢《典略》很可能没提起过张陵，不然裴松之注引《典略》时何以不引关于张陵的事迹？按理，刘宋时张陵的神话已多，天师已有较大影响，生活于此时的裴松之正该引《典略》以补《三国志》叙述张陵的不足，但他却没有这样做，正因《典略》没有张陵的记述。可见张陵在当时是不太知名的。《神仙传》说陵为太学生，如果张陵确是位有影响的儒生兼方士类的名流，《后汉书·方术传》就应有名在上，或《儒林传》当记载，但都不见。《后汉书·方术传》记录了与张陵同时的好几位蜀土的方士，他们大都隐居家中传授自己的一套数术，在民间很有影响，往往“弟子自远而至”，看来张陵的影响是比不上他们的。

抵挡来自佛教的攻击，与后者争夺正统地位。张陵身世隐约，这样的人物最适宜由人们任意打扮，撑起道教在政治上的门面。特别是在江西龙虎山张天师家族掌握江南道教事务后，更需要抬高其祖张陵在道教中的创教者地位，借以自重，以便统领江南道教。①

总之，张陵只是草创五斗米道形式，造作了一些符水疗病的符书和布道用的道书，组织了一些信徒，便“升仙”了。从张陵身世看，五斗米道是燕齐文化、荆楚文化、巴蜀文化以及西南少数民族文化结合的产物。就像基督教编排了许多耶稣的神话一样，后世道教也制造了若干关于张陵成仙了道的神话传说，把他树为创教祖师。对于另一位在道教发生史上曾经起了重要作用的人物，却从未提到或者不愿意提到，似乎道教本来就无此人，这个人物就是张修。史称：“五斗米道”张陵将其道传给儿子张衡，张衡又传其子张鲁。张陵祖孙三人被后世道教呼为“三张”，以张陵为天师，张衡为嗣师，张鲁为系师，亦即所谓“三师”。② 张陵创道的事迹，官修历史记载很少，张衡仅提及，事迹较详的是张修和张鲁。事实上，对于五斗米道作了许多具体的规定，扩大了徒众，推动五斗米道进一步发展的正是张修。

---

① 潘雨廷《道教史发微》揭示：宋真宗在位二十五年（998—1022），“对后世有大影响的事件，莫过于封赠孔子及张陵后裔二事”；“江西龙虎山的嗣世者，于宋元以来又有世袭的张天师”；“自宋真宗迄今已近千年，故张天师创立道教之说久已深入人心”；“自宋后执于道教开创于张陵”；“然决不宜误认为自有五斗米道起，我国方才有道教。这一错觉的造成已近千年，对道教信徒更有影响”（上海社会科学院出版社 2003 年版，第 3、4 页）。认定自宋真宗后，张陵创立道教之说才在社会上流传开来。如此看来，正一道自己构建的神学历史，在宋代获得了统治者的首肯。

② 约东晋末作的《太上正一咒鬼经》有“天师、嗣师、系师等三师”（《道藏》第 28 册第 369 页）。刘宋初所作的《三天内解经》称：张陵“白日升天，亲受天师之任也。天师之子张衡、孙张鲁夫妇俱尸解升天，故有三师并夫人”（《道藏》第 28 册第 414 页）。大约刘宋末所作的《上清黄书过度仪》也提到“天师、嗣师、系师，女师，三师君夫人”（《道藏》第 32 册第 736 页）。很有可能，东晋南朝时，天师道已奉张陵为天师，张衡为嗣师，张鲁为系师，合称“三师”。

三 张修其人及对五斗米道的发展

有没有五斗米道张修这个人物？历来有不同的看法：一种说没有，一种说有。说没有的首先是裴松之。他在《三国志·张鲁传》中注引《典略》后，紧拉着写下了这样的按语："臣松之谓张修应是张衡，非《典略》之失，则传写之误。"[①] 照他的看法，这里的张修其实是张衡（即张陵之子）。老实说，这正是裴松之"之误"。裴氏未免太武断，经他这么一断，五斗米道的张修便成子虚乌有。他的这个判断是按照《三国志·张鲁传》的："陵死，子衡行其道。衡死，鲁复行之"这句话逻辑地推出来的。既然陵死是张衡继续传道，那么《典略》所谓张修的事迹就应该是张衡才对，怎么会钻出个张修来呢？裴的意思是要祖述三张，于是在没有依据的情况下作了主观断言。他不知道张陵以后当时四川的五斗米道有两支，一支是张陵嫡派子孙，一支便是张修。他更不知道张修曾经组织起义。《后汉书·灵帝纪》说：中平元年（184）"秋七月，巴郡妖巫张修反，寇郡县"。唐李贤注引刘艾"纪"曰："时巴郡巫人张修疗病，愈者雇以米五斗，号为'五斗米师'。"[②] 刘艾"纪"同《典略》一致，它们是现在看见的有关张

① 《三国志·张鲁传》，中华书局1982年版，第1册第264页。按：清人赵翼《陔馀丛考》卷三十五《天地水三官》赞同裴松之这一看法，以张修应是张衡，故有所谓"张衡三官之说"（中华书局1963年版，第3册第750页）。小林正美《中国的道教·神仙道的形成》也说："裴松之指出在这里写的'张修'，是张陵之子'张衡'之误，此看法应该是正确的。"（齐鲁书社2010年版，第17页）此皆未及详考，即轻率表示赞同，不足为据。

② 《后汉书·灵帝纪》，中华书局1965年版，第2册第349页。

修的最早记录。①

有几个张修？这又是一个争执的问题。因为史书里有好几个同时同名的张修。《后汉书·灵帝纪》提到两个，一个是“巴郡妖巫”张修，一个是曾杀匈奴单于，后死于狱中的中郎张修。《三国志·张鲁传》提到别部司马张修，注引《典略》提到“汉中有张修”。张修一名见于史书有四处。我们认为《后汉书·灵帝纪》里的巴郡妖巫张修和《典略》里的“汉中张修”，以及《张鲁传》中的别部司马张修同是一个人，都是五斗米道张修；所谓中郎将张修则是另一个同名的人，一共只有两个同名姓的张修。②

五斗米道巴郡一系的张修早在公元 184 年秋就在汉中起义，旋及失败，按《典略》的记载是：“角被诛，修亦亡。”这里的亡不是说张修死了，而作逃亡解，作者表示对张修的下落不清楚，不知他逃到那

① 刘艾，据《三国志·武帝纪》建安元年注引张璠《汉纪》“宗正刘艾”以及建安十九年注引《献帝起居注》称“宗正刘艾”（中华书局 1982 年版，第 1 册第 13、43 页）。又《三国志·董卓传》注引《献帝起居注》称“侍中刘艾”（中华书局 1982 年版，第 1 册第 186 页）。可知，刘艾活动于汉献帝时，几乎和张修是同时代的人，因而他的记载还是可信的。

② 喻松青认为应有三个同名同姓不同人的张修。喻也肯定了《典略》说的张修绝不是张衡，《灵帝纪》提到的“妖巫”张修和《典略》里的汉中张修是不同的两个人。喻说，自从裴松之写下那个按语后，一切误解由此产生，后来司马光在《资治通鉴》卷五十八说：“刘焉司马张修与鲁同击汉中，鲁袭杀修，非其父也。”司马光误解了裴松之原意，裴松之是说五斗米张修应是张衡，并非说别部司马张修应是张衡，张鲁杀的只是别部司马张修，他和张衡不相干，与五斗米道张修等不相干。由于司马光的误会，于是后人一直就把别部司马张修和《典略》提到的张修当作一个人（详见《历史研究》1963 年 5 期：喻松青《道教的起源和形成》）。唐长孺先生《魏晋南北朝史论拾遗·魏晋期间北方天师道的传播》说：“天师道或五斗米道和太平道是有显著区别的。……即使天师道创立者张陵在入蜀之先，和太平道有关系（那也只从张陵原籍沛人推论，沛亦徐州属郡，太平道盛行之地），入蜀之后，在颇大程度上与‘巴郡妖巫张修’合流，同为五斗米道。”并在注中推测：《张鲁传》说张鲁和别部司马张修一同领兵入汉中，修被张鲁所杀。这个被杀的张修与“巴郡妖巫张修”可能不是一人（中华书局 1983 年版，第 221～222 页）。

里去了。作者可能不清楚张修失败后的下落以及曾为刘焉别部司马的这段历史，所以接下来就去叙述张鲁在汉中增饰修业，这就留下一段公案。

既然张修没有死，那么他到何方去了呢？张修很可能在其教徒中隐藏起来，也有可能秘密进行布道活动，重整旗鼓，等待时机。到公元188年刘焉出任益州牧，便收编了他。刘焉割据一方，用狡计抚纳五斗米道的两支力量：张鲁和张修。张鲁在巴郡一带有部曲，张修在汉中颇有信徒，具有一定号召力，况且张修又有自己的军事力量，利用张修取汉中是比较容易成功的，所以他委任张鲁为督义司马，张修为别部司马，合兵进攻汉中。因为张鲁母亲和刘焉的特别关系，所以刘焉更为信任张鲁，且张鲁之母和兄弟作为人质握在他手里。他派张鲁和张修一道去攻打汉中的主要目的，是要牵制张修，免得张修攻下汉中后独树一帜。这里恰恰是张修而不是别人去攻汉中，绝不是偶然的巧合，正是因为张修本在汉中有根基，熟悉那里的情况。张修兵马杀到汉中后，汉中太守苏固越墙逃走，接着被捕杀，汉中一些地方势力如赵嵩、陈调之流，亦被消灭，并断绝了谷阁。于是刘焉趁机“上书言米贼断道，不得复通”，[①] 断绝了向汉政府的纳贡关系。他说米贼断道，分明是包括张修在内的。这位别部司马张修显然就是米道张修。攻下汉中以后，张鲁便伺机杀害了张修，夺取了他的徒众，割据一方。《华阳国志·汉中志》的记载，也是个证明，其云：“初平中，以鲁为督义司马，住汉中，断谷道”；“扶风苏固为汉中太守。鲁遣其党张修攻固。……（陈）调亦聚其宾客百余人攻修，战死。鲁（遂）既有汉中”。[②] 此处稍不同的是张修为张鲁同党，这恰恰说明同张鲁

① 《三国志·刘二牧传》，中华书局1982年版，第4册第867页。

② 任乃强《华阳国志校补图注·汉中志》，上海古籍出版社1987年版，第72页。

一道攻打汉中的别部司马张修是五斗米道中人。把《三国志》及其注引《典略》同《华阳国志》比照起来一看，就清清楚楚地看出别部司马张修即五斗米道张修，二者是一人。司马光指出了裴松之的错断，这是对的，但他自己对于此事也很含糊，没有能够将其中的复杂关系说明白，也误解了裴松之的一些原意。然而，由此并不能得出别部司马张修和五斗米道张修是同名同姓两个人的结论来。

由于史料缺乏，张修的身世不明不白，也有可能是张陵的弟子。陈国符先生认为，张陵在日，五斗米道已经传至巴郡，张修必其徒党无疑。[①] 这个看法是正确的。张陵到过巴郡传道，并且他布道的大本营可能就在那里，他在那里有一些信徒，有一定影响，直到张鲁还利用了这个祖传力量。“鲁部曲多在巴土”[②]，正是指明了张家主要传道地方在巴郡。张修身为巴人，成长在这样一种米道空气浓厚的环境中，便成了五斗米道的一员。以后他跑到汉中布道，发展自己的势力，并组织了军事力量攻打郡县，尽管他的武装力量规模并不算大，很快告失败，但使五斗米道得到了进一步发展，扩大了活动地盘。

根据上述这些零星史料的互相发明，我们大略知道：张修是巴郡人，会医术，曾向张陵学过五斗米道，以后到汉中一带去治病传道，因为愈者要交五斗米给他，故他被尊称为五斗米师。公元184年黄巾大起义爆发，他也于这年秋天发动道徒起事，但起义事业没有得到发展，很快被统治者镇压下去了，产生的影响不大，张修便逃亡不知去向。后来刘焉割据益州，利用五斗米道，张修又公开活跃起来，为刘所收编，封为别部司马，和张鲁一道去攻打汉中，攻下汉中后，被张

---

① 陈国符《道藏源流考》附录二《道藏劄记·天师道与巫觋有关》，中华书局2014年版，第207～208页。

② 《后汉书·刘焉传》，中华书局1965年版，第9册第2433页。

鲁袭杀，且吞并其部众。张修大约死在公元189年。

我们已经知道，张陵开创了五斗米道这种组织形式，造作了一些符书治病传道，但还没有建立简单的宗教组织，没有规定宗教仪式，五斗米道在张陵手里内容不多，属于草创时期，后世许多张陵创教的盛迹是人为的制作。纯系子虚乌有的神话。张陵死后，子衡继其业。张衡这个人物历史记载很少，只提到他的名字，看起来他大约和张修是同代人。他可能死得比较早，因为刘焉来四川时，鲁母已守寡。张衡没有对五斗米道作出发展，这一任务落在了张修肩头。

张修到汉中传道，在那里做了许多创造性的工作，发展了自己的信徒，成为五斗米道的一支。据《三国志·张鲁传》注引《典略》说："熹平（172—178）中，妖贼大起，三辅有骆曜。光和（178—184）中，东方有张角，汉中有张修。骆曜教民缅匿法，角为太平道，修为五斗米道。太平道者，师持九节杖为符祝，教病人叩头思过，因以符水饮之，得病或日浅而愈者，则云此人信道，其或不愈，则为不信道。"张修五斗米道与张角太平道的道法相差不多，也有自己的特色："修法略与角同，加施静室，使病者处其中思过。又使人为奸令祭酒，祭酒主以《老子》五千文，使都习，号为奸令。为鬼吏，主为病者请祷。请祷之法，书病人姓名，说服罪之意。作三通，其一上之天，著山上，其一埋之地，其一沉之水，谓之三官手书。使病者家出米五斗以为常，故号曰五斗米师。实无益于治病，但为淫妄，然小人昏愚，竞共事之。"直到后来，当张"角被诛，（张）修亦亡。及（张）鲁在汉中，因其民信行修业，遂增饰之。教使作义舍，以米肉置其中以止行人；又教使自隐，有小过者，常治道百步，则罪除；又依月令，春夏禁杀；又禁酒。流移寄在其地者，不敢不奉”。[①]

从这段材料中，我们可以看出，张修建立了比较粗糙的宗教组织。在这个组织中除了信徒外，已有神职人员和简单的教阶制，分管不同的教务。这些神职人员计有鬼吏、祭酒、奸令祭酒，等级地位不同。祭酒和奸令祭酒有区别，就像后来张鲁仿效此而设立的祭酒和治头大祭酒有区别一样。祭酒是一般的小头目，奸令祭酒是大头目，管理的徒众要多些，其主要责任是在教徒中宣讲老子《五千文》，犹如牧师的布道。鬼吏是教中的巫师，主要施行符水疗病的法术，以此为手段进行传播，招徕信徒。由于病家须“出米五斗”，故鬼吏号称五斗米师。张修建立的其实是宗教和军事二位一体的组织网络，并利用其发动了起义，用这种方法组织起义和黄巾军是相同的。应该说，张修粗具了五斗米道的宗教组织，并将其与军事组织结合起来，培养起一支有信仰的军事队伍，这对五斗米道是个很大的发展，是张陵所没有做过的事情。没有这个发展，很难设想后来张鲁能够在汉中建立行政、军事、宗教合一的政权组织形式，“雄踞巴、汉垂三十年”，有了这个发展，才为张鲁奠定了基础。张鲁以后五斗米道又发展为天师道正一派，成为道教的重要道派。五斗米道以后能成为重要道派，和张修的初具宗教组织形式可以说是分不开的，从这个角度，我们说张修为道教发生期的奠基人之一也不过分。

从这段史料中，我们可以看出，张修规定了以老子《五千文》为

---

① 《三国志·张鲁传》，中华书局 1982 年版，第 1 册第 264 页。《后汉书·刘焉传》注引《典略》所说与此差不多。《典略》作者鱼豢，史无传。按：刘知几《史通》外篇“今古正史”说：“魏时京兆鱼豢，私撰《魏略》，事止明帝。”他可能是魏明帝时人。严可均《全三国文》卷四十三说：“豢为郎中，有《典略》八十九卷。”另外，也有说《典略》作者是刘艾。但无论是鱼豢还是刘艾，他们都距张修时代最近，其叙述的史料可靠，非裴松之所说有失。

五斗米道的主要宗教经典，这就有了五斗米道的主要宗教教义。哲学家的老子，经过有汉一代的长期演化，终于在此彻头彻尾的变为替宗教立言的圣人。后世许多道徒大肆渲染张陵和太上老君的关系，说《老子·想尔注》是张陵作的。其实，按正史记载，张陵并没有用《老子》传过道，他只是自己造作了一些“符书”而已。真正把《老子》捧上五斗米道圣坛的应当是张修，从此以后，修习《道德经》就成为道士们的首要功课。除了《老子》外，张修还以其他道经传授信徒。洪适《隶续》卷三记录了《米巫祭酒张普题字》碑文，据文中所说：“熹平二年三月一日天表鬼兵胡九□□仙历道成，玄施延命，道正一元，布于伯气，定召祭酒张普、萌生、赵广、王盛、黄长、杨奉等诣受《微经》十二卷，祭酒约施天师道法无极才。”按洪适所说：此碑“凡七行六十七字，今在蜀中”；并就此评论说：“此碑有天师道法及祭酒、鬼兵字，而云受《微经》十二卷，盖诸张妖党相传授之。约观其词，似是姓胡者初入米巫社中，故召诸祭酒受以经法，颇合史氏所载。”① 这个碑文和史书所载张修的宗教措施大体一致，所以它很有可能是张修手下祭酒所刻。这块碑文是熹平二年（173）所刻，碑文中的“《微经》十二卷”虽不知出于何人之手，但张普等人用以对初入教的胡九进行传授是明白的。这表明五斗米道的宗教教义在张修时有了相当的发展，五斗米道得到进一步完善。这也说明，早在公元173年左右，张修就积极从事传教活动，为其造反做了十几年的准

① 洪适《隶续》卷三，中华书局1986年版，第309页。巫鸿认为：《祭酒张普题字》证实了文献中称五斗米道为“鬼道”、“天师道”、“正一道”以及关于“鬼卒”、“祭酒”等教职的记载，也肯定了五斗米道有经典行世的事实。“伯气”即“魄气”，谓阴气之魂。此题记实为五斗米道信徒胡九墓葬刻辞，“历道成玄”即谓其死后升仙，而刻辞的目的是记载诸位祭酒前来施法事。虽名为碑，其实为崖墓刻辞（巫鸿《礼仪中的美术》下卷《地域考古与对“五斗米道”美术传统的重构》，三联书店2005年版，第492页）。

备工作，正如黄巾军一样。那么张修是否曾经用《太平经》教化信徒呢？史无明载，只好阙以待考。但可以肯定的是，张修五斗米道和太平道的关系是十分密切的，二者有许多相似之处，所谓“修法略与角同”。太平道要求病人思过，真诚信道，用符水给病人喝，病好了即表明对“道”是忠实信仰的，道将保佑你平安无事。张修五斗米道也是如此，并增加了静室让病者在其中思过。《三国志·张鲁传》说鲁对教徒“皆教以诚信不欺诈，有病自首其过，大都与黄巾相似”。和《典略》对照起来看，这正是张鲁继承了张修的地方。张修要求其道徒“诚信不欺诈”，这说明《太平经》即使没有作为张修米道的经典，但也可能会对他们发生影响。

从这段史料中，我们还可以看出，张修米道具有十分浓厚的巫风，所以前人称之为“鬼道”。张修本人也是个巫师，在宗教法术上，他主要是用符水为人治病，还有一个颇具特色的天地水“三官手书”，这实际上是一种原始宗教留传下来的巫术，形式上与春秋时期的盟书接近。当时的盟书是与神交流的媒介，向神灵宣誓的语言，被刻写在玉石之上，通常一式两份，其正本埋入土坎、山林，或沉入河湖，象征性地表示将誓言以及牛、羊、玉璧等供物送达到神灵的意图；副本带回国中，或收于宗庙之堂，或藏于金匮石室。[①] 盟书投放到山林河湖的目的是结盟各方对神灵表示，决不背信弃义，如若毁约，甘愿受神的惩罚。写有病人姓名的“三官手书”，也是与神交流的盟书，一份放山上，一份埋地下，一份沉水中，是向神灵“说服罪之意”，发誓从今改过自新，祈求天地水三官治好自己的病。“三官手书”实质上也就是与三官神订立的悔罪治病的盟约，如不悔过自新，心甘情愿

① 吕静《春秋时期盟誓研究》，上海古籍出版社 2007 年版，第 182～183、199 页。

受罚，其中含有自我诅咒的内容。① 以信仰治病救人，成为所谓“鬼道”最重要的宗教活动，也是其得以迅速传播的最主要手段。“鬼道”这些举动，都和当时西南的社会文化环境分不开。西南少数民族巫风甚浓，“其俗征巫鬼，好诅盟，投石结草，官常以盟诅要之”②。在这种环境下，张修米道难免不被打上其烙印。巫风的盛行，也使得张修能顺利进行传教布道工作，使他在汉中有很好的群众基础。另外值得一提的是，张修发明了所谓“静室”（又名“靖室”），这在后来成为道教的一个制度一直流传。③

所有这些，都是张修对于五斗米道的发展。张修被杀之后，张鲁“在汉中，因其民信行修业”，于是在张修的基础上增饰了一些新措施，按《典略》记载，有如下项目：“教使作义舍，以米肉置其中以止行人；又教使自隐，有小过者，当治道百步，则罪除；又依月令，春夏禁杀；又禁酒。”④ 此外都是沿袭张修的做法。在五斗米道的发展过程中，没有张修这个阶段，也就没有张鲁这个阶段，张修是张陵和张鲁之间承上启下的人物。

既然张修在道教史上有如此重要的地位，为什么以后他的名字就不再见诸经传呢？这首先是裴松之的错断引起的，他把张修断为张衡，于是人们一直以为没有张修这个人，就是道教典籍里五花八门的神仙传、列仙传、洞仙传等都没有张修。直到司马光指出了裴的错误以后，有些史家才承认了张修此人，有的仍不予认同。另外，司马光也没有详尽分析米道张修和别部司马张修的同名同人关系，张修因而

---

① 至今人们发誓诅咒仍说：我若违背誓言，天打五雷轰。此即自我诅咒。

② 任乃强《华阳国志校补图注·南中志》，上海古籍出版社 1987 年版，第 247 页。

③ 关于“静室”的详情，可参阅《日本学者研究中国史论著选译》第七卷吉川忠夫《静室考》，中华书局 1993 年版，第 446～477 页。

④ 《三国志·张鲁传》注引《典略》，中华书局 1982 年版，第 1 册第 264 页。

一直不为治道教史者所注意。其次，张鲁火并张修后，无论巴郡还是汉中的米道都归他掌管，在他统治区域的老百姓也必须奉行米道，五斗米道在张鲁时势力越发扩充，他又利用政治、军事、宗教三合一政权统治汉中近三十年，投降曹操后，“位尊上将，体极人臣”，他的五个儿子亦封侯。按道教所说，西晋时，张鲁的后人迁至江西龙虎山，继续传道，成为道教正宗，世代香火不断。由于这种情况，加之宗教的排他性（这种排他性也表现在同一宗教内部的不同派别上），张鲁后人当然不会去宣传鼓吹张修。再次，在陈寿、范晔书写历史的时代，五斗米道张陵、张鲁这一家族的事迹已在社会上广泛流传，社会上关于张家祖孙的传说占了主导地位，所以他们的记述就和《典略》有出入了。至于后世道经的许多构造，那就是为了某种目的，或者是宗教神学上的，或者是政治上的，更不可据，不能使我们弄清楚道教发生期的历史真相。

四　张鲁与五斗米道的传播

据《三国志·张鲁传》说：“张鲁字公祺，沛国丰人也。……益州牧刘焉以鲁为督义司马，与别部司马张修将兵击汉中太守苏固，鲁遂袭修杀之，夺其众。焉死，子璋代立，以鲁不顺，尽杀鲁母家室。鲁遂据汉中，以鬼道教民，自号‘师君’。”对前“来学道者，初皆名‘鬼卒’。受本道已信，号‘祭酒’。各领部众，多者为治头大祭酒。皆教以诚信不欺诈，有病自首其过，大多与黄巾相似。诸祭酒皆作义舍，如今之亭传。又置义米肉，县于义舍，行路者量腹取足；若过多，鬼道辄病之”。对于“犯法者，三原，然后乃行刑。不置长吏，皆以祭酒为治，民夷便乐之。雄踞巴、汉垂三十年”。汉末，由于中央政府权力已削弱，“力不能征，遂就宠鲁为镇民中郎将，领汉宁太守，通贡献而已。民有地中得玉印者，群下欲尊鲁为汉宁王”。鲁功曹巴西阎圃谏止之。“建安二十年（215），太祖乃自散关出武都征之，至阳平关。鲁欲举汉中降，其弟卫不肯，率众数万人拒关坚守。太祖攻破之，遂入蜀。……于是乃奔南山入巴中。左右欲悉烧宝货仓库，鲁曰：‘本欲归命国家，而意未达。今之走，避锐锋，非有恶意。宝货仓库，国家之有。’遂封藏而去。太祖入南郑，甚嘉之。又以鲁本有善意，遣人慰喻。鲁尽将家出，太祖逆拜鲁镇南将军，待以客礼，封阆中侯，邑万户。封鲁五子及阎圃等皆为列侯。为子彭祖取鲁女。鲁薨，谥之曰原侯。子富嗣。”①

《华阳国志·汉中志》亦记载：张“鲁字公祺，以鬼道见信于益州牧刘焉。（张）鲁母有少容，往来焉家”；张“鲁既至，行宽惠，以鬼道教。立义舍，置义米、义肉其中；行者取之，量腹而已，不得过。过多，云鬼病之。其市肆贾平，亦然。犯法者，三原而后行刑。学道（未）永信者，谓之鬼卒。后乃为祭酒。巴、汉夷民多便之。其供，（道）通限出五斗米。故世谓之‘米道’”；张“鲁（遂）既有汉中，数害汉使。焉上书言‘米贼断道’”。及至刘焉之子刘璋为益州牧时，张“鲁益骄恣。璋怒，建安五年（200）杀鲁母、弟。（张）鲁（说）率巴夷王杜濩、朴胡、袁约等叛，为雠敌。鲁时使使朝汉，亦慢（骄）慉。帝室以乱，不能征，就拜（镇民）中郎将、汉宁太守。不置长吏，皆以祭酒（为）治民”。之后，刘璋数遣庞羲、李思等讨

① 《三国志·张鲁传》，中华书局1982年版，第1册第263～265页。据陶弘景所说：“张系师为镇南将军，建安二十一年亡，葬邺东。”（《真诰》卷四，《道藏》第20册第514页）唐长孺先生认为：“如《真诰》所记，则张鲁北迁后既死。《金石萃编》卷二三录《上尊号碑》，上奏诸臣列名无张鲁，而有随张鲁降曹操之阎圃，使张鲁尚在，必当列名，知《真诰》云死于建安二十一年之说可信。”（《魏晋南北朝史论拾遗·魏晋期间北方天师道的传播》，中华书局1983年版，第229～230页）

张鲁，“不能克，而巴夷日叛；乃以羲为巴西太守御鲁。又遣杨怀、高沛守关头。请刘先主讨鲁。先主更袭取璋”。至建安二十年，“魏武帝西征鲁。鲁走巴中。先主将迎之。而鲁功曹巴西阎圃说鲁北降，归魏武，赞以大事。宜附托杜濩、朴胡委质。不然，西结刘备以归之。鲁勃然曰：‘宁为曹公作奴，不为刘备上客。’遂委质魏武。武帝拜鲁镇南将军，封襄平侯。又封其五子，皆列侯”。魏武“迁其民于关陇”。①

《后汉书·刘焉传》所说，大同小异：张鲁，字公旗。张陵将五斗米道“传子衡，衡传于鲁，鲁遂自号‘师君’。其来学者，初名为‘鬼卒’，后号‘祭酒’。祭酒各领部众，众多者名曰‘理头’。皆校以诚信，不听欺妄，有病但令首过而已。诸祭酒各起义舍于路，同之亭传，县置米肉以给行旅。食者量腹取足，过多则鬼能病之”。张鲁对那些“犯法者先加三原，然后行刑。不置长吏，以祭酒为理，民夷信向。朝廷不能讨，遂就拜鲁镇夷中郎将，领汉宁太守，通其贡献”。又说：“沛人张鲁，母有姿色，兼挟鬼道，往来焉家，遂任鲁以为督义司马，与别部司马张修将兵掩杀汉中太守苏固，断绝斜谷，杀使者。鲁既得汉中，遂复杀张修而并其众。”看来，张鲁通过其母亲得到了一些家传道法，并因母亲的关系受到刘焉重用。其后，张鲁以刘焉之子刘璋过于“暗懦，不复承顺。璋怒，杀鲁母及弟，而遣其将庞羲等攻鲁，数为所破。鲁部曲多在巴土，故以羲为巴郡太守。鲁因袭取之，遂雄于巴汉”。“（张）鲁自在汉川垂三十年，闻曹操征之，至阳平，欲举汉中降。……于是乃奔南山。左右欲悉焚宝货仓库。鲁曰：‘本欲归命国家，其意未遂。今日之走，以避锋锐，非有恶意。’

---

① 任乃强《华阳国志校补图注·汉中志》，上海古籍出版社 1987 年版，第 72～73 页。

遂封藏而去。操入南郑，甚嘉之。又以鲁本有善意，遣人慰安之。鲁即与家属出逆，拜镇南将军，封阆中侯，邑万户，将还中国，待以客礼。”曹操又“封鲁五子及阎圃等皆为列侯。鲁卒，谥曰原侯。子富嗣”。①

另外，据《太平御览》卷五一八引《魏志》说：“张广，字嗣宗，鲁第二子也。鲁雅为魏武所崇，诸子未胜缨，并遣中使拜授官爵。”又引《南郑城碑》说：张鲁“位尊上将，体极人臣。五子十室，荣并爵均，童年婴稚，抱拜王人，命婚帝族，或尚或嫔”。②《大道家令戒》在追忆往日的荣耀时说：“七子五侯，为国之光，将相掾属，侯封不少，银铜数千，父死子系，弟亡兄荣，沐浴圣恩。”③ 可以说，张鲁诸子皆“拜授官爵”，甚至“命婚帝族，或尚或嫔”，与曹魏结为姻亲，实际上是一种政治上的同盟关系。整个张鲁集团的上层可能与曹魏政权都有深厚的政治关系，以致后来在曹魏与司马氏的权力争斗中站在曹魏一边，招致失败。据《三国志·曹爽传》及注引《魏略》记载：李休，字子朗，本系张鲁的部下。“张鲁前为镇北将军，休为司马，家南郑。时汉中有甘露降，子朗见张鲁精兵数万人，有四塞之固，遂建言赤气久衰，黄家当兴，欲鲁举号，鲁不听。会鲁破，太祖以其劝鲁内附，赐爵关内侯，署散官骑从，诣邺。”李休之子李胜，历来就“与曹爽善”，结果引起了“司马宣王不悦”，后与曹爽等人一起被司马氏所杀，“夷三族”。④ 结盟曹魏而得罪司马政权，这或许就是张鲁后人在晋代故意隐匿身份而不显山显水的原因之一，以免引发

---

① 《后汉书·刘焉传》，中华书局1965年版，第9册第2435～2436、2432、2433、2437页。

② 《太平御览》卷五一八《宗亲部》，中华书局1960年版，第3册第2355页。

③ 《正一法文天师教戒科经·大道家令戒》，《道藏》第18册第237页。

④ 《三国志·曹爽传》及注引《魏略》，中华书局1982年版，第1册第290、288页。

杀身之祸。

从上引各家史料可以看出，张鲁自号“师君”，初来修学道者叫“鬼卒”，学道较久而虔诚者叫“祭酒”，各领数量不等的道众，多的叫“治头大祭酒”。[①] 张鲁组织中，少数民族信徒应当较多，故《晋书·李特载记》称：“汉末，张鲁居汉中，以鬼道教百姓，賨人敬信巫觋，多往奉之。”[②] 张鲁建立“义舍”，放置义米、义肉于其中，供过往的信徒取食，吃饱而已，不得取过多，否则鬼会令其生病。所谓“义舍”，当是张鲁为其组织成员设立的一种福利制度。张鲁虽在汉中割据一方，成为汉末地方割据势力之一，但放弃了称“汉宁王”。他所建立的，不仅仅像太平道那样只是军事、宗教合一的组织，还是种行政组织，实行的是行政、军事、宗教三合一的组织制度。正是依靠这样的三合一组织，张鲁作为地方精英掌握了地方权力，以此来管理地方事务，进行地方治理，实现对地方社会的有效控制，雄踞巴、汉近三十年，各族百姓得以安居乐业。其时，五斗米道的力量来势凶猛，各族百姓纷纷前来依附，以至建安十年（205）所刻的《汉故领校巴郡太守樊府君碑》惊呼：“季世不祥，米巫凶虐，续蠢青羌，奸狡并起，陷附者众。”[③] 及至建安二十年（215）张鲁投降曹操，由于连年战争造成人口剧减，兵员及劳动力奇缺，曹魏政权便将张鲁治下的五斗米道人口大量迁移至所统辖的区域内，五斗米道也随之传往北

① 据清人赵翼《陔馀丛考》卷二十六《祭酒》解释：“祭酒本非官名，古时凡同辈之长，皆曰祭酒。盖饮食聚会，必推长者先祭”；“盖同官之长者，则号祭酒。故张鲁以鬼道惑众，令其弟子领部众者，亦皆号祭酒也”（中华书局1963年版，第2册第538、539页）。

② 《晋书·李特载记》，中华书局1974年版，第10册第3022页。

③ 龙显昭、黄海德主编《巴蜀道教碑文集成》，四川大学出版社1997年版，第3页。

方中原地区。[①] 以后，随着晋的统一，五斗米道又向东南沿海传播，从而遍及全国。

五斗米道发展到张鲁阶段，呈现出显著的家族道教组织结构特点，由血缘不同的各个家族相互结构而成，强调家族成员的归属性组织原则，所谓"祭酒"、"治头大祭酒"既是宗教首领，也是大大小小的家长。而自号"师君"的张鲁则是最大的家长，拥有私家部曲，这些所谓"部曲"实际上已成为其家族成员，使张鲁有强大的力量来号令组织系统中的其他大大小小的家长，实现对五斗米道组织结构的掌控及道内各种资源的有效动员。这一由某个家族掌控的道教组织网络（很有点类似当今家族企业）的特征，被东晋南朝道教继承弘扬，出现世世代代信奉道教的所谓"奉道世家"，这些"奉道世家"之间又相互结为婚姻关系，由此加速推进道教在社会上层的传播发展。张鲁投降曹操前，五斗米道基本上是在下层社会信众中传播，[②] 以符水治病救人作为号召力和凝聚力，作为传教的最有效方式。与方仙道的寻

① 《三国志·杜袭传》载：杜袭"领丞相长史，随太祖到汉中讨张鲁。太祖还，拜袭驸马都尉，留督汉中军事。绥怀开导，百姓自乐出徙洛、邺者，八万余口"（中华书局1982年版，第3册第666页）。用怀柔手段使张鲁治下百姓（其中当不少是五斗米道信徒），自愿迁往曹魏统治的洛、邺地区。

② 巫鸿指出：早期道教研究，特别是五斗米道的研究长期存在一个错误概念，即认为早期道教组织是平民或下层群众的组织。"实际上文献记载东汉一代受道教思想吸引以至对道教的发展起了重大作用的人包括很多上层人士甚至帝王。以四川地区而言，章帝时益州太守王阜为蜀郡成都人，著《老子圣母碑》宣传道教思想。而五斗米道自开始也是与巴蜀地方的官僚阶层紧密结合的。"（巫鸿《礼仪中的美术》下卷《地域考古与对"五斗米道"美术传统的重构》，生活·读书·新知三联书店2005年版，第487页）不可否认的是，早期道教自方仙道开始到黄老道，就是自上而下在进行传播，"对道教的发展起了重大作用的人包括很多上层人士甚至帝王"。五斗米道组织的主要领导层也绝不是平民或下层群众，的确是与"巴蜀地方的官僚阶层紧密结合的"，张修、张鲁本身都是被汉廷封了官的。但是，五斗米道广为传播的对象，其基本的队伍，还是平民或下层群众居多，不像后来的天师道那样把组织广泛扩充到世家大族中。五斗米道是并未获得官方承认的宗教组织，而天师道是已经得到官方认可的宗教组织。

求仙药、自我拯救升华为神仙不同，五斗米道相信在神灵面前真诚地忏悔自己的罪恶，可以获得神的宽恕，神甚至可以解除自己的疾病和灾难。五斗米道徒的诉求，显然还未达到方仙道士那种要成神仙的境界，其最理想的状态就是没灾没病。道徒所服符水，即代表神灵旨意的神水，病好了，就意味着神认可了自己，病未好，就表示自己忏悔的诚信度还不够，或者罪大恶极，已经得不到神的庇护。所以，能不能获得神灵拯救，自我的道德表现好不好，这是问题的关键所在。真心实意信奉神灵，在神灵面前承认自己有罪，强化自我道德修行，诚信不欺诈，遇事就向神灵祈祷，乞求神灵驱除妖魔鬼怪，这是五斗米道的特色，也符合那些缺乏知识、缺医少药的下层社会民众的信仰特征。神灵拯救信徒，当然需要通过媒介来完成这一过程，媒介就是五斗米道的“祭酒”、“治头大祭酒”，这是一些具有汉代巫师身份的神职人员。与汉代巫师沟通人神的单一功能不同，这些神职人员同时又在张鲁行政、军事、宗教三合一的组织中担任了行政、军事的职务，他们不仅在精神思想上而且在组织制度上控制其教民，形成中国历史上独具一格的宗教、军事、行政三合一的控制系统，这是张鲁时期的五斗米道最具特色之处。

道教在其草创时期和其他宗教有不同的特点，其中最显著的是它没有一个大宗教家出来宣扬自己的教义，建立宗教组织，就像佛教的释迦牟尼那样。道教是在一个较长期的过程中由好些人的共同努力造成的，它的创始人不止张陵一个。张陵后人为巩固自己在道教中的领导地位，道教神学也出于本身发展的需要，抬出老子作为影子教主，以张陵为开教人，并且张冠李戴，把张修和张鲁的创制安在张陵头上，这样“层累地造成”的五斗米道历史，自然就歪曲了早期道教史。[①]

总而言之，张修不是虚构的历史人物，而是实有其人，五斗米道张修和别部司马张修是同一个人。张陵的事迹许多是夸大了的神话，正如说张陵是神仙一样不可信。早期道教的一些宗教措施是在张修手里形成的。张修受到过太平道的影响，其道法大体和后者一样，亦有自己的独到处，张修建立了五斗米道的宗教组织形式，规定了米道的宗教经典，实施了米道的早期宗教仪式，他是米道的创始人之一，也是道教众多的创始人之一。如果我们沿袭传统所讲的“三张”的提法，那么三张就应该是：张陵—张修—张鲁。

张鲁之后，五斗米道逐步演化为天师道。五斗米道被称为天师道的具体时间，据日本学者秋月观暎的推测：“事实上，《太平经》是道所象征的天神的说教，五斗米道有传达这种说教者‘天师’之名，甚至以天师命名教团……还没有确定五斗米道被称为天师道的具体时间，但可以上溯到黄巾之乱被镇压下去，太平道教团瓦解之后不久，大概是3世纪初。”[②] 五斗米道还传播到了韩国。都珖淳《韩国的道教》说：“《三国遗事》卷三中在谈到‘宝藏奉老’时是这样记述的：武德、贞观年间（618—649年），五斗米道为国人争先信奉”；“在中国，‘五斗米道’始于2世纪后半叶左右，从3世纪初起，它被称为

---

① 从张修的被隐没以及张陵的被抬高，我们应吸取的是，道教经籍中，事实和历史人物大都真真假假混杂在一起，不可不加区别地轻易使用这些史料。在研究道教史时，应对《道藏》做一番甄别辨伪的工作，沙里淘金，材料不够时，宁肯暂付阙如，也不能让道籍中的神学构造牵着鼻子走，在做好史料工作的基础上得出一部较为客观的道教信史来。对于前人的观点也不可随便因袭，而是要细致全面地分析，吸取其正确的可信部分，指出他们的错误，无法确证的决不妄断，这才是科学的和实事求是的态度。

② 福井康顺、山崎宏、木村英一、酒井忠夫监修《道教》：秋月观暎撰《道教史》，上海古籍出版社1990年版，第1卷第34页。

‘天师道’，从5世纪中叶左右起，由北魏的寇谦之创始‘新天师道’。于是，认为高句丽在7世纪上半叶左右还信奉‘五斗米道’的说法是不可信的，看来当时在民间中业已传入了‘新天师道’，因而估计‘五斗米道’大概到3世纪已经传入高句丽”；“李能和在《韩国道教史》中赞同黑板胜美的意见，并根据当时天师道在中国东北部广泛传播的说法，推测天师道和道教的各种术数业已传入百济。如此看来，不妨推测，至迟于3世纪左右，作为道教原始形态的五斗米道亦已传入百济”。[①] 可以说，都珖淳、李能和的推测是有所根据的，并非捕风捉影，出自主观的想当然。五斗米道也有可能传播到了日本。四川绵阳何家山一号崖墓中，出土一面“三段式神仙镜”的铜镜，这是一种与五斗米道有密切关系的器物。由于这种蜀镜在日本群马县等地也有发现，四川大学霍巍教授便将其传播和五斗米道的流传联系起来。据《三国志·张鲁传》所说，张鲁在汉中以“鬼道教民”；而《三国志·刘焉传》则声称，张鲁的母亲亦“以鬼道教民”。鬼道即指五斗米道。《三国志·倭人传》中载“鬼道”在当时传入日本，其女王“卑弥呼事鬼道能惑众”。日本群马县等地发现的“三段神仙镜”，因此可能是“鬼道”遗物。巫鸿于是认定，“霍巍此说很有道理”。[②] 由此可见，五斗米道传播地域之广泛而且有深远的历史影响力。

---

① 福井康顺、山崎宏、木村英一、酒井忠夫监修《道教》：都珖淳撰《韩国的道教》，上海古籍出版社1992年版，第3卷第67、68、70页。

② 巫鸿《礼仪中的美术》下卷《地域考古与对“五斗米道”美术传统的重构》，三联书店2005年版，第496～497页。

秦始皇、汉武帝的求仙奉道

《吕氏春秋·重己》揭示："世之人主贵人，无贤不肖，莫不欲长生久视。"[①] 这抓住了世上"人主贵人"的欲望心态，一针见血。《韩诗外传》卷十把这一欲望心态故事化了："齐景公游于牛山之上，而北望齐曰：'美哉国乎，郁郁泰山！使古而无死者，则寡人将去此而何之?'俯而泣沾襟。国子、高子曰：'然。臣赖君之赐，疏食恶肉可得而食也，驽马柴车可得而乘也，且犹不欲死，况君乎!'俯泣。"[②] 可见自先秦以来，"人主贵人"就渴望能够长生不死。到秦汉时代，更是愈演愈烈，为了"长生久视"，秦始皇、汉武帝不惜一切，动用国家力量寻求神仙和不死之药，劳民伤财，竹篮打水，代代遭人讥讽唾骂。说到底，帝王也是人，也有自己的死亡焦虑，信不信仰神仙长生，那是他们自己具有的选择权。但是，耗费民脂民膏来满足自己的选择权，那就是把自己的信仰奠定在人民痛苦的基础上了。

---

① 《二十二子·吕氏春秋》，上海古籍出版社 1986 年版，第 630 页。

② 《汉魏丛书·韩诗外传》，吉林大学出版社 1992 年版，第 65～66 页。

一 秦始皇寻仙

秦始皇青壮年时期征战驰骋，一统天下，“不懈于治”，“莫不得意”。虽然春风得意马蹄疾，但无奈岁月如梭，死亡的阴影日渐一日逼近了。他又是个忒怕死的人，害怕到甚至于听不得别人说“死”字：“始皇恶言死，群臣莫敢言死事。”如此怕死，怎么办？寻求仙人仙药以不死，这在当时是头一等的选择途径。秦始皇二十八年（前219），“齐人徐市等上书，言海中有三神山，名曰蓬莱、方丈、瀛洲，仙人居之。请得斋戒，与童男女求之。于是遣徐市发童男女数千人，入海求仙人”。这是《史记》所载秦始皇派遣方士到海上大规模寻求仙人的开始。到了秦始皇三十一年（前216）十二月，“更名腊曰‘嘉平’”。为什么会有更改腊曰“嘉平”的举动呢？据《史记》“集解”引《太原真人茅盈内纪》说：“始皇三十一年九月庚子，盈曾祖父濛，乃于华山之中，乘云驾龙，白日升天。先是其邑歌谣曰：‘神仙得者茅初成，驾龙上升入泰清，时下玄洲戏赤城，继世而往在我盈，帝若学之腊嘉平。’始皇闻谣歌而问其故，父老具对此仙人之谣歌，劝帝求长生之术。于是始皇欣然，乃有寻仙之志，因改腊曰‘嘉平’。”另外，《史记》“索隐”先引《广雅》说：“夏曰‘清祀’，殷曰‘嘉平’，周曰‘大蜡’，亦曰‘腊’，秦更曰‘嘉平’。”然后指出：这是秦始皇“应歌谣之词而改从殷号也”。也就是说，为了顺应“仙人之谣歌”，为了树立“寻仙之志”，秦始皇于是欣然更改腊曰“嘉平”。①

---

① 按蔡邕《独断》卷上说：“四代腊之别名，夏曰嘉平，殷曰清祀，周曰大蜡，汉曰腊。”（此说与《史记》“索隐”引《广雅》有所不同）又解释说：“蜡之言索也。祭曰，索此八神而祭之也。”（上海古籍出版社1990年版，第9页）又：按《文献通考》卷八五引陈氏《礼书》说：“蜡之为祭，所以报本反始，息老送终也。”（中华书局1986年版上册第775页）

他还仿造仙境，在都城长安“引渭水为池，筑为蓬、瀛”。秦始皇三十二年（前215）“使燕人卢生求羡门、高誓”，这些都是所谓“古仙人”。又“使韩终、侯公、石生求仙人不死之药”。就在秦始皇死的前二年，三十五年（前212），燕人卢生报告他说：“臣等求芝奇药仙者常弗遇，类物有害之者。方中，人主时为微行以辟恶鬼，恶鬼辟，真人至。人主所居而人臣知之，则害于神。真人者，入水不濡，入火不爇，陵云气，与天地长久。今上治天下，未能恬倓。愿上所居宫毋令人知，然后不死之药殆可得也。”于是秦始皇说：“吾慕真人，自谓‘真人’，不称‘朕’。”而且他所到之处，“有言其处者，罪死”，“自是后莫知行之所在”。因为实在太羡慕真人的不死，秦始皇便放弃了称“朕”，自称是“入水不濡，入火不爇”的“真人”。而为得到朝思暮想的“不死之药”，则按方术的要求，“微行以辟恶鬼”，“所居宫”不让人知道，行踪诡秘，凡暴露其行踪者“罪死”。神仙道教信仰的神秘性，淋漓尽致地体现在秦始皇身上。

也就是在这一年，奉秦始皇之命四处寻求仙人仙药的侯生、卢生，为谋求自保，私下商议说：“秦法，不得兼方，不验，辄死。然候星气者至三百人，皆良士，畏忌讳谀，不敢端言其过。天下之事无小大皆决于上，上至于以衡石量书，日夜有呈，不中呈不得休息。贪于权势至如此，未可为求仙药。”于是悄悄逃亡。秦始皇得知后，大怒说：“吾前收天下书不中用者尽去之。悉召文学方术士甚众，欲以兴太平，方士欲练以求奇药。今闻韩众去不报，徐市等费以巨万计，终不得药，徒奸利相告日闻。卢生等吾尊赐之甚厚，今乃诽谤我，以重吾不德也。”于是命令御史审问所有在咸阳的“诸生”，而诸生为了洗脱自己的罪名，相互之间举报告发。结果，“犯禁者四百六十余人，皆阬之咸阳，使天下知之，以惩后”。此所谓“诸生”，多是一些方士化的儒生，既“诵法孔子”，又通方术，如徐市、卢生之流。从秦始皇所说可见，这些方士为他上山入海寻求仙人仙药，耗“费以巨万计”，却没有一个结果，不过是方士们拿了好处，获得“奸利”，反过来还要“诽谤”他，怪不得他要大发脾气，把“犯禁者”除掉，以警示后来者。从秦始皇所说还可见，方士们不仅仅是在替他四面八方寻求仙药，而且还通过试验，“练”药以得到不死之药。而秦始皇把他认为“中用”的方术书留下来，召集“方术士甚众”，面子上的说法是“欲以兴太平”，里子的含义恐怕就是要利用这些人为他研制不死药。很可能，当时方士已经在进行后世道教所谓的炼丹活动。从侯生、卢生所说“秦法，不得兼方，不验，辄死”可见，秦始皇对待神仙方术是很讲究效验的，一旦方士们的方术得不到验证，方士们就只有死路一条。《韩非子·显学》讲求“参验”，称：“无参验而必之者，愚也；弗能必而据之者，诬也。”[①] 看起来，秦始皇显然接受了韩非子的“参验”思想，他的信仰神仙不死是种彻头彻尾的经验主义信仰，追求功利性的效果，凡是“不验”的东西是过不了关的。这也是中国古人信仰的一般性特征，流传至今。后来道教的神仙不死信仰，之所以竞争不赢佛教，症结也就在于其信仰过于经验化。

秦始皇三十七年（前210），就在始皇帝快要死之前，“方士徐市等入海求神药，数岁不得，费多，恐谴”，于是便诈称：“蓬莱药可得，然常为大鲛鱼所苦，故不得至，愿请善射与俱，见则以连弩射之”。恰好秦始皇此时“梦与海神战，如人状。问占梦，博士曰：‘水神不可见，以大鱼蛟龙为候。今上祷祠备谨，而有此恶神，当除去，而善神可致。’”于是下令入海者备好“捕巨鱼具，而自以连弩候大鱼出射之”。生命即将终结时，秦始皇仍不甘心束手就擒，还在按照方士的谎言，设法清除获得“蓬莱药”的“恶神”障碍。最终，“无可

① 《韩非子·显学》，上海古籍出版社1989年版，第158页。

奈何花落去”，他还是死掉了。

秦始皇曾“使博士为《仙真人诗》，及行所游天下，传令乐人歌弦之”。他既然自称是“真人”，便索性下令博士创作《仙真人诗》来歌颂他，巡行天下时，《仙真人诗》谱上曲，走到哪里，就“传令乐人”放声歌唱到哪里，一副飘飘欲仙的样子。或许，秦始皇的幻象中自己已经成为“仙真人”了。秦始皇生前死后都建有“宫观”。生前的：“乃令咸阳之旁二百里内宫观二百七十复道甬道相连。”死后的：陵墓中“宫观百官奇器珍怪徙臧满之”。《正义》解释说：“言冢内作宫观及百官位次，奇器珍怪徙满冢中。”建造的所谓“宫”，可能是象征天上的宫庙。据说：秦始皇“更命信宫为极庙，象天极”。《索隐》对此解释说：“为宫庙象天极，故曰极庙。《天官书》曰‘中宫曰天极’是也。”[①] 建造的所谓“观”，则是观望迎候神仙降临的地方。因此，秦始皇生前死后所修建的“宫观”，应当是象征神仙居住的地方，也是象征迎候神仙降临的地方，不论生前还是死后住在这样的地方，含有他时时刻刻永远追求长生成仙的深刻意味。由此也可见，秦始皇那个时代，已经有了死后能成仙的观念存在。到后来，道教因袭了秦始皇这一套象征符号，把自己修仙了道的处所称之为“宫观”，既表明其神仙信仰，也标识其修炼场所神圣尊贵，与“天极”相通，便于修炼道士与神仙感应，早日修炼成仙。

在汉朝人谷永的眼里：“秦始皇初并天下，甘心于神仙之道，遣徐福、韩终之属多赍童男童女入海求神采药，因逃不还，天下怨恨。”[②] 秦始皇醉心于神仙道，其寻药求仙活动已引起“天下怨恨”。言下之意，秦始皇刚平定天下，立脚未稳，就大搞求仙问道，为二世

---

① 以上见《史记·秦始皇本纪》，中华书局1982年版，第1册第241～266页。

② 《汉书·郊祀志》，中华书局1962年版，第4册第1260页。

而亡埋下祸根。评价显然完全是负面的。不知何因，秦始皇却成为后世道教“真灵”，尽管位阶不高，在《真灵位业图》中居于第七左位，被封为“北帝上相”。[①]

《剑桥中国秦汉史》评论说：秦始皇“作为一个普通的人似乎更加可信。他第一次遇见寻找仙药的术士之事几乎可以肯定有所渲染，不过渲染的程度还不可能确定。但是，在这种添枝加叶情况的背后，也许存在着事情的真情。秦始皇显然强烈地意识到他作为一个史无前例的统一的大帝国的创建者的非同寻常的作用，而这种意识一定使他强烈地感到人的生命的短暂，并且担心他自己在任何时候会突然死亡。结果很可能是他对公元前 219 年在海滨第一次遇到的术士所说的轶闻着迷似的发生了兴趣”；而“真正吸引秦始皇的道教是巫术、萨满教、健身法和静坐术、道家哲学及全神贯注于寻求长生灵药的阴阳五行论者的思想的奇异的大杂烩”。[②] 生命的短暂，死亡的突然，使作为一个普通人但又是帝国创建者的秦始皇着迷似的寻求长生灵药，以便能够永远统治他所创立的“大帝国”。很不幸，他的痴迷不悟追求还是如同“流水落花春去也”。

二　汉武帝求仙

汉武帝“初即位，尤敬鬼神之祀”。[③] 他极度羡慕黄帝成仙不死，曾经大发感叹说：“嗟乎！吾诚得如黄帝，吾视去妻子如脱屣耳。”[④] 只要能成仙不死，妻儿老小都可以抛弃。政治上“独尊儒术”的汉武

---

① 《真灵位业图》，《道藏》第 3 册第 280 页。

② 《剑桥中国秦汉史》第一章，中国社会科学出版社 1992 年版，第 97、94 页。

③ 《史记·孝武本纪》，中华书局 1982 年版，第 2 册第 451 页。

④ 《史记·封禅书》，中华书局 1982 年版，第 4 册第 1394 页。

帝，私人信仰上则崇尚方仙道，居然可以置儒家伦常于不顾，要“去妻子如脱屣”。他又大量招纳方士，予以重用，以致出现不少造假之徒，诚如葛洪所批评的那样：“汉武招求方士，宠待过厚，致令斯辈，敢为虚诞耳。”①

李少君是汉武帝“招求方士”找来的第一人，也是汉武帝求仙的第一个指路人。李少君无妻子，有方术，“能使物，却老”，并以其方术游遍诸侯。“人闻其能使物及不死，更馈遗之，常余金钱衣食。人皆以为不治生业而饶给，又不知其何所人，愈信，争事之。”又隐匿其年龄，人都“以为少君神，数百岁人也”。是时李少君以其“祠灶、谷道、却老方”见武帝，告诉武帝说：“祠灶则致物，致物而丹沙可化为黄金，黄金成以为饮食器则益寿，益寿而海中蓬莱仙者乃可见，见之以封禅则不死，黄帝是也。臣尝游海上，见安期生，安期生食巨枣，大如瓜。安期生仙者，通蓬莱中，合则见人，不合则隐。”于是，汉武帝开始亲自祠祀灶神，进行化丹沙诸药为黄金的试验，并派遣方士入海寻求蓬莱安期生这一类仙人。

虽然汉武帝“求蓬莱安期生莫能得，而海上燕齐怪迂之方士多更来言神事矣”。这些邀宠的怪迂方士中，有亳人谬忌奏祠太一方，称“天神贵者太一，太一佐曰五帝。古者天子以春秋祭太一东南郊，用太牢，七日，为坛开八通之鬼道”。这些，汉武帝都一一照办。后来又有人上书声称：“古者天子三年壹用太牢祠神三一，天一、地一、太一。”汉武帝也都欣然同意照办，“如其方”。② 这里所谓的“鬼道”，值得引起我们特别注意，东汉末张鲁也用“鬼道”教民，两个

---

① 王明《抱朴子内篇校释·论仙》，中华书局1985年版，第19页。

② 按《资治通鉴》卷十八，将李少君事系于元光二年（前133）冬十月（上海古籍出版社1987年版，上册第119页）。

“鬼道”之间有无相关性，还待考证。[①]

第二个引导汉武帝求仙通神的方士是齐人少翁，他的法术是所谓“鬼神方”，帮助汉武帝沟通鬼神。汉武帝宠幸的王夫人去世以后，“少翁以方盖夜致王夫人及灶鬼之貌云，天子自帏中望见焉。于是乃拜少翁为文成将军，赏赐甚多，以客礼礼之”。少翁卖弄的使汉武帝望见其心爱的王夫人及“灶鬼”样貌的“方”，可能就是今人所谓魔术。少翁声称：“上即欲与神通，宫室被服非象神，神物不至。”于是“作画云气车，及各以胜日驾车辟恶鬼。又作甘泉宫，中为台室，画天、地、太一诸鬼神，而置祭具以致天神。”然而效果并不如意，一年多后，少翁的鬼神方越来越差劲，召不来神。不得已，少翁只好硬着头皮造假，“乃为帛书以饭牛，佯不知，言曰此牛腹中有奇。杀视得书，书言甚怪”。更不幸的是，汉武帝识破了机关，“识其手书，问其人，果是伪书，于是诛文成将军”，并秘而不宣杀少翁事，以避免丑事外扬，有损汉武帝声望。[②]

第三个为汉武帝求仙通神出谋划策的，是与少翁同出一个师门的胶东宫人栾大。汉武帝自从诛杀少翁之后，“悔其早死，惜其方不尽”，及见到栾大，大喜。栾大“为人长美，言多方略，而敢为大言，处之不疑”。敢于吹牛的栾大对汉武帝放出大话：“臣常往来海中，见安期、羡门之属。顾以臣为贱，不信臣。又以为康王诸侯耳，不足与方。臣数言康王，康王又不用臣。臣之师曰：‘黄金可成，而河决可

---

① 按《汉书·武帝纪》，元封元年（前110）夏四月，武帝有诏曰：“不明于礼乐，故用事八神。”注引文颖说：“武帝祭太一，并祭名山于太坛西南，开除八通鬼道，故言用事八神也。一曰八方之神。”（中华书局1962年版，第1册第191、192页）认为“八通鬼道”与“事八神”相关。则鬼道亦即神道。

② 按《资治通鉴》卷十九，将少翁事系于元狩四年（前119）（上海古籍出版社1987年版，上册第133页）。

塞，不死之药可得，仙人可致也。'”又故作害怕状：“然臣恐效文成，则方士皆奄口，恶敢言方哉！”汉武帝谎称“文成食马肝死耳”，并利诱栾大说：“子诚能修其方，我何爱乎！”栾大当即申明：“臣师非有求人，人者求之。”并请求汉武帝“必欲致之，则贵其使者，令有亲属，以客礼待之，勿卑，使各佩其信印，乃可使通言于神人。神人尚肯邪不邪。致尊其使，然后可致也”。汉武帝为证实栾大确有方术，便先检验他的“小方”。栾大小露一手，“斗棋，棋自相触击”，使汉武帝信服。这里，栾大玩的依然是魔术。

当时汉武帝“方忧河决，而黄金不就，乃拜大为五利将军。居月余，得四印，佩天士将军、地士将军、大通将军印”。并下令“以二千户封地士将军大为乐通侯”，[①] 赐予其列侯甲第，僮千人。又以卫长公主妻之，送金万斤，命其邑曰“当利公主”。汉武帝还亲自到“五利之第”看望栾大，“又刻玉印曰‘天道将军’，使使衣羽衣，夜立白茅上，五利将军亦衣羽衣，夜立白茅上受印，以示不臣也。而佩‘天道’者，且为天子道天神也。于是五利常夜祠其家，欲以下神。神未至而百鬼集矣，然颇能使之”。在栾大见汉武帝后数月时间，便“佩六印，贵震天下”，于是“海上燕齐之间，莫不扼捥而自言有禁方，能神仙矣”。此后，由于“五利将军使不敢入海，之泰山祠。上使人随验，实毋所见。五利妄言见其师，其方尽，多不雠。上乃诛五利”。[②] 与其师兄弟少翁落得同一个下场。对此葛洪评论说：“栾太

---

① 按《汉书·武帝纪》：元鼎四年（前113）夏，“封方士栾大为乐通侯，位上将军”（中华书局1962年版，第1册第184页）。《资治通鉴》卷二十，则将栾大封侯事系于元鼎四年春二月（上海古籍出版社1987年版，上册第136页）。

② 按《汉书·武帝纪》：元鼎五年（前112）九月，“乐通侯栾大坐诬罔要斩”（中华书局1962年版，第1册第187页）。《资治通鉴》卷二十，亦将栾大坐诬罔腰斩系于元鼎五年（上海古籍出版社1987年版，上册第138页）。

（大）所知，实自浅薄，饥渴荣贵，冒干货贿，衒虚妄于苟且，忘祸患于无为，区区小子之奸伪……栾太若审有道者，安可得煞乎？……居丹楹之室，受不訾之赐，带五利之印，尚公主之贵，耽沦势利，不知止足，实不得道，断可知矣。”[①] 从文成、五利被诛杀也可看出，汉武帝尽管迷恋神仙不死，但仍然讲求“效验”，随时派人检验效果，一旦验证无效，便格杀勿论。他显然也与秦始皇一模一样，接受了韩非子的“参验”思想，信仰神仙是种经验主义的信仰。中国老百姓的信仰特质同样如此。在经验主义的信仰特色上，帝王与百姓家如出一辙。

齐人公孙卿，他是第四个鼓动汉武帝求仙通神的方士。元鼎四年（前113），汾阴挖出大鼎，官员议请尊为“宝鼎”，藏于帝廷，汉武帝予以批准。公孙卿闻风而动，声称：“今年得宝鼎，其冬辛巳朔旦冬至，与黄帝时等。”他拥有的札书上说：“黄帝得宝鼎宛朐，问于鬼臾区。鬼臾区对曰：‘帝得宝鼎神策，是岁己酉朔旦冬至，得天之纪，终而复始。’于是黄帝迎日推策，后率二十岁复朔旦冬至，凡二十推，三百八十年，黄帝仙登于天。”公孙卿八方钻营，托受汉武帝宠爱的人把札书递了上去。汉武帝看见后大悦，便召问公孙卿。公孙卿趁机称：“受此书申公，申公已死。”武帝问申公是何人，公孙卿说：“申公，齐人。与安期生通，受黄帝言，无书，独有此鼎书。曰：‘汉兴复当黄帝之时。’曰：‘汉之圣者在高祖之孙且曾孙也。宝鼎出而与神通，封禅。封禅七十二王，唯黄帝得上泰山封。’申公曰：‘汉主亦得上封，上封则能仙登天矣……’”假借鼎书，吹捧汉武帝为“汉之圣者”，竭力怂恿汉武帝学黄帝上泰山封禅，仙登于天。于是“拜卿为郎，东使候神于太室”。公孙卿到了河南候神，声称“见仙人迹缑氏

① 王明《抱朴子内篇校释·论仙》，中华书局1985年版，第19页。

城上，有物如雉，往来城上”。汉武帝对此起了疑心，亲自去缑氏城，查看仙人踪迹，质问公孙卿“得毋效文成、五利乎?”公孙卿狡辩说：“仙者非有求人主，人主者求之。其道非少宽假，神不来。言神事，事如迂诞，积以岁乃可致也。”① 汉武帝听信了他的话，于是郡国各除道，缮治宫观名山神祠所，期望神能够降临。如此“缮治宫观”以迎候神仙，与秦始皇如出一辙。显然，道教宫观作为神圣空间的功能，在秦皇、汉武时代已经得到广泛的应用。

自从获得宝鼎后，汉武帝便与公卿诸生商议封禅的事情。九十多岁的齐人丁公说：“封禅者，合不死之名也。秦始皇不得上封。陛下必欲上，稍上即无风雨，遂上封矣。”汉武帝于是下令诸儒演习射牛，起草封禅的仪式。将行封禅时，“既闻公孙卿及方士之言，黄帝以上封禅，皆致怪物与神通，欲放黄帝以上接神仙人蓬莱士，高世比德于九皇，而颇采儒术以文之。群儒既已不能辨明封禅事，又牵拘于《诗》《书》古文而不能骋”。于是汉武帝“尽罢诸儒不用”。汉武帝遂东巡到海上，行礼祠八神。“齐人之上疏言神怪奇方者以万数”，但都没有灵验。“乃益发船，令言海中神山者数千人求蓬莱神人。”并派公孙卿“持节常先行候名山，至东莱，言夜见大人，长数丈，就之则不见，见其迹甚大，类禽兽云”。此所谓夜里看见的“大人”，恐怕就是今人传言所见神农架的“野人”吧？汉武帝“即见大迹，未信，及群臣有言老父，则大以为仙人也。留宿海上，予方士传车及间使求仙人以千数”。② 公孙卿为“齐人”，九十多岁的丁公也是“齐人”，而上疏言“神怪奇方”的“齐人”方士动辄“以万数”，表明齐地实乃方

---

① 《资治通鉴》卷二十将此事系于元鼎六年（前111）（上海古籍出版社1987年版，上册第138页）。

② 《资治通鉴》卷二十将此事系于元封元年（前110）春正月（上海古籍出版社1987年版，上册第139～140页）。

仙道的大本营。汉魏之时，齐地琅邪道教的勃兴，东晋南朝时，侨居江南的琅邪道教家族所形成的庞大群体，看来自汉武帝时已经埋下伏笔了。汉武帝时，传言“海中神山”的方士“数千人”，派去“求仙人”的方士“以千数”，方仙道人数之众、规模之大，丝毫不亚于后世道教，于此可见一斑。而公孙卿则是其中的代表人物之一。有所不同的是，方仙道的方士似乎独来独往，尚未见到有组织架构的迹象。

汉武帝既已封泰山，又无风雨灾，“方士更言蓬莱诸神若将可得”，于是，他“复东至海上望，冀遇蓬莱”诸神。公孙卿报告“见神人东莱山，若云‘欲见天子’”。汉武帝“于是幸缑氏城，拜卿为中大夫。遂至东莱，宿留之数日，无所见，见大人迹云。复遣方士求神怪采芝药以千数”。[①] 公孙卿分析仙人不见的缘故：“仙人可见，而上往常遽，以故不见。”又提出建议：“今陛下可为观，如缑城，置脯枣，神人宜可致也。且仙人好楼居。”于是汉武帝下令在长安建蜚廉桂观，甘泉建益延寿观，派遣公孙卿“持节设具而候神人。乃作通天茎台，置祠具其下，将招来仙神人之属”。尽管建起“通天台”，却仍然招不来仙神人。逢天旱，公孙卿声称：“黄帝时封则天旱，乾封三年。”汉武帝乃下诏：“天旱，意乾封乎？其令天下尊祠灵星焉。”始终未遇见神，汉武帝很不甘心，再一次“东至海上，考入海及方士求神者，莫验，然益遣，冀遇之”。公孙卿又一次献言：“黄帝就青灵台，十二日烧，黄帝乃治明廷。明廷，甘泉也。”很多方士亦声言“古帝王有都甘泉者”。虽然求仙通神的效果很不理想，终无半点灵验，但汉武帝依旧不死心，总是渴望着真能遇见仙神人。[②] 这诚如史

---

① 《资治通鉴》卷二十一，将此事系于元封二年（前 109）春正月（上海古籍出版社 1987 年版，上册第 140 页）。

② 按《资治通鉴》卷二十一：太初元年（前 104）冬至，汉武帝“东至海上，考入海及方士求神者莫验，然益遣冀遇之”（上海古籍出版社 1987 年版，上册第 143 页）。

家所言："方士之候祠神人，入海求蓬莱，终无有验。而公孙卿之候神者，犹以大人之迹为解，无有效。天子益怠厌方士之怪迂语矣，然羁縻不绝，冀遇其真。自此之后，方士言神祠者弥众，然其效可睹矣。"同样无效，不知何故，公孙卿却很幸运，不仅是受汉武帝崇信的时间最长，而且还没有落到像少翁、栾大那样被诛杀的地步。

另外还有个济南人公王带，趁汉武帝不知道明堂制度之机，呈上黄帝时明堂图。"明堂图中有一殿，四面无壁，以茅盖，通水，圜宫垣为复道，上有楼，从西南入，命曰昆仑，天子从之入，以拜祠上帝焉。"根据公王带的这个图，汉武帝命令奉高在汶上建明堂。"及五年修封，则祠太一、五帝于明堂上坐，令高皇帝祠坐对之。祠后土于下房，以二十太牢。天子从昆仑道入，始拜明堂如郊礼。"最终借助于方士，把明堂制度给恢复了。等到汉武帝"东巡海上，考神仙之属，未有验者"。方士们又进言说："黄帝时为五城十二楼，以候神人于执期，命曰迎年"。汉武帝"许作之如方，命曰明年"，并亲自"礼祠上帝"，"衣上黄"。公王带建言说："黄帝时虽封泰山，然风后、封巨、歧伯令黄帝封东泰山，禅凡山，合符，然后不死焉。"汉武帝即令设祠具，到东泰山，由于东泰山卑小，"不称其声，乃令祠官礼之，而不封禅焉。其后令带奉祠候神物。夏，遂还泰山，修五年之礼如前，而加以禅祠石闾。石闾者，在泰山下址南方，方士多言此仙人之闾也，故上亲禅焉。"① 看来，凡是有神仙不死传说的地方，汉武帝都亲自出马顶礼膜拜。

不仅如此，汉武帝还精心设计、大力构筑人间仙境："作建章宫，度为千门万户。前殿度高未央。其东则凤阙，高二十余丈。其西则唐

---

① 《资治通鉴》卷二十一，将此事系于太初三年（前 102）夏四月（上海古籍出版社 1987 年版，上册第 144 页）。

中，数十里虎圈。其北治大池，渐台高二十余丈，命曰太液池，中有蓬莱、方丈、瀛洲、壶梁，象海中神山龟鱼之属。其南有玉堂、璧门、大鸟之属。乃立神明台、井干楼，度五十丈，辇道相属焉。”① 心中无限向往着住在这虚拟的人间仙境中，做一做神仙不死的梦。据说“仙人好楼居”，故蜚廉桂观、益延寿观、通天台、建章宫、神明台等宫观楼台建筑又包含有候望礼迎神仙的功能意义在内，从神圣空间这个角度看，与秦始皇修建的宫观一样，实为后世道教宫观的滥觞。

汉武帝甚至迷信与方仙道活动密切相关的民间神巫。他“尤敬鬼神之祀”，“求神君，舍之上林中蹏氏观”。神君本系“长陵女子，以子死，见神于先后宛若。宛若祠之其室，民多往祠。平原君往祠，其后子孙以尊显”。汉武帝即位后，“则厚礼置祠之内中。闻其言，不见其人云”。齐人少翁死后第二年，汉武帝于鼎湖病重，“巫医无所不致，不愈”。此前，“游水发根言上郡有巫，病而鬼神下之”，汉武帝召置祠之甘泉，及生病，派人询问神君。神君安慰他说：“天子无忧病。病少愈，强与我会甘泉。”汉武帝“于是病愈，遂起，幸甘泉，病良已”。这或许是巫（神君）的信仰治疗法，在其中发挥了一些作用。重病不死、恢复了健康的汉武帝，想必心情十分舒畅，便下令“大赦，置寿宫神君。寿宫神君最贵者太一，其佐曰大禁、司命之属，皆从之。非可得见，闻其言，言与人音等。时去时来，来则风肃然。居室帏中。时昼言，然常以夜。天子祓，然后入。因巫为主人，关饮食。所以言，行下。又置寿宫、北宫，张羽旗，设供具，以礼神君。神君所言，上使人受书其言，命之曰‘画法’。其所语，世俗之所知

① 按《汉书·武帝纪》：太初元年（前104）二月，“起建章宫”。颜师古注云：“在未央宫西，今长安故城西俗所呼贞女楼者，即建章宫之阙也。”此后，汉武帝多次“行幸建章宫”（中华书局1962年版，第1册第199、207、208页）。

也，无绝殊者，而天子心独喜。其事秘，世莫知也”。如此不惜工本厚礼神君，令人惊叹！

对地方性的巫俗，汉武帝也信奉。灭两越后，越人勇之进言：“越人俗鬼，而其祠皆见鬼，数有效。昔东瓯王敬鬼，寿百六十岁。后世怠慢，故衰耗。”汉武帝“乃令越巫立越祝祠，安台无坛，亦祠天神上帝百鬼，而以鸡卜。上信之，越祠鸡卜始用”。祠鬼有效，东瓯王敬鬼甚至活了一百六十岁，这不能不让汉武帝动心。只要有实用价值，无论鸡卜还是其他民间巫俗，他都一概收纳。此源远流长尚巫敬鬼的越文化，与三国以后江南道教的蓬勃兴起脱不了关系。

汉武帝亦很乐意向民间祠祀的仪式学习。他问官员：“民间祠尚有鼓舞乐，今郊祀而无乐，岂称乎？”官员说：“古者祠天地皆有乐，而神祇可得而礼。”有人告知说：“太帝使素女鼓五十弦瑟，悲，帝禁不止，故破其瑟为二十五弦。”于是汉武帝“祷祠太一、后土，始用乐舞，益召歌儿，作二十五弦及空侯琴瑟自此起”。[①] 后世道教做科仪时，十分重视“鼓舞乐”，大有汉代民间和宫廷祈祷祠神之遗风。

很长一段时间内，我们总是习惯于把帝王的一举一动都看作是“神道设教”，都是在借助于鬼神欺骗百姓，不大去注意他们的终极关怀，他们的内心感情世界。读一读汉武帝自己写的《秋风辞》吧：“秋风起兮白云飞，草木黄落兮雁南归。……欢乐极兮哀情多，少壮几时兮奈老何！”[②] 观望秋色，不免引起对人生的感慨，欢乐到了极处就生出许多的哀情，哀伤什么？哀伤人生易老啊，眼下的欢乐又还能持续多久？求仙也不成，看看离死亡的路越走越近了，能够不“哀

---

① 以上所述汉武帝求仙通神事见《史记·封禅书》及《史记·孝武本纪》（中华书局1982年版，第4册第1384～1404页；第2册第451～485页）。

② 《文选》卷四十五，中华书局1977年版，第636页。

情多”吗？毕竟帝王这类政治人物也是人，他们同样面临着如何解脱生死的问题，换句话说，他们也有自己的宗教信仰。生死攸关之处，汉武帝不惜自我欺骗，选择了凭借方士求仙通神，以圆神仙不死之梦，虽然一无所获，屡战屡败，却一直都不死心，锲而不舍，屡败屡战，执着追求，从不反悔。但据《资治通鉴》卷二十二所载：征和四年（前89）三月，汉武帝接见群臣，表示忏悔之情说：“朕即位以来，所为狂悖，使天下愁苦，不可追悔。自今事有伤害百姓，糜费天下者，悉罢之。”田千秋趁此机会进言说：“方士言神仙者甚众，而无显功，臣请皆罢斥遣之。”汉武帝称许田千秋说得对，“于是悉罢诸方士候神人者”。此后，汉武帝每对群臣作自我忏悔：“向时愚惑，为方士所欺。天下岂有仙人，尽妖妄耳，节食服药，差可少病而已。”①晚年的汉武帝是否已经悔悟？颇令人质疑，这或许是后世儒生为了某种目的而编造的故事。而且以汉武帝那样固执己见、刚愎自用的性格，公开向臣下表示忏悔，承认错误，似乎不太可能。汉武帝动用国家财力，大规模求仙通神，追寻不死，比起秦始皇来可以说有过之而无不及，为何却没有使汉朝如同秦朝那样很快就灭亡呢？司马光总结说：“信惑神怪，巡游无度，使百姓疲敝，起为盗贼，其所以异于秦始皇者无几矣。然秦以之亡，汉以之兴者，孝武能尊先王之道，知所统守，受忠直之言……晚而改过，顾托得人，此其所以有亡秦之失，而免亡秦之祸乎！”② 原因很复杂，其中汉武帝能够“尊先王之道”，亦即统守儒术，听从儒学的“忠直之言”，并且“晚而改过”，即晚节

① 《资治通鉴》卷二十二，上海古籍出版社1987年版，上册第152页。《汉武故事》载：武帝“每见群臣，自叹愚惑：‘天下岂有仙人，尽妖妄耳！节食服药，故差可少病。’”（《汉魏六朝笔记小说大观》，上海古籍出版社1999年版，第176页）此盖小说家言耳，难以作为信史采纳。

② 《资治通鉴》卷二十二，上海古籍出版社1987年版，上册第154页。

改掉求仙通神的过错，是关键所在。这是站在儒者立场所作的总结，历史事实是否如此，还须进一步考证研究。

汉武帝求仙的故事，成为小说家很好的题材，并进一步加以渲染，和西王母的神仙故事挂上了钩。《汉武帝别国洞冥记》卷四称："武帝暮年，弥好仙术。"[①]《汉武帝内传》说汉武帝"虽有心求慕，实非仙才"；"帝既见王母及上元夫人，乃信天下有神仙之事，亦有欲去世计数矣，而淫色恣性，杀伐不休。兆人怨于劳役，死者怨于无辜"。[②] 将汉武帝作为求仙的反面教材，试图证明汉武帝求仙失败，并不等于天下就没有神仙，指出汉武帝之所以信奉神仙而成不了仙，是因为他好色好杀、奴役百姓的本性难移，"实非仙才"。《汉武故事》也揭示说："帝滞情不遣，欲心尚多，不死之药，未可致也。"[③] 凡心虽未退场，但汉武帝终究是方仙道的信仰者，他是要借助于此来克服死亡焦虑的。

道教神学史料《神仙传》中，也有不少汉武帝求仙的故事。如《王兴》记载：仙人告诉汉武帝，"吾九疑仙人也，闻中岳有石上菖蒲一寸九节，服之可以长生"。武帝"乃采菖蒲服之，且二年。而武帝性好热食，服菖蒲每热者，辄烦闷不快，乃止。时从官多皆服之，然莫能持久"。对比之下，作为"本凡民，不知书"的王兴，"闻仙人使武帝常服菖蒲，乃采服之不息，遂得长生"。这是讥讽汉武帝求仙不能持久，稍稍遇到困难便知难而退，反而不如"凡民"王兴坚持不懈，终于"长生"。看来故事是要说明，成仙面前人人平等，帝王求仙并不比普通老百姓具有先天的优势。像汉武帝这样三天打鱼、两天

① 《汉魏六朝笔记小说大观》，上海古籍出版社 1999 年版，第 135 页。
② 《汉魏六朝笔记小说大观》，上海古籍出版社 1999 年版，第 153、158 页。
③ 《汉魏六朝笔记小说大观》，上海古籍出版社 1999 年版，第 173 页。

晒网，不能攻坚克难者，即便贵为皇帝，最终也只能以失败收场。又如《卫叔卿》记载：卫叔卿服云母得仙，降于武帝殿前，帝惊问之为谁，曰："我中山卫叔卿也。"帝曰："中山非我臣乎?"叔卿不应，即失所在。后来，武帝派遣梁伯之与卫叔卿之子度世前往华山寻觅卫叔卿。度世见到父亲，"具说天子悔恨不得与父共语，故遣使者与度世共来"。叔卿曰："吾前为太上所遣，欲戒帝以灾厄之期，及救危厄之法，国祚可延，而帝强梁自贵，不识道真，反欲臣我，不足告语，是以弃去。今当与中黄太一共定天元九五之纪，吾不得复往也。"于是度世得到父亲的仙方，"并以教梁伯之，遂俱仙去，不以告武帝也"。汉武帝以其"强梁自贵"，不知礼贤下士，有眼不识真仙，"反欲臣"之，结果再次与神仙失之交臂。再如《李少君》记载：少君给汉武帝上表指出："然丹方禁重，宜绝臭腥，法养物仁克仙蠢动，而陛下不能绝奢侈，远声色，杀伐不止，喜怒不除，万里有不归之魂，市朝有流血之刑，神丹大道未可得成。"[①] 仙传从各方面寻找汉武帝不能成仙的原因，主要是希望向道教信徒说明，汉武帝求仙失败，是他自身素质太差造成的，并不能证明神仙不存在，道教信徒绝不能因为汉武帝这个反面例子，失去修仙了道的坚定信心。不论是在小说家那里，还是在道教神学历史那里，汉武帝都被作为反面教材来警示道教信徒，并由此而引发出许多有趣的神仙故事。

《魏书·释老志》指出：道教之"为教也，咸蠲去邪累，澡雪心神，积行树功，累德增善，乃至白日升天，长生世上。所以秦皇、汉武，甘心不息"。[②] 秦始皇、汉武帝痴迷信奉方仙道，当然不是要

---

① 胡守为《神仙传校释》卷十《王兴》、卷二《卫叔卿》、卷六《李少君》，中华书局2010年版，第354、58～59、207页。

② 《魏书·释老志》，中华书局1974年版，第8册第3048页。

“蠲去邪累，澡雪心神，积行树功，累德增善”，他们的眼睛牢牢盯住“长生世上”，心中想入非非，梦想永远做皇帝，即使办不到，也“甘心不息”，一心一意要争取像黄帝那样“白日升天”。

对秦始皇、汉武帝的寻仙、求仙，沈约《游沈道士馆》评论说：“秦王御宇宙，汉帝恢武功。欢娱人事尽，情性犹未充。锐意三山上，托慕九霄中。既表祈年观，复立望仙宫。宁为心好道，直由意无穷。”① 秦皇、汉武勤念“山海经”寻求神仙，跑遍高山大海，并非“心好道”，而是他们的“欢娱人事”很快就要走到尽头，但对美好生命贪恋的“情性”却“意无穷”，于是大修“祈年观”、“望仙宫”，渴求神仙光临，满足其长生不死的欲望。这可看作是文人的“诗史”吧！

对汉武帝求仙，史学家顾颉刚评论道：“武帝求仙求了五十年，用了许多方士，又杀了许多方士，甚至把自己的女儿嫁给方士，然而不死之药究竟得不到。无可奈何地自慰，他只有在建章宫北面的泰液池内筑了几个岛，唤做蓬莱、方丈、瀛洲，雕刻了许多石鱼、石鳖排列在上面，算是真到了海上神山。”② 这真是莫大的讽刺！

---

① 《文选》卷二十二，中华书局 1977 年版，第 320 页。

② 顾颉刚《秦汉的方士与儒生·汉武帝的郊祀与求仙》，上海古籍出版社 1998 年版，第 19 页。

曹操与道教

之所以选定曹操与道教的关系来做文章，是因为笔者认定通过此个案的研究，毫无疑问多多少少有助于澄清中国历史上的皇帝们与道教那么些恩恩怨怨、离离合合的错综复杂关系，从而可以于一个侧面透视古代最高统治者的精神生活，他们对待道教的功利主义态度等等。当然，试图在一篇文章中就把隐匿于历史背后的有关这一论题的信息系统悉数解密，那不用说，肯定是劳而无功的，也用不着以此来对作者求全责备。曹操与道教，有政治军事的关系，有养生的关系，也有文学的关系。下面分述之。

一　政治军事关系

曹操十分重视处理好宗教与政治军事的关系，因为曹魏政权面临的宗教问题（具体地说就是道教）比较严重，搞不好会带来政权的崩溃。东汉献帝初平三年（192），曹操收编青州黄巾军降卒三十余万，男女百余万口，以其精锐号为青州兵。这支部队从此成为曹操经略天下的基本力量，为曹魏取得政权奠定了强劲的军事基础。东汉献帝建安二十年（215）曹操又招降了汉中张鲁的部队，进一步扩充了自己的政治军事实力。据《晋书·李特载记》："魏武帝克汉中，特祖将五百余家归之。"[①] 这其中基本上为五斗米道民。这样，在军事力量日渐强大的同时，曹操军队中也拥有了大量的太平道徒和五斗米道徒，因而妥善处理和安排这些道徒，关系到稳定军心，加强部队战斗力，夺取天下的大事。曹操对于道教的总的战略考虑是：既要拉拢利用它，充实壮大自己的军事力量，又要严格控制它，令其不至于在政治上滋事生非。为实现这个战略目标，他采取了两个战术策略：

第一，以军事行动征讨黄巾军和张鲁部队，武力中杂以怀柔，最终招抚收编。曹操和青州黄巾军作战时，黄巾军曾移书于他说："昔在济南，毁坏神坛，其道乃与中黄太乙同，似若知道，今更迷惑。"[②] 所谓"昔在济南，毁坏神坛"，是指汉灵帝光和（178—184）末，曹操为济南相时"禁断淫祀"，"毁坏祠屋，止绝官吏民不得祠祀"，从而使"奸宄逃窜"，"政教大行，一郡清平"，"世之淫祀由此遂绝"。[③] 在太平道徒看来，曹操这种禁断淫祀的做法和他们的"中黄太乙"道法是相似的，曹操大约是个懂得太平道的人，因而黄巾军规劝曹氏："汉行已尽，黄家当立。天之大运，非君才力所能存也"，希望他携起手来推翻汉朝，建立黄家的天下。曹操见信后，一面大骂，一面又"数开示降路"。[④] 黄巾军战败之后，投降曹操。建安元年（196），"汝南、颍川黄巾何仪、刘辟、黄邵、何曼等，众各数万，初应袁术，又附孙坚。二月，太祖（曹操）进军讨破之，斩辟、邵等，仪及其众

① 《晋书·李特载记》，中华书局 1974 年版，第 10 册第 3022 页。

② 《三国志·武帝纪》注引《魏书》，中华书局 1982 年版，第 1 册第 10 页。

③ 《三国志·武帝纪》及注引《魏书》，中华书局 1982 年版，第 1 册第 4 页。葛洪也曾称赞："魏武禁淫祀之俗。"（王明《抱朴子内篇校释·道意》，中华书局 1985 年版，第 172 页）

④ 《三国志·武帝纪》注引《魏书》，中华书局 1982 年版，第 1 册第 10 页。

皆降”。[①] 于是，曹操又收编了一股黄巾军。为什么黄巾军多降于曹操而不是投靠其他军阀？除了其他因素，恐怕和他们认为曹操“毁坏神坛”、“似若知道”有关。看来曹操对于宗教问题的妥善处置是他得以顺利收编黄巾军的一个重要原因。

对于汉中张鲁五斗米道，曹操也是先以大军压境，然后实行招降。裴松之评论道：“张鲁虽有善心，要为败而后降，今乃宠以万户，五子皆封侯，过矣。”[②] 其实这正是曹操笼络利用道教的良苦用心。在此之前，曹操已经派军队攻打过张鲁，建安十六年（211），“张鲁据汉中，三月，遣钟繇讨之。公使渊等出河东与繇会”。[③] 曹操对张鲁五斗米道政权也自有其看法：“太祖征张鲁……既至汉中，山峻难登，军食颇乏。太祖曰：‘此妖妄之国耳，何能为有无？’”[④] 对张鲁政权抱着“妖妄”的看法，又对张鲁多次征讨，最后竟以曹、张结为秦晋之好的喜剧收场，奇怪么？一点也不，正透示出曹操对道教的灵活策略。

不仅如此，曹操先前对太平道的招降处置，显然对张鲁早已有所影响。孙权曾遣使告刘备说：“米贼张鲁居王巴、汉，为曹操耳目，规图益州。”刘备欲自图蜀，乃作答曰：“张鲁虚伪，未必尽忠于操。”[⑤] 这正好透露出张鲁“居王巴、汉”时，已有依附曹操的倾向，孙权和刘备都已经看到了这一点。张鲁的政治立场是十分明确的，据《三国志·文帝纪》注引《献帝传》所说：“国人不协，或欲西通，鲁

---

① 《三国志·武帝纪》，中华书局 1982 年版，第 1 册第 13 页。

② 《三国志·张鲁传》注，中华书局 1982 年版，第 1 册第 265 页。

③ 《三国志·武帝纪》，中华书局 1982 年版，第 1 册第 34 页。

④ 《三国志·刘晔传》，中华书局 1982 年版，第 2 册第 445 页。

⑤ 《三国志·先主传》注引《献帝春秋》，中华书局 1982 年版，第 4 册第 880 页。

即怒曰：‘宁为魏公奴，不为刘备上客也。’言发恻痛，诚有由然。”[①]表示了要在曹刘两大政治集团之间坚定不移地站在曹魏一边的态度。关于张鲁受到曹魏宠待，胡适先生曾推测说：“张鲁‘以鬼道教民……民夷便乐之，雄踞巴汉垂三十年’，后来汉中的‘民夷’好像大部分被曹魏迁徙到关陇去了。我颇猜想，张鲁一门在曹魏得保持尊荣——也许还保持‘父死子系’的‘铁券’‘客礼’——可能是曹魏认识三张道教在民间有大势力，故不能不维持这‘父死子系’的教主?”[②] 这样的推论，不无一定的道理。按佛教方面的说法，曹操在政治上尚黄色是继承了张角、张鲁的政治遗产。据释道安《二教论·服法非老第九》所说：“张角、张鲁等，本因鬼言汉末黄衣当王，于是始服之。曹操受命，以黄代赤。”[③] 果真如此，则曹操在政治上对太平道和五斗米道的利用可谓无所顾忌。尽管缺乏明确的史料依据证明太平道与五斗米道在曹魏时融为一体发展，但黄巾军被收编的大批太平道徒其后与降曹的张鲁五斗米道徒同在曹魏政权中共事，这却是毫无疑问的历史事实，因此可以推论，二者之间彼此影响，逐步走向融合的可能性非常大，两晋南北朝天师道或许就是这两股势力合流的结果。

第二，在利用道教力量的同时，曹操更苦心营构控制道教的网络，对道教领袖人物外示优宠，内行软禁，采取内紧外松的策略，并在必要时斩杀桀骜不驯的道士。[④] 曹操委任郝孟节统领诸方士。郝孟

---

① 《三国志·文帝纪》，中华书局 1982 年版，第 1 册第 63 页。

② 《杨联陞论文集》附录一《胡适先生来信》，中国社会科学出版社 1992 年版，第 86～87 页。

③ 《广弘明集》卷八，上海古籍出版社 1991 年版，第 146 页。

④ 鲁迅曾说：曹操“自己能做文章，又有手段，把天下的方士文士统统搜罗起来，省得他们跑在外面给他捣乱”（《鲁迅全集》第 1 册《而已集·魏晋风度及文章与药及酒之关系》，新疆人民出版社 1995 年版，第 785 页）。

节“能含枣核，不食可至五年十年。又能结气不息，身不动摇，状若死人，可至百日半年。亦有室家。为人质谨不妄言，似士君子。曹操使领诸方士焉”。[①] 又招致方士们“咸共归之”的甘始等有社会影响力的道术之士，聚集在一起。这样做的目的，正如曹植《辩道论》所揭示的：“本所以集之于魏国者，诚恐斯人之徒，接奸诡以欺众，行妖匿以惑人，故聚而禁之。甘始者，老而有少容，自余术士，咸共归之。然始词繁寡实，颇窃有怪言，若遭秦始皇、汉武帝，则复徐福、栾大之徒矣。”[②] 这说明，曹操的招聚方士，与秦始皇、汉武帝不同，主要目的不是为妄求神仙不死，而是为了防止这些人惑民作乱，再演汉末黄巾起义的故事。所以在曹操“聚而禁之”政策的网罗下，甘始等有名望的道术之士“知上遇之有恒，奉不过于员吏，赏不加于无功，海岛难得而游，六黻难得而佩，终不敢进虚诞之言，出非常之语”。[③] 于是，秦始皇、汉武帝妄求神仙不死的历史悲剧，在曹操身上并没有重演，甘始等道术之士也不敢做徐市、栾大之流的美梦。曹操后来固然也有向这些方士学养生术的意图，但他对生命的认识比秦皇、汉武更清醒，没有因此走上后者的老路。

曹操曾欲杀左慈，并杀了华佗和号称“神人”的宋金生。关于左慈，据《后汉书·方术传》载：“操出近郊，士大夫从者百许人，慈乃为赍酒一升，脯一斤，手自斟酌，百官莫不醉饱。操怪之，使寻其故，行视诸炉，悉亡其酒脯矣。操怀不喜，因坐上收，欲杀之，慈乃却入壁中，霍然不知所在。”关于杀华佗事，同书记述说：华佗“为人性恶，难得意，且耻以医见业，又去家思归，乃就操求还取方，因

① 《后汉书·方术传》，中华书局1965年版，第10册第2751页。

② 《广弘明集》卷五，上海古籍出版社1991年版，第124页。按：“徐福”即“徐市”。

③ 《三国志·方技传》注引曹植《辩道论》，中华书局1982年版，第3册第805页。

托妻疾，数期不反。操累书呼之，又敕郡县发遣，佗恃能厌事，犹不肯至。操大怒，使人廉之，知妻诈疾，乃收付狱讯，考验首服。荀彧请曰：'佗方术实工，人命所悬，宜加全宥。'操不从，竟杀之"。①关于诛杀号称"神人"的宋金生，建安四年（199），曹操上奏汉献帝《掩获宋金生表》称："臣前遣讨河内、获嘉诸屯，获生口，辞云：'河内有一神人宋金生，令诸屯皆云鹿角不须守，吾使狗为汝守。不从其言者，即夜闻有军兵声，明日视屯下，但见虎迹。'臣辄部武猛都尉吕纳，将兵掩捉得生口，辄行军法。"② 对于他认定的有危害政权之嫌或是敢于违抗其意志的方士，格杀勿论，毫不留情，以收杀一儆百之效用。

曹操对张鲁五斗米道，一方面优宠，一方面又采取了数项控制措施。一是把张鲁带到北方，留夏侯渊和张郃守汉中，以便就近监视控制道教首领，免得出现反复。这和曹操多疑的性格分不开。二是迁徙张鲁米民。《三国志·张既传》载："从征张鲁……鲁降，既说太祖拔汉中民数万户以实长安及三辅。"③《三国志·和洽传》也载："太祖克张鲁，洽陈便宜以时拔军徙民，可省置守之费。太祖未纳，其后竟徙民弃汉中。"④ 我们知道，张鲁在汉中建立的是行政、军事、宗教三合一的政权，其民多信道教，这些人迁到北方，曹操统治境内的道教徒必猛增无疑，所以如何治理为数众多的道教教民，防止"妖匿"之徒欺惑教民滋事，成为曹魏政权必须解决的一个大问题，这个问题

① 《后汉书·方术传》，中华书局1965年版，第10册第2747、2739页。

② 《曹操集·掩获宋金生表》，中华书局1959年版，第20页。

③ 《三国志·张既传》，中华书局1982年版，第2册第472页。据陈寅恪先生推测，寇谦之的祖上可能于此时从汉中迁往北方（《陈寅恪史学论文选集》，上海古籍出版社1992年版，第193～194页）。

④ 《三国志·和洽传》，中华书局1982年版，第3册第657页。

处理不当，势必给其政权的巩固带来不安定因素。因此曹操对于如何安抚控制这些道教徒绞尽了脑汁，使出了浑身解数，他以“优礼”为名监禁了一批有影响的方士，割断这批人（包括张鲁）同广大教徒的联系，从而达到了既利用道教力量又防止其行“奸宄”扰乱统治秩序的政治目的，取得了对于曹魏政权来说比较满意的政治效果。换一个角度去审视，太平道与五斗米道这两大股道教势力归附曹操，的确使得曹魏政权的政治军事实力大幅度提高，表明曹魏政权的宗教政策对当时的道教势力有一定吸引力，而这种吸引力给曹魏政权带来了相当可观的好处，那也是不言而喻的。看来曹操在怎么样处理道教与政治军事的关系上要比孙权、刘备高明得多。

概而言之，在曹操统一天下的政治军事斗争中，道教是其回避不了的问题，假如不能处理好与道教的关系，稳妥安置大量加入其军中的道教徒，则难以巩固自己已获得的地盘，稳定军心，进而完成问鼎中原的大业。而曹操所采取的战略与策略，可以说较为成功地处理了这方面的事务。

二 养生

《后汉书·方术传》说：“汉自武帝颇好方术，天下怀协道艺之士，莫不负策抵掌，顺风而届焉。”[①] 好方术之风直至汉末仍流传不息，为曹魏政权所承袭，故《宋书·臧焘传》论云：“自魏氏膺命，主爱雕虫，家弃章句，人重异术。”[②] 这里所谓“雕虫异术”亦应当包含养生术在内。马王堆三号墓西汉帛书中有几种已佚医书，其中有

① 《后汉书·方术传》，中华书局1965年版，第10册第2705页。

② 《宋书·臧焘传》，中华书局1974年版，第5册第1552页。

《却谷食气方》，还有一幅《导引图》，这些出土文物说明汉代养生方术已有较大发展。到三国时，导引术有了进一步提高，华佗认为人体当运动，是以古之仙者为导引之事，动诸关节，以求难老，他还发明了“五禽戏”，以当导引。这些都和道教神仙长生有联系，故称为“神仙方术”。社会上早已存在的这些“神仙方术”为统治者们的服食养生提供了条件，曹操也不例外。张华《博物志》卷五云：“魏武帝好养性法，亦解方药，招引四方之术士如左元放、华佗之徒无不毕至。”[①] 裴松之在《三国志·武帝纪》注里也引了这一段话，并云：“又习啖野葛至一尺，亦得少多饮鸩酒。”[②] 此外，曹操曾撰《四时食制》，探究食疗即人的饮食与长寿的关系问题，可惜大部分已亡佚。[③] 看来，曹操的雅好道教养生术是毋庸置疑的。

统计起来，曹操所聚集的方士有：上党王真、陇西封君达、甘陵甘始、谯国华佗、河南卜式、汝南费长房、阳城郄俭、河南赵圣卿、鲁女生、东郭延年、唐雹、冷寿光、张貂、左慈、苏子训、鲜奴辜。这些人有何奇妙道术可以供曹操选择应用？据《博物志》卷五引《典论》说：“甘始、左元放、东郭延年，行容成御妇人法，并为丞相所录，间行其术，亦得其验。降就道士刘景受云母九子元方，年三百岁，莫之所在。武帝恒御此药，亦云有验。”[④] 《博物志》卷五讲述说：皇甫隆遇见青牛道士封君达，“其余养性法即可放用，大略云：‘体欲常少劳无过虚，食去肥浓，节酸咸，减思虑，损喜怒，除驰逐。

① 张华《博物志》卷五，中华书局 1980 年版，第 61 页。

② 《三国志·武帝纪》，中华书局 1982 年版，第 1 册第 54 页。

③ 现存数条见《曹操集》，中华书局 1959 年版，第 66~67 页。

④ 张华《博物志》卷五，中华书局 1980 年版，第 65 页。

慎房室施泻，秋冬闭藏。’别篇，武帝行之有效”。[①]《三洞群仙录》卷十五则引《高道传》述说：“封衡，字君达，常驾一青牛，因号青牛道士。人有病，不问识与不识，便以腰间竹管中药与之，或下针，应手立愈。魏武帝问养性大略，师曰：‘体欲常劳，食欲常少。劳勿过极，少勿过虚。去肥浓，节酸咸，减思虑，损喜怒，除驰逐，慎房室，春夏施泻，秋冬闭藏，则几于道矣。’”[②]此两则记述虽然有别，但是都与青牛道士封君达相关。[③]曹操在《与皇甫隆令》中曾提到：“闻卿（皇甫隆）年出百岁，而体力不衰，耳目聪明，颜色和悦，此盛事也。所服食施行导引，可得闻乎？若有可传，想可密示封内。”[④]另外，据《后汉书·方术传》载：“甘始、东郭延年、封君达三人者，皆方士也。率能行容成御妇人术，或饮小便，或自倒悬，爱啬精气，不极视大言。甘始、元放、延年皆为操所录，问其术而行之。君达号‘青牛师’。凡此数人，皆百余岁及二百岁也。”又载：“王真年且百岁，视之面有光泽，似未五十者。自云：‘周流登五岳名山，悉能行胎息胎食之方，嗽舌下泉咽之，不绝房室。’”[⑤]被曹操所杀掉的华佗则专为其治头风症。华佗“晓养性之术，年且百岁而犹有壮容，时人以为仙”。[⑥]“太祖闻而召佗，佗常在左右。太祖苦头风，每发，心乱

---

① 张华《博物志》卷五，中华书局1980年版，第62页。参阅陶弘景《养性延命录》卷上《教戒篇第一》。

② 《三洞群仙录》卷十五，《道藏》第32册第336页。

③ 关于青牛道士封君达事迹，《后汉书·方术传》注引《汉武帝内传》说：“封君达，陇西人。初服黄连五十余年，入鸟举山，服水银百余年，还乡里，如二十者。常乘青牛，故号‘青牛道士’。闻有病死者，识与不识，便以要间竹管中药与服，或下针，应手皆愈。不以姓名语人。闻鲁女生得《五岳图》，连年请求，女生未见授。并告节度。二百余岁乃入玄丘山去。”（中华书局1965年版，第10册第2750页）

④ 《曹操集·与皇甫隆令》，中华书局1959年版，第57页。

⑤ 《后汉书·方术传》，中华书局1965年版，第10册第2750～2751页。

⑥ 《后汉书·方术传》，中华书局1965年版，第10册第2736页。

目眩，佗针鬲，随手而差。”[①] 概括上述材料可见，曹操“召聚”方士的目的，除了政治上的需要外，还有养生延寿的如意算盘在其中，他所好方术有行气、服药、房中术、养性法等，都系方士们所提供。

曹操与道教养生术，特别值得注意的是这一问题：终其一生，他对待道教神仙之道的态度并不是一成不变的，早年和晚年有所不同。早年对神仙长生持怀疑态度，对鬼神妖祥多加反对。晚年服食养生，为的是延寿，而延寿为的是实现政治理想。曹操曾经愤然而起发出感叹“痛哉世人，见欺神仙”[②]；他主张用兵“禁妖祥之言”[③]；他任济南相期间禁淫祀，除奸邪鬼神之事（见上文）；他自述“性不信天命之事”[④]。大约在五十岁前，他与道教方术有一定距离。到晚年，特别是其生命的最后几年，逐渐喜好上服食养性之术，对神仙之道有些新的体会。他以诗表达自己向往神仙的意愿：“神仙之道，出窈入冥，常当专之。心恬澹，无所愒欲。闭门坐自守，天与期气。愿得神之人，乘驾云车，骖驾白鹿，上到天之门，来赐神之药。跪受之，敬神齐。当如此，道自来。”[⑤] 然而，应看到曹操的服食求仙和秦皇汉武是不同的，他不是“妄”求神仙，他不像秦皇、汉武那样走过了头，他也不像后代崇道的唐宋帝王那样因为服药丧生。曹操对生命的认识比历史上诸多皇帝更清醒。他认识到生命毕竟会走向尽头，谁也没有办法逃避这一现实：“造化之陶物，莫不有终期。莫不有终期，圣贤不能免。”[⑥] 他知道即使再长寿的生命也会灰飞烟灭：“神龟虽寿，犹

① 《三国志·方技传》，中华书局 1982 年版，第 3 册第 802 页。

② 《曹操集·补遗·善哉行》，中华书局 1959 年版，第 219 页。

③ 《曹操集·孙子注》，中华书局 1959 年版，第 117 页。

④ 《曹操集·让县自明本志令》，中华书局 1959 年版，第 42 页。

⑤ 《曹操集·气出唱》，中华书局 1959 年版，第 1 页。

⑥ 《曹操集·精列》，中华书局 1959 年版，第 2 页。

有竟时；腾蛇乘雾，终为土灰。”① 他哀叹人的生命美不胜收但却匆匆而过：“对酒当歌，人生几何！譬如朝露，去日苦多。慨当以慷，忧思难忘。”② 他懂得人生苦短，转眼就是百年，人是必死无疑的。但另一方面他又懂得：“盈缩之期，不但在天；养怡之福，可得永年。”③ 人的生命虽然为自然规律所限，但是人可以充分调动主体自我的积极手段去延长生命，获得长寿。因而他所讴歌、所追求的神仙长生，其实际含义是求长寿，是要延年益寿。他对赤松、王乔得道的传统说法表示怀疑，认为他们只是比较长寿而已：“天地何长久！人道居之短。世言伯阳，殊不知老；赤松王乔，亦云得道。得之未闻，庶以寿考。”④ 他频繁地表达了追求长寿的心愿：“传告无穷闭其口，但当爱气寿万年”；“主人当行觞，坐者长寿遽何央。长乐甫始宜孙子。常愿主人增年，与天相守。”⑤ “思得神药，万岁为期。”⑥ 所谓“万年”、“万岁”是诗人夸张的说法，诗人追求的，并不是虚无缥缈的长生不老，而是实实在在的生命延长。为了达此目的，他服药养性，行气导引，甚至幻想：“交赤松，及羡门，受要秘道爱精神。食芝英，饮醴泉，拄杖枝，佩秋兰。绝人事，游浑元。若疾风游欻飘飘。景未移，行数千。寿如南山不忘愆。”⑦ 至此，我们发现，曹操晚年对道教方术上瘾的原因之一是他心灵深处渴望延寿。道教方术都是所谓的求仙途径，按道教所说，只要修炼得法，持之以恒，循此即使不成仙，亦能延年。比如说服药，《神农经》就称：“上药养命，谓

① 《曹操集·步出夏门行》，中华书局 1959 年版，第 11 页。
② 《曹操集·短歌行》，中华书局 1959 年版，第 5 页。
③ 《曹操集·步出夏门行》，中华书局 1959 年版，第 11 页。
④ 《曹操集·秋胡行》，中华书局 1959 年版，第 8 页。
⑤ 《曹操集·气出唱》，中华书局 1959 年版，第 1~2 页。
⑥ 《曹操集·秋胡行》，中华书局 1959 年版，第 8 页。
⑦ 《曹操集·陌上桑》，中华书局 1959 年版，第 5 页。

五石之练形，六芝之延年也。中药养性，合欢蠲忿，萱草忘忧。下药治病，谓大黄除实，当归止痛。”① 服药既可延命养性，又可治病，曹操好之是很自然而然的。曹操本有头痛病，他的头痛据他所说是“逆气病”，气往上冲，以致出现头痛面红等症，他常常备有水，用来浸头。他临终前主要服用当归汤，一种以中药当归为主的补剂。故曹操晚年之喜好道教方术，也与他自己老了之后的身体条件有关，他迫切需要这些东西的帮助来维持其自然生命。

曹操采用道教方术延年益寿，究其根源是企图延长其政治生命，从而实现其统一天下的雄心壮志。的确，曹操晚年在政治上仍然雄心勃勃：“老骥伏枥，志在千里；烈士暮年，壮心不已。”② 然而人生时光有限，壮志未酬却身先老，故曹操诗文中多次流露人生苦短、不能实现抱负的叹息。你看他一面憧憬着“周公吐哺，天下归心”，一面又对朝露般的人生“忧思难忘”。③ 他时常流露出无可奈何生命落去的悲哀：“年之暮奈何，时过时来微”；④ “壮盛智惠，殊不再来”。⑤ 有学者认为曹操诗中多有叹流光易逝，欲得贤才以早建王业之诗，这个分析抓在了点子上。在岁月流逝和政治理想中，曹操更看重后者，他所谓：“不戚年往，忧世不治”⑥，就表露了这点。这话反过来说就是，只要天下大治，就不会有生命流逝的愁绪万种。不幸的是老之已至而王业未成，这样的现实问题怎能不令人心慌，怎能不使曹操热衷于向道教养生术求助？所以我们说，在曹操那儿，服食道教养生术乃

① 《博物志》卷四引，中华书局1980年版，第48页。
② 《曹操集·步出夏门行》，中华书局1959年版，第11页。
③ 《曹操集·短歌行》，中华书局1959年版，第5页。
④ 《曹操集·精列》，中华书局1959年版，第2页。
⑤ 《曹操集·秋胡行》，中华书局1959年版，第8页。
⑥ 《曹操集·秋胡行》，中华书局1959年版，第8页。

是作为政治之补充，是种手段，政治上的雄图大志才是目的。

三 文学

曹操在文学创作上取得的成就与道教也有关系，特别是其游仙诗，引入神仙故事，颇富想象力，断不能说与道教无缘。有的文学史研究人员认为，曹操诗歌大约可分为两期，前期模仿古乐府，形式是杂言的，内容是游仙的。其实不然，游仙诗应当是其后期的作品，换言之，为其晚年所作。正如我们上文已经指出的，曹操早年并不相信神仙，到晚年由于身体健康等原因，才对道教养生方术有所迷恋，从而涉足神仙世界。因此游仙诗不是他诗歌创作的发端，而是他晚年相信神仙养生之道的产物。

游仙诗的历史悠久，屈原的《远游》、《离骚》，秦始皇时的《仙真人诗》，汉乐府的《长歌行》等，可看作早期的游仙诗，魏晋以后才有游仙诗的大量产生。建安（196—220）以前的游仙之作，大体上有两种情况：一是《楚辞》中有关游仙的描写，一是汉代的游仙诗。《楚辞》中的神仙很多带有神话传说的色彩，作者借游仙来表明对浑浊现实的不满和对理想境界的追求。汉代的游仙诗多是相信神仙存在，认为神仙能够主宰人事，因而希冀神仙保佑，梦寐以求成为神仙，长生不老。曹操的游仙诗，既带有汉代游仙诗的一些色彩，但又在诗中抒发了对人生抱负的执意追求，对“世不治”的忧患之情。唐人李善曾经这样评论郭璞的游仙诗：“凡游仙之篇，皆所以滓秽尘网，锱铢缨绂，餐霞倒景，饵玉玄都。而璞之制，文多自叙，虽志狭中区，而辞无俗累，见非前识，良有以哉！”① 可以说郭璞游仙诗的这

① 《文选》卷二十一李善注，中华书局1977年版，第306页。

种风格并非其首倡，而曹操实为开风气之人。

曹操的游仙诗业已突破单纯的“列仙之趣”，借游仙之酒杯浇自己胸中之块垒，尽抒人生感慨，直透人性，表白生命情怀。中国文学艺术的精神与中国哲学的生命宇宙观是一脉相承的，在中国人的眼界里，宇宙是一个有生命的大化流行的整体，生生不息，而所谓“气韵生动”，便是强调文学艺术必须充满生机，充满宇宙生命的韵律跳动。中国文学艺术家们所追求的基本精神境界，就是借助于形象化的媒介来表达生命情调。曹操的游仙诗也是如此，他借用道教神仙形象为媒介来讴歌生命，来化解对生命困境的危机感，来寄托对于生命长寿的追求。其游仙诗中的神仙形象喻示的是生命之树常青，是“与天相守”的宇宙生命情怀。他在诗中游进美妙的神仙世界，补偿和满足了生命的有限感，扫除了人生各式各样的忧郁，飘飘然与神仙同乐，永恒地与神仙同在。你瞧，他“驾虹霓，乘赤云，登彼九疑历玉门。济天汉，至昆仑。见西王母谒东君。交赤松，及羡门，受要秘道爱精神”。[①] 你瞧，他与神仙一道“共远游。经历昆仑山，到蓬莱。飘飘八极，与神人俱”，“名山历观，遨游八极，枕石漱流饮泉”；[②] 他与神仙一道“乘云驾龙”，“骖驾六龙饮玉浆”，“乐共饮食到黄昏”，更有女仙“起舞”，果真是“酒与歌戏，今日相乐诚为乐”。[③] 他快乐地“食芝英，饮醴泉，拄杖枝，佩秋兰。绝人事，游浑元”，高枕无忧地做“寿如南山”的梦；[④] 殊不知一梦醒来，神仙已经“升天”而去了，“去去不可追，长恨相牵攀。去去不可追，长恨相牵攀。夜夜安

① 《曹操集·陌上桑》，中华书局1959年版，第5页。
② 《曹操集·秋胡行》，中华书局1959年版，第7页。
③ 《曹操集·气出唱》，中华书局1959年版，第1～2页。
④ 《曹操集·陌上桑》，中华书局1959年版，第5页。

得寐，惆怅以自怜”。[①] 神仙去了，留给他的是“长恨”、“惆怅”与“自怜”，长生成仙“不可追”，然而他未死心，他也不甘心就此让死神肆虐。林语堂说过：“笼罩于现实氛围的中国人，除掉纯理论的学者，常怀有长生不老之秘密愿望。”[②] 曹操的心灵深处同样埋藏着此类“长生不老之秘密愿望”，或许比一般人更为强烈，你瞧，作为诗人的他执着地借助于游仙诗言志咏怀，不厌其烦地把这种愿望表露出来：“从君致独乐，延年寿千秋”；[③]“思得神药，万年为期”；[④]“爱气寿万年”，“万岁长，宜子孙”。[⑤] 这是诗人真情的流泻，绝无半点虚夸造作，亦正是诗人游仙的目的所在。

诗人的游仙，是建立在生命短促的忧患意识上的。中国文人历来有叹老悲秋的传统，其实这是对似水流年的叹息，是发生命之忧思。曹操也不例外。《善哉行》哀哀吟道：“君子多苦心，所愁不但一。”[⑥]《步出夏门行》悲鸣：“心常叹怨，戚戚多悲。”[⑦] 哀愁什么？叹怨什么？《秋胡行》给出了解答：“天地何长久！人道居之短。天地何长久！人道居之短”；“四时更逝去，昼夜以成岁”。[⑧]《精列》透露出了其中消息：“厥初生，造化之陶物，莫不有终期。”更何况“周孔圣徂落，会稽以坟丘。会稽以坟丘。陶陶谁能度？君子以弗忧。年之暮奈何，时过时来微。”[⑨] 哀的是人生有限，叹的是生命苦短，说来说去

---

① 《曹操集·秋胡行》，中华书局 1959 年版，第 7 页。

② 林语堂《吾国与吾民》，中国戏剧出版社 1990 年版，第 106 页。

③ 《曹操集·塘上行》，中华书局 1959 年版，第 12 页。

④ 《曹操集·秋胡行》，中华书局 1959 年版，第 8 页。

⑤ 《曹操集·气出唱》，中华书局 1959 年版，第 1～2 页。

⑥ 《曹操集》，中华书局 1959 年版，第 10 页。

⑦ 《曹操集》，中华书局 1959 年版，第 11 页。

⑧ 《曹操集》，中华书局 1959 年版，第 8 页。

⑨ 《曹操集》，中华书局 1959 年版，第 2 页。

都是一个意思。悲极生乐，既然人生如此仓促，何不找乐子化解忧愁？于是有《短歌行》传唱千古之名句："对酒当歌，人生几何！譬如朝露，去日苦多。慨当以慷，忧思难忘。何以解忧？唯有杜康。"[①]此即人们常说的一醉解千愁。谁能料到，"借酒浇愁愁更愁"，虽欲慷慨人生，然而对此露水般的生命，诗人终归"忧思难忘"，只好得乐且乐吧。

细思量，如此之忧虑，如此之悲极生乐的情绪，似曾相识。果难忘，《古诗十九首》已经将此心情反复吟唱："人生天地间，忽如远行客。斗酒相娱乐，聊厚不为薄"；[②]"人生忽如寄，寿无金石固。万岁更相送，圣贤莫能度。服食求神仙，多为药所误。不如饮美酒，被服纨与素"；[③]"人生非金石，岂能长寿考。奄忽随物化"；[④]"生年不满百，常怀千岁忧。昼短苦夜长，何不秉烛游。为乐当及时，何能待来兹"。[⑤]另外，建安七子之一的阮禹在《七哀诗》中感叹："丁年难再遇，富贵不重来。良时忽一过，身体为土灰。冥冥九泉室，漫漫长夜台。"[⑥]王羲之《兰亭集序》也禁不住感叹："古人云，死生亦大矣，岂不痛哉！"[⑦]至于《列子·杨朱》就说得更明白了："且趣当生，奚遑死后"？[⑧]人生短促、及时行乐，这是《古诗十九首》以来汉末魏晋文人流露较多的思想情绪。考其原由，汉末魏晋之时，天下纷纷，战乱、瘟疫、政治恐怖，特别是统治集团的内讧，使"名士少有全

① 《曹操集》，中华书局1959年版，第5页。
② 《文选·古诗十九首·青青陵上柏》，中华书局1977年版，第409页。
③ 《文选·古诗十九首·驱车上东门》，中华书局1977年版，第411页。
④ 《文选·古诗十九首·回车驾言迈》，中华书局1977年版，第411页。
⑤ 《文选·古诗十九首·生年不满百》，中华书局1977年版，第412页。
⑥ 《建安七子诗笺注》，巴蜀书社1990年版，第272页。
⑦ 《古文观止》卷七，中华书局1959年版，下册第287页。
⑧ 杨伯峻《列子集释·杨朱》，中华书局1979年版，第221页。

者”，知识分子的生命毫无安全感可言。于是，此类思潮在这样一个动荡不安的时代广为流传。雄才大略者如曹操，显然也难保不受其影响，并以对生命的忧患为出发点，顺理成章地游入理想的神仙世界，在游仙中弥合了生命的缺损。应当指出，士大夫们的这种人生价值观，也予以神仙不死思想的传播一个极好机会，为神仙思潮的形成提供了土壤。汉末魏晋社会各阶层都有为数不等的神仙长生信仰者，神仙长生思想成为当时流行的社会思潮之一，在社会上广为传播。在这样的时代气息下，曹操游仙诗的产生便不足为奇了，也正是游仙诗，使得曹操的文学创作和道教结下了不解之缘。

鲁迅先生曾指出：曹操“力倡通脱。通脱即随便之意。此种提倡影响到文坛，便产生多量想说什么便说什么的文章。更因思想通脱之后，废除固执，遂能充分容纳异端和外来的思想，故孔教以外的思想源源引入”。[①] 曹操所提倡的“通脱”，实即在文学创作上打破了儒学“经明行修”的束缚，也就是跳出了两汉文学顷向上的名教传统，任情适性，解放思想，“想说什么便说什么”，而且宽宏大度，“充分容纳异端”，于是能够有容乃大，建构起“彬彬之盛”的建安文学。所谓“孔教以外的思想源源引入”，其最大的引入当系道家的自然主义和道教的神仙思想，我们读曹操的文学作品可以深切感受到这点。《善哉行》高唱：“比翼翔云汉，罗者安所羁？冲静得自然，荣华何足为！”[②] 飞出了礼教的罗网和羁绊，获得人生那一份闲适自然，与“冲静自然”的人生价值相比，世俗痴痴以求的“荣华”又何足挂齿！同诗还引入老子思想抒发胸臆：“持满如不盈，有德者能卒。”[③] 举一

① 《鲁迅全集·而已集·魏晋风度及文章与药及酒之关系》，新疆人民出版社 1995 年版，第 1 卷第 784 页。

② 《曹操集》，中华书局 1959 年版，第 10 页。

③ 《曹操集》，中华书局 1959 年版，第 10 页。

反三，于此可见曹操对待道家自然主义的态度之一斑。其对道教神仙的引用，从上述游仙诗中已表露无遗。由此看来，曹操文学创作的题材和主题都有道家、道教的影响在其中，特别是他晚年的作品，表现形式和内容皆尤为突出，并因此而成为那个动荡战乱时代的动人乐章。我们可以设想，曹操的文学作品中，假定没有游仙诗这一部分，那毫无疑义会失色不少，也就不会在文学史上占有今天这样崇高的地位。

林语堂论及中国文学之特性时强调："中国文学有一种含有教训意味的文学与一种优美悦人的文学二种的区别，前者为真理之运转传达工具，所谓'文以载道'之文；后者为情愫之发表，所谓'抒情文学'。"[①] 对此，我们要补充的是，所谓"文以载道"之文，传达了孔孟的理念，所谓"抒情文学"，则借助于道家道教乃至于佛教意象。曹操的文学作品中（除开佛教）这两类东西都有。如果按照林语堂的价值标准："一切有价值的文学作品，乃为作者心灵的发表，其本质上是抒情的，就是发表思考的文学也适用这种原理——只有直接从人们心灵上发生的思想，始值得永垂不朽。"[②] 那么曹操的文学作品中，值得人们传诵和永垂不朽的便是与道家、道教意象有关的那一部分，亦即直接从其心灵上发生的那一部分，这才是灵魂深处真实表白的东西。曹操虽也"思得神药，万年为期"，但毕竟只在文学作品中抒发自己的理想，没有走上秦皇、汉武的老路，却被后世道教拉入仙班。[③]

认识东汉末及三国时代的政治史不注意道教显然行不通，探究曹

① 林语堂《吾国与吾民》，中国戏剧出版社1990年版，第197页。

② 林语堂《吾国与吾民》，中国戏剧出版社1990年版，第198页。

③ 耐人寻味的是，曹操去世后被道教拉入了神仙之林。陶弘景《真灵位业图》第七左位即为"北帝太傅魏武帝"，可见其为后世道教所认同。

操与道教的关系，可以更清楚地揭示史页中这一较晦暗的篇章，裨有助于东汉末及三国史的研究。而对于曹操与道教养生术的寻踪，也可牵出我国古代养生术发展到三国时的水平，对道教与中国古代科技的关系有更深层次的认识。至于说曹操的文学创作受道教意象之刺激，更可循此而发见道教与我国古代文学的瓜葛，这正是从前治文学史者所忽略之处。一言以蔽之，从曹操与道教的关系切入，也可追寻汉末魏初道教与政治军事、科技、文学的一般风貌。

《三皇经》、《灵宝经》、《上清经》的降世与传播

道教的知识生产，很大部分历来都是靠天降神授，由天神给予灵感，激发创造性，道经就属于这样的产物。《隋书·经籍志》提及道经时，按道教自己的说法来描述：元始天尊“所说之经，亦禀元一之气，自然而有，非所造为，亦与天尊常在不灭。天地不坏，则蕴而莫传，劫运若开，其文自见。凡八字，尽道体之奥，谓之天书”。[①] 在道教神学眼界中，《三皇经》、《灵宝经》、《上清经》就都是“天书”降临世间，而非人工“造为”，故能称得上是“经”，其他如《抱朴子》之类只能看作子书。由于是天书降临，所以外界对这些经书究竟怎样降世的具体情况一无所知，史家毫无记载（假如史家要记录在案恐怕也只能依从道教自己的说法），以至于我们今天只能凭借道教神学的材料来加以叙述。而这些经书本身，也成为道教神学历史的一部分，其中充满了令人眼花缭乱的仙话，很难分辨真伪、考证年代和作

① 《隋书·经籍志》，中华书局1973年版，第4册第1091~1092页。

者。因此，《三皇经》、《灵宝经》、《上清经》——所谓“三洞真经”，[①]不属于历史考证的范畴，而是一个道教神学的问题。[②]

尽管如此，这些东晋以后陆续降世下凡的“三洞真经”，却左右了道教的发展路径，使之进入某些学者所说的“经教道教”时代，使道教史揭开了新的篇章。[③]其实，所谓的“经教道教”，严格地说应称为“经派道教”，即按经典的类型来划分道派。我们知道，东晋以后“三洞”不仅演化为道经的分类法，而且成为道教内部的判教依据，由三洞经教发展形成了一些新的道派，比如传统所谓灵宝派和上清派。由于这些新的道派是和某一类型的道经相连结而得名的，如主要信奉《灵宝经》的灵宝派，主要信奉《上清经》的上清派，故其实质上应称为“经派”——灵宝经派和上清经派。而“经派道教”与“家族道教”是连成一片的，如果没有葛家、许家等这些道教家族的积极策划运作，道教所称颂的《三皇经》、《灵宝经》、《上清经》，有可能就不会呈现今天我们所看到的那种传播局面，因而也就形不成灵

① 关于“三洞”，参见陈国符《道藏源流考·三洞》，中华书局2014年版，第1～3页。

② 有关道经的制作，法国学者葛兰言《中国人的宗教信仰》准确地观察到：“大量的教派作品看起来都有关神启：对于那些笃信能够直接与神仙沟通的人来说，这些著作的写作时间和作者都不重要，而往往归到某个仙人的名下，既没有注明日期也没有署名，要么就是错标日期和署名。”（贵州人民出版社2010年版，第115页）

③ 关于“经教道教”，可参阅刘屹《敬天与崇道——中古经教道教形成的思想史背景》。作者认为：“中国上古以降的信仰传统是‘敬天’，而魏晋南北朝隋唐之中古经教道教的信仰基础则是‘崇道’。”（中华书局2005年版，第19页）小林正美《六朝道教史研究》则沿袭陆修静“道流”的说法，指明葛氏道和上清派的道流名，是我们为了表示不同的道流而命名的，并非葛氏道和上清派之人自己所用的称呼。道流这一词，恐怕是在刘宋天师道教徒陆修静的《灵宝经目序》中首次被使用，我们也就沿袭之，用作为表示道教派别的用语。作者也认定，对道教的历史，按道流区别来加以考察，这是合乎历史事实的。特别是道典，是如实反映其所属道流特征的镜子，如果明确道典的成书年代及其思想的话，通过道典就可以解明道流展开的历史了（四川人民出版社2001年版，第33、36页）。这和“经教道教”的说法实质上一致。

宝经派和上清经派。与此同时，这些道教家族也掌握了演说“经派道教”经典的解释权，讲述其传播历史的话语权，这是南方道教的一大特点。在抢夺话语权的交锋过程中，各个经派都力图以自己为主，把自己的地位抬为最高，从而进行判教。这也是南方道教的一大特点。王承文《敦煌古灵宝经与晋唐道教》指出：“早期灵宝派以‘三洞’来整合上清、灵宝、三皇三组道经的思想，建立在东晋末年江南地区的这些道经本身所具有的极为密切关系的基础之上。而早期灵宝派的目的，在于建立以灵宝经为核心以‘三洞经书’为主要内容的统一的道教经典科教体系。”① 其实，灵宝经派如此以自我为核心，上清经派又何尝不是如此呢？而且笑到最后的，还是上清经派。而所谓“三洞真经”的降世，也是南北方道教交流整合的结果。诚如施舟人《道教的清约》所揭示：“东晋末年，江南地区发展了一种新的道教文学，它的《上清经》、《灵宝经》和其他经书，都体现了北方来的天师道和南方固有宗教这两种道教、两个传统的混合。”② 无论如何，所谓“三洞真经”的降世，是晋代江南道教出现的一个伟大而有深远影响力的事件，江南道教从此浮出水面，登上历史舞台，扮演道教的名角儿，引领道教走向隋唐的繁盛。

一 《三皇经》的降世与传播

据《抱朴子内篇·地真》所说：“昔黄帝东到青丘，过风山，见

① 王承文《敦煌古灵宝经与晋唐道教》，中华书局2002年版，第229页。

② 《法国汉学》第七辑，施舟人《道教的清约》，中华书局2002年版，第152页。

紫府先生，受《三皇内文》，以劾召万神。”① 依此，则《三皇经》在黄帝之前已降世，其功能就是召使神灵。又据《神仙传·帛和传》所说：“帛和字仲理，师董先生行炁断谷术。又诣西城山师王君，君谓曰：‘大道之诀，非可卒得，吾暂往瀛洲，汝于此石室中可熟视石壁，久久当见文字，见则读之，得道矣。’和乃视之，一年了无所见，二年似有文字，三年了然，见《太清中经》神丹方、《三皇文》、《五岳图》，和诵之上口。”② 依这个故事，则帛和拜王褒为师，按其指示于石室中熟视石壁三年，终于得见《三皇经》及其他道经。《云笈七籤》卷一百一十《洞仙传·郑思远》所讲故事，又有所不同：“郑思远，少为书生，善律历候纬，晚师葛孝先，受《正一法文》、《三皇内文》、《五岳真形图》。”③ 按照这一故事的说法，葛孝先（葛玄）之师为左慈，郑思远（郑隐）又为葛洪之师，则《三皇经》由左慈、葛玄、郑隐传至葛洪。《道教义枢》卷二《三洞义》所说别具一格：洞神《三皇经》“是神宝君所出，西灵真人所撰，此文在小有之天玉府之中。《序目》云：小有三皇文本出大有，皆上古三皇所受之书，亦诸仙人所受，以藏诸名山。其蜀郡西城、峨眉山，具有此文”；“晋时鲍靓学道于嵩高，以惠帝永康（300—301）年中，于刘君石室清斋思道，忽有《三皇文》刊成字，仍依经以四百尺绢告玄而受。后亦授葛法（玄）子孙。按《三皇经序》，鲍君所得石室之文，与世不同，洪或兼

① 王明《抱朴子内篇校释·地真》，中华书局1985年版，第323页。《太上灵宝五符序》卷下也说：黄帝“东到青丘，过风山，见紫府先生，受《三皇内文》，天文大字，以劾召万神，役使群灵”（《道藏》第6册第341页）。

② 胡守为《神仙传校释·帛和传》，中华书局2010年版，第251页。按：《云笈七籤》卷一百六《清虚真人王君内传》载，魏华存之师王君讳褒，字子登（《道藏》第22册第719页）。

③ 《云笈七籤》卷一百一十《洞仙传·郑思远》，《道藏》第22册第751页。

受也”。[①] 所谓“兼受”，当指葛洪既受小有《三皇经》，又受大有《三皇经》。《云笈七籤》卷一百六《鲍靓真人传》也提及：鲍靓“师左元放，受中部法及《三皇》、《五岳》劾召之要，行之神验，能役使鬼神，封山制魔”。又同卷《许迈真人传》称：许迈“初师鲍靓，受中部之法及《三皇天文》”。[②] 按此所说，则鲍靓师左慈得受《三皇经》，除传葛洪之外，又将它传给了许迈。

《洞神八帝妙精经》录入《西城要诀三皇天文内大字》，称：“西城仙人施用立成，隐之玄丘之阴，帛公记录，天汉元年正月三日受。”引帛和说：“前汉太初二年（前 103）王君明授余大道之诀，使烧香清斋三日三夜，乃见告。”据西城仙人王褒所说：“《皇文》乃是三皇以前，鸟迹之始，大章者也。三皇安业，则天和地静，纪纲阴阳，维制鬼神，伏辜万精，与身俱生。乃王母之所玩贵，仙官之所崇仰，真宝文者也。”在《洞神八帝妙精经》末尾，又录入了《抱朴密言》，按葛洪的“密言”所讲：“《三皇文》及大字，皆仙人王君所集撰抄撮次第为一卷，可按而用之。往闻鲍南海说《天文三皇大字》有四万言，洪所见者疑少。鲍云是三天八会郡方文也，随其所用，按而集之，此所撰立成，当不尽也。鲍云弥演天道，与真人参情，当归其本也。”“鲍君不以洪浅薄，乃见授三文要道，但才极凡流，遂不能究洞神鬼之幽耳。”据葛洪的“密言”所讲：“洪尝闻李先生道经之宗。李先生自说，往在瀛洲，诣董仲君，仲君有九天大有经四卷，小有经四卷，字方二寸，落落疏秀，卷大如五寸竹，按《目录》云有百万言。先生

① 《道教义枢》卷二《三洞义》，《道藏》第 24 册第 813～814 页。按：道教把王褒传帛和，最后传给葛洪的《三皇经》称为“小有三皇文”；葛洪岳父鲍靓所得《三皇经》则称为“大有三皇文”。

② 《云笈七籤》卷一百六《鲍靓真人传》、《许迈真人传》，《道藏》第 22 册第 728～729 页。

疑其文少字多。仲君言，此文非世上文也，乃三天八会之大章也，一字有三十三字，东西上下，随形所用，分集之指摘大有上数字见授，真上宿之奥典也。以此方《三皇内文天文大字》，何缘四卷无四万言也。又鲍先生《节解》说《三皇大字》，抄出大小有文，而别名之耳。”[①] 葛洪《枕中书》说得更玄：“元始君经一劫乃一施太元母，生天皇十三头”；“天皇受号十三头后生地皇，地皇十一头，地皇生人皇九头，各治三万六千岁。圣真出见，受道天文，无为建初，混成天任。于今所传《三皇天文》，是此所宣，故能召请天上大圣及地下神灵，无所不制”。[②] 种种说法，极富神秘色彩，无非是要证明《三皇经》的神圣性，有“召请天上大圣及地下神灵”的广大神通，“非世上文”，而是“上宿之奥典”，是上界“仙官所崇仰”的“三天八会”之“天文”、“宝文”降世。

有关《三皇经》的降世以及传授情况，《云笈七籤》卷六《三洞经教部》整合了各种道经的说法，讲述得更为详尽：“天尊曰：吾以赤明之年，号梵形天尊，亦名神宝君，化在太清境，说洞神经十二部，以教天中九仙小乘之道也。”其引述《玉纬》云：“洞神经是神宝君所出，西灵真人所传，此文在小有之天玉府之中。”又引述《序目》云：“小有三皇文本出大有，皆上古三皇所受之书也。天皇一卷，地皇一卷，人皇一卷，凡三卷皆上古三皇时所授之书也。作字似符文，又似篆文，又似古书，各有字数，神宝君所出，西灵真人所撰。此文在小有之天玉府之中，诸仙人授之以藏诸名山石室，皆不具足，唯蜀郡峨眉山，具有此文。昔仙人智琼以皇文二卷见义起不能解，遂还之王公。以帛公精勤所得传之贤达，宣行至今。大字序说十四篇，是天

---

① 《洞神八帝妙精经》，《道藏》第11册第389、390、395页。

② 《元始上真众仙记·枕中书》，《道藏》第3册第269页。

文次第之诀，小有经下记所载十一卷。推部本经，分别仪式，合一十四卷。今孟先生所录者是其山中所传，犹十一卷。此二本并行于世。抱朴子云，昔黄帝东到青丘，过风山，见紫府先生，受《三皇内文》。晋时鲍靓学道于嵩高，以惠帝永康二年（301）于刘君石室清斋，忽有《三皇文》刊石成字，乃依经以四百尺绢告玄而受，后亦授葛洪。按《三皇经序》云：鲍君所得石室之文与世不同，洪或兼受也。陆（修静）先生时所得，初传弟子孙游岳，有四卷而已。孙后传陶先生，先生分析支流稍至十一卷耳，即山中所传者。是命召咒文，云三皇治世，各受一卷，以理天下，有急皆召天地鬼神敕使之，号曰三坟。后有八帝，次三皇而治人，各授一卷，凡八卷，号曰八索。”另有一说：“壶公授费长房，亦有洞神之文，石室所得，与今三皇文小异。陆修静先生得之，传孙游岳，游岳传陶隐居。其天中十二部经未尽出世，今传者是黄帝、黄庐子、西岳公、鲍靓、抱朴子所授者也。”[①] 依据这些说法，《三皇经》原本有天皇一卷，地皇一卷，人皇一卷，凡三卷皆三皇所授之书，由神宝君所出，西灵真人所撰。天上的《三皇经》保存“在小有天玉府之中”，降临世间后则藏在名山洞穴，由有神仙缘分的人得见之并加以传播。这一天上的神书，尚“未尽出世”。在道士抄写流传过程中，已经出现卷数不同、内容“小异”的版本，有所谓“大有三皇”与“小有三皇”之分，葛洪则兼而接受之。

在上述神学叙事中，把神仙故事和历史编织在一起，真真假假，高深莫测。但从中我们仍然可以发现，葛洪之师郑隐、岳父鲍靓及葛洪本人，都与《三皇经》的传授有关联，显示他们非常重视这一经

---

① 《云笈七籤》卷六《三洞经教部》，《道藏》第22册第33、35页。关于《三皇经》，还可参见《云笈七籤》卷四《三皇经说》，《道藏》第22册第21页。所谓“十二部”，又称“十二类”，为道教经书的分类法。详情参见陈国符《道藏源流考·十二部》，中华书局2014年版，第3～4页。

典。葛洪曾经听其师郑隐讲："道书之重者，莫过于《三皇内文》《五岳真形图》也。"据说，"古者仙官至人，尊秘此道，非有仙名者，不可授也"。受经之后，必须是"四十年一传，传之歃血而盟，委质为约"。此书在名山五岳皆有，"但藏之于石室幽隐之地，应得道者，入山精诚思之，则山神自开山，令人见之。如帛仲理者，于山中得之，自立坛委绢，常画一本而去也"。在日常生活中，拥"有此书，常置清洁之处。每有所为，必先白之，如奉君父"。为什么必须如此神圣地对待它呢？因为"其经曰，家有《三皇文》，辟邪恶鬼，瘟疫气，横殃飞祸。若有困病垂死，其信道心至者，以此书与持之，必不死也。其乳妇难艰绝气者持之，儿即生矣"。对于那些求长生的道士，"持此书入山，辟虎狼山精，五毒百邪，皆不敢近人。可以涉江海，却蛟龙，止风波。得其法，可以变化起工"。此书在奉道之民的日常生活中妙用还很多："不问地择日，家无殃咎。若欲立新宅及冢墓，即写《地皇文》数十通，以布著地，明日视之，有黄色所著者，便于其上起工，家必富昌。"除此之外，"因他人葬时，写《人皇文》，并书己姓名著纸里，窃内人冢中，勿令人知之，令人无飞祸盗贼也。有谋议己者，必反自中伤"。相较于写经，最为神奇的是，"此文先洁斋百日，乃可以召天神司命，及太岁日游五岳四渎，社庙之神，皆见形如人，可问以吉凶安危，及病者之祸祟所由也"。[①] 如果要想预知自己未来的吉凶安危，保全自身，除了其他道术，也可"以三皇天文，召司命司危五岳之君，阡陌亭长六丁之灵，皆使人见之，而对问以诸

① 王明《抱朴子内篇校释 · 遐览》，中华书局 1985 年版，第 336～337 页。按：《遐览》中著录了"《三皇内文天地人》三卷"。王明对此"校释"说："《杂应篇》云，或以《三皇天文》召司命司危五岳之君。《三皇天文》者，即《三皇内文》中《天皇文》也。盖《天皇文》、《地皇文》、《人皇文》各一卷，共三卷。……明《正统道藏》有《三皇内文遗秘》三卷。"（第 333、340 页）

事，则吉凶昭然，若存诸掌，无远近幽深，咸可先知也”。① 从葛洪所说来推论，似乎当时那些拥有《三皇经》的奉道之家，已在运用它来解决日常生活中碰到的疑难问题，尤其是召请神灵预测自家的吉凶安危，询问清楚造成病人生病的鬼祟，以便早作防范并采取措施来应对。果真如此的话，则持有、抄写《三皇经》，已经成为奉道之民的信仰追求，融入他们的日常生活习惯中。对“为道合药”的修道之士或“避乱隐居者”来说，《三皇经》更是入山的必备用品：“上士入山，持《三皇内文》及《五岳真形图》，所在召山神，及按鬼录，召州社及山卿宅慰问之，则木石之怪，山川之精，不敢来试人。”②《三皇经》成为召使山神及制服精怪的法宝之一，确保道士或隐士们的山居生活不会遭遇祸害，平安大吉。

唐太清观道士张万福《传授三洞经戒法箓略说》卷上引《太极宫经》，论说三皇及《三皇经》的神学功效：“三皇者，则三洞之尊神，大有之祖炁。天皇主炁，地皇主神，人皇主生。三合成德，万物化焉。洞神三皇之经传训下世，领化佐国，扶助兆人。故天子得之，凤凰下降，祥瑞出现，役使百神，无所不辟。若入名山，游行八极天下，鬼神无敢当之，上士升仙。”③ 这显然是三皇经派的自我表扬，自我陶醉，因为在上清经派眼中，《三皇经》不过是大、中、小三乘

① 王明《抱朴子内篇校释·杂应》，中华书局 1985 年版，第 272～273 页。

② 王明《抱朴子内篇校释·登涉》，中华书局 1985 年版，第 299～300 页。

③ 张万福《传授三洞经戒法箓略说》卷上，《道藏》第 32 册第 186 页。顾颉刚指出：“全部《道藏》的三皇说法，自是颇多歧异，即是在同一部书里也有许多不同。《道藏》的著者以道士们为多，他们所说的全是凑集来的，先秦诸子，各种纬书以及《帝王世纪》、《三五历纪》等，是他们古史的渊薮，但也没有融化成一个系统。”（《古史辨自序》上《三皇考·道教中的三皇》，河北教育出版社 2000 年版，第 315 页）小林正美《六朝道教史研究》说：关于《三皇经》的述作年代，似还没有定论。该经典和《抱朴子》所引的“三皇文”、“三皇内文”相关联，已经如先学所指出的那样。根据“三皇文”作成新的《三皇经》的时期，被认为是在东晋末期（四川人民出版社 2001 年版，第 226 页）。

之道里面的“小乘之道”。

《三皇经》中已出现“三洞”的说法：“三皇者，则三洞之尊神，大有之祖气也。天宝君者，是大洞太元玉玄之首元。灵宝君者，是洞玄太素混成之始元。神宝君者，是洞神皓灵太虚之妙气。故三元凝变，号曰三洞。气洞高虚，在于大罗之分。故大洞处于玉清之上，洞玄则在千上清之域，洞神总号则在于太极。”[①] 此“三洞”与气化说相关，由“祖气”三分为大洞（洞真）、洞玄、洞神之气，这虽与道经分类法没有直接的关联，但却为以后的道经“三洞”分类法作了铺垫，因为号称云篆天书的道经有一部分即是云气所化。以如此神秘又神圣的“三洞”之气给道经分类，自然增添了道经的神秘色彩和神圣性。佛教方面则攻击说，《三皇经》因为政治不正确的缘故，后来改名换姓“三洞”以作掩饰：“晋元康中，鲍靖造《三皇经》被诛，事在晋史。后人讳之，改为三洞。其名虽变，厥体尚存；犹明《三皇》，以为宗极。”[②]“三洞”后来成为道教经典分类的方法之一，之所以如此分类，这是按照道教神学的需求来做的，反映出道经从天而降、气化而成及其传授的神圣性等神学理念，也反映出不同经教之间的磨合竞争，并因此而形成不同的经派。[③]

如果按照上清经派道教神学的理念，《三皇经》属于“三洞经教部”的“洞神部”，“洞神以不测为用”，“洞神者，召制鬼神，其功不测，故得名神”；“洞神之教，以教主神宝君为迹，以冥寂玄通元无上玉虚之气为本也”，“洞神法神宝君，住太清境”，亦即“泰以通泰体

① 《无上秘要》卷六《帝王品》引《三皇经》，《道藏》第 25 册第 19 页。

② 《广弘明集》卷八道安《二教论·明典真伪第十》，上海古籍出版社 1991 年版，第 147 页。

③ 今天一些学者批评道教的三洞分类法不科学，乃是忽略了这种分类法的神学特性及道教经派磨合竞争等复杂的历史原因。因此，这样的批评脱离了历史背景的实际情况。

事，故为太清也”；所谓“神是无累之义”，“修学之人，始入仙阶，登无累境，故初教名洞神神宝。”① “仙道有‘三皇内文’，以召天地神灵。”② 由此来看，洞神《三皇经》的功能就是“召制鬼神”，“召天地神灵”，故神秘莫测，其经教教主“神宝君”，居住在“三清”中的太清境；对于上清经派来说，修道之人学习洞神《三皇经》的经教，只不过是在学习“小乘之道”，属于“初教”，亦即修道的初级阶段，适用于“始入仙阶”者。《三皇经》后来在唐代因政治上犯禁忌被焚毁。③

按照日本学者尾崎正治的看法，“三皇文何时问世尚不明，但葛洪时已出世。其后东晋时造《天文大字》，至迟陆修静时已成四卷”；“当初三皇文由天皇内文、地皇内文和人皇内文组成，共三卷。其本文是一种符。本文以外是诀，对符进行注释”；“三皇文虽然得诀时必须有师，但本文却是藏于山中，并非必须师授，可以盟约后自受”。④任继愈先生主编《中国道教史》的观点是：“三皇系经典，是在最初帛家道的《三皇文》三卷、《五岳真形图》一卷的基础上，经东晋南朝道士不断改编增益而形成的，葛洪及其家族对此经的传播起了重要作用，因此葛洪非常重视，认为该经是仅次于金丹经的重要道书。”⑤总之，以《三皇文》、《五岳真形图》为主的洞神《三皇经》，是所谓

① 《云笈七籤》卷六《三洞经教部》，《道藏》第22册第31～32页。按文中解释：“宝君者，宝是可尊，君是群义，明为群生之所尊仰也。”很显然，《三洞经教部》把三皇经教判为“初教”，乃是站在上清经派的立场来进行判教的。

② 吉川忠夫、麦谷邦夫编《真诰校注》卷五《甄命授》，中国社会科学出版社2006年版，第170页。按：陶弘景注称《三皇内文》“世中虽有而非真本”。

③ “三皇经”及唐代被焚详情，见陈国符《道藏源流考·三皇文考证》，中华书局2014年版，第58～63页。

④ 福井康顺、山琦宏、木村英一、酒井忠夫监修《道教》：尾崎正治撰《道教经典》，上海古籍出版社1990年版，第1卷第91页。

⑤ 任继愈主编《中国道教史》上卷，中国社会科学出版社2001年版，第131页。

三洞真经当中问世最早的道经，可能为魏晋道士假托三皇名义所造作，其传播过程或与帛家道、左慈、葛玄、葛洪之师郑隐、岳父鲍靓及葛洪本人都有紧密关联，魏晋时代家族道教在经典传播中的重要作用由此可见，所谓“经派道教”其实是与“家族道教”密不可分的。

二 《灵宝经》的降世与传播

纬书《河图绛象》讲了个孔子的故事：“太湖中洞庭山林屋洞天，即禹藏真文之所，一名包山。吴王阖闾登包山之上，命龙威丈人入包山，得书一卷，凡一百七十四字而还。吴王不识，使问仲尼，诡云：赤乌衔书以授王。仲尼曰：昔吾游四海之上，闻童谣曰：吴王出游观震湖，龙威丈人名隐居，北上包山入灵墟，乃造洞庭窃禹书。天帝大文不可舒，此文长传六百初，今强取出丧国庐。丘按谣言，乃龙威丈人洞中得之，赤乌所衔，非丘所知也。吴王惧，乃复归其书。”① 这一故事，把孔子说成先知，以“童谣”预告了吴王阖闾强行取出“禹书”，将会有“丧国庐”之灾。后来道教利用这个故事中大禹所藏“真文”等情节，讲述《灵宝经》真文“天授”下凡的神圣来历。②

---

① 安居香山、中村璋八辑《纬书集成》下册，河北人民出版社 1994 年版，第 1187 页。

② 按小林正美《六朝道教史研究》的观点，称“灵宝经”的经典，大致分三类：第一，《抱朴子》所引的古《灵宝经》；第二，葛巢甫的《灵宝赤书五篇真文》；第三，陆修静《三洞经书目录》中分类在洞玄部的《灵宝经》。第三种《灵宝经》再细分，又可分元始系、仙公系和《太上灵宝五符序》三类。《灵宝经》是主张济度十方的诸天、人民或一切众生的道教大乘经典，宣扬救济一切的大乘救济论。元始系《灵宝经》的作者是葛氏道，仙公系《灵宝经》的作者是以陆修静为代表的天师道三洞派。天师道三洞派通过作仙公系《灵宝经》，想把葛氏道，甚至上清派也都包含到天师道中（四川人民出版社 2001 年版，第 129、146、147、165～169 页）。关于《灵宝经》，还可参见陈国符《道藏源流考·五符经考证》及《灵宝经考证》（中华书局 2014 年版，第 48～58 页）。

早在葛洪之前，《灵宝经》就已被仙化成了“天授”降世的神书。按《抱朴子内篇·辩问》讲述的故事说：“《灵宝经》有《正机》、《平衡》、《飞龟授袟》凡三篇，皆仙术也。吴王伐石以治宫室，而于合石之中，得紫文金简之书，不能读之，使使者持以问仲尼，而欺仲尼曰：‘吴王闲居，有赤雀衔书以置殿上，不知其义，故远咨呈。’仲尼以视之，曰：‘此乃灵宝之方，长生之法，禹之所服，隐在水邦，年齐天地，朝于紫庭者也。禹将仙化，封之名山石函之中，乃今赤雀衔之，殆天授也。’”[①] 这一仙话故事，涉及大禹、吴王、孔子。依故事所讲，天授《灵宝经》给予大禹，大禹将要仙化时，把《灵宝经》封藏于名山石函中，吴王伐石治宫室而得之，读不懂，以之请教于孔子，孔子则解说其来由。故事的主题，无非就是要阐明《灵宝经》乃“天授”神书。故事情节显然取自《河图绛象》所讲的孔子故事，而内容则作了一些调整，“禹藏真文”被明确规定为“灵宝之方”。越到后来，这个故事的内容越加丰富多彩。

《太上灵宝五符序》卷上再三强调：《灵宝经》是“天书”、“天经”、“天文”、“天宫之宝书”、“上天之书”、“神文”，为“九天之灵奥”，“三天之宝图”，乃“天官之灵蕴，大圣之所撰”，“上皇之玄教文”，“万年一出，以示不朽”。据说，天书神文《灵宝经》，“一曰《河图隐存符》，二曰《伊雒飞龟》，三曰《平衡》”。帝喾时，有天人神真之官降临世间，自称是九天真王、三天真皇，到牧德之台，授帝喾以《九天真灵经》、《三天真宝符》。然帝喾不可解读，“乃祭天帝北河之坛，藏于钟山之峰，封以青玉之匮，以期后圣有功德者”。至大

① 王明《抱朴子内篇校释·辩问》，中华书局 1985 年版，第 229 页。《云笈七籤》卷三《灵宝略纪》在内容上极大地增补丰富了这一仙话故事，可参见（《道藏》第 22 册第 14～15 页）。

禹平水患后，巡狩于钟山，“忽得此书”。其后，吴王阖闾时，包山隐居龙威丈人“为吴王使，请其神文”，将所得书献吴王阖闾，“王肃然骇听，乃清斋静台，祭天而受书”。阖闾“珍贵其天文而不解其辞”，乃遣使者“以问鲁大夫孔丘”。使者诡称，吴王游宴于北包之山，忽有赤乌衔此素书，堕王车前，故命其“奉天文”出使求教，愿告祯祥来福之因。孔丘答使者曰：丘昔游于西河之上，闻童谣歌曰：“吴王出游观震湖，龙威丈人名隐居，北上包山入灵墟，乃造洞庭窃禹书。天帝大文不可舒，此传伯长百六初，今虽取出丧国闾。”孔丘并按童谣之言声称，昔夏禹治水时，功举事讫，“巡狩于钟山之阿，得黄帝、帝喾等所受藏上三天《太上灵宝真经》，后游会稽，更演解灵宝玄文，撰以为灵宝文，藏一通于名山石碩，付一通于水神，当有得道道士得之而献王者，丘恐此书必灵宝符太上真文也。若以赤乌所衔而堕，丘未详也”。孔子并告诉使者说：《灵宝经》“上叙太和阴阳之气，下论道化养生之会，唯仙人能用其文，君王不能得其术”。使者归来后，具说孔丘之言，阖闾于是不复重求解释，“乃藏之神馆，秘贵灵文”。其后阖闾欲“亲自取视，函封不脱而失书所在矣”。这样的结局在道教看来：“夫差获之于劳山，终有杀灭之患；阖闾探之于洞庭，遂为勾践所并。是由丘所说童谣之言，丧国闾征矣。夫神文非启授而揽之者，鲜不为祸也；天书非道同而传之者，无有不婴罚于玄都也。”①也就是说，作为“神文”、“天书”的道教经典，具有不朽性、神秘性

① 《太上灵宝五符序》卷上，《道藏》第6册第315～318页。据任继愈主编《道藏提要》考证：葛洪所见之《灵宝经》即《灵宝五符》，当出刘宋之前，而今《道藏》本出于葛洪之后（中国社会科学出版社1991年版，第174页）。关于《太上灵宝五符序》，还可参见刘师培《读道藏记·太上灵宝五符序》（《道藏要籍选刊》第10册，上海古籍出版社1989年版，第718～719页）；陈国符《道藏源流考·五符经考证》，（中华书局2014年版，第48～52页）；小林正美《六朝道教史研究》第一编第一章“《太上灵宝五符序》的形成”（四川人民出版社2001年版，第42～89页）。

和神圣不可侵犯性，若非天启神授而想人为地招揽，只能惹祸，非同道而相传授，无不受罚；并且只有仙人才能够使用，帝王不得染指。其中所讲大禹、吴王、孔子的故事，内容比起《抱朴子内篇·辩问》来，更加丰满生动得多。

《太上灵宝五符序》卷下同样不吝笔墨地称道《灵宝经》是“天书”，是“上导太和元精之气，下备群生始然之会”，是“至音希声”，“乃至寂之音，希解于世”；是由“圣人演天地之文，而敷言数万”。据钟山真人告诉夏禹说：昔闻之于东海小童，抱灵宝五符入水，则北帝开路，长生久视，入火则南帝激电，热毒不加；佩符登山，中黄太帝与我为辅，虎狼百禽莫敢当；以符向金，则五兵不伤，西帝真气与我同床；背金对木，则长守介福，青帝灵气来见。[①] 可见灵宝五符神通广大，拥有者得到五方“五帝”的扶助，福大命大，灾祸不加。修道者要想得到如此神奇妙用的灵宝五符，绝非易事，不仅需要对“道”的信仰坚定不移，更需要通过某种神圣仪式，“依大道科法，奉请五帝君”，与神订立生死盟约，上酒烧香，向神宣誓。誓言曰：某以胎生肉人，枯骨子孙，生长浊世，秽气蛲聚，积罪河海，抱咎深重。自有识以来，尊仰大道，心希真气，以自欢乐。而精神微薄，未能上畅，常守心念善，敢有违越。灵宝文真书浩大，秘藏玄台，是以不敢轻执窃佩，以亏真科。修斋告祭于五帝、诸君丈人，以定神契，丹青之信当啮誓之券，为效为信，约不漏泄。某志遁山林，不愿荣华。佩符登山，当令某所向无前，金破石开，采药不得隐匿。令使役鬼神，长生久视，灵气卫护，妖邪亡命。如是受上天之佑，灵气之助，神长守身，令三尸消去。太帝流恩，众庶不胜洪济之施。宣誓

① 《太上灵宝五符序》卷下，《道藏》第6册第335～336页。

毕，又上酒，烧香送神。[①] 向“五帝、诸君丈人”等神灵表决心，尊仰大道，坚信不移，守心念善，不慕荣华富贵，发誓要保守机密，坚守信用，并相信这样做一定会得到“上天之佑”。经过一番神圣仪式，从而拥有灵宝五符。由此可见，《灵宝经》的传授是非常慎重神秘的，非其人不传，不是人人都可以得到的。《魏书·释老志》指出：道教经书“多有禁秘，非其徒也，不得辄观”。[②] 事实的确如此。从组织行为学的眼光去看，这对于凝聚组织成员的向心力，增强忠诚度，恪守纪律性，大有裨益。但从传播学的眼光看，这无异于自己捆绑自己的手脚，减小了信仰传播的力度和广度。自魏晋以降，道教与佛教在信仰市场上的竞争，总是处于劣势状态，这种神秘的范围窄小的经典传播方式，当是其中原因之一。

《道教义枢》卷二《三洞义》的故事情节是这样的：“洞玄教主，灵宝君为迹，本是赤混太无元上玉虚之炁”；“洞玄是灵宝君所出，高上大圣所撰。今依元始天王告西王母，太上紫微宫中金格玉书灵宝真文篇目，十部妙经，合三十六卷。按《太玄都四极明科》曰：‘洞玄经万劫一出，今封一通于太山，一通于劳盛山。昔黄帝登峨眉山诣天真皇人，请受此法，驾龙升天。帝喾之时，九天真王驾九龙之舆，降牧德之台，授帝此法。帝后封之于北钟山，夏禹所感之经出，没有异。’按《真一自然经》云：‘太极真人夏禹，通圣达真，太上命抄出《灵宝》，自然分别大小《劫品经》、《中山神祝》、《八威召龙神经》。’又云：‘徐来勒等三真以巳卯年正月一日日中时，于会稽上虞山传仙公葛玄。玄字孝先，于天台山传郑思远、吴主孙权等。仙公升天，合以所得三洞真经，一通传弟子，一通藏名山，一通付家门子孙。与从

① 《太上灵宝五符序》卷下，《道藏》第6册第337页。

② 《魏书·释老志》，中华书局1974年版，第8册第3048页。

弟少传奚，奚子护军悌，悌子洪。洪又于马迹山诣思远盟受。洪号抱朴子，以晋建元二年（344）三月三日于罗浮山付弟子海安君、望世等。至从孙巢甫以晋隆安（397—401）之末传道士任延庆、徐灵期之徒，相传于世，于今不绝。'"① 这是唐代青溪道士孟安排综合前人的说法所讲的神学故事。

而《太上洞玄灵宝大纲钞》又有一套说法："大道既分，离为五行，流为五劫。每至劫终劫初，大圣出世，垂教说经，以度天人。所谓五劫者，龙汉木劫，赤明火劫，延康金劫，开皇水劫，上皇土劫。皆周而复始。""灵宝自然天书五篇真文"，这是天尊于龙汉劫初在大地东方说法所演，天真皇人于峨眉山洞中授黄帝。黄帝道成，封此法于钟山。后夏禹"感钟山真公授灵宝五法，皆备足。理水功成，会群臣于会稽山，更演五符，及出五帝姓讳，共成三通。一通藏于洞庭包山，今林屋洞是也，在吴县，吴王令龙威丈人取出，后火化归天。一通藏东海劳盛山，亦被吴王取出。一通藏于石碛山，万年方出，将授伯长，依前理水灾。"至吴，太极左仙公葛玄，年十三于会稽山阳石岩下精思，年十八感通，后于天台山精思，太极三真及太极法师徐来勒重授灵宝诸法，仙公因合成七部科戒、威仪、斋法。仙公以吴赤乌

---

① 《道教义枢》卷二《三洞义》，《道藏》第24册第812～813页。小林正美《六朝道教史研究》称《真一自然经》为刘宋时期成于天师道之手的仙公系《灵宝经》之一，认为这一仙公系《灵宝经》的传授对了解葛洪以后葛氏道的系谱也可作参考。从葛洪到弟子海安君望世等，又到葛洪从孙葛巢甫，再到任延庆、徐灵期，这个系谱并非葛氏道唯一的系谱，自然还有其他众多的葛氏道的道士存在。但这个系谱，可窥得葛洪以后葛氏道作为一个道流存续的情况。刘宋时期天师道徒为何编纂仙公系《灵宝经》？第一，是因正统的元始系《灵宝经》成于葛氏道之手，所以要给人以和正统的元始系一样的印象。第二，是因刘宋时期天师道把葛氏道的经典、教理、神格取入自派之中，作为融合策略的一环，作成了假托葛氏道的《灵宝经》。这一点，有助于葛氏道的人们信奉天师道，结果对天师道并合葛氏道起到了作用（四川人民出版社，2001年版，第21～23页）。此乃小林正美先生一家之言，且多推测之词，历史事实是否果真如其所说，还须进一步展开探究。

二年（239）八月十五日于天台山白日升天，吴大帝孙权撰传。至宋文、明二帝时，陆修静更加增修，立成仪轨，于是灵宝之教大行于世。开元（713—741）中，唐玄宗于桃林县所得石符，是尹真人旧宅，后改为灵宝县，城南置灵宝观，内庭置灵符殿，皆是灵宝法遗迹。天尊说经五十八卷，"经旨在此《度人经》中，其五十七卷皆演说科仪、斋法、教戒缘起，宗于自然天书。近代诵咏此经，感应不少"。① 这是唐代玄洞先生闾丘方远所述说，他是因为"世人多疑《灵宝度人经》"，故"搜经法源流，以解世人疑惑"。

有关《灵宝经》的降世以及传授，《云笈七籤》卷六《三洞经教部》整合各种道经的说法，讲述更为详尽："天尊曰：吾以延康元年，号无始天尊，亦名灵宝君，化在上清境，说洞玄经十二部，以教天中九真中乘之道也。"引《玉纬》云："洞玄是灵宝君所出，高上大圣所传。按元始天王告西王母曰，太素紫微宫中金格玉书灵宝文真文篇目，十二部妙经，合三十六帙。"又引《四极盟科》讲述云："洞玄经万劫一出，今封一通于劳盛山。昔黄帝于峨眉山诣天真皇人，请灵宝五芽之经，于青城山诣宁封真君，受灵宝龙蹺之经。又九天真王降于牧德之台，授帝喾灵宝天文，帝行之得道，遂封秘之于钟山。又：夏禹于阳明洞天感太上命绣衣使者降授灵宝五符，以理水檄召万神，后得道为太极紫庭真人，演出大小《劫经》、《中山神咒》、《八威召龙》等经，今行于世矣。时太极真人徐来勒与三真人，以己卯年正月降天台山，传《灵宝经》以授葛玄。玄传郑思远，思远以《灵宝》及三洞诸经，付（葛）玄从弟少传奚，奚付子护军悌，悌付子洪，洪即抱朴子也，又于马迹山诣思远告盟奉受。洪又于晋建元二年（344）三月三日于罗浮山付弟子安海君望世等。后从孙巢甫晋隆安元年（397）

① 《太上洞玄灵宝大纲钞》，《道藏》第6册第376页。

传道士任延庆、徐灵期，遂行于世。今所传者，即黄帝、帝喾、禹、葛玄所受者。十二部文未全降世。”① 这是宋代张君房整合前人的说法，越到后来，故事越多姿多彩。可以看出，与《三皇经》一样，《灵宝经》降世及传播的历史，也是层累地构造的。与《三皇经》相同之处还有，《灵宝经》的“十二部文”也是“未全降世”，有些仍然还秘藏在天上；二者都把仙话和经典的传播历史编织在一起，真假难辨，且其传播史也有种种不同说法，莫衷一是。从中还可以看出，《灵宝经》的神秘传播，同《三皇经》一样，与丹阳葛家这个江南道教家族紧密相关，葛家对此有不小的功劳。②

有关《灵宝经》的卷数，按《云笈七籤》卷四《灵宝经目序》所说：“顷者以来，经文纷互，似非相乱，或是旧目所载，或自篇章所见，新旧五十五卷。”③ 据此，小林正美《六朝道教史研究》推测：在《灵宝经目序》写成的元嘉十四年（437）新旧合为五十五卷，其中三十六卷为旧经，属元始系；仙公系存有十九卷。此外，据宋文明《灵宝经目》，陆修静的《三洞经书目录》载有仙公系《灵宝经》十一卷，其中似有一卷为二卷本或三卷本，故在泰始七年（471）仙公系《灵宝经》最多存在十三卷。这样，仙公系《灵宝经》在元嘉十四年到泰始七年的三十四年间，从十九卷减少到了十三卷和元始系的已出经典从十一卷（或十卷）增加到二十一卷（或二十三卷），形成对照。这样对照性的变动是怎么形成的呢？有两个原因。其一，元始系在述

---

① 《云笈七籤》卷六《三洞经教部》，《道藏》第22册第31～33页。《灵宝经》天降神授的故事还可参见《云笈七籤》卷三《灵宝略纪》、《天尊老君名号历劫经略》，《道藏》第22册第14～15、16～18页。

② 小林正美《六朝道教史研究》认为：《太上灵宝五符序》、《灵宝赤书五篇真文》、《灵宝经》、《三皇经》、《太上洞渊神咒经》成于东晋、刘宋期的葛氏道之手，刘宋末以降，就再也未出现葛氏道系的道典（四川人民出版社2001年版，第18～19页）。

③ 《云笈七籤》卷四《灵宝经目序》，《道藏》第22册第19页。

作新经典，相反，仙公系则在合并、删修，进行统合。其二，有若干从仙公系向元始系移变的经典。小林正美把仙公系和元始系相比较，总结出：在都宣扬道教的大乘思想这一点是相同的，也有两个很大的不同点。其一，元始系提倡元始天尊和太上道君，与此相对，仙公系则提倡太极真人和葛仙公。其二，元始系不引用《灵宝经》以外的道典，与此相比，仙公系多引其他的各种道典，其中特别重视老子《道德经》。①

按照上清经派道教神学的理念，《灵宝经》属于“三洞经教部”的“洞玄部”，“洞玄以不滞为名”，“洞玄者，生天立地，功用不滞，故得名玄”。据称：“洞玄之教，以教主灵宝君为迹，以赤混太无元无上玉虚之气为本”；“洞玄法灵宝君，住上清境”，即“上以上登逐用而名上清也”。在修道的阶梯层级中，《灵宝经》是继《三皇经》初级阶段后的中级阶段，所谓：“智渐精胜，既进中境，故中教名洞玄灵宝。”在道教上清经派看来：“三洞既降，遂有大、小、中乘，初、中、后法，三种分别，以教于世。”《灵宝经》即属于是“三洞”的“中乘”、“中法”。当然，对于“三洞”，应该作如是观：“三洞者，盖是一乘之妙旨，三景之玄言”；“三洞妙法，兼而该之，一乘道也”。②也就是说，不应该割裂“三洞”，而是应“兼而该之”，因为“三洞”都是“一乘之妙旨”，都是“一乘道”。若按灵宝经派自己的评价，《灵宝经》当属“大乘”经典，灵宝经派乃大乘道教。《太极真人敷灵宝斋戒威仪诸经要诀》就宣称：“《灵宝经》是道家之至经，大乘之玄宗。……众道之本真矣！”③ 陆修静也说过：《灵宝经》系“大乘之

① 小林正美《六朝道教史研究》，四川人民出版社2001年版，第158、159、162页。

② 《云笈七籤》卷六《三洞经教部》，《道藏》第22册第31～33页。正如前面的注解按语所揭示，《三洞经教部》明显站在上清经派立场来判教。

③ 《太极真人敷灵宝斋戒威仪诸经要诀》，《道藏》第9册第870页。

体，备用不少”。[①] 这显示各派经教都曾抬高自己，矮化他家，但最终结果还是上清经派赢得了比赛，掌握了判教的话语权。[②]

三 《上清经》的降世与传播

《上清经》的降世，在形式上与《三皇经》在洞穴中为得道者显现、《灵宝经》的所谓“天授”下凡都有所不同，它是以神真“降授”的方式诞生。《真诰》卷十九《翼真检第一》说得很清楚：“伏寻《上清真经》出世之源，始于晋哀帝兴宁二年（364）太岁甲子，紫虚元君上真司命南岳魏夫人下降，授弟子琊琊王司徒公府舍人杨某（杨羲），使作隶字写出，以传护军长史句容许某（许谧）并弟三息上计掾某某（许翙）。二许又更起写，修行得道。凡三君手书，今见在世者，经传大小十余篇，多掾写，真□四十余卷，多杨书。”[③] 从道教神学的角度可以看出，这是神的书写而非人的写作，通过能够“通灵接真”的中介——灵媒把神意传达下来。在道教神学看来，这场仪式中，杨羲仅仅扮演了灵媒的角色。杨羲与二许所写“三君手书”，不表达人的思想，抄写的是神的旨意，显示的是神的“真迹”。李养正《道教经史论稿》认为：“实际上《上清经》系是由魏华存创始，而大

---

① 《太上洞玄灵宝授度仪表》，《道藏》第9册第839页。

② 海外学者对灵宝经的研究做了大量工作，成果丰硕。大渊忍尔（1974）研究了两件敦煌抄本（伯2256号与2861号），二者都是唐人据陆修静所撰灵宝经目编制的道书目录。大渊忍尔考定出27篇古灵宝经（见于《道藏》或敦煌抄本）。柏夷（1983）和索安（1984）阐明许多已极其中国化的佛经在很大程度上启发了这些初期灵宝经的作者。大渊忍尔（1978，1979）从敦煌洞窟抄本中考定并整理出100多篇道经，其中有些道经完全是新的（见索安《西方道教研究编年史》，中华书局2002年版，第12～13页）。

③ 吉川忠夫、麦谷邦夫编《真诰校注》卷十九《翼真检第一》，中国社会科学出版社2006年版，第572～573页。

部分是杨羲、许谧、许翙所共同撰作。他们在京都建业（今南京）和句容茅山中的雷平山（长史许谧的家宅与别墅）设立了乩坛，许谧为坛主，杨羲是乩手，又是记录，即所谓能‘通灵接真’达神仙意旨的人。他们以扶乩为手法，托言‘紫虚元君上真司命南岳魏夫人’下降，授以经法，实际上是杨羲所造作。”① 问题就在于，当时是否已经产生宋明以来流行的“扶乩”法造作道经，是否已有“乩坛”？这尚待证明。王家葵《陶弘景丛考》第三章“《真诰》丛考”指出：关于上清经的降授情形，陈国符认为是“扶乩降笔”，卿希泰《中国道教史》亦沿用其说。这种解释其实并不准确。王家葵认定：“与后世流行的飞鸾扶箕不同，降授无须凭借沙盘木笔诸器具，而是直接地口授笔录”；“真灵所授之辞由附体者口述，为有声之音，旁观者皆能听到”；“真灵附体之人能够见到诸真的举止、衣饰”；“真人降授之时，虽灵附于所降之人，但决不借用尘浊之人的肉手来书写‘三元八会’之书，‘云篆明光’之章”。② 比较而言，众真降授《上清经》的具体情况，王家葵所说更为合理。曾记否？汉武帝“礼神君”，对于“神君所言，上使人受书其言，命之曰‘画法’”。③ 就是说，汉武帝派人

① 李养正《道教经史论稿》，华夏出版社1995年版，第124页。

② 王家葵《陶弘景丛考》，齐鲁书社2003年版，第127～128页。按：陈国符《道藏源流考·上清经考证》认为，“《上清经》乃晋哀帝兴宁年间扶乩降笔。杨羲用隶字写出，以传许谧、许翙”（中华书局2014年版，第7页）。许地山《扶箕迷信的研究》说：扶箕或写做扶乩，“乩”乃是俗写。“扶箕是一种古占法，卜者观察箕的动静来断定所问事情的行止与吉凶，后来渐次发展为书写，或与关亡术混合起来。”“在中国典籍里与扶箕有关而最惹人注意的是陶弘景的《真诰》与周氏《冥通记》。”“当时降灵的现象大概是附在请问者的身上，借他的手写出来。”“《真诰》二十卷的内容最与现代扶箕语意相同的是诰里的诗与谈道的文字。书法不用真隶，而用行草，是因书写急遽所致。……受诰时未用器具，只以手执笔，随神灵旨意直书而已。”“‘诰’，也就是仙人的降笔。”“近代扶箕可以回溯到唐时的‘紫姑神’。”（商务印书馆1999年版，第7～10页）扶乩究竟起源于何时，许氏似未有明确的结论。

③ 《史记·封禅书》，中华书局1982年版，第4册第1388页。

把“神君”与神接通附体之后所说的话书写下来，号称“画法”。有可能，上清经的降授情形即是如此。

原本在杨羲之前，已经有华侨扮演灵媒这一角色，即所谓“众真未降杨之前，已令华侨通传音意于长史”。后来，“华既漏妄被黜，故复使杨令授。而华时文迹都不出世”。① 这个叫华侨的灵媒，原本是“晋陵冠族，世事俗祷。侨初颇通神鬼，常梦共同飨醊。每尔辄静寐不觉，醒则醉吐狼借。俗神恒使其举才用人，前后十数，若有稽违，便坐之为谴。侨忿患，遂入道。于鬼事得息，渐渐真仙来游。始亦止是梦，积年乃夜半形见。裴清灵、周紫阳至，皆使通传旨意于长史，而侨性轻躁，多漏说冥旨被责，仍以杨君代之”。这个被废的灵媒华侨尽管“与许氏有婚亲，故长史书与裴君，殷勤相请也”。② 但由于他的情“性轻躁，多漏说冥旨”，不能担负起如此神圣庄严的传经事业，终究“漏妄被黜”，并受到责备。取而代之的是杨羲，杨羲的降神活动在茅山许家神坛举行。

那么，南岳魏夫人又是何许人，她又是从何处得到了《上清经》呢？《太平御览》卷六七八引《南岳魏夫人内传》，较为详细地描述了南岳魏夫人及其获得《上清经》的故事：夫人魏华存，字贤安，任城人，晋司徒文康公魏舒之女。少读《老》、《庄》、《春秋三传》、五经

① 吉川忠夫、麦谷邦夫编《真诰校注》卷十九《翼真检第一》，中国社会科学出版社2006年版，第566页。小林正美《六朝道教史研究》说：即使对华侨降下的真人旨意被许长史弃置了，华侨还有《周紫阳传》这样的著作，如把这作为对华侨降下周紫阳旨意的来源的话，《上清经》之始就不能只从兴宁二年（364）魏华存对杨羲降下者去探求。所以不能说《上清经》的出现是始于魏华存在兴宁二年所传之旨。《上清经》之经名，是由于真人们对华侨、杨羲降下方为世人所知。《上清经》的实际形成，当是在魏华存对杨羲降下的兴宁二年以后，当无大错。从《上清经》形成的视点出发，上清派始于华侨、杨羲、许谧、许翙四人（四川人民出版社2001年版，第25～27页）。

② 吉川忠夫、麦谷邦夫编《真诰校注》卷二十《翼真检第二》，中国社会科学出版社2006年版，第595页。

百子。常别居一园，独立闲处，服饵胡麻。父母逼之强嫁南阳刘幼彦，好道之志，存而不亏。后幼彦为修武县令，随之县舍，闲斋别寝，入室百日，所期仙灵。季冬月夜半，有四真人降魏夫人室，即太极真人安度明，东华青童君，碧海景林真人，清虚真人王子登。于是魏夫人拜乞长生度世。青童君说，此清虚真人者，尔之师，当受业焉。景林真人称，尔应为紫虚元君上真司命，封南岳夫人。于是，清虚真人王子登乃命侍女披云蕴，开玉笈，出示《太上宝文》、《八经隐书》、《大洞真经》、《灵书八道》等经典三十一卷，即手授魏夫人。王君昔学道，在阳洛山遇南极夫人、西城王君，授此三十一卷经，行之成真人。今所授者，乃是南极、西城之本经。景林真人又授予魏夫人《黄庭内景经》，一名《太上琴心》，一名《大帝金书》，一名《东华玉篇》，令昼夜诵读。清虚真人王君又告知魏夫人："子若不在山中隐身斋戒，则《大洞真经》不可妄读也。至于《虎经龙书》、《八素隐文》之属，奇秘玄奥，若不斋戒绝世，不可施行。子今且可诵《黄庭内经》，步蹑七元，存五星之神而已。"四真人与魏夫人别后，魏夫人守静日进，在世八十三年，以晋成帝咸和九年（334）"用藏景之法，托形剑化"。① 从这一故事可见《上清经》的来源，也可看出，不按照规定的神圣仪式行事，则《大洞真经》"不可妄读"，《八素隐文》等上清经书也"不可施行"。《上清经》的传授是有一整套神秘化程序

---

① 《太平御览》卷六七八引《南岳魏夫人内传》，中华书局 1960 年版，第 3 册第 3026～3027 页。按：《云笈七籤》卷四《上清经述》所描述南岳魏夫人获得《上清经》的故事与此大同小异，但称魏夫人是冀州刺史魏阳元之女，嫁修武县令刘乂。并称正一真人张君又别授治精制鬼法。魏夫人前后所授，非但此三十一卷而已，"此乃《上清经》从此而行世也"。（《道藏》第 22 册第 20～21 页）这一故事，又见《太平广记》卷五十八《魏夫人》（上海古籍出版社 1990 年版，第 1 册第 289～293 页）。按：《隋书·经籍志》著录《清虚真人王君内传》一卷，弟子华存撰。又录《南岳夫人内传》一卷（中华书局 1973 年版，第 4 册第 979 页）。

的，既保证了道教组织的纯洁度，但也有碍道教的广泛传播，扩散其社会影响力。在道教的神学语境中，三十年后，已“剑化”而获得“紫虚元君上真司命”仙位的南岳魏夫人从天而降，授予杨羲《上清经》。魏夫人后来获封为“嗣上清第一代太师”。①

关于杨羲与二许，据《真诰》卷二十说：杨羲，晋成帝咸和五年（330）九月生，似是吴人，来居句容。“幼有通灵之鉴”，与许迈、许谧年龄虽悬殊，却“早结神明之交”。由许谧“荐之相王，用为公府舍人自随。简文登极后，不复见有迹出”。杨羲于晋孝武帝太元十一年（386）去世。许谧，字思玄，儒雅清素，入为护军长史、给事中。一面入仕途，一面修行神仙术，“虽外混俗务，而内修真学”，于太元元年（376）去世。因为“遵行上道”，“挺分所得，乃为上清真人”。许翙，字道翔，小名玉斧，为许谧第三子。专心致志修仙，“修业勤精。恒愿早游洞室，不欲久停人世”。去世以后，据说“度往东华，受书为上清仙公、上相帝晨”。② 因传经建立功业，杨羲后获封为“嗣上清第二代玄师”，号称“上清真人金阙上保检仙司命东华道君洞灵显化至德真君”。许谧后获封为“嗣上清第三代真师”，号称“上清仙侯金阙侍晨左卿司命太元广德至仁真君”。许翙后获封为上清“四代宗师”，号称“上清仙公金阙右卿司命东华侍晨混化元一真人”。③实际上，以神真“降授”方式接受南岳魏夫人《上清经》的主角杨羲，其身世陶弘景已不能知晓，二许身世，亦颇多仙话。

二许之后，据陶弘景所说：“复有王灵期者，才思绮拔，志规敷道。见葛巢甫造构《灵宝》，风教大行，深所忿嫉，于是诣许丞求受

---

① 《茅山志》卷十《上清经箓圣师七传真系之谱》，《道藏》第5册第597页。

② 吉川忠夫、麦谷邦夫编《真诰校注》卷二十《翼真检第二》，中国社会科学出版社2006年版，第592、587～589页。

③ 《茅山志》卷十《上清经箓圣师七传真系之谱》，《道藏》第5册第597～598页。

上经。丞不相允，王冻露霜雪，几至性命。许感其诚到，遂复授之。王得经欣跃，退还寻究。知至法不可宣行，要言难以显泄，乃窃加损益，盛其藻丽，依王、魏诸传题目，张开造制，以备其录。并增重诡信，崇贵其道。凡五十余篇。趋竞之徒，闻其丰博，互来宗禀。传写既广，枝叶繁杂，新旧浑淆，未易甄别。自非已见真经，实难证辨。”① 对此，小林正美《六朝道教史研究》的看法是：按陶弘景所说，王灵期五十余篇新的《上清经》，“是按照《王君内传》、《魏夫人内传》等诸传中所记的《上清经》经题造出来的。如果这是事实的话，除了《真诰》卷五《道授》中附记有‘在世’的七部书以外的东晋时期的《上清经》，其大半是出自王灵期之手”。然而，“陶弘景由于持只尊崇二许和杨羲真笔的立场，把王灵期的《上清经》斥为伪经，《真诰》和《登真隐诀》中不载，但这是陶弘景基于信仰上的信念，如从上清派的历史来看的话，王灵期的《上清经》由于被人们作为《上清经》来信奉、传授，也当认作《上清经》，对于王灵期的造经，也当作为上清派的一种活动加以评价。……也就是说，可以认为上清派由于造了新经，作为上清派的活动才得到了继续”。② 其实，指责王灵期“张开造制”《上清经》，偷偷摸摸加入了自己的私货，二许和杨羲又何尝不是造经？华侨或许还有其他道士也在通过神灵“降授”造经，于是《上清经》前前后后陆续降临人间。只不过，在陶弘景的神学语境中，王灵期及其他人的造经资格是大有问题的，并非人人都有与神订立造经契约的资格，并非人人都具备通神造经的权威性，他承认只有二许和杨羲才具备这样的资格和权威性，所造的《上

① 吉川忠夫、麦谷邦夫编《真诰校注》卷十九《翼真检第一》，中国社会科学出版社2006年版，第575页。

② 小林正美《六朝道教史研究》，四川人民出版社2001年版，第31页。

清经》才是神的手谕，才是可以信赖的正宗“真迹”。

何谓“上清”？依据《云笈七籤》卷四《上清源统经目注序》解释说：“上清者，宫名也。明乎混沌之表，焕乎大罗之天。灵妙虚结，神奇空生，高浮澄净，以上清为名，乃众真之所处，大圣之所经也。”《上清经》的来历，亦是一种“天藏真书”，“乃上真注笔，朱简紫书”，藏在上清宫中，“皆玄古之道，自然之章，起于九天之王，九玄道君”。与《真诰》所说不同，《上清经》早在汉代已降世，“汉武帝时得经，起栢梁台以贮之”。由于汉武帝“不从王母至言”，结果天火烧毁栢梁台，“经飞还太空，于兹绝迹”。后来太元真人茅盈“师西城王君，受上清玉佩金珰二景璇玑之道，以汉宣帝地节四年（前 66）三月升天”。又有玄洲上卿苏林“师涓子，受上清三一之法，以汉神爵二年（前 60）三月六日登天”。此外，“周君、李君众仙，各有所得，并相承经业，多不传世”。汉平帝元始二年（2）九月，“西城真人以《上清经》三十一卷，于阳洛之山授清虚真人小有天王王褒。褒以晋成帝之时，于汲郡修武县，授紫虚元君南岳夫人魏华存”。魏华存去世之日，以经付其子道脱，又传杨羲。杨羲“生有殊分，通灵接真，乃晋简文皇帝之师”，师事南岳魏夫人，受《上清大洞真经》三十一卷。而护军长史许谧，则“师太元真人，受上清众经”。许谧第三子翙，师杨羲，“授上清三天正法曲素凤文三十一卷”。许翙子许黄民，黄民子豫之，以元嘉十二年（435）临去世时，“以《上清宝经》三洞妙文，封以玄台，印以白银，留寄郯县马度生家。语之曰：今且暂行，不久当还，勿开此经”。马家崇奉，累世安康。有道士娄化，常憩马家，苦求开看经文，马氏固执不从。“是时宋明皇帝崇敬大法，招集道士，供养后堂。娄化乃因后堂道士殳季真密启之帝，即命使逼取至京，乃拜礼开之，忽有五色紫光洞焕眼前，帝惊曰：神真叵触比。其年不愈而崩。”到了元徽元年（473），马氏出诉，启请其经，诏敕听还。“于是天藏真书，复归马氏。兹乃上真注笔，朱简紫书，后之凡庶，摸而传奉，号曰真迹。”① 这一仙话故事，把“天藏真书”《上清经》的降世放在汉代，其下凡的方式、传授的具体过程和其间师承关系，也与《真诰》的讲述有所不同，但一致的是，故事中的几个关键人物——南岳魏夫人、杨羲、许谧、许翙等都在场，对《上清经》的传播贡献良多。与前述《灵宝经》“唯仙人能用其文，君王不能得其术”，染指《灵宝经》的君王皆遭殃的故事一模一样，宋明帝用强权“命使逼取”《上清经》至京，最终竟落得不治身亡的悲惨结局。这透露出道教天书的神圣不可侵犯，即使君王的威权也不得越雷池一步，否则将威风扫地，自取灭亡。这是通过讲神仙故事，显现神权高于王权的暗喻，是种神学式警告，告诫帝王：不得触犯道经！由此也可见饱受侨迁士族压抑的江南道教家族某种独特的精神胜利法，他们在仕宦路途上郁郁不得志，人间的俗官做不成了，但在修道的路途上却春风得意，颇受上天青睐眷顾，人生获得大圆满，在终极之处远远胜过那些世俗的君王们，得授神仙世界中地位很高的仙官，于是只有他们笑到了最后。

《云笈七籤》卷六《三洞经教部》的故事是：《业报经》、《应化经》并云天尊曰：“吾以龙汉元年号无形天尊，亦名天宝君，化在玉清境，说《洞真经》十二部，以教天中九圣大乘之道也。”②《道教义枢》卷二《三洞义》的故事则是：《玉纬》引《正一经》云，元始高上玉帝禀承自然玄古之道，撰出《上清宝经》三百卷，玉诀九千篇，

---

① 《云笈七籤》卷四《上清源统经目注序》，《道藏》第 22 册第 18～19 页。按：“上清”乃为大罗天上众仙真所处的宫名（后世道观亦有取名上清宫者），象征着洁白无瑕，净化明朗，清真明智。所谓“上清”，尚“清”且崇“真”也。《老子》第 39 章所谓“天得一以清”（上海古籍出版社 1989 年版，第 10 页），当是其命名的重要思想来源。

② 《云笈七籤》卷六《三洞经教部》，《道藏》第 22 册第 32 页。

符图七千章，秘在九天之上大有之宫。相传玉文，以付上相青童君，封于玉华青宫。无景元年，又撰一通，以封西城山中。又：太帝君命扶桑大帝旸谷神王撰出三十一卷独立之诀，上经三百首，今独立，亦行于世。昔襄城小童以上清飞步天纲蹑行七元六纪之法降授黄帝，竟无所传。汉元封元年（前110）七月七日，西王母、上元夫人同下降，汉武于咸阳宫受五帝灵飞六甲上清十二事。明年，天火烧栢梁台，经飞太空，于兹世绝。太元真人茅盈，师西城王君，受上清玉佩金珰三景缠璇之道，以汉宣帝地节四年（前66）三月升天。又：玄洲上卿苏林，师涓子，受上清三一之法，亦以宣帝神爵二年（前60）三月六日登仙，不传于世。汉孝平帝时，西城真人以《上清经》三十一卷于旸谷之山授清虚真人小有天王褒。褒以晋成帝时于汲郡修武县授紫虚元君南岳夫人魏华存，夫人以咸和九年（334）升天，以经付其子道脱，又传杨羲，晋简文帝之师也。羲师南岳夫人，受《上清大洞真经》三十一卷，至晋孝武帝太元十三年（388）升仙。又：许先生迈，师南海太守鲍靓，受上清众经。迈弟谧，谧子玉斧，长名翙，皆受上清三天正法曲素风文三十一卷。玉斧子黄民，民子豫之，以宋元嘉十二年（435），隐剡之小白山，以《上清》、《灵宝经》三洞妙文，寄剡县马朗家。宋有道士楼化，以宋明皇帝太始（465—471）之末，潜因后堂道士殳孝真密启明帝，逼取经还，帝使开看，忽有五色紫光洞焕眼前。逮元徽元年（473），马乃出诉，启请其经，有敕听还。“兹乃上真注笔未（朱）简，凡庶摹而传奉，号曰真迹。《目序》所明，与此同也。”① 与《云笈七籤》卷四《上清源统经目注序》的故事情节略有差异，主要线索则大体相当。

《上清经》的经目及具体卷数，很难将其说清楚。依据佛教方面

① 《道教义枢》卷二《三洞义》，《道藏》第24册第813页。

的说法，“玄都道士所上经目，取宋人陆修静所撰者《目》云：《上清经》一百八十六卷，一百一十七卷已行，始清已下四十部六十九卷未行于世”。[①] 而“梁武帝在位末期编纂的《三洞奉道科诫仪范》的《上清大洞真经目》中，作为上清玄都大洞三景弟子无上三洞法师所当受的经典，有‘上清总经一百五十卷’，可知到梁武帝时期，还有一百五十卷的《上清经》存在。《上清经》这样的不断增加，也可作为上清派这一道流不断存续之证”。[②] 由此我们可以说，“上清经也和其他经典一样，不是在一个时间里全部完成的，而是逐渐被撰述出来的。因此，其中有古时候出现的，也有比较新的经典。上清经是广义词，它包括了经名被冠以‘上清’二字的一切经。但是，必须注意，也有的经虽是上清经之一，但不冠以‘上清’，而冠以其他语。福井博士根据道教典籍中的记述，指出上清经的内容有三种。其一是指‘300 卷’。但是，300 卷的具体内容不明。其二指‘31 卷’。其三指《上清大洞真经三十九章》1 卷。二、三可说是狭义的上清经。一般认为，上清经大多数情况是指‘31 卷’。‘31 卷’在整个上清经中被认为是最早出现的，因而被称为‘古上清经’，以与其他经相区别”。[③] 与所谓“古灵宝经”一样，也有狭义的“古上清经”，共三十一卷。由此可见，《上清经》的问世，显然是一个动态的历史过程，伴随着上清经派发展，故其经目及具体卷数不是一个死板数字即可定下来的。由于其经典的神学性质，也不是能够用文献考证方法说清楚实际卷数的。

---

① 《广弘明集》卷九《笑道论》，上海古籍出版社 1991 年版，第 156 页。

② 小林正美《六朝道教史研究》，四川人民出版社 2001 年版，第 32 页。

③ 福井康顺、山琦宏、木村英一、酒井忠夫监修《道教》：尾崎正治撰《道教经典》，上海古籍出版社 1990 年版，第 1 卷第 82 页。按：尾崎正治并列出“上清经 31 卷”经名，可参阅。

《上清大洞真经》是上清经派最重要、最基本、最高级的经典，被称为上清经之首。《真诰》就十分自豪地宣称："《大洞之道》，至精至妙，是无英守素真人之经。其读之者，无不乘云驾龙"；从前有叫黄观子者，"太极真人百四十事试之，皆过，遂服金丹，而咏《大洞真经》。今补仙官为太极左仙卿"；"若得《大洞真经》者，复不须金丹之道也，读之万过，毕便仙也"；"'《大洞真经》，读之万过便仙。'此仙道之至经也"。[①]《上清大洞真经》体现了上清经派最重视的修炼法门——读道经修炼神仙法，懂得这一法门，所谓"金丹之道"都用不着了。茅山上清二十三代宗师朱自英《上清大洞真经序》揭示说："大洞"就是"道"，乃是"上清三十九帝皇，回真下映入兆身中三十九户，于是各由其所贯之户著经一章"；"中央黄老元素道君总彼列圣之奥旨，集成大洞之真经，故曰三十九章经也"；"夫道有三奇，第一之奇《大洞真经三十九章》"；"故《三十九章》者，乃九天之奇诀，上元太素君金书之首经也。一名《三天龙书》，一名《九天太真道经》"。[②]《大洞真经》按所谓人体"三十九户"每"户著经一章"，共计三十九章。四十三代天师张宇初《后序》则指出："《大洞真经》凡三十九章，皆修炼之旨"；其"修炼之道，必本于养炁存神，逐物去虑，然后炁凝神化，物绝虑融，无毫发之间碍"。[③] 指明《大洞真经》的宗旨就是讲修炼之道，其旨趣就在于返归"混沌之始"。关于《大洞真经》的写本真伪，陶弘景已有疑问，其《登真隐诀》第二《经传条例》说："《大洞真经》，今世中有两本。一则大卷，前有回风混合之道，而辞旨假附，多是浮伪。一本唯有三十九章，其中乃有数语与

---

① 吉川忠夫、麦谷邦夫编《真诰校注》卷五《甄命授第一》，中国社会科学出版社2006年版，第174、175、184、187页。

② 朱自英《上清大洞真经序》，《道藏》第1册第512页。

③ 张宇初《上清大洞真经后序》，《道藏》第1册第555页。

右英所说者同，而互相混糅，不可分别。唯须亲见真本，乃可遵用。又闻有得杨、许《三十九章》者，与世中小本不殊，自既未眼见，不测是非。”① 其神学考证的态度非常严谨，不是亲眼所见，绝不断然得出结论。《大洞真经》的原始古本未收入《道藏》，今《道藏》所收为宋代茅山宗坛本，共计六卷，比古本一卷增加了不少内容。日本学者大渊忍尔从敦煌抄本中发现了六朝、初唐时旧本残简，从残简中可知“《大洞真经》的主要部分是以偈或咒的形式构成的三十九章。旧本的这部分和《道藏》本没有多大区别。因此，可以认为《道藏》本的这一部分比较正确地保存了古貌”。②

按照上清经派道教神学的理念，《上清经》属于所谓“三洞第一”的“洞真”，“从通制别者，灵秘不杂，故与真名”，“洞真以不杂为义”，“是天宝君所出”。从“本迹”去说，“洞真之教，以教主天宝君为迹，以混洞太无元高上玉皇之气为本”。从“境”上说，“洞真法天宝君，住玉清境”。何谓玉清？“玉以无杂就体，而名玉清。”玉清为上境，“上境最优，故用玉名，以标尊胜”，修道之人，“渐升上境，终契真淳”；“既登上境，智用无滞，故上教名洞真天宝也”。③ “仰寻道经《上清》上品，事极高真之业。”④ 就这样，在道教上清经派的判教中，《上清经》被视为三洞经教的“上境”、“上教”、“上品”，气质高贵灵秘，像玉一样通体清澈纯洁而“不杂”，所以赋予“真名”。“清”与“真”，此乃《上清经》的关键词，亦即修道之人逐步上升的

---

① 《上清大洞真经玉诀音义》引陶弘景《登真隐诀》，《道藏》第 2 册第 710 页。

② 福井康顺、山琦宏、木村英一、酒井忠夫监修《道教》：尾崎正治撰《道教经典》，上海古籍出版社 1990 年版，第 1 卷第 86 页。

③ 《道教义枢》卷二《三洞义》，《道藏》第 24 册第 812、813 页；《云笈七籤》卷六《三洞经教部》，《道藏》第 22 册第 31、32 页。

④ 吉川忠夫、麦谷邦夫编《真诰校注》卷十九《翼真检第一》，中国社会科学出版社 2006 年版，第 563 页。

“最优”境界，进入这一“事极高真之业”的“三洞”上清境，便“终契真淳”，“智用无滞”。①

《艺文类聚》卷五十一《封爵部》引魏文帝《册孙权太子登为东中郎封侯文》指出：“盖河洛写天意，符谶述圣心，昭晰著明，与天谈也。故《易》曰：‘河出图，洛出书，圣人则之。’”② 自河图、洛书起，中国即有神圣化经典的深远传统，经典著作被认定是在书写“天意”，是一种“天谈”，是上天降下的产物，人类必须以它作为规范自己行为的法则，丝毫不得违背，从而符合“天人合一”的原则。这一“河图”、“洛书”的传统被道教继承并发扬光大，坚定不移地把道经视为“天意”、“天谈”降临到人世间，道教经典就是不折不扣的“天书”。这些“天书”表明，道教经书的知识生产，绝大部分靠有意志的“天”及神灵通过作为灵媒的道士“降授”下来，而诵读遵循“天书”，就是实现“天意”，天人由此合一。汉末魏晋的战争动乱状态，再加上所谓“阳九百六”的天灾及瘟疫，使道教中人对现实世界彻底悲观绝望，产生诸如“末世”、“劫难来临”的悲观主义世界观，《三皇经》、《灵宝经》、《上清经》这些“三洞真经”亦即“天书”的降世，在他们眼中，就是前来解救处于受苦受难“末世”中人们具有无限威力的“宝书”。③ 而在研究者眼中，这些“宝书”提出了各自

① 有关上清经的详情，可参见陈国符《道藏源流考》相关内容，中华书局 2014 年版，第 7～37 页。西方学者对上清经的研究也下了功夫，贺碧来（1984）探索分析了公元四世纪的 140 多篇上清经，并从通行本《道藏》中重新整理出大约 260 篇上清经。司马虚（1981）分析了《道藏》中的 94 篇经书，考定出降授给巫师杨羲（364—370）的原始经书及五世纪时经陶弘景编辑的经书。索安认为，从这些上清经的考定研究中可推测，存在着一部首次分为“三洞”的原始道藏。三洞中居于首位且地位最高的一洞汇集了上清经。（见索安《西方道教研究编年史》，中华书局 2002 年版，第 12 页）

② 《艺文类聚》卷五一《封爵部》，上海古籍出版社 1999 年版，上册第 924 页。

③ 关于《三皇经》、《灵宝经》、《上清经》的传授，参见陈国符《道藏源流考·道经传授表》，中华书局 2014 年版，第 22 页。

的一套解救方案，宣布要将信仰者救出无边苦海，这既显示了道教对处于水深火热“劫运”中苦难人群日常生活的强烈关怀，也带给面临“末世”灾难的道教信徒们一线希望之光，鼓起了他们活下去的勇气。这些所谓秘藏天宫的“天书”道经，以神的“降授”及道士获得“灵感”的形式，陆续降临到人世间，可以说运用神秘主义方法进一步提升了道教的教理教义水准，道教开始形成了以经典为特色的经派，犹如佛教的六家七宗。[①] 这毫无疑问强化了道教与佛教对话的地位，也为道教在南朝的整合、转型与升华创造了先决条件。

① 按小林正美《六朝道教史研究·绪言》的观点：“东晋、刘宋时期从道教史的全体来看，是极为重要的时期，道教的基础教理、经典、仪礼、戒律几乎都是在这一时期形成的。”（四川人民出版社 2001 年版，第 6~7 页）

论晋代道教的传播与升华

汉末五斗米道、太平道起自民间，或武装割据，或组织起义，威胁到统治者，于是从魏晋起，当政者即对道教采取两手政策，一手是限制甚或镇压，一手是招安和利用。这样的政策促使道教在汉代的基础上进一步分化发展，加上士族知识分子加入道教，使道教队伍的成分构成出现新的情况。于是道教的一部分从民间走向官方，演变为官方接受的宗教，一部分则继续活动于民间，组织起事，还有一部分士族知识分子道徒则隐居山林修道。从道教的构成形式来说，则效仿五斗米道张氏家族，以家族为主体而构成，出现了所谓李家道、帛家道、葛氏道等等家族道教。同时，又产生了不少道教世家，这些道教世家，围绕某个家族世代传承道教。以家族为中心的家族道教，这是晋代道教组织构成的一大特色，本是中国宗法社会的独特产物。南北朝以降，家族道教逐步演变为宫观道教，但宫观道教的内部组织结构仍然仿效世俗的家族结构，一直延续到今天。

晋代政权完全承袭了曹魏严厉的宗教政策。晋武帝泰始元年（265）下诏："末世妖孽相煽，舍正为邪，故魏朝疾之。宜按礼为制，使妖淫之鬼，不乱其间。"① 明确了打击妖邪之道的宗教政策，以儒家典礼作为国家制度。响应统治者的政策，葛洪猛烈地攻击他眼中的左道旁门，认为假托小术，纠合党徒，犯上作乱都是邪魔外道，都为"礼律所禁"，政府应该"更峻其法制，犯无轻重，致之大辟"，"刑之无赦，肆之市路"，只有这样才会不用多长的时间使之"必当绝息"。② 道教代表人物葛洪发出的声音，完全是从巩固统治秩序出发的，而其与"左道"作彻底的切割，也考虑到道教自身利益及发展的需求。晋代，这是道教逐步从社会底层走向上层化的时代，也是道教为士族上层知识分子所逐渐认识并加以升华和接受的时代，由此也引起了道教本身的进一步分化。这种情况一直向南北朝延伸。晋代，这是道教逐步传播到社会各个层面的时代，其传播地域也扩展到全国范围内。但是，这个传播的具体情况是说不清、道不明的，正如《剑桥中国秦汉史》所指出的：汉末以后的道教，"我们拥有的材料也是令人失望的。它们要么所记日期不准确，要么根本不记日期，要么就根本抱有明显的偏见，像在释、道二教论战交锋时所写的佛教小册子那样。除此之外，由于这些现存材料未经充分细心研究，所以不可能给这个时期的道教描绘出一幅准确的画面"。③ 我们只能依据零零星星的史料和道教神学的史料，描绘出一幅残缺的画面。

一　巴蜀天师道的传播

（一）"天师"陈瑞的"鬼道"。

按照《华阳国志·大同志》记载："咸宁三年（277）春，刺史浚

---

① 《通典》卷五十五，中华书局1988年版，第2册第1558页。

② 王明《抱朴子内篇校释·道意》，中华书局1985年版，第172页。

③ 《剑桥中国秦汉史》第16章，中国社会科学出版社1992年版，第929页。

诛犍为民陈瑞。瑞初以鬼道惑民。其道始用酒一斗，鱼一头，不奉他神。贵鲜洁。其死丧、产乳者，不百日不得至道治。其为师者曰祭酒。父母妻子之丧，不得抚殡、入吊，及问乳、病者。后转奢靡，作朱衣、素带、朱帻、进贤冠。瑞自称天师。徒众以千百数。浚闻，以为不孝。诛瑞及祭酒袁旌等，焚其传舍。益州民有奉瑞道者，见官二千石长吏，巴郡太守犍为唐定等，皆免官或除名。”对此，任乃强先生分析说：陈瑞，即继张鲁而起的新首领，盖为一完整的五斗米教嫡派。教主称天师，教干称祭酒，教徒称鬼卒（由称其教为“鬼道”可知），联系用传舍（义舍）。都是张陵祖孙创教时的组织旧制。所不同者：1. 不在巴、汉地区，而转在犍为；2. 入教不用五斗米而用酒一斗，鱼一头；3. 废除丧吊、问疾，则似新立，然而与旧五斗米道精神完全一致。其教以病为神所惩戒，故不得慰问。天师道有公积金，大抵由弟子富有者乐捐，或患病思过治愈后之赎罪金。天师与各祭酒的生活费用，或即有赖于此。信奉的人愈多，积时愈久，则此种积金亦愈多。渐饰冠服威仪，为必然之势。此种装饰，仅天师、祭酒有之。犍为郡地自熹平（172—178）初已流行天师道教。自熹平二年至咸宁三年（173—277）的一百余年间，由于犍为道徒并未直接参加起义，不为州郡官吏所注意，其道得延续发展。巴汉自张鲁与三夷王失败后，道侣亦必然有来犍为隐蔽者。则犍为一郡，晋时成为蜀中天师道徒之集中地区可知。天师陈瑞，由素不为官府所注意人成为刺史枉法镇压之人，则其声响之广大可知。徒众已由一般农民发展至二千石长吏之家，则已有由乡村伸入城邑，由劳动阶层伸入士大夫阶层之势。徒众数量应不止千百，此王浚之所以必然进行镇压。巴郡为天师道最早根据地，而陈瑞道徒唐定为巴郡太守，则巴地天师道又已复活可知。宋晏殊《类要》云：“巴夷信道。”则巴区人民信奉天师道，历南北朝至唐宋皆然。王浚虽镇压陈瑞，惩办唐定等，亦未能根除蜀民奉天师道。[①]

此外，唐绵州震响寺僧人释明概在《决对傅奕废佛法僧事》中揭露道教说："晋武帝咸宁二年（276），（犍）为道士陈瑞以左道惑众，自号天师，徒附数千，积有岁月，为益州刺史王浚诛灭。"[②] 看起来，即便张鲁的徒众大多数已迁徙到了北方，但五斗米道在蜀中的影响仍未完全绝迹，其信仰的群众基础还在，因而一旦有"自称天师"者出面号召，就"徒附数千"，声势浩大，震动官府。晋朝是以"孝"来治理天下的，西晋初，陈瑞以"父母妻子之丧，不得抚殡、入吊"的所谓"左道惑众"，地方官王浚便趁机假借"不孝"的罪名将其杀害。但蜀中天师道的遗风依旧绵延不绝，至西晋末又演出一场好戏。

（二）天师道与成汉政权。

《晋书·李特载记》说："巴人呼赋为賨，因谓之賨人焉。……汉末，张鲁居汉中，以鬼道教百姓，賨人敬信巫觋，多往奉之。值天下大乱，自巴西之宕渠迁于汉中杨车坂，抄掠行旅，百姓患之，号为杨车巴。魏武帝克汉中，特祖将五百余家归之，魏武帝拜为将军，迁于略阳，北土复号之为巴氐。"[③] 可见，李特家族信仰张鲁五斗米道由来已久，其祖被魏武帝拜为将军，迁徙北方。又据《魏书·李雄传》载：到"晋惠时，关西扰乱，频岁大饥，特兄弟率流民数万家就谷汉中，遂入巴蜀"。[④] 李特"有大志"，在蜀发动起事，并于晋惠帝太安元年（302）自称益州牧、大将军、大都督，后战败被官军所杀。其

① 任乃强《华阳国志校补图注·大同志》，上海古籍出版社 1987 年版，第 439～443 页。

② 《广弘明集》卷十二，上海古籍出版社 1991 年版，第 178 页。此说当是取自《华阳国志·大同志》，果真如此，则有关陈瑞的史料实为孤证，故只能就此作一些推测性分析。任乃强先生的推论不无一定道理，可资借鉴。

③ 《晋书·李特载记》，中华书局 1974 年版，第 10 册第 3022 页。

④ 《魏书·李雄传》，中华书局 1974 年版，第 6 册第 2110 页。

四弟李流自称大将军、大都督、益州牧，继续与官军作战。当时“三蜀百姓并保险结坞，城邑皆空”，李流的军队陷于饥困，“涪陵人范长生率千余家依青城山”，“资给流军粮”，于是“流军复振”。[①] 李流病故之后，李特第三子李雄，“自称大都督、大将军、益州牧，都于郫城”。李雄曾被道术士刘化称许“有奇表，终为人主”。及至攻克成都，李“雄以西山范长生岩居穴处，求道养志，欲迎立为君而臣之。长生固辞”。李雄即于晋惠帝“永兴元年（304）僭称成都王”。“范长生自西山乘素舆诣成都，雄迎之于门，执版延坐，拜丞相，尊曰范贤。长生劝雄称尊号，雄于是僭即帝位，赦其境内，改年曰太武。……加范长生为天地太师，封西山侯，复其部曲不豫军征，租税一入其家。”[②] 李雄与范长生同为道教信徒，政治上也是惺惺相惜。另外据《华阳国志·李特雄期寿势志》记载说：“李特，字玄休，略阳临渭人也。祖世本巴西宕渠賨民，种党劲勇，俗好鬼巫。汉末，张鲁居汉中，以鬼道教百姓，賨人敬信；值天下大乱，自巴西之宕渠移入汉中。魏武定汉中，曾祖父虎……移于略阳北土，复号曰巴（人）氐。”李雄攻克成都之后，当即派“遣信奉迎范贤，欲推戴之。贤不许，更劝雄自立”；于是“迎范贤为丞相”，当范“贤既至，尊为四时八节天地太师，封西山侯，复其部曲，军征不预，租税皆入贤家。贤名长生，一名延久，又名九重”。据此，任乃强先生认为：范长生所推行之道教，“自张鲁等败，故不行五斗米入道之制。又由陈瑞败，故不行鱼酒入道仪式。要其行道之精神，组织民众之方法，则必相同。否则不可能于全蜀农村崩溃之后，犹能保持此一安静、饱暖之地

① 《晋书·李特载记》，中华书局1974年版，第10册第3030页。

② 《晋书·李雄载记》，中华书局1974年版，第10册第3035～3036页。按：李雄所建政权，国号大成，后改国号为汉，史称成汉。

区。范长生之不受李雄推戴而劝雄自立之原因，亦非此不能得解。……李雄部属之由饥而饱，由弱而强，国土之由虚而实，由荒而庶而富，皆当由此数年中，依范长生教，努力生产，招怀远人，泛爱民众，不图子孙自利所致。"① 范长生之子范贲一度被人立为帝，后被杀。②

综合上述史料可知，西晋末年，蜀地六郡流民拥"賨人"李特为首起事，特战死后，其四弟李流继续率流民作战，青城山道教首领范长生曾资给其军粮。李流病死，特子李雄继之而起，在攻破成都后，称"成都王"，将范长生迎到成都，封为丞相。雄称帝后，又加封范长生为"天地太师、西山侯"，优待其部曲，免除兵役，租税归范长生所有。很显然，西晋时，五斗米道在巴蜀之地的活动一直没有停止过，其首领范长生保持了张陵、张鲁私养部曲的家族道教特色及收租税的习惯，也延续了张鲁米道积极参与政治的作风。信仰张鲁米道的李特家族，则试图重演张鲁武装割据故事，且一度建立起地方政权。

二　天师道在北方的传播

自黄巾起义失败后，由于太平道遭残酷镇压，而五斗米道张鲁归降曹操后获得高官，与曹氏联姻，一度具备了比较有利的传播条件，

---

① 任乃强《华阳国志校补图注·李特雄期寿势志》，上海古籍出版社 1987 年版，第 483、484、486～487 页。任乃强先生注称："今按，曹操两入汉中，皆曾徙民。第二次所徙尤多。此辈徙民，在晋世，大都因关中之乱，徙还汉中，复流入蜀，固为就谷，盖亦由故土之恋也。"

② 据《晋书·周访传》载：晋穆帝永和（345～356）初，桓温征蜀，周访之子周抚镇彭模，"击破蜀余寇隗文、邓定等"。后来，"隗文、邓定等复反，立范贤子贲为帝。初，贤为李雄国师，以左道惑百姓，人多事之，贲遂有众一万。（周）抚与龙骧将军朱焘击破斩之"（中华书局 1974 年版，第 5 册第 1583 页）。

所以五斗米道有可能逐渐流传到原来太平道活动的北方地区，取而代之，以后改名换姓为“正一道”，或称“天师道”传播北方各地。[①]但司马氏大权在握后，张天师道亦因与曹魏千丝万缕的关系，其传播或多或少受到牵制，甚至有可能张陵后人迫不得已隐姓埋名，故而显得隐晦不明。由于史料缺乏记载，其具体的传播走向如同断了线的风筝，已不得而知，只能从道教自身的神学叙述中窥视蛛丝马迹，且只能按道教神学的历史观去描述这段历史。

《正一法文天师教戒科经·大道家令戒》[②] 透露出了其中消息：“至义国殒颠流移，死者以万为数，伤人心志。自从流徙以来，分布天下，道乃往往救汝曹之命，或决气相语，或有故臣，令相端正，而复不信，甚可哀哉”；“故民浑浊日久，虽闻神仙之语，长生之言，心迷意惑，更怀不信，或行善未知真正，愚愚相教，邪邪相传”；“不承

---

① 唐长孺先生《魏晋南北朝史论拾遗·魏晋期间北方天师道的传播》肯定地说：“北方在汉末并没有天师道传播，其传播至早也应在天师道系师张鲁北迁之后。”并且推测说：“以张氏和曹家的关系，天师道的存在是被容许的。特别在曹叡统治时禁网已疏，而张鲁婿燕王宇方被曹叡宠遇，可能给传播天师道提供有利条件。”又揭示：“魏晋以至十六国时期的北方天师道活动，史籍缺乏记载，目前我们只能从道经中获得一些有限的而且还是非常凌乱的资料。”（中华书局 1983 年版，第 222～223、224 页）

② 按：从经文的内容分析，《大道家令戒》很有可能系魏末晋初时，由张天师子孙亦即张鲁的后裔们在通神后，假借“大道”的神圣名义陆续颁布，至于是否具体实施，或实施后效果如何，则不得而知。小林正美《六朝道教史研究》称：《大道家令戒》系刘宋时天师道编纂，从中可见三国魏太和五年（231）以降，自行任免祭酒等职、教团秩序混乱的记载，但这是把写《大道家令戒》刘宋时期天师道教团的情况假托为三国魏的时代来叙说呢，还是根据了什么记录和传承，传述了三国魏的天师道教团的实际情况呢？由于没有其他可以确认的资料，难以判断。大渊忍尔、陈世骧持三国魏成立说，法国 R. A. 斯坦因、A. 桑德尔也赞同；杨联陞提出北魏成立，假托三国魏说，吉冈义丰也赞同；唐长孺主张苻秦初到北魏初之间成立。虽论说了《大道家令戒》的成立是在刘宋末期，但正如杨联陞已指出的那样，《大道家令戒》中可能有关于三国魏时代基于道教徒间的记忆和传承的记述（四川人民出版社 2001 年版，第 180、314、337 页）。关于《大道家令戒》出世的时间，学术界是颇有争议的，本文采用魏晋说。

经言，邪邪相教，就伪弃真”。自张鲁的汉中政权被消灭以来，随同张鲁迁往北方的“五斗米道”道民，已有上万人死亡，令人伤心不已。而在“流徙”的过程中，“道”也得以传播，“分布天下”，并救了不少道民的命。但是，道民对神仙长生的信仰却发生极大危机，甚至于“更怀不信”，“就伪弃真”，分不清正邪真伪，这是十分悲哀的事。

于是“大道”发布命令说：“故民诸职男女，汝曹辈庄事，修身洁已，念师奉道”；“念今日之善，尊天敬神，爱生行道”。并严厉训诫道民称：“大道者，包囊天地，系养群生，制御万机者也。无形无像，混混沌沌，自然生百千万种，非人所能名。自天地以下，皆道所生杀也。”因此“子念道，道念子；子不念道，道不念子也”；“念为真正，道即爱子；子不念道，道即远子，卒近灾害”；“有贼死者，万亿不可胜数，皆由不信其道”；“不信道，死者万数，可不痛哉”；“人不信道，道恚死者”；“道重人命”。这都是要坚定道民对于神仙长生之“道”的信仰，警告不信道者，只有死路一条。反之，若“守道乐善，天自护之，如赤子临危度脱，如舌之避齿”。

“大道”命令道民们坚守“五常”，不得败乱“纪纲”，反复强调：“臣忠子孝，夫信妇贞，兄敬弟顺，内无二心”；“户户自相化以忠孝，父慈子孝，夫信妇贞，兄敬弟顺”；“新故民户，见世知变，便能改心为善，行仁义则善矣”。为何要如此不厌其烦地强求道民遵从儒家纲常伦理？正是因为队伍中出现了“父子不亲，夫妇相嫉，兄弟生分，因公行私，男女轻淫，违失天地，败乱五常，外是内非，乱道纪纲”的丑陋恶劣现象，致使“三天恚怒，杀气纵横，五星失度”，上天垂象示警。这些“皆犯天禁”的行为，若不改正，“必当中伤，终不致福也”！一手拿的是大棒，另一手则是胡萝卜：“其能壮事守善，能如要言，臣忠子孝，夫信妇贞，兄敬弟顺，内无二心，便可为善得种民矣”;“弃往日之恶，从今日之善行，灾消无病，得为后世种民”！看来，能否成仙与是否遵行儒家纲常休戚相关。

“大道”宣称：“使天授气治民，曰新出老君。言鬼者何人？但畏鬼不信道，故老君授与张道陵为天师，至尊至神，而乃为人之师，汝曹辈足可知之为尊于天地也。”这是强调张道陵天师地位“至尊至神”的神圣不可侵犯性，因为天师的位子是“老君”所授，是“尊于天地”的，信道也就是要坚定不移地信奉张道陵天师，否则会“死者万数”。张天师法统的合法性与权威性由此得以从神学的角度树立，而这也使张天师的后裔以“大道”的名义发布家族的训令有了神学依据。

“大道”宣称：“道以汉安元年（142）五月一日，于蜀郡临邛县渠停赤石城，造出正一盟威之道，与天地券要，立二十四治，分布玄元始气治民”;“道使末嗣分气治民汉中四十余年”。“大道”训斥说：“汝曹辈复不知道之根本，真伪所出，但竞贪高世，更相贵贱，违道叛德，欲随人意。人意乐乱，使张角黄巾作乱，汝曹知角何人？自是以来，死者为几千万人邪！”这里值得注意的是，不再提五斗米道，取而代之以“正一盟威之道”自称，[①] 以便彻底洗刷自己在官方眼中所谓“米贼”的身份，标明自己姓“正”不姓“邪”，是“正道”而非“邪道”，政治立场名正言顺，具备合法性。因此，“大道”对于“张角黄巾作乱”，便大加轰击，严格划清界限，区分“真伪”。“大道”不厌其烦表白自己“治民汉中四十余年”，那是为了完成“道”的使命，是在替天行道，并非犯上作乱。至于按照“天地券要，立二

---

① 按：《正一法文天师教戒科经·阳平治》仍旧以五斗米相称：“吾以汉安元年（142）五月一日，从汉始皇帝王神气受道，以五斗米为信，欲令可仙之士皆得升度。”（《道藏》第18册第238页）

十四治”，也只是为了“分布玄元始气治民”，与“黄巾作乱”的性质根本不一样，故道民应该“知道之根本”。所谓二十四治或与古代二十四方位的观念有关。上古形成的二十四方位，一为推算天象历法，二为判别地理方向，纵贯于古人的日常生活与人伦观念中。① 但在张陵的时代，是否已有二十四治一说，还是个悬案。而所谓二十四治是否为一虚构的理想概念，并未在“正一盟威道”中充分实行过，也不得而知。② 不过，我们透过此可以发现，张陵的后裔是如何把俗称“五斗米道”巧妙地转换为神圣庄严的神学称谓——“正一盟威道”，而这不仅仅是称谓的简单转换，其要害在于身份的转换，由非法的“米贼”身份，转换为合法化的“正一道”身份。

“大道”出重拳抨击说：“诸职男女官，昔所拜署，今在无几。自从太和五年（231）以来，诸职各各自置，置不复由吾气真气领神选举。或听决气，信内人影梦；或以所奏；或迫不得已，不按旧仪，承信特说；或一治重官；或职治空决，受职者皆滥对天地气候，理三官文书，事身厚食。”张鲁时“拜署”的男女道官，因岁月无情，所剩无几。而自魏明帝太和五年以来，则“不按旧仪”，由“大道”的“真气领神选举”，组织上选拔道官的神圣程序遭到破坏，出现个人自行其是乱署官职的怪象，致使“一治重官”，或者“职治空决”等滥象丛生，从而使得“大道”亦即张天师的权威性不复存在。是可忍，孰不可忍！“大道”当然要重树张天师的权威，而且要大树特树张天

① 参见王尔敏《先民的智慧·中国二十四方位观念之传承及应用》，广西师范大学出版社2008年版，第41～70页。

② 笔者1987年与美国学者栢夷一道实地考察二十四治，所见所闻，难以找到其曾经存在的真实性，至今仍旧觉得所谓“二十四治”乃虚拟概念，只是正一道治民的理想境界，并未完全实现。据《正一法文天师教戒科经·阳平治》所说：“令汝辈按吾阳平、鹿堂、鹤鸣教行之。”（《道藏》第18册第238页）或者只在这几个主要的“治”中设立“道法”，推而行之。实际情况已难以考定。

师的权威，于是宣布："诸职自今以后，不得妄自署置为职也，复违吾"；"今传吾教令，新故民皆明吾心，勿相负也"！新旧道民都要听从张天师的"教令"，按照惯例署置男女道官，"不得妄自署置为职"，各搞一套，"此皆非道之益，已皆犯禁矣"！很显然，张鲁的后裔们已经压不住阵脚，正一道组织内部颠簸涣散，"反不相听"，自行其是。尤其是男女道官的任免大权旁落，天师的后裔们又岂能甘心？怎么办？最好的办法，自然就是借助"大道"的神圣性夺回丧失的权力，于是有"大道"以"家令戒"的口气宣告上述命令，违者严惩不贷。由此看起来，与"至尊至神"的"大道"相接通的权力，应当还掌握在天师的后裔们手中，而这些后裔们一旦与"大道"之神接通，神附体后作为"大道"的发言人，说话必然算数，这就是神权的奥秘。至于以"家"的名义发布命令训诫，则表明正一道继续保持早期五斗米道那种家族道教的本色，依旧以五斗米道传统的非血缘家族关系形式，即各个奉道家族虽然没有血缘关系，但由于都奉道教，便构成了一个信仰的共同体，亦即所谓"家"，以此来维系共同体组织成员之间的关系（包括相互间联姻），推动整个共同体组织的传播与发展。因此之故，"大道"能以"家"的名义来发布"令戒"。小林正美《六朝道教史研究》说："天师道教徒多为同一族和亲戚，是因为天师道的信仰是通过夫妇、父子、亲戚的关系流传之故。"① 实际情况就是如此，这是天师道亦即正一道传播的一大特点。

"大道"揭露说："昔汉嗣末世，豪杰纵横，强弱相陵，人民诡黠，男女轻淫，政不能济，家不相禁，抄盗城市，怨枉小人，更相仆役，蚕食万民，民怨思乱，逆气干天。故令五星失度，彗孛上扫，火星失辅，强臣分争，群奸相将，百有余年。"就在历史混乱不堪、灾

---

① 小林正美《六朝道教史研究》，四川人民出版社 2001 年版，第 181 页。

难深重的紧要关头，“大道”高度讴歌：正是“魏氏承天驱除，历使其然，载在河洛，悬象垂天”，“清政道治”再现。并紧接着声明：所有这些，都“是吾顺天奉时，以国师命武帝行天下”的结果。“大道”以用心良苦的语气指控：“奸臣小竖，不知天命逆顺，强为妖妄，造者辄凶，及于子孙。”① 谁是“奸臣”？大概指的就是司马昭。《大道家令戒》中语及高贵乡公曹髦“正元二年（255）”，而曹髦在位时“威权日去”，大将军司马昭专权，蓄意篡位的举动已是所谓“司马昭之心，路人所知也”。② 与曹魏结上政治姻缘的张天师道，如此赞美曹魏政权的“清政道治”，丝毫不奇怪，而其暗中斥责威权日盛却又“不知天命”的司马氏为“奸臣”，诅咒其将祸及子孙，亦在情理之中。这也正好透露出，正一道在晋代的传播的确步履维艰，张天师的

① 上引均见《正一法文天师教戒科经·大道家令戒》，《道藏》第18册第235～238页。按：《大道家令戒》所谓“种民”，据《后汉书·南蛮西南夷传》记载，哀牢人的“种人皆刻画其身，象龙文，衣皆著尾”（中华书局1965年版，第10册第2848页。注称此说取自《风俗通》）。西南少数民族地区哀牢人的“种人”，大约类似于后世“种猪”、“种马”、“种牛”这一类说法，有可能是古代少数民族中专门从事配种的人，身体健壮，相貌英俊，作为人种有利于族群的繁衍成长。相传哀牢人祖先触龙而生，为龙的后代，应是以龙为图腾的民族。而种人以龙装饰其身，与妇人交，重演祖先故事。或者此“种人”与猴群中的猴王类似，由部落首领扮演，独占交配权。道教所谓“种民”，从语源上说是否即出自于哀牢人的“种人”呢？待考。又据《汉书·郊祀志》载，刘向答对汉成帝说：“家人尚不欲绝种祠。”颜师古注：“家人，谓庶人之家也。种祠，继嗣所传祠也。”（中华书局1962年版，第4册第1258、1259页）依据王莽所说：“家之所尚，种祀天下。”颜师古注：“言国已立大禖祠先祖矣，其众庶之家所尚者，各令传祀勿绝，普天之下同其法。”（《汉书·王莽传》，中华书局1962年版，第12册第4106、4107页）王莽所说的“种祀”，与刘向说的“种祠”，应该是一回事，都是为了各家各户“传祀勿绝”种。为了传宗接代而特别设立“种祠”（“种祀”），“普天之下同其法”，由此可见，汉代人对于保“种”是多么的重视。这一保“种”观念被道教完全继承。当然道教的“种民”有其自身含义，指旧世界毁灭时能大劫不死，进入神仙世界，在“后世”亦即新世界中成为繁殖人类的“种民”。“种民”既已成仙，便与凡人不同，属于在劫可逃者。

② 《三国志·三少帝纪》注引《汉晋春秋》，中华书局1982年版，第1册第144页。

后裔们不得彰显的政治原因。由此他们也失去了史家的注意力，在正史的记载中默默无闻，以至我们今天只能模模糊糊地述说这段历史。

另外，据《正一法文天师教戒科经·阳平治》所披露的内情："从建安（196—220）、黄初元年（220）以来，诸主者祭酒人人称教，各作一治，不复按旧道法"行事。并宣布："委托师道，老君太上；推论旧事，摄纲举网。前欲推治诸受任主者职治祭酒，十人之中，诛其三四，名还天曹，考掠治罪。"这样做的目的在于"欲令汝曹，人人用意，勤心努力，复自一劝，为道尽节，劝化百姓"。[①] 由此也可以看出，晋代正一道群龙无首，组织混乱，主者祭酒们不再跟随着张鲁后裔的指挥棒转了，人人野心勃勃，各自扩充势力，独霸一方。有鉴于此，张天师的后裔们便想出对策，"委托师道，老君太上"，假借太上老君名号，清理整顿天师道队伍，首先拿这些主者祭酒开刀，从而收到杀一儆百的效果，而其余人等则必须自我反省，"勤心努力"地为张家道"尽节"。但是否收到如张天师的后裔们所理想的效果，则说不清楚，这方面的史料简直就是一片空白。

三　江南道教的传播

吴越文化的所谓"淫祀"风俗习惯，是江南道教自晋代起突飞猛进传播发展的深厚文化土壤。按《后汉书·第五伦传》所载："会稽俗多淫祀，好卜筮。民常以牛祭神，百姓财产以之困匮，其自食牛肉而不以荐祠者，发病且死先为牛鸣，前后郡将莫敢禁。伦到官，移书属县，晓告百姓。其巫祝有依托鬼神诈怖愚民，皆案论之。有妄屠牛者，吏辄行罚。民初颇恐惧，或祝诅妄言，伦案之愈急，后遂断绝，

① 《正一法文天师教戒科经·阳平治》，《道藏》第18册第238页。

百姓以安。”① 其实，风俗习惯不是靠一纸行政命令就能“断绝”的，只能是第五伦在任时出点彩头，人走茶凉，“淫祀”风自然会卷土重来。看看从孙吴到晋代江南的民俗那样一幅“惟专祝祭”，“祈祷无已，问卜不倦”，“转相诳惑，久而弥甚”，“淫祀妖邪，礼律所禁”，“然而凡夫，终不可悟”的画卷，② 即可明白这一点。亦如我们在《论道教发生的思想文化渊源》一文所揭示的，由于吴越之地具有久远而深厚的羽人文化、神仙文化，故使得道教在此地的发展如鱼得水，获得可持续性。晋代江南道教，这是道教历史发展的一个重要里程碑，影响极为深远，表现出道教与家族文化紧密关联的特色，形成家族道教。至于要说晋代江南道教的传播，还需先从三国时的孙吴说起。

孙吴时，有化名于吉的道士在进行宗教活动，主要是以符水治病传教，其影响上达宫廷和军队将领，下及一般百姓与士兵，当政者孙策认定其扰乱人心，对治化“甚无益”，将其杀害。据《三国志·孙破虏讨逆传》注引《江表传》记载：“时有道士琅邪于吉，先寓居东方，往来吴会，立精舍，烧香读道书，制作符水以治病，吴会人多事之。(孙) 策尝于郡城门楼上，集会诸将宾客，吉乃盛服杖小函，漆画之，名为仙人铧，趋度门下。诸将宾客三分之二下楼迎拜之，掌宾者禁呵不能止。”有鉴于此，“策即令收之。诸事之者，悉使妇女入见策母，请救之。母谓策曰：‘于先生亦助军作福，医护将士，不可杀之。’策曰：‘此子妖妄，能幻惑众心，远使诸将不复相顾君臣之礼，

① 《后汉书·第五伦传》，中华书局 1965 年版，第 5 册第 1397 页。葛洪高度赞美“第五公诛除妖道，而既寿且贵”（王明《抱朴子内篇校释·道意》，中华书局 1985 年版，第 172 页）。然而对葛洪来说，很不幸的是直到他的时代“妖道”依旧“转相诳惑，久而弥甚”。

② 王明《抱朴子内篇校释·道意》，中华书局 1985 年版，第 172 页。

尽委策下楼拜之，不可不除也。’诸将复连名通白事陈乞之，策曰：‘昔南阳张津为交州刺史，舍前圣典训，废汉家法律，常著绛帕头，鼓琴烧香，读邪俗道书，云以助化，卒为南夷所杀。此甚无益，诸君但未悟耳。今此子已在鬼箓，勿复费纸笔也。’即催斩之，县首于市。诸事之者，尚不谓其死而云尸解焉，复祭祀求福”。[①] 对此，唐长孺先生分析说：“于吉是宫崇师，宫崇上神书在顺帝时，距建安已五六十年。《志林》以为于吉年近百岁，不该加刑；近人疑为孙策所杀乃冒充的于吉。不管怎样，于吉自即干吉，孙策所杀者不管是否假托，其所奉必为干吉、宫崇、襄楷所传之《太平经》。由此可见，直到建安五年，吴会太平道仍然流行。如《江表传》所述，此后也仍‘祭祀求福’。在道教中，干吉一直是被尊敬的神仙。”[②] 认定黄巾起义之后的太平道在江南吴会地区仍然流行。

与孙策不同，其弟孙权对于神仙长生，却情有独钟，黄龙二年(223)，他派“遣将军卫温、诸葛直将甲士万人浮海求夷洲及亶洲。亶洲在海中，长老传言秦始皇帝遣方士徐福将童男童女数千人入海，求蓬莱神山及仙药，止此洲不还。世相承有数万家，其上人民，时有至会稽货布，会稽东县人海行，亦有遭风流移至亶洲者。所在绝远，卒不可得至，但得夷洲数千人还”。[③] 欲效仿秦始皇故事，入海求神仙及不死的仙药。其手下大臣吕蒙病重，“权自临视，命道士于星辰下为之请命”。[④] 道教认定，星斗主宰人的生死，故有所谓“南斗主生，北斗注死”之说，紧急关头用仪式祈求星斗，或可得救。看来孙权很相信这一套，故命道士为吕蒙“请命”，祈望挽回其生命。这与

① 《三国志·孙破虏讨逆传》，中华书局1982年版，第5册第1110页。

② 《唐长孺文存·太平道与天师道》，上海古籍出版社2006年版，第748～749页。

③ 《三国志·吴主传》，中华书局1982年版，第5册第1136页。

④ 《三国志·吕蒙传》，中华书局1982年版，第5册第1280页

其兄孙策对待道教的态度，显然大相径庭。孙权的好道，引得各地道士纷至沓来，江南道教逐步升温。

《抱朴子内篇·道意》提及“李家道”，认为“诸妖道百余种，皆煞生血食，独有李家道无为为小差。然虽不屠宰，每供福食，无有限剂，市买所具，务于丰泰，精鲜之物，不得不买，或数十人厨，费亦多矣，复未纯为清省也，亦皆宜在禁绝之列”。那么，这“宜在禁绝之列”的“李家道”起于何时呢？葛洪答曰：“吴大帝（孙权）时，蜀中有李阿者，穴居不食，传世见之，号为八百岁公。人往往问事，阿无所言，但占阿颜色。若颜色欣然，则事皆吉；若颜容惨戚，则事皆凶；若阿含笑者，则有大庆；若微叹者，即有深忧。如此之候，未曾一失也。后一旦忽去，不知所在。”神秘莫测的“八百岁公”李阿替人占卜，只凭借脸色行事，且百发百中，从未失手。不知何故，竟然玩起失踪。“后有一人姓李名宽，到吴而蜀语，能祝水治病颇愈，于是远近翕然，谓宽为李阿，因共呼之为李八百，而实非也。自公卿以下，莫不云集其门，后转骄贵，不复得常见，宾客但拜其外门而退，其怪异如此。于是避役之吏民，依宽为弟子者恒近千人，而升堂入室高业先进者，不过得祝水及三部符导引日月行炁而已，了无治身之要、服食神药、延年驻命、不死之法也。”为证明自己所说不虚，葛洪称：“余亲识多有及见宽者，皆云宽衰老羸悴，起止咳噫，目瞑耳聋，齿堕发白，渐又昏耗，或忘其子孙，与凡人无异也。然民复谓宽故作无异以欺人，岂其然乎？吴曾有大疫，死者过半。宽所奉道室，名之为庐，宽亦得温病，托言入庐斋戒，遂死于庐中。而事宽者犹复谓之化形尸解之仙，非为真死也。”在葛洪眼里，“夫神仙之法，所以与俗人不同者，正以不老不死为贵耳。今宽老则老矣，死则死矣，此其不得道，居然可知矣，又何疑乎？若谓于仙法应尸解者，何不且止人间一二百岁，住年不老，然后去乎？天下非无仙道也，宽但非其人耳”。既然李宽“不得道”，并非神仙之人，那么葛洪为何还要不惜笔墨谈论他？葛洪的回答是：“余所以委曲论之者，宽弟子转相传授，布满江表，动有千许，不觉宽法之薄，不足遵承而守之，冀得度世，故欲令人觉此而悟其滞迷耳。”① 试图让人们从执迷不悟之中清醒过来，但人们的信仰习俗，又岂是以葛洪的主观意志为转移的。这个叫李宽，由蜀入吴，被远近人们称为李阿、呼为“李八百”的道士，用祝水治病传教，偏偏能吸引避疫的吏民，依附他为弟子者近千人，其中升堂入室道术较高的弟子学的是祝水三部符和导引行气，这些人再转相传授，一时徒众布满东吴，动有千许，显现江南符水道教的一支——“李家道”的盛况空前。这一由蜀地传来江南的所谓“李家道”，是否与信奉五斗米道的李姓賨人有某种关系呢？李宽为何要由蜀地来到江南布道？史料阙如，不得而知。

按小林正美《六朝道教史研究》推测，西晋时期，天师道的信奉者仅在北方和蜀地，天师道似还没传到江南地区。在江南地区跋涉寻求仙书的葛洪，于东晋初建武元年（317）所著的《抱朴子》中，一点都没有涉及天师道，当是由于他没有和天师道教徒接触的机会。《抱朴子》以外，也没发现涉及西晋时期江南地区天师道的可靠资料。蜀地和北方的天师道教徒，也许有在西晋时期移住到江南地区者，但即使有也很少。江南地区天师道的实质性的宗教活动，始于因西晋末八王之乱为契机的北方贵族和流民的南渡，与此同时天师道教徒由北向南方的移住。江南出身的豪族中天师道的信奉者，都是东晋以后的归信之人。②

东晋初，当王敦谋划除掉“江东之豪”周札家族，“时有道士李

① 王明《抱朴子内篇校释·道意》，中华书局1985年版，第173～174页。

② 小林正美《六朝道教史研究》，四川人民出版社2001年版，第180页。

脱者，妖术惑众，自言八百岁，故号李八百。自中州至建邺，以鬼道疗病，又署人官位，时人多信事之。弟子李弘养徒灊山，云应谶当王。故敦使庐江太守李恒告（周）札及其诸兄子与脱谋图不轨。时（周）莚为敦咨议参军，即营中杀莚及脱、弘，又遣参军贺鸾就沈充尽掩杀札兄弟子，既而进军会稽，袭札”。[①] 这个自称为“李八百”的“道士李脱”，则从北方来到江南，也是“以鬼道疗病”，并且还以教内的“官位”署人，显而易见属于五斗米道传统，或即张鲁徒众。这个“道士李脱”同样是以师傅带徒弟的方式来传播道教，其“弟子李弘”亦在“养徒”，系五斗米道那种家族道教典型的组织形式。有意取名“李弘”，目的是为了符应“李弘当王”的政治预言，[②] 和汉末五斗米道一样具有浓厚的政治兴趣。为了站稳脚跟，又与江南的豪族拉帮结伙，图谋可持续稳定地发展，不幸最终成为侨迁大族与江南

---

① 《晋书·周处传》，中华书局 1974 年版，第 5 册第 1575 页。而《晋书·周浚传》则称：王“敦密使妖人李脱诬（周）嵩及周莚潜相署置，遂害之”（中华书局 1974 年版，第 6 册第 1662 页）。所述李脱的故事情节略有不同。与此相关的王敦作乱事件，参见唐长孺《魏晋南北朝史论拾遗·王敦之乱与所谓刻碎之政》，中华书局 1983 年版，第 151～167 页。

② 《老君音诵戒经》说：“但言老君当治，李弘应出，天下纵横，返逆者众。称名李弘，岁岁有之。……称李弘者，亦复不少。”（《道藏》第 18 册第 211 页）《元始无量度人上品妙经四注》卷四李少微注解称：“圣君者，金阙后圣太平李真君也，讳弘，来劫下为人主，故预称后圣君也。尹氏《玄中记》曰：‘太上老君常居紫微宫，一号天皇大帝，一号太乙天尊，一号金阙圣君。天地万物，莫不由其造化焉。’”（《道藏》第 2 册第 240 页）唐长孺《史籍与道经中所见的李弘》说：汤用彤先生《康复札记》历举史书中关于李弘起义的记载五条，说明从三二二年到四一六年前后不到百年，东起山东，西至四川、陕西，南到安徽，各地均有人以李弘名义起义。正如《老君音诵戒经》所言“称名李弘，岁岁有之”。今检史籍，又得五条，共有十例，时间下及于隋末，地域更南及今河南、湖北，西北及于今甘肃成县。道书中说李弘是老君许多化名之一，或是老君转世，下为人主（《魏晋南北朝史论拾遗》，中华书局 1983 年版，第 208～210 页）。众多“称名李弘”者，都围绕着“老君当治，李弘应出”做文章，目的就是“应谶当王”，“下为人主”，故纷纷利用社会矛盾加剧的现实情况，借机举旗造反，这种情况一直延续到南北朝及隋末。

豪族权力争夺战的牺牲品。按唐长孺先生的推测:“东晋时期江南天师道似乎自两条路线传入,一是来自蜀中,但尚无确切证据;二是世奉五斗米道的侨姓如琅邪王氏等带着他们的世传宗教一起东渡。……李脱所传播的似是李家道和天师道的合流,可能与天师道在江南的传播有关。”①

另外,《晋书·明帝纪》还提到:太宁二年(324),有“术人李脱造妖书惑众,斩于建康市”。② 这里所说的“术人李脱”,或有可能是另一托名者。无论是从蜀地来的李阿“李八百”,还是来自北方的道士李脱“李八百”,或自称“李弘”者,都以“李”为姓,是否企图标明自己为太上李老君之后,甚至径直以太上李老君的化身自居呢?竟然因此而形成葛洪所谓“李家道”,流传江南,声势浩大,为道教此后在江南的广泛传播、兴旺发达打下了群众基础。这时候的道教没有什么高深的宗教理论,以各式各样的法术及符水疗病的方法招徕信徒,主要是在下层群众中流传,道徒们热心于社会政治活动。

魏晋的战争乱象,既得利益集团和未得利益集团间的竭尽全力拼杀,既得利益集团内部凶残的争权夺利,这些刀刀见血的惨无人道局面交织在一起,包括皇帝在内的任何人都感觉到朝不保夕,生死无常。既然不知道哪天脑袋就掉了,那就及时行乐吧。然而行乐之余,酒醒之后,存在的空虚感、荒谬感依旧挥之不去,只好再把自己灌醉。于是享乐主义伴随着虚无主义的人生价值观风行一时,佛教讲“空”占了大便宜,在信仰的市场份额中其比例越来越大。对于士族大家来说,尽管存在是虚无的,说“空”却是一种时髦,能聊以自

---

① 《魏晋南北朝史论拾遗·魏晋期间北方天师道的传播》,中华书局1983年版,第223、224页。

② 《晋书·明帝纪》,中华书局1974年版,第1册第160页。

慰。但及时享受人生，对于士族大家来说，更显重要，故谈玄论道作为寻找生活乐趣的一种方式也不可少。长生不死的仙人，虽说未见实例，然借以自欺，却也能解除死亡焦虑，道教因此亦占有了自己的一席之地。按陈寅恪先生的见解：晋代“奉天师道之世家，旧史记载可得而考者，大抵与滨海地域有关。故青徐数州，吴会诸郡，实为天师道之传教区”。① 西晋时五斗米道在原来太平道活动的地方徐州琅邪郡已经流行，一些士族大家开始信奉道教，譬如司马氏、孙氏等。东晋时，门阀士族信奉道教的家族更多，出现所谓世世代代奉道的道教世家，如琅邪王氏、高平郗氏，另外又有北方的清河崔氏、京兆韦氏。通过道教世家及其相互之间的联姻，原本出身于“寻常百姓家”的天师道，摇身一变上升为“王谢堂前燕”，进一步渗透到士族上层社会的门庭，成为统治集团人物信仰生活中不可缺少的重要组成部分。以致余嘉锡《世说新语笺疏·德行》深深感叹：“东晋士大夫不慕老、庄，则信五斗米道，虽逸少、子敬犹不免，此儒学之衰，可为太息!”② 可以得出这样的结论，东晋以降士大夫信奉道教的显著特色，就是一个个士族大家世代相传，形成家族道教，而各个奉道之家又结为秦晋之好，由此拓展了道教在门阀士族中的传播。道教对于宗法血缘制度的坚定不移维护，也使得这些士族大家感到它是一个值得信赖的宗教，家族与道教的关系日趋紧密，家族以此信仰为纽带，从而进一步加固了家族共同体成员的凝聚力，以求在乱世中获得安全

① 《陈寅恪史学论文选集·天师道与滨海地域之关系》，上海古籍出版社 1992 年版，第 164 页。胡适给杨联陞的信说：“我对于寅恪先生的天师道与滨海地域的关系说，只认为可以说明一个时期的道教情形，不可看作普遍的‘定论’。三张的道教起于巴汉，盛于巴汉；寇谦之是上谷人，而苻秦亡后，寇讃（谦之之兄）被雍人千余家推为首领；谦之自己是华山道士，又是嵩岳道士。此皆与滨海地域无关。”（《杨联陞论文集》，中国社会科学出版社 1992 年版，第 18 页）

② 余嘉锡《世说新语笺疏·德行》，上海古籍出版社 1993 年版，第 41 页。

感，强化自我保护。宗教就是力量，道教给这些家族带来了生活下去的力量。下面，我们就来看看江南地区这一个个家族道教的形形色色风貌，其中既有从北方乔迁到江南的家族，也有江南的土著家族。

关于琅邪孙氏。《晋书·孙恩传》的记载说："孙恩字灵秀，琅邪人，孙秀之族也。世奉五斗米道。"[①] 对《晋书·孙恩传》所载，陈寅恪先生揭示说："以'世奉五斗米道'之语推之，秀自当与恩同奉一教。"又有按语："琅邪为于吉、宫崇之本土，实天师道之发源地。伦始封琅邪，而又曾之国。则感受环境风习之传染，自不足异。孙秀为琅邪土著，其信奉天师道由于地域关系，更不待言。"[②] 琅邪为早期道教的流行区域，琅邪孙氏一族，世代传授五斗米道，即使永嘉南渡迁徙江南之后，依旧信奉传习，而且这个家族的家传特点就是把道教与政治紧密结合起来，利用传播道教去荣耀家族的光环，扩大家族的政治势力，达到自己家族的政治目的。

关于琅邪王氏。按陈寅恪先生研究：琅邪王氏为五斗米道世家，其渊源可上溯至于西汉王吉。据《汉书·王吉传》，王吉字子阳。上疏言得失，兴致太平。俗传其能作黄金。则王吉当时所处环境中作黄金的观念必已盛行，然后方能有此传说。又《真诰·阐幽微》称王吉积行获仙，不学而得。"天师道以王吉为得仙，此实一确证，故吾人虽不敢谓琅邪王氏之祖宗在西汉时即与后来之天师道直接有关，但地域风习影响于思想信仰者至深且巨。若王吉贡禹甘忠可等者，可谓上承齐学有渊源。下启天师道之道术，而后来琅邪王氏子孙之为五斗米

① 《晋书·孙恩传》，中华书局1974年版，第8册第2631页。

② 《陈寅恪史学论文选集·天师道与滨海地域之关系》，上海古籍出版社1992年版，第152、153页。按：所谓"天师道"是当时学界对南北朝道教的统称，其界定并不清晰，即使承认这一提法，"天师道"也不仅仅限于"滨海地域"。

教徒，必其地域薰习，家世遗传，由来已久。”[①] 由此可见，琅邪王氏家族与道教的关系源远流长。据《新唐书·宰相世系表》说：“王氏出自姬姓。周灵王太子晋以直谏废为庶人，其子宗敬为司徒，时人号曰‘王家’，因以为氏。”后来，王氏一支王元避秦乱，迁于琅邪，后迁徙临沂。四世孙王吉，字子阳，汉谏议大夫。另外一支，王元之弟王威迁徙于太原。[②] 可见王氏与传说中的仙人王子乔有关连。养性神仙之术成为琅邪王氏的传家宝。琅邪王氏于东晋南朝侨居江南后，把这一传家宝发挥得淋漓尽致。《晋书·王羲之传》称他“性爱鹅”，因“山阴有一道士，养好鹅，羲之往观焉，意甚悦，固求市之。道士云：‘为写《道德经》，当举群相赠耳。’羲之欣然写毕，笼鹅而归，甚以为乐”。此即著名的写经换鹅故事。羲之“又与道士许迈共修服食，采药石不远千里，遍游东中诸郡，穷诸名山，泛沧海，叹曰：‘我卒当以乐死。’”王羲之次子王凝之在“世事张氏五斗米道”的王氏家族中最为痴迷，故“孙恩之攻会稽，僚佐请为之备。凝之不从，方入靖室请祷，出语诸将佐曰：‘吾已请大道，许鬼兵相助，贼自破矣。’既不设备，遂为孙恩所害”。由此可见，奉道世家并不因为信仰是相同的，其政治利益就完全一致。与王羲之交往的道士许迈，后改名玄，字远游，句容人，家世士族，曾前往葛洪的岳父鲍靓处，探其道法的“至要”。许迈“立精舍于悬霤，而往来茅岭之洞室，放绝世务，以寻仙馆”。又“采药于桐庐县之桓山，饵术涉三年，时欲断谷”；“好道之徒欲相见者，登楼与语，以此为乐。常服气，一气千余息”。“又著诗十二首，论神仙之事焉。羲之造之，未尝不弥日忘归，

---

① 《陈寅恪史学论文选集·天师道与滨海地域之关系》，上海古籍出版社 1992 年版，第 165～168 页。

② 《新唐书·宰相世系表》，中华书局 1975 年版，第 9 册第 2601、2632 页。

相与为世外之交。”[①] 由此可见，奉道世家在修道上的密切联系，经常走动切磋。另外，余嘉锡《世说新语笺疏·德行》引宋米芾《画史》云：“海州刘先生收王献之画符及神咒一卷，小字，五斗米道也。”王献之画符念咒，活脱就是个道士。而王献之一旦生病，也按道教“上章”之术治疗。[②] 除琅邪王氏之外，太原王氏也好神仙之术。正如《潜夫论》卷九《志氏姓》所说：王子乔“仙之后，其嗣避周难于晋，家于平阳，因氏王氏。其后子孙世喜养性神仙之术”。[③]

关于高平郗氏。据《晋书·郗鉴传》记载：郗鉴子愔“事天师道”，“会弟昙卒，益无处世意，在郡优游，颇称简默，与姊夫王羲之、高士许询并有迈世之风，俱栖心绝谷，修黄老之术”。[④] 另外据《晋书·何充传》记载：“郗愔及弟昙奉天师道”，谢万讥之云：“二郗谄于道。”[⑤] 《世说新语笺疏·排调》亦称：“二郗奉道，二何奉佛，皆以财贿。谢中郎云：‘二郗谄于道，二何佞于佛。’”注引《中兴书》说：“郗愔及弟昙奉天师道。”[⑥] 谄于道教的高平郗氏，与世事五斗米道的琅邪王氏有联姻关系，两大家族的信仰道教传统，就这样借助联姻得到了巩固，一代一代延续下去。据说，今人搜到一方《郗氏墓

---

① 《晋书·王羲之传》，中华书局 1974 年版，第 7 册第 2100、2101、2103、2106～2107 页。唐长孺先生《魏晋南北朝史论拾遗·魏晋期间北方天师道的传播》揭示：琅邪的道教传统应当是太平道，天师道传入这一地区是较晚的事。至晚西晋时琅邪的天师道业已流行（中华书局 1983 年版，第 221 页）。按：与王羲之交往的道士许迈，在《真灵位业图》中进入“地仙散位”，成为地仙（《道藏》第 3 册第 278 页）。

② 余嘉锡《世说新语笺疏·德行》，上海古籍出版社 1993 年版，第 40 页。

③ 汪继培《潜夫论笺》，中华书局 1979 年版，第 435 页。

④ 《晋书·郗鉴传》，中华书局 1974 年版，第 6 册第 1803、1802 页。

⑤ 《晋书·何充传》，中华书局 1974 年版，第 7 册第 2030～2031 页。

⑥ 余嘉锡《世说新语笺疏·排调》，上海古籍出版社 1993 年版，第 814 页。赵翼《陔馀丛考》卷三十四《张真人》谓：“《世说》注，郗愔与弟昙奉天师道，此人间奉道教之始也。”（中华书局 1963 年版，第 3 册第 746 页）其说大谬且武断，对道教一知半解，以至与史实差之甚远。

识》，是关于王羲之妻子郗璇的。《墓识》说，郗璇的娘家来自沛国武氏，并提供了王羲之八子一女的婚姻状况。其中第八子王献之，发妻为高平郗道茂（郗昙之女），后妻司马氏司马道福。从中亦可知高平郗鉴之子女的婚姻情况，其长女的情况不详，次女郗璇，即嫁给王羲之。[①] 另外，据《世说新语笺疏·术解》的记载："郗愔信道甚精勤，常患腹内恶，诸医不可疗。闻于法开有名，往迎之。既来，便脉云：'君侯所患，正是精进太过所致耳。'合一剂汤与之。一服，即大下，去数段许纸如拳大；剖看，乃先所服符也。"对此，余嘉锡的按语称：《真诰》称郗愔为许穆同学，是郗愔已入道受箓，同于道士。而许穆又示以郗愔神仙之诗，将谓飞升可望，固宜其信道精勤矣。奉天师道者，皆以符水治病。然亦有无病服符者。《真诰·协昌期篇》有"明堂内经开心辟妄符"，即用开日旦朱书，再拜服之，一月三服。郗愔所服，盖此类也。[②] 郗愔信道过于"精进"，以至于服符过了头，不仅没有收到养精蓄锐、延年益寿之效，反而因此得了病。

关于陈郡殷氏。据《晋书·殷仲堪传》说："仲堪能清言，善属文，每云三日不读《道德论》，便觉舌本间强"；"仲堪少奉天师道，又精心事神，不吝财贿，而怠行仁义，啬于周急，及玄来攻，犹勤请祷"。[③] 其吝惜钱财去周穷救急，却不惜金钱贿赂神灵、事奉天师道的功利主义心态跃然纸上。陈郡殷氏也与琅邪王氏联姻。据苏绍兴考证，琅邪王临之（王彬孙）将女儿嫁给殷仲堪，仲堪族子殷景仁娶王谧之女，仲堪孙元素娶王僧朗女，元素子殷睿又娶王奂女为妻，而王奂的妻子又为殷睿族祖殷道矜之女，王、殷婚姻持续了整个东晋南

① 参见谭洁《兰陵萧氏家族文化研究》，中华书局 2013 年版，第 173 页。关于《郗氏墓识》的真伪，学术界目前尚有争议。

② 余嘉锡《世说新语笺疏·术解》，上海古籍出版社 1993 年版，第 708、709 页。

③ 《晋书·殷仲堪传》，中华书局 1974 年版，第 7 册第 2192、2199 页。

朝，可谓典型的世代通婚的道教家族。[①]

关于吴郡杜氏。《晋书·孙恩传》有所涉及：孙恩叔父泰，“师事钱唐杜子恭。而子恭有秘术，尝就人借瓜刀，其主求之，子恭曰：‘当即相还耳。’既而刀主行至嘉兴，有鱼跃入船中，破鱼得瓜刀。其为神效往往如此。子恭死，泰传其术”。[②] 杜子恭所传，还有“东土豪家及都下贵望”，其中即包括吴兴沈氏。据《南史·沈约传》记载：“钱唐人杜炅字子恭，通灵有道术，东土豪家及都下贵望并事之为弟子，执在三之敬。”学通《左氏春秋》的沈警，家产千金，“内足于财，为东南豪士，无进仕意”，“累世事道，亦敬事子恭。子恭死，门徒孙泰、泰弟子恩传其业，警复事之”。[③] 天师道士杜子恭，与侨迁士族和土著士族均有千丝万缕的关系，尤其注重走上层路线，在豪家贵望中传播其道术。杜子恭之子杜运，孙杜道鞠，玄孙杜京产及京产之子杜栖“世传五斗米道”。杜京产“少恬静，闭意荣宦。颇涉文义，专修黄老”。沈约等曾于永明十年（492）表荐他“学遍玄、儒，博通史、子，流连文艺，沉吟道奥”。[④] 杜氏一家，可谓是世代传播五斗米道，其与累世事道的东土豪家沈氏往来密切，互相支持，互相唱和，在江南地区天师道的传播中发挥了重大作用。此正如小林正美《中国的道教》所揭示：“江南五斗米道活动中扮演重要角色的是吴郡钱塘的杜氏。杜氏作为江南五斗米道信徒而展开活动始于东晋初的杜子恭，其后历经杜运、杜道鞠、杜京产、杜栖，代代延续。孙恩的叔父孙泰是仕于杜子恭的五斗米道信徒，诗人谢灵运幼年有寄居杜家的经历。上清派的许黄民晚年也是在杜道鞠处寄身。杜氏发挥了江南五

① 参见谭洁《兰陵萧氏家族文化研究》，中华书局2013年版，第173页。

② 《晋书·孙恩传》，中华书局1974年版，第8册第2631～2632页。

③ 《南史·沈约传》，中华书局1975年版，第5册第1405页。

④ 《南齐书·杜京产传》，中华书局1972年版，第3册第942页。

斗米道信徒的宗教活动中心的作用。”①

关于泰山羊氏。泰山羊氏家族是否信奉天师道，史无明载。但泰山羊氏与琅邪王氏同处齐鲁，又世为婚媾，其思想信仰应当有相同处。可能在西晋末年至东晋时，泰山羊氏家族中已经颇有信奉道教的人物。可以确定的是，羊权是道教的重要人物。羊权字道舆，是羊陶之子，羊欣之祖，历官黄门侍郎、尚书左丞等，因笃好道术，后成为道教神仙人物。《世说新语·言语》记载了他与东晋简文帝的一次对话，对话中有“名播天听”之句，由此可知对话时间在简文帝司马昱做皇帝期间（371—372）。因此可以推断羊权大约生活于东晋穆帝至孝武帝时期。而且，从记载中可知羊权与简文帝关系密切，又因简文帝是笃信道教的，从而也可推测羊权与道教的关系。《真诰》卷一《运象篇》说：“愕绿华者，自云是南山人，不知是何山也。女子，年可二十。上下青衣，颜色绝整。以升平三年十一月十日夜降{厶厶}[剪缺此两字即应是‘羊权’字]。自此往来，一月之中，辄六过来耳。云本姓{厶}[又剪除此一字，应是‘杨’字]，赠{此}[此一字本是‘权’字，后人黵作此字]诗一篇，并致火浣布手巾一枚、金玉条脱各一枚。条脱乃太而异精好。神女语{见}[此本是草作‘权’字，后人黵作‘见’字，而乙上之]：‘君慎勿泄我，泄我则彼此获罪。’”道教神女愕绿华，不仅赠送羊权火浣布手巾一枚、金玉条脱各一枚，而且还有诗篇相赠，诗云：“神岳排霄起，飞峰郁千寻。寥笼灵谷虚，琼林蔚萧森。{丨}[此一字被墨浓黵，不复可识。正中抽一脚出下，似是‘羊’字。其人名权]生标美秀，弱冠流清音。栖情庄慧津，超形象魏林。扬彩朱门中，内有迈俗心。我与夫子族，源胄同渊池。宏宗分上业，于今各异枝。兰金因好著，三益方觉弥。静寻欣

① 小林正美《中国的道教》，齐鲁书社2010年版，第23页。

斯会，雅综弥龄祀。谁云幽鉴难，得之方寸里。翘想笼樊外，俱为山岩士。无令腾虚翰，中随惊风起。迁化虽由人，蕃羊未易拟。所期岂朝华？岁暮于吾子。”[①] 此事又见《云笈七籤》卷九十七《萼绿华赠羊权诗三首并序》，且内容比今《道藏》本的《真诰》有所增加。其《序》中记载萼绿华启迪羊权说：“修道之士，视锦绣如弊帛，视爵位如过客，视金玉如瓦砾；无思无虑，无事无为，行人所不能行，学人所不能学，勤人所不能勤，得人所不能得。何者？世人行嗜欲，我行介独；世人学俗务，我学恬漠；世人勤声利，我勤内行；世人得老死，我得长生。故我今已九百岁矣！”又授羊权“尸解药，亦隐影化形而去”。[②] 羊权遇萼绿华的故事，成为诗人咏唱的题材。黄庭坚《效王仲至少监咏桃花用其韵四首》其二吟咏道：“九疑山中萼绿华，黄云承袜到羊家。真诠虫蚀诗句断，犹托余情开此花。”[③] 除此之外，羊玄之、羊同之、羊穆之、羊规之等皆以“之”命名，不避字讳。陈寅恪先生说：“六朝人最重家讳，而‘之’‘道’等字则在不避之列，所以然之故虽不能详知，要是与宗教信仰有关。王鸣盛因齐梁世系‘道’‘之’等字之名，而疑《梁书》《南史》所载梁室世系倒误（见《十七史商榷》伍伍萧氏世系条），殊不知此类代表宗教信仰之字，父子兄弟皆可取以命名，而不能据以定世次也。”[④] 如同琅邪王氏家族

---

① 吉川忠夫、麦谷邦夫编《真诰校注》卷一《运象篇第一》，中国社会科学出版社2006年版，第1页。

② 《云笈七籤》卷九十七《萼绿华赠羊权诗三首并序》，《道藏》第22册第660～661页。按：《太平广记》卷五十七《萼绿华》亦引萼绿华此段话，云“出《真诰》”（上海古籍出版社1990年版，第1册第288页）。今《道藏》本《真诰》卷一《运象篇第一》则未见此段话。

③ 刘琳、李勇先、王蓉贵校点《黄庭坚全集》正集卷九，四川大学出版社2001年版，第1册第206页。

④ 《陈寅恪史学论文选集·天师道与滨海地域之关系》，上海古籍出版社1992年版，第157页。

中王羲之—王献之—王靖之—王悦之等四代人都以“之”字取名一样，泰山羊氏家族以“之”字命名，可能也是信仰道教的一个标志。[①] 其实我们可以肯定地说，这就是一个道教家族。羊氏家族的羊欣，乃是王献之的外甥，刘宋时著名书法家，史载其“素好黄老，常手自书章，有病不服药，饮符水而已。兼善医术，撰《药方》十卷”。[②] 完全是道教信徒的做派。

关于兰陵萧氏。兰陵萧氏作为北方侨姓移民家族，与道教的关系，首先从名讳可见。齐高帝萧道成之父名承之，承之兄名奉之。承之三子，取名道度、道生、道成。另有萧道赐一支，即建立梁朝的萧衍之父名顺之，顺之兄名尚之，弟名崇之。这些名字正如陈寅恪先生指出的，与道教信仰有关。其次从联姻情况看，与萧氏家族联姻的家族名字也多具道教信仰特征，不少为琅邪临沂人，而琅邪正是道教传播的热点区域。萧道成与吴兴天师道家族沈攸之联姻，将长女（义兴公主）嫁给沈攸之第三子沈文和。最后，从萧氏家族与道士的密切交往及征用道士来看，据《南齐书·顾欢传》记载说：道士顾欢“事黄老道，解阴阳书，为数术多效验”。萧道成“辅政，悦欢风教，征为扬州主簿，遣中使迎欢。及践阼，乃至”。当顾欢上表请辞东归时，萧道成“赐麈尾、素琴”。永明元年（483），齐武帝萧赜“诏征欢为太学博士”，然而顾欢“不就征”。[③]《南齐书·褚伯玉传》载：吴郡褚伯玉，时人称之为“却粒之士，餐霞之人”，“孔稚珪从其受道法”。齐高帝萧道成“即位，手诏吴、会二郡”，以礼迎接褚伯玉，褚以疾辞。萧道成“不欲违其志，敕于剡白石山立太平馆居之”。褚伯玉羽

① 以上参见刘硕伟《两晋泰山羊氏家族文化研究》，中华书局2013年版，第315～318页。

② 《宋书·羊欣传》，中华书局1974年版，第6册第1662页。

③ 《南齐书·顾欢传》，中华书局1972年版，第3册第930、929页。

化之后，孔稚珪“为于馆侧立碑”。① 萧氏家族一方面具有道教信仰传统，另一方面又对佛教越来越感兴趣，最典型的莫过于梁武帝萧衍，于天监三年（504）宣布“弃道入佛”，从此以后兰陵萧氏家族便由道教世家衍变成有名的奉佛世家。②

还有就是日本学者提出的“葛氏道”。据小林正美《六朝道教史研究》说：“葛氏道”是福井康顺在《葛氏道的研究》（1953年）中最早开始使用的，后来被众多的道教研究者所沿用。“葛氏道”始于三国吴的左慈，左慈后是葛玄、郑隐、葛洪、葛望、葛巢甫等，代代以葛氏一族为中心继承的道流，虽说专在江南以吴为中心的区域活动，但到刘宋末，葛氏道似就消失了。消失的原因，可认为是天师道对葛氏道的融合，也许某些葛氏道道士因自己的经典、教理被天师道包摄，变为天师道教徒了，还有些人则进入上清派之流。③ 按小林正美的研究：葛氏道在传授仙经的同时，还传授不立文字的口诀，传授之时在山上设坛，进行与诸神盟约的宗教性质的仪式。所以师徒间的仙经传授是极为严肃的事情，也正因如此，师徒关系是非常牢固的。葛氏道没有形成教团组织，追求成仙的人们结成师徒关系，聚集一起在师父指导下以小组修行。师父与弟子的关系基本上是一对一的关系，就算一个师父的下面聚集了多个弟子，构成小团体的情况，师徒之间还是一种个人关系。这样的小团体在吴地分散活动。通过以金丹法为中心的一定的仙经和神仙术由师父传给弟子，他们共有相同倾向的神仙思想和神仙术。这样一群人形成了葛氏道，其核心人物，是从左慈到葛洪的数人。对道教的形成发挥了巨大作用的葛氏道，也在编撰完十卷本

---

① 《南齐书·褚伯玉传》，中华书局1972年版，第3册第926～927页。

② 参见谭洁《兰陵萧氏家族文化研究》，中华书局2013年版，第174～181页。

③ 小林正美《六朝道教史研究》，四川人民出版社2001年版，第36页注①，第13、6、20～21页。

《太上洞渊神咒经》之后，于刘宋末期停止了独立的活动。①

奉道的道教世家中，有的无意于仕途，放绝世务，以此为乐，尽情享受富足而逍遥的生活，有迈世之风，因共同爱好的缘分而结为世外之交。有的则热衷于仕途经济，算计于你死我活的争权夺利，觊觎着皇家大位。后者最典型的道教家族要数琅邪孙氏。早在西晋司马氏家族内部发生皇位之争的“八王之乱”时，孙氏一族中的孙秀即成为赵王伦的心腹宠臣，借用天师道为赵王伦夺取皇位出谋划策。《晋书·赵王伦传》载：赵王伦为宣帝第九子，武帝受禅，封琅邪郡王。惠帝元康六年（296），赵王伦被召入京，把持了禁军和朝政。“伦素庸下，无智策，复受制于（孙）秀，秀之威权振于朝廷，天下皆事秀而无求于伦。秀起自琅邪小史，累官于赵国，以谄媚自达。”而“伦、秀并惑巫鬼，听妖邪之说。秀使牙门赵奉诈为宣帝神语，命伦早入西宫。又言宣帝于北芒为赵王佐助，于是别立宣帝庙于芒山。谓逆谋可成”。永宁元年（301），赵王伦废惠帝自立。同年，齐王冏、河间王颙、成都王颖起兵讨伐赵王伦，“及三王起兵讨伦檄至，伦、秀始大惧”，“拜道士胡沃为太平将军，以招福祐。秀家日为淫祀，作厌胜之文，使巫祝选择战日。又令近亲于嵩山著羽衣，诈称仙人王乔，作神仙书，述伦祚长久以惑众”。② 最终孙秀被杀，赵王伦亦兵败伏诛。在延续达十六年之久的内战后，西晋也就玩完了。

到东晋末年，孙秀的族人孙恩可谓是青出于蓝而胜于蓝，试图利用道教夺取皇位，这场夺权举动是在东晋王朝侨迁士族和土著士族矛

① 小林正美《中国的道教》，齐鲁书社 2010 年版，第 34～35、39 页。

② 《晋书·赵王伦传》，中华书局 1975 年版，第 5 册第 1597～1603 页。关于“八王之乱”，参见翦伯赞《中国史纲要》，人民出版社 1965 年版，第 2 册第 28～29 页。关于赵王伦、孙秀信奉天师道的考证，参见《陈寅恪史学论文选集·天师道与滨海地域之关系》，上海古籍出版社 1992 年版，第 152～155 页。

盾以及侨迁士族内部矛盾的基础上发生的，夺权虽然失败，但东晋王朝很快就垮台了。《晋书·孙恩传》记述其事说："孙恩字灵秀，琅邪人，孙秀之族也。世奉五斗米道。"孙恩叔父孙泰，"浮狡有小才，诳诱百姓，愚者敬之如神，皆竭财产，进子女，以祈福庆"。"泰见天下兵起，以为晋祚将终"，又到了改朝换代的时候，于是趁机"扇动百姓，私集徒众，三吴士庶多从之"。当时朝士皆惧泰为乱，以其与会稽世子司马元显交厚，都不敢言。会稽内史谢辅发其谋，当权的司马道子诛之。"众闻泰死，惑之，皆谓蝉蜕登仙，故就海中资给。"其后孙恩逃到海上，"聚合亡命得百余人，志欲复雠"。及至司马元显"纵暴吴会，百姓不安，恩因其骚动，自海攻上虞，杀县令，因袭会稽，害内史王凝之，有众数万"。东晋八郡"一时俱起，杀长吏以应之，旬日之中，众数十万"。孙恩即"据会稽，自号征东将军，号其党曰'长生人'，宣语令诛杀异己，有不同者戮及婴孩，由是死者十七八。……其妇女有婴累不能去者，囊簏盛婴儿投于水，而告之曰：'贺汝先登仙堂，我寻后就汝。'"当初，孙恩听说八郡响应，告诉其下属："天下无复事矣，当与诸君朝服而至建康"，意谓黄袍加身。继而闻讯刘牢之临江，又说："我割浙江，不失作句践也"，意谓还可作越王。及至刘牢之已济江，乃称："孤不羞走矣"，于是"虏男女二十余万口，一时逃入海"。安帝隆安四年（400），恩"复入余姚，破上虞，进至刑浦"，后复还于海。等到"桓玄用事，恩复寇临海，临海太守辛景讨破之。恩穷慼，乃赴海自沈，妖党及妓妾谓之水仙，投水从死者百数。余众复推恩妹夫卢循为主"。① 卢循为司空从事中郎卢

---

① 《晋书·孙恩传》，中华书局 1974 年版，第 8 册第 2631～2634 页。关于侨迁士族和土著士族之间矛盾的详情，可参见周谷城《中国通史》上册第 4 章第 4 节《南方土著与侨民之冲突》，上海人民出版社 1957 年版，第 311～314 页。

谌之曾孙，“娶孙恩妹。及恩作乱，与循通谋”。孙恩死后，卢循统军，继续谋取天下。但卢循姊夫徐道覆却发觉循行事多谋少断，乃叹息说：“我终为卢公所误，事必无成。使我得为英雄驱驰，天下不足定也!”其后，卢循为刘裕追讨，还保广州。最终战败而“自投于水”。[①] 琅邪孙氏为侨迁士族的寒门，陈寅恪先生称之为“妖寒之孙氏”，[②] 社会地位不高，未能执掌军政大权。孙泰观望政治气候，眼见东晋社会各类矛盾日益激化，“晋祚将终”的局面，于是趁火打劫，联合三吴土著“士庶”起来夺权。事败被杀后，孙恩继续其夺取天下的事业，并充分利用侨迁士族高门与南方土著望族的矛盾，封署了一批南方的豪门望族为官吏，欲与“诸君朝服”而杀至建康，虽未建元立帝号，却已称孤道寡。卢循也让其部下感到他不是谋定天下的“英雄”。所以，孙恩、卢循这些士族只不过是利用了道教来实现他们夺取天下、改朝换代黄袍加身的梦想，其观念形态依然是帝制时代的皇权思想，其结局终于难逃成王败寇的历史定数。史学界一度将孙恩、卢循之乱定性为农民起义，很显然，这样一种定性是十分不准确的。

从东汉末到东晋末的短短两百年中，以道教名义组织的起事如此之多，其中黄巾暴动和孙恩夺权竟危及东汉和东晋王朝的生命，这迫使统治者不得不思考对策。而统治者所施行的宗教政策，反过来又给

---

① 《晋书·卢循传》，中华书局 1974 年版，第 8 册第 2634～2636 页。据翦伯赞《中国史纲要》注解说：孙恩是琅琊孙秀之后，为寒族。孙恩本人有文集传世，见《隋书·经籍志》。卢循是范阳卢谌之后，本来应属士族，但南渡甚晚。那时晚渡士族照例不为一般士族所齿，所以卢循在南方，社会地位与寒族无异。卢循娶孙恩妹，可见孙、卢社会地位相同（人民出版社 1965 年版，第 2 册第 91 页注 1）。由孙恩与卢循、卢循与徐道覆的关系可见，当时道教通过家族之间交往以及联姻等关系来发展传播，保持并进一步弘扬了五斗米道产生以来的那种家族道教传统。

② 《陈寅恪史学论文选集·天师道与滨海地域之关系》，上海古籍出版社 1992 年版，第 160 页。

予道教的发展走势以强烈的影响，迫使道教不得不按统治者的要求实现自身的华丽转型，从而获得生存发展的机会。东晋道教能够实现这一华丽转型，与上层社会具有深厚文化知识底蕴的世家大族加入、形成家族道教是密不可分的。设想一下，如果没有这些世家大族的知识分子加入道教队伍，提升了道教的思想文化知识水平，升华了道教的信仰素质，使得道教通过这些奉道的世家大族联姻而在江南上流社会广泛传播开来，东晋道教要从“寻常百姓家”转型升华为“王谢堂前燕”，那是不可能的。所以我们认定，正是东晋世家大族的知识分子加入道教队伍，使道教拥有了“高贵”的新鲜血液，给道教队伍的成分带来了质的变化，在道教内形成了数量可观的“高道”，才使得道教获得转型升华发展的契机。换句话说，正是东晋道教领袖人物“高道”的思想文化知识水平、信仰素质自身的转型升华，带动了整个道教的转型升华。自东晋以降，也正是上流社会的这些道教家族与统治集团达成了默契，和谐相处，使道教成为统治集团的信仰工具之一，为统治集团的政治经济军事乃至日常生活服务。

陆修静是改革道教还是整合道教

近代以来，海内外道教史研究者有的认为陆修静改革道教，他的改革活动推动了对南朝旧道教的改造和新道教的形成；有的说，他对南朝的天师道进行了整顿和改革；有的说，刘宋天师道的教团改革是由陆修静等推动的。[①] 陆修静改革道教说似乎已成定案，本文则对此提出质疑，认为与其说是陆修静改革道教，还不如说是陆修静整合道教，这样更符合历史的本来面目。如此翻案文章是否能够成立，还望得到学术界的批评指正。

一　陆修静生平事迹

陆修静（406—477）生平事迹，正史无传，据唐道士吴筠《简寂先生陆君碑》所说：修静为吴兴东迁人，代为著姓，旧史详之。虽博

① 关于陆修静改革道教说，参见任继愈主编《中国道教史》第四章之三“陆修静与南朝道教的改革”（中国社会科学出版社 2001 年版，上卷第 150～176 页）；卿希泰主编《中国道教史》第四章第四节“陆修静对天师道的改革和对灵宝派的发展”（四川人民出版社 1996 年版，第一卷第 465～472 页）；小林正美《中国的道教》第二章第二节“教团的改革”（齐鲁书社 2010 年版，第 100～102 页）。

通坟籍，旁究象纬，但以为炼形契道、与天地长久者，非经术占候所能致，故存而不论。于是研精玉书，稽仙圣奥旨，知羽化在我，道不欺吾，遂勤而行之。闻异人所在，不远千里而造访，受其秘诀。元嘉（424—453）末，因市药京邑，宋文帝闻之，使大臣宣旨，固请先生，不应，南游庐山。宋明帝欲播玄风，素钦先生之风，乃备征求之礼，至于再三。先生因辞以疾。然而“天子侧席意厚，理无推谢，恭承诏命”。于是“顺风问道，抗对穷理，千古疑滞，一朝冰释。乃筑先生之馆于外，俾朝野有宗师焉”。“先是洞元之部，真伪混淆，先生刊而正之，泾渭乃判。故斋戒仪范，为将来典式焉。”至元徽五年（477）解化，春秋七十有二。“凡著述论议，百有余篇，并行于代。有诏以先生之居为简寂观，谥曰简寂先生。”① 从知识的构成上来讲，陆修静既“博通”儒家的典籍，又“研精”道教的玉书，学贯儒、道二家。从取得的成果来看，其著述颇丰厚，而且传之久远。

又据唐陆海羽客王悬河《三洞珠囊》卷二引《道学传》说：陆修静，字元德，隐庐山瀑布山修道。宋明帝思弘道教，广求名德，悦先生之风，于太始三年（467）诏江州刺史王景宗以礼敦劝。先生辞以疾。频频诏之，乃应诏。初至九江，九江王问道、佛得失同异。先生答：“在佛为留秦，在道为玉皇，斯亦殊途一致耳。”王公称善。至都，“请会于华林延贤之馆，帝亲临幸，王公毕集。先生鹿巾谒帝而升，天子肃然增敬，躬自问道，咨求宗极。先生标阐玄门，敷释流统，并诣希微，莫非妙范。帝心悦焉”。宋明帝乃于北郊建筑崇虚馆

---

① 《全唐文》卷九二六吴筠《简寂先生陆君碑》，上海古籍出版社 1990 年版，第 4 册第 4282～4283 页。按：陆修静身世扑朔迷离，与其同时代的人已不甚了了，后世所记，更多含糊其辞。陈国符《道藏源流考·陆修静》搜集其生平事迹材料甚详，并称：陆修静，“南朝高道。《宋书》、《南史》不为立传，遂使事迹湮没无闻。用特搜检典籍，辑成此传，以扬休烈”（中华书局 2014 年版，第 31～36 页）。可参阅。

以礼之。“先生乃大敞法门，深弘典奥，朝野注意，道俗归心。道教之兴，于斯为盛也。”① 如果这一记述无虚夸成分，则陆修静在宋明帝时颇受器重，赢得帝王敬仰欢心，亲自问道，拥有王权的倾力支持，从而能够“大敞”道教法门，引起社会上上下下的注意和归心，迎来道教盛极一时的局面。从他以“殊途一致”回答道、佛得失同异的问题来看，他明显主张折衷调和处理道、佛二教的关系。他甚至以老庄思想解答佛教三世说：“王公又问，都不闻道家说三世？先生答，经云：‘吾不知谁之子，象帝之先。’既已有先，居然有后；既有先后，居然有中。庄子云：‘方生方死。’此并明三世，但言约理玄，世未能悟耳。”② 尽管这一解答牵强附会，但鲜明地反映出他认定道、佛二教殊途同归的观点。而宋明帝下令于北郊天印山为其所立崇虚馆，则成为陆修静的“传经宗坛”，亦即他“大敞法门”的山头，他凭借这一皇家背景的道馆所收集的道教典籍，进行整合道经的工作。后来，宋明帝生病，“即其馆修金箓斋。一夕，有黄气如宝盖状弥覆坛宇，帝复感异梦，疾良愈”。③ 则崇虚馆也是他建斋行道的山头。由政府资助兴建的崇虚馆这类“道馆”，当非正一道民间自建的“静室”、“道治”一类所能比拟。正由于“道馆”的兴起，也就逐渐将五斗米道以来传统“静室”、“道治”的宗教功能取而代之，宫观道教由此而兴。

另据《云笈七籤》卷五李渤《真系·宋庐山简寂陆先生》记载：陆修静出身于“吴兴懿族”，“少宗儒氏”。立崇虚馆后，殳季真拥有

① 《三洞珠囊》卷二引《道学传》，《道藏》第25册第305～306页。《道学传》今已散失，相关材料见陈国符《道藏源流考》附录七《道学传辑佚》第七卷《陆修静》，中华书局2014年版，第431～433页。

② 《三洞珠囊》卷二引《道学传》，《道藏》第25册第306页。

③ 《玄品录》卷三，《道藏》第18册第118页。

的上清经诀归属于馆中。“洞真之部，真伪混淆，先生刊而正之，泾渭乃判。故斋戒仪范，至于今典式焉。”“门徒得道者，孙游岳、李果之最著称首。后孔德璋与果之书论先生云：先生道冠中都，化流东国，帝王禀其规，人灵宗其法。”[①] 对陆修静的贡献给予了高度评价。陆修静究竟属于哪个道派，史无明载，他自称“三洞弟子”。上清经派以他为第七代宗师，号称“上清监仙大夫九天掌籍宋国师”。[②] 李渤《真系》为将其拉入上清经派，以壮声望，便尽力宣扬其刊正上清经诀的事。而吴筠《简寂先生陆君碑》则称陆修静整理洞玄部的灵宝经，吴筠所说，更为可信。因为从今存材料究察，陆修静主要花大力气整理灵宝经，其最大贡献也在于此。看来，道教自己在构筑其历史时，有道派因素等各种现实需要的考量。或许，陆修静被拉入上清经派，是源于其弟子孙游岳和再传弟子陶弘景后来成了上清经派一代宗师的缘故，既然徒子徒孙都是上清经派宗师，陆修静成为上清经派宗师自然是顺理成章的事。从《陆先生道门科略》分析，陆修静显然与正一经派有千丝万缕的关系，他坚定不移地维护张天师及其子孙的权力地位，为之出谋划策。无论如何，陆修静在道教史上的地位是不容忽视也不能低估的，就连抹黑攻击他颇多的佛教方面也不得不坦然承认：“昔金陵道士陆修静者，道门之望，在宋齐两代，祖述三张，弘

---

① 《云笈七籤》卷五《真系·宋庐山简寂陆先生》，《道藏》第 22 册第 27 页。又：《真系·仙人临沮令许君》说，“陆简寂南下立崇虚馆”，殳季真的上清“经亦归于馆”（《道藏》第 22 册第 27 页）。《真诰·真经始末》也说：“楼谓上经不可出世，乃料简取真经真传及杂□十余篇，乃留置钟间，唯以《豁落符》及真□二十许小篇并何公所摹二录等将至都。殳即以呈景和。于华林暂开，仍以付后堂道士。泰始（465—471）初，殳乃启将出私解。陆修静南下，立崇虚馆，又取在馆。陆亡，随还庐山。”（吉川忠夫、麦谷邦夫编《真诰校注》卷十九《翼真检第一》，中国社会科学出版社 2006 年版，第 578 页）陆修静当拥有部分上清经，并据之以做刊正的工作。

② 《茅山志》卷十《上清经箓圣师七传真系之谱》，《道藏》第 5 册第 599 页。

衍二葛。"① 这里所谓"祖述三张，弘衍二葛"，准确地评价了陆修静在道教史上所起的作用。他"祖述三张"是对五斗米道述而不作式的继承，他所弘衍的"二葛"，其中就包括葛仙公传下来的灵宝经法。可以说，运用东晋时已有的"三洞"观念来整合道教经典，这是陆修静在道教史上的一大功绩。

二　陆修静整合道经与道教经派的发展

东晋南朝，加入道教的士大夫更多了，道教信徒中文化知识水平较高者相对增加，制作道经有了更多的人手。为转型升华道教，使之更合士大夫们的口味，以便和佛教抗衡，大量道经涌现。早在葛洪时，据《抱朴子内篇·遐览》统计，已有道经六百七十卷、符箓五百余卷，合计有一千二百卷。葛洪本人看见过二百多卷。葛洪以后，除了《三皇》之外，又相继形成《灵宝》、《上清》两大系统的道经，到刘宋时，陆修静便能依据这些经书整合编出《三洞经目录》，共计有一千二百二十八卷。② 陆修静模拟佛教《三藏》编纂道经目录，不仅是对道经作了分类，实际上也是初步做了判教的工作，依据不同层次的道教经法，划分出三个大的道教经派。尽管这种工作在他本人并不是十分明确的，但其实际效果就是把已经萌芽的道教中对教义有分歧的群体划分开来，促进了道教经派的发展。陆修静以前，已经产生了不同方法修行的道术及其理论总结，有了不太严密的传授系统，经过陆修静的编目工作，分别了"三洞"道经之后，道教经派的意识便明

---

① 《广弘明集》卷四《归正篇》，上海古籍出版社 1991 年版，第 116 页。又见《集古今佛道论衡》卷甲《北齐高祖文宣皇帝下敕废道教事》，《大正藏》第 52 卷第 370 页。

② 详情参阅陈国符《道藏源流考·宋陆修静三洞经书目录》，中华书局 2014 年版，第 89～90 页。

显地强烈起来。按照日本学者的观点："三洞经典，并不是当时的一切经典。被三洞归纳的，不过只是上清经、灵宝经和三皇文（经），都产生在江南地区。三洞被认为是受到某种刺激后，首先归纳了内容比较接近的经典而形成的。它反映出江南道士们已具有小规模的某种连带观、同类意识。此后，可以称他们为上清派和灵宝派、三皇派，把他们看成宗派。为什么呢？因为具有一个归结，存在着同类意识。"① 认为三洞"存在着同类意识"，可以"看成宗派"。这样说并不准确，因为三洞缺乏"宗派"存在必需的组织条件。上清经、灵宝经和三皇经只不过是按经典而具有了"连带"性，紧密围绕这些经典进行的宗派组织活动，历史上几乎看不到，因此还不能说成是"宗派"，只能称之为"经派"，因"经"而"归结"成的不同修道方法的派别。而三皇经，众所周知，很快便烟消云散了，说三皇经派都较勉强。尾崎正治还认为："三洞说形成后，在此构想下收集的道教经典被编成目录。虽然还远远不是道教全部经典的目录，规模也非常小，但它将独自存在的分散经典归到一处，道士们有了某种同类意识。因此，虽说三洞经目仍是初级的，但大体上视之为道藏的形成，也无多大问题。""崇虚观收藏的实际卷数要远远地少于 1228 卷。但是，它确实远远地超过《抱朴子 · 遐览篇》著录的卷数。而且，《抱朴子》著录的道书是以一派的观点为收集标准。陆修静著录的道书，以洞真、洞玄和洞神三洞为标准，绝对没有偏重于一宗一派。所以，它虽然是小规模的，但却是原始的一切经目录。将崇虚观的藏书称为第一部《道藏》盖无误。"② 把陆修静编的《三洞经目录》"大体上视之为

---

① 福井康顺、山琦宏、木村英一、酒井忠夫监修《道教》：尾崎正治撰《道教经典》，上海古籍出版社 1990 年版，第 1 卷第 67 页。

② 福井康顺、山琦宏、木村英一、酒井忠夫监修《道教》：尾崎正治撰《道教经典》，上海古籍出版社 1990 年版，第 1 卷第 68、71～72 页。

道藏的形成”，而陆修静所在崇虚观的藏书则“称为第一部《道藏》”，这样说是可以成立的。由此也可见，陆修静编辑《三洞经目录》，促进了道教经派的发展，在道教史上的意义有多么重大。所谓三洞的“洞”，含有“通”的意思。俄罗斯学者陶奇夫认为：“《道藏》的形成同五世纪著名道士陆修静（406—477）有关。陆修静不仅根据道教有关个别传统的概念收集了一套著作，并对其进行初步分类，将整个集子分为以‘洞’命名的三部分。‘洞’字有两个主要含义——‘洞穴’和‘洞察’。”[①] 依陶奇夫所讲，道教三洞经书的“洞”，暗示其降世与“洞穴”相关，而各个洞穴之间是相通的；其神学目的是要洞察神、洞察玄、洞察真，而这些洞察由低层次的洞察神走向最高层次的洞察真，其洞察本身也是畅通无阻的。这样的畅通无阻显然有利于道教自身的整合，形成一个整体与佛教抗衡。

陆修静并没有明确宣布自己究竟赞成哪一经派，而是兼收并蓄，自称“三洞弟子”，所以他之前的几种道术，在他手里得到集中，又从他手里扩散出去，各自向独立方向发展。小林正美《六朝道教史研究》提示：陆修静的三洞说没有在三洞之间附以高下的序列，而是承认三洞各自的价值，要想统合所有的道典。陆修静是《灵宝经》热烈的崇拜者，但没有他把《上清经》和其他道典特别加以尊崇的形迹，不能说在他的三洞说中将洞真部置于最上。对于三洞说而言，最重要的是把各派作成并传承下来的道典从“道教”这一全体的立场加以统合。陆修静自称“三洞弟子”，就是宣告自己是信奉所有三洞的道士。陆修静所代表的信奉所有三洞的天师道这一派，称为天师道三洞派。刘宋时期天师道三洞派为了使三道流（葛氏道、上清派、天师道）融合统一，作成了仙公系的《灵宝经》，确立了三洞说，形成了“道教”

① 陶奇夫《道教——历史宗教的试述》，齐鲁书社 2011 年版，第 244 页。

的宗教名，统合了此前分散状态的三道流，创建了一体的“道教”，这是道教史上应当重视的划时代的事情。① 的确如此，陆修静整合三洞经书，对道教经派的发展以及道教的一体化都起到了促进作用，乃是道教史上一个“划时代的”重大事件，功莫大焉。当然，道教经派之间的界限，并不像佛教那样严密和明确，它们各有自己的特色，又融合了其他道教经派的许多内容，这和道教之术杂而多端的总特点是相一致的。这样，在陆修静整合三洞经书之后，南方道教除了原有的正一经派之外，又发展成熟了两个各有特色的道教经派——灵宝经派和上清经派，前者以灵宝经为主要的修道法门，后者围绕上清经进行修炼。

灵宝经派以《灵宝五符经》为看家经典。灵宝的说法，东汉方士已有，起源于一种神秘的“符”，据说是护身法宝，所谓“无上灵宝谒”正是《太平经》对这种宝符的赞颂。葛洪从孙葛巢甫将其引申，托称元始天王传经，制作《灵宝经》几十卷。到陆修静又加增修，立成轨仪，于是灵宝之教大行于世。② 灵宝经派的修炼方法主要是看重符箓科教，又受到上清经派的影响，也讲存神、诵经之类，它似乎介

① 小林正美《六朝道教史研究》，四川人民出版社 2001 年版，第 166、167、169～170 页。

② 小林正美《六朝道教史研究》认为：陆修静编纂的《灵宝经》大致分为元始（天尊）系和葛仙公系两个系统。元始系传说是元始天尊所授，包括“已出”和“未出”的经典，全部共十部三十六卷。元始系中特别被尊重的是灵宝赤书五篇真文，又称“五篇真文”，是一种符。五篇真文有四种效验：第一是使人成为神仙的效验；第二是可以使天的运行正常的效验；第三是制治死者世界的效验；第四是在遭洪水时可以免死的效验。《五老赤书玉篇》和《玉诀妙经》在元始系《灵宝经》中是非常重要的根本性的经典，是作为关于五篇真文的解说，其成书在元始系中是最早的。五篇真文和《灵宝赤书五篇真文》是在东晋太元末到隆安年间，由葛氏道的葛巢甫，以当时道教徒间信奉的终末论为背景造出来的。而五篇真文被附以“灵宝”之名，那是因为五篇真文是作为代替灵宝五符的新的“灵宝”护符被作出之故（四川人民出版社 2001 年版，第 98、106、119～120、127 页）。

于正一经派和上清经派之间，既有正一经派的法式，也有上清经派的手段。与上清经派相比，灵宝经派更能招来社会多层次的信徒。灵宝经派比较重视群体性的宗教活动，这点和五斗米道相仿佛。大家一起唱经一起吃斋，又不同于五斗米道的聚众闹事，而是要通过斋醮科仪让信徒懂得：我们的身体会做出杀、盗、淫种种罪恶行为，所以要用礼拜来约束它；我们的口会出“恶言”，所以要唱经来净化它；我们的心怀着贪欲与恶念，所以要用存神的方法来驱赶它。劝善度人，这是灵宝经派的特征，它的斋醮科仪，不仅是要达到个人成仙的目的，而且还要借此帮助他者行善得道。所谓“仙道贵生，无量度人”，类似于大乘佛教的普度众生，故其自称为大乘道教。从流传下来的史料看，灵宝经派的群体性宗教活动大约是很松散的，自发的，没有强有力的组织系统，找不到组织活动的领导人，也看不到像上清经派那样一代又一代的传承人。正由于此，从南朝到隋唐，灵宝经派的发展情况，我们不能够清楚地了解，或许它已经被当时占据主流的上清经派给边缘化了。

上清经派并没有致力于大规模的集体宗教活动，而是注重个人闭门独户进行修炼，故其信徒大多是士族知识分子。其信教群众的基础和规模，比不上灵宝经派，与正一经派相比则更差得多。除了吸收道教内部其他各经派的修行方法，上清经派的独到之处就在于：它坚持通过炼神的方法去达到炼形的目的，把佛门炼神的义理吸取进道教。上清经派尤其看重信徒精神的修养，认为要获得形体永存的高级方法就是存思体内之神和行气，特别是结合存神的基本功反复诵读神圣经典《大洞真经》。这是一种主要借助于自力修炼而成仙的法门，今人所谓“内在超越”，与正一经派祈祷祭祀神灵主要借助于他力的修仙途径和方法即所谓外在超越有所不同。上清经派继承了葛洪那种借医传教的传统，可以说是道与医结合非常完美的典型。如果说正一经派和灵宝经派特别擅长于斋醮科仪，那么，上清经派在这方面则显得尺有所短。灵宝经派虚心向佛教学习，而上清经派比灵宝经派向佛教学习得更多。主张三教融合，善于借用佛教理论来创新完善本派神学，这是上清经派的又一大特征。正因如此，上清经派在道教神学理论上比灵宝经派、正一经派更有系统，更富于理论思维。道教后来把上清经派抬为最高，宣称其为“大乘”，其中原因之一，就是其神学思想最具玄理，富含道教信仰的个性色彩。

然而，在陆修静整合三洞道经的工作中，用力最多的却是整理灵宝经。据《太上洞玄灵宝大纲钞》所载：太极三真及太极法师徐来勒，重授灵宝诸法，葛仙公因合成七部科戒、威仪、斋法。“至宋文、明二帝时，简寂陆先生修静更加增修，立成仪轨，于是灵宝之教大行于世。”[①] 经过陆修静增修整合的灵宝科戒、威仪、斋法等，形成系统，使灵宝经教能“大行于世”，这不能不说是他的一大功劳，一大贡献。经陆修静整理的灵宝经，通常称为“古灵宝经”。除此外，上清派杨羲所书“《灵宝五符》一卷，本在句容葛粲间。泰始（465—471）某年，葛以示陆先生。陆既敷述《真文赤书》、《人鸟五符》等，教授施行已广，不欲复显出奇迹，因以绢物与葛请取，甚加隐闭。顾公闻而苦求一看，遂不令见，唯以传东阳孙游岳及女弟子梅令文”。[②] 因为陆修静敷述的《真文赤书》、《人鸟五符》等已经广为传播，便把杨羲所书的《灵宝五符》想方设法隐匿起来，不示外人，只内销给自己弟子。原来，道教经典的传播，还有这样一些“法门”暗藏其中。

陆修静为何要增修整理灵宝经教呢？据他于元嘉十四年（437）

① 《太上洞玄灵宝大纲钞》，《道藏》第6册第376页。

② 吉川忠夫、麦谷邦夫编《真诰校注》卷二十《翼真检第二》，中国社会科学出版社2006年版，第581页。

所撰《灵宝经目序》透露的信息，目的是要："弘修文业，赞扬妙化，兴世隆福"；"离彼恶道，入此善场，逍遥长乐"。这是站在大的原则立场上所讲的话头。从机遇上说："期运既至，大法方隆。但经始兴未尽显行，十部旧《目》出者三分，虽玄蕴未倾，然法轮已遍于八方。自非时交运会，孰能若斯之盛哉!"但可惜的是，"顷者以来，经文纷互，似非相乱，或是旧《目》所载，或自篇章所见，新旧五十五卷，学士宗竟，鲜有甄别"。"晚学推信，弗加澄研，遂令精粗糅杂，真伪混行，视听者疑惑，修味者闷烦。上则损辱于灵囿，下则耻累于学者。"经过陆修静用心"既加寻览，甫悟参差"，于是，"或删破上清，或采抟余经，或造立序说，或回换篇目，裨益句章，作其符图，或以充旧典，或别置盟戒"，终于使"旧《目》已出并仙公所授，事注解意"，解除了修道者的疑惑与闷烦。[①] 本来，"伏寻灵宝大法，下世度人，玄科旧《目》，三十六卷"，"即今见出元始旧经并仙公所禀"，经过陆修静的考证，"据信者"将其"合三十五卷"，编成新的《灵宝经目》。据陆修静所说，长期以来，他花了大量精力整理灵宝经教："自从叨窃以来一十七年，竭诚尽思，遵奉修研，玩习神文。"[②]这真可谓是呕心沥血啊！在陆修静的道眼看来："灵宝之文，是天地之元根，神明之户牖，众经之祖宗，无量大法桥也。若诵经一句，则响彻九霄，诸天设礼，鬼神振肃也。幽深远妙，难以宣言。夫非天下之至善莫能致焉，非天下之至信莫能请焉，非天下之至精莫能奉焉，非天下之至才莫能行焉。太上所重，众真所尊。"[③] 既然如此，他用力最勤地增修整理灵宝经教，便是顺理成章的事了，丝毫不会让人感

① 《云笈七籤》卷四《灵宝经目序》，《道藏》第22册第19～20页。

② 《太上洞玄灵宝授度仪表》，《道藏》第9册第839页。陆修静所编《灵宝经目》今佚，内容不得而知。

③ 《洞玄灵宝斋说光烛戒罚灯祝愿仪》，《道藏》第9册第824页。

到奇怪。

按照《广弘明集》卷九《笑道论》所讲：陆修静于宋明帝“太始七年（471），因敕而上经目”；在“道士所上经目，陆修静《目》中，见有经书、药方、符图，止有一千二百二十八卷，本无杂书诸子之名”；“修静《目》中，本无诸子”。[①] 不知此说是否可靠？若是，则诸子书为陆修静《三洞经目录》不收，与后世《道藏》有所不同。

按照金允中《上清灵宝大法总序》所讲：“宋简寂先生陆君修静，分三洞之源，列四辅之目，述科定制，渐见端绪。”[②] 道经三洞四辅的分类法，由陆修静开其“端绪”，如果此说成立，这应该是他整合道经的最大功绩。《道门通教必用集》卷一《陆天师》也说他“指别邪正，校核真伪”，“尝以三洞经法糅杂，皆刊而正之”。[③]《玄品录》卷三更赞颂他“总括三洞，为世宗师”。[④] 也有日本学者不同意陆修静是三洞说的首倡者，认为陆修静的目录是将宋明帝“以皇帝权力为背景收集的道教经典，根据过去的三洞说进行整理的结果，似乎更为正确。三洞说形成于5世纪前半叶。……另外也可以推定，陆修静的目录是他住在庐山十几年间，受慧远（334—约416）的弟子们编成《一切经目录》的刺激的结果”。[⑤] 也就是说陆修静之前，道教已有三洞说，陆氏只不过是将其进一步完善，而佛教方面编成《一切经目

---

① 《广弘明集》卷九《笑道论》，上海古籍出版社1991年版，第157～158页。

② 金允中《上清灵宝大法总序》，《道藏》第31册第345页。小林正美《六朝道教史研究》经过“推知”认定：“三洞说”是由“天师道三洞派的陆修静创始的”（四川人民出版社2001年版，第223页）。至于是否存在着这样一个“三洞派”，还需史料的证明。按：小林正美《六朝道教史研究》的一大毛病就是史料不足的地方，便借用推论来证明自己观点的成立。因此，其某些观点因史料缺乏并不具备说服力，难以成立。

③ 《道门通教必用集》卷一《陆天师》，《道藏》第32册第5页。

④ 《玄品录》卷三，《道藏》第18册第118页。

⑤ 福井康顺、山琦宏、木村英一、酒井忠夫监修《道教》：尾崎正治撰《道教经典》，上海古籍出版社1990年版，第1卷第67页。

录》则刺激了陆修静，推动他编出《三洞经目录》，以便能够与佛教相抗衡。从《无上秘要》所引《三皇经》的说法看："黄帝曰：三皇者，则三洞之尊神，大有之祖气也。天宝君者，是大洞太元玉玄之首元；灵宝君者，是洞玄太素混成之始元；神宝君者，是洞神皓灵太虚之妙气。故三元凝变，号曰三洞。"① 可见东晋时产生的《三皇经》已有三洞说，陆修静的确不是三洞说的首倡者，而是进一步创新整合运用者。中国学者的观点是："东晋末年'三洞'概念已初步形成，但还很不完备，很不严格。将此概念完善化、定型化、并以之作为经书分类法的，是刘宋道士陆修静。……总之，陆修静是三洞说的最后集成者和以三洞说用于经书分类的开创者。"② 这一观点较为中肯。

经陆修静对"三洞"经教的整合，不仅为以后《道藏》的编纂奠定了基础，而且促进了道教经派的发展，形成一套比较完整的道教经派体系，而融合"三洞"的最终结果，则使散漫无章法"杂而多端"的道教逐步作为一个整体聚集起力量，能够与佛教在精神产品的市场上展开更强有力的竞争，对抗佛教的冲击。从陆修静编出《三洞经目录》，也可见他努力提高江南道教地位的良苦用心。

在陆修静之后，形成了"四辅"。所谓"四辅"，指太玄部、太平部、太清部和正一部等四部经书。据《道教义枢》卷二《七部义》引《正一经图科戒品》说："太清经辅洞神部金丹已下仙品，太平经辅洞玄部甲乙十部已下真业，太玄经辅洞真部五千文已下圣业，正一法文宗道德崇三洞，遍陈三乘。"③ 太玄部辅佐洞真，太平部辅佐洞玄，太清部辅佐洞神，正一部则总辅三洞。与三洞比较起来，四辅处于一

---

① 《无上秘要》卷六《帝王品》，《道藏》第25册第19页。按：学术界一般认定《三皇经》出于东晋。

② 卿希泰主编《中国道教史》，四川人民出版社1996年版，第一卷第540页。

③ 《道教义枢》卷二《七部义》，《道藏》第24册第815页。

种从属的辅佐地位。“但是，实际上四辅所属的经典，任何一部都比三洞经典的历史久远。与三洞相比，四辅理应得到优越的地位，至少也应对等，但实际情况却正相反。仅从这一点也可以看出，三洞四辅是站在某一特定立场设计的。……仅就现有资料看，四辅结构至迟形成于梁代（502—557）。”[①] 三洞四辅这一结构的设计，当出自江南道教之手，话语权掌握在上清经派手里，显然有某种判教的“特定立场”包含其中，经由北方传来的正一道亦即天师道，地位被压制在江南道教之下，只能成为江南道教的辅佐。而这一时期正一道也确实没有响当当的代表性高道，张鲁之后，后继乏人，没有做出业绩，难怪“强龙不压地头蛇”了。当时经派发展的情况，毫无疑问影响了道教经典的分类框架，换句话说，三洞四辅的架构是那个时代道教经派博弈的结果。

按照三洞四辅架构来编著目录的是孟法师《玉纬七部经书目》。据考证，孟法师可能为梁武帝时曾作大道正的孟景翼，其《玉纬七部经书目》“特点是在陆修静的三洞目录基础上另加四辅，变成七部经目。这部目录也已失传。仅就《道教义枢》和《云笈七籤》所存少量佚文看，它对‘三洞’、‘四辅’的宗旨和渊源作了阐述，使道经的分类法更加系统化、理论化”。[②] 这是继葛洪、陆修静后，目前已知的道教史上第三部经书目录，陆修静《三洞经目录》在其中起到了承前启后的重大作用。

据说，陆修静编著《灵宝经目》时，将《灵宝经》分为十二种品类。此后，道教即据此把三洞经书各分为十二类。《洞真太上仓元上

① 福井康顺、山琦宏、木村英一、酒井忠夫监修《道教》：尾崎正治撰《道教经典》，上海古籍出版社 1990 年版，第 1 卷第 68～69 页。

② 卿希泰主编《中国道教史》，四川人民出版社 1996 年版，第一卷第 545 页。

录》记载的这十二类是："一曰自然文字，二名符策，三曰注诀，四曰图象，五曰谱录，六曰戒律，七曰威仪，八曰方法，九曰术数，十曰记传，十一曰赞颂，十二曰表奏。"① 按《本际经》的说法："第一本文，第二神符，第三玉诀，第四灵图，第五谱录，第六戒律，第七威仪，第八方法，第九众术，第十记传，第十一赞颂，第十二章表。"第一本文指"三元八会之书，长行源起之例"；第二神符指"龙章凤篆之文，灵迹符书之字"；第三玉诀指"河上公释柱下之文，玉诀解金书之例"；第四灵图指"舍景五帝之象，图局三一之形"；第五谱录指"生神所述三君，本行之陈五帝"；第六戒律指"六情十恶之例"；第七威仪指"斋法典式，请经轨仪之例"；第八方法指"存三守一，制魄拘魂之例"；第九众术指所谓"变丹炼石，化形隐景之例"；第十记传指的是"道君本业，皇人往行之例"；第十一赞颂指"五真新颂，九天旧章之例"；第十二章表指"九斋启愿，三会谒请之例"。② 此即《本际经》解释的十二类（十二部）含义。按照南朝道教经派布局的三洞四辅十二类框架形成后，《道藏》的编纂就一直以此为准，再未变动。这既给《道藏》的编纂提供了一个明确而方便的分类标准，但又带来了一些弊端，那就是后来被新整合进道教的道派譬如净明道、全真道等，就无法把自己制作的经书很融洽地编入《道藏》。而强行按这一体例编入的结果，便是当今《正统道藏》在分类上出现的不当局面，显得体例混乱。这种混乱的产生，说明特定历史条件下形成的三洞四辅十二类，随着道教历史的延伸发展，其结构已经不能适应新的情况，新的要求。到今天，教内外都有学者在酝酿，按照新的分类

---

① 《洞真太上仓元上录》，《道藏》第33册第585页。

② 《道教义枢》卷二《十二部义》，《道藏》第24册第816～817页。

法，重新编纂《道藏》。①

总之，《道藏》的最初形成与陆修静紧密相关，他的《三洞经目录》把各个经派作成并传承下来的道典从“道教”这一全体的立场加以统合，推动了道教自身的整合，从而形成一个整体与佛教相抗衡。陆修静之前，“各种道教派别还是完全独立地存在着，从未试图进行任何的经典编纂或是团结在统一的教义下。只是当面对外国学说——佛教——在中国传播和生根时，才开始了道教派别迅速统一的过程，并形成了作为统一整体的道教的概念，包罗了之前所有被认为是独立的教派和派别”。② 面对佛教的挑战，道教不得不起而应战，加快自己经派的统一进程，形成自己“作为统一整体的道教的概念”，而陆修静便是这一紧要历史关头的道教代表性人物，为道教经典的整合和经派的融合发展做出了重大贡献，为道教能够与儒、释一起在中国历史舞台上鼎足而立创造了条件。

三 陆修静整合道教斋戒

陆修静之前，道教斋戒虽然已经问世，但零七碎八，显得杂乱无章，不成系统，经陆修静“博采众经”，将其梳理整合，融会贯通，形成了比较完善且有体系的“斋戒仪范”，为后来道教公认的科仪“典式”。《无上黄箓大斋立成仪》卷一《序斋》揭示说：“灵宝之教，秘而不传，仙人口口相授，太极仙公始笔之书，著《敷斋威仪之诀》。陆天师后加撰次，立为成仪，祝香启奏，出官请事，礼谢愿念，罔不

① 尽管不完美，中国学者已编出《中华道藏》；日本学者设想刊行《昭和新修道藏》，至今未见踪影。

② 陶奇夫《道教——历史宗教的试述》，齐鲁书社 2011 年版，第 245 页。

一本经文。”于此可见陆修静整合灵宝斋，将其“立为成仪”的功绩。同书卷十七称：“经科无大谢，故陆天师三元斋忏二十方毕，即便复炉，其以忏谢经宝之文为大谢。盖自陆天师因《太极敷斋诫威仪经》撰《灵宝道士自修盟真斋立成仪》始，自后相沿用之，所不可废。”[①]《太上洞玄灵宝法身制论》揭示：“斋戒威仪，厨福科令，陆先生具已详之，可设备矣。”[②]《道门通教必用集》卷一《陆天师》也说他“著斋戒仪范，为后世法”。[③] 于此可见，陆修静整合完善的斋戒科仪，为后世道教相沿袭应用之一斑。

陆修静为何如此重视梳理整合道教斋戒？只因他认定：“道以斋戒为立德之根本，寻真之门户。学道求神仙之人，祈福希庆祚之家，万不由之。”他深度感叹：世人浮伪，假托真正，不能觉悟，以至于“上危神器，下倾百姓，灭身破国，犹不以戒。至乃浊乱正炁，点染清真，毁辱大道，可为痛酷”！[④] 他完全认同这样的观点：“感天地，致群神，通仙道，洞至真，解积世罪，灭凶咎，却怨家，修盛德，治疾病，济一切，莫过乎斋。”斋是“求道之本，莫不由斯成矣！此功德巍巍，无能比者。上可升仙得道；中可安国宁家，延年益寿，保于福禄，得无为之道；下除宿愆，赦见世过，救厄拔难，消灭灾病，解脱死人忧苦，度一切物，莫有不宜矣”！[⑤] 在他眼中，斋戒是通达神仙不死之道，成为“天堂之福宾，太上之仙客”的根本路径，没有什么东

---

① 《无上黄箓大斋立成仪》卷一、卷十七，《道藏》第 9 册第 378、489 页。

② 《太上洞玄灵宝法身制论》，《道藏》第 6 册第 921 页。

③ 《道门通教必用集》卷一《陆天师》，《道藏》第 32 册第 5 页。

④ 《洞玄灵宝五感文》，《道藏》第 32 册第 619、618 页。按：《太极真人敷灵宝斋戒威仪诸经要诀》指出“学真仙白日飞升之道，皆以斋戒为立德之本”（《道藏》第 9 册第 867 页）。这与陆修静所谓“道以斋戒为立德之根本”英雄所见相同。斋戒对道教修炼神仙的不可缺少，于此可见。

⑤ 《洞玄灵宝斋说光烛戒罚灯祝愿仪》，《道藏》第 9 册第 824 页。

西可以与之相比，因此，整合道教流传下来的斋戒成为他最重要的一项工作。换言之，他整合道教斋戒具有坚定不移的信仰作为支撑。

陆修静将此前的道教斋法“大体”整合为“九等斋十二法”：一曰洞真上清之斋，有二法。其一法，绝群离偶，遗形忘体，无与道合。其二法，孤影夷豁。二曰洞玄灵宝之斋，有九法，以有为为宗。其一法，金箓斋，调和阴阳，救度国正。其二法，黄箓斋，为同法，拔九祖罪根。其三法，明真斋，学道之士自拔亿曾万祖九幽之魂。其四法，三元斋，学道之士一年三过，自谢涉学犯戒之罪。其五法，八节斋，学道之士一年八过，谢七玄及己身宿世今生之罪。其六法，自然斋，普济之法，内以修身，外以救物，消灾祈福。其七法，洞神三皇斋，以精简为上。其八法，太一斋，以恭肃为首。其九法，指教斋，以清素为贵。又曰三元涂炭斋，以苦节为功，上解亿曾道祖无数劫来宗亲门族及己身家门无鞅数罪，拯拔忧苦，济人危厄，其功至重，不可称量。[①] 显然，所谓“九等斋”是分了等级并排了顺序的，他把洞真上清斋列为第一等，排在最前面，洞玄灵宝斋列为第二等，排在中间，正一斋则列为第三等，排在最后面。而洞玄灵宝斋中又含有洞神三皇斋，以及正一斋的“指教斋”，显得分类不太严格，或许其思考还不太成熟的缘故吧。尽管把三元涂炭斋列为第三，排在最后，但也并不表明陆修静不重视它，不实践它。

“以苦节为功”，其功德不可估量的“三元涂炭斋”，陆修静自述曾率其门人践行，体验其中之“苦节”：“科禁既重，积旬累月，负戴霜露，足冰首泥。时值阴雨，衣裳霑濡，劲风振厉，严寒切肌。”尽管建斋吃尽苦头，他与门人依然“忍苦从法，不敢亏替”。因“虑有怠懈”，他又给门人“说五感，以相劝慰”。他劝慰说：“若涂炭斋者，

---

① 《洞玄灵宝五感文》，《道藏》第32册第620页。

无五感之心，不得劝吾之意。一则费香徒劳，二则成于虚诳，三则轻慢法禁，四则毁辱师教，五则更招罪罚。”需要哪“五感之心”？一感父母生我育我，劳心损体，辛苦忧勤，念此重恩，不可估量。二感父母为我冠带婚娶，造买基业，念此五体战怀，形魂失措，不觉投地涂炭乞哀。三感普天之下，贵贱男女，皆受人身，身口之累，有生所重。不觉舍我，归命三宝，罄竭资财，奉充法用。愿我父母，上升福堂，长免八难，无复忧恼。四感太上众尊、大圣真人，开此大化，出斯妙法，拯拔三途，接济五道，亿曾万祖，积劫殃对，一旦释然。我身得道，后世蒙福。五感我获此福，事有所由，因缘开度，使我见者，我师之恩。[①] 怀着五感心，苦修苦行三元涂炭斋，持之以恒，不仅自我得救，而且父母、家族亿曾万祖、老师、普天之人均能“登此法桥，度彼绝岸”。这当是灵宝经派所谓“仙道贵生，无量度人”的主张，与大乘佛教“普度众生”的理念颇有异曲同工之妙。而佛教方面则断章取义，竭尽全力抹黑之能事：“涂炭斋者，事起张鲁。氐夷难化，故制斯法。乃驴辗泥中，黄卤泥面，擿头悬柳，埏埴使熟。此法指在边陲，不施华夏。至义熙（405—418）初，有王公其（期）次贪宝惮苦，窃省打拍。吴陆修静甚知源僻，犹埿揬额，悬縻而已。痴僻之极，幸勿言道。”[②] 若据此，则涂炭斋起于张鲁，与教化制伏所谓“氐夷”有关，陆修静将其发扬光大并亲自出马践行，也是其“祖

① 《洞玄灵宝五感文》，《道藏》第32册第618、619页。据杨联陞的观点：陆修静携率门人建三元涂炭斋的“癸巳年，当是宋元（文）帝元嘉三十年（453）。《太平御览》六六七引《道元（学）传》曰：‘陆修静，字元德，吴兴人。太和（始）七年（471），率众建三元露斋。’盖举行不止一次”（《杨联陞论文集》，中国社会科学出版社1992年版，第27页）。

② 《弘明集》卷八《辩惑论》，上海古籍出版社1991年版，第50页。日本学者认为：“涂炭斋，如果不是原始道教时期从藏族传入的，大概就是从外道传入的。”（福井康顺、山琦宏、木村英一、酒井忠夫监修《道教》：酒井忠夫、福井文雅撰《什么是道教》，上海古籍出版社1990年版，第1卷第19页）此说的根据不知是什么。

述三张”的一个具体行动。还有佛教徒猛烈抨击说：“涂炭斋者，黄土泥面，驴辗泥中，悬头著柱，打拍使熟。自晋义熙中道士王公期除打拍法，而陆修静犹以黄土泥额，反缚悬头。如此淫祀，众望同笑。”① 把涂炭斋定性为“淫祀”，而淫祀正是政府的宗教政策所禁止的，足见佛教在与道教的信仰市场竞争中的用心良苦，欲借政府之刀清除对手。如果佛教的攻击是属实的话，则东晋末以来已有道士主张废除涂炭斋，而陆修静则坚守这一“三张”遗留下的老旧斋法，其决心传承“三张”衣钵的立场清晰可见。胡适在给杨联陞的信中揭示说：“细看‘涂炭斋’的内容，其中心观念只是自认有罪过，故泥面毁形，悬头自缚，皆以待决之罪囚自居。认罪即悔过，是中心观念。”“三张以下以至陆修静以下，所以设立如此繁重难行的斋忏法，其中心观念只是‘天堂地狱由是分’的一个‘悔’字。”“三张道教以至于陆真人的禁制都有‘悬头著柱’、‘被发系著栏格’的仪式，这都是自居于罪囚。”② 可见，涂炭斋从三张五斗米道到陆修静是一脉相承的，都是要通过这一“苦节”仪式自认有罪，悔过自新，以便能够上天堂而非下地狱。马克斯·韦伯揭示：“忏悔苦修，这种手段是通过悔罪平息诸神的愤怒，通过自罚来避免受罚。”③ 涂炭斋即是一种“忏悔苦修”的手段，以自我的悔罪来感动神灵，以自我苦行惩罚来避免神的严惩，以便转祸为福，就是涂炭斋力图达到的目的。上述史实也告诉我们，陆修静对道教旧斋法，只做“整合”即整理集合的工作，并没有打算进

---

① 《广弘明集》卷九《笑道论》，上海古籍出版社 1991 年版，第 155 页。杨联陞说：“‘驴辗泥中’即像驴一般地在泥中打滚。今北方俗语尚有‘驴打滚’”；“王公期，未详。拙稿尝疑其即真诰及《辩惑论》中之王灵期，虽时代相近，而证据未足，不敢必也”（《杨联陞论文集》，中国社会科学出版社 1992 年版，第 20、26 页）。

② 《杨联陞论文集》，中国社会科学出版社 1992 年版，第 19 页。

③ 马克斯·韦伯《儒教与道教》，商务印书馆 1995 年版，第 13 页。

行改革，对待道教传统斋法，他是慎重从事的，立场是保守的。

与其最看重灵宝经一样，陆修静宣称："夫斋法之大者，莫先太上灵宝斋。"他解释什么叫"灵宝自然无上斋"说："灵者，神也。微妙之功，出于思议之表，变化无穷，故谓之灵也。宝者，一也。是三才所得，而清宁贞也，既不可失，故谓之宝。若抱之不离，则万福自臻，违之俄顷，则灾祸乱集，吉凶利害，得失所由，无有能使之然，亦无能使之不然，是以谓之自然。周济五道，度脱一切，绝灭生死，超逸三界，故谓之无上。"为什么太上天尊要降下灵宝斋？因为"人体非圣真，而处身五浊，三尸强盛"，"动入死地，致伤天年"，苦难无休止，"故太上天尊开玄都上宫紫微玉笈，出灵宝妙斋"。修灵宝斋的意义何在呢？人的身体为杀盗淫动，故役之以礼拜；口有恶言两舌，故课之以诵经；心有贪欲之念，故使之以思神。"用此三法，洗心净行，心行精至，斋之义也。"① 运用礼拜、诵经、思神三法来制止人的身、口、心乱作一团，防患于未然，"感通太玄真灵降集，三尸窜灭"，以便修道，此即修灵宝斋的意义所在。

在陆修静心目中，修斋应该有"持戒之心"，"当拱默幽室，制伏性情，闭固神关，使外累不入，守持十戒，令俗想不起"；建斋时"当先授十戒，然后行道"；"修斋求道，皆当一心，请奉十戒"。修斋先授十戒，斋与戒密不可分，个中原因就在于："智慧生戒根，真道戒为主，三宝由是兴。"所谓"十戒"有哪些？第一戒，心不恶妒，无生阴贼，检口慎过，想念在法。第二戒，守仁不杀，慈爱广救，润及一切。第三戒，守贞让义，不淫不盗，常行善念，损己济物。第四戒，不色不欲，心无放荡，贞节守慎，行无点污。第五戒，口无恶言不犯口过。第六戒，断酒节行，调和气性，神不损伤，不犯众恶。第

---

① 《洞玄灵宝斋说光烛戒罚灯祝愿仪》，《道藏》第 9 册第 824、821 页。

七戒，不争竞功名，每事逊让，退身度人。第八戒，不评论经教，訾毁圣文，躬心承法，恒如封神。第九戒，不斗乱口舌，评详四辈，天人咎恨，伤损神气。第十戒，举动施为，平等一心，人和神穆，行常使然。对此，天尊总结说："修奉清戒，每合天心，常行大慈，愿为一切"；"宁守善而死，不为恶而生。于是不退，可得拔度五道，不履三恶，诸天所护，万神所敬。长斋奉戒，自得度世"。[①] 可见洞玄灵宝斋"十戒"的内容以伦常道德、处世哲学为主，与人的生命是否能最终得道解脱休戚相关，是一种生命伦理，故云："宁守善而死，不为恶而生。"守善而死，死得其所，虽死犹长生，起码能够尸解成仙。

对洞神三皇斋的"八戒"，陆修静也予以高度关注："具衔臣陆修静上启：元始天尊无极大道感应灵圣一切神明，今有善男子善女人等，求欲受持八戒，清斋一日一夜，用以检御身心，灭诸三业罪恼者。故《洞神经》第十二云：夫斋以齐整为急。以齐整身心，身心齐整保无乱败。败起多端，大略有八也。一者不杀生以自活，二者不得淫欲以为悦，三者不得盗他以自供，四者不得妄语以为能，五者不得醉酒以恣意，六者不得杂卧高广大床，七者不得竞习香油以华饰，八者不得耽著歌舞以作倡。今日善男子善女人等，若能不犯此之八事，则八败无从以起，则八戒自然而立。立久不失，则延年保命，神通洞达。是故斋者受持八戒，思真行道，通而无穷，显验必速，皆如所期也。"[②] 虽说特别崇尚"太上灵宝斋"，但陆修静对其他各派道经的斋

① 《洞玄灵宝斋说光烛戒罚灯祝愿仪》，《道藏》第 9 册第 821、824、823 页。

② 《三洞珠囊》卷六《受持八戒斋品》，《道藏》第 25 册第 329 页。按：《洞神八帝妙精经》收录的《斋持八戒法》声称："安定之阶，以斋为本。斋以齐整为急，急以齐整身心，身心齐整，保无乱败。败起多端，大略有八。"（《道藏》第 11 册第 385 页）接下来所说"八戒"及以此来防止"八败"，与陆修静所引《洞神经》第十二的说法基本一致，当皆出自洞神《三皇经》。

法戒律，都不排斥，而是通通拿下，梳理整合。所以我们说，他尽管不是一位具有强烈创新精神的开拓者，不是一位传统斋戒的改革者，却是一位传统斋戒十分优秀的集大成者。

四　陆修静制定修补巩固正一道“法典旧章”的规划方案

《陆先生道门科略》通常被认为是陆修静改革正一道的基本措施，是陆修静改革道教的一大证据。其实，这不过是陆修静强化正一道传统规矩的规划方案，从中可见当时道教存在及需要解决的一些严重问题。当时是否具体实施，不得而知。但流传至今，则显示正一道对它的重视。或许张天师后裔曾参照其方案来清理整顿正一道，强化道风和组织建设。陆修静为何要规划这样一个方案，其针对的问题主要有哪些?《陆先生道门科略》揭示出：下古淳浇朴散，三五失统，人鬼错乱，六天故气，称官上号。五伤之鬼，男称将军，女称夫人，擅行威福，扰乱人民，宰杀三牲，费用万计，倾财竭产，不蒙其祐，反受其患，枉死横夭，不可称数。太上老君“患其若此，故授天师‘正一盟威之道’，禁戒律科，检视万民逆顺，祸福功过，令知好恶。置二十四治、三十六靖庐，内外道士，二千四百人，下千二百官。章文万通，诛符伐庙，杀鬼生人，荡涤宇宙，明正三五，周天匝地，不得复有淫邪之鬼。罢诸禁心，清约治民。神不饮食，师不受钱”。只有如此，才能够“使民内修慈孝，外行敬让，佐时理化，助国扶命”。这是清理强化正一道组织的主要缘由，也是要达到的总目的。所谓太上老君授予张天师“正一盟威之道”，这本是正一经派为证明其神圣性和合法性提出的神学说法，陆修静显然对此毫无疑义，换言之，他完全承认并拥护张天师由太上老君授予的神圣合法地位。这与北方寇谦之废除张天师并且取而代之的立场全然不同，完全继承了《大道家令戒》树立张天师权威以加强正一经派组织戒律的做法，与其精神一脉相承。他竭力称赞张天师治下的正一经派是“清约治民，神不饮食，师不受钱”的“盟威清约之正教”，信徒是决不能违背的。所谓置二十四治，三十六靖庐，内外道士二千四百人，千二百道官云云，也是种神学说法，未必实有。接下来，陆修静条分缕析地指出：按照张天师正一经派“明科正教”、“法典旧章”的老规矩，本来应该怎样做才合法，但“今之奉道”者的实际行动，却完全与此背道而驰，“无事不反”，其中问题多多，对此必须加以大力纠正，进一步强化整个组织的戒律，巩固张天师及其子孙的领导。

本来，按照张天师的“法典旧章”：“疾病之人，不胜汤药针灸，惟服符饮水及首生年以来所犯罪过，罪应死者，皆为原赦，积疾困病，莫不生全。故上德神仙，中德倍寿，下德延年。”然而“今之奉道，是事颠倒，无事不反”。正一经派道徒生病，本来惟服符水及忏悔有生以来所犯罪过，以道德规范治疗疾病，以自己的良心获得神的“原赦”，这是源自五斗米道的一个老传统，而今之奉道者则完全把此事搞“颠倒”了。这一批评的潜台词是说，如果病人不在道德品质上花工夫，自首罪过，改恶从善，救治绝无希望。

本来，“天师立治置职，犹阳官郡县城府治理民物，奉道者皆编户著籍，各有所属。令以正月七日、七月七日、十月五日一年三会，民各投集本治，师当改治录籍，落死上生，隐实口数，正定名簿，三宣五令，令民知法。其日，天官地神，咸会师治，对校文书，师民皆当清静肃然，不得饮酒食肉，喧哗言笑。会竟，民还家，当以闻科禁威仪，教敕大小，务共奉行。如此道化宣流，家国太平”。然而“今人奉道，多不赴会，或以道远为辞，或以此门不往，舍背本师，越诣他治。唯高尚酒食，更相衔诱。明科正教，废不复宣，法典旧章，于是沦坠。元纲既弛，则万目乱溃。不知科宪，唯信魑是亲。道民不识逆顺，但肴馔是闻。上下俱失，无复依承”。正一道民本来“各有所属”，于三会日“各投集本治”，以听道师的“三宣五令”布道，并和道师一起“清静肃然”地与天官地神“对校文书”，会竟还家，道民必须严格奉行道师所宣讲的“科禁威仪”。而今之奉道者，找各种借口“多不赴会”，甚或“舍背本师”私自去“他治”赶赴三会，结果使正一道的“明科正教”被废弃，“法典旧章”沦坠不行，全然乱了套。而道师“唯信[illegible]是亲”，道民则“唯高尚酒食”，这是神仙信仰完全丧失、物质主义和功利主义至上的恶劣表现。

本来的规矩：“道科宅录，此是民之副籍，男女口数悉应注上。守宅之官以之为正，人口动止皆当营卫，三时迁言事有常典。若口数增减，皆应改籍。若生男满月，赍纸一百、笔一双，设上厨十人；生女满月，赍扫帚粪箕各一枚，席一领，设中厨五人。娶妇，设上厨十人，籍主皆赍宅录，诣本治，更相承录，以注正命籍。三会之日，三官万神，更相拣当，若增口不上，天曹无名，减口不除，则名簿不实。”然而“今人奉道，或初化一人，至子孙不改，三会之日，又不投状，既无本末，本师不能得知。为依先上年，或死骨烂籍犹载存，或生皓首未被纪录，或纳妻不上，或出嫁不除。乃有百岁童男，期颐处女，如此存亡混谬，有无不实。至于疾病之日，不归本师而告请他官，他官不寻所由，便为作章疾痛之身。录籍先无，今章忽有。非守宅所部三师，不领三天阙籍。司命无名，徒碎首于地，文案纷纷，既不如法。道所不济，如此之理，可不思乎”。正一道组织的“男女口数”本来“悉应注上”“道科宅录”，“以注正命籍”，如果“口数增减，皆应改籍”。而今之奉道者，或者是死后“籍犹载存”，或“皓首未被纪录”在籍，乃至于“存亡混谬”，使得“三会之日，三官万神”无法核实“命籍”。古有的正一道组织规章制度，破坏殆尽。

本来，“奉道之家，靖室是致诚之所，其外别绝不连他屋，其中清虚不杂余物，开闭门户，不妄触突，洒扫精肃，常若神居。唯置香炉、香灯、章案、书刀四物而已”。然而“今奉道者，多无静室。或标栏一地为治坛，未曾修除，草莽刺天；或虽立屋宇，无有门户，六畜游处，粪秽没膝；或名为静室而藏家什物，唐突出入，鼠犬栖止。以此祈尊妙之道，不亦远耶”？正一道的“静室”本来是向神“致诚”、祈求“尊妙之道”的神圣场所，而今之奉道者多无静室，或名义上拥有而实际上沦落为普通民居的储藏室，乱七八糟。

本来，“道家法服，犹世朝服，公侯士庶，各有品秩，五等之制，以别贵贱。故《孝经》云：非先王之法服不敢服。旧法服单衣袷帻，箓生袴褶，所以受治之信。男赍单衣墨帻，女则绀衣，此之明文足以定疑。巾褐及帔出自上道，礼拜著褐，诵经著帔，三洞之轨范”。“巾褐裙帔，制作长短，条缝多少，各又准式，故谓之法服。皆有威神侍卫。太极真人云：制作不得法，则鬼神罚。”然而“顷来才受小治或箓生之法，窃滥帔褐，已自大谬，乃复帽褶封裙，帔褐著袴，此之乱杂，何可称论”。正一道的“法服”本来等级森严，贵贱有别，现在却破坏了这一等级制度，其“乱杂”的程度，简直说不清，道不明。

本来，按照正一道的“科教”：道民“有三勤为一功，三功为一德”。一旦道民具备了三德，“则与凡异，听得署箓。受箓之后，须有功更迁。从十将军箓阶至百五十。若箓吏中有忠良质朴，小心畏慎，好道翘勤，温故知新，堪任宣化，可署散气道士。若散气中能有清修者，可迁别治职任。若别治中复有精笃者，可迁署游治职任。若游治中复有严能者，可署下治职任。若下治中复有功称者，可迁署配治职任。若配治中复有合法者，本治道士皆当保举表天师子孙，迁除三八之品。先署下八之职；若有伏勤于道，劝化有功，进中八之职；若救治天下万姓，扶危济弱，能度三命，进上八之职。能明炼道气，救济一切，消灭鬼气，使万姓归伏，便拜阳平、鹿堂、鹤鸣三气治职”。

道官的署职，本来“当精察施行功德”，“勿以人负官，勿以官负人。若学不由师，成非根生，不承本，名为无根之草”。而今之奉道者“受箓”却不具备“三德”，“受治”却不具备“宣化之才”。“或都无师籍，或有师无籍，或虽有师籍而无德。于时受箓之日，越诣他官，既不归本，又不缘阶，妄相置署，不择其人。佩箓惟多，受治惟多，受治惟大，争先竞胜，更相高上，遂乃身受下治，署人上品。或自荷白板而加板于人，纵横颠倒，乱杂互起，以积衅之身，佩虚伪之治箓。身无戒律，不顺教令，越科破禁，轻道贱法。”[①] 正一道的署箓和道官署职，本来是按施行积累的功德论功行赏，一步一个台阶向上迁升，从“配治职任”迁升“三八之品”，须由本治道士向“天师子孙”上保举表，经其审核合格才能继续迁升，最后直到“拜阳平、鹿堂、鹤鸣三气治职”。而今之奉道者，不作选择，德才都不具备，却在“受箓”、“受治”，而且是在争先恐后地追求“佩箓惟多，受治惟多，受治惟大”，完全是“妄相置署”，“越科破禁”。在陆先生看来，这种“不顺教令”及打破正一道原有的“科禁”而乱署箓、乱署道官的行径，对于正一道的组织建设和发展的危害性太大，而且有损张“天师子孙”置署道官的任命权。在陆修静之前，很有可能是张天师子孙颁布的《大道家令戒》，对于那种“不按旧仪”，由“大道”的“真气领神选举”，而是个人自行乱署官职的怪象，给予重拳出击，宣布：“诸职自今以后，不得妄自署置为职也，复违吾！”[②] 命令新旧道民都得听从张天师实际上也就是其子孙的“教令”，按照惯例署置男女道官，不得犯禁。《陆先生道门科略》对此心领神会，并且再次重

---

① 以上见《陆先生道门科略》，《道藏》第 24 册第 779～782 页。陆先生所谓“清约治民，神不饮食，师不受钱”的含意，可参阅施舟人《道教的清约》（载《法国汉学》第七辑，中华书局 2002 年版，第 149～165 页）。

② 《大道家令戒》，《道藏》第 18 册第 237 页。

申《大道家令戒》的“教令”，由此也可见陆先生维护张天师子孙权力地位的良苦用心。

综上所述，我们发现，《陆先生道门科略》其实只是反复重申强化张天师道传统“明科正教”、“法典旧章”的一整套规化方案，而不是所谓“改革”张天师道的纲领性文件。这一套清理整顿、强化张天师道传统的规化方案最终是否落实到具体的宗教实践中，换言之，是否曾经在当时的道门中加以推行，由谁来实施推行，并且行之有效，由于史料缺乏，没有依据，不能妄下断论。但可以肯定的是，《陆先生道门科略》不是陆修静“改革”张天师道的证据，却是他恢复强化张天师道的证据。

另有刘宋时期所出，署名“三天弟子徐氏撰”的《三天内解经》，同样表达了强调太上老君授予张天师神圣合法性地位并再三申明维护张天师子孙权力地位的意愿。经云：“太上以汉顺帝时选择中使，平正六天之治，分别真伪，显明上三天之气。以汉安元年（142）壬午岁五月一日，老君于蜀郡渠亭山石室中与道士张道陵将诣昆仑大治新出太上。太上谓世人不畏真正而畏邪鬼，因自号为新出老君。即拜张为太玄都正一平气三天之师，付张正一明威之道，新出老君之制。罢废六天三道时事，平正三天，洗除浮华，纳朴还真，承受太上真经制科律。积一十六年，到永寿三年（157）岁在丁酉，与汉帝朝臣以白马血为盟，丹书铁券为信，与天地水三官太岁将军共约：永用三天正法，不得禁固天民。民不妄淫祀他鬼神。使鬼不饮食，师不受钱。不得淫盗。治病疗疾，不得饮酒食肉。民人唯听五腊吉日祠家亲宗祖父母，二月、八月祠祀社灶。自非三天正法、诸天真道，皆为故气。疾病者，但令从年七岁有识以来，首谢所犯罪过，立诸赡仪，章符救疗。久病困疾，医所不能治者，归首则差。立二十四治，置男女官祭酒统领三天正法。化民受户，以五斗米为信。化民百日，万户人来如云。制作科条、章文万通，付子孙传，世为国师。法事悉定，人鬼安帖，张遂白日升天，亲受天师之任也。天师之子张衡、孙张鲁，夫妇俱尸解升天，故有三师并夫人。自从三师升度之后，杂治祭酒，传授道法，受者皆应跪受经书，还则拜送，使必是三天正法。人多不尔者，趣得一卷经书，便言是道经，更相传付，或是六天故事，致有错乱，承用弥久，至今难可分别。天师受太上正一盟威之道、三天正法，付子孙传，为国师，谓当终于无穷。”① 这与《陆先生道门科略》的宗旨是一致的，都是要坚定不移维护张天师升天前制定的“法事”，拥护其子孙世世代代“终于无穷”为“国师”，都对“师胤微弱”表示担忧之心。略微不同的只是名称上的差异，《陆先生道门科略》所谓“盟威清约正教”，《三天内解经》称之为“三天正法”，而其实质内涵并无二致。从《大道家令戒》到《陆先生道门科略》以及《三天内解经》，其强化维护三张旧体制的精神一脉相承，息息相通。

可以这样说，陆修静对于正一道的古旧章程并未去触碰它，更不用说去“改革”它，而是站在固守传统的立场上维护它，甚至于修修补补强化它，发自内心地拥护张天师及其子孙的领导。他也不是所谓

① 《三天内解经》卷上，《道藏》第28册第414～415页。按：《三天内解经》卷上赞颂“宋帝刘氏是汉之苗胄，恒使与道结缘，宋国有道多矣”。据此，诸家皆认定此经出于刘宋时期。关于作者，杨联陞说：“这位三天弟子徐氏，我还没有考出来是谁。曾经猜想过可能是南岳道士徐灵期。”（《杨联陞论文集》，中国社会科学出版社1992年版，第61页）小林正美《六朝道教史研究》认为：《三天内解经》是刘宋时天师道最早期的经典，经中最早说到了天师道独自的“三天”思想。“三天”思想是为了给天师道教祖张陵及其教法——正一盟威之道的特异性、优越性提供根据而论说的，成为刘宋以降天师道最根本的教理。把天师道分为刘宋以前和以后的教理上的标记，可以说就是有无“三天”思想。刘裕是镇压孙恩、卢循之乱而扬名的人物，由于刘裕即帝位，天师道教徒就抱有宗教活动会不会被禁止、受到镇压的危惧感。《三天内解经》非常迅速赞美刘裕受命，就是天师道教徒向刘裕表示忠诚和顺服，以迎合其意（四川人民出版社2001年版，第197、198页）。

的“托古改制”，不是所谓的“托古改制的清整运动者”，① 其实是要托古强制，强化三张的“明科正教”、“法典旧章”等传统体制，其实是对三张体制“述而不作”。故当时佛教方面评说他“祖述三张，弘衍二葛”，② 即对张天师道采取“祖述”亦即一种述而不作的立场，对葛玄、葛洪的所谓葛氏道则进行“弘衍”——弘扬光大，真可谓实事求是，一语破的。作为对手的佛教方面的“祖述三张，弘衍二葛”的评价，比当今海内外学术界的陆修静“改革天师道”说更为准确。

综合上述几个方面，我们认为，陆修静并未着手对道教进行改革，他其实只是在继承发扬道教传统的基础上，做了整合“三张”与“二葛”乃至三洞经教的重要工作。③ 陆修静的“总括三洞”，为以后《道藏》的编纂奠定了坚实基础，进一步推动了道教各经派之间的融合发展，使道教作为一个整体能与儒、释相鼎足而立于中国历史舞台上，海内外学术界所谓陆修静“改革”道教的说法，实乃毫无证据的人云亦云之谈，出于今人的观念形态，颇有照搬西方基督教史上的“宗教改革”说之嫌。

---

① 杨联陞认为：《陆先生道门科略》的“‘神不饮食，师不受钱’很可能是一种托古改制的办法”。又有所谓“南朝托古改制的清整运动者”（《杨联陞论文集》，中国社会科学出版社 1992 年版，第 56、57 页）。

② 《广弘明集》卷四《归正篇》，上海古籍出版社 1991 年版，第 116 页。又见《集古今佛道论衡》卷甲《北齐高祖文宣皇帝下敕废道教事》，《大正藏》第 52 卷第 370 页。小林正美《六朝道教史研究》称：“南朝天师道宗教改革的目的是恢复教团规则，要祭酒们去实践本来的清约的正一盟威道。”（四川人民出版社 2001 年版，第 318～319 页）既说“改革”，又称是“恢复”本来的“正一盟威道”，难免自相矛盾。陆修静其实就是假托张陵之说来“恢复”而非改革“三张”以来的祖训旧制。

③ 《弘明集》卷六南齐明僧绍《正二教论》中有所谓“张葛之徒”一说（上海古籍出版社 1991 年版，第 38 页）。很可能，刘宋以后，所谓“三张”与“二葛”已合流，故佛教方面以“张葛”来称呼。

陶弘景与上清经派

一　陶弘景生平事迹

陶弘景，字通明，丹阳秣陵人，生于刘宋孝武帝孝建三年（456），卒于梁武帝大同二年（536），时年八十一，“诏赠太中大夫，谥曰贞白先生”。① 据称，他“幼有异操”，年四五岁便喜好书法，“恒以荻为笔，画灰中学书。至十岁，得葛洪《神仙传》，昼夜研寻，便有养生之志”。亦读《礼记》、《尚书》、《周易》、《春秋》等，颇以属文为意。及长，读书万余卷，一事不知，以为深耻。善琴棋，工草隶。年十七，即成为宋顺帝的所谓“升明四友”（亦称“顺帝四友”）之一。“未弱冠，齐高帝作相，引为诸王侍读，除奉朝请。虽在朱门，闭影不交外物，唯以披阅为务。朝仪故事，多所取焉。”“齐世侍读，

① 《云笈七籤》卷一百七《华阳隐居先生本起录》，《道藏》第22册第731页；《南史·隐逸传》，中华书局1975年版，第6册第1899页。按：《云笈七籤》卷一百七《梁茅山贞白先生传》称其于“大同二年告化，时年八十五”（《道藏》第22册第734页）。《梁书·处士传》亦称：“大同二年，卒，时年八十五。”（中华书局1973年版，第3册第743页）比较而言，“年八十一”说可信。

任皆总知，记室手笔，事选须有文才者。先生于吉凶内外，仪礼表章，爰及笺疏启牒，莫不绝众”，为时所重。家贫穷，求宰县不遂，于齐武帝永明十年（492）上表辞禄，“脱朝服挂神武门”而去。下诏许之，赐以束帛，敕所在月给茯苓五斤，白蜜二升，以供服饵。及发，公卿祖之征虏亭，供帐甚盛，车马填咽，咸云宋、齐以来，未有斯事。朝野皆荣之。于是止于句容句曲山。恒曰：“此山下是第八洞宫，名金坛华阳之天，周回一百五十里。昔汉有咸阳三茅君得道来掌此山，故谓之茅山。”于中山立馆，自号华阳隐居。人间书札，即以隐居代名。始从兴世馆主东阳孙游岳受道家符图经法，皆是真本。又得杨、许真书。内修秘密，精行道要，其修为皆自得于心。遍游名山，访寻仙药。性爱山水，谓门人曰：“岂唯身有仙相，亦缘势使之然。”时沈约为东阳郡守，高其志节，累书要之，不至。

陶弘景为人圆通谦谨，出处冥会，心如明镜，遇物便了。深慕张良为人，称其“古贤无比”。永元（499—501）初，更筑三层楼，陶弘景处其上，弟子居其中，宾客至其下。与物遂绝，唯一家僮得侍其旁。本便马善射，晚皆不为，唯听吹笙而已。特喜爱听松风，庭院皆植松，每闻其响，欣然为乐。有时独游泉石，望见者以为仙人。

陶弘景性好著述，尚奇异，顾惜光景，老而弥笃。特别长于诠正伪谬。尤其精通阴阳五行、风角星算、山川地理、方图产物、医术本草之学。著作《帝代年历》。尝造浑天象，高三尺许，地居中央，天转而地不动，以机动之，悉与天相会。据说是“修道所须，非止史官是用”。他曾四处奔波搜集道经，访寻真本，不辞辛劳。①

齐末有歌曰“水丑木”，为“梁”字。及梁武帝兵至新林，陶弘

① 参阅陈国符《道藏源流考·陶弘景搜集道经》，中华书局1963年版，第46～47页。

景派遣弟子戴猛之假道奉表。武帝兵平建康，闻议禅代，弘景援引图谶，数处皆成“梁”字，令弟子进之。梁武帝既早与弘景交游，即位后恩礼愈笃，书问不绝，冠盖相望，动静必报先生。弘景既得神符秘诀，以为神丹可以炼成，然苦无药物。梁武帝送给其黄金、朱砂、曾青、雄黄等，资助其炼丹。后合飞丹，色如霜雪，服之体轻。天监（502—519）中，献丹于梁武帝。及梁武帝服飞丹有效，益加敬重陶弘景，每得其书，烧香虔受。后梁武帝多次礼聘陶弘景，并不出山，唯画作两牛，一牛散放水草之间，一牛著金笼头，有人执绳，以杖驱使。梁武帝笑称，此人无所不作，岂有可致之理。“国家每有吉凶征讨大事，无不前以咨询。月中常有数信，时人谓为山中宰相。二宫及公王贵要参候相继，赠遗未尝脱时。多不纳受，纵留者即作功德。”梁武帝中大通（529—534）初，又献二刀，一名善胜，一名威胜，并为佳宝。后来，梁武帝将此二宝刀赐予简文帝。

天监四年（505），移居积金东涧。陶弘景善辟谷导引法，自归隐修道四十多年，年逾八十而有壮容。仙书有云：“眼方者寿千岁。”陶弘景末年，一眼有时而方。“曾梦佛授其菩提记云，名为胜力菩萨。乃诣鄮县阿育王塔自誓，受五大戒。”这与其母“精心佛法”，当有关系。[①] 后简文帝临南徐州，钦佩其风素，召至后堂，以葛巾进见，与谈论数日而去，简文帝甚敬异之。

陶弘景自知应逝，算定亡日，写成《告逝诗》，无疾而终。遗令

---

① 按：《桓真人升仙记》对陶弘景佛、道双修颇为不满，假借“西蜀华盖山李桓仙君”之口指责“陶求真不一，潜神二门。好禅悦佛，言菩提行，修西天记，作往生文，道释并修”，因此落入“上帝未见用”的结局，还“不及七弟子之学道”。又借仙君之口评论“陶有三是四非，天之罪也”（《道藏》第5册第514页）。我的看法是，陶弘景为了解脱生死，对佛、道二教不拘一格，兼容并包，鲜明地体现了中国人信仰的功利主义，也在当时佛、道二教的激烈对抗中另起炉灶，开道教容纳佛教、“道释并修”之先河。

薄葬，“道人道士并在门中，道人左，道士右。百日内夜常然灯，旦常香火”。弟子遵而行之。据说，当初其母梦无尾青龙自怀而出，自己升天，遂产陶弘景。后弘景果然无妻无子。或说“父为妾所害，弘景终身不娶”。从兄以子松乔嗣。所著《学苑》百卷，《孝经》、《论语集注》、《占候》、《本草集注》、《帝代年历》、《效验方》、《肘后百一方》、《古今州郡记》、《七曜新旧术疏》、《图像集要》、《玉匮记》、《合丹法式》，共秘密不传，唯弟子得之。“弟子数十人，唯王远知、陆逸冲称上足焉。”陶弘景仙逝后，邵陵王《解真碑铭》赞赏说：“张华之博物，马均之巧思，刘向之知微，葛洪之养性，兼此数贤，一人而已。”简文帝《华阳陶先生墓志》称颂曰：“无名曰道，不死为仙。以有元则，兼称稚川。”道门中有人大力表彰他为“玄中之董狐，道家之尼父”，给予崇高的评价。茅山宗封其为第九代宗师，号称“金阙右卿司命蓬莱都水监梁国师中散大夫”。宋徽宗特封其“宗元翊教真人”。[①] 明人顾起元将陶弘景与葛洪相提并论：“稚川与贞白志趣即同，博洽复伍，考其生平，多所符合。”也就是说陶弘景“与稚川博涉，大都相似。……始终与稚川殆无一不同者。独稚川晚求句漏，贞白早辞神武，稍微有间耳”。又引司马承祯碑阴记，高度赞颂陶弘景：“阐幽前秘，击蒙后学。若诸真之下教，为百代之名师焉。”[②]

如果说陆修静偏爱灵宝经教，则陶弘景偏向于上清经教。陆修静

---

① 以上参见《南史·隐逸传》，中华书局1975年版，第6册第1897～1900页；《梁书·处士传》，中华书局1973年版，第3册第742～743页；《云笈七籤》卷一百七《华阳隐居先生本起录》，《道藏》第22册第730～733页；《云笈七籤》卷五《梁茅山贞白陶先生》，《道藏》第22册第28页；《华阳陶隐居内传》，《道藏》第5册第499～512页；《茅山志》卷十，《道藏》第5册第600页；《艺文类聚》卷三十七、卷六十，上海古籍出版社1999年版，上册第661、1085页。

② 《明代笔记小说大观》第2册，顾起元《客座赘语》卷二《稚川贞白相类》，上海古籍出版社2005年版，第1224、1225页。

曾将所得《三皇文》传给孙游岳，游岳又传陶弘景。[①] 但陶的心思却并不在此，他一心一意扑在杨许真经的搜罗整理上。他对灵宝斋法及章符也看不上眼。《真诰》卷十一《稽神枢》陶的注解说："三月十八日，公私云集，车有数百乘，人将四五千，道俗男女状如都市之众。看人唯共登山，作灵宝唱赞，事讫便散，岂复有深诚密契、愿睹神真者乎？纵时有至诚一两人，复患此喧秽，终不能得专心自达。如此抽引乞恩，无因得果矣。"觉得作灵宝唱赞浅薄，不能使修道人"专心自达"，最终无缘"得果"。又称"学上道者甚寡，不过修灵宝斋及章符而已"。[②]"修灵宝斋及章符"，是不能进入他法眼中的"上道"的。他对道教斋醮科仪看来并不擅长，也没有什么兴趣。

陶弘景是使道教在教理上进一步升华的重要人物。他出生在具有较高文化传统的败落士族家庭，幼年即喜读《神仙传》之类的道书。由于"宋齐之际，物情未安，既结刘宗，常怀忧惕"，[③] 与刘宋政权走得太近，政治风云却是变幻莫测，到萧齐时期屡受排挤，仕途不得志或与此相关，于三十七岁便归隐茅山修道。他性好著述，尤明阴阳五行、风角星算、山川地理、医术本草。他善于书法，除炼丹，也铸炼刀剑，在许多方面都有重要贡献。王明先生评价说：陶弘景对于天文历算、地理学、药物学、医学、经学、兵学等都有显著的成就。尤其对于药物学和医学的贡献最大。同时，他在技术上还铸刀剑，注意工艺制造，对炼丹也抱严格的实验态度。他的文学艺术造诣也相当深。综合起来观察，陶弘景不失为南朝一个多才多艺的杰出的道教学

---

① 《云笈七籤》卷六《三洞并序》，《道藏》第22册第33页。按：《云笈七籤》卷五《真系》称孙游岳"门徒弟子数百人，唯陶弘景入室"（《道藏》第22册第28页）。

② 吉川忠夫、麦谷邦夫编《真诰校注》卷十一《稽神枢第一》，中国社会科学出版社2006年版，第364、366页。

③ 《云笈七籤》卷一百七《华阳隐居先生本起录》，《道藏》第22册第731页。

者。他撰述的有关道教典籍，如《真诰》、《登真隐诀》、《真灵位业图》等等，这些都是晋、宋、齐、梁时期道教史上重要的经典。他为了探求道术秘诀，不怕山高水深，到处寻访明师，日夜穷究，成为上清经这个道教宗派的主要人物，在中国道教史上占着重要的位置。[①]据西方学者说："七世纪时日本宫廷中受雇做禁咒师的朝鲜专家精通陶弘景的药典。"[②] 可见其药典远播朝鲜和日本，产生国际影响。陶弘景虽然身在山林，但仍然热衷于政治活动，被当时人称许为"山中宰相"。只不过，他的一系列政治活动同汉末道教徒有所不同，他没有自己的野心，不会起来造反，他的主要目的就是在体制内帮助统治者稳固社会秩序，从而获得修道的合法性权利，得到政府的支持，包括经济上的援助等。陶弘景是道教徒中由入世而出世、出世而又不忘入世的典范，他的出世隐居，并非走的是终南捷径，乃是真隐，但也非两耳不闻窗外事，一心只读道经的呆隐。他是一位关心国家大事的隐士，虽身在林下，却洞察时事，对政治走向判断准确，善于规避政治风险，任凭政治风浪翻腾，却使道教稳坐钓鱼台。这一特长，为其徒子徒孙所继承并且发扬光大，从上清经派到茅山宗，在政治风云的变幻莫测中，总是能找到保护伞，一直兴旺不衰。《隋书·经籍志》在评陶弘景及其与梁武帝的关系、对南方社会产生的深远影响时说："陶弘景者，隐于句容，好阴阳五行，风角星算，修辟谷导引之法，受道经符箓，武帝素与之游。及禅代之际，弘景取图谶之文，合成'景梁'字以献之，由是恩遇甚厚。又撰《登真隐诀》，以证古有神仙之事；又言神丹可成，服之则能长生，与天地永毕。帝令弘景试合神

① 《王明集·论陶弘景》，中国社会科学出版社 2007 年版，第 396、412 页。王明先生此文对陶弘景在多方面的重要贡献及道教史上重要的地位，有较详细的论述，可参看。

② 索安《西方道教研究编年史·中国域外道教》，中华书局 2002 年版，第 114 页。

丹，竟不能就，乃言中原隔绝，药物不精故也。帝以为然，敬之尤甚。然武帝弱年好事，先受道法，及即位，犹自上章，朝士受道者众。三吴及边海之际，信之逾甚。陈武世居吴兴，故亦奉焉。”① 由于陶弘景与梁武帝的特殊关系，南朝梁、陈之时，道教对帝王、“朝士”、“三吴及边海”信众的影响情况于此可见。到隋唐时，上清经派甚至成了道教主流，或者说道教的轴心，这当是陶弘景打下的坚实基础。

二　陶弘景编纂《真诰》

1933年，胡适特意写出《陶弘景的〈真诰〉考》一文，以此纪念蔡元培先生六十五岁生日，并加以特别说明：“这是我整理《道藏》的第一次尝试。”他介绍说，《真诰》分七篇，共二十卷：

运题象第一，分四卷，记杨羲和许多“真灵”会遇的故事。

甄命授第二，分四卷，记众“真灵”的训诫，“诠导行学，诫厉愆怠”。

协昌期第三，分二卷，记众真所说“修行条领，服御制度”。

稽神枢第四，分四卷，记道教的地理，“区贯山水，宣叙洞宅”。

阐幽微第五，分二卷，“并鬼神宫府官司氏族，明形识不灭，善恶无遗”。

握真辅第六，分二卷，“此卷是三君（杨羲、许谧、许翙）在世自所记录，及书疏往来，非《真诰》之例”。

翼真检第七，分二卷，为“《真诰》叙录”，也“非《真诰》之例”。

---

① 《隋书·经籍志》，中华书局1973年版，第4册第1093页。

这二十卷中，“其十六卷是真人所诰，四卷是在世记述”。七篇之题目是陶弘景“仰范纬候，取其义类，以三言为题”。①

钟来因对《真诰》的结构则有自己的解读：

《运象篇》第一至第四，卷一至卷四，以杨羲与安妃之间的人神恋爱开始，借诸真降杨羲的方式，以房中术为核心，展开全书的论述。

《甄命授》第一至第四，卷五至卷八，以众真训诫的方式，以许谧与右英王夫人之间的人神之恋为中心继续探讨房中术。陶弘景借诰语及注释，力求把房中术列入次要的地位，以确立上清经派以存思无为为主的修炼体系。

《协昌期》第一至第二，卷九至卷十，介绍众真的治病消魔的经验，借用佛经《四十二章经》的精神，进一步强调上清经派的存思体系。

《稽神枢》第一至第四，卷十一至卷十四，记载道教地理，借用《后汉书》等正史资料力图建立道教的历史、地理的庞大体系，其中包容了儒家的等级观念、佛教的地狱、轮回观念等等。

《阐幽微》第一至第二，卷十五至卷十六，继续把儒、佛纳入道教体系，把梁以前的中国历史名人如秦皇、汉光武、孙策、董仲舒、张衡、阮籍、嵇康等，都纳入道家谱系，并贯穿佛教祸福报应等思想。

《握真辅》第一至第二，卷十七至卷十八，记一杨二许在世生活，做梦记录，以及他们之间的书疏往来。

《翼真检》第一至第二，卷十九至卷二十，包括《真诰叙录》、《真胄世谱》，主要介绍上清经派创始人的家谱及经典流传过程。

① 《胡适论学近著·陶弘景的〈真诰〉考》，山东人民出版社1998年版，第122页。

全书模仿《庄子》内篇的结构，共七篇，每篇皆以三字为题，与《庄子》内篇从《逍遥游》到《应帝王》七篇，属同一模式。[①] 这些，亦即《真诰》的具体内容。当然，不同的读者对于《真诰》会读出不同的见解，所谓仁者见仁，智者见智是也。

那么，所谓“真诰”是什么意思呢？

《真诰叙录》解释说：“真诰者，真人口[illegible]之诰也，犹如佛经皆言佛说。而顾玄平谓为真迹，当言真人之手书迹也，亦可言真人之所行事迹也。”又考论：“若以手书为言，真人不得为隶字。若以事迹为目，则此迹不在真人尔。且书此之时，未得称真。既于义无旨，故不宜为号。”[②] 胡适指出此段不但说明书名的意义，且使我们知道此书旧有顾欢的本子，原题为“真迹”。“真诰”之书名乃是陶弘景改作此书后新题的。顾欢编纂的《真迹》，即是记一些仙真降授杨羲的事迹。陶本《真诰》虽是源出顾本《真迹》，已有了很大的改动，又有很多部分是陶弘景增添的。顾欢是宋齐两朝的大名士，陶弘景要改造他的书，不能不抬出更有力的根据来。所以陶弘景不能不东奔西走，到处搜求杨许三人的手书真迹。他自负有鉴别法书的特别眼力，一见就能辨别手稿的真伪。胡适对此赞不绝口：“在那个很早的时期，在那个考证校勘之学未成立的时期，陶弘景编纂《真诰》的方法真是很可以吓倒人的精密的考订方法！”“这样详细记载材料的性质，使人不能不感觉编书者的科学的精神！”“这都是最谨严的校勘方法。”但是，他的笔锋一转，转而抨击陶弘景：“用这样精密谨严的方法来编纂一部记天神仙女降授的语言，这是最矛盾的现象。”这书里的材料从开卷

① 钟来因《长生不死的探求——道经〈真诰〉之谜》，文汇出版社 1992 年版，第 42～43 页。

② 吉川忠夫、麦谷邦夫编《真诰校注》卷十九《翼真检第一》，中国社会科学出版社 2006 年版，第 565 页。

记仙女愕绿华事以下，就“自然全是鬼话”，是在“用最谨严的方法来说鬼话”。他不能不格外疑心，陶弘景或者是一个“读书万余卷”的大傻子，或者是一个“好著述，尚奇异”的大骗子。他认定陶弘景“有心要把一大堆鬼话编成一部道教传经始末的要典，所以特别夸炫他的材料如何真实，方法如何谨严，这就是存心欺诈了”；“他总不能逃避有心欺诈的罪名”。[①] 其实并非如此，陶弘景既非“大傻子”，也非“大骗子”，他不过是一个十二万分虔诚的信仰者。假如我们对陶弘景不是抱有偏见，而是给予同情的理解，则可以懂得，他绝对百分之百地相信天神仙女降授传经的故事，他把甄别真假、清除伪经的工作看成非常神圣的事业来做，目的是要显现上清经的最崇高品质和地位，因而其道教神学具有胡适都不得不赞赏的严谨性。在今天我们这些具有如此高的科学觉悟程度的人看来，那些是“鬼话”的东西，在陶弘景的那个时代，像他那样虔诚的信仰者心目中，却是神圣不可侵犯的“仙话”，绝对不可以怀疑的“真话”。在他们心中，以“存心欺诈”的手法伪造道经，那可是不得了的罪孽，不仅个人要遭天谴，永世不得翻身，而且祖祖辈辈、子孙后代皆受牵连，打入地狱吃尽苦头，整个家族的荣誉乃至生命的链条彻底烟消云散。譬如，杨羲之前负责与众真交通的灵媒华侨，仅仅因为“漏泄天文，妄说虚无”，致使“华家父子被考于水官”。“侨于是得有死罪，故名简早削夺，寻输头皮于水官也。”[②] 不只是上清经，其他道经亦如此：“烧香沐浴，告汝要道。《三皇天文大字》、《太清中经》、《金液神丹之法》，汝泄非其人，灭族，父母之鬼，受刑于玄丘也。”[③] 仅仅只是“漏泄”、“妄说”

---

① 参阅《胡适论学近著》，山东人民出版社 1998 年版，第 122～128 页。

② 吉川忠夫、麦谷邦夫编《真诰校注》卷七《甄命授第三》，中国社会科学出版社 2006 年版，第 230 页。

③ 《洞神八帝妙精经》，《道藏》第 11 册第 390 页。

经文，便遭受如此严厉的惩罚，更不用说“存心欺诈”伪造道经了。由于这个缘故，他们内心对诈造道经充满恐惧感，绝不敢越雷池一步。所谓“有心欺诈的罪名”，是不能按今日科学标准，随心所欲地扣在陶弘景头上的，否则就是牛头不对马嘴了。按照道教神学的眼光去看，《真诰》是为了传播陶弘景所尊崇的上清经而作，是为了提高上清经派在道教内部的地位而作。陶弘景编纂这样一本讲述上清经降世及传经故事的书，动机是真实纯正的，无非是要一心一意借此建功立业，以便死后能够登真封神，进入上清经派的“真灵位业图”，并不存在所谓“存心欺诈”的问题。而透过陶弘景的讲述，我们可以更清楚地了解上清经派的神学历史事实。

胡适还揭发陶弘景抄袭佛教《四十二章经》，四十二章中，“有二十章整个儿的被偷到《真诰》里来了”！胡适推测：大概陶弘景受了《四十二章经》“文字的引诱，决心要把经中要义改成道教高真的训诫，所以他一口气偷了二十章。他的博学高名，他的谨严的校订方法，都使人不疑心他作伪，所以这二十条居然经过了一千四百年没有被人侦查出来”！胡适甚至大胆地下了这样一个骇人听闻的结论：“其实整部《道藏》本来就是完全贼赃，偷这二十短章又何足惊怪！”其后，傅斯年告诉他，陈寅恪先生说《朱子语录》中也曾指出《真诰》有抄袭《四十二章经》之处，胡适“始知我的一位同乡先哲在七百多年前已侦探出这一件窃案了”。胡适又想《四库提要》也许有考证《真诰》的话，因检《提要》子部道家类《真诰》条，果然也引《朱子语录》云：“《真诰·甄命篇》却是窃佛家《四十二章经》为之。”又检看黄伯思《东观余论》，其卷下云：“此下方围诸条，皆与佛《四十二章经》同，恐后人所附益，非杨许书。”黄伯思死于政和八年（1118），又远在朱子之前了。黄伯思显然“相信《真诰》是陶弘景根据杨许真迹的原本，不过这些众灵教戒非杨许书，恐是后人所附益，而陶弘景不曾删去的”。[1] 胡适揭发陶弘景抄袭佛教《四十二章经》，其实是种推测，明显证据不足。因为除了有可能如黄伯思推测“恐后人所附益”之外，还有可能就是所谓抄袭《四十二章经》的那些内容，或许本来就是杨许接收到的神真降授的谕旨，换言之这是“杨许真迹的原本”就有的内容，陶弘景只不过忠实地将其收录进《真诰》。退一万步说，如果我们今天要指责陶弘景，最多也只能指责他的考证尚不够严谨，学识还不够渊博，居然把佛教《四十二章经》中的一些话当成“道教高真的训诫”来处理。我们缺乏证据，很难断下结论陶弘景就是有意在抄袭。胡适实际上并未作小心的求证，便大胆地假设和大胆地下结论了！更加大胆的是，胡适“整理《道藏》的第一次尝试”，对于《道藏》的认知还少得可怜，就敢于喊出如此的豪言壮语：“其实整部《道藏》本来就是完全贼赃。”仅就对于《道藏》的知识而言，胡适还真有股子无知者无畏的劲头，在这片对他来说本不熟悉的知识荒原驰骋匹夫之勇，而他一贯所标榜的科学实证主义的精神，在此则早被抛到九霄云外去了！当然，在胡适《陶弘景的〈真诰〉考》中，并不乏可圈可点之处，筚路蓝缕，以启后来者，其功亦是不可抹杀的。

由《真诰》可以看出，上清经是由众真降授、灵媒接收的方式产生的，这样一种道经生产的方法，既保证其神圣性和权威性，又保证其具有较高的生产效率，于是上清经便源源不断地横空问世。钟来因先生认为，可以这样说：“陶弘景是《真诰》的集大成者，他把魏华存、杨羲、二许等人记录的神仙诰语，加以整理、修改、补充，按统一的思想加以编辑，对不少诰语作了权威的解释，这样，才使《真诰》成为一本完整的著作，成为上清经派中主要代表经典，并对后世

① 参阅《胡适论学近著》，山东人民出版社 1998 年版，第 128～139 页。

的宗教、文学、史学、哲学、医学产生重大的影响”；现存《真诰》每卷前均有“陶弘景造”的落款，“造”者，创造也，制作也；“《真诰》是陶弘景‘造’出来的，陶弘景比一杨二许都重要，这样一个结论，并不违反《真诰》出现的历史”。[①] 在《真诰》之中，固然有很多胡适所谓“鬼话”，但其背后却又隐藏着道教历史的海量信息，具有特定的史料价值。陶弘景编纂《真诰》的工作，为上清经派的站稳脚跟和进一步大发展提供了神学依据，奠定了神学理论基础。

三　陶弘景与上清经派的成立

上清经派的成立，和陶弘景的努力是分不开的。在陶氏之前已有上清经派的雏形，造作了一些经典，但在社会上影响不大。陶弘景有意识地构造上清经派自身的传授系统和演变历史，并且总结和发展了遗留到他手里的上清派经典，集其大成，以众真告诫的方式宣布上清经派的成立。经过陶弘景的坚持不懈努力而形成的上清经派，并没有致力于大规模的集体宗教活动，而是注重个人闭门独户进行修炼，故其信徒大多是士族知识分子。其信教群众的基础和规模，比不上灵宝经派，与天师道相比则更差得多。除了吸收道教内部其他各派修行方法，上清经派的独到之处就在于：它坚持通过炼神的方法去达到炼形的目的，把佛门炼神的义理吸取进道教。上清经派极看重精神的修养，认为要获得形体永存的高级方法就是存思体内之神和行气，尤其是结合存神的基本功反复诵读《大洞真经》，这是一种主要借助于自力而成仙的修炼法门，今人所谓内在超越，与天师道祈祷祭祀神灵主

① 钟来因《长生不死的探求——道经〈真诰〉之谜》，文汇出版社 1992 年版，第 40、42 页。

要借助于他力的修仙途径和方法即所谓外在超越有所不同。上清经派继承了葛洪那种借医传教的光荣传统，陶弘景更是特别重视医药学，可以说是道与医结合非常完美的典型，与葛洪的精神一脉相承。如果说正一经派和灵宝经派特别擅长于斋醮科仪，那么，上清经派在这方面则显得尺有所短。灵宝经派虚心向佛教学习，上清经派比灵宝经派学习得更多，但又不像灵宝经派那样简单地照抄照搬佛教。主张三教合一，借用佛教理论来完善本派神学，这是上清经派的又一大特征。正因如此，上清经派在道教神学理论上比灵宝经派、正一经派更有系统，更富于理论思维。道教后来把上清经派抬为最高，其中原因之一就是其神学思想最具玄理，可以代表道教方面出马征战，与佛教相抗衡。

上清经派既与天师道有渊源关系，又与之相区隔，保持距离。《真诰》卷二十揭示："有云李东者，许家常所使祭酒，先生亦师之。家在曲阿，东受天师吉阳治左领神祭酒。"[①] 许家本来是天师道世家，故以天师道祭酒为师，且"常所使祭酒"，皆顺理成章的事。《真诰》卷十七陶弘景注称："此并记梦见张天师书信。云张生者，即应是讳。今疏示长史，故不欲显之。又见系师注《老子内解》，皆称'臣生顿首'，恐此亦可是系师书耳。"[②] 上清经派的开创人常常在梦中与张天师、系师神交。《真诰》卷八说："邪气入体，鬼填胸次，其将回惑于邪正，必不能奉正一于平气耶。"陶弘景注称："正一平气即天师祭酒

① 吉川忠夫、麦谷邦夫编《真诰校注》卷二十《翼真检第二》，中国社会科学出版社2006年版，第595页。

② 吉川忠夫、麦谷邦夫编《真诰校注》卷十七《握真辅第一》，中国社会科学出版社2006年版，第522页。

之化也。”[①] 《登真隐诀》卷下有所谓“愿得正一三炁，灌养形神”。又称“正一真人口诀”为“治病制鬼之要言”。又有“正一真人三天法师张讳告南岳夫人口诀”，注解说：“以夫人在世尝为祭酒故也。然昔虽为祭酒，于今非复所用，何趣说之。”[②] 则“嗣上清第一代太师”的魏夫人在世曾为天师道祭酒。上清经派的经典中，“正一真人张君又别授《治精制鬼法》”给予魏夫人，[③] 亦即包含了天师道的经典在内。符图的兴盛，“与天师道之流布，攸关甚密。《黄庭内景经》承汉魏之遗风，兼综符图之说”。“修炼黄庭，尚需借助六甲六丁之符图。”[④] 这些例子，都是上清经派出于天师道与之有千丝万缕联系的证据，其中还有不少是其宗师陶弘景自己认账的。

或许要在判教中标明青出于蓝而胜于蓝，或许要加固并且突出上清经派在道教内的“上乘”地位，成长以后的上清经派，又时时处处想方设法与天师道区隔，以居高临下的姿态俯视小看天师道。[⑤] 《真诰》卷八“太元真人答许长史”声称：郗愔“当保其天年，但仙道之事，去之远矣”。紫微夫人则说：“郗若得道，乃当为太清监也。若能闻要道而勤者，当至此格。若不专笃而守迷行外舍道法者，则都失也。”对此，陶弘景解释说：“紫微前语与太元殊乖，而如此所云，当

① 吉川忠夫、麦谷邦夫编《真诰校注》卷八《甄命授第四》，中国社会科学出版社2006年版，第256页。

② 《登真隐诀》卷下，《道藏》第6册第619、624、618页。按：《登真隐诀》卷下多采用天师道修炼法术及上章逐鬼仪式等。

③ 《云笈七籤》卷四《上清经述》，《道藏》第22册第21页。

④ 《王明集·〈黄庭经〉考》，中国社会科学出版社2007年版，第127、128页。

⑤ 小林正美《六朝道教史研究》揭示：上清派对天师道是批判的，其原因是上清派的形成，系从天师道脱离以求独立之故吧。上清派作为新兴道流，是在批判既成的天师道和葛氏道的同时，发挥其独立性，从而确定作为一个道流的地位的。到了梁代，上清派发展成凌驾天师道的势力（四川人民出版社2001年版，第30、33页）。

是迷不能勤乎要道，司命显其终迹故也。”[①] 按照《晋书·何充传》的记载：“郗愔及弟昙奉天师道”，谢万讥之云：“二郗谄于道。”[②] 就是这位“谄于”天师道的郗愔，在上清经派眼中或认定他离仙道太远了，或指控他“迷不能勤乎要道”——即迷天师道法而不能勤乎上清经派的“要道”。这些话头的言下之意，无非是想要证明，只有修炼上清经派的“要道”，才能与“仙道”的距离越来越近，成仙了道才有希望。对于改邪归正的许迈，则是另一种待遇。据《真诰》卷四记载，三官出丹简罪簿，各执一通而责问许迈：“汝本属事帛家之道，血食生民，逋愆宿责，列在三官，而越幸网脱，奉隶真气，父子一家，各事师主，同生乖戾，不共祭酒，罪咎之大，阴考方加。有如此积罪，亦无仙者，当可得欺太上之曹，使汝得名刊不死之紫录耶？汝其无对者，有司必执也。”面对这样一些责问，许迈在答辩时声称：“大道不亲，唯善是与。天地无心，随德乃矜。”“吾七世父许子阿者，积仁著德，阴和鸟兽。……度脱凶年，赖（许子）阿而全者，四百八人。”“是以功书上帝，德刊灵阁，使我祖根流宗泽，㢊光后绪。故使垂条结华，生而好仙，应得度世者五人，登升者三人。”据说，虽然许迈“身中自宿有阴罪未了处”，但“已日就补复，解谢太上，行当受书署者也。盖尔不复受考于三官，已定名于不死之录矣。”“即得度名东宫，当为仙之中者。”[③] 许迈之所以能够“度名东宫，当为仙之中者”，除了祖宗积德，留下余庆，㢊光后绪之外，也与其接受了上清经教有关。据《云笈七籤·许迈真人传》说：许迈入临安县山中，

① 吉川忠夫、麦谷邦夫编《真诰校注》卷八《甄命授第四》，中国社会科学出版社2006年版，第252、254页。

② 《晋书·何充传》，中华书局1974年版，第7册第2030～2031页。

③ 吉川忠夫、麦谷邦夫编《真诰校注》卷四《运象篇第四》，中国社会科学出版社2006年版，第146页。

“注心希微，日夜无间。数年之中，密感玄虚太元真人定录茅君降授上法，遂善于胎息内观，步斗隐逸。每一感通，将超越云汉”，最终“度名东宫，为地仙中品”。[①] 许迈抛弃“血食生民”的帛家道，接受并按照上清经教的“上法”修行，其结局便与郗愔大不相同，终成正果。

在修炼方术上，上清经派与张天师所传的“黄赤之道”作了切割。按照清虚真人授书所说：“黄赤之道，混气之法，是张陵受教施化为种子之一术耳，非真人之事也。吾数见行此而绝种，未见种此而得生矣。百万之中，莫不尽被考罚者矣。千万之中，误有一人得之，得之远至于不死耳。张陵承此以教世人耳。陵之变举亦不行此矣。尔慎言浊生之下道，坏真霄之正气也。思怀淫欲，存心色观，而以兼行上道者，适足明三官考罚耳。所谓抱玉赴火、以金棺葬狗也。色观谓之黄赤，上道谓之隐书，人之难晓乃至于此。”也就是说，张陵受教施化所用的“黄赤之道”，实乃“浊生之下道”，而非“真人之事”，以之求生不能得生，反而“绝种”，因此受到“三官考罚”。清虚真人借佛教的“色观”来给“黄赤”定性，指责其“思怀淫欲”，心术不正，败坏“正气”。与黄赤下道不同，上清经派的“隐书”才是得生的“上道”，而上道与下道绝不能“兼行”，二者之间必须划清界限，否则，也会受到神的考罚。紫微夫人授书也批评说：“夫黄书赤界，虽长生之秘要，实得生之下术也，非上宫天真流軿晏景之夫所得言也。此道在长养分生而已，非上道也。有怀于淫气，兼以行乎隐书者，适足握水官之笔，鸣三官之鼓耳。玄挺亦不可得恃，解谢亦不可得赖也。要而言之，贞则灵降，专则神使矣。”同样是把“黄赤之道”看成“得生之下术”，而“非上道”，其弊端就在“怀于淫气”，淫秽

① 《云笈七籤》卷一百六《许迈真人传》，《道藏》第22册第728页。

不堪，故而完全瞧不上眼。同样反对以此“黄书”下道与“隐书”上道兼行并用。紫微夫人瞧得起的是所谓“偶景术”。据她说：“夫真人之偶景者，所贵存乎匹偶，相爱在于二景，虽名之为夫妇，不行夫妇之迹也，是用虚名以示视听耳。苟有黄赤存于胸中，真人亦不可得见，灵人亦不可得接，徒劬劳于执事，亦有劳于三官矣。”① 此与上清经派的“存神术”密切相关。修炼者存思神真，“贞则灵降，专则神使”，与降临下来的神灵结合为“匹偶”，乾道与女神相结合，坤道则与男仙相结合，我爱神灵，神灵爱我，人神“相爱”交接于阴阳“二景”之精神境界，因而虽有夫妇之名，却“不行夫妇之迹”。由此既无淫乱“色观”之嫌，却有“得生”之实惠，这才是所谓“上道”。这一“偶景术”应该就是上清经派“隐书”上道的具体修炼法门。这个法门容不得“黄赤存于胸中”，盖因把黄赤与偶景搅和在一起，就见不到“真人”了，就接不到“灵人”了，徒劳无益。此外，《真诰》卷六也尖锐地揭示出：“顷者末学互相扰竞，多用混成及黄书赤界之法，此诚有生和合、二象匹对之真要也。若以道交接，解脱网罗，推会六合，行诸节气，却灾消患，结精宝胎。上使脑神不亏，下令三田充溢。进退得度而祸除，经纬相应而常康。敌人执辔而不失，六军长驱而全反者，乃有其益，亦非仙家之盛事也。呜呼危哉!”② 在上清经派眼里，“末学”所用的黄书赤界之法，不仅不是“仙家之盛事”，而且还有极大的危害性，故当取缔，代之以“隐书”上道。上清经派的“隐书”之道当受到佛教禁欲主义思想及修行法很大影响，从其宗

① 吉川忠夫、麦谷邦夫编《真诰校注》卷二《运象篇第二》，中国社会科学出版社2006年版，第43页。此所谓张天师的“黄赤之道”当系后世天师道流假托张陵之名以自重，好使“黄赤”神圣化。按史料所载，并无张陵用“黄赤之道”来“受教施化”之事。

② 吉川忠夫、麦谷邦夫编《真诰校注》卷六《甄命授第二》，中国社会科学出版社2006年版，第196页。

师陶弘景道佛双修的状况看，受此影响亦是自然而然的事。

上清经派传承了《三皇经》。鲍靓所得《三皇经》后传到了陆修静手中，陆修静“初传弟子孙，后传陶先生。先生分折枝派，遂至兹也”。[①]《传授三洞经戒法箓略说》卷上《三皇法目》有《洞神经》十四卷，称“陶先生所传十三卷”。[②]《云笈七籤》卷六《三洞品格》也揭示，陆修静所得《三皇经》，“初传弟子孙游岳，有四卷而已。孙后传陶先生，先生分析支流，稍至十一卷耳，即山中所传者”。同卷《三洞并序》亦说：“壶公授费长房，亦有洞神之文，石室所得，与今三皇文小异。陆修静先生得之，传孙游岳，游岳传陶隐居。其天中十二部经未尽出世，今传者是黄帝、黄庐子、西岳公、鲍靓、抱朴子所授者也。”[③] 据《周氏冥通记》卷一说，陶弘景弟子周子良，从陶那里“进受《五岳图》、《三皇内文》”。[④] 从上述记载看，陶弘景直接参与了《三皇经》的传承及编排整理工作。《真诰》卷五所载“君曰”：“仙道有‘三皇内文’，以召天地神灵。”陶弘景注称：《三皇内文》“世中虽有而非真本”。[⑤] 这表明，他对《三皇经》的版本问题也做过考证，说明其对《三皇经》也是关注的。由此可以看出，陶弘景不拘一格，整合吸取道教各派经教的营养成分，作为发展壮大上清经派的优良资源。由此也可见，他继承弘扬了陆修静整理综合道经的传统，只不过他所关注的重点项目是上清经，尤其是《真诰》。

上清经派的修行特点，最看重诵读《大洞真经》。所谓：“食草木

---

① 《道教义枢》卷二《三洞义》，《道藏》第 24 册第 814 页。

② 《传授三洞经戒法箓略说》卷上《三皇法目》，《道藏》第 32 册第 186 页。

③ 《云笈七籤》卷六《三洞经教部》，《道藏》第 22 册第 35、33 页。

④ 《周氏冥通记》卷一，《道藏》第 5 册第 518 页。

⑤ 吉川忠夫、麦谷邦夫编《真诰校注》卷五《甄命授第一》，中国社会科学出版社 2006 年版，第 170 页。

之药，不知房中之法及行炁、导引，服药无益也，终不得道。若至志感灵，所存必至者，亦不须草药之益也。若但知行房中、导引、行炁，不知神丹之法，亦不得仙也。若得金汋神丹，不须其他术也，立便仙矣。若得《大洞真经》者，复不须金丹之道也，读之万过，毕便仙矣。”所谓“《大洞之道》，至精至妙，是无英守素真人之经。其读之者，无不乘云驾龙”。还有所谓“《大洞真经》，读之万过便仙”，因为这是“仙道之至经也”。举个黄观子的例子，即可以说明：“昔有黄观子者，亦少好道。家奉佛道，朝朝朝拜叩头，求乞长生。如此积四十九年，后遂服食入焦山。太极真人百四十事试之，皆过，遂服金丹，而咏《大洞真经》。今补仙官为太极左仙卿，有至志者也。非佛所能致，是其中寸定矣。”要想得闻《大洞真经》，首先必须学“断谷之法”，“子不断谷，则《大洞》未可得闻”。[①] 关于《大洞真经》的内容，明末道士白云霁详注《道藏目录》卷一简明扼要地予以介绍：“大洞秘旨，其中多是身中百神之名字所主所居宫，分山林、楼台、池馆，一一明白大概。以生门死户、守雌抱雄为主，混合百神常存，各居其所，各理其务，存养自己神炁，吟咏宝章，则天真下降，与兆身中神炁混融，乃至长生不死之道也。”[②]《大洞真经》的主要修炼法门，就是存思自己身中百神，不厌其烦地吟咏《大洞真经》，使天真下降与身中神炁混合交融，即可长生不死，甚至于还可以“拔度”自己的七代祖宗“反胎仙”。这在祖先崇拜有深厚传统的中土大地显然很受欢迎，其中体现的“孝道”也符合儒教宗旨，深得人心。《太玄都四极明科》对如何诵读《大洞真经》做了具体详细的规定：“北向，

① 吉川忠夫、麦谷邦夫编《真诰校注》卷五《甄命授第一》，中国社会科学出版社2006年版，第184、174、187、175页。

② 胡道静、陈莲笙、陈耀庭选辑《道藏要籍选刊》，上海古籍出版社1989年版，第10册第615页。

心拜四方，叩齿三十六通，咽液三十六过，存五藏之内有五色之光，气注五星之精，然后先读神洲七转之道，次读百神内名，乃得诵《大洞真经》。诵经当令心目相应，不得杂念异想，错乱真神。当使遍句毕了，不得中住。越略言句，左官所执，三犯不得入仙，五犯逮及七祖，己身并充三途五苦、二十四狱之掠，万劫还充鬼役。”[①] 可见诵读《大洞真经》是一件多么神圣不可侵犯的事情，故规矩甚多，必须照本宣科，否则将受到严厉的惩罚。而且对于成神仙来说，诵读的必须是神造的真经，人造的假经典无效。这是上清经派诵经得道的修行法。葛洪认定修炼神仙的最高法门在于“金丹之道”，上清经派承认“神丹之法”有良好功效，但认为这还不是最好的修炼法门，如果有仙缘获得了《大洞真经》，那就“不须金丹之道”，只要“读经万过”，立竿见影就可以成神仙。这一点，对于那些品行优异然而仕途无望，转求修道却又家境贫寒、没有经济条件炼丹的寒门知识分子来说，毫无疑义提供了一个成仙了道的方便法门。[②]

上清经派对《黄庭经》也非常重视。《抱朴子内篇·遐览》著录《黄庭经》。《抱朴子内篇·祛惑》载：“成都太守吴文，说五原有蔡诞者，好道而不得佳师要事，废弃家业，但昼夜诵咏《黄庭》。”“诸家不急之书，口不辍诵，谓之道尽于此。然竟不知所施用者，徒美其浮

---

① 《太真玉帝四极明科经》卷一引《太玄都四极明科》，《道藏》第3册第420页。

② 小林正美《六朝道教史研究》认为：上清派的神仙思想在摄取葛氏道的神仙思想的同时，有着想要超越它而确立的内容。如依上清派的立场，葛氏道的仙术是低级的东西。上清派的创始者们对葛氏道的仙术和人物加以严厉的批判，说葛氏道的仙术只能成地仙，毕竟是因为上清派是想要超越葛氏道的新兴道流，所以对旧的葛氏道的对抗心很强，有着想要宣扬上清派优越性的心情的缘故（四川人民出版社2001年版，第28、30页）。

华之说而愚人。”① 在葛洪眼中这本“不急之书”的《黄庭经》，却是上清经派道士心目中的主要经典，又分为《黄庭外景经》与《黄庭内景经》。按照李养正先生的观点：“《黄庭外景经》是东汉末至曹魏时方术之士所撰作的五斗米道秘典。魏华存为五斗米道女祭酒，她据有这书的传本，以后经她加以义疏，申演而为兼及女子修炼之法的《黄庭内景经》，到东晋又经杨羲增饰，遂成为茅山上清派道教的主要经典，而魏夫人亦被茅山宗尊崇为开创的第一代宗师。”② 这是以《黄庭外景经》在前，《黄庭内景经》后出。而王明先生则认定：“《黄庭》分内、外景经，内景经先出，外景经后出”；“黄庭一辞，东汉晚期文籍中已用之”；“魏晋之际，《黄庭经》似已有秘藏草本”；大约晋武帝太康九年（288）左右，魏“夫人得《黄庭内景经》”，晋成帝咸和九年（334）左右，“《黄庭外景经》出”。关于《黄庭经》的“主义”，王明先生揭示其为“道教内丹派养生之书，注重五藏六府，固精炼气，以蕲神仙。五脏有神，先是《太平经》及《河上公老子章句》皆有说”，《太平经》“存思五藏神，可以愈病，可以不死。由此发展而为《黄庭经》，详论五藏六府诸神，广及二十四真”，“自汉代相传之五藏神，扩充为八景二十四真，是为《黄庭经》要义之一”。与八景二十四神关涉至切者，为黄庭三宫及三丹田，上黄庭宫与上丹田同为

① 王明《抱朴子内篇校释·遐览》、《祛惑》，中华书局1985年版，第334、348页。按：可见葛洪对《黄庭经》以及只“诵咏”这类“不急之书”的修道法门颇不以为然，认定其毫无效果。他的在天之灵，想必对上清经派“诵读《大洞真经》万过便仙”的修炼法门，一定会嗤之以鼻。

② 李养正《道教经史论稿·魏华存与〈黄庭经〉》，华夏出版社1995年版，第104页。小林正美《六朝道教史研究》亦认为：《外景经》的古本先成立，《内景经》是在其后述作的。《外景经》的古本，有王羲之书写的《黄庭经》，其末尾有“永和十二年五月廿四日五山阴县写”。《内景经》的成书，当是在东晋兴宁二年（364）以后，太和五年（370）以前，如认为是在太和元年（366）前后，或不会有大错（四川人民出版社2001年版，第334～335、336页）。

脑，中黄庭宫与中丹田同为心，下黄庭宫为脾，下丹田为气海或精门，“此黄庭宫及三丹田说为《黄庭经》要义之二。五藏六府八景二十四真，总以三丹田及黄庭宫为枢纽。存思黄庭，炼养丹田，则以积精累气为要诀”。“气之与精，二者交辉互映。是积精累气说为《黄庭经》要义之三。”①

《黄庭经》是道教吸取当时已有的医学成就，结合神仙之道而造作的经典，以七言韵语的形式，描述了人体脏腑器官各有司主之神，所谓“散化五形变万神”，恒诵这些神名及存思诸神的形象，即可消千灾祛百病，不惧怕虎狼的凶残，还可以“却老年永延”。据道教所说：“《黄庭内景经》者，东华之所秘也。诚学仙之要妙，羽化之根本。”② 据道教所说，如果能够精研《黄庭经》，那么“咏之万遍升三天”。③《黄庭经》中，“虽隐括呼吸胎息、固精炼气及符图诸术，但在修炼术方面仍是以存思、存神为主要内容。《外景》与《内景》虽主旨相同，但在文字风格及内容上亦有所不同。《外景》文字简明平易，词清义畅，脏腑色像之形容及神名均较少，而《内景》则文字典奥隐深，对脏腑色像神名描述甚为繁杂”。“《外景》较重脑、心，《内景》较重脾胃。”“足见《内景》重气养精、内观一象，在道教谓之存神；而《外景》则重存思外界之神，致神来内佑。又《外景》仅述男子修炼之事，而《内景》则兼及女子闭炼之道。”④《登真隐诀》卷下详细介绍了“诵《黄庭经》法”，在讲到“存神别法”时，清虚真人

---

① 以上参见《王明集·〈黄庭经〉考》，中国社会科学出版社 2007 年版，第 97～122 页。

② 《云笈七籤》卷十一《上清黄庭内景经·梁丘子注释叙》，《道藏》第 22 册第 62 页。

③ 《太上黄庭内景玉经·上清章》，《道藏》第 5 册第 908 页。

④ 李养正《道教经史论稿·魏华存与〈黄庭经〉》，华夏出版社 1995 年版，第 103 页。

说："凡修《黄庭内经》，应依帝君填神混化玄真之道。读竟礼祝毕，正坐东向临目，内存身神形色长短大小，呼其名字，还填本宫。不修此法，虽诵万遍，真神不守，终无感效，亦损气疲神，无益于年命也。"① 存思神真法，尤其是存思自己的身神，在冥思中想象自己与诸神沟通交流，想象自己的身体飞升成仙，这是上清经派修炼最重要的基本功之一，没有这一守住真神的基本功作为基础，即便是诵经万遍，效果也不显著，不能达到延年益寿目的，反而"损气疲神"。上清经派要求，修炼者在存思时，精神必须高度地集中专一，没有任何私心杂念，亦即意念纯洁清净，做到所谓"守一"，也就是心性守住长生不老之"道"，才会收事半功倍之效。

王承文《敦煌古灵宝经与晋唐道教》指出："南朝时代，上清派一方面接受了古灵宝经'三洞经书'的思想，但是又以佛教的'三乘'观念区分'三洞经书'本身，并以其道派的显赫地位确立了上清经在中古道教经法中的尊崇地位。"② 这一结论是不错的。经过陶弘景的苦心经营，上清经派以茅山为根据地，在江南各地广为传播，至隋唐时传往北方，演为道教主流，亦成为后人口中津津乐道的茅山宗。上清经派的代表人物，以吴地的土著士族为主构成，以家族血缘关系相传承。但陶弘景之后，江南道教除张天师家族外，家族道教的风味渐渐趋向弱化，以师父带徒弟的秘密传承方式，占据某一山头发展本门派的组织形式，出家住宫观修道的风气逐步兴起。道教从家族化渐渐走向山头化、宫观化。

---

① 《登真隐诀》卷下，《道藏》第6册第617～618页。

② 王承文《敦煌古灵宝经与晋唐道教》，中华书局2002年版，第265页。

四 陶弘景与上清经派的神学思想

陶弘景的神学思想是一个开放系统，道、儒、释三教的思想都有。他精研儒家典籍，著作计有“《孝经》、《论语》集注，并自立意，共十二卷；《三礼序》，共一卷，并自注；《注尚书》、《毛诗序》，共一卷”。[①] 表明他对儒家思想是十分熟悉的，而学术风格与其《真诰》一样，都是以训诂章句、校勘考据为主，与葛洪差不多，走的是汉学而非玄学的路子。这与他比较务实的学风，讨厌“散诞”、“论空”，反对“人士竞谈玄理”当有关系。[②] 上面提到，陶弘景道佛双修，既想做道教仙真，又想当佛教菩萨，曾梦佛授其为“胜力菩萨”。故他对佛教思想也是娴熟于心，自然而然地引入道经，且运用自如。胡适所谓《真诰》抄佛教《四十二章经》，或许在陶弘景心目中根本就不是个问题，很有可能，他认为众真降授的诰语，融会贯通了道与佛，正与他道佛双修的路径不谋而合，于是便轻车熟路地加以注解考证。据《真诰》卷六《甄命授第二》的记载，方诸青童见告曰：“人为道亦苦，不为道亦苦。惟人自生至老，自老至病，护身至死，其苦无量。心恼积罪，生死不绝，其苦难说，况多不终其天年之老哉！为道亦苦者，清净存其真，守玄思其灵，寻师轗轲，履试数百，勤心不堕，用志坚审，亦苦之至也。”[③] 人生是苦，其苦无量，这是佛教最

---

① 《云笈七籤》卷一百七《华阳隐居先生本起录》，《道藏》第 22 册第 733 页。

② 《南史·隐逸传》，中华书局 1975 年版，第 6 册第 1900 页。

③ 吉川忠夫、麦谷邦夫编《真诰校注》卷六《甄命授第二》，中国社会科学出版社 2006 年版，第 205 页。编者注：《四十二章经·第三十五章》曰：“佛言：‘人为道亦苦，不为道亦苦。惟人自生至老，自老至病，自病至死，其苦无量。心恼积罪，生死不息，其苦难说。’”（第 209 页）

基本的人生观。而道教的神仙世界历来是快乐逍遥的，人生也应按照神仙那样高高兴兴过日子。道佛双修的陶弘景，看来对佛教最基本的人生观并不排斥，而且将其编辑入《真诰》，赞许清净守玄，存真思灵，勤心用志地苦苦修道，先苦后甜，苦尽甘来，最终必定幸福快乐成神仙。对于陶弘景来说，所谓经典的“经”就在其通透性：“夫经之为言径也。经者，常也，通也。谓常通而无滞，亦犹布帛之有经矣。”[①] 很显然，在陶弘景心中，道“经”犹如无塞无滞、四通八达的大路，是一种永恒的“通”，畅通无阻地汇集来自四面八方的诸家思想，多多益善，光明正大，何来抄袭佛教一说。

陶弘景非常明确地提出，道、儒、释三教可以囊括“百法”，即所谓：“夫万象森罗，不离两仪之育；百法纷凑，无越三教之境。”[②] 这里所说“三教之境”意即三教同出一辙，同在一个境界之中，这在思维方式上与《易传》的“天下同归而殊途，一致而百虑”，[③] 可以说是一模一样。因为百法超越不出三教之境，三教在境界上相通，所以陶弘景主张修仙应在三教共通的境界中进行：“假令为仙者，以药石炼其形，以精灵莹其神，以和气濯其质，以善德解其缠，众法共通，无碍无滞，欲合则乘云驾龙，欲离则尸解化质，不离不合则或存或亡。于是各随所业，修道进学，渐阶无穷，教功令满，亦异，竟寂灭矣。”[④] 既有道教的炼形，又有佛教的炼神，还有儒教的修德，诸法之间畅通无阻，毫无障碍，毫无凝滞。因此在陶弘景看来，无论是道教神仙境界，还是佛教的寂灭境界，都能满足人们对生死的解脱。对于“三教合一”，陶弘景在理论上作出的阐述并不多，也不算深刻，

---

① 《华阳陶隐居集》卷上《登真隐诀序》，《道藏》第23册第647页。

② 《华阳陶隐居集》卷下《茅山长沙馆碑》，《道藏》第23册第651页。

③ 杨树达《周易古义》卷六《系辞下传》，上海古籍出版社1991年版，第108页。

④ 《华阳陶隐居集》卷上《答朝士访仙佛两法体相书》，《道藏》第23册第646页。

但他是位三教合一思想的积极践行者，为后世道教树立起榜样。释玄嶷《甄正论》卷下说陶弘景“躬衣道服，心敬佛法，于所居地起塔图佛容像，亲自供养，号曰胜力菩萨。其塔见在茅山朱阳观中，于今不为鸟雀所污”。[①] 仙佛双修，这就是陶弘景的道教神学思想在终极关怀处表现出来的开放性、包容性和超越性，四通八达，不拘一格，融会贯通。最终的结果无论是成神仙还是成菩萨，他都可以接受，因为在他眼中，神仙也好，菩萨也好，毕竟殊途而同归，都可以归结为把人从生死苦海中解脱或者说救度出来，进入不生不灭或者说长生不死的“无穷”之境。这样我们就可以理解他为何能够仙佛双修，或者更准确无误地说他是道、儒、释三教兼修。

陶弘景神学思想的基本立场是保守的，对于传统可以说是一往情深，眷恋旧说，恪守神仙不死之道的家法。这种怀旧的情绪，我们在陶弘景《养性延命录》中一眼就发现了。《养性延命录序》中，陶弘景首先肯定了“禀气含灵，唯人为贵”，接着指出，人们所贵重的就是生命。这种贵生的思想我们在《太平经》中已经领教过，说明陶弘景是汉代道教传统生命观的继承人。再下来，陶弘景说：“生者神之本，形者神之具。神大用则竭，形大劳则毙。”显然，这也是从传统的形神观出发讨论人的生命存在。这一点，《养性延命录》卷上说得更清楚：“太史公司马谈曰：夫神者生之本，形者生之具也。神大用则竭，形大劳则毙。神形早衰，欲与天地长久，非所闻也。故人所以生者神也，神之所托者形也，神形离别则死。死者不可复生，离者不可复返。故乃圣人重之。”[②] 这里引用太史公司马谈的形神观来抒发自己的感想，阐明形神合则生、离则死的道理。司马谈讨论形神关系

① 《甄正论》卷下，《大正藏》第52卷第568～569页。

② 陶弘景《养性延命录》，《道藏》第18册第474、476页。

的这段话，在汉代即为道教采用，作为论证神仙不死的理论依据。陶弘景继承传统，重申形神永恒统一即可获得不死的观点。在《答朝士访仙佛两法体相书》中，他的观点似乎略微有差异："凡质像所结，不过形神。形神合时，是人是物；形神若离，则是灵是鬼。其非离非合，佛法所摄；亦离亦合，仙道所依。今问以何能而致此？仙是铸炼之事极，感变之理通也。当埏埴以为器之时，是土而异于土，虽燥未烧，遇湿犹坏，烧而未熟，不久尚毁。火力既足，表里坚固，河山可尽，此形无灭。"① 对"仙道"来说，形神不再是"离别则死"，而是"亦离亦合"的状态，似乎对于"神"的独立存在留有余地，以标榜精神可以不死。这或许为后世道教炼内丹追求精神不死留下了回旋之地。但紧接着，陶弘景又以"埏埴为器"的烧炼作比喻，指明人体经过极度的"铸炼"，"火力既足"，即可变化为"表里坚固"的神仙形体，以至于"河山可尽，此形无灭"。这一点，依然是道教传统的肉体成仙不死，与《参同契》指出的人经过长久地服炼金丹，可以"变形而仙"，何其相似乃耳！

道教神学另一个显明的传统特征——"我命在我不在天"，在《养性延命录》中亦得到继承发扬。"我命在我不在天"体现了人对自我生命的主宰，对自然的抗争。所谓"养性延命"不是依赖上天的赐予，而是靠人的主观努力去延长生命，乃至长生不死，这是"我命在我"的具体展示。因此，单从该经的经名"养性延命"，便可发现一种强烈的主体能动性精神，即只有通过自我养性，才能够延长自我的生命。至于经文中对这种生命主体性精神的颂扬，满篇皆是。卷上说：人的生命有长有短，并非完全是由自然所造成的，而是由于人自身的不爱惜生命，食色无度，"忤逆阴阳，魂神不守，精竭命衰，百

---

① 《华阳陶隐居集》卷上《答朝士访仙佛两法体相书》，《道藏》第23册第646页。

病萌生”，结果不能“终其寿”。一般人因为不知道“我命在我不在天”是人的“生命之要”，所以他们并不知自我爱惜生命，而是放纵自然的情欲，损耗自我的生命。如此“恣意极情”妄为，“虚损”生命的结果，便使生命像那枯朽的树木，遇风即倒折，又像那将崩之岸，水来就溃散。人们应该明白这个道理：“人生大期，百年为限”，但是，只要好好养护生命，掌握长生之术，便“可至千岁”。神仙们服不死药可以永恒，一般人即使不能服食不死药，如果懂得“爱精节情，亦得一二百年寿”。[①] 可见寿命长短的主动权掌握在人自己手里，人发扬主体能动性，再加上掌握恰当的养生方法，就可超越生命的自然之限，迈向长生。这样一些思想，都是汉代以来道教的传统观念。

必须指出的是，陶弘景及上清经派延续了《太平经》神仙不死之道的精神。作为上清经派重要传人以及茅山宗缔造者的陶弘景，十分重视《太平经》，并曾亲自加以考定，其所编《真诰》多言“太平”，又继承《太平经》“存思”、“守一”等修养方法。《真诰》对于《太平经》的神仙长生之道予以高度肯定，要人信仰“道德长生”，持之以恒，可以入道，“入道则得仙，得仙则成真”。[②] 尽管《真诰》有受佛教思想影响的痕迹，认为人生如幻化耳，“寄寓天地间少许时”，但其最后的落脚点，仍然在于传统的神仙长生信仰。譬如《真诰》卷六《甄命授第二》就说：“若摄气营神，苦辛注真，将得道久，道成则同与天地共寓在太无中矣。若洞虚体无，则与太无共寄寓在寂寂中矣。能洞寂者，则视之不见，听之不闻，死生之根易解，久长之年易寻，

---

① 《养性延命录》，《道藏》第 18 册第 476、477 页。

② 《真诰》卷六《甄命授第二》，《道藏》第 20 册第 524 页。关于上清经派与《太平经》的关系，详见拙作《也论〈太平经钞〉甲部及其与道教上清派之关系》，见陈鼓应主编《道家文化研究》第四辑，上海古籍出版社 1994 年版，第 284～299 页。

寻之可得，解之可久。"① 这意思是说，人经过刻苦修炼后，就可以得道，获得"道"所具有的永恒不朽的属性，与天地同在，与日月同辉，解脱生死之劫，寻求到"久长之年"。所谓久长之年，正是道教一以贯之的神仙不死思想。在《真诰》中，多处讲到"不死"的话题。如卷十四《稽神枢第四》说：人只要行玄真之法，就可以"神仙不死"；服白琅之霜十转紫华，"使人长生飞仙，与天地相倾"。又宣称："有不死之乡，在桐柏之中。"② 卷九《协昌期第一》则称有"不死草"，"食者不死"。"大方诸之西，小方诸上，多有奉佛道者。有浮图，以金玉镂之，或有高百丈者，数十层楼也。其上人尽孝顺而不死，是食不死草所致也。"③ 卷十五《阐幽微第一》引用北岳蒋夫人所说：读《黄庭内景经》，"使人无病，是不死之道也"。④《养性延命录》中除了大谈"延命"之术外，对于"不死"的观念也屡屡重申，诸如"不死之道"、"养神不死"、"不食者不死而神"、"不死之药"、"长生要术"、"令人长生"之类，都是在宣扬道教传统的神仙不死说。这些都表明，陶弘景及上清经派继承发扬了道教传统的神仙不死之道。归纳起来可以这样说，陶弘景及上清经派的神学思想，既是对外开放的，又是保守传统的。

在《真诰》中，处处体现着陶弘景及上清经派的神学思想。《真诰》卷五《甄命授第一》指出："道者混然，是生元炁。元炁成，然后有太极。太极则天地之父母、道之奥也。故道有大归，是为素真。故非道无以成真，非真无以成道。道不成，其素安可见乎？是以为大归也。见而谓之妙，成而谓之道，用而谓之性。性与道之体，体好至

① 《真诰》卷六《甄命授第二》，《道藏》第20册第525页。
② 《真诰》卷十四《稽神枢第四》，《道藏》第20册第574、577、578页。
③ 《真诰》卷九《协昌期第一》，《道藏》第20册第543页。
④ 《真诰》卷十五《阐幽微第一》，《道藏》第20册第582页。

道，道使之然也。”混沌的“道”化生元炁，有元炁然后才有太极，有太极然后有天地万物，这依然是汉代黄老道以来传统的世界生成论。比较新奇的提法是“素真”，把朴素真实作为道的“大归”，突出了上清经派特别强调求“真”的精神。又提出了“性与道”的问题。对此，陶弘景注称：“此说人体自然，与道炁合，所以天命谓性，率性谓道，修道谓教。今以道教使性成真，则同于道矣。”[①]《中庸》开头即讲：“天命之谓性，率性之谓道，修道之谓教。道也者，不可须臾离也，可离非道也。”[②] 陶弘景引儒家经典来阐明神的诰语，揭示人体自然与道合，故而人“不可须臾离”开道，道的教化使人之“性成真”，于是人“同于道”。在此，仙真的诰语只讲了“性与道”，未言“教”，陶弘景则引经据典将“教”补上，以说明没有“教”这一环节，就不能使人“性成真”而“同于道”。“道”与“真”是陶弘景及上清经派神学思想中最核心的范畴，二者关系正如仙真诰语所说“非道无以成真，非真无以成道”，这恰如其分地完整体现了上清经派那种“洞真”得道、得道“洞真”的神学特色。而上清经派把“真人”高置于传统的“仙人”之上，当与这一追求“洞真”的神学特色相关。

杨许所传《上清经》出现了许多新的神灵，称诸天都有主管的神灵，但很零乱，还不成体系。陶弘景的《真灵位业图》则把各路神仙用图表形式编排谱系，从上天神仙世界到地下鬼魂世界，依次将这些“真灵”安排为七个等级，每个等级有主神排在中位，有左位神，有右位神，此外有的等级还设“女真位”、“散位”、“地仙散位”。陶弘

① 吉川忠夫、麦谷邦夫编《真诰校注》卷五《甄命授第一》，中国社会科学出版社2006年版，第162页。

② 朱熹《中庸集注》，上海古籍出版社1987年版，第1页。

景看来对“七”这个数字尤感兴趣，《真诰》由七篇构成，《真灵位业图》的“真灵”分为七个等级。① 以陶弘景为代表的上清经派所编织的神仙谱系，其最大特色就在于论功行赏的官本位系统。在这一神仙系统中，根据“业”绩来授“位”，用佛教话语来表达就是，仙界的官位高低是由各人所造的“业”来决定的，用现在流行的话语来说就是“有为才有位”。《真灵位业图》，这是陶弘景为代表的上清经派的封神榜，封给各路神仙各种各样的官，甚至包括“鬼官”在内。所谓“真灵位业图”，也就是一幅仙界按功业安位子的封官图。仙界的构图来自人间的官场，故陶弘景明确指出：“探访人纲，究朝班之品序；研综天经，测真灵之阶业。”由人世间“朝班之品序”测绘神仙界“真灵之阶业”座次图，于是仙界同人间一样有等级制度：“虽同号真人，真品乃有数；俱目仙人，仙亦有等级千亿。”为何仙界也须如此等级森严？陶弘景解释说：“若不精委条领，略识宗源者，犹如野夫出朝廷见朱衣，必令史句骊入中国，呼一切为参军，岂解士庶之贵贱，辩爵号异同乎？”更何况，当人面对神灵“祈祝跪请，宜委位序之尊卑；对真接异，必究所遇之轻重”。② 神仙世界有了尊卑贵贱，

---

① 陶弘景采用“七”这个具有神秘色彩的数字，或许与道教的北斗七星崇拜有关。(法) 索安《西方道教研究编年史》指出：“对作为管理者的伟大恒星——北斗的崇拜，道士们在其中设置了专司命运的机构和档案。”（中华书局 2002 年版，第 49 页）道教的北斗七星主管人的死亡，令人敬畏而生信仰。另外，上清经派修炼“守一之道”，恒存北斗星君，亦可见“七”这个数字对于陶弘景的神圣意义。

② 陶弘景《真灵位业图序》，《道藏》第 3 册第 272 页。为便于普通人了解仙官，《真灵位业图》有时干脆直接以人间俗官做比喻说明仙官的职责：“右师晨，如世中书监。”（第 280 页）另外，《元始上真众仙记》亦说：“太上真人月三朝元始天王。太上真人，元始之弟子，皆如帝王有司徒、丞相也。”（《道藏》第 3 册第 270 页）葛洪《神仙传·彭祖》中已有所谓“欲举形登天，上补仙官”之说；《神仙传·沈羲》称：“今遣仙官来下迎之”；《神仙传·壶公》记载壶公语费长房曰：“我仙人也，忝天曹职，所统供事不勤，以此见谪。”（胡守为《神仙传校释》，中华书局 2010 年版，第 15、69、307 页）可见“仙官”及其职责的说法由来已久，仙官犯错也遭贬谪。

神仙的“爵号”和官位才可以分辨，便于和人间对接，这样一来在进行“祈祝跪请”神灵活动时，“位序”上就不会乱套，轻重缓急井然有序。看来，这也是出于道教神学的需要。《抱朴子内篇》卷二十《祛惑》说：五原有蔡诞，“好道而不得佳师要事”，弃家外出求仙，后还家，家人问他是否得仙，他欺骗家人说：“吾未能升天，但为地仙也。又初成位卑，应给诸仙先达者，当以渐迁耳。”[①] 尽管是欺骗性的话语，但从中却可以发现原来神仙世界也有地位等级制度，地仙“位卑”，需要慢慢升迁，逐步向上爬，飞升成为天仙。蔡诞这样讲，家人也不见怪，说明当时神仙世界也有等级制度的观念深入人心。陶弘景的《真灵位业图》把神仙划分等级，儒家那种等级森严的思想贯穿其中，实在是来源于人间社会等级制的现实，反映了当时人们普遍存在神仙也有等级的心态，反过来又替人间的等级制度找到了根据，以便维护这种制度。这样一来，讲究神仙等级制度的道教，与人间既得利益集团的等级制度便不会起利害冲突，帝国的统治者再也不会视其为异端。

《真灵位业图》的神仙谱系中有许多是凡人修炼成的后天仙真，与先天“自然之神”排列在一起，虽然地位较低，但也封了仙界的官职，很有代表性地反映了道教神仙系统的官本位特色，而这一点恰恰是自先秦以来中国官本位文化的产物。中国人的世界观由天上的神仙世界、地上的人间世界和地下的鬼魂世界这三个世界构成，可以说，中国官本位文化遍布这三个世界。仙官、人官、鬼官，官场无处无时不在，构成中国人官本位的世界观。[②] 做官与光宗耀祖是联系在一起

---

① 王明《抱朴子内篇校释·祛惑》，中华书局 1985 年版，第 348、349 页。

② 中国古代除了“万物有灵论”，还有“万物有官论”，此正如《左传·昭公二十九年》所讲：“夫物物有其官，官修其方，朝夕思之。”（《春秋三传》，上海古籍出版社 1987 年版，第 481 页）先秦时期，官本位文化已经形成。

的，在道教看来，成为仙官，则更是不得了的事，为列祖列宗挣足了面子，于是形成道教的仙官本位思想，且神仙世界的官场结构与人间一样，呈金字塔形的等级状态。《真灵位业图》中，天师张陵仅只排在这个金字塔形的第四左位，封“正一真人三天法师”，相当于人间“帝师”的位置。[①]《真灵位业图》中，上清经派中人物成仙后，论功行赏，获封大大小小各种职位的官，甚至封侯，比如许谧就封为“左卿仙侯真君”，可谓扬眉吐气，志得意满。“王侯将相，宁有种乎!”或许，在中国特色官本位文化的熏陶下，人人都想做王侯将相，可惜官位有限，僧多粥少，于是聪明能干的中国人便把官场移植到神仙世界和鬼魂世界，以满足每个人的官本位心态和光宗耀祖的需求。这样一来，像杨许、陶弘景等这些抑郁不得志的失意士人们，在人间不能做官或做大官的遗憾和失落，终于到仙界的官场中得到了满足和弥补。这样一来，也将吸引更多在人间仕途上失意的士人闻风而动，刻苦修道，力争做仙官，光耀门庭。

仙界不同的层级中亦各有其主，也有类似于人间官场具备一定身份才能出席的宴会。比如：“玉清境，元始天尊为主。已下道君皆得策命学道，号令群真、太微天帝来受事，并不与下界相关。自九宫已上，上清已下，高真仙官，皆得朝宴焉。”有“不与下界相关”的仙官，也有专职与下界万民联系的仙官，譬如第四中位的太清太上老君，“为太清道主，下临万民”。与人世间一样，仙官晋升有明确的年限规定，有的长，有的短。如“四明主，领四方，各治一天宫。在职一千六百年，得补仙官，其余职不得矣”；“酆都北阴大帝，炎帝大庭

---

① 《真灵位业图》，《道藏》第 3 册第 276 页。按：南岳魏夫人排在第二女真位（274 页），其神仙位子高于张陵，表达了上清经派的判教立场。《太上洞玄灵宝本行因缘经》说：张陵“志大，经行大道，故得三天法师之任，太上正一真人之号矣，岂不大乎!”（《道藏》第 24 册第 673 页）

氏，讳庆甲，天下鬼神之宗，治罗酆山，三千年而一替”。[①] 至忠至孝之人，将会在仙界的官阶中升得特别快：“夫至忠至孝之人，既终，皆受书为地下主者。一百四十年乃得受下仙之教，授以大道。从此渐进，得补仙官。一百四十年听一试进也。”而有“上圣之德”者，晋升反而比较慢些：“夫有上圣之德，既终，皆受三官书为地下主者，一千年乃转补三官之五帝。或为东西南北明公，以治鬼神。复一千四百年乃得游行太清，为九宫之中仙也。”陶弘景就此评论说：“以年限言之，是圣德更不及忠孝也。”[②] 由此可见以陶弘景为代表的上清经派神学思想对“忠孝”的大力表彰。这一点与葛洪完全一致。这些，皆后来净明道所谓“忠孝神仙”的活水源头。

葛洪《神仙传》所载成仙者，不乏平民百姓。如皇初平为“牧羊儿”，白石生“家贫身贱”，陈安世为灌叔平的帮工，李阿“常乞于成都市”，严青“家贫，常在山中烧炭”。[③] 与《神仙传》相比较，《真灵位业图》的神仙世界更具官僚贵族气息，官本位的味道更为浓郁。两相比较，可见当时道教从平民化神仙到官僚贵族化神仙的发展趋向。五斗米道崇拜天地水三官，认为“一”即是道，“一散形为气，聚形为太上老君”。[④] 在这里，太上老君被描述成了“道”的化身，由此成为其后天师道的最高神灵。上清经派的最高神灵则是元始天尊，它创造世界，功业最大，《真灵位业图》将其置于“上第一中位”，其神位至高无上。元始天尊的形成，与古代南方少数民族的盘古开天辟地创世神话有关。葛洪的《枕中书》，已将盘古真人和元始

---

① 《真灵位业图》，《道藏》第3册第273、276、280页。

② 吉川忠夫、麦谷邦夫编《真诰校注》卷十六《阐幽微第二》，中国社会科学出版社2006年版，第507～508页。

③ 胡守为《神仙传校释》，中华书局2010年版，第41、34、76、87、249页。

④ 饶宗颐《老子想尔注校证》，上海古籍出版社1991年版，第12页。

天王合在一起叙说："昔二仪未分，溟涬鸿濛，未有成形，天地日月未具，状如鸡子，混沌玄黄，已有盘古真人，天地之精，自号元始天王，游乎其中"；复经四劫，二仪始分后，"元始天王在天中心之上，名曰玉京山，山中宫殿并金玉饰之。常仰吸天气，俯饮地泉"。[①] 元始天王在道教神学的塑造下，一步一步演变为元始天尊，起初是上清经派信奉的最高神，后成为道教最高神位的"三清"之首，与"道"相匹配，表达了道教开天辟地的创世神学思想。由最高神灵所统摄，道教形成一个官本位的神仙世界，正如《魏书·释老志》所说：道教"有三元九府、百二十官，一切诸神，咸所统摄"。[②]

陶弘景继承葛洪积功累德方能成仙的思想。《真诰》有所谓："积功满千，虽有过，故得仙。功满三百而过不足相补者，子仙。功满二百者，孙仙。子无过又无功德，藉先人功德便得仙，所谓先人余庆。其无志多过者，可得富贵，仙不可冀也。"陶弘景注称："此一条功过之标格也，可不勉乎？"[③] 后世道教的《功过格》，于此已可见其端绪。《抱朴子内篇·对俗》说过："人欲地仙，当立三百善；欲天仙，立千二百善。"这一千二百善中，"若有千一百九十九善，而忽复中行一恶，则尽失前善，乃当复更起善数耳"。[④] 因此，积善与除恶务尽紧密相关，积功累德过程中，作一恶事，就会前功尽弃。《真诰》的"积功满千，虽有过，故得仙"，似乎是把条件放宽了一些，只要积功满千，即便中途犯点错误，也可以"得仙"。积功累德，最好是积累

---

① 《元始上真众仙记·枕中书》，《道藏》第3册第269页。有关此问题的详情，参见石衍丰《无名集·道教的元始天尊和盘古神话》及《关于元始天尊的命名及其确立》，巴蜀书社2008年版，第110～120、107～109页。

② 《魏书·释老志》，中华书局1974年版，第8册第3048页。

③ 吉川忠夫、麦谷邦夫编《真诰校注》卷五《甄命授第一》，中国社会科学出版社2006年版，第193页。

④ 王明《抱朴子内篇校释·对俗》，中华书局1985年版，第53页。

阴德："夫学道者，行阴德莫大于施惠解救，志莫大于守身奉道。其福甚大，其生甚固矣。"[①] 学道者践行"施惠解救"的阴德，福大命大造化大，最终成仙了道。各人积累阴德的数量是不同的，其所"受报"也就不相同："其中宿运先世有阴德惠救者，乃时有径补仙官，或入南宫受化，不拘职位也。在世之罪福多少，乃为称量处分耳。大都行阴德，多恤穷厄，例皆速诣南宫为仙。"有关这一点，陶弘景的注释说得更为清楚："在世行阴功密德，好道信仙者，既有浅深轻重，故其受报亦不得皆同。有即身地仙不死者，有托形尸解去者，有既终得入洞宫受学者，有先诣朱火宫炼形者，有先为地下主者乃进品者，有先经鬼官乃迁化者。有身不得去，功及子孙，令学道乃拔度者。诸如此例，高下数十品，不可以一概求之。"[②]

成仙了道，还须经得起大考："今子欲学道，彼必试子。……于此试而不过者，亦子之愚也。夫欲试之人，皆意之所不悟、情之所不及者而为之，子慎之哉。"要知道："仙道十二试皆过而授此经。此十二事，大试也。皆太极真人临见之，可不慎哉？"举个大考过关的例子："昔中山刘伟道学仙在嶓冢山，积十二年。仙人试之，以石重十万斤，一白发悬之，使伟道卧其下。伟道颜无变色，心安体悦，卧在其下，积十二年。仙人数试之，无所不至，已皆悟之，遂赐其神丹，而白日升天。"再举个未完全过关的例子："昔青乌公者，身受明师之教，审仙妙之理。至于入华阴山中学道，积四百七十一岁。十二试之，有三不过。后服金汋而升太极。太极道君以为试三不过，但仙人而已，不得为真人。"真人在神仙世界的地位高于仙人，故青乌公在

---

① 吉川忠夫、麦谷邦夫编《真诰校注》卷六《甄命授第二》，中国社会科学出版社2006年版，第208页。

② 吉川忠夫、麦谷邦夫编《真诰校注》卷十六《阐幽微第二》，中国社会科学出版社2006年版，第492页。

十二次考试中有三次未通过，只能成为仙人。考试方法还多："真人隐其道妙而露其丑形，或衣败身悴状如痴人。人欲学道，作此试人，卒不可识也。不识则为试不过。"真人往往扮作一个叫花子或者疯子，前来测试学道者，你如果以貌取人，不识神仙真面目，就通不过考试。或者有眼识不破"明师"的真容，也不能通过考试："晋初有真人郭声子，在洛市中作卜师。时刘、石、张、臧四姓并欲学道，常自叹云'不遇明师'，明师出而已不觉，皆为试不过，皆无所得也。常当慎此，有异不觉，便为试不过也。人有学道之心，天网疏而不失，并皆试人。"凡有心学道者，都必须经过考试，想要投机取巧，想要侥幸过关，皆痴迷不悟。而最大的测试还是死亡的考验："昔毛伯道、刘道恭、谢稚坚、张兆期皆后汉时人也，学道在王屋山中，积四十余年，共合神丹。毛伯道先服之而死，道恭服之又死。谢稚坚、张兆期见之如此，不敢服之，并捐山而归去。后见伯道、道恭在山上。二人悲愕，遂就请道。与之伏苓持行方。服之，皆数百岁，今犹在山中，游行五岳。此人知神丹之得道，而不悟试在其中，故但陆仙耳，无复登天冀也。"① 谢稚坚、张兆期未能经受住死亡测试考验，从此以后再没有"登天"的希望了。后来全真道把这一成仙了道须经得起大考的神学理念发挥得淋漓尽致。

如果说葛洪竭尽全力从道教神学理论上证明"神仙不死"的存在，为道教神仙学的建立奠定了基础，那么，陶弘景则融会贯通道儒佛，通过煞费苦心地给神仙排列位次，包容不同来源的"真灵"，杂而多端地建构神仙家谱，进一步丰富完善了道教神仙信仰的体系。其目的意义，当然是要坚定信徒们对"神仙不死"的信仰，在修道的路

① 以上见吉川忠夫、麦谷邦夫编《真诰校注》卷五《甄命授第一》，中国社会科学出版社 2006 年版，第 173~175 页。

上毫不迟疑、毫不动摇地大踏步前进。此诚如《元始上真众仙记》所说："凡青嶂之里，千岭之际，仙人无量，与世人比肩而不知"；"今略证仙人之数，足以令子心坚仰慕矣"![1] 须知，道教组织成员的"心坚仰慕"，这对于稳固发展道教的组织机构，搞好道教的组织建设，维系人心，维持组织成员的规模，都有重要意义。

托称"清虚小有天王撰"的早期上清经派道经《太上三天正法经》，在谈论"阳九百六"劫运时说："夫二炁离合，理物有期。阳九布炁，百六决灾，三道亏盈，回运而生，期讫壬辰、癸巳之年。"托名青童君的注称："大阳九、大百六皆九千九百年，小阳九、小百六皆三千三百年。六天受号至周已三经大阳九之数，善恶犹未都平。后圣九玄道君请问太上不应之期，太上云：六天事设资于太真，求九经阳九百六之数，还治三天，计期尽承唐之年，金氏御世。丁亥之末，壬辰之岁，善恶当明，吉凶都判也。"[2] 这是讲阴阳二气的"离合"运行有一定的周期性，"阳九百六"的灾害降临，其"回运"之年在壬辰、癸巳，尤其是在"壬辰之岁"，故称"壬辰之岁，善恶当明，吉凶都判"。《真诰》也说及"阳九百六"的灾变："天屯见矣，化为阳九之灾；地否阂矣，乃为百六之会。"方丈之西北有阴成大山，沧浪西南有阳长大山，山多真仙之人所居处。"此二山是阳九百六历数之标揭也。百六之运将至，则阳长水竭，阴成水架矣。阳九之运将

---

① 《元始上真众仙记》，《道藏》第 3 册第 271 页。

② 《太上三天正法经》，《道藏》第 28 册第 407 页。《墉城集仙录》卷四太真夫人说："天地有大阳九、大百六，有小阳九、小百六。天厄谓之阳九，地亏谓之百六。此二灾，是天地之否泰，阴阳之孛蚀也，大期九千九百年，小期三千三百年。而此运钟（终），圣王不能禳，至于灭亡，遗吉自复快耳。今大厄犹为卒，未然，唐世是小阳九之始，计讫来甲申岁，百六将会矣。尔时道德方隆，凶恶顿肆，圣君受命乃在壬辰，无复千年，亦寻至也。……夫阳九者，大旱，海涌而陆燋；百六者，海竭，而陵涧自填，四海水减，溟洲成山。"（《道藏》第 18 册第 184 页）对"阳九百六"的解释更为清晰，可参阅。

至，则阴成水竭，阳长水架矣。顷者是阴成山水际已高九千丈矣。百六之来，无复久时。”[①] 所讲与大洪水有关，反映了当时南方洪水灾害十分频繁的情况。《真诰》同样讲“壬辰之运”。《真诰》卷六《甄命授第二》载西城王君告曰：“既信道德长生，值太平壬辰之运为难也。”又载紫元夫人告曰：天下有五难，其中之一就是“生值壬辰后圣世，难也”。[②] 所谓“后圣”，即指“金阙后圣太平李真君”。据李少微说：“圣君者，金阙后圣太平李真君也，讳弘，来劫下为人主，故预称后圣君也。”[③]《真灵位业图》第二右位的“右圣金阙帝晨后圣玄元道君”，据说“壬辰运，当下生”；第三中位的“太极金阙帝君”，姓李，据说“壬辰下教太平主”。[④]《上清后圣道君列纪》称：上清金阙后圣帝君“上升上清，中游太极宫，下治十天，封掌兆民”，“到壬辰之年三月六日，圣君来下光临于兆民矣”。[⑤] 上清金阙后圣帝君于“壬辰之年”降临人世，将为处于苦难和动乱的“兆民”带来充满希望和幸福安宁的太平。故上清金阙后圣帝君的“壬辰之运”，象征着太平盛世的降临人间。为什么要选择“壬辰”为好运？据《后汉书·祭祀志》所说：“汉兴八年，有言周兴而邑立后稷之祀，于是高帝令天下立灵星祠。言祠后稷而谓之灵星者，以后稷又配食星也。旧说，星谓天田星也。一曰，龙左角为天田官，主谷。祀用壬辰位祠之。壬为水，辰为龙，就其类也。牲用太牢，县邑令长侍祠。”[⑥] 祀位“壬

---

① 吉川忠夫、麦谷邦夫编《真诰校注》卷六《甄命授第二》、卷十四《稽神枢第四》，中国社会科学出版社2006年版，第194、466页。

② 吉川忠夫、麦谷邦夫编《真诰校注》卷六《甄命授第二》，中国社会科学出版社2006年版，第206、207页。

③《元始无量度人上品妙经四注》卷四，《道藏》第2册第240页。

④《真灵位业图》，《道藏》第3册第274、275页。

⑤《上清后圣道君列纪》，《道藏》第6册第744、745页。

⑥《后汉书·祭祀志》，中华书局1965年版，第11册第3204页。

辰”，象征符号为水龙。故“壬辰之运”暗示出生时有九龙吐水之异的老君，被孔子喻为“犹龙”的老子，将于壬辰年在壬辰位降临人世，给人间带来光明和希望，尤其是太平。按《太平经》的解释：“怀妊于壬成形”；“斗建于辰……建者，立也，故万物欲毕生”。[①] 则“壬辰”有孕育产生的含义，以之作为太平盛世将要“成形”而诞生的符号，正是一个不错的选择。“壬辰之运”含有道教“劫数”的神学思想在内。《魏书·释老志》说：道教也讲“劫数，颇类佛经。其延康、龙汉、赤明、开皇之属，皆其名也。及其劫终，称天地俱坏”。[②] 每一劫有一个名称，如延康、龙汉、赤明之类，“劫终”时旧天地都坏掉，新天地将诞生。过了一劫又一劫，世界就是这样周期性地循环往复，终而复始。当新一劫的太平盛世开始，好运气就在“壬辰”。

在劫末降临、太平未来之时，上清金阙后圣帝君只救度那些慈善之人为“种民”，亦即所谓“灭恶人已于水火，存慈善已为种民”。这些“种民”，为神仙世界的“仙民”，有成仙和升为仙官的机会：“学始者为仙，使得道者为仙官。”这些“种民”由上清金阙后圣帝君及其署置的大大小小仙官诸侯管理：“作仙之品第高下数百矣，圣君乃随才署置，以为大小诸侯各皆有秩，以君种民也。诸侯一年一朝上清见圣君，以受事也。圣君五年一下游，以幸诸侯，察种民而听仙理焉。”[③] 具体由哪种封侯的仙官来“主领种民”，《真诰》说得更明确：

---

① 王明《太平经合校》，中华书局1960年版，第390、463页。关于“壬辰之运”话题，详参拙作《壬辰之运考释》，《宗教学研究》1992年1～2期第12～15页。

② 《魏书·释老志》，中华书局1974年版，第8册第3048页。

③ 《上清后圣道君列纪》，《道藏》第6册第745～746页。

“禁保侯职主领应为种民者。”① 看来道教神仙世界也同人间世界一样，分为官与民两大群体，仙民由仙官来管理。

道教的“种民”很有可能来自西南少数民族哀牢人的所谓“种人”。《后汉书·南蛮西南夷传》记载哀牢人的“种人皆刻画其身，象龙文，衣皆著尾”。② 西南少数民族地区哀牢人的所谓“种人”，类似于后世“种猪”、“种马”、“种牛”这一类说法，有可能是古代少数民族部落中专门从事配种的人，身体健壮，相貌英俊，作为人种有利于族群的繁衍成长。相传哀牢人的祖先触龙而生，为龙的后代，应是以龙为图腾的民族。而种人以龙装饰其身，与妇人交配，重演祖先故事。或者此“种人”与猴群中的猴王有点类似，独占交配权。道教的“种民”则是人间的大善人，道教的忠实信徒，能够逃脱旧世界即将灭亡的劫运，亦即道教所谓“终末”，得见新世界的太平，即所谓“生值壬辰后圣世”，并且在新世界中扮演“人种”的角色，使人类得以繁衍，开创人类的新纪元。由此可见，处于旧世界“终末”的不信道者在劫难逃，都灭亡了，只有那些慈善好道的“种民”才能获得神仙救度，成为神仙世界的“仙民”，一旦“壬辰之运”降临，又成为新的太平盛世的“人种”，使人类重获新生。

如果说灵宝经派主张“仙道贵生，无量度人”，那么陶弘景及上清经派的神学思想中同样具有这样一种济世度人的“大乘道教”胸怀。在陶弘景及上清经派的神学目光里，现实的人类社会是个处于“阳九百六”劫运的悲惨世界，灾难丛生，苦难不堪，不值得留恋，

---

① 吉川忠夫、麦谷邦夫编《真诰校注》卷十二《稽神枢第二》，中国社会科学出版社2006年版，第386页。

② 《后汉书·南蛮西南夷传》，中华书局1965年版，第10册第2848页。注称此说取自《风俗通》。按：道经中有时也称“种民”为“种人”，如《真诰校注》卷三《运象篇第三》：“抚极（拯）种人。”（中国社会科学出版社2006年版，第114页）

唯一使自己得到救度的途径就是慈善为怀，学道求仙，成为劫难中的幸存者——“种民”，甚至由此升为仙官，永远享受幸福快乐。即使未成仙，没有当上仙官，也可以看见未来的“金阙帝君后圣世”，成为新的太平盛世的“人种”，担负起繁衍新人类的重任。

20世纪最杰出的哲学家之一怀特海在其《观念的冒险》揭示：“基督教的奠基者们以及他们的早期信徒们坚信，世界末日迫在眉睫。于是，他们便热烈而认真地放纵他们绝对的伦理直觉，纵情想象各种可能的理想，一点也不考虑如何维护社会，既然社会的崩溃是显而易见和迫在眉睫的，所谓的‘不可行性’便失去意义；或者说，实用的好感觉已致力于终极观念上去了。最终的东西既已来临，中间的诸阶段自然便毫无意义了。”① 道教也有诸如此类的“世界末日”论。《无上三元镇宅灵箓》声称：目前正是三界崩沦，天地之间，人鬼兵戈之气，日夜汹汹的“末劫之世”。又说：不幸生在这末劫的世道，面临三灾五浊的世运，百恶汇聚一起，灾难与战争并行，为日已久，岂不是很悲哀的事！世界的存在行将结束，而道教的“正觉”才是“救世法桥”。② 道教相信，人类正面临“阳九百六”之灾，接受了佛教关于“劫”的观念，认定这个世界已经处于末劫，行将毁灭，新的世界即将诞生。那么，在此除旧布新之际，人类应该怎么办？如何才能逃过这一劫难？道教告知其信徒，赶紧修道，经修炼成为“种民”，也就是如同稻谷种子一样的“人种”，即可度过世界末日的难关，在新的世界降临之后，像谷种一样“发芽”重生。正如同《老君变化无极经》所说：不追求道教的经典教义，怎么能够度过灾难作为种子再

① 怀特海《观念的冒险》第二章《人的灵魂》，贵州人民出版社2007年版，第15页。

② 《无上三元镇宅灵箓》，《道藏》第11册第676页。

生；你们获得太平见到“真君”，就有福气过渡到新世界，成为“种人”。[1] 面临“世界末日迫在眉睫”的道教，“热烈而认真地放纵他们绝对的”生命直觉，纵情想象着未来世界“种民”各种可能的理想，没有过多考虑如何维护现存的社会，而是把“最终的东西”也就是把世界末日作为最紧要实用的东西来思考，思考着如何在天崩地裂的“末劫之世”渡过新旧世界的交替。因此可以说，世界终结的灾难降临时应该怎样应对，如何成为“种人”在未来的新世界中“发芽”再生，使人类生命能够不断延续下去，这是魏晋南北朝时期道教徒考虑最多的问题。而道教的章醮科仪，则想方设法满足了信徒们成为“种民”的要求。《赤松子章历》卷五《除泰山死籍章》上章奏请“上帝十二司命君”赦免“千罪万过”，以保一家大小、内外男女，“年命延长，永为种民”。同卷《为先亡言功章》上章奏告天地水三官等神灵，表示愿意“存亡咸泰，永为种民”。[2] 永远成为神仙世界的“种民”，就不再惧怕任何灾难，即使世界毁灭一万次，又再生一万次，一劫又一劫袭来，都能从容不迫地应对，都能从火灭烟消的世界中逃脱灭亡的命运，在新的世界产生以后，作为保存人类命脉的“种子人”，使人类生命一次又一次获得重生。这对当时正处于水深火热、亟待救度的人们来说，毫无疑问就是“福音”。

综上所论，陶弘景及上清经派的神学思想既是一个开放的系统，道、儒、释三教的思想都有，又是一个保守道教传统的体系，坚守神仙不死之道的本位立场。陶弘景不拘一格，整合吸取道教各派经教的营养成分，作为发展壮大上清经派的优良资源。他继承弘扬了陆修静整理综合道经的传统，只不过他所关注的重点项目是上清经，尤其是

---

① 《老君变化无极经》，《道藏》第28册第371、372页。

② 《赤松子章历》卷五，《道藏》第11册第212、213页。

《真诰》。他是使道教在教理教义上进一步整合升华的重要人物。陶弘景煞费苦心地给神仙排列位次，包容不同来源的“真灵”，杂而多端地建构起神仙家谱，进一步丰富完善了道教神仙信仰的体系。陶弘景虽为道士，却依然热衷政治活动，被时人称为“山中宰相”。他从事政治活动的主要目的就是在体制内帮助统治者稳固社会秩序，从而获得修道的合法性权利，得到政府的支持，包括经济上的援助等。他是一位关心国家大事的道士，对政治走向判断准确，善于规避政治风险，任凭政治风云变幻，却使道教稳坐钓鱼台。这一特长，为其徒子徒孙继承并将之发扬光大，在政治风云的变幻莫测中，总是能在体制内找到保护伞，一直兴旺不衰。经过陶弘景的苦心经营，上清经派以茅山为根据地，在江南各地广为传播，至隋唐时传往北方，演为道教主流，亦成为后人口中津津乐道的茅山宗。如同陆修静一样，陶弘景是使南朝道教整合、转型、升华的代表人物。

寇谦之何以要“清整道教”，废除“三张伪法”

寇谦之“清整道教”，废除“三张伪法”，此乃南北朝时北方道教的一个大事件，标志着以嵩山为核心根据地的寇天师道意欲取代汉魏以来的张天师道，重振道教雄风，辅佐他眼中北魏的“太平真君”实现太平盛世。

对于寇谦之身世及其“清整道教”的过程，《魏书·释老志》有比较详细的记载：“道士寇谦之，字辅真，南雍州刺史赞之弟，自云寇恂之十三世孙。早好仙道，有绝俗之心。少修张鲁之术。”① 关于寇谦之（365—448）的家世，及其“少修张鲁之术”，依据陈寅恪先生考证，按《北史》《魏书》《寇赞传》所载，“可知寇氏实为秦雍大族豪家”，否则寇赞决不能充任南雍州刺史之职。由《高僧传·释玄高传》可“推知平翊寇氏乃一大族，而又世奉天师道者，不仅谦之一房之信仰如是也”。“寇氏之自称源出上谷，为东汉寇恂之后，其为依托，不待详辨。”曹操迁徙张鲁徒众于长安及三辅，“颇疑寇氏一族原从汉中徙至冯翊，以其为豪宗大族，故有被徙之资格，以其为米贼余党，故其家世守天师道之信仰。然则寇谦之之所以早修张鲁之术，故

① 《魏书·释老志》，中华书局1974年版，第8册第3049页。

非偶然也”。[①] 怀疑寇谦之这一高门大族从汉中迁徙至冯翊，为五斗米道“余党”，世守天师道信仰，因此寇谦之少修张鲁之术，实乃家学渊源。这样一位张天师道的“余党”，为何要高举“清整道教”的大旗，喊出废除“三张伪法”的口号呢？他的目的又是什么？除了他自己想得到“天师”头衔的个人野心外，还有没有其他意图？

《魏书·释老志》继续讲寇谦之修道的故事：“服食饵药，历年无效。幽诚上达，有仙人成公兴，不知何许人，至谦之从母家傭赁。谦之尝覲其姨，见兴形貌甚强，力作不倦，请回赁兴代己使役。乃将还，令其开舍南辣田。谦之树下坐算，兴墾发致勤，时来看算。谦之谓曰：‘汝但力作，何为看此？’二三日后，复来看之，如此不已。后谦之算七曜，有所不了，惘然自失。兴谓谦之曰：‘先生何为不怿？’谦之曰：‘我学算累年，而近算《周髀》不合，以此自愧。且非汝所知，何劳问也。’兴曰：‘先生试随兴语布之。’俄然便决。谦之叹伏，不测兴之深浅，请师事之。兴固辞不肯，但求为谦之弟子。”过了不久，成公兴谓谦之曰：“先生有意学道，岂能与兴隐遁？”寇谦之欣然从之。成公兴“乃令谦之洁斋三日，共入华山。令谦之居一石室，自出采药，还与谦之食药，不复饥。乃将谦之入嵩山。有三重石室，令谦之居第二重”。历年，成公兴谓谦之曰：“兴出后，当有人将药来。得但食之，莫为疑怪。”“寻有人将药而至，皆是毒虫臭恶之物，谦之大惧出走。兴还问状，谦之具对，兴叹息曰：‘先生未便得仙，政可为帝王师耳。’兴事谦之七年，而谓之曰：‘兴不得久留，明日中应去。兴亡后，先生幸为沐浴，自当有人见迎。’兴乃入第三重石室而卒。谦之躬自沐浴。明日中，有叩石室者，谦之出视，见两童子，一

① 陈寅恪《金明馆丛稿初编·崔浩与寇谦之》，生活·读书·新知三联书店 2001 年版，第 120～124 页。

持法服，一持钵及锡杖。谦之引入，至兴尸所，兴欻然而起，著衣持钵、执杖而去。”① 陈寅恪先生认为，这一段为我国接受外来学说及技术的一重公案，自来论中西交通史及文化学术史者，似尚未有注意及之者。并提请大家注意：“吾国道教虽其初原为本土之产物，而其后逐渐接受模袭外来输入之学说技术，变易演进，遂成为一庞大复杂之混合体，此治吾国宗教史者所习知者也。综观二千年来道教之发展史，每一次之改革，必受一种外来学说之激刺，而所受外来之学说，要以佛教为主。”又揭示说：“寇谦之少修张鲁之术，即其家世所传之旧道教，而服食饵药历年无效，是其所传之旧医药生理学有待于新学之改进也。其学算累年而算七曜周髀有所不合，是其旧传之天文算学亦有待于新学之改进也。”再结合《魏书·殷绍传》考之，“可知成公兴与当时佛教徒有密切之关系也”。寇谦之、殷绍所受周髀算术，“乃当时初由佛教徒输入之新盖天说也”。寇谦之、殷绍从成公兴等所受的周髀算术，“即从佛教受天竺输入之新盖天说，此谦之所以用其旧法累年算七曜周髀不合，而有待于佛教徒新输入之天竺天算之学以改进其家世之旧传者也”。这也就是说，寇谦之向佛教学习，采用了佛教徒从天竺输入的天算医药学，以便改进其家世旧传道教的天算医药学。更加重要的是，寇谦之“复袭取当时佛教徒输入之新律学以清除整理其时颇不理于人口之旧传天师道”，且“寇谦之值江左孙恩、卢循政治运动失败以后，天师道之非礼无法尤为当时士大夫所诟病，清整之功更不容已。谦之既从佛教徒采用其天算医药之学，以改进其教矣，故不得不又从佛教徒模袭其输入之律藏以为清整之资，此自然之理也。谦之生于姚秦之世，当时佛教一切有部之十诵律方始输入，盛行于关中，不幸姚泓亡灭，兵乱之余，律师避乱南渡，其学遂不传北

① 《魏书·释老志》，中华书局1974年版，第8册第3049～3050页。

地，而远流江东。谦之当必于此时掇拾遗散，取其地僧徒不传之新学，以清整其世传之旧教，遂诡托神异，自称受命为此改革之新教主也。”① 所谓寇谦之“从佛教徒模袭其输入之律藏以为清整之资，此自然之理”，这些说法似乎都只是推测之辞，只有一些比较间接的材料作为旁证，并无直接的确凿证据，很难令人信服。当然，我们不可否认的是，寇谦之“清整道教”的确借用了佛教神学理论，比如轮回转世说，这是有直接证据的（详见后文），但这不是其借用的主要资源。

实际上，寇谦之“清整道教”，主要借助的还是儒家礼教资源，故其在清整过程中“专以礼度为首”。对此，《魏书·释老志》叙述得十分明确：“谦之守志嵩岳，精专不懈，以神瑞二年（415）十月乙卯，忽遇大神，乘云驾龙，导从百灵，仙人玉女，左右侍卫，集止山顶，称太上老君。谓谦之曰：‘往辛亥年，嵩岳镇灵集仙宫主，表天曹，称自天师张陵去世已来，地上旷诚，修善之人，无所师授。嵩岳道士上谷寇谦之，立身直理，行合自然，才任轨范，首处师位，吾故来观汝，授汝天师之位，赐汝《云中音诵新科之诫》二十卷。号曰“并进”。’言：‘吾此经诫，自天地开辟已来，不传于世，今运数应出。汝宣吾《新科》，清整道教，除去三张伪法，租米钱税，及男女合气之术。大道清虚，岂有斯事。专以礼度为首，而加之以服食闭炼。’使王九疑人长客之等十二人，授谦之服气导引口诀之法。遂得辟谷，气盛体轻，颜色殊丽。弟子十余人，皆得其术。”② 北魏明元帝神瑞二年，寇谦之托称自己在嵩山遇见太上老君，太上老君封他

① 陈寅恪《金明馆丛稿初编·崔浩与寇谦之》，生活·读书·新知三联书店 2001 年版，第 125～132、134、135 页。

② 《魏书·释老志》，中华书局 1974 年版，第 8 册第 3050～3051 页。

"天师之位"，并赐给他《云中音诵新科之诫》二十卷，启示他说：今运数应出，你宣布我的"《新科》，清整道教"，除去收租米钱税及男女合气之术的"三张伪法"。大道清虚，应专以礼度为首，而加以服食闭炼。这是寇谦之为了准备清理整肃三张旧道教所制定的总纲，一是清除传统五斗米道的"伪法"，建立符合北魏统治者需求的"新科"，二是新道教"专以礼度为首"，即采取儒家的礼教作为道教的第一要义。这一总纲借太上老君之口说出，具备神圣性和合法性，也是其准备夺张天师权所制造的舆论。值得注意的是，寇谦之为实现其取张天师而代之的宗教目的，不仅仅是制造舆论，而且开始聚集组织自己的力量，已有十几位弟子"得其术"，准备参与其夺权行动。

又进行了八年的准备工作，到明元帝泰常八年（423）十月戊戌，"有牧土上师李谱文来临嵩岳，云：老君之玄孙，昔居代郡桑乾，以汉武之世得道，为牧土宫主，领治三十六土人鬼之政。地方十八万里有奇，盖历术一章之数也。其中为方万里者有三百六十方。遣弟子宣教，云嵩岳所统广汉平土方万里，以授谦之。作诰曰：'吾处天宫，敷演真法，处汝道年二十二岁，除十年为竟蒙，其余十二年，教化虽无大功，且有百授之劳。今赐汝迁入内宫，太真太宝九州真师、治鬼师、治民师、继天师四录。修勤不懈，依劳复迁。赐汝《天中三真太文录》，劾召百神，以授弟子。《文录》有五等，一曰阴阳太官，二曰正府真官，三曰正房真官，四曰宿宫散官，五曰并进录主。坛位、礼拜、衣冠仪式各有差品。凡六十余卷，号曰《录图真经》。付汝奉持，辅佐北方泰平真君，出天宫静轮之法。能兴造克就，则起真仙矣。又地上生民，末劫垂及，其中行教甚难。但令男女立坛宇，朝夕礼拜，若家有严君，功及上世。其中能修身练药，学长生之术，即为真君种民。'药别授方，销练金丹、云英、八石、玉浆之法，皆有决要。上师李君手笔有数篇，其余，皆正真书曹赵道覆所书。古文鸟迹，篆隶杂体，辞义约辩，婉而成章。大自与世礼相准，择贤推德，信者为先，勤者次之。又言二仪之间有三十六天，中有三十六宫，宫有一主。最高者无极至尊，次曰大至真尊，次天覆地载阴阳真尊。次洪正真尊，姓赵名道隐，以殷时得道，牧土之师也。”据故事说，“牧土之来，赤松、王乔之伦，及韩终、张安世、刘根、张陵，近世仙者，并为翼从。牧土命谦之为子，与群仙结为徒友。幽冥之事，世所不了，谦之具问，一一告焉”。[①] 这其实是寇谦之借助老君玄孙、牧土上师、牧土宫主李谱文的名义继续造舆论，进一步证明寇谦之继承天师位子的合法性及神圣不可侵犯，除此之外又将嵩岳所统“广汉平土方万里”以授谦之。这样一来，寇谦之既高坐上天师的宝位，又拥有了嵩岳这块神圣的疆域，可谓羽翼丰满，取张天师而代之的时机成熟了。牧土上师李谱文由此下达诰命，授予寇谦之太真太宝九州真师、治鬼师、治民师、继天师四箓，如果修勤不懈，还可“依劳”升职。又赐寇谦之《天中三真太文录》（号《录图真经》），文分五等，使他拥有了劾召百神的权力。付予寇谦之奉持《录图真经》的政治目的，就是要他“辅佐北方泰平真君”。只有这一政治目的达到了，道教才能借助帝王之力，大大弘扬，实现自己追求的宗教目的。据称，六十余卷的《录图真经》，大体上“与世礼相准，择贤推德”。其弦外之音，无非就是天师的职位应当打破张陵以来的世袭制，选贤任能，择取有德者录用，比如像寇谦之这样德才兼备的人。牧土上师李谱文甚至还“命谦之为子，与群仙结为徒友”，这一举动，无疑更加巩固了寇天师的神学地位。

在长达八年的时间内，先后两次借助于“大神”制造清整旧道教、夺张天师权、辅佐太平真君等舆论，一切准备工作都已就绪，寇

① 《魏书·释老志》，中华书局1974年版，第8册第3051～3052页。

天师于太武帝始光（424—428）年间，开始实施其行动计划。始光初，寇天师奉其神书《云中音诵新科之诫》二十卷、《录图真经》六十余卷献给太武帝，“世祖乃令谦之止于张曜之所，供其食物”。然而，出师有点不利，“时朝野闻之，若存若亡，未全信也”。在此成败得失的关键时刻，“崔浩独异其言，因师事之，受其法术。于是上疏，赞明其事曰：‘臣闻圣王受命，则有大应。而《河图》、《洛书》，皆寄言于虫兽之文。未若今日人神接对，手笔灿然，辞旨深妙，自古无比。昔汉高虽复英圣，四皓犹或耻之，不为屈节。今清德隐仙，不召自至。斯诚陛下侔踪轩黄，应天之符也，岂可以世俗常谈，而忽上灵之命。臣窃惧之。’”太武帝在看到崔浩的上疏后，十分高兴，“乃使谒者奉玉帛牲牢，祭嵩岳，迎致其余弟子在山中者。于是崇奉天师，显扬新法，宣布天下，道业大行”。崔浩事寇天师，“拜礼甚谨。人或讥之，浩闻之曰：‘昔张释之为王生结袜。吾虽才非贤哲，今奉天师，足以不愧于古人矣。’及嵩高道士四十余人至，遂起天师道场于京城之东南，重坛五层，遵其新经之制。给道士百二十人衣食，齐肃祈请，六时礼拜，月设厨会数千人”。[①] 寇谦之能够清整旧道教，其通过老君神授（实际上是自封的）“天师”身份能够获得当局认可“崇奉”，从而“显扬新法”于天下，使“道业大行”，帮助他实现这一切的关键人物，就是崔浩。

“崔浩，字伯渊，清河人也，白马公玄伯之长子。少好文学，博览经史，玄象阴阳，百家之言，无不关综，研精义理，时人莫及。弱

---

① 《魏书·释老志》，中华书局1974年版，第8册第3052～3053页。赵翼《陔馀丛考》卷三十四《张真人》认为：“秦汉以来，但有方士为神仙之说，无所谓道家者。以老聃为道教之祖，张陵为大宗，则始于北魏寇谦之。”魏主崇奉，起天师道场于平城东南，月设厨会数千人，“此朝廷崇道教之始也”（中华书局1963年版，第3册第745、746页）。其说皆大谬，不合史实，可见清代学者对道教认识之粗糙浅薄。

冠为直郎。天兴中，给事秘书，转著作郎。太祖以其工书，常置左右。”“浩从太宗幸西河、太原。登憩高陵之上，下临河流，傍览川域，慨然有感，遂与同僚论五等郡县之是非，考秦始皇、汉武帝之违失。好古识治，时伏其言。天师寇谦之每与浩言，闻其论古治乱之迹，常自夜达旦，竦意敛容，无有懈倦。既而叹美之曰：‘斯言也惠，皆可底行，亦当今之皋繇也。但世人贵远贱近，不能深察之耳。’因谓浩曰：‘吾行道隐居，不营世务，忽受神中之诀，当兼修儒教，辅助泰平真君，继千载之绝统。而学不稽古，临事暗昧。卿为吾撰列王者治典，并论其大要。’浩乃著书二十余篇，上推太初，下尽秦汉变弊之迹，大旨先以复五等为本。”① 依据陈寅恪先生的意见，崔浩之家世背景及政治理想，与寇谦之的新道教尤相符合。崔浩是东汉以来儒家大族经西晋末年五胡乱华后留居北方未能南渡者的代表，魏晋以来，虽经五胡之乱，清河崔氏在政治上仍居最高地位，为北朝第一盛门，而崔浩一支又为清河崔氏门中最显之房。崔浩心目中或以具备高官及才学二条件者为其理想的第一门第，寇谦之既为秦雍大族，其艺术复为浩所推服，疑浩之特有取于谦之也。“浩为旧儒家之领袖，谦之为新道教之教宗，互相利用，相得益彰，故二人之契合，殊非偶然也。浩之原书今虽不传，其大旨既以先复五等为本，则与司马朗之学说及司马昭炎父子所施行者实相符合，斯盖东汉儒家之共同理想。司马氏崔氏既同属于一社会阶级，故其政治之理想自不能违异也。谦之自称受真仙之命，以为末劫垂及，唯有种民即种姓之民，易言之，较高氏族之人民，得以度此末劫，此与东汉末年天下扰乱之际儒家大族所感受之印象所怀抱之理想正复相同，不必纯从佛教学说摹袭而来也。”清河崔氏本为天师道世家。寇谦之为秦雍大族，其新教又专以

① 《魏书·崔浩传》，中华书局1974年版，第3册第807、814～815页。

礼度为首，是特深有合于浩之家学而与孙秀、孙恩东西晋两大天师道政治运动之首领出身寒族在浩心中专以门第衡量人物为标准者又无此冲突也。以通常宗教之义言之，只问信仰，不分阶级。崔浩与卢循为中表兄弟，范阳卢氏与清河崔氏同为北方盛门，而与寒族琅邪孙氏为婚，是只问信仰不论门第之明证。盖孙秀为一时之教主，求教主于大族高门，乃不可常见之事。今寇谦之以大族而兼教主，故能除去三张之伪法，以礼度为首，此正是大族儒家所应为者。想浩当日必自以为其信仰之遇合，超过于其家门崔随及中表之卢循也。故论宗教信仰虽可不分社会阶级，但浩之政治理想乃以分明姓族为第一义者，其得遇寇谦之藉其仙真药物之术以取信于拓跋焘而利用之，更足坚定其非有最高门第不能行最高教义之信念。陈寅恪先生最后得出的结论是："综合寇谦之、崔浩二人关系之史料观之，可证浩之思想行为纯自社会阶级之点出发，其所以特重谦之者，以寇氏本为大族，不同于琅邪孙氏。又谦之所清整之新道教中，种民礼度之义深合于儒家大族之传统学说故也。"[①] 崔浩与寇谦之，皆为高门大第，政治理想又相同，皆欲"以复五等为本"。寇天师献给太武帝的神书《录图真经》(《天中三真太文录》)，将神仙世界的官员分为五等，正与崔浩所著的书"大旨先以复五等为本"吻合，神学政治与世俗政治不谋而合。遵照寇天师的"新经之制"，建于京城东南的天师道场"重坛五层"，不多不少刚好"五层"，这绝非偶然巧合，应当是"复五等为本"政治理想的象征符号。崔、寇二人都出身天师道世家，宗教信仰一致，政治追求也一样，故一拍即合，借助于"太平真君"太武帝，巧妙运用道教，在历史舞台上演出了一场精彩的戏剧。

---

① 陈寅恪《金明馆丛稿初编·崔浩与寇谦之》，生活·读书·新知三联书店 2001 年版，第 147～149、154～157 页。

寇谦之甚至参与了太武帝的军事政治活动。当太武帝将讨伐赫连昌不能作出决断时，向寇谦之咨询可否出击的“幽征”，寇谦之预测说：“必克。陛下神武应期，天经下治，当以兵定九州，后文先武，以成太平真君。”以道教神学为太武帝统一北方的军事行动鼓气，强化其必胜并将成为“太平真君”的心理，为其保驾护航。到了太平真君三年（442），寇谦之又奏称：“今陛下以真君御世，建静轮天宫之法，开古以来，未之有也。应登受符书，以彰圣德。”太武帝立即听从了这一政治上的重大建策，“于是亲至道坛，受符箓。备法驾，旗帜尽青，以从道家之色也。自后诸帝，每即位皆如之”。[①] 从此以后，北魏皇帝即位都到道坛受符箓，按照道教仪式举办登基典礼，以标明其荣登皇帝宝座获得道教神灵的洗礼和庇护，具有神圣不可侵犯的合法性。这一招，使得北魏政治弥漫着一股浓郁的道教神学氛围。而北魏拓跋氏政权之所以如此爽快地在政治上接受道教，与其自称为黄帝后裔是分不开的。据《北史·魏本纪》的说法：“魏之先出自黄帝轩辕氏，黄帝子曰昌意，昌意之少子受封北国，有大鲜卑山，因以为号。……黄帝以土德王，北俗谓土为托，谓后为跋，故以为氏。”[②] 拓跋氏的含义，即土德黄帝之后，而道教亦自称源于黄帝，北魏政权有政治的需要，寇谦之有宗教的需要，彼此能满足对方的要求，故二者一拍即合。由此也可看出寇谦之在政治上的精明老道，而正是这种“政治正确”，使寇谦之“清整道教”获得了坚实的政治靠山，因而其“新法”得以显扬，宣布天下。寇谦之的政教功绩获得褒奖，太武帝太延年间（435—440）就为其树碑立传，高度颂扬说：“有继天师寇君，名谦〔之，字〕辅真，高尚素志，隐处中岳卅余年。岳镇主人集

① 《魏书·释老志》，中华书局 1974 年版，第 8 册第 3053 页。

② 《北史·魏本纪》，中华书局 1974 年版，第 1 册第 1 页。

仙宫主,〔表奏〕寇君行合〔自然,才任轨范〕,于是〔上神〕降临,授以九州真师,理治人鬼之政,佐国扶命,辅导真君,成太平之化。"[①] 赞颂寇天师兼"治人鬼之政",且"辅导"北魏太武帝这位"真君"统一北方,成就了"太平之化"。这也正是以嵩山为核心根据地的寇天师道风华正茂之时。

太平真君九年(448),"谦之卒,葬以道士之礼";诸弟子依据其羽化之后出现的一些神奇现象,"以为尸解变化而去,不死也"。寇谦之羽化后,在其"诸弟子"中,并未见有成气候者,其余"诸道士罕能精至,又无才术可高",[②] 也就是说,再也没有像寇谦之这样具有"才术"的高道,于是包括昙花一现的寇天师道在内的北方道教,从此后便不再如此风光了。《隋书·经籍志》谈起这段历史时说:"后魏之世,嵩山道士寇谦之,自云尝遇真人成公兴,后遇太上老君,授谦之为天师,而又赐之《云中音诵科诫》二十卷。又使玉女授其服气导引之法,遂得辟谷,气盛体轻,颜色鲜丽。弟子十余人,皆得其术。其后又遇神人李谱,云是老君玄孙,授其图箓真经,劾召百神,六十余卷,及销炼金丹云英八石玉浆之法。太武始光(424—428)之初,奉其书而献之。帝使谒者,奉玉帛牲牢,祀嵩岳,迎致其余弟子,于代都东南起坛宇,给道士百二十余人,显扬其法,宣布天下。太武亲备法驾,而受符箓焉。自是道业大行,每帝即位,必受符箓,以为故事,刻天尊及诸仙之象,而供养焉。迁洛已后,置道场于南郊之傍,

① 《中岳嵩高灵庙之碑》,此据王卡校录碑文,见氏著《道教经史论丛·唐前嵩山道教发展及其遗迹》,巴蜀书社2007年版,第96页。据王卡考证,该碑是中岳庙现存最早的道教碑刻,当立于北魏太延年间,并怀疑其作者为崔浩。按:太武帝于太延五年(439)统一北方,所谓北朝,即从此开始(参阅周谷城《中国通史》上册,上海人民出版社1957年版,第289~290页)。

② 《魏书·释老志》,中华书局1974年版,第8册第3053~3054、3055页。

方二百步。正月、十月之十五日，并有道士哥人百六人，拜而祠焉。后齐武帝迁邺，遂罢之。文襄之世，更置馆宇，选其精至者使居焉。”[①]《历世真仙体道通鉴》卷二十九提到寇谦之弟子李皎“服气绝粒数十年，隐于常山。年九十余，颜如少童。一旦，沐浴冠带，家人异之。俄而坐化，道士咸称其得仙尸解”。[②] 同卷《韦节》记载：韦节拜谒嵩山隐真道士赵静通，得受“三洞灵文，神方秘诀”。赵静通却十分痛心地对他说：“嵩高是神仙福地，顷浮屠氏栖于此，非有绝俗之行，直欲托名岳以鬻风声。由是积尸沉魄，秽浊灵山。比者，天文气候怒戾失中，恐灾流于此，尚宜安居耶？汝可抵商洛岷益间，吾当游泰山，或乘桴浮海。”韦节于是“卜居华山之阳，人因号华阳子”。[③] 即便照道教神学材料的记载，寇谦之身后，嵩山已为佛教所占据，道士们失去立足之地，乃至不宜在此“安居”，被迫流落他山，再结合寇谦之弟子李皎不住嵩山却“隐于常山”来看，则寇天师道兴起的根据地——嵩山完全凋零沦落了，这是寇天师道缺乏强有力“精至”接班人的悲哀！

不过，寇谦之在历史舞台上的各种精彩演出，还是给后人留下深刻的历史记忆，在这些记忆中，最与本文相关的自然是寇谦之“清整道教，除去三张伪法”的举动。他究竟闹出一些什么动静来了呢？换句话说，他究竟是采取了哪些手段来开展其“清整道教，除去三张伪法”工作的呢？

---

① 《隋书·经籍志》，中华书局1973年版，第4册第1093～1094页。

② 《历世真仙体道通鉴》卷二十九《李皎》，《道藏》第5册第266页。

③ 《历世真仙体道通鉴》卷二十九《韦节》，《道藏》第5册第266页。

一 以清正廉洁来"清整道教"

如同东汉时太学生和反对宦官的官吏自视为清流，而把宦官和依附宦官的人视为浊流一样，寇谦之自视清流，视"三张"为浊流，故宣布要"清整"三张的道教。寇谦之"清整道教"的关键词，就是那个"清"字。何谓"清"？《云中音诵新科之诫》说得很明白："大道清虚"，根本就没有"租米钱税及男女合气之术"那些"三张伪法"浑浊之事。崔浩上太武帝疏中称寇谦之为"清德隐仙"，有可能此即谦之的自谦之辞。在寇天师眼中，那些坚守住"三张伪法"不放的道官"攻错经法，浊乱清真"；"浊心不除，不从正教"，针对这一弊端，应该"听民更从新科正法、清教之师，明慎奉行如律令"。[①]"吾故出音乐新正科律，依其头领，欲使信道，以通人情，清身洁己，与道同功。太上清气，当来覆护，与民更始，改往修来，一从新科为正。"[②]

---

① 《老君音诵戒经》，《道藏》第18册第211、212页。陈国符《道藏源流考·寇谦之道书》："今《道藏》收有《老君音诵戒经》。云老君以授寇谦之。所述天师道流弊，及革新之法，与《魏书·释老志》同。盖即《云中音诵新科之戒》。又称'乐章诵诫新法'，'太上老君乐音诵诫'，'音乐新正科律'。音诵即'乐音诵'，疑即唱诵之义，所以别于'直诵'也。惟今本仅一卷，已非全帙矣。"（中华书局1963年版，第101页）《杨联陞论文集·〈老君音诵诫经〉校释》指出："寇谦之既然用所谓神授的诫经作他清整道教的基础，那么诫经的内容，如果能大略考出来，也是一桩很有意义的工作。现在通行的《道藏》里，有一卷《老君音诵诫经》（洞神部力上五六二册），可能就是《云中音诵新科之诫》的一种残本或异本。"（中国社会科学出版社1992年版，第34页）任继愈主编《道藏提要》说：《老君音诵戒经》"盖即寇谦之所作《云中音诵新科之诫》。唯此书仅一卷，已非全帙"（中国社会科学出版社2005年修订版第342页）。按：与《魏书·释老志》的记载相比较，《老君音诵戒经》对张道陵天师的态度，显然并不那么恶劣，对于"三张伪法"的抨击也显得温和一些，这或许是后世与张天师利益相关的道经整理者作了些手脚的缘故吧？又《老君音诵戒经》错乱甚多，乃至其意思含混，当为后人摘抄失误所致。

② 《老君音诵戒经》，《道藏》第18册第216页。

老君所出的“新正科律”，乃是太上那一股清新正直“清气”的产物，道民们都当“清身洁己”，一心依从“新科”，从而“与道同功”。可见，他把自己的“新科正法”看成是“清真”、“清教”、“清气”，则“三张伪法”是污秽“浊教”。看来“清虚”、“清德”、“清真”、“清教”即所谓“清”的含义，这是寇天师新道教的标志，也是其用于“清整”三张旧道教的锋利手术刀，他要用这把刀割除浊秽腐败的“三张伪法”肿瘤。在《天中三真太文录》(《录图真经》) 的五等仙官中，有两个等级名号叫“正府真官”、“正房真官”的仙官，牧土上师李谱文属下又有所谓“正真书曹”，这些官号实则“正真”的象征符号，乃针对三张的“邪伪”之法而言。“正教”和“真道”，这是寇谦之常常挂在嘴边自诩的话语，而“邪教”和“伪道”则是他攻击三张的锐利武器。可以这样说，用清正廉洁的“清教”，亦即能使“道业大行”于天下的“正教”、“真道”、“新法”，来清除三张腐败无能且“损辱道教”的“邪教”、“伪道”、“旧法”，这应当就是寇谦之所宣布的“清整道教，除去三张伪法”的神学内涵。这与陆修静对待三张的态度恰好相反，陆称赞张天师治下的“正一盟威之道”是“清约治民，神不饮食，师不受钱”的“盟威清约之正教”。① 有研究者指出：“天师正一法以‘太清玄元无极大道太上老君’为全天地宇宙之至尊，因此天师道的正一法也叫‘太清法’。总而言之，天师的‘天’、正一的‘一’、清约的‘清’，在古代道教思想中都存在着联系。”② 可见，张天师的后人和天师道的捍卫人陆修静，是以“清约”、“太清法”来评价张天师及天师道的，但寇谦之为了取张天师而代之，便不惜将其抹黑，扣上浑浊邪教的帽子，把“清教”的大旗扛在自己身上，从而

① 《陆先生道门科略》，《道藏》第24册第779、782页。

② 施舟人《道教的清约》，《法国汉学》第七辑，中华书局2002年版，第151页。

证明“除去三张伪法”的正当性。这正是道教内部神学权力之争的表现，寇谦之要夺张天师的权，首先必须师出有名，自己的“清教”之名出来了，则名正言顺，事情可成。寇谦之如此特别的崇尚一个“清”字，颇疑其接受了南方道教上清经派的神学思想。“上清”者，尚“清”也，上清经派一贯标榜自己的“清静”、“清净”、“清真”，以与道教内部的那些“污浊”下流之道切割开来。寇谦之自称“清虚”、“清德”、“清教”的种种做派，与上清经派何其相似乃尔！此外特别值得一提的是，在上清经派之前，葛洪已经在强调“清”字。《抱朴子内篇·道意》形容“天神”为“缅邈清高”，“非臭鼠之酒肴，庸民之曲躬，所能感降”。又宣称：“诸妖道百余种，皆煞生血食，独有李家道无为为小差。然虽不屠宰，每供福食，无有限剂，市买所具，务于丰泰，精鲜之物，不得不买，或数十人厨，费亦多矣，复未纯为清省也，亦皆宜在禁绝之列。”[①] 天神的形象如此“清高”，道教仪式厨会福食又如此力求纯粹的“清省”，南方道教对于“清”的追求，已然清晰可见。另外，《太上洞玄灵宝八威召龙妙经》卷下称，大乘道教是种清教，因而“存大乘之志，高且清也。夫太清去浊事，抑诸俗，不言杂事，不行非法，弃去邪恶，执诸智慧，修行善法”，[②] 亦特别强调一个“清”字。寇谦之在其“清整道教”时是否将南方道教对“清”的崇尚搬弄到北方，可作进一步研究，由此可以考察当时南北道教的互动。

寇谦之所谓以“清真”、“清教”来“清”整道教，是针对当时道教内尤其是道官祭酒的腐败现象而借老君之口发布的。《老君音诵戒经》揭露了不少腐败问题：“祭酒理民，浊乱之法。而后人道官诸祭

---

① 王明《抱朴子内篇校释·道意》，中华书局1985年版，第171、173页。

② 《太上洞玄灵宝八威召龙妙经》卷下，《道藏》第6册第242页。

酒，愚暗相传，自署治箓符契，攻错经法，浊乱清真。言有三百六十契令，能使长生，鬼神万端，惑乱百姓。授人职契录，取人金银财帛。”① 道官祭酒在治理道民时，浑水摸鱼，污浊乱来，乱署治箓符契，乱讲经法。而且乱吹嘘，迷惑搞乱百姓，又乱授人职契箓，乱收费。这些腐败分子把“清真”道教搞得乌烟瘴气，乌七八糟，污浊昏暗，使道教在世人心目中越来越“不显”，如果不加制止，最终将失去民心，在信仰的市场上毫无立足之地。当然，这些腐败现象的产生，寇谦之是把账算在“三张伪法”头上的。看来，当时道教的官员队伍是寇谦之“清整”的首要对象，因为道官作风腐败给道教的“清教”形象造成的伤害最大，更何况这些“浊乱清真”的道官祭酒们也是寇谦之夺权路上的绊脚石。在寇谦之的语境里，所有这些腐败，最大的腐败就是用人的腐败，即道官、天师的世袭制，对此必须加以破除。

二　破除道官、天师世袭制

当时道官署职的现实状况是“有祭酒之官，称父死子系，使道益荒浊”。也就是猛吹裙带风，儿子直接继承老子的官位，不管其子是否做到了德才兼备，称职胜任。道官署职的腐败堕落，使得从前“清虚”的道教日益走向“荒浊”，萎靡不振。寇谦之借太上老君的口问责：“有祭酒之官，子之不肖，用行颠倒，逆节纵横，错乱道法，何有承系之理者乎?”不肖之子，倒行逆施，错乱道法，居然靠着裙带关系子承父业，简直是岂有此理！寇谦之又借太上老君的口讲出自己心中想要讲的话：“诫曰：道尊德贵，惟贤是授。若子胤不肖，岂有

① 《老君音诵戒经》，《道藏》第18册第211页。

继承先业?” “铁券首云，父死子系何?是近世生官王者之法制耳!……诸道官祭酒可简贤授明，末复按前父死子系，使道教不显。吾论一事，吾岂死有子孙系吾老君天师之后?天道无亲，惟贤是授。明慎奉行如律令。”本来，老君的律令是“天道无亲，惟贤是授”，“简贤授明”。因为只有这样，才能使道教取得显著成绩，有望进一步发展，否则，按照“父死子系”的世袭制，只能使“道益荒浊”，“道教不显”。当然，“简贤授明”也意味着道官的子孙只要有德有才，就可以子承父业，代代相传。因此，“老君曰：祭酒之官，迁功之后，子孙清彻聪明，闲练鬼事，可就明师受署治箓符诫，承继父后。若子孙用行颠倒，与俗不别，不顺科约者，诸官平处，奏表天曹，听民更受”。所以破除道官世袭制，不在于是否有世袭的情况发生，而在于是否实行了“惟贤是授”这一标准，子孙后代只要是贤明者，即可“继承先业”，而对那些“用行颠倒”的子孙，则通过“奏表天曹”的仪式，听从道民的意见将其替换下来。

关于天师的职位，老君说：“吾汉安元年以道授陵立为系天师之位，佐国扶命。陵以地上苦难，不堪千年之主者，求乞升天。吾乃勉陵身元元之心，赐登升之药，百炼之酒。陵得升云蹑虚，上入天官。从陵升度以来，旷官置职来久，不立系天师之位。”“吾今未立地上系天师正位。据听道官愚暗相传，自署治箓。”其言下之意，张陵不堪忍受“地上苦难”，不愿一直担任“千年之主者”的天师一职，迫切要求升天，于是老君满足了他的要求，从而“上入天官”。但这样一来，地上的天师正位就空缺了，造成道官们“自署治箓”，甚至于“惑乱百姓”的无序局面。老君接着又说：“吾得嵩岳镇土之灵集仙官主表闻称言：‘地上生民，旷官来久。世间修善之人，求生科福，寻绪诈伪经书，修行无效，思得真贤，正法之教。宜立地上系天师之位为范则。今有上谷寇谦之，隐学嵩岳少室，精炼教法，掬知人鬼之情，文身宜理，行合自然，未（才?）堪系天师之位。’吾是以东游，临观子身，汝知之不乎？吾数未至，不应见身于世。谦之，汝就系天师正位，并教生民，佐国扶命，勤理道法，断发黄赤。以诸官祭酒之官，校人治箓符契，取人金银财帛，众杂功贶愿，尽皆断禁，一从吾《乐章诵诫新法》。其伪诈经法科，勿复承用。”寇谦之答谢说：“臣以蒙覆，愚而不进。有不赐长生神药，不能役使鬼神，何能化恶为善，消灾伏异，师范之则。愿道哀念，赐存生命，须老君出于世之时，得有神药之应，皆道气入身，乃敢受系天师之位。愿录愚诚。”老君说：“吾以汝受天官内治，领中外官，临统真职，可比系天师同位。吾今听汝，一让之辞。吾此乐音之教诫，从天地一正变易以来，不出于世，今运数应出，汝好宜教诫科律，法人治民。祭酒按而行之，奉愿诫约之后，吾当敕下九州四海之内，土地真官之神，腾籍户言，其有祭酒道民奉法有功，然后于中方有当简择种民，录名文昌宫中。若道官祭酒不闲教化者，导及养生之术，有疑事不了，汝当与决之。分明顺奉行如律令。”老君看了嵩岳镇土灵集仙官主上奏的表，又亲自出马作了考察，决定由寇谦之就职“天师正位”，以弥补张陵以来天师正位空缺所造成的混乱状况，并要求寇天师出来收拾局面，把各种腐败行为及“伪诈经法科”统统废除“断禁”，只能推行老君颁布的《乐章诵诫新法》。寇谦之谦让了一番，恳求老君赐予长生神药，称须有神药之应，能役使鬼神，令道气入身，才敢接受天师之位。老君欣然同意了寇谦之的请求，并授权他“教诫科律，法人治民”，道官祭酒“有疑事”处理不了，由寇天师最后拍板定案。这样，寇天师就名正言顺、合法合理地取张天师而代之。明眼人都知道这是寇谦之自编、自导、自演的一场夺权把戏，只是他以道教神学的形式表现出来，具有神圣不可侵犯的合法性，谁都奈何不了他，即便张天师旧部人马也作声不得。

在寇天师的理想境界中，不仅道教的神学职位应该“简贤授明”，而且世俗的国王天子也当由“明圣”者来担任，且给予其“升举”的奖赏：“若国王天子治民有功，辄使伏杜如故；若治民失法，明圣代之。安民平定之后，还当升举，伏宅昆仑。”可以说，这是他“兼修儒教”的成果，他就像儒家那样追求圣君明主，希望始终有个好皇帝当道。

三 除去“租米钱税”

“三张伪法”的内容之一就是越俎代庖、代替政府职能收取“租米钱税”，这完全违背了“天师之位，佐国扶命”的神圣职责，简直是明目张胆地与国家抢夺资源。是可忍，孰不可忍？寇谦之把这种绝不容忍的态度借老君之口吐露出来。老君愤怒斥责道官祭酒治民户“恐动威逼，教人赊愿，匹帛、牛犊、奴婢、衣裳。或有岁输全绢一匹，功薄输丝一两。众杂病说（税），不可称数”。老君严正声明并下令：“吾初立天师，授署道教治箓符契，岂有取人一钱之法乎？喻如生官署职，有财钱若干。吾今并出新法，按而奉顺。从今以后，无有分传说（税）愿输送，仿署治箓，无有财帛。民户杂愿，岁常保口，厨具产生男女，百灾疾病光怪，众说（税）厨愿，尽皆断之。惟有校藏，三分收一，即其民市卖，计厨会，就家解散。易复可诣师治民。民有病患，生命有分，唯存香火，一心章表，可得感彻。唯听民户岁输纸三十张，笔一管，墨一挺，以供治表救度之功。”[①] 遥想当年，张鲁在汉中建立军事、政治、宗教三合一的地方割据政权组织，向道民征收租米钱税，以供养军、政、教人员，本是特定历史条件下的特

① 以上均见《老君音诵戒经》，《道藏》第18册第211、212页。

定举措。后来张鲁被招安，地方割据政权组织不复存在，时过境迁，北方天师道却依然如故征收租米钱税，这就未免太不合时宜了，难免有不自量力与政府作对之嫌。寇天师十分焦急地看到这一点，大声疾呼予以取缔，只要求道民岁输少量的纸、笔、墨等，供给章表仪式所用。这样一来，与政府作对之嫌没有了，但是另一方面，道教组织的发展，以及道官们生活必需品所需要的经济来源也切断了。宗教经济是宗教组织生存发展的命脉，传统的征收租米钱税的经济来源被切断，道教当如何生存发展？寇天师巴望的是政府的资助。如前文所述，就在大力显扬寇天师的“新法”之后，北魏政府资助“给道士百二十人衣食”，出资“月设厨会数千人”。但政府的资助靠得住吗，是具有可持续性的吗，会不会有人说三道四、扣大帽子呢？试看建造静轮宫一事：“恭宗见谦之奏造静轮宫，必令其高不闻鸡鸣狗吠之声，欲上与天神交接，功役万计，经年不成。乃言于世祖曰：‘人天道殊，卑高定分。今谦之欲要以无成之期，说以不然之事，财力费损，百姓疲劳，无乃不可乎？必如其言，未若因东山万仞之上，为功差易。’世祖深然恭宗之言，但以崔浩赞成，难违其意，沉吟者久之，乃曰：‘吾亦知其无成，事既尔，何惜五三百功。’”① 这样一些道教建筑所需的经费支出，一旦某一天政府以劳民伤财为由不再给予资助，即刻成为烂尾工程，何如道教界自筹经费用得心安理得，不会担心被扣上“财力费损，百姓疲劳”的帽子。在此，与佛教比较一下是很有意思的。众所周知，北魏时，佛教设立僧祇户和佛图户，奠定了自己的寺院经济基础，为佛教的繁荣和大发展准备了物质条件。而寇天师“清整道教”，却在自我了断经济来源，无疑于自我捆绑手脚，心甘情愿听任政府宰割。说到底，这与其“佐国扶命”、“辅佐北方泰平真君”

① 《魏书·释老志》，中华书局1974年版，第8册第3053页。

的政治使命感保持了一致。土生土长的道教始终竞争不赢外来佛教，除了其传播方式神秘而且范围狭小，非常担心传非其人要遭天谴之外，还有一个很重要的原因就是没有建立独立自主经营道教经济的机制，只想法子如何依赖他人包括政府和信徒的施舍过日子，于是一直敌不过佛教。寇天师"清整道教"的神学目的本想使"道业大行"，彰显道教于天下，超越佛教发展势头，为此不惜一味地讨好北魏政府，以为只要傍住了这个大款就有奶吃，殊不料弄巧成拙，断送了道教自我调节、自我发展的经济基础，使此后北方道教一蹶不振，而他自己想推行的"新法"，也因无经济实力支撑门面，加之后继乏人，终究未成气候，默默无闻。由此也可看出寇天师"清整道教"的效果并不佳，甚至有些结果与他的期望值南辕北辙。

四　除去"男女合气之术"

寇天师要除去的"三张伪法"，还有一个重要方面就是"男女合气之术"。男女合气术当时又称"混气之法"、"黄赤之道"、"房中"等。前文我们讲述上清经派时，已谈到上清经典对"黄赤之道"的抨击，并主张以"隐书之道"取而代之。寇天师如此强烈反对三张男女合气术，是否受到南方道教上清经典的影响，尚无直接的证据，但至少可以证明他与上清经派对待"黄赤之道"的态度是完全一致的。[①]

---

① 小林正美《六朝道教史研究》发问：房中术是否是张陵以来天师道的教法呢？然后自答：正如被认为是张鲁所作的《老子想尔注》中，有对房中术的非难所示，未必所有的天师道教徒都认为房中术是张陵的教法。天师道积极地采用房中术，当是进入东晋以后的事。黄赤房中术并不始于张陵，由于东晋时期的天师道教徒把自己实行的黄赤房中术说成就像是张陵的教法，所以上清派和寇谦之也就相信了（四川人民出版社 2001 年版，第189、190、191 页）。或许，寇谦之并不一定就相信黄赤房中术来源于张陵，但为了破除"三张伪法"，便顺水推舟，将房中术作为张陵"伪法"之一的箭靶子来攻击。

黄赤之道究竟如何形成，如何流传的？老君解答说：“道气百千万重，前贤后圣，修学长生，尽遇仙官，人人各得，一重之气，而得升度之后，终不载于文籍。房中之教，通黄赤经契，有百二十之法，步门庭之教，亦无交差一言。自从系天师道陵升仙以来，唯经有文在世，解者为是何人？得长生飞仙者复是何人？身中至要导引之诀，尽在师口，而笔谍之教以官人心。若开解信之者，执经一心，香火自缨，精练功成，感悟真神，与仙人交游，至诀可得。今后人诈欺，谩道爱神，润饰经文，改错法度，妄造无端，作诸伪行，遂成风俗。劝教天下男女受佩契令，愚暗相传，不能自度，而相领弟子惑乱百姓，犯罪者众。招延灾考，浊欲道教，毁损法身。”在寇谦之看来，修学长生的人，只需“一重之气”，根本用不着男女搞什么“合气”，修炼者与仙人神交，只要“感悟真神”，就能得到“至诀”。张道陵之后的某些道士，带领弟子“妄造”修炼“法度”，乱改乱解经文，令修道男女佩契黄赤，试图通过房中术得道，这类“伪行”，虽说形成风俗，却并不能使人“得长生飞仙”，反而使得道教在世人心目中的形象是一种“浊欲”之教。于是老君（实即寇谦之）宣布说：“吾《诵诫》断改黄赤，更修清异之法，与道同功。其男女官箓生佩契黄赤者，从今诫之后，佩者不吉。若有不慎之人，所居止土地真官注气靖治典者使者，当自校录，吾与之灾考，死入地狱，若轮转，精魂虫畜猪羊而生，偿罪难毕。吾观世人夫妻，修行黄赤，无有一条，按天官本要，所行专作浊秽，手犯靖庐治官禁忌。而天官、仙人、玉女，尚不犯治室之法。吾今以黄赤贪浊道教来久，无有真正，愚暗相传，尽各不得其中正。时有清真洁素之人，无经律错乱。吾尽欲灾除此辈之人，不令而犯诛诮之暴，是以先令诫约，迁遣一教。然房中求生之本，经契故有百余法，不在断禁之列。若夫妻乐法，但勤进问清正之师，按而行之，任意所好，传一法亦可足矣。”[①] 修行黄赤的夫妻，不照“天官本要”的规定行事，却“专作浊秽”淫乱，致使“黄赤贪浊道教”，败坏了“清真”道教的名声，这是那些遵循“三张伪法”的道士“愚暗相传”的结果。此正如老君所揭示的：“妄传陵身所授黄赤房中之术，授人夫妻，淫风大行，损辱道教。”[②] 要纠正“淫风大行”的弊端，就须用《老君诵诫》断改黄赤，代之以“清异之法”，由那些“清正之师”来指导“夫妻乐法”，从而真正实现“房中求生之本”。可见寇天师并非一概否定房中求生术，对于合乎“经契”的“故有百余法”，明确表态“不在断禁之列”。只不过，需要按照寇天师的新法即“清异之法”来实施，从而培育出“清真洁素之人”。如果有人仍然按照旧的“三张伪法”佩契黄赤，寇天师恐吓说，这些人将“死入地狱”，其“精魂”转生虫畜、猪羊，罪孽永远无法消除。这一说法，显然已经受到佛教神不灭论和轮回转世说的影响，以此来惩罚不奉信寇天师“新科”的道徒。寇天师主张修学长生者不用搞“合气”，只需“一重之气”，与仙人神交，“感悟真神”，就能得到长生神仙的“至诀”。这一主张，与上清经派“隐书之道”的“偶景术”颇有异曲同工之妙。

事实上，寇天师所说的黄赤之术“浊欲道教”、“贪浊道教”，并非空穴来风，从佛教方面传来的炮击声即可见这一问题的严重性。《二教论》轰击道教“含气释罪”说：“妄造《黄书》，咒癞无端，乃开命门，抱真人，婴儿回，龙虎戏，备如《黄书》所说。三五七九，天罗地网，士女混漫，不异禽兽，用消灾祸，其可然乎？”[③] 也就是

---

① 《老君音诵戒经》，《道藏》第 18 册第 216 页。

② 《老君音诵戒经》，《道藏》第 18 册第 211 页。

③ 《广弘明集》卷八，上海古籍出版社 1991 年版，第 146 页。关于《黄书》，参阅王卡《〈黄书〉考源》，载氏著《道教经史论丛》，巴蜀书社 2007 年版，第 52~69 页。

说，佛教方面认定，运用无异于禽兽的黄赤术来“消灾祸”，根本就没有可能性。《笑道论》在描述道教的“道士合气法”时，引一些道书作为靶子来攻击：“《真人内朝律》云：‘真人日礼男女，至朔望日，先斋三日，入私房，诣师所，立功德，阴阳并进，日夜六时。’此诸猥杂，不可闻说。又《道律》云：‘行气以次，不得任意，排丑近好，抄截越次。’又玄子曰：‘不鬲戾，得度世；不嫉妬，世可度；阴阳合，乘龙去’云云。”对此大加嘲笑说：“臣年二十之时，好道术，就观学。先教臣黄书合气，三五七九，男女交接之道，四目两舌正对，行道在于丹田，有行者度厄延年。教夫易妇，唯色为初，父兄立前，不知羞耻，自称中气真术。今道士常行此法以之求道，有所未诤。”①从这些来自竞争对手佛教方面的攻击看，当时“道士合气术”是结合其宗教仪式来进行的，男女混杂在一起，按照特定的仪式群交，故有所谓“父兄立前，不知羞耻”的冷嘲热讽。这种含有神圣性的性交仪式，本来的神学目的是想通过“合气法”去“释罪”，“消灾祸”，“度厄延年”，但在传播过程中却蜕化变质，某些道士以真人的名义淫猥妇女，甚至形成“唯色为初”的风俗，乃至“淫风大行”，“道士合气法”因此而被世人目为伤风败俗的“淫秽物品”，千真万确如寇天师痛心疾首所说极大地“损辱道教”。所以，寇天师“清”整道教，绝不是无的放矢，也不是心血来潮，更不是空口说白话，而是有强烈的针对性，早有预谋，并采取了实际行动。这些实际行动中，任用“清正之师”，实行新的“清异之法”，除去三张“男女合气之术”就是其中重要的一环。

---

① 《广弘明集》卷九，上海古籍出版社 1991 年版，第 157 页。

五　破除“前人伪书经律”

老君痛心疾首的是：“世人奸欺，诵读伪书，切坏经典，输吾多少，共相残害，岂不痛哉！”“从今以来，人伪道荒，经书舛错。后人诈伪仙经图书，人人造法。天下经方，百千万亿。”人人都在伪造“仙经图书”，致使“经书舛错”，“伪书”经方百千万亿，把经典都给“切坏”了。于是老君颁布律令指示说：“诸有修道之人，勿复承按前人伪书经律。今世人习读美经典，可益得身，朝但富贵，为子孙资荫耳。无有长生登仙之阶，欲求生道，为可先读五千文最是要者。”①显然，寇谦之特别强调读《道德经》，这实际上暗中仍旧保持了三张以来的老传统，而与葛洪的观点有分歧。葛洪对《道德经》不乏微词：“五千文虽出老子，然皆泛论较略耳。其中了不肯首尾全举其事，有可承按者也。”② 看起来，葛洪是绝不会把《道德经》放在求“长生登仙之阶”首要位置的，因为这并不是他心目中与神仙长生有关的“美经典”。而寇谦之恰好相反，他把“先读五千文”看成求长生之道的“最是要者”。寇谦之评价葛洪：“《抱朴子》者，未明盖世，掬合前贤，诸家经方，造经劝仙，内外卷首，言仙之可得，可开悟人心。承前多有遗经，亦复不妄造出意，不犯改经诈说之罪。造经劝仙，功过自保补，后身当得仙人之阶。”③ 肯定了葛洪“造经劝仙”的功劳，这种造不是“妄造”，没有犯下“改经诈说之罪”，不属于“前人伪书经律”之列，与那些“诈伪仙经图书”者不可同日而语，故其“后身

---

① 《老君音诵戒经》，《道藏》第18册第212、214、215页。

② 王明《抱朴子内篇校释·释滞》，中华书局1985年版，第151页。

③ 《老君音诵戒经》，《道藏》第18册第215页。

当得仙人之阶”。也就是说，葛洪“造经劝仙”的仙经图书，不在寇谦之破除的“前人伪书经律”范围内。

破除“前人伪书经律”，是为推行实施寇谦之的“新科”清除障碍。这一点，寇谦之借助于老君的口，说得非常清楚：“诈言经律，此等之人，尽在地狱。若有罪重之者，转生虫畜，偿罪难毕。吾故出《音乐新正科律》，依其头领，欲使信道，以通人情，清身洁己，与道同功。太上清气，当来覆护，与民更始，改往修来，一从新科为正。”① 诈言经律的人已经下地狱了，罪重的“转生”入了“虫畜”道，而且永世不得翻身。看来，佛教的轮回转世说已成为寇天师惩罚道徒得心应手的工具。而老君所颁布的《音乐新正科律》，乃是太上那一股清新正直“清气”的产物，道民们都当据此以“改往修来”，清洁自身，一心一意依从“新科”，从而“与道同功”，长生成仙。此亦寇谦之以“清”来整肃道教的重要一环。这一环节同样显示出寇天师扬善惩恶的策略是：一手抓道教，以神仙长生之道作为最高级奖品；一手抓佛教，以轮回转世入“虫畜”道作为终极性的罚款。

六　不用“蜀土宅治之号”

当时道教“宅治之号”的状况，据老君的描述：“从系天师升仙以来，旷官置职，道荒人浊，后人诸官，愚暗相传，自署治箓符契，气候倒错，不可承准。吾本授二十四治，上应二十八宿，下应阴阳二十四气。授精进祭酒，化领民户。道陵演出道法，初在蜀土，一州之教，板署男女道官，因山川土地郡县，按吾治官，靖庐亭宅，与吾共同，领化民户，劝恶为善。阳平山名，上配角宿。余山等同。而后人

① 《老君音诵戒经》，《道藏》第18册第216页。

道官，不达幽冥情状，故用蜀土盟法，板署职治。”老君的意思显然是说，他授予的二十四治，一应天上的星象二十八宿，一应地下的阴阳二十四气。如阳平治即上应角宿，其余各治亦对应天上的星宿。当初张陵在蜀土“演出道法”，因地制宜，与老君“共同领化民户”。如今情况发生变化，而“后人道官”却不能通时达变，依然固守“蜀土盟法”，以之“板署职治”。老君声称：“今闻道官章表时，请召蜀土治宅君吏他方土地之神，此则天永地隔，人鬼胡越。吾本下宿治号令之名，领化民户。道陵立山川土地治宅之名耳，岂有须太平遣还本治者乎？从今以后，诸州郡县，男女有佩职箓者尽各诣师，改宅治气。按今新科，但还宿官称治为职号，受二十四治中化契令者，发号言补甲乙正中官真气角宿治，以亢宿、氐宿、房宿二十八（宿）如法。上章时直言臣而不得称真人，若灵箓外官不得称治号。其蜀土宅治之号，勿复承用。若系天师遗胤子孙，在世精循治教，领民化者，不得信用诸官祭酒为法律，上章时不得单称系天师位号，当称职号，名与诸官同等。”① 这些规定非常详细，每个细节都不留下漏洞，譬如上章时“直言臣”而不得自称“真人”，如果是灵箓外官不得称“治号”等等，诸如此类的细小环节，通通都不放过。西谚有所谓“魔鬼就在细节中”之说，寇谦之“清整道教”，就紧抓住这个“魔鬼”不放。当然，抓紧抓好细节，是为了按寇的“新科”来进行“改宅治气”这一目标服务的，最终是要达到其“蜀土宅治之号，勿复承用”的目的。值得一提的是，对张天师的“遗胤子孙”，寇谦之也为他们的宗教行为和权限作了明确规定，显示出他这位新天师的派头和威权。由此也可以看出，南北朝时，张天师的子孙后辈并未全部迁徙到南方，北方依然还有他们进行宗教活动的身影。

---

① 《老君音诵戒经》，《道藏》第18册第216~217页。

七 “显扬新法”于天下

破旧立新，寇天师破除旧的“三张伪法”，自然需要有东西来填补破旧之后的空白，这东西就是他的“新科”、“新法”。可以说，寇天师清整道教，的确做到了破字当头，立也就在其中。他立了哪些“新法”？

（一）惩恶扬善，“专以礼度为首”

老君一口咬定：“我以今世人作恶者多，父不慈，子不孝，臣不忠。运数应然，当疫毒临之，恶人死尽。吾是以引而远去，乃之昆仑山上。世间恶人，共相鱼肉，死者甚多。其中滥枉良善，吾愍之辛苦，时复东度，覆护善人。”“今世人恶，但作死事，修善者少”，因此“吾出《诵诫》，宜令世人，咸使知闻，好加思寻，努力修善。修善功成，可得遇真，延年益算”。在寇天师的法眼中，当今世界，作恶的人太多，修善的人太少，恶人们尽做坏到极点的“死事”，以至于“父不慈，子不孝，臣不忠”，极大地败坏了礼教纲常。造成这一现象的原因是“运数”，末世的劫运使然，故在劫难逃。老君诅咒所有的“恶人死尽”，而修善成功的“善人”，他发誓将加以大力庇护，使其遇真，“延年益算”。一面惩罚恶人，一面奖励善人。扬善的目的，自然是要使人人都做到父慈、子孝、臣忠，从而恢复被破坏的儒家礼教秩序，惩恶的目的同样如此。

最可恶的，就是那些假借“老君”名义起来造反的家伙：“世间诈伪，攻错经道，惑乱愚民，但言老君当治，李弘应出。天下纵横，返逆者众。称名李弘，岁岁有之。其中精感鬼神，白日人见，惑乱万民，称鬼神语。愚民信之，诳诈万端，称官设号，蚁聚人众，坏乱土地。称刘举者甚多，称李弘者亦复不少，吾大嗔怒！念此恶人，以我作辞者，乃尔多乎？世间愚痴之人，何乃如此？”“愚人诳诈无端，人人欲作不臣，聚集逋逃罪逆之人，及以奴仆隶皂之间，诈称李弘。我身宁可入此下俗臭肉奴狗魍魉之中，作此恶逆者哉！”这帮愚蠢的家伙假称“老君当治”，下凡出世，诈扮成老君的化身，打着“李弘”即老君旗号，迷惑扰乱人心，聚集愚民及“逋逃罪逆之人”，揭竿叛乱造反，纵横天下，欲作不臣，擅自“称官设号”，图谋改朝换代。对此十恶不赦的恶人，老君一边“大嗔怒”，一边又反复声明：“天地人民鬼神，今属于我，我岂用作地上一城之主也，我不愿之。若我应出形之时，宜欲攻易天地，经典故法尽皆殄灭，更出新正。命应长生之者，赐给神药，升仙度世，随我左右。恶人化善，遇我之者，尽皆延年。”[①] 老君政治立场十分坚定鲜明地表态：那些伪装“李弘”的恶人，竟敢打起我的旗号反叛朝廷，“坏乱土地”，或企图作“一城之主”，或另设帝号，这决不是“我”老君愿意做的坏事。与此同时，老君又甜言蜜语地许诺：命中注定长生者，飞升成仙，将伴随在“我”的左右；恶人只要弃暗投明，转化为善人，都能延年益寿。这是用成仙延年作为奖赏来劝导人们修养善行，安分守己，决不犯上作乱，遵守礼度。对于寇谦之来说，有破就有立，破恶立善，他一心一意要建立起“专以礼度为首”的良善社会。而本本分分，乐天安命，逆来顺受，效忠朝廷，在寇谦之看来，此即最好地做到了儒家讲究的“以礼度为首”。

（二）“服食闭炼”

寇天师的“新法”，除了“专以礼度为首”之外，还有“加之以服食闭炼”。所谓“服食闭炼”，究竟指什么？他依然如故借老君之口说话：“长生至道，仙圣相传，口诀授要，不载于文籍，自非斋功，

---

① 《老君音诵戒经》，《道藏》第18册第211、212页。

念定神通，何能招致。乘风驾龙，仙官临顾，接而升腾，服食草药、石药，服而得力之者，此则仙人奏表上闻，遣仙人玉童玉女来下临。天官神药，参入分数，一草一人得力，一石一人得力，服气方法，亦俱等同。今世人岂能达此理乎？不降仙人，何能登太清之阶乎？而案药服之正可得除病寿（毒），终攘却毒气，瘟疫所不能中伤，毕一世之年，可兼谷养性，建功斋靖，解过除罪。诸欲修学长生之人，好共寻诸诵诫，建功香火，斋练功成，感彻之后，长生可克。”老君还揭示出：“今世浊恶，有形之人，流转精神，罪缘难消。是以诫约，要须斋功，与返为始，雪罪除愆，乃得感悟真仙。男女官努力修斋，寻诸诵诫，香火建功，仙道不远。”① 除了“服气”，就是“服食”草药、石药，最重要的是得到所谓“天官神药”。“闭炼”的主要内容之一，就是“斋练”、“修斋”，闭炼“斋功”，“建功斋靖”，“寻诸诵诫”。有了斋功，勤于诵诫，才能够“念定神通”，得到仙圣相传的长生至道“口诀授要”。有了斋功，勤于诵诫，才能够获得“天官神药”，服食“得力”，得到长生成仙之力。“闭炼斋功”和“诵诫”成为“服食”的先决条件之一。说穿了，“服食闭炼”就是“专以礼度为首”的具体展现。因为所谓“斋练”和“诵诫”，其实就是一种以儒家纲常为首的斋醮仪式，是要用这种充满了儒家纲常的斋醮仪式来祈祷天官的降临并赐予神药，传授道民神仙长生的口诀，最终解脱死亡。显然，寇天师的“新法”，使道教斋醮仪式在追求神仙长生过程中的功能得到了很大的提升。

（三）对道官祭酒箓生的各项具体规定

男女道官当按老君亦即寇天师的“新科”至道上章表奏受诫。所谓：“烦道不至，至道不烦。按如修行，诸男女官，见吾诵诫科律，

① 《老君音诵戒经》，《道藏》第18册第215、216页。

心自开悟，可请会民同友，以吾诫律著，按上作单章，表奏受诫。”“道官箓生，初受诫律之时，向诫经八拜，正立经前。若师若友，执经作八胤乐音诵。受者伏诵，经意卷后，讫后八拜止。若不解音诵者，但直诵而已。其诫律以两若相成之，常当恭谨。若展转授同友及弟子，按法传之。”道官箓生受诫律时，应“执经作八胤乐音诵”，“新科”的“音诵”显然不同于传统“直诵”，但如果不懂怎样“音诵”，也只好将就使用旧的“直诵”。“道官箓生，未（若）使写经诫律，脱误增损，一字有不得。抄撮写诫，三纸二纸，不说卷首，使科律不具，灾当及身。吾此科诫，自有典事之官，随经诫监临。”① 道官箓生抄写经诫律，这是非常神圣的工作，有仙官在暗中“监临”，不许一字有误差，格式也必须符合标准，否则就会“灾当及身”。

“道官祭酒修行之法，复历民间，东西南北，行来出入，直身直面，一向直去，不得左右顾盼。到民家不得妄有嗔怒，有呵谴，食饮好恶，床席舍庐，众杂论说是非。不可得先到贵豪富家。苦（若）顾历民仪，先到寒贫家教诲求福，使科约具备。”对道官祭酒的行为方式，到道民家应该持的态度，不得挑剔食饮床席，应首先照顾“寒贫家”等，都作了明文规定。“夫为道官正治祭酒，进善举贤。领受弟子，授人职治、诫箓、符契，进一贤善，除过十年，求仙速达；进一佞一恶，反罪十年，求仙求福，终不可得。其投道门之民，欲为弟子者，当观望情性，与约诫相应者，三年体能修慎法教，精进善行，心无有退，志无倾邪，乃可授箓诫，纳为弟子。”道官祭酒收徒，务必坚守“进善举贤”的原则，必须用三年的时间考察其情性是否与“约诫相应”，符合条件者才可以“授箓诫”。关于祭酒受职的规定：“中官正气宿治祭酒得授人职箓诫，其箓生之人不得妄授人诫箓。若不领

① 《老君音诵戒经》，《道藏》第18册第210页。

民户，受中治箓者，当受中治散气祭酒职。若上灵官不领民户，受外官散气祭酒职。”老君眼见世间的凡愚道官上章文书“都无头绪，万亿章奏，达者无一”的弊端，为这些人“宣敕”了他制定的“章书之法”，要求这些不懂章表文书怎样书写的“凡愚道官”，要好好学习训练“章表奏”，这是“斋练”的重要功夫之一，如若“斋功不达”，就没有“感彻之理”，上章文书也就不能像世俗官员的文书那样“可得达理”。老君宣布：“吾今并出《音诵歌诫》，宣敕诸官，章书之法，如似生官文书，可得达理。凡愚道官不练章表奏，不就于明能学习练法。”老君指示说：“世间道官，迁达亡人度星，作为二十、三十纸，千万美说于事，不如修谨善行，斋练苦身，香火自缨，百日功建。为先亡父母迁度魂灵，月月单章，言达斋功，胜于千通。”老君严厉指责那些凡愚道官：“度星游说之事，斋功不达，无有感彻之理。”教导说：“先斋立功，却上度星章，无有杂色。米丝纸笔，正为先亡集贤会烧香拔免亡人，最上可不度星。烦道不至，至道不烦。从今以后，思寻《诵诫》。”① 就是要按照《诵诫》的规定建斋功。

老君还规定：“道官授署职治符箓，随家丰俭，意欲设会，任意人数，三人以上，复能重设诸肴，和会可通。若不能者，无苦也。”按照规定：“厨会之上斋七日，中斋三日，下斋先宿一日。斋法：素饭菜，一日食米三升，断房室，五辛生菜诸肉尽断。勤修善行，不出由行，不经丧秽新产。”按照规定：“欲就会时，向香火八拜。使大德精进之人在坐首。作好饭槃，在坐上头，人别作槃。其参同不奉道者，请会无苦。而世间愚人，真以所奉不同，便作异意，不斋慢道，科法不为。主人求思，恭肃之故；坐会之中，嗔恚无常。从今以后，诸官以意科处，思寻妙旨，苟能同心，福愿之人，参尔无苦。会既还

① 《老君音诵戒经》，《道藏》第18册第214、217、213～214页。

家，为主人烧香，径宿三过，香火笺言：‘为甲乙之家，所请厨会，解求某事，恩福愿得，道气覆护。’”道官为道民授署职治符箓，可根据道民家的收入水平设置厨会，人数不定，但只有三人以上才能设莱肴比较丰盛的厨会，且视道民家的能力而定。道官为道民“解求某事”，所设厨会分上中下三等斋，时限不一，但都必须是“素饭菜”。厨会期间，有各种饮食起居行为的禁忌，比如“断房室”、五辛肉食，避开“丧秽新产”等。厨会完毕，道官回家为厨会的主人烧香祈福。此外，还有许多具体规定：“厨会之法，应下三槃，初小食，中酒，后饭。今世人多不能三下槃，但酒为前，五升为限。”“请客就会，人习严整，衣服如生官天子殿会，恭肃共同。”[①] 这些规定动作都含有特定的神学意味。前述北魏官方“月设厨会数千人”，当是应寇天师之请进行的为国家祈祷福运、消解灾祸的大型法会。

（四）对道民的各项具体规定

老君说：“男女官受治箓，天官叩章，顺诫之人，万邪不惑，当喻如生官臣使。夫有职之人，道民岂能欺犯者乎?”老君反复强调：“其受治箓诫之人，弟子朝拜之，喻如礼生官位吏，礼法等同。”“道民奉户师，如生民事官等，言则称道民。”要求道民奉事道官祭酒的“礼法”，就如同普通民众“朝拜”官员一样。老君说：“男女箓生及道民，家有奴婢，不得唤奴婢，当呼字。若有过事，不得纵横朴（扑）打，但以理呼在前，语甲乙，汝有此事，应得杖罚，令受之。若责数奴婢，自当纠罪，无有怨恨之心。道官道民，出言吐气，不得言说死事，此道民之大忌。”道民箓生，应当尊重奴婢人格，即便有过错，也不得随意打骂，使其自我悔改，不生“怨恨之心”。道民最大的禁忌，就是言说“死”字。老君说：“道民家有疾病，告归到宅。

① 《老君音诵戒经》，《道藏》第18册第212～213页。

师先令民，香火在靖中，民在靖外，西向散发叩头，谢写愆违罪过，令使皆尽，未有藏匿，求乞原赦。若过一事不尽，意不实，心不信法，章奏何解？师亦自别启事云：民某甲求乞，事及病者，亦道首过。若过尽者，师自得好感应；若过不尽，师亦不得好感应报。首过时，为可并行符承衔，民首辞上章，一日三过。上三日后，病人不降损，可作解先亡谪罚章。病家昼则向靖叩头，夜则北向，向天地叩头、首过，勿使一时有阙。病家惶怖，欲有所说，钱财厨愿，勿听之。若能备厨请客，三人五人十人以上，随人多少，按如科法设会。会时，客主人病者考，礼拜烧香，求乞救度病者。设会讫，客归到家，为病者烧香叩头，一宿之中满三过，以病者救度礼，叩头烧香同法。”道民家若有人生病，可请道教法师上章，自首罪过，以此治病，并设厨会请客。参加厨会的客人回到家后，有义务为病人烧香叩头，以此“救度病者”。老君说：“道民不慎科法，淫犯杀生，宜校赃物，计钱使还。民家自市厨具，师得与表章解散。当作会时，主人众客前向香火八拜，叩头三十六，搏颊满三讫。再拜，手捻香著炉中，并告言：‘某甲启太上大道，甲乙是肉人无知，奉科许祠某官求其事，并复有以塞诘之者。今依科输赃直，为厨具，请客证明。以从今以后，生死付道，不敢以前为比，乞愿得在赦格之例，蒙恩生活，道气哀念。’”道民“淫犯杀生”，应核算赃物换成钱，“依科”用这个“赃直”钱，“自市厨具”设厨会，请客证明其悔改之意，以得到神的赦免。需指出，寇天师的“新法”特别看重厨会，对道民设厨会作出若干规定：“道民或有家宅，说愿厨具，不由师治者，师即时使还，令民市备，为会解散。”“自今以后，道民若有求愿，先修厨会之具。”①可见，厨会所需一切皆由“求愿”的道民家事先准备就绪，然后请道

① 《老君音诵戒经》，《道藏》第18册第213、214、215、215～216、212页。

官法师及其他奉道之民参加，通过这一神圣仪式获得神的赦免，从而解罪除过，治病救人，蒙神恩生活。运用“厨会”仪式祈求神灵，除过治病，这与三张的“三官手书”，服符水自己内在首过来治病，在表现形式上已经有所不同，似乎更注重通过一套神圣仪式祈求外在的神力来为病人治病。

寇天师献给太武帝的神书《云中音诵新科之诫》二十卷、《录图真经》六十余卷，现在流传下来只有残存的《老君音诵戒经》一卷，可知其“新科”、“新法”的许多方面都无法还其本来面目了。但就从这残存的一卷经书中，我们已经可以发现，其“新科”的各项规定细腻周到，不放过任何一个具体环节；我们可以看出，其“清”整道教的计划蓄谋已久，乃有备而来。然而，最终所取得的实效，可能并不一定如其所愿。

总的看：寇谦之“清整道教”，真可谓是一环紧扣一环，有破有立，破字当头，立随其后。寇谦之何以要“清整道教”“除去三张伪法”呢？他“清整道教”“除去三张伪法”的政治目的是要“佐国扶命”，辅佐太平真君实现天下太平，维持北魏的统治秩序；宗教目的则是要夺张天师的权，取而代之，天师改姓寇，使道教旧貌换新颜，以促进其发展，获得更多更好的生存空间。而这两个目的是相辅相成的。寇天师清理整肃道教，主要是制定了一套戒律轨仪，从斋醮科仪入手，从组织队伍建设上进行清整，革除早期道教和国家争租税的经济措施，“专以礼度为首”，并且“加之以服食闭炼”。但“清”整道教这些环节有没有得到落实，如果贯彻落实又具体落实到什么程度，因史料缺乏，不得而知。只不过我们可以知道的是，企图取张天师道而代之的寇天师道，走红的时间并不太长，基本上随着寇天师的去世便销声匿迹了。寇天师时，北魏太武帝打击佛教，力扶道教，像这样抬高道教打击佛教的政策在北朝是仅有的一次，北朝道教最兴旺的日子亦在此时。寇天师清理整肃道教，尽管废除五斗米道的道官祭酒“父死子系”世袭制，却依然保留了五斗米道传统的祭酒制度，而这一制度，与张天师以来的家族道教是紧密联系在一起的，随着寇天师之后北方宫观道教的兴起发展，它已显得越来越不合时宜。寇天师清理整肃道教，最大的败笔，就是在教理教义即神学上没有什么新的制作建树，这一点与南方道教相比起来就差远了。从此以后，北方天师道再也没有能够像在寇谦之时期那样红红火火，这或许就是其“清整道教”“除去三张伪法”留下的后遗症吧，即完全依赖政府的各项经济资助，俯首帖耳地走上层路线，而没有像佛教那样紧紧抓住另外一手，大力发展寺院经济，行走上层社会时不忘底层社会，建立广泛扎实的信众基础。如此一来，寇谦之“清整道教”“除去三张伪法”导致的严重后果，那就是接不上地气，信众数量缩小，一旦形势发生变化，政府不再支持或支持力度减小，就露出那衰落下世的光景来了。

楼观道的神学历史传承

北方道教继寇天师道之后兴起的有楼观道，以陕西终南山楼观台为山头聚集。[①] 关于楼观道的兴起演变，大多为道教神学历史叙事，而且越是后出的道书，其叙事越加丰满，到元代便集其大成。因此可以说，与顾颉刚所揭示的三皇五帝的古史系统是由神话传说层累地造成的一样，楼观道的古史系统，乃是由仙话传说“层累地造成”的。[②] 且看道教自己的叙事便可以知道：“楼观者，昔周康王大夫关令尹之故宅也，以结草为楼，观星望气，因以名楼观。此宫观所自始也。问道授经，此大教所由兴也。……故周穆西巡，秦皇东猎，并回辕枉道，亲礼真宗。始皇建庙于楼南，汉武立宫于观北。晋宋谒版，

---

① 有关楼观道，参见陈国符《道藏源流考·楼观考》，中华书局 2014 年版，第 208～211 页。

② 顾颉刚认为：“‘新鬼大而故鬼小’的现象，实亦适用古史系统的成例，是积薪般层累起来的。”（《古史辨自序》上《〈古史辨〉第一册自序》，河北教育出版社 2000 年版，第 79 页）超越隋唐宋，元代道士整理楼观道的神学叙事最为丰富。元代茅山道士朱象先、浮云山圣寿万年宫道士赵道一，分别花工夫搜罗整理楼观道材料，编辑成册，或为《真仙碑记》、《紫云衍庆集》，或入《真仙体道通鉴》，煞费苦心。如此良苦用心，当与元代道佛相争狼烟又陡起的背景有关。从元代道士集大成的神学叙事中，可见楼观道的历史是如何“积薪般层累起来的”。

于今尚在。秦汉庙户，相继不绝。是皆历代钦崇，宝为福地，登真得道之士，世不乏人。”① 如果依此说法，则周康王（前1020—前996）之时，道教就已经兴起，并有了宫观。按道教所说，“《楼观先师传》及《楼观本记》并云：‘昔周康王闻尹先生有神仙大度之志，乃拜为大夫，并赐嘉名，因号此宅为楼观焉。次昭王时，大夫遇老君，因遂得道。其次，穆王乃钦尚遗尘，为建祠修观，召幽逸之人，置为道士。自尔相承，于今不绝。’故《楼观碑》云：‘楼观者，昔周康王大夫关令尹喜所立也，以其结草为楼，因即为号。’又云：‘周穆王西游，秦文东猎，并枉驾回轮，亲崇道教。始皇建庙于楼南，汉武立宫于观北。晋宋谒版，于今尚存。秦汉庙户，相继不绝。’由是论之，乃验老君西度关在于昭王之时，信矣。或云幽厉平敬之时西度者，此由后人不见《老君本纪》，妄为穿凿者也。幽王时、孔子时，有见老君者，斯并化胡之后，复还中夏幽演之时也”。② 此处所引道书与前相同，所以讲的故事也就完全一致，并且煞有介事地做了一番考证，验证老君西出关在周昭王（前995—前977）时。“宗圣观者，本名楼观，周康王大夫文始先生尹君之故宅也，以结草为楼，因即为号。先生禀自然之德，应玄运而生，体性抱神，韬光隐耀，观星候气，物色真人，会遇仙輧，北面请道。二经既演，八表向化，大教之兴，盖起于此矣。”③ 这样一些仙话故事，把道教的产生和老子出关化胡、尹

① 《终南山说经台历代真仙碑记》引《楼观本起传》，《道藏》第19册第543页。据《终南山说经台历代真仙碑记》的编者元代茅山道士朱象先说：“楼观为天下道林张本之地，自文始上仙之后，登真之士，无世无之。阅诸仙史，不一而足。始以太和尹君别作《楼观先师传》于晋，次则精思韦法师述之于后周，末则尹尊师文操续之于唐，合三十人，各一列传，为书三卷，垂世久矣。”（《道藏》第19册第549页）朱象先即依据《楼观先师传》并补充尹喜等四人，节编而成《碑记》。

② 《云笈七籤》卷一百四《太清真人传》，《道藏》第22册第707页。

③ 《古楼观紫云衍庆集》卷上《大唐宗圣观记》，《道藏》第19册第549页。

喜遇老君提前到了周康王、周昭王时，明显带有道佛相争相抗的痕迹。盖因如此一来，道教的历史便源远流长，其资格比起佛教就老得多了，而在中国，我们都知道，谁的资格老，谁的地位就应该优先，后生自然应当尊重先生呵。因此我们可以得出结论说，楼观道由仙话传说所“层累地造成”的历史，乃是从北朝直到元代道佛争优先权的产物。这些仙话故事表明楼观道以太上老君和关令尹喜为始祖，信奉老子化胡说，且由此成为与佛教相抗衡的道教前沿阵地的一线部队，与佛教争先后。

在楼观道的神学叙事中，还有一位神仙不可忽视，这就是尹轨。《终南山说经台历代真仙碑记·杜阳宫太和尹真人》记载：“真人名轨字公度，即文始先生从弟也。蚤事先生，亲传道妙。道成，太上召登太和，下统仙僚于杜阳宫。参校真仙图箓，检阅神司鬼官，威制千灵，风清万鬼。或周览海岳，或上朝玉京。晋永兴（304—306）中，复降斯观，道士梁谌遇之，授以丹书而去。”[①]《云笈七籤》卷一百四《太和真人传》也说：“太和真人尹轨，字公度，太原人也，乃文始先生之从弟。少学天文，兼通谶纬，来事先生。因教服黄精花，及授诸道经凡百余篇，皆家口诀。先生登真之后，即与隐士杜冲等，同于先生宅修学，时年二十八。绝粒行气，专修上法。太上哀之，赐任太和真人，仍下统仙僚于杜阳宫。时复出游，带神丹十余筒，周历天下，济护有缘。或炼金银以赈贫穷，或行丹药以救危厄。求哀之人，咸得其福利焉。”这位太和真人出游时，“或为道士，或为儒生，或为童愚，或为长老，不可以一涂限也”。[②] 而《神仙传》卷九《尹轨》的记载，则有所不同：“尹轨者，字公度，太原人也。博学五经，尤明

① 《终南山说经台历代真仙碑记·杜阳宫太和尹真人》，《道藏》第19册第544页。

② 《云笈七籤》卷一百四《太和真人传》，《道藏》第22册第705页。

天文理气，河洛谶纬无不精微。晚乃奉道，常服黄精，日三合，年数百岁，而颜色美少。常闻其远祖尹喜，以周康王、昭王之时居楼观，遇老君与说经；其后周穆王再修楼观，以待有道之士。公度遂居楼观焉。自云喜数来与相见，授以道要，由是能坐在立亡变化之事。苏并州家先祖频奉事之，累世子孙见之，颜状常如五十岁人。游行人间，或入山一年半年复见。无妻息，其说天下盛衰治乱之期，安危吉凶所在，未尝不效。”尹轨曾经于晋惠帝永康元年（300）出游到洛阳城西，“后到南阳太和山，升仙去矣”。[①]《汉武帝外传》声称：尹轨受传李少君“神丹方，五帝灵飞秘要”，“以晋元熙元年（419）入南阳太和山中，以诸要事授其弟子河内山世远”。[②] 上述关于尹轨的种种神学历史叙事，虽然不完全相同，但都谈到了他与楼观的关系，尤其引起研究者注意的是，其成仙后“时复出游”，常“游行人间”救度危难，最终现身于晋代，于晋惠帝永兴时降授楼观道士梁谌“丹书”。这使得研究者们据此推论，楼观道有可能发端于魏晋时。

按照今人的研究，通常认为楼观道“渊源于魏晋之际，形成于十六国北魏，北朝后期至隋唐间发展成为继寇谦之新天师道之后新起的北方道派”。“从现有史料分析，楼观道之有较为可信的传承，大概应始于魏晋之际。……它的产生，大概渊源于魏晋之际关中地区出现的一个神仙道教团体。”[③] 具体说来，魏晋时的“梁谌虽然不是楼观道的创始人，但却是较早居楼观的道士”。[④] 关于梁谌，据《历世真仙体道通鉴》卷三十记载：梁谌，字考成，京兆扶风人，博通经史，阴

---

① 胡守为《神仙传校释》，中华书局 2010 年版，第 318、319 页。

② 《汉武帝外传》，《道藏》第 5 册第 62 页。

③ 任继愈主编《中国道教史》上卷，中国社会科学出版社 2001 年版，第 230、232 页。

④ 卿希泰主编《中国道教史》，四川人民出版社 1996 年版，第一卷第 433 页。

阳占候之术无不精究，乐神仙道。“大魏元帝咸熙（264—265）初事郑法师于楼观，时年十七。……至晋惠帝永兴二年（305）乙丑五月五日，老君命真人尹轨降于楼观，乃尽弟子礼事之踰月，遂授炼气隐形之法，次授水石换丹术，卒授六甲符及采服日月黄华法。后隐于终南山，食炁吞符，大尽其妙。又广索丹砂，还而为饵。凡辞气之出则音韵清澈，自是钦奉者多。”“目能视地中物，耳能听数里声。一日，忽谓门人曰，有朋友待吾于南峰，今须往矣。乃冠服而出，则云气迷统，不见其形，惟闻鼓吹之音隐隐于空，时元帝大兴元年（318）戊寅岁。”[①]《终南山说经台历代真仙碑记》也记载：“真人名谌，扶风人，魏咸熙初来事郑法师。履道有年，志尚高邈，精忱遐感。以晋惠帝永兴二年，遇太和真人降其庭，授日月黄华上经、水石丹法，并授《本起内传》。三年丹成，身轻如羽，颜若童儿，目见地中，耳闻霄汉。以东晋太兴二年（319）冲举。”[②] 另外，据《太一宫记》的记载：终南山太一宫，本皆道流焚修，于晋惠帝光熙（306）中，“奉敕重加完整，诏三洞法司（师）梁谌主其宫事。法师道业高迈，德行崇显，内守真玄，外专真素，每奉征命，祈晴祷雨，却厉储祥，无不感应。至太兴元年（318）戊寅岁上升。晋元帝闻而异之，遣中使就山设普天大醮，封玄君祠为金华洞天，并上下宫额，悉皆御书，及谥法师为升玄天师，以发辉至道，旌显玄风，俾万世修真之士知仙可学而得焉”。[③] 这些记载，既有史话，也有仙话。属于仙话的部分，非常明显，而属于史话的部分，则很难分辨其可信度，隐隐约约似乎在暗示我们，梁谌时楼观道已经发生。但严格说起来，目前已发现的相关

---

① 《历世真仙体道通鉴》卷三十《梁谌》，《道藏》第5册第270～271页。

② 《终南山说经台历代真仙碑记·梁考成真人》，《道藏》第19册第545～546页。

③ 《道家金石略·太一宫记》，文物出版社1988年版，第211页。

材料尚缺乏客观性，基本上是道教中人自己的说法，外界所引证亦皆依据道经故事，这些都不足以充分证明楼观道就是兴起于魏晋时，还只是个假说，有待于史料的进一步发现。

楼观道的传承关系，按《终南山说经台历代真仙碑记》载，梁谌之后为王嘉。“真人名嘉，陇西人。晋建兴（313—317）中披度。灵明照彻，事多先见，知人验物，咸以为神。厥后朔南分裂，列国竞以礼聘，遂隐于山，然犹咨访不绝。年八十七，自言小责未了。姚苌访以国事，乃力诋之，遂为所害。当日，友人陇右见之。有《拾遗记》等书行于世。”① 《晋书·王嘉传》对其生平事迹记载更为详细：“王嘉字子年，陇西安阳人也。轻举止，丑形貌，外若不足，而聪睿内明。滑稽好语笑，不食五谷，不衣美丽，清虚服气，不与世人交游。隐于东阳谷，凿崖穴居，弟子受业者数百人，亦皆穴处。石季龙之末，弃其徒众，至长安，潜隐于终南山，结庵庐而止。门人闻而复随之，乃迁于倒兽山。苻坚累征不起，公侯已下咸躬往参诣，好尚之士无不师宗之”，到后来，“姚苌之入长安，礼嘉如苻坚故事，逼以自随，每事咨之。苌既与苻登相持，问嘉曰：‘吾得杀苻登定天下不?’嘉曰：‘略得之。’苌怒曰：‘得当云得，何略之有!’遂斩之。……苻登闻嘉死，设坛哭之，赠太师，谥曰文。及苌死，苌子兴字子略方杀登，‘略得’之谓也。嘉之死日，人有陇上见之。其所造《牵三歌谶》，事过皆验，累世犹传之。又著《拾遗录》十卷，其记事多诡怪，今行于世”。② 由《晋书》的记载可见，王嘉是一个有先见之明、善于作政治预言的隐士，曾隐于终南山，似乎与楼观道扯不上关系。有

① 《终南山说经台历代真仙碑记·王子年真人》，《道藏》第19册第546页。

② 《晋书·王嘉传》，中华书局1974年版，第8册第2496～2497页。王嘉《拾遗记》，又称《拾遗录》，原书十九卷，今存十卷。

鉴于此，《历世真仙体道通鉴》卷三十记录的楼观道士传承谱，就没有将王嘉列入其中。

按照《终南山说经台历代真仙碑记》的记载，王嘉之后为孙彻。“真人名彻，不知何许人，前赵光初中，来事王先生。讷言敏行，衣布饮水，机智不张，惟事韬晦。先生贤之，待之如友。人有所叩，不以言语告人，但观其颜色，则识吉凶。常独洁一室，终日危坐，淡然与神明居，人望见之，心容俱肃。年七十解化。”① 这是个善于辨“识吉凶”的道士，寡言少语，讲究存神打坐的功夫。与《终南山说经台历代真仙碑记》的记载不同，《历世真仙体道通鉴》认为，梁谌之后的楼观道传承人就是孙彻：“道士孙彻者，字仲宣，不知何许人，即尹通之籍师也。性端直，寡言语，外视若愚，而中养素，人莫能测之。前赵初光中，师事王先生，方十八岁。先生与之出处，人皆呼先生为大炼师，彻为小炼师。先生为时所望，请访益多，而遂隐遁。惟彻住楼观。……人或侮之，谦以自牧，故皆歉然，自失而退。每观人颜色，不待人语言，而已知人吉凶。”赵道一评论称：“《道德经》曰：‘夫惟不争，故天下莫能与之争。’又曰：‘圣人之道，为而不争。’孙彻之谓矣。”② 楼观道士崇敬《道德经》，孙彻则不仅崇敬，而且身体力行，把“不争”的精神贯彻实施到言行中。这里讲孙彻曾经师从王嘉，但却没有说王嘉住楼观，只说“惟（孙）彻住楼观”。看来，赵道一并不认定王嘉为楼观道士。

孙彻之后为马俭。据《终南山说经台历代真仙碑记·马元约法师》说：“法师名俭，扶风人。未冠入道，出于孙君之门。受五千真文，三百秘字，兼学风角、鸟情之诀。能召命万灵，御制群鬼，由是

① 《终南山说经台历代真仙碑记·孙仲宣真人》，《道藏》第19册第546页。

② 《历世真仙体道通鉴》卷三十《孙彻》，《道藏》第5册第271页。

四方翕然倾慕。孙君诫之曰：‘夫法术滋广，风声外扇，羶能引蜡，翻累明真。’俄姚苌遣使来聘，法师称疾不起。阕诸法入山。”[①] 另外，据《历世真仙体道通鉴》卷三十的记载：“法师马俭，字元约，京兆右扶风人，尹通之度师也。……外名利，博通经史，尤长于风骚。郡邑异之，有辟命不就。秦甘灵中隶道士籍于楼观，从孙彻学道，时十七岁。遂授以道要。其经史之赡，则五符真文，三皇内文，《道德》、《灵宝》众经，遁甲占候之法。其药术之妙，则断谷服水，饵枣膏、天门、煎术，前商陆酒，五方云牙，六甲符，诸天内音，行气导引之方。其役使万灵制御群邪，则有八吏六丁二十四神，三皇众要之科，无施不验。姚苌闻而奇之，遣使往召，辞以疾。苌嘉其节，乃给香烛，钦尚加厚。……年九十八，后魏太武帝大延五年（439）……返真。”[②] 由马俭事迹可知，或许从孙彻开始，楼观道士除修习《道德经》之外，南方道教的《灵宝经》、《三皇经》也成为其必备经典，于此亦可见当时南北方道教的交流并未中断。且马俭得到后秦统治者姚苌“遣使往召”的殊荣，虽辞以疾未应召，但姚苌“嘉其节”，对其“钦尚加厚”。马俭也获得“四方翕然倾慕”，即在社会上已有相当影响力。

马俭之后为尹通。《终南山说经台历代真仙碑记·尹灵鉴真人》说：“真人名通，太和真人之裔也。幼钦祖道，观光福庭，遂礼马法师密受微旨。内充外畅，闻望日隆。魏太武遣使致礼，请谒不绝。高人胜士，朝野缙绅，车骑填门，冠盖溢路，求玄问道，虚往实归。年一百，解化。”[③] 另据《历世真仙体道通鉴》卷三十说：“道士尹通

① 《终南山说经台历代真仙碑记·马元约法师》，《道藏》第19册第546页。
② 《历世真仙体道通鉴》卷三十《马俭》，《道藏》第5册第271页。
③ 《终南山说经台历代真仙碑记·尹灵鉴真人》，《道藏》第19册第546页。

者，字灵鉴，真人轨之后也。幼从儒学，群经子史，博无不览。常嗟幻化非固，每仰天而叹。父母未之达，迫以婚宦。通乃跪伏曰：‘切闻张真升天，镇南嗣美，茅君得道，太守投诚。况高祖太极真人之遗德，可无隆绍，愿从所志。’父母许之，遂飘然而去。时天下寇难纵横，通履艰危，冒惊险而至楼观。年二十六，后魏太武始光（424—428）初，事马俭法师，服勤历年，方授真人秘韫，玉字金书。及恃怙已失，孝礼既尽，而希真守一之心，与日俱往，香火朝谒，无或少怠。服黄精、雄黄、天门冬数十年，体渐清爽，性亦敏慧。尤急于疗疾，可愈者治之，不可者，决不可救。太武好道，钦闻其名，常遣使致香烛，俾之建斋行道。自是四方请谒不绝，而通惟以功德为怀，与而无求，散而无积。时有侄法兴及牛文侯、王道义与其徒七人，继踵而来，共希灵迹，故仙风真教，自此复彰。年一百一岁……至孝文太和二十三年（499）夏四月八日……奄忽而化。”①值得注意者，马俭、尹通皆博通经史，儒学根底深厚，最终选择由儒而入道。北魏太武帝“钦闻”尹通之名，“遣使致礼”，请其“建斋行道”，楼观道获得北魏统治者关怀器重。尹通擅长医术，治病救人，当时聚集了牛文侯、王道义等一批高道，加之“四方请谒不绝”，社会影响力进一步扩大，楼观道“自此复彰”。

尹通之后为牛文侯：“道士牛文侯，陇西人也。性识颖拔，学洞古今，尤深于庄老，至于天文地理，无微不综。又善诲人，随其性导以忠孝。其劝戒则示罪福之理，其威禁则以符箓之科。由是法教重兴，人多化恶为善。尝为人讲说，未始措意于利财，至于不得已，则受小而辞大。访人贫乏，密遣致物于其家，欲人不知其所从来也。每冬寒，则布谷于地，使禽虫有所食。阴功密惠，大以及于人，小以及

① 《历世真仙体道通鉴》卷三十《尹通》，《道藏》第5册第271～272页。

于物。修身积德，久而愈笃。西魏文帝大统五年（539）八月二十八日，梦青衣道童告云：‘上帝有命，宜早治装，明旦当发。’及觉，乃与门人别。翌日，澡浴讫，果化降，年八十二。”① 由此可见，牛文侯特别注重发挥道教的道德教化功能，以“罪福之理”劝诫人，循循善诱人“以忠孝”，使得“人多化恶为善”，而且自己身体力行，持之以恒“修身积德”，不“措意于利财”，访贫问苦，以“阴功密惠”施救于人及动物，楼观道因此“法教重兴”。

牛文侯之后为王道义：“法师并州人。魏太和（477—499）中，师牛文侯。先生道隆行扩，事多玄感。尝修观宇，徒侣盛集，仓廪所积，随取随盈，终无耗竭。门人怪而候之，见数青衣小童，以筥负米，潜溢其囷。人以攀梯蹑隥为艰辛，与作阶级，使其便益，法师叱不许。贫悔者，咸来食焉。”② 又据《历世真仙体道通鉴》所说：“道士王道义者，魏时人，博览群书，兼明纬候。知终南有尹喜登真之所，后魏孝文帝太和中，自姑射山将门弟子六七人来居之。初，道士牛文侯、尹灵鉴等四十余人敷弘道化，朝野钦奉。时岁歉，常住之资殆不充给，道义大修观宇，兴土木工，丁匠就役，日常百数，而用度不乏。人讶而窥之，则仓库皆备，取多而益不穷，咸知师之神化，阴有灵助。由是楼殿坛宇，一皆鼎新，惟秦始皇所造老子殿，以其宏丽，不加修饰，令门人购集真经万余卷，皆自捐己力，未始求于人。其性浩然无系累，室中常有人语，弟子辈潜往伺之，乃真仙之降会也。后魏宣武永平（508—512）中，将反真之际，白云满室，异香盈庭，逾日方散。里人有见道义乘鹿而去。”③ 尹灵鉴、牛文侯时，楼

① 《历世真仙体道通鉴》卷三十《牛文侯》，《道藏》第5册第272页。按：《终南山说经台历代真仙碑记》的传承关系，尹通之后为王道义，无牛文侯。

② 《终南山说经台历代真仙碑记·王道义法师》，《道藏》第19册第546页。

③ 《历世真仙体道通鉴》卷三十《王道义》，《道藏》第5册第272页。

观道已有四十余人在不遗余力地“敷弘道化”，王道义又从姑射山率门弟子六七人前来入伙，可见北魏孝文帝时，楼观道已颇具规模，而且具有相当大的社会影响力，以至于“朝野钦奉”。从王道义来自姑射山也可以看出，楼观道敞开大门，招贤纳士，并不是一个自我封闭的系统。特别值得一提的是，王道义“大修观宇”，使得楼观的“楼殿坛宇一皆鼎新”，为宫观道教的硬件建设做出贡献；又自掏腰包“购集真经万余卷”，积累道经，不忽略“软件建设”的重要性。除了王道义外，师从牛文侯的还有道士母始光：“法师猗氏人，幼业坟籍，旁求象纬。既而叹曰：‘高蹈物表，非世教所及也。’遂礼牛文侯先生，问《五千》要旨。先生曰：‘迎之无首，随之无后，果何物邪？子能默识，道在是矣！’法师忽释然，如去阂膺之物，自此口诵身行，事符理顺，执古御今，六通四辟矣。”[①] 可知母始光亦是由儒入道者，而楼观道士精通《道德经》，传授《道德经》，于此也可见一斑。

王道义之后为陈宝炽。据《终南山说经台历代真仙碑记·贞懿先生陈真人》记载：“先生名宝炽，颍川人。抱负弘阔，人莫能窥。出入山间，时见白虎驯逐。魏文帝大统（535—551）中，招致便殿，访以治道及问驯虎之术。对曰：‘抚我则厚，虎犹民也；虐我则怨，民犹虎也。何术之有？’帝悦。后谥贞懿先生。”[②] 又据《历世真仙体道通鉴》卷三十《陈宝炽》载：“正懿先生陈宝炽，颍川人也。年二十一，不乐婚宦。后魏孝文太和十八年（494），隶籍楼观，事法师王道义。未几，羽化，遂游华阴，复遇陆景真人，授秘法而归。于是端诚虚己，依按修持，及诵《大洞经》，久之通感，故珍禽奇兽，常来侍卫。每朝老子祠，及八节投龙简，则白虎驯绕左右，导从往来。……

① 《终南山说经台历代真仙碑记·母始光法师》，《道藏》第19册第546页。

② 《终南山说经台历代真仙碑记·贞懿先生陈真人》，《道藏》第19册第546~547页。

通幽达冥，无所不至。事有未兆，则先知其崇妖害人，禁之立止。西魏文帝钦异之，召入延英殿问道。时太师安定公及朝士大夫，皆从而师之。年七十有六，大统十五年（549）三月十七日告门人曰：'吾昨梦仙官召，不果久留。来何为欣，去何为怆，生死道一，梦觉理均。尔等体之，无或悲矣。'言讫，奄忽而化。诏谥正懿先生。"① 南方上清经教似首先传入华山，再经华山传往楼观道。陈宝炽游学华山，获得陆景真人秘法而归，"修持及诵《大洞经》"，则南方上清经派的主要典籍已在楼观传播。通过陈宝炽的游学，楼观道与华山建立起密切关系，有可能楼观道的某些道术也传往华山。陈宝炽精通"驯虎之术"，"珍禽奇兽"亦常来作卫士，又"通幽达冥"，能预知未兆之事，防"崇妖害人"于未然，神通法术广大。各怀道术，这或许是楼观高道们的一个共同特点。陈宝炽得到西魏文帝"召入延英殿问道"，"访以治道"，由此可知西魏时楼观道在朝廷的地位仍呈上升趋势。

陈宝炽的弟子，著名者有王延、李顺兴、侯楷等。据《历世真仙体道通鉴》卷三十《王延》记载："道士王延，字子元，扶风人也。才九岁，好道。西魏孝文帝大统三年（537）丁巳入道，师正懿先生陈宝炽，至十八，肄业于楼观，与真人李顺兴相友善。未几，访华山云台观，复师焦旷真人，授三洞秘诀真经。惟松餐涧饮，以希真理。后周武帝钦闻，乃遣使召之。焦真人谓曰：'道教陵夷，久失拯援，可应诏出，弘大道教。吾自此逝矣。'至都久之得请还西岳云台观，复诏增修，以居之。……是时，天下溺于浮屠氏，且其徒不能维持禅律之学，务以罪福骇俗，其弊浸盛，故行沙汰。道教亦从而几绝。时师之名，独为上所钦，召至阙咨问道要。复欲建通道观，命校雠三洞经法、科仪戒律、飞符箓，凡八十余卷。又撰《三洞珠囊》七卷，诏

① 《历世真仙体道通鉴》卷三十《陈宝炽》，《道藏》第5册第272页。

颁于通道观。由是道教复兴。”①《终南山说经台历代真仙碑记·威仪法师王真人》载：“真人名延，扶风人。幼事贞懿先生。周武时，玄教将隐，真人叩阍论道，别白正旁，遂有十老之选。”② 王延步其师陈宝炽的后尘，进一步加强了与华山的关系。他到华山师焦旷真人，得受“三洞秘诀真经”，后又在北周武帝所建的通道观“校雠三洞经法”，又撰《三洞珠囊》，则南方的三洞经教此时已全部传入楼观道，其影响甚至已经遍及整个北方道教。王延“独为”北周武帝“所钦，召至阙咨问道要”，获选为“田谷十老”，这说明北周时楼观道在朝廷的地位并未因为改朝换代而受到影响，且北周武帝所建通道观使得“道教复兴”。焦旷所谓“道教陵夷”，当指的是北齐文宣帝崇佛灭道。北齐不再奉行北魏佛道并存的政策，不惜国家的财力物力资助佛教，全力排斥道教。文宣帝高洋于天保六年（555）九月下敕召诸沙门与道士辩对，比较二教优劣，道教在与佛教的斗法中败北，下令道教“皆宜禁绝，不复遵事”，道士削发为僧。有道士不服从者，文宣帝高洋用杀一儆百的手段，镇服道徒，于是齐国境内不再有道士，“致使齐境，国无两信”。文宣帝宣布他的宗教政策是：“法门不二，真宗在一”，③ 声称要把国储分为三份：供国、自用及以三宝。就是说要用三分之一的国家财力崇事佛教。从此单一遵行佛教，遂使北齐佛教的规模超过北魏，道教则失去朝廷的“拯援”。王延就是在北齐“道教陵夷”的危机出现后，应北周武帝之召，出而“弘大道教”的，可谓不负师命，故赵道一称颂王延“能得明师，扶教立宗”。与北齐不一样，北周一朝对于道教持崇信扶植的态度，尤其是在武帝时期，而且

① 《历世真仙体道通鉴》卷三十《王延》，《道藏》第5册第272～273页。按：“西魏孝文帝”应为“西魏文帝”。

② 《终南山说经台历代真仙碑记·威仪法师王真人》，《道藏》第19册第547页。

③ 参见《广弘明集》卷四《废李老道法诏》，上海古籍出版社1991年版，第117页。

继承了北魏皇帝登坛受道箓的规则，此正如《隋书·经籍志》所说："后周承魏，崇奉道法，每帝受箓，如魏之旧。"[①] 北周武帝时，道教表面上与佛教一起被废除，实际上却获得了暗中扶持，佛教则真正落难被"沙汰"，此起彼伏，道佛之间的矛盾又一次激化，而代表北方道教出马与佛教鏖战辩论的正是楼观道。

王延的师兄李顺兴真人，"京兆人。夙禀灵慧，受业贞懿之门。入山遇三大仙，授以丹宝。复炼养六年，变化莫测，名闻魏文，召试诸难，使之蹈火赴汤而无损。……末后虽示羽化，发视唯见空棺，诏于其处立祠像、奉香火焉"。[②] 又据《历世真仙体道通鉴》卷三十《李顺兴》记载："道士李顺兴，京兆人。……师正懿先生，年十一与道士籍。常诵《大洞经》，勤久不怠。正懿乃为立坛，授《五千文》及《黄庭经》。……年十七，道成，变化无方，应机接物，未尝凝滞。正懿知，而待之愈厚。有疑者密试之，以汤又加之火，终不云热。使之蹈火赴水，不能焚溺。时西魏文帝闻其名，诏都城凡百余坊同日作斋，皆能赴之。上虽知其能分形化影，尚疑能近而不能远。复诏岐宁、同华四州同日为斋请，又能遍赴，由是朝野钦信。其始，人未知之，但称为李炼师，及其通感灵变，则号曰李圣师。年三十八，大统六年（540）托疾告终。既葬之日，有侄遇于骊山道中，谓曰：'若天子尚未忘我，则于此作吾像以北向居之，当为国家辟北方之淫俗也。'侄还家，方知已化，遂以实奏。遣使发视，则空棺而已，乃立祠于沙苑。"[③] 这是一位"通灵变"、"能分形化影"有法术的"真人"，至死都不忘记要"为国家辟北方之淫俗"，替当政者效力，留下种种传奇

① 《隋书·经籍志》，中华书局1973年版，第4册第1094页。

② 《终南山说经台历代真仙碑记·李顺兴真人》，《道藏》第19册第547页。

③ 《历世真仙体道通鉴》卷三十《李顺兴》，《道藏》第5册第273~274页。

性的神异故事。他继承乃师正懿先生陈宝炽诵《大洞经》，既习《道德经》又修《黄庭经》的风格，融合了南北方道教之精华，从而得到“朝野钦信”，封号“李圣师”，着实为楼观道争光不少。但与王延比起来，对楼观道的贡献、道教教理教义的造诣及在朝廷的地位和社会影响力，皆不如其师弟王延，故赵道一《历世真仙体道通鉴》将其排列在王延之后。

王延的另一师兄侯楷，“京兆人。魏正始（504—508）中礼贞懿受道，奉侍师门，历三十载，坚苦不懈。师蜕之后，入寒谷结庵，泉甘木茂，人境清胜，名曰三松观。门徒追求而集，皆木食涧饮，道术相忘，怡然有巢许之风。人有为魑魅害者，皆来乞救，以符逐之，无不立安”。① 另外据《历世真仙体道通鉴》卷三十《侯楷》的记载：“道士侯楷，字法先，京兆人也。年十四，力究经典，尤精老庄之学。趣向孤高，不毕婚宦，遂就学于正懿先生。年十九，后魏宣武正始中，为道士，授玄文秘诀，晨夕之奉，久而愈勤。正懿曰：‘汝虽秉心励节，于道不懈，苟非栖隐山林，未易有得也。’楷曰：‘道在方寸，何必山林。’曰：‘吾亦知道无不在，然人间修之，时亦有得。但古来仙者多托岩薮，成真之后出而同尘。上真亦曰《大洞真经》不得人间咏之，咏之则大魔败之也。又葛仙翁将登真，别弟子郑思远云：何不登名山，诵《大洞真经》。一讽而一咏，玄音彻太清。由是知入山，非惟不是可欲，抑亦自然，与经道相符。汝今景慕希夷，入山乃其宜也！’曰：‘入山虽可存真，然违远几席，宁逭科律之责耶?’师嘉其言，且曰：‘道非知之难，行之难也。果能始卒无替，道在中矣！’逮正懿羽化，乃卜居于寒谷，行三奔术，诵《大洞经》及《三

① 《终南山说经台历代真仙碑记·矦法先法师》，《道藏》第19册第547页。按：《终南山说经台历代真仙碑记》将王延排列于李顺兴、侯楷之后，或依入道先后排序。

皇内文》劾召之法。其居有清泉环流，三松偃覆，洒然幽寂，是为栖真之所，遂号三松观。人有为魑魅之害者，无有远近皆乞救于楷，或持之以禁咒，或示之以符术，则无不立除之。将去无他疾，谓门弟子曰：‘昔费长房失符为鬼所杀，吾非失符也，终归道真。苟世俗不达，以谓吾为长房者也。’春秋八十六，周武帝建德二年（573）冬十月解化。”① 得到其师陈宝炽的真传，侯楷亦奉诵《大洞经》及《三皇内文》，又“行三奔术”，即所谓“黄帝三奔御女之术”。也有人说侯楷所行并不一定就是三奔术，而神仙日月高奔之法颇合大道，恐是“高奔”非“三奔”，乃后世作传之人误书。侯楷自建“三松观”，作为其“栖真之所”，足见此时道教的宫观化已经在逐渐普及，不少高道建筑宫观，作为自己修真的神圣场所。此外，侯楷也是一位善于以禁咒符术驱除“魑魅之害”的道士。

侯楷的弟子严达，“扶风人。玄学淹博，为时所尚。周武帝迎聘于朝，待以宾礼。建德四年（575），将汰道释，朝议未定，乃下诏问之。法师陈主优客劣之对，上大悦，特命于田谷旧隐建通道观，併选高道九人以居之，故世号田谷十老。年九十五，解化于观”。② 又据《历世真仙体道通鉴》卷三十《严达》的记载：“法师严达，字道通，扶风人也。……楼观侯法师，见而器之。……斋真之暇，常请问大经，遂学穷琼韫，博通妙术。周武帝建德（572—578）中，诏法师及王延于便殿，是时已沙汰浮屠氏，又下议于公卿，复欲去道家者流。上问法师：‘道与释孰优？’曰：‘主优而客劣。’上曰：‘主客奚辩？’曰：‘释出西方，得非客乎？道出中夏，得非主乎？’上曰：‘客既西归，主无送耶？’曰：‘客归则有益胡土，主在则无损中华。去者不

---

① 《历世真仙体道通鉴》卷三十《侯楷》，《道藏》第5册第274页。

② 《终南山说经台历代真仙碑记·严道通法师》，《道藏》第19册第547页。

追，居者自保，又何送乎？’上嘉其对，然不免有所减损，自五岳观庙外悉废之。特为法师建通道观于田谷之左，复选楼观之士十人，俾共弘真教。时王延更欲多得之，法师曰：‘古之达者，先存诸己而后存诸人。今上不欲废道教，而意则去繁。但道贵得人，玄纲自振，何必多人耶？盖多人则多累，反为吾道之玷。夫道不欲杂，杂则多，多则惑，惑则乱，乱则真理丧矣，讵有益哉！’遂与王延、苏道标、程法明、周化生、王真微、史道乐、于长文、张法成、伏道崇等十人以道术相忘，同乎出处，世号曰田谷十老。”① 严达面对周武帝的询问，比较道佛之间优劣，以道教为“主”，以佛教为“客”，直陈“主优而客劣”，代表了楼观道的看法，增强了北周武帝对道教的信心。而严达与其他楼观道士如王延的共同努力，使北周武帝在沙汰佛教时，对道教只是“有所减损”，“不欲废道教”，且建立通道观，“选楼观之士十人”即所谓“田谷十老”共弘道教。楼观道在北朝的发展于此时达到一个高潮，此后延续到隋唐。严达在隋代依然受到“朝野宗奉”，为“学穷琼韫，博通妙术”的一代高道。

侯楷的另一弟子于长文，“名章，扶风人。年方龀，能诵道书，父母令依侯法师。肄业后，遭二教夷废，虽涉艰虍，不以穷戚易节。俄而名简帝心，诏为大德，锡居通道观，乃十老之一也。每以符章为人翦祟，神异非一”。② 《历世真仙体道通鉴》卷三十《于章》说：“于章，字长文，右扶风人。年七岁，父母教读《孝经》，数日乃曰：‘闻有《道德经》，意愿习诵。’父母异之，随其所好，令习于侯法师。至西魏大统九年（543）披度，服巾瓶之劳凡十有四载。法师愍之，为开三洞众真要法，倒箧相付。尝自谓曰：‘真人符命，非俗所传。

① 《历世真仙体道通鉴》卷三十《严达》，《道藏》第5册第274～275页。

② 《终南山说经台历代真仙碑记·于长文法师》，《道藏》第19册第548页。

今吾得之，固所宝也。’于是，静室图写云篆龙章，精严其事，而施之于人，靡不神验。适会诏选戒洁之士十人，居通道观，而师与焉。然常怀希真之心，期居幽寂。至周静帝大象二年（580），遂卜观之下西岭下，诛茅累石，啸咏林泉，饵黄精、茯苓、山地黄。又服气吞符飞章设醮，如此精勤，历年无辍。”① 于长文幼年即自觉自愿习诵《道德经》，后得其师“三洞众真要法”，“名简帝心”，成为通道观“田谷十老”之一，也有“神验”的符章法术，为人驱除鬼祟。

关于楼观道士人数，按《初学记》卷二十三引“《楼观本记》曰：‘周穆王尚神仙，因尹真人草制楼观，遂召幽逸之人，置为道士。’又曰：‘平王东迁洛邑，又置道士七人。汉明帝永平五年，置三十七人。晋惠帝度四十九人，给户三百。后魏武帝为九州置坛，又度三十五人。文帝幸雍，谒陈炽法师，置道士五十人。’”② 这些数字的可信度究竟如何，由于没有其他旁证材料，也无法下定论，只能存此一说。

从上述道教神学史料所描绘的楼观道传承历史可以看出：

第一，相传老子西出函谷关，曾于楼观为关令尹喜讲说《道德经》，留下说经台。这些传说使得楼观道士以《道德经》为主要诵习的经典，崇奉老子与尹喜为始祖，而且深信“老子化胡说”。大约从后秦的孙彻开始，楼观道士除了修习《道德经》之外，南方道教的《灵宝经》、《三皇经》也成为其必备经典。北魏时陈宝炽修持及诵《大洞经》，南方上清经派的主要典籍已在楼观传播，楼观高道受上清经教的影响越来越大，修习《大洞经》成为必备功课，陈宝炽及其弟子王延、李顺兴、侯楷等皆如此。应该说，南北方统一后的隋唐时

---

① 《历世真仙体道通鉴》卷三十《于章》，《道藏》第5册第275页。关于楼观道的传承，参见陈国符《道藏源流考·楼观道士传授表》，中华书局2014年版，第212页。

② 《初学记》卷二三，中华书局2004年版，第552页。按：“陈炽”当为“陈宝炽”。

期，上清经派能够迅速在北方传播开来，占据道教主导地位，与北朝后期楼观高道为其在北方地区打下的信仰基础是分不开的。自陈宝炽后，南方道教的三洞经典成为楼观高道代代相传的法宝。王延到华山拜焦旷为师，得受“三洞秘诀真经”，后又在北周武帝所建的通道观“校雠三洞经法”八十余卷，又撰《三洞珠囊》七卷，诏颁于通道观；李顺兴诵《大洞经》，又修习《黄庭经》；侯楷诵《大洞经》及《三皇内文》。这些神学记述，都显现出楼观高道对于南方道教三洞经典的爱好与精通。三洞经典中，上清经典对楼观道的影响最大，尤其是《大洞经》。楼观高道重视道经的收集整理工作，王道义不惜自费“购集真经万余卷”，积累道经真可谓是不遗余力。重视道经及教理教义建设，这是楼观高道远远超越寇谦之的地方，也为其在隋唐的大发展奠定了理论基础。楼观高道大都博通经史，儒学根底深厚，有较高的文化水准，其人生轨迹最终选择由儒而入道。楼观高道也有各种“神异”的法术相传，诸如行气导引之方，遁甲、占候之法，医药治疗之术等等，既实践炼丹术又以符箓修行，糅合金丹道教与符水道教的修炼方法，把南北方道教的教理教义及各种法术、斋醮戒律特长优化组合，自成一家。可以这么说，楼观道较早地选择了博采南北方道教众家之长的路线，这一路线，到统一后的隋唐时代，普遍为道教各门派所采取遵循。在博采各家之长的同时，楼观道并没有忘记独树一帜，独自建构了一套传承体系，以太上老君为道祖，亦即最高信奉神灵，这与南方上清经派以元始天尊为首的“三清”系统有所不同。

第二，楼观道活动中心在今陕西周至县终南山的楼观台，与华山道教有紧密联系，一些楼观高道如陈宝炽、王延等均曾去华山拜师访道，将南方道教的三洞经教带回楼观，在今陕西、甘肃一带传播。也不乏这样的可能性，楼观道已经将其势力范围拓展到了华山。楼观高道能够预先“知人吉凶”，“召命万灵，御制群鬼”，化解危难，遂

“为时所望”，信众“请访益多”，乃至出现“四方请谒不绝”，“朝野缙绅，车骑填门”求玄问道的情况，“由是四方翕然倾慕”，产生了较大的社会影响力。

第三，寇谦之以后，北方道教的热点转移到楼观道，可谓一枝独秀，尤其是在北周武帝时期，其发展达到高潮。楼观高道赢得了北周武帝的实质性支持，表面同时废除佛道二教，却于田谷旧隐建通道观，选高道十人以居之，世号“田谷十老”，“共弘真教”。北周武帝钦崇王延，召至阙，“咨问道要”；迎聘严达于朝，“待以宾礼”，咨询其关于道释优劣的问题。王延、严达均受到北周武帝钦崇器重，为北齐“道教陵夷”危机之后的“道教复兴”立了大功，而北周武帝的大力扶持，则为“道教复兴”提供了坚强的政治后盾。北周武帝“自缵道书，号《无上秘要》”。[①]《无上秘要》为现存编纂最早的道教大类书，分类辑录约三百种道书要言，内容从天地日月至斋戒威仪、修真之术等，无所不包，保存有不少亡佚的道教经典。[②]很有可能，楼观高道参与了《无上秘要》的编纂工作。据研究，《无上秘要》一书引用的道经，以及当时在佛道辩论中佛教徒所攻击的道经，也主要是出自陆修静整理后的三洞经典，由此可见楼观道在经典方面受南方道教的影响之深。[③]不可否认的是，北周武帝主张儒释道三教应当汇通，他以“儒教为先，道教次之，佛教为后”排列三教先后次序，[④]于通道观选拔了“释李门人有名当世者”一百二十人，号称为“通道观学

---

① 《续高僧传》卷二《释彦琮传》，上海古籍出版社 1991 年版，第 117 页。

② 参见任继愈主编《道藏提要》，中国社会科学出版社 1991 年版，第 543 页。

③ 参见任继愈主编《中国道教史》上卷，中国社会科学出版社 2001 年版，第 245 页。

④ 《广弘明集》卷八《灭佛法集道俗议事》，上海古籍出版社 1991 年版，第 142 页；《北史·周本纪下》，中华书局 1974 年版，第 2 册第 359 页。

士”,[①] 从理论上融汇贯通三教。这也为道教在“通道观”向儒释学习、吸取二家之长创造了条件，其后隋唐时代道教教理教义大发展，上了新的档次，就与这种学习有关。

第四，楼观道是否发端于魏晋时，疑点甚多，尚不能定论。但楼观道从一开始就以住宫观为特征，传说中尹喜留下的住宅即是其修真场所。因为要住观修炼，故楼观高道注重宫观的修建，王道义“大修观宇”，使得楼观的“楼殿坛宇一皆鼎新”，为宫观道教的硬件建设作出贡献。侯楷自建“三松观”作为“栖真之所”，表明道教的宫观化在蔓延。宫观道教与山头道教紧密联系在一起，往往一个著名的大宫观就构成一个山头，楼观道即是典型。宫观道教需要一套制度来管理，住观道士需要戒律约束，楼观道对此也进行了探索和尝试。尽管尹喜及其族裔在楼观道的创建发展过程中影响很大，前后有所谓太和真人尹轨、尹通真人等高道出现，然而，尹氏一族却并未形成世代相传的家族道教——尹家道。楼观的特点是不同姓氏的高道辈出，师傅带徒弟，一代传一代，共住宫观，各显神通，各领风骚，力争当政者支持，努力扩大社会影响，由此推动楼观道壮大起来，兴旺发达起来。这与寇天师道缺乏接班人、寇谦之羽化后其发展即戛然而止相比较，又胜出一头。

第五，越是晚出的道教神学史料，关于楼观道的描述越是丰富多彩。即便作为一种神学历史笔法叙事的楼观道史，也符合顾颉刚所说“层累地造成”的历史。因此，关于楼观道历史的真实性，目前我们尚无其他史料可作旁证，基本上是依据道教自己的说法，有待于更客观的史料譬如考古文物或其他文献材料的发现，在此基础上作深入细致的研究，写出令人信服的楼观道历史来。

---

① 《广弘明集》卷十《周祖废二教立通道观诏》，上海古籍出版社 1991 年版，第 158 页。

略说秦汉魏晋南北朝道教与日常生活和风俗习惯

宗教是俘获人群数量最多的乌托邦，其无限的美妙宏愿带给信徒无穷无尽的希望，且用神话调节了信徒生活中的困境，带给其希望。道教也是如此。马克斯·韦伯指出："一种宗教一旦定了型，也总会对截然不同的阶层的生活方式产生相当深远的影响。"① 可以说道教也是这样，对当时社会的帝王将相、门阀士族、普通老百姓这些"截然不同阶层"的生活方式都有不同程度的影响力，使其各取所需，从中找到满足自己生活需要和乐趣的内容。诚如某些日本学者所说："道教是适应中国社会各阶层，特别是庶民阶层要求的宗教。官僚统治阶层在个人私生活中也信仰道教。"② 道教神仙信仰和修炼方术，并不只针对某个特定阶层的社会生活，并不属于权贵或修炼之士的专享权利，而是向整个社会生活开放，成为社会各阶层日常生活的一

① 马克斯·韦伯《儒教与道教》，商务印书馆 1995 年版，第 8 页。

② 福井康顺、山琦宏、木村英一、酒井忠夫监修《道教》：酒井忠夫、福井文雅撰《什么是道教》，上海古籍出版社 1990 年版，第 1 卷第 4 页。

部分。

"生活世界"的理论是胡塞尔晚年的定论，其中内容之一即"当下的生命体验的意义来自一个普遍的境域，这个境域就是生活世界。它是一切经验的历史基础，先于科学给我们描述的自然世界或科学世界"。[①] 人们常说，古人的风俗习惯中充满迷信。那么，这些迷信是怎么来的呢？其实就来自于古人的"生活世界"，是当时生活危机四伏的表现，是古人在"生命体验"中对自然与社会灾难不明白、不理解的结果。当今科学"给我们描述的自然世界或科学世界"，建立在当今"生活世界"的基础上，古人的迷信世界则建立在他们那个时代"生活世界"的基础上。不解决古人"生活世界"的问题，道教研究就缺乏"历史基础"。故把道教与古代的日常生活和风俗习惯结合起来研究，是非常重要、非常有意义的课题，值得我们付出心血。

在古代人看来，所谓风俗是指："风者，气也；俗者，习也。土地水泉，气有缓急，声有高下，谓之风焉。人居此地，习以成性，谓之俗焉。风有薄厚，俗有淳浇。"自然地理环境之"气"，形成"风"，使居住此地的人们习惯成"性"，化为俗。一方水土养一方人，地气不同，便使人们的习俗有了差异。"明王之化"的目标，就是要"移风使之雅，易俗使之正"。因为"先王伤风俗之不善"，所以才"立礼教以革其弊，制礼乐以和其性，风移俗易而天下正矣"。因此："上之化下，亦为之风焉；民习而行，亦为之俗焉。"[②] 移风易俗，从而使风俗既"雅"且"正"，这是古代"王化"政治生活的大事，风俗经由"上化下"，贯穿在老百姓的日常生活中。故东方朔高度赞美汉文帝："以道德为丽，以仁义为准。于是天下望风成俗，昭然化之。"把

---

① 张汝伦《二十世纪德国哲学》，人民出版社 2008 年版，第 161 页。

② 《汉魏丛书·刘子新论》卷九《风俗》，吉林大学出版社 1992 年版，第 685 页。

“美风俗”作为“帝王所由昌”的前提条件之一。[①] 张衡《西京赋》也称：“帝者因天地以致化，兆人承上教以成俗。化俗之本，有与推移。”[②] 道教不仅能够与时俱进，“有与推移”地承担起为“王化”“上教”“美风俗”的责任，而且能在老百姓日常生活中以神学面貌担负起服务的任务，而这种具有神秘色彩的服务，正是那个时代百姓们在日常生活中所迫切需要的。在那个战云密布、颠沛流离的时代，在“人生无常”的面前，生活意义究竟何在？这也是道教需要向那个时代的百姓们予以说明的，需要用其信仰和方术来解决生活意义的问题。

《论衡·道虚》通过对当时“学道之人”、“学道求仙”的批驳，从反面透露出汉代社会一般民众日常生活中修仙了道风气之浓厚，各种道术流行在老百姓的日常生活中，为他们所接受。王充所反驳的对象，都是所谓“儒书”之言，这么些“儒书”，显系方士化的儒生所书写，实质上，当系方仙道、黄老道的“道书”，它们从方方面面记载了汉代社会普通百姓日常生活中的“学道求仙”、“好道学仙”情况。汉之后，随着道教的日益发展，魏晋南北朝的社会生活中道教的影子更是无处不在。

一 道教与社会经济生活

古代农业社会，“一夫不耕，天下必受其饥者；一妇不织，天下必受其寒者”。[③] 所谓“妇织”就涉及养蚕，养蚕为中国古代国家的

---

① 《汉书·东方朔传》，中华书局1962年版，第9册第2858、2871页。
② 《文选》卷二，中华书局1977年版，第37页。
③ 王符《潜夫论·浮侈》，上海古籍出版社1990年版，第18页。

大事，由皇后亲自带头示范："皇后帅公卿诸侯夫人蚕。祠先蚕，礼以少牢。"注引《汉旧仪》说："春蚕生而皇后亲桑于菀中。……祠以中牢羊豕，祭蚕神曰菀窳妇人、寓氏公主，凡二神。"[①] 春蚕出生，皇后带领公卿诸侯夫人以隆重的仪式祭祠蚕神，以求保佑蚕丝丰产。上行下效，蔚然成风，民间也在春蚕出生季节祭祀蚕神。只不过，民间确保蚕丝丰产的仪式多由道士行使。

男耕女织的小农经济，怎样搞好栽桑养蚕、耕种五谷，确保人们丰衣足食，这也是道教所关心的日常生活的头等大事。比如养蚕，《太上洞玄灵宝天尊说养蚕营种经》指出："一切凡夫，养蚕营种五谷，此乃是众生之命。蚕子是紫微宫出，十方玉女所爱养之，五谷蚕子是众生之本，人间种养，最为重事。"因为人们凭借"衣食以活身命"，所以养蚕种田是"上上业"，修造功德莫不由此开始。人民欢乐，在于风调雨顺，五谷丰登。万民致富，也在于唯念种田养蚕。要想蚕丝五谷获得丰收者，就念诵此经，可获福无量。为什么？因为你一心虔诚奉道，天神自然就会维护你这样养蚕种田的人，立刻给予回报，使你"日见富贵"，所求之事都能做到称心如意。至于世间那些"少信圣教"，不想劳动者，则因此贫穷困顿，要穿没有穿的，要吃没有吃的。[②] 以神学的语言劝人们听从天尊的教诲，辛勤地养蚕种田，不误农时，不投机取巧，一分耕耘，一分收获，再加上虔诚地"念诵护法经"，就会得到天神的全力庇护，逐渐致富。可见，道教既鼓励人们勤勤恳恳从事男耕女织的农业生产活动，又对那些虔诚信奉其说教者，也就是所谓"一心奉道"的人，予以勤劳致富的神圣保证。

养蚕涉及人们的穿衣问题，道教劝导人们大力养蚕。《太上说利

① 《后汉书·礼仪志》，中华书局1965年版，第11册第3110页。
② 《太上洞玄灵宝天尊说养蚕营种经》，《道藏》第6册第234页。

益蚕王妙经》有月净真人报告天尊说：世间人民，苦乐不均，有人无衣可穿，拿什么救济？天尊于是派遣“玄名真人”化身为蚕蛾，口吐蚕丝，教人机织，制为衣服。于是“玄名真人”告知世人，蚕蛾是我的身体变化，为了免除众生的饥寒困苦，故来救济，你们要“精心虔敬，不得轻慢，将我抛弃”。如果“轻慢”，就会重新回到困苦；如果“敬重”，可获得大富贵。多养多得，少养少收，精心信敬，皆大欢喜。① 既然蚕是神的化身，那就必须像对待神一样“虔敬”，这才可以走上致富之路。这同样是以神学方式劝说人栽桑养蚕，神的命令必须不折不扣执行，否则饥寒交迫，陷入困境。养蚕是有风险的，蚕宝宝容易生病夭折，这下损失可就大了。《赤松子章历》卷五《保蚕章》，教人做斋醮仪式，请求神灵保佑，免遭损失。养蚕人通过道士作法“上章”说：“今为累年养蚕不收”，特于“今月吉日良时”，上请五方五帝“蚕室”，五方养蚕之女，五方养蚕之姑，蚕父蚕母，为我今年消灭一切危害蚕蛾的瘟疫虫鼠害，使我“收茧万石，得丝千斤”的愿望如愿以偿。② 通过道教这一类神圣的宗教仪式，养蚕的巨大风险至少在养蚕人的心理上就被化解了。在神仙传记中，神仙甚至帮助凡人收蚕，介入了凡人的桑蚕经济生活：“园客者，济阴人也。姿貌好而性良，邑人多以女妻之，客终不取。常种五色香草，积数十年，食其实，一旦有五色蛾，止其香树末，客收而荐之以布，生桑蚕焉。至蚕时，有好女夜至，自称客妻，道蚕状，客与俱收蚕，得百二

① 《太上说利益蚕王妙经》，《道藏》第6册第249页。

② 《赤松子章历》卷五《保蚕章》，《道藏》第11册第216页。按任继愈主编《道藏提要》所说：《赤松子章历》“约出于南北朝”（中国社会科学出版社1991年版，第268页）。小林正美《唐代的道教与天师道》则称：《赤松子章历》“被认为是唐代初期编纂的”；“唐代天师道编纂的”（齐鲁书社2013年版，第11、17页）。就算“是唐代初期编纂的”，亦能反映南北朝道教与社会生活的情况。

十头，茧皆如瓮大。缫一茧，六十日始尽。讫则俱去，莫知所在。故济阴人世祠桑蚕，设祠室焉。或云，陈留济阳氏。”① 这则故事反映了养蚕人的美好心愿，希望神仙以强大无比力量前来帮助他们，出现桑蚕经济奇迹。济阴人设祠室“世祠桑蚕”，是在祈求神仙保佑他们的桑蚕世世代代丰收吧。

在仙传中，神仙保佑着凡人的社会经济生活。九灵子所著经书，声称其道术可以“倾神灵之心，得百姓之意。田蚕大行，六畜繁孳”。② 运用其道术，不仅确保农民田蚕丰收，而且使得畜牧业兴旺。王远住在陈耽家四十余年，耽家“六畜繁息，田蚕万倍”。③ 神仙出现在哪里，哪里就经济发达，丰衣足食。这真实反映了凡人的愿景。

农业生产中最大的问题就是水，水利建设不足，或旱或涝都会影响收成。中国自古以来就是一个旱涝灾害频发的国家，但生产力低下，水利建设又跟不上，只好靠天吃饭。干旱时求雨是古代农业生产活动的一项非常重要的内容，关系到收成好坏，进而言之，与百姓能不能填饱肚子休戚相关。在靠天吃饭的古代小农经济社会，天要是不下雨，怎么得了，农民不得不向主管雨水的神灵祈求。向天求雨的活动最早由巫承担，“掌群巫之政令”的司巫，“若国大旱，则帅巫而舞雩”求雨。从事“舞雩”者为“掌岁时祓除衅浴”的女巫。④ 何以用女巫而不用男巫“舞雩”？盖古人以为干旱是阳气过盛以致阴阳失调造成的，女性属阴，以阴平衡阳，可引得雨水。董仲舒《春秋繁露·

① 王叔岷《列仙传校笺》卷下《园客》，中华书局 2007 年版，第 116 页。

② 胡守为《神仙传校释》卷四《九灵子》，中华书局 2010 年版，第 148 页。

③ 胡守为《神仙传校释》卷三《王远》，中华书局 2010 年版，第 92 页。

④ 《十三经注疏·周礼注疏》卷二十六《春官宗伯》，上海古籍出版社 1997 年版，上册第 816 页。按：“雩”为求雨的祭神仪式。《论衡·明雩篇》：“《春秋》，鲁大雩，旱求雨之祭也。旱久不雨，祷祭求福，若人之疾病祭神解祸矣”；“夫雩，古而有之。故《礼》曰：‘雩祭，祭水旱也。’故有雩礼”（上海人民出版社 1974 年版，第 234、238 页）。

求雨》就讲："凡求雨之大体，丈夫欲藏匿，女子欲和而乐"；"禁男子无得行入市"，这叫"开阴闭阳"。反之，"凡止雨之大体，女子欲其藏而匿也，丈夫欲其和而乐也"；"禁妇人不得行入市"，这叫"开阳而闭阴"。[①]《汉书·董仲舒传》记载：天子以董仲舒为江都相，事易王。"仲舒治国，以《春秋》灾异之变推阴阳所以错行，故求雨，闭诸阳，纵诸阴，其止雨反是；行之一国，未尝不得所欲。"[②]《论衡·明雩篇》也说："旱应亢阳"；"为水旱者，阴阳之气也"；"以雩祭调和阴阳"。[③] 以雩礼仪式调和阴阳，阴阳如果协调了，则风调雨顺，旱灾洪灾皆避开。雩祭与龙相关，有所谓"龙见而雩"之说。[④]汉代求雨仪式中土龙是必不可少的角色：春夏秋冬"四时皆以水日为龙，必取洁土为之"。[⑤]《论衡·乱龙篇》说："董仲舒申《春秋》之雩，设土龙以招雨，其意以云龙相致。《易》曰：'云从龙，风从虎。'以类求之，故设土龙。"在汉代人眼里，"龙与云雨同气，故能感动以类相从"。[⑥] 龙在雨水中的不可缺少功能为道教继承。《太上洞玄灵宝八威召龙妙经》卷上有"用金龙一口，碧珠二枚"的"投水简"仪式，"以龙珠相连，朱书青缯置水中"，即所谓投龙简以镇洪灾。又有所谓"八威神策，以召龙王"。卷下描述龙君降下了"及时雨"的大功德：正当万民枯竭，"枯死之人，天下三分过半，焦煎欲尽"，这样一个危机四伏的时刻，龙君携"群龙数千万，负水乘云，弥布天下，普蒙洪注"，"济度天下枯竭，累日之中，水陆普被流润，川谷盈满，

---

① 《春秋繁露》卷十六《求雨》、《止雨》，上海古籍出版社 1989 年版，第 90、89、90 页。

② 《汉书·董仲舒传》，中华书局 1962 年版，第 8 册第 2524 页。

③ 《论衡·明雩篇》，上海人民出版社 1974 年版，第 233、238 页。

④ 《论衡·明雩篇》引《春秋左传》，上海人民出版社 1974 年版，第 238 页。

⑤ 《春秋繁露》卷十六《求雨》，上海古籍出版社 1989 年版，第 89 页。

⑥ 《论衡·乱龙篇》，上海人民出版社 1974 年版，第 245、246 页。

浩浩荡荡”。于是“旬月之中，枯死者皆得生苏”。龙君消除天下旱灾，以免生灵涂炭，可谓“龙威功德大，惠泽荷天灵，济活天下人”。而龙君能够立此巍巍大功德，正是元始天尊召威神、威鬼等“八威”将其制伏，劝其行善，“皆从正道之心”的结果。[①] 这显示当时道教如何通过一些仪式驾驭指挥龙王求雨止雨，以利农时。《无上秘要》卷二十四引《洞玄赤书经》称：运用《洞玄灵宝赤书五篇真文》的神秘文字，就能使“天灾自消”，五方“星宿复位”。又能召东海、南海、西海、北海、中海的“水帝”调遣龙神平息“洪水之灾”。[②] 这表明洪灾与天上的星宿错位相关，而道经可以使星宿回复到正常的位置。

求雨的道教仪式，除了征召龙王之外，还有就是收召风伯雨师。《太上洞玄灵宝八威召龙妙经》卷下称颂说：龙君“收摄雨师，云罗上京。三日三夜，洒渊清静。禾稼丰茂，万民受生。四时和调，咸亨泰宁”。[③]《赤松子章历》卷三《天旱章》载道士“谨依天师科法”上章天官说：“四时失度，国境亢旱，禾稼不登”；“旱风烈日，万姓熬然，稼穑焦枯”；“天气旱燥，恐百谷失收。拜上，请天官以时降下，润泽流注”；“风伯雨师，亦同升三天，预酬劳苦。愿天曹告下，速使旱魃之鬼，应章消灭”。[④] 通过神圣的祈雨法事，消灭“旱魃鬼”，降下喜雨，润泽庄稼，以保丰收。然而雨水太多，也造成了灾害，于是又有止雨术。《赤松子章历》卷三《请雨得水过止雨章》上章天曹说：

---

① 《太上洞玄灵宝八威召龙妙经》卷上、下，《道藏》第6册第238、239、240、241页。按任继愈主编《道藏提要》：“本书乃道书龙王经中之古者”，“系唐以前道流据陆修静旧目补撰之作”（中国社会科学出版社1991年版，第164页）。

② 《无上秘要》卷二十四引《洞玄赤书经》，《道藏》第25册第68～70页。

③ 《太上洞玄灵宝八威召龙妙经》卷下，《道藏》第6册第241页。

④ 《赤松子章历》卷三《天旱章》，《道藏》第11册第192、193页。

“初阳以来，亢旱无雨，人失农务，禾稼萎枯。臣谨为百姓寒心，请乞披云降雨，洪泽四注。阴气遍降，遂尔不息，霖雨浩衍，百川滂溢，万姓废业，田苗荡没。……上请天曹，止雨移风，风伯雨师依四时八节，无令越错，收云敛翳，三光丽景，当为止雨。”① 先是大旱求雨，结果雨久下不止，反而造成洪灾，淹没田苗，于是道士又上章请“天曹”及“雨师”止雨。其目的除了祈求农业丰收，最重要的是所谓“助国扶命”，盖粮食收成好坏事关朝廷稳定大局，无粮不稳啊。

《赤松子章历》所说“雨师”，按《列仙传》卷上《赤松子》的说法：“赤松子者，神农时雨师也。服水玉，以教神农，能入火自烧。往往至昆仑山上，常止西王母石室中，随风雨上下。炎帝少女追之，亦得仙俱去。高辛时，复为雨师。今之雨师本是焉。”② 可知汉魏以来即认同传说中的神仙赤松子为“雨师”。而赤松子在道教的神仙座次中出现在第二左位“左圣南极南岳真人左仙公太虚真人赤松子（黄老君弟子，裴君师)”，又出现在第四左位“赤松子”，③ 似乎“位业”不等，非同一神仙。但无论如何，赤松子进入道教神仙班子是毫无疑问的，在祈雨活动中扮演重要角色。也有不同说法：“雨师者，毕星也。……至于太山，不崇朝而遍雨天下，异于雷风，其德散大，故雨独称师也。丑之神为雨师，故以己丑日祀雨师于东北。”“《春秋左氏传》说，共工之子为玄冥师。郑大夫子产禳于玄冥，雨师也。”④ “雨

① 《赤松子章历》卷三《请雨得水过止雨章》，《道藏》第 11 册第 193 页。

② 王叔岷《列仙传校笺》，中华书局 2007 年版，第 1 页。按：据王叔岷《列仙传校笺序》的看法，“《列仙传》述上古及三代、秦、汉间事，旧传刘向撰。是书魏、晋时流传最盛”；“《四库提要》疑为‘魏、晋间方士为之’。恐不然矣。或有魏、晋间人附益者耳。……是书即非向撰，亦不致全晚至魏、晋也。”又：干宝《搜神记》卷一《赤松子》基本抄自《列仙传》(见《汉魏六朝笔记小说大观》，上海古籍出版社 1999 年版，第 278 页)。

③ 《洞玄灵宝真灵位业图》，《道藏》第 3 册第 273、276 页。

④ 应劭《风俗通义 · 祀典》，上海古籍出版社 1990 年版，第 58 页。

师神，毕星也。其象在天，能兴雨。”[①] 以“毕星”为雨师的说法，显然表明下雨与星宿是有关的，难怪前述《无上秘要》引《洞玄赤书经》把洪灾与天上的星宿错位关联起来。

《太平御览》卷十一《祈雨》引《抱朴子》说：方士能神祝者，临泉禹步吹气，龙即浮出，长十数丈，复禹步吹之，长数十丈，“须臾而云雨四集”。又引《抱朴子》说：“历阳有彭祖仙室，请雨必得。”另外引《葛仙公传》讲故事：“吴主曾与仙公座于榭上，望见道间人民请雨土人，累时不得。仙公曰：‘雨可得耳。’即书符着社庙中，日午大雨，尺余水。”[②] 这些说法，皆可见出道士参与了当时祈雨活动之一斑，而且效果显著，很有可能这些道士为精通气象知识的高人。葛仙公“书符”引来大雨，由此看来，道符也是道士参与祈雨活动的工具之一。20世纪初在敦煌出土西晋仙师木简符，释文为：“仙师敕令，三天责龙星镇定空炁（气）安。”三天指道教“三清天”，龙星是管雨的，又是百谷之神。该通道符的大意是：“仙师传达敕令，最高神三天责命龙星镇护农事气候安和。”此符出土于“西北干旱地区，很有可能是雩祭求雨活动中道士施法的遗物”。[③] 以上说明，道士使用各种手段祈雨止雨，目的就在于风调雨顺以保粮食丰收。

农业生产中，牛马是重要的帮手，假如牛马生病了，生产受到严重影响，怎么办？不要着急，道教有《太上说牛癀妙经》前来“济度”，解决问题：世人不悟禁忌，不看牛癀马厩方位，故犯神杀，竟

---

① 蔡邕《独断》卷上，上海古籍出版社1990年版，第8页。

② 《太平御览》卷十一《天部·祈雨》，中华书局1960年版，第56页。葛仙公（葛玄）书符祈雨故事又见干宝《搜神记》卷一《葛玄》：“尝与吴主座楼上，见作请雨土人。帝曰：‘百姓思雨，宁可得乎？’玄曰：‘雨易得耳。’乃书符着社中。顷刻间天地晦冥，大雨流淹。”（《汉魏六朝笔记小说大观》，上海古籍出版社1999年版，第285页）。

③ 《道家文化研究》第九辑：王育成《文物所见中国古代道符述论》，上海古籍出版社1996年版，第287～288页。

生瘟疫相逼。要想救治，但以吉利日子，洒扫家庭，铺设宝座，燃灯焚香，读诵灵文，禳谢神杀，就能够消除灾祸，驱散瘟疫，永不为害牲畜。这正是所谓：虔诚归大道，非但犊猪羊，其或保牛马。龙神常拥护，六畜永繁昌。[①]《正一法文经章官品》卷一有《保六畜》，按其所说，凡畜养牛马等受到疾病危害，请道士作法召来神将，即可保护牛马，驱逐鬼祟，使其健康成长而不死亡。[②]

农业生产中，虫害鼠灾对粮食产量的高低具有很大影响，这方面道教也有应对。《赤松子章历》卷三《却虫蝗鼠灾食苗章》道士上章说："愿请北门宫中天田君一人，官将百二十人，主为某家辟除灾蝗虫鼠伤犯苗稼者，一切虫鼠为害，皆令消灭。""令某田收倍获，无复灾损。如愿之日，不负效信。"许下诺言，一旦收成倍增，即向神灵还愿。又同卷《收鼠灾章》："某处田作横被鼠灾伤损，非可禁止，臣不胜所见，谨为伏地拜章一通上闻，特从无上大道、诸君丈人、三师君夫人、上官典者，垂恩省察。谨上请三五阳元君官将百二十人治黄云宫中，重请南山白虎将军吏兵，一合来下收捕境内群鼠，令还旷野，有谷之地，不得停住。……使五谷丰登，百姓苏悦，以荷大道生育之恩，不负效信。"[③] 请神兵神将下凡收捕群鼠，从而使五谷丰登，老百姓有好日子过。总而言之，古代农业生产过程，不仅仅是个单纯的技术活儿，而且还有信仰问题，老百姓的信仰用仪式表达出来，在生产过程中的若干关键时刻和环节，如果不举行这些仪式，人们心中就没有底，生怕老天爷带来风不调雨不顺的灾难。道教仪式满足了生产者的上述需求。

---

① 《太上说牛癀妙经》，《道藏》第6册第249页。

② 《正一法文经章官品》卷一《保六畜》，《道藏》第28册第537～538页。

③ 《赤松子章历》卷三《却虫蝗鼠灾食苗章》、《收鼠灾章》，《道藏》第28册第193～194页。

社会经济生活中，道教各式各样的经典、五花八门的仪式及法术，针对人们所面临的问题和困难产生出来。换言之，道教试图针对当时老百姓在经济生产活动中遭遇到的各种不同类型的问题和困难，借助于各种各样具有相应功能的神通广大的神仙力量，通过神圣的道教经书、上章等祈祷仪式及各种法术，一一对此加以解决，即使未能真正处理经济生产活动中的险情，至少也能给予这些遇见困境的生产者们以心理上的安慰。这就是当时道教为人们的经济生活提供的力所能及的服务，尽管这些服务在今人眼中属于迷信范畴。

二 道教与民俗信仰

道教与民俗信仰是一种交流互动的关系。秦汉魏晋南北朝道教将民俗信仰整合进来，又反馈给社会，为人们的生活破解难题，提供各式各样的公共服务。这些民俗信仰大多与人的生命攸关，着眼点在于健康长寿，无病无灾，平安幸福。而道教提供的服务，重点也在生命的厚度与长度方面下功夫，说通俗点，就是为人们如何生活得更好，活得更久长，提供令人满意的公共服务。

（一）星斗崇拜

中国古代盛行天人感应、天人合一的观念，在此观念指导下，天象成为与神沟通的最有效工具，即从天象的变化察言观色神的旨意，预推人事的吉凶祸福，尤其是凶祸等不利于人事的一面，以便早做准备，防患于未然。观察星象的变化征兆，预测人的命运的占星学及占星术，流行于社会各阶层。天上一颗星，地上一个丁。每个人都有其上应的星象。[①] 所谓“星命家”，顾名思义，就是把星象与人的生命联系在一起，运用其法术来预测人的命运，“定吉凶，明趋避”。把天文知识应用于术数学的占星术之所以能够流传不衰，乃是因为社会对其有强烈的需求。假如没有这种需求，它自然就存在不下去了。在古人眼中，不吉的星象代表“天戒”，是为“天心示警”，凡有垂象，皆与治理相关。由于这类术数涉及危害统治者的利益（占星家往往作出不利于统治集团的政治预言），故历代都有律例明文禁止私习天文，统治集团意图将此垄断在手，不许百姓染指，但却令出不行，上有政策，下有对策。老百姓出于对自己生死、命运、前途的密切关心，总希望通过看星象来解决这些问题，民间社会对占星术的需求量很大，以此为业者历代不绝。以星象来卜算个人命运，自先秦以来即流传于社会上。据云梦秦简日书，时人出行如来不及选日，往往改用禹步之法：先投禹符于地，次以特殊步伐行禹步，口念咒语，接着在地上划北斗状，并拾取中央之土而怀之，旋即上车，勿反顾。[②] 禹步显然与北斗相关，通过这一相互配合的仪式以确保出行者的平安。帝王对星象变化与人事之间的关系也深信之。《论衡》卷四《变虚篇》转述古书的记载：宋景公时，荧惑守心，公惧。子韦答称，荧惑是天罚，心为宋分野，祸当君，但可把灾祸转移给宰相、百姓或者“岁”，宋景公皆不肯。子韦贺喜说：“君有君人之言三，天必三赏君。今夕星必

---

① 《汉书》卷二十六《天文志》：“星者，金之散气，其本曰人。星众，国吉，少则凶。”注引孟康：“星，石也，金石相生，人与星气相应也。”（中华书局 1962 年版，第 5 册第 1292、1293 页）《三国志》卷三十五《蜀书·诸葛亮传》注引《晋阳秋》：“有星赤而芒角，自东北西南流，投于亮营，三投再还，往大还小。俄而亮卒。”（中华书局 1982 年版，第 4 册第 926 页）此即所谓“相星陨落”，预示着诸葛亮之死。而一般人的死亡或许与那数不胜数无名的流星有关吧？

② 参见黄一农《社会天文学史十讲》所引饶宗颐、曾宪通《云梦秦简日书研究》，复旦大学出版社 2004 年版，第 128 页。由此亦可见在道教中积淀了自古以来的诸多传统。

徙三舍，君延命二十一年。”在子韦看来：宋景公既然“有三善，故有三赏，星必三徙。（三）徙行七星，星当一年，三七二十一，故君命延二十一岁”。又：齐景公时，出现存彗星，使人禳之，欲禳彗星之凶。对此晏子说：“天道不暗，不贰其命，若之何禳之也？且天之有慧，以除秽也。君无秽德，又何禳焉？”① 《论衡》卷十五《明雩篇》揭示说：“春祈谷雨，秋祈谷实。当今灵星，秋之雩也。春雩废，秋雩在。故灵星之祀，岁雩祭也。”②《论衡》卷二十五《祭意篇》也称：高皇帝四年诏天下祭灵星，灵星之祭，祭水旱也，于礼旧名雩。雩礼为民祈谷雨，祈谷实，“故世常修灵星之祀”。③ 拜祀灵星，为的是风调雨顺，粮食丰收。由上述可以看出，在道教产生之前，先秦以来，崇拜星象与人们的日常生活以及人生的命运已有密切关系，而且也有相关法术予以具体落实，帮助人们预测人生道路上前进的方向，或改变命运、延长寿命。道教星象学继承了某些传统，又形成自己独有的特色。《三国志》卷五十四《吴书·吕蒙传》记载：吕蒙病重，孙权“自临视，命道士于星辰下为之请命”。④ 至于道士通过什么仪式或法术在“星辰下”来为吕蒙“请命”，史家语焉不详，不得而知。但可以看出，道教产生伊始，已经在整合自古流传下来的祈祷星辰延命法，为社会各层人士尽心尽力服务。《魏书》卷三十五《崔浩传》亦载：“初，浩父疾笃，浩乃剪爪截发，夜在庭中仰祷斗极，为父请命，求以身代，叩头流血，岁余不息，家人罕有知者。”⑤ 与道教关系密切的崔浩，也在用祈祷斗极延命法，“为父请命”，看来，这一套

① 《论衡》卷四《变虚篇》，上海人民出版社1974年版，第64、65页。
② 《论衡》卷十五《明雩篇》，上海人民出版社1974年版，第238页。
③ 《论衡》卷二十五《祭意篇》，上海人民出版社1974年版，第393页。
④ 《三国志》卷五十四《吴书·吕蒙传》，中华书局1982年版，第5册第1280页。
⑤ 《魏书·崔浩传》，中华书局1974年版，第3册第812页。

法术已渗透进社会各阶层生活的风俗习惯中。

在道教神学中，人的命运与五方星斗是休戚相关的。五方星斗对人的命运究竟有何特殊功能?《元始无量度人上品妙经》说："东斗主算，西斗记名，北斗落死，南斗上生，中斗大魁，总监众灵。"这是什么意思?东海青元真人就此注解称："东斗九星，斗中生气，故主生算。西斗五星，斗中成形，故主记名。北斗七星，斗中司命，故主落死。南斗六星，斗中司禁，故主上生。中斗五星，斗中大魁，故总监百骸众灵也。"[①] 齐严东、唐薛幽栖、李少微各有自己的见解。据严东所说："东华天中，有散华之台，四斗真人治在其中，主录算生死功德。有功者，西斗记其名也。南北二斗，主人生死。有善功者，三官列言南斗，即度三界之难，拔九幽之苦，宣告魔王，不使破败。人之行恶，三官即列言北斗，即告下魔王，魔王即收人魂付九幽之役，万劫无期，长沦恶缘。当尔之时，无善无应，北斗除死籍，南斗上生名。"而薛幽栖的解释是："东斗者，即斗之第一星，主增算寿。西斗者，即斗之第二星，主记录其功名也。北斗者，即斗之第六星，主落其死籍。南斗者，即斗之第五星，主上其生录也。中斗者，斗之第七星，为四斗之首，总统一身众灵。此五方之斗，是北斗五星，以主五方。既是斗星，故言云东斗、西斗，非方方各有斗也。"李少微也有自己独到的看法："此明五方斗宿，各受元始职司。东方七宿，主人寿算。西方七宿，记人罪名。北方七宿，落人死籍。南方七宿，上人生契。中方，即今人所谓北斗也。《天官书》曰：斗为帝车，运于中央，临制四乡，以察妖祥。又张衡《灵宪》曰：一居中央，故知是斗。斗中极也，以神州之人居极之南，自北而视，故谓北斗、北极也。论之实同王命布于四方，则天心于是乎见矣。言中斗为炁之大

① 《元始无量度人上品妙经注》卷中，《道藏》第2册第274页。

帅，总监一切神灵生死罪福也。”[①] 尽管诸家对于五方星斗的解释各抒己见，观点不一，但都肯定“五斗”主宰了人的生死、人的命运、人的幸福灾祸，“五斗”依据人的善良、罪恶等行为列出功与过，记录在案，分别对人的生死祸福作出最终判决，赏罚分明，丝毫不差。

《太上老君说五斗金章受生经》对此解说得更为详尽：“人之生也，顶天履地，有阴有阳，各有五行正气，各有五斗所管，本命元辰，十二相属。且甲乙生人东斗注生，丙丁生人南斗注生，戊己生人中斗注生，庚辛生人西斗注生，壬癸生人北斗注生。注生之时，各禀五行真气，真气混合，结秀成胎。……受生之时，五斗星君、九天圣众注生、注禄、注富、注贫、注长、注短、注吉、注凶，皆由众生自作自受。”太上老君随即宣说五方金章灵符真文神咒：东方第一金章灵符真文神咒，镇人肝中，若人肝受病，以朱书烧灰服之立愈；南方第二金章灵符真文神咒，镇人心中，若人心受病，以朱书烧灰服之立愈；中央第三金章灵符真文神咒，镇人脾中，若人脾受病，以朱书烧灰服之立愈；西方第四金章灵符真文神咒，镇人肺中，若人肺受病，以朱书烧灰服之立愈；北方第五金章灵符真文神咒，镇人肾中，若人肾受病，以朱书烧灰服之立愈。宣说完毕，老君“即召五方五斗星君，降此灵符真文神咒，各授五斗星君即以金书玉篆，各依其方，总得受持，注生世人。以此灵文，安镇五脏，各镇人身。凡人性命，皆由九天生气、五斗星君、本命元辰，主掌灵神”。太上老君说，人们

① 以上见《元始无量度人上品妙经四注》卷二，《道藏》第 2 册第 219 页。按：《太上洞玄灵宝无量度人上品经法》卷二声称：“或者以东南西北二十八宿、各方七宿为四方之斗，以今人所谓北斗为中斗。引《天官书》而证曰：‘斗为帝车，运乎中央，临制四方。以神州之人居极之南，自北而观，故谓北斗也。’又《真一口诀》曰：‘斗中自有五斗，阳明为东斗，阴精为西斗，丹元为南斗，北极为北斗，天关为中斗。’所说不同，故并存之。”（《道藏》第 2 册第 492～493 页）可见各家对“五斗”的解释并不相同。

应该于北斗下日，布置坛场，通过斋醮方式向五斗星君、本命元辰醮献“本命钱”，“以答众真注我生身，得生中国，得遇大道”。具体说：“甲乙生人，命属东斗九气，为人受生之时曾许本命银钱九万贯文；丙丁生人，命属南斗三气，为人受生之时曾许本命银钱三万贯文；戊巳生人，命属中斗一十二气，为人受生之时，曾许本命银钱一十二万贯文；庚辛生人，命属西斗七气，为人受生之时，曾许本命银钱七万贯文；壬癸生人，命属北斗五气，为人受生之时曾许本命银钱五万贯文。若有善信男女，种诸善根，善根不断，世世为人，当须醮送‘五本命钱’。”为何一定要醮送这“五本命钱”呢？原因就在于：“生人各有财禄命库，若人本命之日，依此烧醮了足，别无少欠，即得见世安乐，出入通达，吉无不利，所愿如心。自有本命星官，常垂荫佑，使保天年，过世之时，不失人身，得生富贵，文武星、临财星、禄星，五福照曜，身命胎宫，安乐长寿，不值恶缘。”如果有些男女“无力章醮，可于本命之日，请正一道士，或一或二，或三或五，或于宫观，或就家庭，持诵《五斗金章宝经》。或以自愿持诵，每诵一遍，折钱一万贯文”。据道教的说法，“五斗金章灵符真文神咒”，“能为黑暗开光明，能为疾病作良医”。[①] 这里可以清晰地发现道教与民俗的关系，透视道教是如何通过其宗教仪式，深入到老百姓日常生活中去的。人生各有属于本命的“五斗”所管，各自敬拜本命所隶属的五斗星君，即所谓的“本命星官”，就可以世世代代不堕落进畜生之道，“不失人身”，“世世为人”。不仅如此，“本命星官”还保佑你“富贵聪明，人中殊胜，五体具足，十相端严”，幸福安乐，万事如意，健康长寿。据道教说，生肖不同的“十二本命”，又有“十二库神”，各人按照自己的“财禄命库”，于本命日“烧醮”自己应该奉献

---

① 《太上老君说五斗金章受生经》，《道藏》第11册第418～420页。

的“本命银钱”（相当于今人所谓“冥币”）给“库神”，存储在神的钱库里，“吉无不利”的生命就有了充分保障。假如某些信徒没有财力建坛设醮，可以请正一道士持诵或者“自愿持诵”《五斗金章宝经》，“每诵一遍，折钱一万贯”，也可了却心愿。换言之，只要你愿意“种诸善根”，“一心信奉不思议”，人人皆可“得遇无上正真之道”，终成正果。

道教又给“五斗”配备了五位“真官”：东斗主算为“司录真官”，西斗记名为“司命真官”，北斗落死为“司非真官”，南斗上生为“司厄真官”，中斗大魁为“司禁真官”。五位“真官”分工负责，各司其职。还有太上老君所说的“五斗”经文为信仰者保驾护航，即《老君说东斗长生护命经》、《老君说西斗大计护身经》、《老君说北斗本命延生经》、《老君说南斗延寿度人经》、《老君说中斗大魁长算伏魔经》，这些经文为信众护命、护身、延生、延寿及伏魔。① 据说，后圣金阙帝君曾受《五斗真一经》，后传给仙人涓子。信道者受《太上五斗真一经》，当奉经师紫文帛四十尺，金镮两双，作为严守契约、保密的信物。而“自非宿有仙骨玄箓者，亦自不得闻见其真一之妙道也”。此“真一妙道”，当即“五斗真一妙道”，亦即所谓“五斗之道”。而“登五斗之道者，是地真之上道也。法以四十年得传一人，四百年传十人止。若无其人者，白素写一通封付五岳，隐密岩室之中，须四十年辄写一通，封付五岳耳”。“五斗之道”为地真上道，其

① 参见《太上洞玄灵宝无量度人上品经法》卷二，《道藏》第2册第492页。按《太上老君说五斗金章受生经》所说，“五斗”的官名是：东斗注算君、南斗上生君、西斗记名君、北斗落死君、中斗总监君（《道藏》第11册第418页）。今《道藏》第11册收录《太上玄灵北斗本命延生真经》、《太上玄灵北斗本命长生妙经》、《太上说南斗六司延寿度人妙经》、《太上说东斗主算护命妙经》、《太上说西斗记名护身妙经》、《太上说中斗大魁保命妙经》、《太上说中斗大魁掌算伏魔神咒经》等经典，与《太上洞玄灵宝无量度人上品经法》卷二所记“五斗”经名略有不同。

传授非常隐秘神圣，非其人不传，只有“必可教，精心信真者当传授”。一旦“违科犯泄，不遵法度”，传授者就会“身诣水官，受风刀之考，子孙殃绝灭后也”![1] 此外，“五斗”还出现在道教咒语中。《净身咒》的咒语说：“上真玄灵，五斗覆身，神清气爽，荡秽安宁。”《妙用咒》的咒语：“存我身，驱邪相。五斗光，藏形状。前踏罡，后蹋炀。”《召混元十功曹咒》有：“混元启教，一炁分真。六天有命，掌握万神。三台盖体，五斗藏形。”《敕剑咒》有：“玄剑出施，天丁卫随。天斗煞神，五斗助威。指天天昏，指地地裂。”[2] 这些咒语，都与人的福禄吉凶密切相关：“斗要妙兮十二辰，乘天罡兮威武陈。炁仿佛兮如浮云，九变动兮上应天。知变化兮定吉凶，契广大兮有区分。入斗宿兮过天关……斗道通兮刚柔济，添福禄兮流后世。”[3] 最终来说，这些咒语与人的“度世长生”相关：“大道著明，寂默玄冥。五斗中运，四时生成。北都万鬼，遏人年龄。我有洞章，度世长生。”[4]

在上清经派中，五斗崇拜与守“真一”、“玄一”、“三一”是紧密联系的。《真诰》卷十《协昌期第二》引九华真妃的话：“守五斗内一，是真一之上也，皆地真人法也。”据说：“上党王真、京兆孟君、司马季主，皆先按于此道而始矣。鲁女生、邯郸张君，今皆在中岳及华山，正守此一。亦可得渐阶上道而进，复为不难也。五斗内一，涓子内法，昔所授于峨眉台中。本其外守一、玄一之属，莫有逮其踪者

① 《元始天尊说玄微妙经》，《道藏》第 2 册第 11、12 页。

② 《太上三洞神咒》卷四、五，《道藏》第 2 册第 70、72、85 页。

③ 《太上三洞神咒》卷三《阳斗罡咒》，《道藏》第 2 册第 62 页。

④ 《太上说东斗主算护命妙经》，《道藏》第 11 册第 353 页。

也。”陶弘景注云：“五斗真一，即今《苏传》中分至日所存用者是也。”[①] 此处所谓“五斗内一”或“五斗真一”，属于“地真人法”。《上清金阙帝君五斗三一图诀》宣称：“守三元之真，用二帝之符，登五斗之道者，是地真之上道也。”该经并载有“《五斗真一经》口诀”。[②] 也以“五斗真一”作为“地真之上道”。《云笈七籤》卷四十九《守五斗真一经口诀》称：后圣金阙帝君昔受太极帝君《五斗真一经》，以传仙人涓子，“此太上内隐法，地真之上道，亦得朝宴上清，游盼太极，飞遨崆峒，寝息昆仑矣”。虽仅为“地真上道”，但也能“朝宴上清”，可见非同小可。又同书卷五十《金阙帝君三元真一经诀》说及三一与五斗：“存思三一，各安其宫，毕乃微祝曰：‘五方命斗，神致七星。三尊凝化，上招紫灵。’”[③] 把“五斗”称为“五方命斗”，直接与人的生命解脱问题联系起来，越发显露出道教“五斗”的神仙长生信仰意蕴。又有所谓“五斗三一，太帝所秘。精思二十年，三一相见”的说法，[④] 此所谓“五斗三一”，当与上清经派有关。在道教看来，没有道缘者，绝不可能遇见五斗符文与五斗真君，而有道缘者一旦遇见，则必须专心“供养尊礼”。太上老君告诉正一天师说：“五斗符相灵文，五斗真君名号，宿有道缘，方得值遇。供养尊礼，威烈灵验；善恶灾祥，应犹影响；切在专心，无得轻慢。”[⑤]“大象无为，五斗尊灵。”[⑥] 其实，“五斗尊灵”是无为而无不为的。

《太上宣慈助化章》卷三揭示说：“东斗注算，西斗记名，北斗落

---

① 吉川忠夫、麦谷邦夫编《真诰校注》卷十《协昌期第二》，中国社会科学出版社2006年版，第317页。

② 《上清金阙帝君五斗三一图诀》，《道藏》第17册第220、223～224页。

③ 《云笈七籤》卷四九、卷五十，《道藏》第22册第347、353页。

④ 《云笈七籤》卷一百四《玄洲上卿苏君传》，《道藏》第22册第704页。

⑤ 《太上说中斗大魁保命妙经》，《道藏》第11册第356页。

⑥ 《太上说西斗记名护身妙经》，《道藏》第11册第354页。

死，南斗上生。”《太上说中斗大魁保命妙经》也如此讲：“东斗主算，西斗记名，北斗落死，南斗上生，斗中大魁，巍然至尊。”[①]《太上正一延生保命箓》则声称：“天灵官东斗注算君吏九人，天灵官南斗上生君吏三人，天灵官西斗记名君吏七人，天灵官北斗落死君吏五人，天灵官中斗大魁君吏十二人。”[②] 看来“北斗落死，南斗上生”的说法，实为所有道经认同。但道教所谓“北斗落死，南斗上生”或许为汉代社会的流行说法。《搜神记》卷三“管辂”条载：管辂对颜超父亲说：“南斗注生，北斗注死。凡人受胎，皆从南斗过北斗。所有祈求，皆向北斗。”[③] 北斗注死的功能，在《穆天子传》卷六已有反映：穆天子按照“皇后之葬法”，“葬盛姬于乐池之南”，送葬的行列有“日月之旗，七星之文”。郭璞注云：“言旗上画日月及北斗星也。”[④] 旗上画北斗星送葬，表明当时北斗已与死亡有关。《搜神记》卷十“吕石梦”条，记载了“北斗落死”的一个典型案例：“吴时，嘉兴徐伯始病，使道士吕石安神座。石有弟子戴本、王思二人，居住海盐，伯始迎之以助。石昼卧，梦上天北斗门下，见外鞍马三匹，云：‘明日当以一迎石，一迎本，一迎思。’石梦觉，语本、思云：‘如此，死期至。可急还，与家别。’不卒事而去。伯始怪而留之。曰：‘惧不得见家也。’间一日，三人同时死。”[⑤] 梦见北斗，竟成为死亡的预兆，北斗注死的功能显而易见。《搜神记》卷十五“柳荣张悌”条记载的

---

① 《太上宣慈助化章》卷三、《太上说中斗大魁保命妙经》，《道藏》第 11 册第 327、355 页。

② 《太上正一延生保命箓》，《道藏》第 28 册第 530 页。

③ 《汉魏六朝笔记小说大观》，上海古籍出版社 1999 年版，第 298 页。管辂生平事迹，《三国志》卷二十九《魏书·方技传》有载，史家称其“术筮”为“非常之绝技”。

④ 《汉魏六朝笔记小说大观》，上海古籍出版社 1999 年版，第 26 页。按：《穆天子传》的成书年代，据王根林《校点说明》：“斟酌诸说，似以成书于战国时期比较合理。”

⑤ 《汉魏六朝笔记小说大观》，上海古籍出版社 1999 年版，第 355 页。

是另一个典型案例：柳荣从吴相张悌至扬州。荣病死船中二日，军士已上岸，无有埋之者。荣忽然大叫："人缚军师！人缚军师!"声甚激扬，遂活。人问之，荣曰："上天北斗门下，卒见人缚张悌，意中大愕，不觉大叫言：'何以缚军师!'门下人怒荣，叱逐使去。荣便怖惧，口余声发扬耳!"其日张悌即战死。[①]《幽明录》也记录了这一类"北斗注死"的故事："许攸梦乌衣吏奉漆案，案上有六封文书。拜跪曰：'府君当为北斗君，明年七月。'复有一案，四封文书云：'陈康为主簿。'觉后，康至，曰：'今来当谒。'攸闻益惧，问康曰：'我作道师，死不过作社公。今日得北斗，主簿余为忝矣!'明年七月，二人同日而死。"[②] 北斗既然主宰着人们的死亡，向其祈求，或可以去病延命。《西京杂记》卷三"戚夫人侍儿言宫中乐事"记载："八月四日，出雕房北户，竹下围棋，胜者终年有福，负者终年疾病，取丝缕，就北辰星求长命乃免。"[③] 这反映出，求北斗延命去病，在汉代或许已成为一种风俗习惯。看来，很可能在道教发生时，社会上已形成"北斗落死"的民俗，道教吸取了这一老百姓日常生活中的风俗习惯，并将其加以仪式化，演成一整套礼斗求命的斋醮科仪。由此可以认定，道教所谓"北斗落死，南斗上生"只不过是整合了民俗信仰的说法而已。

道教还有"务魁术"。《神仙传》记载玉子"著道书百余篇，其术以务魁为主"。对此胡守为注释说："魁乃北斗首星，务魁是以北斗星

---

① 《汉魏六朝笔记小说大观》，上海古籍出版社 1999 年版，第 392 页。

② 《汉魏六朝笔记小说大观》，上海古籍出版社 1999 年版，第 729～730 页。

③ 《汉魏六朝笔记小说大观》，上海古籍出版社 1999 年版，第 98 页。又见《搜神记》卷二"贾佩兰"："八月四日，出雕房北户，竹下围棋，胜者终年有福，负者终年疾病。取丝缕，就北辰星求长命，乃免。"（同前第 292 页）文字一模一样，或系《搜神记》抄自《西京杂记》。

象占人事之吉凶。《真仙通鉴》卷四二《任可居》云：‘每占先令人斋戒，向壁列灯为斗魁之像，坐其前，祸福吉凶历历如见。’”① 这是利用北斗替人预测吉凶祸福。

道教产生前，思想家、史学家乃至谶纬神学家对北斗及其职能都有各自的解释，也不乏雷同之处。这些说法，给予道教北斗崇拜以巨大影响。②

《庄子·大宗师》揭示：“维斗得之，终古不忒。”成玄英疏解称：“维斗，北斗也，为众星纲维，故谓之维斗。忒，差也。古，始也。得于至道，故历于终始，维持天地，心无差忒。”③ 北斗得道，其维持天地运转才始终不会出现任何差错，在此北斗显然被人格化。《淮南子》卷三《天文训》说：“紫宫执斗而左旋，日行一度以周于天。”补曰：“谓北斗也。北斗左旋，即天之行，日行一度，故一岁而周。”又指出：“日冬至则斗北中绳，阴气极，阳气萌。故曰冬至为德。日夏至则斗南中绳，阳气极，阴气萌。故曰夏至为刑。”并认为：“北斗之神有雌雄，十一月始建于子，月从一辰，雄左行，雌右行，五月合午谋刑，十一月合子谋德。”“北斗所击，不可与敌。”④ 冬至为德，夏至为刑。北斗分为雌雄二神，各司“谋刑”与“谋德”的职能，且其功能强大，不可匹敌。《史记》卷二十七《天官书》：“北斗七星，所谓‘璇、玑、玉衡以齐七政’。……斗为帝车，运于中央，临制四

① 胡守为《神仙传校释》卷四《玉子》，中华书局2010年版，第140、142页。

② 北斗崇拜起源甚早。1978年于湖北随县发掘的约战国早期的曾侯乙墓，有一衣箱盖面正中用红漆绘一个象征北斗星的大“斗”字，衣箱的漆画记有二十八宿全部名称，并以之与北斗和四象相配（参见李淞《远古至先秦绘画史》，人民美术出版社2000年版，第227页）。北斗崇拜的痕迹清晰可见。

③ 郭庆藩《庄子集释》第1册，中华书局1961年版，第247、249页。

④ 何宁《淮南子集释》上，中华书局1998年版，第202～203、208、278、282页。

乡。分阴阳，建四时，均五行，移节度，定诸纪，皆系于斗。”① 阴阳、四时、五行、诸纪，皆系之于北斗。东汉张衡《灵宪》认为：“星也者，体生于地，精发于天。紫宫为帝皇之居，太微为五帝之坐，在野象物，在朝象官。居其中央，谓之北斗，动系于占，实司王命。”②《春秋元命包》称：“昏斗指东方曰春，指南方曰夏，指西方曰秋，指北方曰冬。”此即所谓北斗“建四时”。又引《史记·天官书》的话：“斗为帝车，运于中央，临制四乡。”认为：“斗为帝令，出号布政，授度四方，故置辅星以佐功。斗为人君之象，而号令之主也。”“立三台以为三公，北斗九星为九卿。”进而指明：“三台，主明德宣将也。”“西近文昌二星曰上台，为司命，主寿。次二星中台，为司中，主宗室。东二星曰下台，为司禄，主兵。”“三台星色齐，君臣和；不齐，大乖。”《春秋文曜钩》宣称：“北斗七星，主九州。”北“斗者，天之喉舌。玉衡属杓，魁为璇玑”。《春秋运斗枢》基本沿袭《史记·天官书》的观点：“北斗有七星，天子有七政。北斗七星，所谓璇玑玉衡，以齐七政。”“是谓帝车，运乎中央，临制四乡，分阴阳，建四时，均五行，移节度，定诸纪，皆系于斗。北斗七星，第一天枢，第二璇，第三机，第四权，第五玉衡，第六闿阳，第七瑶光。第一至第四为魁，第五至第七为杓，合为斗。居阴布阳，故称北。”《春秋合诚图》声称：“天文地理，各有所主。北斗有七星，天子有七政也。”“北斗有七星，天子有七政。斗者居阴布阳，故称北斗。”《春

---

① 《史记》卷二十七《天官书》，中华书局 1982 年版，第 4 册第 1291 页。按：司马贞《索引》引用马融《尚书注》说：“七政者，北斗七星，各有所主：第一曰正日；第二曰主月法；第三曰命火，谓荧惑也；第四曰煞土，谓填星也；第五曰伐水，谓辰星也；第六曰危木，谓岁星也；第七曰剽金，谓太白也。”（同上第 1292 页）关于北斗“齐七政”、“为帝车”，又见《汉书·天文志》，中华书局 1962 年版，第 5 册第 1274 页。

② 见《隋书》卷十九《天文志上》所引，中华书局 1973 年版，第 2 册第 504 页。

秋考异邮》揭示："北斗七星有政，春秋亦以七等宣化。"《春秋佐助期》则称："七星之名，并是人年命之所属，恒思诵之，以求福也。"① 坚持思诵七星之名，以求福寿，后来道教可说对此完全予以继承。

道教产生后，史家对北斗的兴趣依旧不减。《晋书》卷十一《天文志上》延续《史记·天官书》的传统说法："北斗七星在太微北，七政之枢机，阴阳之元本也。故运乎天中，而临制四方，以建四时，而均五行也。魁四星为琁玑，杓三星为玉衡。又曰，斗为人君之象，号令之主也。又为帝车，取乎运动之义也。又魁第一星曰天枢，二曰琁，三曰玑，四曰权，五曰玉衡，六曰开阳，七曰摇光；一至四为魁，五至七为杓。枢为天，琁为地，玑为人，权为时，玉衡为音，开阳为律，摇光为星。"按照天人相应的原理，把北斗七星与政治军事更为紧密地结合在一起："魁中四星为贵人之牢，曰天理也。辅星傅乎开阳，所以佐斗成功，丞相之象也。七政星明，其国昌；辅星明，则臣强。杓南三星及魁第一星西三星皆曰三公，主宣德化，调七政，和阴阳之官也。"又同书卷十三《天文志下》说："北斗主杀罚，三台为三公。"北斗与政治军事的相关性不仅是理论上说说而已，还有史实为证。晋惠帝永兴二年（305）十月，"有星孛于北斗。占曰：'琁玑更授，天子出走。'又曰：'强国发兵，诸侯争权。'是后，诸王交兵，皆有应。明年，惠帝崩。"晋惠帝元康六年（296）六月，"有枉矢自斗魁东南行。案占曰：'以乱伐乱。北斗主执杀，出斗魁，居中

---

① 安居香山、中村璋八辑《纬书集成》中册，河北人民出版社 1994 年版，第 603、644、647、648、668、663、713、769、784、821 页。《后汉书·李固传》："今陛下之有尚书，犹天之有北斗也。斗为天喉舌，尚书亦为陛下喉舌。"（中华书局 1965 年版，第 8 册第 2076 页）与《春秋文曜钩》"斗者，天之喉舌"的说法完全一致，并进而把尚书比喻为天子的喉舌。

执杀者，不直之象也。’是后，赵王杀张、裴，废贾后，以理太子之冤，因自篡盗，以至屠灭，以乱伐乱之应也。”[①]《隋书》卷二十《天文志中》则称：“旬始出于北斗旁，状如雄鸡。”假如旬始“出见北斗”，则“圣人受命，天子寿，王者有福”。[②]《太平御览》卷七引《天官星占》：“北斗魁第一星少微，一名处士。星明大而黄泽，即贤士举，忠臣用。”[③]可以看出，在史家的大量记载中，北斗多与宫廷政治及战争有关。

道教既继承了史学家及谶纬神学家对于北斗的某些认识，但又小心翼翼地避开北斗与政治军事的关联，以免引起不必要的麻烦，从根本上把北斗的职能摆放到与人的日常生活、人生命运尤其是与人的生死相关的位置。“对作为管理者的伟大恒星——北斗的崇拜，道士们在其中设置了专司命运的机构和档案。”[④]据《九天应元雷声普化天尊玉枢宝经集注》卷下所说：“北辰者，北极星也。辰星五位，乃帝座星也，居常不动而众星皆共之也。此北斗居天之中，为天之枢纽，斡运四时。凡天地、日月、五星、列曜、六甲、二十八宿，诸仙众真及下元生人，上自天子，下及黎庶，寿禄、贫富、生死、祸福、幽冥之事，无不属于北斗之总统也。太上授以天师张真君《北斗经诀》，若有危厄急告北斗，礼诵本命真君方获安泰。又得三台生，三台养，三台护也。……北斗，乃阴阳之精神也，精曜九道，光荫十天，七现

① 《晋书》卷十一、十三《天文志》，中华书局1974年版，第2册第290、291、391、393、397页。又：《隋书》卷十九《天文志上》说：“北斗七星，辅一星在太微北，七政之枢机，阴阳之元本也。故运乎天中，而临制四方，以建四时，而均五行也。魁四星为旋玑，杓三星为玉衡。又象号令之主，又为帝车，取乎运动之义也。”（中华书局1973年版，第2册第531页）所讲与《晋书·天文志》基本一致。

② 《隋书》卷二十《天文志中》，中华书局标点本1973年版，第2册第567～568页。

③ 《太平御览》卷七，中华书局1960年版，第1册第33页。

④ 索安《西方道教研究编年史》，中华书局2002年版，第49页。

二隐。世人惟见七星，不见尊帝二星。此二星即辅弼。”在道教看来，其实北斗共有九星，七现二隐，普通人则只能看见北斗七星，惟有得道之人才能看见“尊帝二星”，一旦看“见即长生，福庆无穷，天与长龄”。[①]《太上玄灵斗姥大圣元君本命延生心经》也称：“天皇、紫微尊帝二星，居斗口娑罗，上官真光，大如车轮，得见之者，身得长生，位证真仙，永不轮转。二星分作余晖，为左辅右弼，为擎羊陀罗，神化无方，总领玄黄正炁。”[②] 或许，北斗与“身得长生，位证真仙”的关系，并不一定就是道教的知识产权。《搜神记》卷一“淮南八公”有所谓《淮南操》，淮南王于歌中放声高唱：“知我好道，公来下兮。公将与余，生羽毛兮。升腾青云，蹈梁甫兮。观见三光，遇北斗兮。”[③] 很有可能，在汉代人心中，已经把“遇北斗”与升仙联系在一起了，道教只是沿袭汉代人的观念而已。

在道教那里，北斗与惩罚人的恶劣行为有关。所谓：“人行恶，则三官列罪于北斗。北斗即告下魔王灭魂，付九幽之下，充长夜之役，万劫无期。”[④] 北斗将把人的行为不端记录在案，给予人死后的罪魂永世不得翻身的惩罚。这应该是“北斗落死”的具体功能之一。据道教所说，北斗常常于特定的日子，化身为占卜者，为人算命，诚心诚意者，有求必应：“北斗之星，太一之精。常以四孟元日为卜人，

---

① 《九天应元雷声普化天尊玉枢宝经集注》卷下，《道藏》第2册第582、583页。按：《太上玄灵北斗本命延生真经》称“尊帝二星”的名号为“北斗第八洞明外辅星君”、“北斗第九隐光内弼星君”；称三台的名号为“上台虚精开德星君”、“中台六淳司空星君”、“下台曲生司禄星君”（《道藏》第11册第347页）。

② 《太上玄灵斗姥大圣元君本命延生心经》，《道藏》第11册第345页。又《太上北斗二十八章经》说：“二星官者，是斗中注人间善恶星官，名号左辅右弼之星。”（《道藏》第11册第357页）

③ 《汉魏六朝笔记小说大观》，上海古籍出版社1999年版，第281页。

④ 《元始无量度人上品妙经四注》卷四，《道藏》第2册第244页。

游于聚落之处，识度谈论与常人异。傥虔心求问者，无不应耳。”[①]可见北斗功能的多样性。

北斗还有送子的功能：“若有信心道众，或是凡民，若无后嗣子孙，每遇庚申甲子斗真下降本命之日，焚香清斋，念吾真经及吾名号。……十二时中，香灯不绝，时花茶果，供养不绝，或七七四十九日，或一百日，便有降祥，乾道之喜。吾在天曹掌籍，详其分等，注生智慧之男，寿命百岁，无灾无障，清净道德，佐助人皇。又或当隶坤道，降生有相之女，福德殊胜。”北斗有救苦救难的功能：“一切众生，若有危难病苦，四路闭塞，无门所出”，只要通过上章仪式告知大道北斗元君，则“诸灾厄难，缠绵困苦，悉皆退散”。北斗七星：“一名贪狼，二名巨门，三名禄存，四名文曲，五名廉贞，六名武曲，七名破军。”各有各的分工，掌管人间生活的方方面面：贪狼星君“善注人间生死平等善事”，巨门星君“善注人间长寿”，禄存星君“注人间孤寡跛瞶四民”，文曲星君“注人间成败”，廉贞星君“注人间风火之事”，“消解火殃”，武曲星君“注人间金银五谷财帛”，“善利他人”，破军星君“注人间伤暴囚徒、牢狱死亡”。在道教中，北斗七星君统称为大道北斗元君或北斗七元星君，它警示世人：“若守于道，我命在我不在于天。若失于道，诸星不佑，百祸竞起，寿命不长，诸灾自然。”所有人都应当“心念大道之意，行于平等，救护贫苦，给济衣食，一切病患，给以汤药”。那些“发心朝元，恭敬吾斗之法，其人当受衣食无穷，寿命延长，不见刀兵恶事及一切患苦，赐增一万一千八百功德，常得善星拥护其住宅”。假如有人竟然敢于“不行善道，秤尺升斗不平，心行暗毒，广造恶业，谋害善良”，就会“百灵落籍，减除福禄寿命善籍，注罪送入地狱，永失人身，流浪生

---

① 《太上洞神五星诸宿日月混常经》，《道藏》第11册第429页。

死，难遇超生”。所有人都须要懂得：“心念行善，善果之报；心念行恶，恶缘之报。大道之语，真实不虚。”[①] 守道行善，常得善星庇护，衣食无穷，寿命延长；不行善道，不仅诸星不佑，还要减除福禄寿命，打入地狱，永失人身。善恶果报，在北斗元君面前，可以说赏罚分明，丝毫不差。

《太上玄灵北斗本命延生真经》对北斗消灾解厄的功能作了详尽说明。北斗七元真君能够解除哪些灾厄？有这样一些：三灾厄、四杀厄、五行厄、六害厄、七伤厄、八难厄、九星厄、夫妻厄、男女厄、产生厄、复连厄、疫疠厄、疾病厄、精邪厄、虎狼厄、虫蛇厄、劫贼厄、枷棒厄、横死厄、咒誓厄、天罗厄、地网厄、刀兵厄、水火厄。这些灾厄，都与人们的日常生活有关，譬如劫贼、牢狱、水火、疾病等，更牵连着生死存亡的头等大事，譬如家中接二连三出现死人的“复连”以及发生横死等。而且，解除这些灾厄的功效都是得到了应验的。所谓：“于是七元君，大圣善通灵；济度诸厄难，超出苦众生；若有急告者，持诵保安宁；尽凭生百福，咸契于五行；三魂得安健，邪魅不能停；五方降真炁，万福自来并；长生超八难，皆由奉七星。”为何北斗具有如此巨大神力解救人间苦难？太上老君解答这一问题说：“北辰垂象而众星拱之，为造化之枢机，作人神之主宰。宣威三界，统御万灵，判人间善恶之期，司阴府是非之目。五行共禀，七政同科，有回死注生之功，有消灾度厄之力。上至帝王下及庶人，尊卑虽则殊途，命分俱无差别。”只可惜“凡夫在世迷谬者多，不知身属北斗，命由天府。有灾有患，不知解谢之门；祈福祈生，莫晓归真之路”。其结果就是，“致使魂神被系，祸患来缠。或重病不痊，或邪妖克害，连年困笃，累岁迍邅，塚讼征呼，先亡复连”。面对这种种灾

① 以上见《太上北斗二十八章经》，《道藏》第11册第357～365页。

难祸患缠身，应该如何救解？太上老君指示说："急须投告北斗，醮谢真君及转真经，认本命真君，方获安泰以至康荣。"或者"于三元八节，本命生辰，北斗下日，严置坛场，转经斋醮，依仪行道，其福无边，世世生生，不违真性，不入邪见"。"本命之日，修斋设醮，启祝北斗，三官五帝，九府四司，荐福消灾。奏章恳颂，虔诚献礼，种种香华，时新五果，随世威仪，清净坛宇，法天像地。或于观宇，或在家庭，随力建功，请行法事，功德深重，不可具陈。念此大圣北斗七元真君名号，当得罪业消除，灾衰洗荡，福寿资命，善果臻身。凡有急难，可以焚香诵经，克期安泰。"难怪太上老君如此赞颂：家有北斗经，本命降真灵，宅舍得安宁，父母保长生，万邪自归正，营业得称情，阖门自康健，子孙保荣盛，六畜保兴生，疾病得痊瘥，财物不虚耗，横事永不起，长保亨利贞。[①] 家里有了北斗经，日常生活皆如意吉祥，子孙后代幸福安康，永保荣盛。据称："太上老君在永寿元年正月七日，下降蜀都，授予天师张道陵《北斗延生妙经》，未悉其章，复授长生妙诀。"太上老君告诉张天师说："天一生水，生自北方，故紫微之垣，高崇北辰。北辰之宿，列为七元，首引贪辰，尾明破曜，中立文曲，以为天地之枢轴。是以北斗司生司杀，养物济人之都会也。凡诸有情之人，既禀天地之气，阴阳之令，为男为女，可寿可夭，皆出其北斗之政命也。今见众生无门进修真之路，无诚向礼斗之科，我故哀悯，大阐玄灵，汝当谛听，广布流行，使人人皆跻仙阼，不蹈轮回。"于是"天师再拜，喜跃无任"。[②] 无论是男儿身还是女儿身，无论是长寿还是短命夭亡，都出自"北斗政命"。假如人人

---

① 以上见《太上玄灵北斗本命延生真经》，《道藏》第 11 册第 346～348 页。据《太上说南斗六司延寿度人妙经序》所云：汉桓帝永寿元年太岁乙未正月七日，太上老君在玉局座为"征士"张道陵"说《北斗七元经》，削死延生之法"。（《道藏》第 11 册第 350 页）

② 《太上玄灵北斗本命长生妙经》，《道藏》第 11 册第 349 页。

都祈望“皆跻仙阼，不蹈轮回”，除了虔诚奉行“礼斗之科”外，没有其他更好的路可以选择。

信徒受箓，首先需要表白自己命属北斗某星君。如《太上三五正一盟威箓》卷一：“某乙本命，某某月日时生，上属北斗某星君。”又如同书卷五所说：“某法箓弟子，某乙命属北斗某星君。今谨赍法信诣某法师门下，奉受太上正一都章毕印箓。”“某法箓弟子，某乙好道乐法，太上子孙，命属神仙玉历北斗七星君。今谨赍法信诣某法师门下，拜受太上正一九宫捍厄箓。愿某住世，身得保度，九厄解脱，万恶消亡，周行天下，早遇神仙，延年益寿，诸灾伏匿。”同书卷六：“某法箓弟子，某乙本命，某甲子某月日时生，上属北斗某星君。今谨赍法信诣某法师门下，奉受太上太一君、皇天上帝、无极太上元君玄元始炁八卦，捍厄保命护身秘箓。天帝生我，皇天养我，日月照我，北斗辅我……头戴七星，法应天斗。司命留我年，司箓护我命。疾病远我，官事离我，盗贼避我，群星明我。”① 在道徒受箓之后，便可以享受本命所属北斗星君无微不至的保护。另外，从《幽明录》所讲的故事中，也能见到北斗的驱除鬼而保护人的功能：吴中有一位姓顾的人，去田舍途中遇见群鬼，“皆赤衣，长二丈，倏忽而至，三重围之。顾气奄奄不通，辗转不得。且至晡，围不解，口不得语，心呼北斗。又食顷，鬼相谓曰：‘彼正心在神，可舍去。’豁如雾除。”② 心中呼唤北斗神，鬼不能侵害。很有可能，在民间社会早已形成遇见恶鬼祈求北斗神保护的风俗习惯，后被道教仪式纳入其中，以满足信徒日常生活中各种各样的要求。《真灵位业图》第四左位有“北斗直符七人”；第七左位有“鬼官北斗君周武王（治一天宫）”，“四明公北

① 《太上三五正一盟威箓》，《道藏》第28册第426、451、457页。
② 《汉魏六朝笔记小说大观》，上海古籍出版社1999年版，第732页。

斗君，各有侍帝晨五人（未显姓名）”。[①] 在陶弘景那里，地位都不太高。

由上述可以看出，与史官系统的北斗职能不同，道教的北斗神不谈军国大事，一心一意只关注信徒和老百姓的日常生活、人生命运和生死大事。道教北斗神的满腔热情，在于建立一整套严密的死亡档案，惩恶扬善，对于行恶者给予“恶缘之报”，对于乐意修道且心地善良者，则安危济困，救死扶伤，解厄赐福，给他们的终极关怀指明路线方向。

与北斗一样，在道教产生之前，史学家以及谶纬神学家对南斗及其职能已经有各自的一套解释，其中也不乏大量的雷同之处。这些五花八门的解释，除了涉及军国大事之外，其余都为道教所接受承袭。

《史记》卷二十七《天官书》指出：“南斗为庙，其北建星。”说南“斗为文太室，填星庙，天子之星也”。[②]《春秋文曜钩》称：“斗为天庙，天子寿命之期也。”“填星守南斗，叛兵为乱，人民不安。填星入南斗中，明润不移，王者有道，政教修明。”“辰星之南斗，天下大水，五谷伤，人民饥。辰星居南斗，河戍间道不通。”又认为“流星入南斗，有使来之国者。色赤，兵；黄，土；白，义；青，忧；黑，死”。《春秋运斗枢》揭示：“荧惑逆行，入守南斗，其下有兵起，南国兵强，不可出战；若守之，南国必败。”“填星行南斗魁中，天下以饥起兵，君臣相疑，上下乖乱，人主有忧。”《春秋佐助期》指出：“南斗主爵禄，神名帙瞻，姓拒终。”而《河图圣洽符》则称：“南斗者，天子之庙，主纪天子寿命之期。”[③]《晋书·天文志上》沿袭传统

---

① 《真灵位业图》，《道藏》第3册第276、280、281页。

② 《史记》卷二十七《天官书》，中华书局1982年版，第4册第1310、1320页。

③ 安居香山、中村璋八辑《纬书集成》中、下册，河北人民出版社1994年版，第670、691、695、701、734、824、1203页。

说法："南斗六星，天庙也，丞相太宰之位，主褒贤进士，禀授爵禄。又主兵，一曰天机。南二星魁，天梁也。中央二星，天相也。北二星，天府庭也，亦为寿命之期也。将有天子之事，占于斗。斗星盛明，王道平和，爵禄行。"又《晋书·天文志中》说："南斗为文太室，填星庙也。"① 以"南斗主兵"，验之于历史，据《晋书·天文志下》记载：吴废孙亮太平元年（256），"太白犯南斗，《吴志》所书也。占曰：'太白犯斗，国有兵，大臣有反者。'其明年，诸葛诞反"。又载：晋元帝太兴元年（318），"太白犯南斗。占曰：'吴越有兵，大人忧。'"②《邵氏闻见后录》卷八记载："梁武帝以荧惑入南斗，跣而下殿，以禳'荧惑入南斗，天子下殿走'之谶。"③《隋书·天文志下》："陈武帝永定三年（559）九月辛卯朔，月入南斗。占曰：'月入南斗，大人忧。'一曰：'太子殃。'后二年，帝崩，太子昌在周为质，文帝立。后昌还国，为侯安都遣盗迎杀之。"④ 以古代天人感应的思维方式看问题，星象与战争、宫廷政治休戚相关，这些都不足为奇，为司空见惯的自然现象。诚如《汉书·天文志》讲：天文星象，"此皆阴阳之精，其本在地，而上发于天者也。政失于此，则变见于彼，犹景之象形，响之应声。是以明君睹之而寤，饬身正事，思其咎谢，则祸除而福至，自然之符也"。"政治变于下，日月运于上。"⑤

道教说南斗，虽然不比附星象占卜军国大事，只讲人的生死大事，人的命运前途，但在思维方式上却与史学家及谶纬神学家完全一

① 《晋书》卷十一、十二《天文志上、中》，中华书局1974年版，第2册第301、320页。又：《太平御览》卷六引《大象列星图》亦云（中华书局1960年版，第1册第30页）。

② 《晋书》卷十三《天文志下》，中华书局1974年版，第2册第365、370页。

③ 《宋元笔记小说大观》，上海古籍出版社2007年版，第2册第1890页。

④ 《隋书》卷二十一《天文志下》，中华书局1973年版，第2册第596页。

⑤ 《汉书》卷二十六《天文志》，中华书局1962年版，第5册第1273、1296页。

致，即同样是从天人感应的角度思考问题，看待各种各样的人生现象。

《元始无量度人上品妙经四注》卷四李少微说："人有善功，列言于南斗。南斗即度三界之难，拔九幽之苦，告下魔王，不敢败害之也。"另有所谓四斗真人，"有善功者，四斗真人书延生之符，授之则得拔度九幽也"。[①] 南斗记载人的"善功"，把人从"九幽"的苦难中救度出来。《太上飞步南斗太微玉经》则声称："大象有物，鸿濛发源，必自南斗陶冶烹治成焉！"[②]《金锁流珠引》把人的命运盛衰与南北斗紧密联系起来，南斗主兴盛："人者是五行所生，六甲始运，有盛衰。盛则南斗所主，衰则北斗所主。人之衰盛，皆属二斗所察。若造恶，恶贯已满，天必诛之。则南斗落名，北斗斩形。"注解称："南斗六星，故曰六甲。北斗七星，故曰七宿。南斗主生，北斗主死，故曰生死属二斗所管也。"[③] 人生的命运，不是一条直线，有高潮也有低潮，起起伏伏，但谁都希望长盛不衰。那怎么办？最佳解决方案就是向主宰兴旺发达、主导生命线的南斗乞求，求得其在暗中庇护保祐，于是人生的道路上畅通无阻，前途无量，万事大吉。当然，实现这一理想的先决条件是保证不"造恶"，多多立"善功"。道德品行与人生经久不衰的幸福，在此获得最完美的统一，这种统一既是天与人互动的过程，也是天与人相互感应的结果。

《太上说南斗六司延寿度人妙经》称：太上老君于永寿元年正月十五日上元之辰，再降于成都玉局座，告诉张道陵，"斗宿六星，是则号南斗六司，与北斗七政分职，共理三才六合，八卦九宫，总辖中

---

① 《元始无量度人上品妙经四注》卷四，《道藏》第2册第244、243页。

② 《太上飞步南斗太微玉经》，《道藏》第11册第377页。

③ 《金锁流珠引》卷二十二，《道藏》第20册第456页。

外百辟官品，乃紫微、太微两极都曹也。上系十二分次天真灵神，下统十二分野地祇主者。四渎五岳，九州八纮，名山大川，城隍社庙，中及人民群类万物，无不系其簿籍掌握”。南斗六司真君的神号是：南斗第一天府司命上将镇国真君，南斗第二天相司禄上相镇岳真君，南斗第三天梁延寿保命真君，南斗第四天同益算保生真君，南斗第五天枢度厄文昌炼魂真君，南斗第六天机上生监薄大理真君。每个真君的神号，匹配一道朱书的符，“男左女右佩带，令人长命，无诸灾害”。太上老君说：“此六司真君，神性急速，能倾心求请，无愿不从。神真感人，心随事皆谐偶也。且夫万行之本，一身之根，在乎道气保固形命。形命保固，在乎教法，教法存乎科仪之细密。”虔诚的信奉者，践行科仪，“拜表上章，真圣自降，必获延年长生道性”。南斗与北斗，最好是能够同时举行科仪：“若有深信之士，能修设两极，二斗同醮一坛，各像斗星立坛，柱列香灯，铺排净茅，供献果实，此最为要道。以斯迎请神真，真圣欢喜降临，遂得赐其福祐。”据太上老君说：“北斗位处坎宫，名同月曜，降神于人，名之为魄也，主司阴府，宰御水源，将济生聚，功莫大焉。南斗位处离宫，名同日曜，降神于人，名之为魂也，主司阳官，宰御火帝，将济动用，德莫大焉。洎有天地迄至于今，二司两极同共陶铸万品，生成万物，注拟天人之爵秩，增减士庶之禄俸，延促年龄，去留灾福，莫不由其与夺也。”既然日月与南北二斗具有生死存亡、祸福去留等与夺的大权，那么，“一切善男子、善女人，不以高卑，皆应至心常行恭仰。于所见时，睹日曜、月曜、南斗、北斗，则郑重叩头，请乞祐护，愿赐恩福”。假如男男女女都能依照太上老君所授道法，“奉教而行者，若有所告请，欲消灾度厄，增福延年，保家属之团圆，祝封疆之宁谧，或免息塚讼，削死注生，皆当上章投词，设醮求请，无不如意也”。至于具体的日子就是，“于四时月旦，八节二十四气，三元三会，五腊本命，是诸良时吉日，皆可上章拜表，投词献款，请乞恩福，谢过忏罪消灾，然灯献果，供养拜请，其福无量”。太上老君为张道陵“重宣言”：“南斗火官除毒害，北斗水神灭凶灾。一切所求皆称遂，万般滞闷悉通开。”太上老君进而告诉其信众：“南斗北斗，陶魄铸魂。魂既受炼，乃迁转生人。能依吾教法，谢以往之非，补将来之短，洗涤众灾，拜迎百福，唯在严洁崇敬，罄志投诚，必获度世之仙道，与日月之同年。”与北斗经一样，南斗经也必须虔诚诵读：“凡人转诵此经，切须至诚，虔心祷祝，无不应验。唯在精勤，拜表上章，真圣自降，必获延年长生道性。”①

南斗六司真君掌握人的生命“簿籍”，主持“增减士庶之禄俸”，其“神性急速”，有求必应，“无愿不从”，令人心想事成，“无不如意”，而且立竿见影。南斗降神于人，“名之为魂”，人类的延促年龄，去留祸福，无不由其来作出最终的裁决定夺。“南斗火官”对于人来说，消除毒害，“德莫大焉”。信众若能至心恭仰，罄志“奉教而行”，改恶从善，虔敬奉行科仪，拜表上章，设醮求请，一心迎请神真，南斗六司真君即可“感人”之请而降临，削死注生，令人长命，家庭团圆美满，疆土和谐安宁，没有任何灾害侵扰，最终获“延年长生道性”，得“度世仙道，与日月同年”。这是一幅多么诱人的人生蓝图，一条多么理想的人生道路，一个多么完美无缺的人生结果！

尽管道教典籍中对南斗的描述，其内容不如北斗那样丰富多彩，但南斗却是主管人类生死命运神灵中不可或缺的重要角色，它通常与北斗形影不离，分工协作，齐抓共管，决定人的生死年龄，前途命运的盛与衰。与北斗相比较，南斗负责人类的“生”，负责人类前途命运兴盛发达的一面。

---

① 《太上说南斗六司延寿度人妙经》，《道藏》第11册第351～352页。

道教星象学与史官系统的星象学既有相同之处又有差别。二者一致的地方在于都运用天人感应的思维方式，不同之处在于关注的对象不同，目标不同。史官系统根据长期积累的历史经验来观察判断，更大程度上关注星象变化与军国大事以及自然灾害之间某种必然的关系，政治的好坏或战争的胜败乃至水旱灾荒，都是上天呈现出来的某种星象必然要导致的结果，这一必然性是无法加以改变的，是不依人的意志为转移的。面对这样的现实，人们基本上束手无策，没有还手之力，无可奈何听从命运的安排。道教星象学则体现出其神学色彩浓郁的高度的主体能动性，即所谓“若守于道，我命在我不在于天”。在道教那里，表面现象是通过各种形式的斋醮科仪祈求星斗神灵保祐，实质上，自我的道德品质好坏才是决定自己前途命运乃至于生死的关键所在。因此，道教星象学时时处处要求信徒“切须至诚”，建立大“善功”，常常“清净道德”，“谢过忏罪”，“谢以往之非，补将来之短”，做到“宿有善缘”；强烈警告信徒切勿“心行暗毒，广造恶业”，否则“恶贯已满，天必诛之”。在道教那里，星斗的职能就在于“判人间善恶之期，司阴府是非之目”，手中紧握人类最终的道德审判大权，为阳间与阴府的道德审判长，其道德审判公平合理、丝毫不差。只要你付出艰辛奋斗，道德表现出色，问心无愧，终将修成正果，改变自己人生命运的方向轨迹，前途广阔无量，甚至于度世成仙，“与日月同年”，永恒不朽！这就是道教星象学对于信徒独到且颇具吸引的魅力，而在客观上则成为人心去恶、社会向善的一种推动力，有助于形成良好的社会风气。星象与人生命运是连成一片的，这其实在中国社会各阶层的生活中是普遍存在的一种信念。道教星象学与史官系统最大的不同，就在于其用星斗信仰、用神秘仪式以及法术来解决与人的日常生活、人生命运尤其是与人的生死攸关的种种问题，解答人们心中对命运、对生死的迷惑，对于人的终极去向指明了一条出路。[①]

（二）山神崇拜与“登山之道”

自古以来中国就有山岳崇拜，具体表现为对山神的信仰。道教沿袭民间的看法：“山无大小，皆有神灵，山大则神大，山小即神小也。”[②] 山无论其大小，皆有神灵掌管。不知什么时候，形成了五岳崇拜，也不知为什么，要把这五座山确定为五岳。按照日本学者石井昌子的看法，公元前1世纪，五岳被确认为神仙的住处，被指定为神仙往来的有代表性的名山灵地。神仙思想的承担者方士们，向东海寻找神仙所在，向西方寻求仙境，但是都不能到达那里。于是他们在中国本土自己活动的地域之内确定名山灵地，作为直接求仙的途径，即是五岳。自那以来，五岳作为有神仙居住的代表性灵地，占据了中国人山岳信仰的中心地位。五岳确定后，不仅道教，儒教也将之作为特别的山加以祭祀。道教把五岳看成神仙的住处，同时也将之作为死者灵魂集合地加以信仰。五岳中著名的名山灵场是泰山。[③]

自汉代以降，尤其产生对泰山神的崇高敬仰，因为据说泰山神掌管人的生死大权，泰山被视为死者灵魂的归属地。中国人的世界观体现为天上世界、人间世界和地下世界，即所谓“三界”。泰山神乃是地下世界的主宰大神，人的生命长短，乃至人死后的归属，就掌握在

---

① 道教朝拜南斗北斗，影响深远广泛。比如在云南方志里，有关“朝斗会”的记述不少。很多民族或地区都要在每年农历六月初一至六日朝拜南斗星，九月初一至九日朝拜北斗星。朝拜南斗北斗一般在道观里举行。各族信仰者以素食祭献星神，由善于观星点斗的道士手执法器，应节吹打并一日三通《斗母经》、《皇经》等，烧斗香无数。（见云南宗教文化研究丛书：周凯模《祭舞神乐——宗教与音乐舞蹈》，云南人民出版社1992年版，第45页。）

② 王明《抱朴子内篇校释·登涉》，中华书局1985年版，第299页。又：《无上秘要》卷六十五引《洞玄请问经下》，《道藏》第25册第217页。

③ 福井康顺、山琦宏、木村英一、酒井忠夫监修《道教》：石井昌子撰《道教的神》，上海古籍出版社1990年版，第1卷第134页。

它的手心里。《风俗通义》卷二《正失·封泰山禅梁父》称："俗说，岱宗上有金箧玉策，能知人年寿修短。"[①] 人的生命长短，早已预先记录在泰山上的"金箧玉策"。据《后汉书·许曼传》记载：曼祖父峻，"自云少尝笃病，三年不愈，乃谒太山请命，行遇道士张巨君，授以方术"。李贤等注云："太山主人生死，故诣请命也。"[②]《后汉书·乌桓传》声称："中国人死者魂神归岱山。"其注引《博物志》也这样说："泰山，天帝孙也，主召人魂。东方万物始，故知人生命。"[③]《三国志·蒋济传》注引《列异传》记载：蒋济为领军，其妇梦见亡儿涕泣说："死生异路，我生时为卿相子孙，今在地下为泰山伍伯，憔悴困辱，不可复言。今太庙西讴士孙阿，今见召为泰山令，愿母为白侯，属阿令转我得乐处。"于是，蒋济找到孙阿，嘱咐他死后做泰山令时，"随地下乐者"为其儿安排一个好职位。果然，在孙阿死后月余，儿复来语母说："已得转为录事矣。"[④]《三国志·方技传》载管辂长叹息："但恐至太山治鬼，不得治生人，如何！"[⑤] 文学作品中，对此也有反映："齐度游四方，各系太山录。人间乐未央，

---

① 《风俗通义》卷二《正失·封泰山禅梁父》，上海古籍出版社 1990 年版，第 15 页。按："金箧玉策"当即后世所谓"生死簿"，记录人年命长短的花名册。

② 《后汉书·许曼传》，中华书局 1965 年版，第 10 册第 2731 页。

③ 《后汉书·乌桓传》，中华书局 1965 年版，第 10 册第 2980、2981 页。今本《博物志》卷一说："泰山一曰天孙，言为天帝孙也。主召人魂魄。东方万物始成，知人生命之长短。"又引《援神契》说："泰山，天帝孙也，主召人魂。东方万物始成，故知人生命之长短。"（《汉魏六朝笔记小说大观》，上海古籍出版社 1999 年版，第 186、187 页）泰山神为天帝之孙，职能是召人魂魄，知道人生命的长短。

④ 《三国志·蒋济传》，中华书局 1982 年版，第 2 册第 455 页。

⑤ 《三国志·方技传》，中华书局 1982 年版，第 3 册第 826 页。有关"泰山治鬼"故事，可参见赵翼《陔馀丛考》卷三十五《泰山治鬼》（中华书局 1963 年版，第 3 册第 751～752 页。）

忽然归东岳。”[①] 由此可见，汉魏人已经相信泰山形成了地下官僚系统，主宰人的生死，人死后魂神归泰山管辖，成为汉魏民风民俗。

两晋南北朝把这一风俗习惯延续下来。沈僧昭“少事天师道士，常以甲子及甲午日，夜著黄巾衣褐醮于私室。时记人吉凶，颇有应验。自云为泰山录事，幽司中有所收录，必僧昭署名”。[②] 信奉天师道，又自称“泰山录事”，负责于地下官衙中收录众鬼。道教在请泰山削除“死籍”为民“请命”的民俗活动中，发挥重要作用。《赤松子章历》卷五《除泰山死籍章》叙述道士上章，请求除去泰山掌管的死籍，延长年命，成为“种民”，甚至记名《玉历》进入仙界：“素以胎生，宿缘幸会，得属上帝十二司命君。伏按科法，三会吉日，落泰山死籍，削去有契。请仓生君、八极五炁监年，命令臣等及生缘大小，寿三万六千岁，记名《玉历》。”“唯臣及生缘家口内外男女，上下尊卑等身，年命延长，永为种民。”“臣以今岁月日拜上，绝除泰山死籍。口启章一通，上诣太上。”[③] 泰山在道书《福地记》描绘中，既有仙人室，又有地狱六个，为鬼神考责亡灵之府：“泰山高四千九百丈二尺，周回二千里，多芝草玉石，长津甘泉，仙人室。又有地狱六，曰鬼神之府，从西上，下有洞天，周迴三千里，鬼神考谪之府。”[④] 托名东方朔的《洞玄灵宝五岳古本真形图并序》称：“子有东岳形，令人神安命延，存身长久，入山履川，百芝自聚。”“东岳泰山君领群神五千九百人，主治死生，百鬼之主帅也，血食庙祀宗伯者

---

① 逯钦立辑校《先秦汉魏晋南北朝诗·汉诗》卷九《怨诗行》，中华书局 1983 年版，上册第 275 页。

② 《南史·沈庆之传》，中华书局 1975 年版，第 3 册第 970 页。

③ 《赤松子章历》卷五《除泰山死籍章》，《道藏》第 11 册第 212 页。按：《玉历》当系神仙花名册。“记名《玉历》”，即某人的名字登录在神仙花名册上，意谓成仙。

④ 《史记·秦始皇本纪》“正义”注引，中华书局 1982 年版，第 1 册第 242 页。

也。俗世所奉鬼祠邪精之神，而死者皆归泰山受罪考焉。”[①] 只要拥有“五岳真形图”之一的东岳真形图，人就能命延长久；泰山君作为主治死生的“百鬼主帅”，人死后都要接受它的罪与罚。但在上清经派那里，泰山君的神圣地位下降了，不再是“百鬼主帅”。《真灵位业图》第七右位有“泰山君荀顗（字景倩）”，[②] 在鬼官中的地位甚为低下，自汉代以来在民间社会所形成的地下主神位置，已被陶弘景上清经派的所谓“天下鬼神之宗”——“丰都北阴大帝”取而代之。唐以后，主宰地下世界的丰都大帝在民间信仰中产生越来越大的影响。泰山神之外，各种各样的山神都在道教的民俗活动中，发挥各自的独特作用。

除了山神，山上还有各种精灵鬼怪，因此要想上山，需要掌握“登山之道”。“不知入山法者，多遇祸害。故谚有之曰，太华之下，白骨狼藉。……入山而无术，必有患害。”这些入山法术中，有以镜子来鉴别山神与妖魅的：“万物之老者，其精悉能假托人形，以眩惑人目而常试人，唯不能于镜中易其真形耳。是以古之入山道士，皆以明镜径九寸已上，悬于背后，则老魅不敢近人。或有来试人者，则当顾视镜中，其是仙人及山中好神者，顾镜中故如人形。若是鸟兽邪魅，则其形貌皆见镜中矣。又老魅若来，其去必却行，行可转镜对之，其后而视之，若是老魅者，必无踵也，其有踵者，则山神也。”这些入山法术中，有的运用符图、印章召山神制伏百邪。譬如老君入山符，就是“以丹书桃板上，大书其文字，令弥满板上，以著门户上，及四方四隅，及所道侧要处，去所住处，五十步内，辟山精鬼

① 《洞玄灵宝五岳古本真形图并序》，《道藏》第6册第735页。参见《云笈七籤》卷七十九《符图·五岳真形图序》（《道藏》第22册第561页）。

② 《真灵位业图》，《道藏》第3册第281页。

魅。户内梁柱，皆可施安。凡人居山林及暂入山，皆可用，即众物不敢害也”。据说“上士入山，持《三皇内文》及《五岳真形图》，所在召山神，及按鬼录，召州社及山卿宅尉问之，则木石之怪，山川之精，不敢来试人。其次即立七十二精镇符，以制百邪之章，及朱官印包元十二印，封所住之四方，亦百邪不敢近之也。其次执八威之节，佩老子玉策，则山神可使，岂敢为害乎?”据说，“古之人入山者，皆佩黄神越章之印，其广四寸，其字一百二十，以封泥著所住之四方各百步，则虎狼不敢近其内也。行见新虎迹，以印顺印之，虎即去；以印逆印之，虎即还；带此印以行山林，亦不畏虎狼也。不但只辟虎狼，若有山川社庙血食恶神能作福祸者，以印封泥，断其道路，则不复能神矣”。这些入山法术中，有关于入山时间上的禁忌和选择：“按《九天秘记》及《太乙遁甲》云，入山大月忌：三日、十一日、十五日、十八日、二十四日、二十六日、三十日；小月忌：一日、五日、十三日、十六日、二十六日、二十八日。以此日入山，必为山神所试。又所求不得，所作不成。不但道士，凡人以此日入山，皆凶害，与虎狼毒虫相遇也。”对于那些想“避乱世，绝迹于名山，令无忧患者”，可选择“上元丁卯日，名曰阴德之时，一名天心，可以隐沦，所谓白日陆沈，日月无光，人鬼不能见也”。这些入山法术中，还有“呼名”术：“山中山精之形，如小儿而独足，走向后，喜来犯人。人入山，若夜闻人音声大语，其名曰蚑，知而呼之，即不敢犯人也。一名热内，亦可兼呼之。”此外“又有山精，如鼓赤色，亦一足，其名曰晖。又或如人，长九尺，衣裘戴笠，名曰金累。或如龙而五色赤角，名曰飞飞，见之皆以名呼之，即不敢为害也。”“山中有大树，有能语者，非树能语也，其精名曰云阳，呼之则吉。……山水之间见吏人者，名曰四徼，呼之名即吉。山中见大蛇著冠帻者，名曰升卿，呼之即吉。”总之，只要“知天下鬼之名字，及《白泽图》《九鼎记》，则众鬼自却”；对付山中的各种精怪，“但知其物名，则不能为害也”。据葛洪所说，这些入山法术不仅是适用于道士，普通人“居山林及暂入，皆可用之”。① 本来，葛洪所谓“登山之道”及其归纳总结入山法术的目的，是要提供给道士山居修炼防身的，以对付山中各种猛兽毒虫和人们观念中的所谓“老魅精怪”，但由于当时战乱频繁，那些为躲避战乱而入山居住或想隐居山林的人们，那些偶尔有事入山或旅行要经过山区的人们，对这样一些道教法术也颇感兴趣，因为它对上山途中及山居生活很切实用。至于那些长期生活在山区的山民，如果拥有这些道教法术，不管是否真能起到葛洪所说的对付山中各种精怪的作用，起码在心理上能克服在山中生活的恐惧感。而葛洪显然并未把这些法术当成道教的“专利”，更不会收专利费，因而十分大方地说“凡人”皆可使用。

（三）宅神崇拜与“安居”

住宅安全，与一家大小的生命财产攸关，非同小可。但住宅又常常容易出事，甚至于产生所谓“凶宅”，于是古人幻想有宅神保护，居家平安，生怕触犯了宅神，招惹灾祸。汉代百姓即有所谓“房祀”。

---

① 王明《抱朴子内篇校释·登涉》，中华书局1985年版，第299～314页。葛洪所述道教呼名术对后世文学作品颇有影响。如《西游记》第33～35回写金角大王、银角大王的两件宝贝“红葫芦”及“玉净瓶”，只要把这宝贝的底儿朝天，口儿朝地，叫人名字一声，若答应了，就被装在宝贝里面，贴上一张“太上老君急急如律令奉敕”的帖子，一时三刻人就化为脓了。书中写孙悟空与金角大王、银角大王斗法，最后反将两个魔头装进宝贝里去了。原来这“红葫芦”是太上老君盛丹的，“玉净瓶”是太上老君盛水的（上海古籍出版社1991年版，第270～289页）。又如《封神演义》第36回写张桂芳有“幻术”，但凡与人交兵会战，必先通名报姓，然后“叫名”便使来将落马被擒，即所谓“吐语捉将，道名拿人”（上海古籍出版社，1991年版，第234～240页）。这些都是道教呼名术在文学作品中的体现。关于“呼名落马”，江绍原《民俗与迷信》说：“呼名能使来将魂不附体，或系从前军旅中通行的迷信；而且许有咒诅等法并传，非仅一呼而已”；“呼全姓名实在最有效——最能使被呼者魂不附体”；“呼名可以制魂魄之说，必系百分之百的国产”（北京出版社2003年版，第9、10页）。

据《后汉书·栾巴传》记载：栾巴“乃悉毁坏房祀”。注云：“房谓为房堂而祀者。”[①] 亦即祭祀“房堂”之神。房室中又有“疫神”，据说帝颛顼有三子，死后变为鬼，其中一子“居人宫室枢隅处，善惊小儿”。对付此鬼的办法是：“命方相氏，黄金四目，蒙以熊皮，玄衣朱裳，执戈扬楯，常以岁竟十二月，从百隶及童儿而时傩，以索宫中殴疫鬼也”。[②] 于岁末十二月，采用“傩”戏仪式，命黄金四目的“方相”殴打驱赶房室中的瘟神。这些风俗中驱鬼的角色，后世多由道士们扮演。

如果一不小心触犯了宅神，引起其“不安”，怎样去安抚平息？如何恭请诸神及宅神驱除宅中恶鬼？这些问题汉代以后通常都由道士上章来加以解决。《赤松子章历》卷三《谢土章》记载道士上章时，“恩惟太上，分别求哀”，说：“起造宅舍以来，触犯宅神土公禁忌，更相追责。拜上天官，搜谢解释，考气乞恩，口章一通，上诣三天曹”，祈求“东西南北邪精故气及诸祸害，一时消荡，乞某家大小，永保元吉”。由于建造房屋以来，居宅不利，招延邪精灾考，主人家不知修何种功德才能够“防保家口”，因此请道士上章“三天曹，愿上官主者，以时平省”。同卷《却虚耗鬼章》上章：“谨请五福天官、地祇、十二官将百二十人寻究，此章奏上，为某家收捕宅内五虚六耗之鬼，各归本方。……勿令游走，干扰人家。所请天官兵吏及某家守宅三将军等三十万人，同心併力，为某驰遣，宅中虚耗退散。愿某家资产业集聚，回凶作吉，田蚕万倍，牛犊盈栏，金银增积，口舌潜消，灾厄不生，所愿皆成，人口平康，财食增长。”这家人遭遇“口舌横生，奴婢逃叛”，家资产业日益减少，都是因为“虚耗鬼魅”捣

① 《后汉书·栾巴传》，中华书局1965年版，第7册第1841页。

② 蔡邕《独断》卷上，上海古籍出版社1990年版，第8页。

乱的结果，故请来道士上章捕捉驱遣这帮“五虚六耗之鬼”。又同卷《言功安宅章》称：某家“住宅不安”，忧虑是不是触犯了“上下土官”，致使家舍“宅神不安，井灶龙神之主，不为利便”。为了能够“安居”，谨请道士按“天师千二百官章”，乞求各路神仙前来“为某家宅中收除禁忌，千精万邪”；“乞为收除鬼气，安慰冥司，迎请五龙安宅，保护人口”；“中央五龙治宅，辟除不祥，消灭凶恶，扫荡千殃”。从此以后，使“神龙安镇，四邻和睦，改逆从顺，除前愆，成后善，道气流行，宅舍清吉，仕宦高迁。所求如意，从心之日不负效信”。[①]《太上正一咒鬼经》中，有所谓“谒请都曹正君五人、兵士十万人，主收某家宅中众精百邪之鬼……谒请无上太和君五人、兵士十万人，主收某家宅中百二十袄魅邪道之鬼”等，又有天师别请太玄老君、太和之炁各路神灵将军“屯住”家中，监察“故炁血食之鬼”，把众精百邪、破杀之炁“悉以斩杀之”，至于那些“藏在宅中，不肯去”的妖魔鬼怪及五毒之炁，也请“太上敕下，天曹应咒，斩杀之”。[②] 无论是上章或是念咒，这些仪式都是道士应那些受到鬼魅祸害而“住宅不安”的人家请求，祈祷天神下降把家中的千鬼万邪一扫而光，以安家宅。

还有就是所谓诵读道经以驱除宅中之鬼：“宅中有鬼，亦读此经”，即诵读《太上正一咒鬼经》，据说“诵是经，咒鬼名字，病即除差，所向皆通。此经功德，圣力难量”。[③] 道经的神圣力量强大无比，不只解决“宅中有鬼”的问题，而是“所向皆通”，所有一切为鬼蜮伎俩困扰的居家难题，全都打通了。

---

① 《赤松子章历》卷三《谢土章》、《却虚耗鬼章》、《言功安宅章》，《道藏》第11册第200～201页。

② 《太上正一咒鬼经》，《道藏》第28册第368页。

③ 《太上正一咒鬼经》，《道藏》第28册第370页。

（四）灶神崇拜

关于灶神，钟敬文主编的《中国民俗史》（汉魏卷）揭示：五祀中的灶神，本来是与夏季天时相应的火神，后来与爨神（饮食神）合并，成为家庭炊灶之神，到汉魏时灶神成为赐福的神灵，人们在年终大节腊日祭祀灶神。灶“主饮食之事”，民以食为天，灶火与香火是民众物质与精神的保障，所以灶神祭祀在汉魏受到特别关注。在灶神的俗化过程中，汉武帝起了一定的作用。这时的灶鬼大概仍是女性。东汉时灶神神格发生变化，成为天神派来监督人间的小神，因此人们对灶神虔诚奉祀，目的是为了得到南阳阴子方那样的好运。灶神原为祝融托祀，在东汉时成为有名有姓的苏吉利。据袁珂先生《中国神话辞典·灶神》推论，苏吉利是宋无忌的讹变，宋无忌在西汉被称为“火精”，由宋无忌变为苏吉利反映了民众社会心态的变化，祭灶神由以求无祸的避忌到祈福求吉利。随着灶神的世俗化，人们对灶神也没有过去那么崇敬，而以贿赂的态度祭祀灶神，祭仪逐渐变成一种“媚灶”的游戏，原本是腊前的驱傩仪式，在后世民间也被变成了“跳灶王”的娱乐。①

灶神是与人们日常生活关系密切的神灵。《礼记·祭法》称：“王为群姓立七祀”，其中之一即是祀灶。② 据《史记·孝武本纪》记载：李少君对汉武帝讲：“祠灶则致物，致物而丹沙可化为黄金。”于是汉武帝“始亲祠灶”。③ 《史记·封禅书》亦载：李少君以“祠灶、谷道、却老方”见汉武帝，帝尊之。言汉武帝曰：“祠灶则致物，致物而丹沙可化为黄金。”“于是天子始亲祠灶。”④ 由此可见，祠灶之风

① 钟敬文主编《中国民俗史》（汉魏卷），人民出版社2008年版，第214～215页。

② 《礼记·祭法》，上海古籍出版社1987年版，第254～255页。

③ 《史记·孝武本纪》，中华书局1982年版，第2册第455页。

④ 《史记·封禅书》，中华书局1982年版，第4册第1385页。

兴起甚早，汉代由帝王带头，社会上上下下皆奉祀灶神。那么谁是灶神？《风俗通义》第八卷《祀典·灶神》说："灶者，老妇之祭也。故盛于盆，尊于瓶。"又"按《明堂月令》，孟冬之月，其祀灶也。五祀之神，王者所祭，古之神圣，有功德于民，非老妇也。"又引《周礼》的话说："颛顼氏有子曰黎，为祝融，祀以为灶神。"[①]《太平御览》卷一八六《灶》引《淮南子》曰："黄帝作灶，死为灶神。"又引李尤《灶铭》曰："燧人造火，灶能以兴。"同书卷五二九《五祀》引《五经异义》称："大戴说礼器云，灶者，老妇之祭。"又引郑玄曰："灶神祝融是老妇。"另外，"许君按《月令》，孟夏之月，其祀灶。五祀之神，王者所祭，非老妇也"。[②]可见，灶神究竟是谁，已有分歧。《风俗通义》引《汉记》讲了这样一个故事："南阳阴子方，积恩好施，喜祀灶。腊日晨炊，而灶神见，再拜受神。时有黄羊，因以祀之。其孙识，执金吾，封原鹿侯，兴卫尉，鲖阳侯。家凡二侯，牧守数十。其后子孙常以腊日祀灶，以黄羊。"[③]这是"喜祀灶"后得到了福报的案例，这样的案例，势必会勾引怂恿人们纷纷祀灶，因为是否祭祀灶神，已经事关阖家幸福的大局。按照《梦书》的说法："灶主食，梦者得食。"[④]这些都是灶神的正能量。灶神也有负能量。《太平御览》卷一八六《灶》引《万毕术》曰："灶神晦日归天白人罪。"[⑤]《抱朴子内篇·微旨》引道经说："月晦之夜，灶神亦上天白人罪状。大者夺纪。纪者，三百日也。小者夺算。算者，三日也。"[⑥]

---

① 《风俗通义》卷八《祀典·灶神》，上海古籍出版社 1990 年版，第 57 页。

② 《太平御览》卷一八六《灶》、卷五二九《五祀》，中华书局 1960 年版，第 1 册第 903 页、第 3 册第 2399 页。

③ 《风俗通义》卷八《祀典·灶神》，上海古籍出版社 1990 年版，第 57 页。

④ 《太平御览》卷一八六《灶》引《梦书》，中华书局 1960 年版，第 1 册第 903 页。

⑤ 《太平御览》卷一八六《灶》，中华书局 1960 年版，第 1 册第 903 页。

⑥ 王明《抱朴子内篇校释·微旨》，中华书局 1985 年版，第 125 页。

这应该反映的是当时人的观念乃至风俗习惯。这种从汉代就流传下来的“灶神上天白人罪状”的风俗，一直到近代，民间依然保存，故在灶神上天之日（腊月二十三）人们要用糖来收买它的嘴，希望它甜言蜜语，“上天言好事”。[①] 这亦可见民俗一旦形成，有其稳固性，千百年都难以改变。按《三天内解经》规定：民人于“二月、八月祠祀社灶”。[②] 与今日祠灶神的日子不一样。

（五）民间“鬼”信仰与道士驱鬼治病及神仙施药治病

有人说：“人类之所以有迷信的举动，无非为的是求福和除灾。求福是积极的，除灾是消极的；迷信毕竟是偏于消极方面。”[③] 其实，除灾也是一种积极的举动，是人类向灾难主动出击的行为，仍然是人类的主体能动性发挥。道士为人驱鬼除灾即是如此。何谓“鬼”？《礼记·祭法》称：“人死曰鬼。”[④] 梁启超在《子墨子学说》中对此界定得简明扼要：“死后之灵魂，即所谓鬼者。”[⑤] 中国人常常讲“鬼魂”。古人眼中，疾病与灾难的原因有许多种，其中之一就是鬼魂在那儿作

① 按明谢肇淛《五杂俎》卷二说：“俗皆以十二月二十四日祀灶，谓灶神是夜上天，以一家所行善恶奏于天也。”（《明代笔记小说大观》第2册，上海古籍出版社2005年版，第1505页）王仁兴《中国年节食俗》则称：“宋代祭灶在腊月二十四，宋朝人称这一天为‘交年’”；“明清时，祭灶已为腊月二十三，祭灶食品的最大特点是已由荤变素，糖瓜、灶饼成为祭灶节的大宗应节食品”（北京旅游出版社1987年版，第108页）。鲁迅先生《送灶日漫笔》十分幽默地说：“坐听着远远近近的爆竹声，知道灶君先生们都在陆续上天，向玉皇大帝讲他的东家的坏话去了，但是他大概终于没有讲，否则，中国人一定比现在要更倒楣。灶君升天的那日，街上还卖着一种糖，有柑子那么大小……那就是所谓‘胶牙饧’了。本意是在请灶君吃了，粘住他的牙，使他不能调嘴学舌，对玉帝说坏话。”又《庚子送灶即事》吟道：“只鸡胶牙糖，典衣供瓣香；家中无长物，岂独少黄羊！”（《鲁迅全集》，新疆人民出版社1995年版，第1卷第660页、第8卷第499页）可见近代送灶之风依旧浓郁。

② 《三天内解经》卷上，《道藏》第28册第414页。

③ 王了一《迷信》，收入《神神鬼鬼》，人民文学出版社1992年版，第37页。

④ 《礼记·祭法》，上海古籍出版社1987年版，第253页。

⑤ 梁启超《饮冰室合集·子墨子学说》，中华书局1989年版，第8册第46页。

祟，于是各种各样对付鬼的方法便应需要而生。据《中国民俗史（汉魏卷）》所说："秦至西汉前期，岁时信仰主要表现在对天神信仰的泛化，鬼神的性格趋于世俗，人们对祖先神关注较少。相反祖先有时并不那么受人尊敬，秦简《日书》中记有对付亡父母祸害后人的巫术。"① 已经亡故的祖先或者父母的鬼魂，如果在另外一个世界中生活得很痛苦，得不到超度，就会骚扰甚至于祸害后人，造成家族中接二连三死人的现象，道教将此现象称为"复连"或"注连"。因此道教继承了《日书》中对付亡父母祸害后人的巫术，用法术安顿祖宗亡灵，超度他们早日升入天上的"大福堂"，安享幸福。从道经的记载中可以看出，当时人家如果一连串死人，通常就要请道士做法事，超度七世祖、九世祖早早飞升成仙。这样一来祖宗的鬼魂就不会再回到人间来干扰活人的生活乃至危及活人的生命。道教希望带给人们生活的不是接二连三的灾祸——"复连"，而是接踵而来的幸福——"福连"，因此有所谓"福连之简，又曰太上金简玉札为福连之书"。②

道教把生病看成是鬼神对于病者所犯罪过的惩罚，病者自我忏悔犯下的罪恶行径，表示服罪并下决心改正，辅以饮符水。若病仍未见好，当请道士上章召唤仙官驱除引起疾病的恶鬼。驱鬼的目的之一是为了治病救人，这是种信仰治疗法。道教的信仰治疗法，不仅流传在下层社会，也在上层社会风行。孙权手下大臣吕蒙病重，"权自临视，命道士于星辰下为之请命"。③ 道教认定，星斗主宰人的生死，故有所谓"南斗主生，北斗注死"之说，紧急关头用上章仪式祈求星斗，驱除恶鬼，或可得救。看来，孙权很相信这一套信仰治疗法，故命道

① 钟敬文主编《中国民俗史》（汉魏卷），人民出版社2008年版，第192页。

② 《云笈七籤》卷七，《道藏》第22册第43页。

③ 《三国志·吕蒙传》，中华书局1982年版，第5册第1280页。

士为吕蒙“请命”，祈望挽回其生命。曾为新安太守的羊欣“素好黄老，常手自书章，有病不服药，饮符水而已。兼善医术，撰《药方》十卷”。[①] 既喜好黄老，兼善医术，又如同五斗米道徒那样以上章驱鬼、饮符水治病，有病却不服药。生长于天师道世家大族的“王子敬病笃，道家上章应首过，问子敬‘由来有何异同得失?’子敬云：‘不觉有余事，惟忆与郗家离婚。’”余嘉锡按语揭示说：“此所谓道家，即五斗米道也。”“今子敬病笃，而请道家上章首过，正是五斗米师为之请祷耳。”[②] 据《三天内解经》说：“疾病者，但令从年七岁有识以来，首谢所犯罪过，立诸赆仪章符，救疗久病癎疾，医所不能治者，归首则差。”[③] 生了病的人，尤其是那些久病不愈，医药不能治疗的病人，只需要叩首忏悔自己七岁以来所犯的各种罪过，获得神的原谅和帮助，即可病愈。这就是信仰治疗的力量所在，难怪像羊欣这样精通医药的信仰者，有病也不服药。

道教采用各种法术和信仰治疗手段为人们驱鬼治病。著名道士顾欢，其“弟子鲍灵绶门前有一株树，大十余围，上有精魅，数见影。欢印树，树即枯死”。这是用道教的法印驱除鬼魅。“山阴白石村多邪病，村人告诉求哀，欢往村中为讲《老子》，规地作狱。有顷，见狐狸鼋鼍自入狱中者甚多，即命杀之。病者皆愈。又有病邪者问欢，欢曰：‘家有何书?’答曰：‘唯有《孝经》而已。’欢曰：‘可取《仲尼居》置病人枕边恭敬之，自差也。’而后病者果愈。后人问其故，答曰：‘善禳恶，正胜邪，此病者所以差也。’”[④] 以儒道经典《老子》和《孝经》树立起善道与正气，战胜了狐狸鼋鼍之类邪魅，病自然就

① 《宋书·羊欣传》，中华书局1974年版，第6册第1662页。
② 余嘉锡《世说新语笺疏·德行》，上海古籍出版社1993年版，第40页。
③ 《三天内解经》卷上，《道藏》第28册第414页。
④ 《南史·隐逸传》，中华书局1975年版，第6册第1875页。

痊愈了。这当中既有法术表演，更有道德和信仰的力量在起作用。

《太上无极大道自然真一五称符上经》则以“先天而生，与道气同化”的东南西北中“五称符”来治病，比如患肺病：“诸百姓颜色忽变，口中白者，肺必有病。金伤于火，急行北称符著南方，中称符就西方，更作西称符服之，以安其神，以延其命，以救其病。五七三十五日，万病无不愈。所谓临绝复苏，死复得生，不烦医药者也。”[①]按照金木水火土五行相生相克原理，施以“五称符”中相对应的符，治疗五脏疾病，可以“不烦医药”。这实质上也是一种信仰治疗，关键就在于信奉“五称符”，信则灵，故能安神、延命、救病。不管是首谢所犯罪过，还是采用“五称符”，都是因为相信疾病的原因乃是恶鬼造成，只要把这些恶鬼赶尽杀绝，病魔除掉，自然恢复健康，故可以“不烦医药”。

人生所遭遇的各种灾难，也是恶鬼在作祟，通过驱除恶鬼，获得仙官的神力帮助，即可度过诸种难关。《太上无极大道自然真一五称符上经》卷上指点诸百姓说：“奸邪入其门，妖怪起其室，从军不归，远行不还，困于口舌，厄于县官，欲消此灾解此罪者，先行南称符三十日，次行东称符九十日。”[②] 这是用道符为百姓们驱除奸邪妖怪，消灾解罪。《太上正一咒鬼经》借张天师之口高喊：“吾为天地除万殃，变身人间作鬼王。”更有“天师神咒”，其威力巨大无比，所谓“吾持神咒谁敢当”，“何鬼敢当”！“鬼王”的使命就是在人间以神咒“杀鬼”，“杀邪神”，“食百鬼”，满足人们各种规格的美好欲望。[③] 这是用神咒来驱杀恶鬼“除万殃”，获取人生幸福。《女青鬼律》痛心疾

① 《太上无极大道自然真一五称符上经》卷上，《道藏》第 11 册第 636、634 页。

② 《太上无极大道自然真一五称符上经》卷上，《道藏》第 11 册第 634 页。

③ 《太上正一咒鬼经》，《道藏》第 28 册第 367～368 页。

首地说："人生于世，无百年之生，朝不保暮，死多生少"，更有"逆煞之鬼"、"凶鬼来守"，使人命在旦夕。天下男女，"自可按吾图书视鬼等名，施吾太玄之下符"，于是"万鬼不敢干"。又教诲那些"孝顺忠信"的"散民"，可书鬼名，"著乌囊贮之，常以正月一日日中时，以身诣师家受之，系著左右臂，以此行来，鬼不敢干。天下太平，送还本治。夜行恐逢恶，可服其鬼名，鬼不敢当"。[①] 这是用所谓"书鬼名"、"服鬼名"、以道符镇压"鬼名"等法术来驱鬼保命，与葛洪的"呼鬼名"术为同一类型的道术。

仙传中，神仙则卖药都市，施药救治瘟疫。《列仙传·崔文子》载："崔文子者，太山人也。文子世好黄、老事，居潜山下。后作黄散赤丸，成石父祠，卖药都市，自言三百岁。后有疫气，民死者万计。长吏之文所请救，文拥朱幡，系黄散，以徇人门，饮散者即愈，所活者万计。"以自制的"黄散"治疗瘟疫，救"活者万计"。又《列仙传·负局先生》载："负局先生者，不知何许人也。语似燕、代间人。……辄问主人，得无有疾苦者，辄出紫丸药以与之，得者莫不愈，如此数十年。后大疫病，家至户到，与药活者万计，不取一钱。吴人乃知其真人也。后止吴山绝崖头，悬药下与人，将欲去时，语下人曰：'各还蓬莱山，为汝曹下神水。'崖头一旦有水，白色流从石间来下，服之多愈疾，立祠十余处。"另有方回"练食云母，亦与民人有病者"；玄俗"饵巴豆，卖药都市，七丸一钱，治百病"。[②] 这些神仙施药治病的故事，作为道教神学的史料，背后却有现实的影子，乃是现实当中道士治病救人的投影。道士们一方面用法术来驱鬼治病，

---

① 《女青鬼律》卷一，《道藏》第18册第242页。

② 王叔岷《列仙传校笺》卷上《崔文子》、卷下《负局先生》、卷上《方回》、卷下《玄俗》，中华书局2007年版，第95、150、16、166页。

另一方面，所谓“十道九医”的道士们又用其医药知识治疗瘟疫疾病。这样的例子在道士传记中数不胜数。上述故事也反映了缺医少药的普通民众在面临瘟疫疾病时，迫切需要得到救治的生活状态。总体上仙传虽出自虚构，但又不脱离人们的现实生活，许多内容来源于生活。此外，还有一些特殊的治疗法术。如《隋书·经籍志》说：道教“以木为印，刻星辰日月于其上，吸气执之，以印疾病，多有愈者”。[①] 这些都可看出当时社会生活中离不开道教的法术治病。

（六）神仙信仰

《论衡·道虚》引“儒书”的话说：“中州之民”卢敖游于北海，经太阴入玄关，至于蒙谷之上，遇见神仙之士。对此王充评论说：“卢敖学道求仙，游乎北海，离众远去，无得道之效，惭于乡里，负于论议。自知以必然之事见责于世，则作夸诞之语，云见一士，其意以为有仙，求仙之未得，期数未至也。”又认为卢敖所说的“夸诞之语”，其实与“河东蒲坂项曼都之语，无以异也。曼都好道学仙，委家亡去，三年而返。家问其状，曼都曰：‘去时不能自知，忽见若卧形，有仙人数人，将我上天，离月数里而止。见月上下幽冥，幽冥不知东西。居月之旁，其寒凄怆。口饥欲食，仙人辄饮我以流霞一杯，每饮一杯，数月不饥。不知去几何年月，不知以何为过，忽然若卧，复下至此。’河东号之曰‘斥仙’”。对于河东号称曼都成为“斥仙”一说，王充反问道：“夫曼都能上天矣，何为不仙？已三年矣，何故复还？”接着指出：“夫人去民间，升皇天之上，精气形体，有变于故者矣。万物变化，无复还者。复育化为蝉，羽翼既成，不能复化为复育。能升之物，皆有羽翼，升而复降，羽翼如故。见曼都之身有羽翼乎，言乃可信；身无羽翼，言虚妄也。虚则与卢敖同一实也。”王充

① 《隋书·经籍志》，中华书局1973年版，第4册第1093页。

并进一步分析说："或时闻曼都好道，默委家去，周章远方，终无所得。力倦望极，默复归家，惭愧无言，则言上天。其意欲言道可学得，审有仙人；已殆有过，故成而复斥，升而复降。"除了指出卢敖、项曼都"学道求仙"、"好道学仙"的故事为"虚妄"之外，王充还引述了汉代社会种种神仙信仰现象，一一加以驳斥："世或言东方朔亦道人也，姓金氏，字曼倩。变姓易名，游宦汉朝。外有仕宦之名，内乃度世之人。此又虚也。""世或以老子之道为可以度世，恬淡无欲，养精爱气。夫人以精神为寿命，精神不伤则寿命长而不死。成事，老子行之，逾百度世，为真人矣。夫恬淡少欲，孰与鸟兽？鸟兽亦老而死。鸟兽含情欲，有与人相类者矣，未足以言。草木之生何情欲，而春生秋死乎？夫草木无欲，寿不逾岁；人多情欲，寿至于百。此无情欲者反夭，有情欲者寿也。夫如是，老子之术以恬淡无欲延寿度世者，复虚也。""世或以辟谷不食为道术之人，谓王子乔之辈以不食谷，与恒人殊食，故与恒人殊寿，逾百度世，遂为仙人。此又虚也。""道家相夸曰：真人食气。以气而为食，故传曰：'食气者寿而不死，虽不谷饱，亦以气盈。'此又虚也。""道家或以导气养性度世而不死，以为血脉在形体之中，不动摇屈伸，则闭塞不通。不通积聚，则为病而死。此又虚也"；"道家或以服食药物，轻身益气，延年度世。此又虚也"。断言这些都是虚假的，王充又揭示："世无得道之效，而有有寿之人。世见长寿之人，学道为仙，逾百不死，共谓之仙矣。""诸学仙术为不死之方，其必不成。"① 透过王充对汉代社会神仙信仰种种现象的"疾虚妄"，我们从反面可以发现，当时民间社会信仰神仙的风气十分浓郁，有黄老道家及所谓"道人"在散播神仙思想、方术和故事传说，有社会人士对这些神仙思想、方术和故事传说的欣然接

---

① 《论衡·道虚》，上海人民出版社 1974 年版，第 108~115 页。

受，许多人热情洋溢地去追求“不死之方”，想方设法地去“学道求仙”，从而达到“逾百不死”的目的。我们说神仙信仰已融入当时老百姓的日常生活中去，看来也丝毫不为过头话。

《艺文类聚》卷六引《图墓书》说：“葬遇飞冈，弈世富贵，亦出神仙。”[①] 墓葬之所以选择风水宝地，不仅求世世代代富贵，更希望“出神仙”。从墓葬文化中，亦可看出当时的神仙信仰风俗。

（七）寄养儿童于“道治”

“道治”为奉道之家的静室，为了儿童能平安健康成长，当时有寄养儿童于“道治”的风俗习惯，与后世的“寄名”颇相类似。钟嵘《诗品》卷上《宋临川太守谢灵运诗》就记载说：“初，钱唐杜明师，夜梦东南有人来入其馆。是夕即灵运生于会稽。旬日而谢玄亡。其家以子孙难得，送灵运于杜治养之。十五方还都，故名客儿。”[②]

（八）道教咒语

自古以来，中国人就认定语言有一种神秘的力量，这一力量具有正反两方面的能量，正面的祝福给人以正能量，带来幸福，反面的诅咒则给人负能量，带来灾祸。道教咒语更是把语言神化，诉诸神的力量，借助神力的诅咒给敌人以灭顶之灾。所谓诅咒，就是祈求道教神灵给自己的对手降下殃咎。另一方面，在进行祈福、祈晴、祈雨等吉祥活动时，也会念动道教咒语，祈祷神明弥补自身力量的不足，加持

① 《艺文类聚》卷六《地部·冈》，上海古籍出版社 1999 年版，上册第 105 页。按：据上海古籍出版社《艺文类聚·前言》所说：“在遗留下来的几部规模较大的类书中，保存唐代以前丰富的文献资料的，《艺文类聚》是颇为重要的一种”；“在这些被引用的文籍之中，现存者所占比例不足百分之十”；“具有大量保存了自汉至隋的词章名篇之功”（第 1、3、7 页）。

② 许文雨《钟嵘诗品讲疏》，成都古籍书店 1983 年版，第 59 页。谢灵运寄养事又见刘敬叔《异苑》卷七《谢客儿》（《汉魏六朝笔记小说大观》，上海古籍出版社 1999 年版，第 664 页）。

巨大无比的力量，使自己如愿以偿。无论正面还是反面，道教咒语都是通过人与神的沟通完成人的意愿。

三　道教与帝王、官员文士的日常生活

（一）道教与帝王的日常生活

《汉书·郊祀志》载，公孙卿对汉武帝说："今陛下可为馆如缑氏城，置脯枣，神人宜可致。且仙人好楼居。"于是汉武帝命令长安作飞廉馆、桂馆，甘泉作益寿馆、延寿馆，派遣公孙卿"持节设具而候神人。乃作通天台，置祠具其下，将招来神仙之属。于是甘泉更置前殿，始广诸宫室"。"方士有言黄帝时为五城十二楼，以候神人于执期，名曰迎年。"汉武帝"许作之如方，名曰明年"，并亲自礼祠。[①]神仙信仰充斥帝王宫廷的日常生活，体现在宫廷建筑的殿堂命名，也与神仙长生有关。班固《西都赋》描述其盛况："神仙长年，金华玉堂。"李善注引《三辅黄图》曰："长乐宫有神仙殿。"又称："长年，亦殿名。"[②] 这些所谓的神仙、长年、长乐均系道教象征符号，用以命名宫殿，充分显示帝王们对神仙长生的信仰与追求。宫廷中环境和装置模仿仙境来布置："滥瀛洲与方壶，蓬莱起乎中央"；"抗仙掌以承露"。在建章宫太液池立起蓬莱、方壶、瀛洲，象征的是"海中仙山"。这样做的目的，自然是希望"松乔之群类，时游从乎斯庭，实列仙之攸馆"。为了方便与赤松子、王子乔这类神仙接通，仙境的布置是必不可少的，环境太差，神仙岂肯下降与凡夫俗子"游从"？而

① 《汉书·郊祀志》，中华书局1962年版，第4册第1241～1242、1246页。注引应劭曰："昆仑玄圃五城十二楼，仙人之所常居。"注称："迎年，若云祈年"；明年，"言明其得延年也"（第1246页）。

② 《文选》卷一，中华书局1977年版，第25页。

神仙们一旦降临，其休息的馆舍也是必备的，所谓“列仙之攸馆”。据说，西汉时的西都长安有“豫章之宇”，即《三辅皇图》所说的“上林有豫章观”，而“东薄河华，西涉岐雍，宫馆所历，百有余区”。① 此外，东汉时东都洛阳有“建章甘泉，馆御列仙”。② 修建了这么多的“宫馆”、“观”，或许除了帝王们自己居住游玩，就是用来迎候、接待神仙的吧？帝王们期待与神仙相遇的心情多么迫切呵！更加迫不及待的当然是成仙不死。后世道教的宫观、仙馆，很有可能就是效仿自汉代的宫廷，其用意都是一致的，这是块与神仙接交相遇的神圣之地，帝王们对神仙长生的信仰追求同道士一样。

《论衡·道虚》引“儒书”也就是黄老道书言：“淮南王学道，招会天下有道之人，倾一国之尊，下道术之士。是以道术之士，并会淮南，奇方异术，莫不争出。王遂得道，举家升天，畜产皆仙，犬吠于天上，鸡鸣于云中。此言仙药有余，犬鸡食之，并随王而升天也。好道学仙之人，皆谓之然。”③ 可见汉代社会“好道学仙”的人群中，广为流传淮南王学道服食仙药、鸡犬都随之而升天的故事。淮南王“得道，举家升天，畜产皆仙”的传说，显然不可信，但淮南王在日常生活中“招会天下有道之人”，向“道术之士”学习仙术，这却是史书明确记载的，是可信的。

《汉书·王褒传》记载，汉宣帝诏王褒“为圣主得贤臣颂其意”，褒对曰：“圣王不偏窥望而视已明，不单顷耳而听已聪；恩从祥风翱，

---

① 《文选》卷一班固《西都赋》，中华书局1977年版，第27～29页。据《汉书·郊祀志》载：汉武帝“作柏梁、铜柱、承露仙人掌之属”。注称：“《三辅故事》云建章宫承露盘高二十丈，大七围，以铜为之，上有仙人掌承露，和玉屑饮之。盖张衡《西京赋》所云‘立修茎之仙掌，承云表之清露，屑琼蕊以朝养，必性命之可度’也。”（中华书局1962年版，第4册第1220页）

② 《文选》卷一班固《东都赋》，中华书局1977年版，第34页。

③ 《论衡·道虚》，上海人民出版社1974年版，第106页。

德与和气游，太平之责塞，优游之望得；遵游自然之势，恬淡无为之场，休征自至，寿考无疆，雍容垂拱，永永万年，何必偃卬诎信若彭祖，呴嘘呼吸如侨、松，眇然绝俗离世哉！《诗》云‘济济多士，文王以宁’，盖信乎其以宁也！”当时，汉宣帝“颇好神仙，故褒对及之”。[①] 王褒乘机对汉宣帝“颇好神仙”之事给予巧妙批评。从这种批评中，也反射出汉代帝王的日常生活充满神仙氛围，其信仰中少不了对于神仙长生的渴求。《汉书·郊祀志》记载：汉成帝“末年颇好鬼神，亦以无继嗣故，多上书言祭祀方术者，皆得待诏，祠祭上林苑中长安城旁，费用甚多”。针对此，谷永说：“诸背仁义之正道，不遵《五经》之法言，而盛称奇怪鬼神，广崇祭祀之方，求报无福之祠，及言世有仙人，服食不终之药，遥兴轻举，登遐倒景，览观县圃，浮游蓬莱，耕耘五德，朝种暮获，与山石无极，黄冶变化，坚冰淖溺，化色五仓之术者，皆奸人惑众，挟左道，怀诈伪，以欺罔人主。”谷永又向成帝揭示：“秦始皇初并天下，甘心于神仙之道，遣徐福、韩终之属多赍童男童女入海求神采药，因逃不还，天下怨恨。汉兴，新垣平、齐人少翁、公孙卿、栾大等，皆以仙人、黄冶、祭祠、事鬼使物、入海求神采药贵幸，赏赐累千金。大尤尊盛，至妻公主，爵位重絫，震动海内。元鼎、元封之际，燕齐之间方士瞋目扼腕，言有神仙祭祀致福之术者以万数。……旷日经年，靡有毫厘之验，足以揆今。”[②] 汉成帝一直到晚年尚无“继嗣”，大量任用有“方术者”，以助其解决继承人问题，又疯狂求仙，耗费多多。扬雄《甘泉赋》为汉成帝“郊祀甘泉泰畤、汾阴后土，以求继嗣”而作，其中涉及西王

---

① 《汉书·王褒传》，中华书局1962年版，第9册第2822、2828页。

② 《汉书·郊祀志》，中华书局1962年版，第4册第1260～1261页。

母、玉女等神仙形象，描写了豪华的求子祭神场面，显然花费不菲。[①] 但问题就在于，既然帝王们为求神仙消耗的“费用甚多”，而且“旷日经年，靡有毫厘之验”，为什么帝王们仍然前仆后继地“甘心于神仙之道”，重赏那些以“神仙祭祀致福之术”“欺罔人主”的方士们，不顾一切去追求呢？以儒家“《五经》之法言”武装头脑的谷永回答不了这一问题，他不懂得帝王们虽然贵为“人主”，和普通人一样心中深藏着不死的欲望，而且比普通人更为强烈，更加迫切。长生不死的神仙成为帝王们的最爱，从秦始皇、汉武帝到汉宣帝、汉成帝，并未因儒家士大夫的激烈批评就放弃了对神仙不死的信仰追求，这是他们的终极关怀，他们的生命和日常生活已经离不开“神仙之道”，所以会动用举国之力，甘心情愿孜孜不倦去追求，尽管有被“欺罔”的经历，尽管“靡有毫厘之验”，但丝毫没有影响他们的信仰。

对神仙不死的信仰坚定不移，“自以当仙”的还有王莽。《汉书·郊祀志》载：王莽篡位的第二年，“兴神仙事，以方士苏乐言，起八风台于宫中。台成万金，作乐其上，顺风作液汤。又种五粱禾于殿中，各顺色置其方面，先鬻鹤髓、毒冒、犀玉二十余物渍种，计粟斛成一金，言此黄帝谷仙之术也。……数下诏自以当仙”。[②] 王莽“自谓黄帝之后”，[③] 日常生活中处处效仿黄帝。“郎阳成修献符命，言继立民母，又曰：‘黄帝以百二十女致神仙。’莽于是遣中散大夫、谒者各四十五人分行天下，博采乡里所高有淑女者上名。……或言黄帝时建华盖以登仙，莽乃造华盖九重，高八丈一尺，金瑵羽葆，载以秘机

① 《文选》卷七《甘泉赋》，中华书局 1977 年版，第 111～115 页。

② 《汉书·郊祀志》，中华书局 1962 年版，第 4 册第 1270 页。按：所谓“液汤”，据注引如淳说：“《艺文志》有《液汤经》，其义未闻也。”

③ 《汉书·元后传》，中华书局 1962 年版，第 12 册第 4013 页。

四轮车，驾六马，力士三百人黄衣帻，车上人击鼓，挽者皆呼‘登仙’。莽出，令在前。”“淑女”选进宫后，“莽日与方士涿郡昭君等于后宫考验方术，纵淫乐焉”。[①] 此处所谓试验的“方术”当为房中术。无论出行还是房事都以黄帝为榜样。

《隋书·经籍志》在谈到梁武帝与道教的关系时说：梁武帝令陶弘景“试合神丹，竟不能就，乃言中原隔绝，药物不精故也。帝以为然，敬之尤甚”。梁武帝渴求的长生神丹尽管未能炼成，不仅不予责怪，反而对陶弘景高度信任，“敬之尤甚”。梁武帝“弱年好事，先受道法，及即位，犹自上章，朝士受道者众。三吴及边海之际，信之逾甚。陈武世居吴兴，故亦奉焉”。[②] 早年受过“道法”的梁武帝，登上皇位后，于天监三年（504）下《舍事李老道法诏》，声明要“反伪就真，舍邪入正”，宁愿在佛教“正法之中长沦恶道，不乐依老子教暂得生天”。[③] 信誓旦旦表白自己要改变信仰，然而实际上却并未割断与道教的联系，他依然私下搞道教“上章”活动，也并不禁止其官员士大夫奉道，故其“朝士受道者众”。在他的治理之下，“三吴及边海之际”信奉道教的人，甚至“信之逾甚”，并未出现一边倒向佛教的情况。流风所及，直至陈朝。于此也可见南朝梁、陈之时，道教对帝王、“朝士”、“三吴及边海之际”信众的广泛影响情况。据史载，梁武帝很早就与陶弘景交往，且交情不浅，故梁武帝“兵至新林”，陶弘景便“遣弟子戴猛之假道奉表”。及梁武帝欲“禅代”萧齐，陶弘景又“援引图谶，数处皆成‘梁’字，令弟子进之”。对此梁武帝显然心存感激，即位后对陶弘景“恩礼愈笃，书问不绝，冠盖相望”。

① 《汉书·王莽传》，中华书局1962年版，第12册第4168～4169、4180页。

② 《隋书·经籍志》，中华书局1973年版，第4册第1093页。

③ 《广弘明集》卷四，上海古籍出版社1991年版，第116页。

陶弘景“既得神符秘诀，以为神丹可成，而苦无药物”。于是梁武帝便“给黄金、朱砂、曾青、雄黄等”药物，慷慨资助其炼丹，目的就在于希望服食“神丹”长生不老。等到梁武帝服用了陶弘景的“飞丹有验”，对于陶弘景“益敬重之。每得其书，烧香虔受”。梁武帝又派人让陶弘景制“造年历，至己巳岁而加朱点，实太清三年（549）也。帝手敕招之，锡以鹿皮巾。后屡加礼聘，并不出，唯画作两牛，一牛散放水草之间，一牛著金笼头，有人执绳，以杖驱之”。梁武帝见画后笑着说：“此人无所不作，欲学曳尾之龟，岂有可致之理。”每当梁武帝“有吉凶征讨大事”，无不派人前往陶弘景的山居处咨询，“月中常有数信”寄给陶弘景，以至于当时人称陶弘景为梁武帝的“山中宰相”。天监（502—519）中梁武帝收到陶弘景“献丹”；中大通（529—534）初，又收到陶弘景所献二刀，名叫“善胜”、“威胜”，“并为佳宝”。[①] 可见，梁武帝尽管宣称改信佛教，但在政治上却并未放弃对老朋友——高道陶弘景的信任，在日常生活中，则对道教的长生不老丹药及可以剑解成仙的宝刀“乐此不疲”。梁武帝对另一位“有仙分”隐居南岳衡山的上清经派道士邓郁也是“敬信殊笃”。邓郁“少而不仕，隐居衡山极峻之岭，立小板屋两间，足不下山，断谷三十余载，唯以涧水服云母屑，日夜诵《大洞经》”。据说邓郁曾经为梁武帝“合丹”，但“帝不敢服，起五岳楼贮之供养，道家吉日，躬往礼拜”。虽然心存疑虑不敢服这些丹药，却将道教丹药看得非常神圣，供养起来，于“吉日”亲自前往礼拜。邓郁于天监十四年（515）“无病而终”后，梁武帝“令周舍为《邓玄传》，具序其事”。[②] 这些都表明，梁武帝宣布改信佛教有作秀之嫌，他对于高道依旧“恩礼愈笃”，

---

① 《南史·隐逸传》，中华书局1975年版，第6册第1898～1899页。

② 《南史·隐逸传》，中华书局1975年版，第6册第1896页。

“敬信殊笃”，对邓郁所炼道教丹药，即便心存疑虑，却也不敢怠慢，专门修造楼房供养礼拜，而在服用陶弘景的“飞丹有验”后，则更加器重陶氏所炼的丹药。看来，梁武帝心中并未彻底放弃道教神仙信仰，他对长生不死尚抱着一线希望，所以他的日常生活与道教丹药脱不了关系，他恐怕会后悔说了“不乐依老子教暂得生天”的话吧？

除了对神仙长生信仰的追求，帝王的感情生活也离不开方士、道士的法术来帮忙。《汉书·外戚传》载：李夫人去世后，汉武帝“思念李夫人不已，方士齐人少翁言能致其神。乃夜张灯烛，设帷帐，陈酒肉，而令上居他帐，遥望见好女如李夫人之貌，还幄坐而步。又不得就视，上愈益相思悲感，为作诗曰：‘是邪，非邪？立而望之，偏何珊珊其来迟！’令乐府诸音家弦歌之。上又自为作赋，以伤悼夫人”。[①] 另外，《论衡·自然篇》也记载说：“武帝幸李夫人，李夫人死，思见其形。道士以方术作夫人形，形成，出入宫门，武帝大惊，立而迎之，忽不复见。”[②] 帝王也是人，也有七情六欲，和普通人一样需要感情得到抚慰。方士的法术或许多多少少可以起一些作用。可以说，道教成为帝王们人生享受的工具，成为他们政治生活之外日常闲暇生活的点缀，寄托性情之所在。

（二）道教与官员士大夫的日常生活

《史记·留侯世家》载：张良多病，功成名就之后，表示“愿弃人间事，欲从赤松子游耳”。于是“乃学辟谷，道引轻身”。[③] 赤松子为汉代家喻户晓的神仙，作为汉高祖开国功臣的张良，发自肺腑地想去游仙，日常生活中则学习道引、辟谷一类仙术。从汉代起，神仙道

---

① 《汉书·外戚传》，中华书局 1962 年版，第 12 册第 3952 页。

② 《论衡·自然篇》，上海人民出版社 1974 年版，第 279 页。

③ 《史记·留侯世家》，中华书局 1982 年版，第 6 册第 2048 页。

教已经浸入官员的日常生活，成为其官宦生涯之外的精神旨趣。

《汉书·郊祀志》说：汉元帝“初元（前48—44）中，有天渊玉女、钜鹿神人、轑阳侯师张宗之奸，纷纷复起”。注解称：“轑阳侯，江仁也，元帝时坐使家丞上印绶随宗学仙免官。”① 这是官员在日常生活中“学仙免官”的案例。还有官员豢养道士，甚至听从道士在政治上为其出谋划策：“卫将军王涉素养道士西门君惠。君惠好天文谶记，为涉言：‘星孛扫宫室，刘氏当复兴，国师公姓名是也。’涉信其言。”② 或许豢养道士的目的，除了日常生活中的其他需要之外，再就是利用道士懂得星象的特长，在政治上指点迷津。道士参与官员政治生活的案例比较多。《南史·沈庆之传》载：“江州刺史桂阳王休范密有异志，欲以微旨动攸之，使道士陈公昭作天公书一函，题言沈丞相，送攸之门者。攸之不开书，推捡得公昭，送之朝廷。”③ 毫无疑问，写“天公书”的道士陈公昭，成为官场权争的牺牲品，但由道士来写“天公书”，则表明“通天”的权力，已经由巫转移到道士手中。张光直先生在论及“绝天地通”神话时指出：这则神话“为我们认识巫觋文化在古代中国政治中的核心地位提供了关键的启示。天，是全部有关人事的知识汇聚之处。……当然，取得这种知识的途径是谋取政治权威。古代，任何人都可借助巫的帮助与天相通。自天地交通断绝之后，只有控制着沟通手段的人，才握有统治的知识，即权力。于是，巫便成了每个宫廷中必不可少的成员”。④ 巫是具有与天“沟通手段的人”，宫廷中控制着巫，是为了“谋取政治权威”。后来道士虽

① 《汉书·郊祀志》，中华书局1962年版，第4册第1260～1261、1262页。

② 《汉书·王莽传》，中华书局1962年版，第12册第4184页。

③ 《南史·沈庆之传》，中华书局1975年版，第3册第966～967页。

④ 张光直《美术、神话与祭祀》，生活·读书·新知三联书店2013年版，第36～37页。

然不再具有“政治中的核心地位”，但继承了巫觋的与天沟通特权，在政治上发挥“通天”的作用，为朝廷及政治上有野心的官员“谋取政治权威”。道士陈公昭精心制作“天公书”的目的，就是试图以“天”的名义，为“密有异志”的官员谋取政治上更大的权力，乃至于夺取天下，一旦成功，他便会十分荣耀地成为“宫廷中必不可少的成员”。道士在官员政治生活中的功能是多方面的。《南史·沈约传》载：沈约病中“梦齐和帝剑断其舌，召巫视之，巫言如梦。乃呼道士奏赤章于天，称禅代之事，不由己出”。后“赤章事”暴露，梁武帝“大怒，中使谴责者数焉，约惧遂卒”。[①] 沈约病中做噩梦见“齐和帝剑断其舌”，以为是向他讨还血债来了，急忙“呼道士”用道教上章仪式向自己所背叛过的齐和帝悔过，以表明梁武帝篡权“禅代之事”与自己无关，从而求得齐和帝宽恕。这是道士以其特有的“通天”权力帮助官员作政治上的忏悔，缓解其心中的罪恶感，以便能够悔过治病。岂料消息走漏，引来皇帝震怒，病没治好，反倒因恐惧送了命。沈约的祖上沈警及其子沈穆夫，则死于一场和道教有关的政治动乱中。据沈约《自序》的讲述：“钱唐人杜子恭通灵有道术，东土豪家及京邑贵望，并事之为弟子，执在三之敬。警累世事道，亦敬事子恭。子恭死，门徒孙泰、泰弟子恩传其业，警复事之。隆安三年(399)，恩于会稽作乱，自称征东将军，三吴皆响应。穆夫时在会稽，恩以为前部参军、振武将军、余姚令。”孙恩借道教名义夺取政权失败后，“警及穆夫……并遇害”。[②] 世世代代信奉道教的江南沈家，其政治生涯往往与道教有千丝万缕的联系，其他所谓奉道的“东土豪

① 《南史·沈约传》，中华书局1975年版，第5册第1413页。又见《梁书·沈约传》，中华书局1973年版，第1册第243页。

② 《宋书·自序》，中华书局1974年版，第8册第2445、2446页。

家”，也是如此。深信不疑奉道的某些官员甚至把在政治事变中遭遇死亡看作是羽化登仙：刘宋文帝时，琅邪王氏家族的王僧绰死于政变，为太子刘劭所杀。僧绰弟司徒左西属王僧虔，“所亲咸劝之逃”。王僧虔泣曰：“吾兄奉国以忠贞，抚我以慈爱，今日之事，苦不见及耳。若得同归九泉，犹羽化也。”[①] 可见道教神仙信仰已浸透其灵魂。

服食道教符水。刘宋文帝时，任新安太守十三年的羊欣，游玩山水，“素好黄老，常手自书章，有病不服药，饮符水而已。兼善医术，撰《药方》十卷”。[②] 尽管自己就擅长医药之术，但却“有病不服药”，而是按道教符箓派那一套“饮符水”，这个现象很奇特，表明符水道教的治病方法得到一些官员的信奉，并且在日常生活中体验。前文提到，郗愔信道过于精勤，“先所服符”以至于“常患腹内恶”。余嘉锡按语称：奉天师道者，皆以符水治病。亦有无病服符者。《真诰·协昌期篇》有所谓“明堂内经开心辟妄符”，即用开日旦朱书，再拜服之，一月三服。郗愔所服，盖此类也。[③] 信奉天师道的世家大族子弟郗愔，应该就是属于那种“无病服符者”，目的在于“辟妄”保养身体，延年益寿。看来，在当时的官员士大夫群体日常生活中，有的以服符水治病，有的则用以养生。

服食道教丹药，这是某些官员日常生活中的爱好，目的很明确，就是想长生不死。刘宋明帝时，曾经任梁、益二州刺史的刘亮，“在梁州，忽服食修道，欲致长生。迎武当山道士孙道胤，令合仙药。至益州，泰豫元年（472）药始成，而未出火毒。孙不听亮服，亮苦欲服，平旦开城门取井华水服，至食鼓后，心动如刺，中间便绝。后人

① 《资治通鉴·宋纪九》，上海古籍出版社1987年版，上册第850页。

② 《宋书·羊欣传》，中华书局1974年版，第6册第1662页。

③ 余嘉锡《世说新语笺疏·术解》，上海古籍出版社1993年版，第708、709页。

逢见，乘白马，将数十人，出关西行，共语分明，此乃道家所谓尸解者也”。[①] 为了能够“致长生”，请武当山道士炼仙药，且迫不及待，不等“出火毒”就服用，结果猝死，号称是道教“尸解”。沈约有《赤松涧诗》，其中吟唱道：“神丹在兹化，云軿于此陟。愿受金液方，片言生羽翼。”又有《奉和竟陵王药名诗》，其中这样吟唱道：“垂景迫连桑，思仙慕云埒”；“黄符若可挹，长生永昭晢”。[②] 这些诗亦透露出官员士大夫服食仙药的信息。

出生琅琊临沂王氏家族、卒于宜州刺史位的王褒，在给友人周弘让的信中说：“弟昔因多疾，亟览九仙之方……上经说道，屡听玄牝之谈；中药养神，每禀丹沙之说。”周弘让在回信中，鼓励王褒说：“丹经在握，贫病莫谐；芝术可求，恒为采掇。昔吾壮日，及弟富年，俱值邕熙……玉沥金华，冀获难老。”[③] 由通信中可看出，体弱多病的官员王褒，除了屡听“上经”玄牝之谈，自年轻时即对道教的“仙方”、“丹经”及“丹沙之说”颇为信奉依赖，以此保养病体，希望“难老”。而周弘让显然也是喜好服药者。道教成为那些体弱多病以及某些爱好服药的官员士大夫日常生活的不可或缺部分。服药养生，目的自然在于健康长寿，乃至长生不老，这也使官员士大夫与道教的关系显得更为生活化。

某些官员士大夫与道士的交往，成为其日常生活的一部分。杜子恭玄孙杜京产，出身“世传五斗米道”的道教世家，江南许多文士官员与其交往。如“会稽孔觊，清刚有峻节，一见而为款交”。又如“会稽孔道徵，守志业不仕，京产与之友善”。京产曾请儒士刘瓛“至

---

① 《宋书·刘怀慎传》，中华书局1974年版，第5册第1377～1378页。

② 逯钦立辑校《先秦汉魏晋南北朝诗·梁诗》卷六、卷七，中华书局1983年版，中册第1639、1643页。

③ 《周书·王褒传》，中华书局1971年版，第3册第732页。

山舍讲书，倾资供待”，其子杜栖“躬自屣履，为讌生徒下食，其礼贤如此”。孔稚珪等“并致书以通殷勤”。齐武帝永明十年（492），孔稚珪及光禄大夫陆澄、祠部尚书虞悰、太子右率沈约、司徒右长史张融上书朝廷表荐杜京产，盛赞其为人：“洁静为心，谦虚成性，通和发于天挺，敏达表于自然。学遍玄、儒，博通史、子，流连文艺，沉吟道奥。”建议让杜京产“释巾幽谷，结组登朝”。结果“不报”。① 可见，这些文士官员与道士杜京产交往频繁，有的甚至成为至交，有的积极推荐其为朝廷所用。高道许迈，“与王右军父子周旋，子猷乃修在三之敬”。② 子猷为王羲之第六子王徽之的字，他对许迈施以君、师、父的“在三之敬”，那就不是一般性地交往道士，简直就是在顶礼膜拜道士了。《太平御览》卷六六九《道部·服饵》引《道学传》也说：王羲之父子与许迈，“为世外之交。羲之亦辞荣养生，每造远，弥日忘归，诗书往复，多论服饵”。③ 名士们还向高道学习。茅山第八代宗师孙游岳，“一时名士沈约、陆景真、陈宝识等咸学焉”。④ 茅山宗第九代宗师陶弘景，“齐梁间，侯王公卿从先生授业者数百人”，陶弘景“一皆拒绝，唯徐勉、江祐、丘迟、范云、江淹、任昉、萧子云、沈约、谢瀹、谢览、谢举等，在世日，早申拥彗之礼，绝迹之后，提引不已”。⑤ 可见高道对前来学习的“侯王公卿”严格挑选，宁缺毋滥。

赠送诗文或相互之间唱和，这也是官员士大夫与道士交往的内容

---

① 《南齐书·高逸传》，中华书局 1972 年版，第 3 册第 942、943 页。

② 吉川忠夫、麦谷邦夫编《真诰校注》卷二十《翼真检第二》，中国社会科学出版社 2006 年版，第 587 页。

③ 《太平御览》卷六六九《道部·服饵》，中华书局 1960 年版，第 3 册第 2986 页。

④ 《茅山志》卷十，《道藏》第 5 册第 599 页。

⑤ 《华阳陶隐居内传》卷中，《道藏》第 5 册第 509 页。

之一。沈约有《留真人东山还诗》、《酬华阳陶先生诗》、《还园宅奉酬华阳先生诗》、《华阳先生登楼不复下赠呈诗》、《奉华阳王外兵诗》等,[①] 从这些诗中可以窥见他与陶弘景、留真人等道士亲密无间的交往。官场生活的枯燥无味，暗藏杀机，精神高度紧张，使得一些官员士大夫淡化了对政治的追求，趋之若鹜与道士交往，以增添生活的悠闲情趣，缓解忐忑不安情绪，还可为自己留条退路，万不得已，归隐林下，加入道教队伍，度过余生。

由上述可见，秦汉魏晋南北朝道教与社会生活、风俗习惯可谓千姿百态，是一幅辽阔漫长的画卷，尽管作者对此已经呕心沥血，然非一篇文章所能描绘，且本文对于出土的文物考古材料尚无涉猎，需要勾勒的地方还有很多很多。本文只不过是起点抛砖引玉的作用，还是把完成这幅画卷的艰巨任务留待给将来的专著吧!

---

① 逯钦立辑校《先秦汉魏晋南北朝诗·梁诗》卷六，中华书局 1983 年版，中册第 1634、1637～1638 页。

略述汉魏南北朝道教与辞赋诗歌

以神仙长生为题材的道教辞赋诗歌，其旨趣在哪里呢？旨趣就在于这样一个人们永恒关心的问题——时间都去哪儿了？这个问题，相信只要人类存在，从古至今一直到未来，一代又一代的人们前仆后继都会问到。以神仙长生为题材的道教辞赋诗歌所要拷问的，正是这个永恒的话题。与道教辞赋诗歌相关的作者都在感伤人生如朝露，如昙花一现，时光飞逝，转眼间就是百年。当亡时将至，大限将临，他们每个人都在企盼，要是能像神仙那样不受时间问题困扰，不会有孔夫子式“逝者如斯夫”的感叹，能够永恒存在就好了！由于有了这种企盼，他们在“游仙”中以奔放不羁的想象力把时间延伸到无限，试图使自己生命的长度也无限延伸下去。他们甚至想象着令时光倒流，自己返老还童：“年岁晚暮时已斜，安得壮士翻日车。”[①] 然而，现实却是残酷的，“人生自古谁无死”？于是不得已，只好在辞赋诗歌中借助“游仙”来实现自己的生命寄托和生命理想，借此聊慰死亡焦虑，从中发现人生的价值意义所在，以免彻底堕入虚无主义。

---

① 逯钦立辑校《先秦汉魏晋南北朝诗·汉诗》卷五李尤《九曲歌》，中华书局 1983 年版，上册第 174 页。

一　道教与辞赋

《楚辞》、汉赋对神仙世界的憧憬，对飞升仙界周游的想象，带给道教神仙信仰十分丰富的精神养料，道教的好些内容以及语汇，可到《楚辞》、汉赋中寻根。反过来，六朝的赋尤其是小赋又或多或少吸取道教的养分以充实自己，神仙内容在六朝赋的创作中表现得多姿多彩。可以这样说，道教与辞赋是一种双向互动的关系，相互学习借鉴。

早在《楚辞》中，游仙已成为一大主题。屈原遭浊世“放逐”，于是遨游世外，饮马咸池，结辔扶桑，济白水，登阆风，求宓妃，望瑶台，“览相观于四极兮，周流乎天”。[①] 已经开仙界漫“游”之风气。《远游》以悲愤时俗，轻举游仙开头：“悲时俗之迫阨兮，愿轻举而远游。”真不幸，自己“遭沈浊而汙秽兮，独郁结其谁语”！在这浊秽之世，找不到吐露心语的人，还不如“托乘而上浮”游仙去吧：“闻赤松之清尘兮，愿乘风乎遗则。贵真人之休德兮，美往世之登仙。与化去而不见兮，名声著而日延。”王逸《章句》揭示说：屈原因为其“方直之行，不容于世”，于是转而“托配仙人，与俱游戏，周历天地，无所不到”。[②] 严忌《哀时命》也在“哀时命之不及古人兮，夫何予生之不遘时”的遭遇下，表示心中“愿至昆仑之悬圃兮，采钟

---

① 洪兴祖《楚辞补注·离骚》，中华书局1983年版，第32页。

② 洪兴祖《楚辞补注》，中华书局1983年版，第163、164页。按：朱熹也以《远游》为屈原所作。但当今学者多认定是后人拟作。孙昌武《诗苑仙踪》认为：《远游》表露出明显的拼凑痕迹，但“把天界游历作为独立的主题，开后来游仙文学的先河，在文学史上是有相当重要意义的”（南开大学出版社2005年版，第91页）。

山之玉英”，“上要求于仙者。与赤松而结友兮，比王侨而为耦”。[①] 刘向《九叹》希望能够像仙人王侨一样，凌太清，得道不死，与天地同寿：“譬若王侨之乘云兮，载赤霄而凌太清。欲与天地参寿兮，与日月而比荣。”[②] 这些，都写出了文士们哀叹生命的匆匆忙忙，自己却逢时不祥，命运不济，个人理想与现实发生冲突，表示要对溷浊污秽的现实世界超越高举，与神仙结伴，周游仙界，进入生命的理想境界。这些游仙场面的宏大描写，文采铺发，充满丰富的想象，大胆的夸张，文人们在弃世仙游中使生命得到放松，对现状的苦闷得以缓解。

《楚辞》中，神仙与隐士具有相同的高贵品格。王逸《章句》认为，《招隐士》的作者是淮南小山，因“闵伤屈原，又怪其文升天乘云，役使百神，似若仙者，虽身沉没，名德显闻，与隐处山泽无异，故作《招隐士》之赋，以章其志也”。[③] 屈原仿佛“若仙者”，其“名德显闻”与山林隐士完全一样。无论《招隐士》的原意是否如此，但在东汉文人王逸的解释下，仙中有隐，隐中有仙，求仙与隐处融为一体，交相辉映。身居林下，心存玄漠，神游天界，这大概已成为汉代士人不能舒展经时济世怀抱时最理想的人生境界。

《楚辞》开创了士人用文学作品形式体验神仙世界、在仙界遨游的传统，也就是说，这类文学作品在今人看来只不过是浪漫派的创作手法，而实际上，很有可能（至少其中有一部分）反映了古代文士的宗教体验，亦即仙游的体验，文士在充满激情的幻觉想象中，以为自己真的是在游仙，现实的烦恼、苦难，悲绪忧端，就在此一刻得以释

---

① 洪兴祖《楚辞补注》，中华书局 1983 年版，第 259、260、264～265 页。

② 洪兴祖《楚辞补注》，中华书局 1983 年版，第 309 页。

③ 洪兴祖《楚辞补注》，中华书局 1983 年版，第 232 页。

怀。文士们用生花妙笔记录了这些宗教体验，这是一种生命的体验，不是当今流行的所谓身体写作，更不是所谓下半身写作，而是用生命在写作，故能流传久远。其中对神仙世界的体验描绘，对仙界遨游的种种想象，便流传给了道教。

汉赋中许多内容呈现了当时社会流行的神仙文化。司马相如《大人赋》有所谓“排阊阖而入帝宫兮，载玉女而与之归”。[①] 天帝宫中的仙女，居然被“大人”汉武帝载归，这是何等浪漫，其中说不定含有与“玉女”合气，获得其仙气从而长生不老的意愿。“玉女”也是擅长房中神仙术的仙女符号。当然，这里不免有汉赋所谓讽喻的含义在内，暗示“大人”此举乃想入非非。扬雄《甘泉赋》为汉成帝“郊祀甘泉泰畤、汾阴后土，以求继嗣”而作，其中也涉及玉女：“想西王母欣然而上寿兮，屏玉女而却宓妃。”李善注称“好色之败德”，“亦以此微谏也”。[②] 在这样的解释下，神仙玉女成为美色的象征符号，追求美色在道德层面是危险的。用儒学眼光审视汉赋的游仙，自然会落入伦理范畴。《甘泉赋》对甘泉宫的铺陈排比若凡若仙：“前殿崔巍兮，和氏玲珑”；“闶阆阆其寥廓兮，似紫宫之峥嵘”；“乘云阁而上下兮，纷蒙笼以棍成。曳红采之流离兮，飏翠气之宛延”。[③] 这样在凡界与仙界之间穿越，似乎甘泉宫既属凡界，也属仙界，帝王们用不着再求仙了。在歌功颂德中，暗含着一些讽喻。桓谭《仙赋》序述说了创作的由来：“余少时为中郎，从孝成帝出祠甘泉河东，见郊先置华阴集灵宫。宫在华山下，武帝所造，欲以怀集仙者，王乔赤松子，故名殿为‘存仙’。端门南向山，署曰‘望仙门’。余居此焉，窃

---

① 朱一清、孙以昭《司马相如集校注》，人民文学出版社 1996 年版，第 68 页。

② 《文选》卷七《甘泉赋》，中华书局 1977 年版，第 111、114 页。

③ 《文选》卷七《甘泉赋》，中华书局 1977 年版，第 113 页。

有乐高妙之志，即书壁为小赋。”因为随从汉成帝出祠甘泉，住在“怀集仙者”的集灵宫，便不免油然生出向往神仙的“高妙之志”，于是欣然作赋颂神仙：“夫王乔赤松，呼则出故，翕则纳新。夭矫经引，积气关元。精神周洽，鬲塞流通。乘凌虚无，洞达幽明。诸物皆见，玉女在旁。仙道既成，神灵攸迎。乃骖驾青龙，赤腾为历，躇玄厉之擢，有似乎鸾凤之翔飞，集于胶葛之宇，泰山之台。吸玉液，食华芝，漱玉浆，饮金醪。出宇宙，与云浮，洒轻雾，济倾崖。观仓川而升天门，驰白鹿而从麒麟。周览八极，还崦华坛。泛泛乎滥滥，随天转璇，容容无为，寿极乾坤。”① 桓谭的思想似乎是矛盾的，其《新论》一方面说：“无仙道，好奇者为之。”嘲笑“刘子骏信方士虚言，谓神仙可学”。另一方面又声称“天下神人五，一曰神仙……”并说“圣人皆形解仙去。言死者，示民有终也”。② 其实，综合这两方面看，桓谭认为神仙是有的，然而神仙不可学，通过学习而获得的“仙道”是不存在的；圣人、神人即是神仙存在的证明，但他们是天赋而非经过学习得来，一般民众则是会死的。因此，其《仙赋》颂扬神仙“王乔赤松”，赞美这些神仙“出宇宙，与云浮”，“周览八极”，“寿极乾坤”，飞升天上，自由自在遨游，长生不死，便是可以理解的。可以这样说，桓谭的文学创作与其思想境界是统一不悖的。班彪《览海赋》由观望大海而联想到神仙世界：“朱紫彩烂，明珠夜光。松乔坐于东序，王母处于西箱。命韩众与岐伯，讲神篇而校灵章。”这样的“神篇灵章”的确太吸引人了，难免不生发出游仙的念头来：“愿结旅而自托，因离世而高游。骋飞龙之骖驾，历八极而回周。遂竦节而响

① 费振刚、胡双宝、宗明华辑校《全汉赋》，北大出版社 1993 年版，第 248 页。

② 《全上古三代秦汉三国六朝文·全后汉文》，中华书局 1958 年版，第 1 册第 550、551 页。

应，勿轻举以神浮。遵霓雾之掩荡，登云涂以凌厉。乘虚风而体景，超太清以增逝。麾天阍以启路，辟阊阖而望余。通王谒于紫宫，拜太一而受符。”① 后世道教在仙界“讲神篇而校灵章”的情景，经书来自天上、超升“太清”的理念等，班彪《览海赋》都有了，汉赋留给道教可观的遗产。张衡《西京赋》绘声绘色描述汉武帝求仙：“采少君之端信，庶栾大之贞固。立修茎之仙掌，承云表之清露。屑琼蕊以朝飧，必性命之可度。美往昔之松乔，要羡门乎天路。想升龙于鼎湖，岂时俗之足慕。”似乎给予高度赞美，但突然间笔锋一转，发出一大疑问：“若历世而长存，何遽营乎陵墓?”② 这是对当时流行的神仙文化的问难，但却从反面折射出了神仙思想的巨大社会影响。张衡《七辩》叙说：“无为先生，祖述列仙，背世绝俗，唯诵道篇。形虚年衰，志犹不迁。”又形容神仙之美：“若夫赤松王乔，羡门安期。嘘吸沆瀣，饮醴茹芝。驾应龙，戴行云，桴弱水，越炎氛，览八极，度天垠。上游紫宫，下栖昆仑。此神仙之丽也，子盍行而求之?”③ 亦反映了汉人对神仙的无限仰慕。

《汉书·艺文志》把“诗赋”放在一起，共录有“诗赋百六家，千三百一十八篇”。引传曰：“不歌而诵谓之赋，登高能赋可以为大夫。”④ 班固《两都赋序》开篇即云：“或曰，赋者，古诗之流也。”然后揭示说：赋“或以抒下情而通讽谕，或以宣上德而尽忠孝”，“抑亦《雅》、《颂》之亚也”。⑤ 刘勰《文心雕龙》也揭示了赋的含义：

① 费振刚、胡双宝、宗明华辑校《全汉赋》，北大出版社 1993 年版，第 252 页。

② 《文选》卷二《西京赋》，中华书局 1977 年版，第 42 页。

③ 费振刚、胡双宝、宗明华辑校《全汉赋》，北大出版社 1993 年版，第 490、491 页。

④ 《汉书·艺文志》，中华书局 1962 年版，第 6 册第 1755 页。

⑤ 《文选》卷一《两都赋序》，中华书局 1977 年版，第 21、22 页。

"诗有六义，其二曰赋。赋者，铺也；铺采摛文，体物写志也。"① 二人都把赋看作是诗的表现形式之一。从二人所说可见，汉赋的作者们，运用诗的体裁之一——赋，除了以此"通讽谕"、"尽忠孝"之外，便是要"体物写志"。他们登高体悟万物，寄畅宇宙，摛藻如春华般地抒发自己那种高尚的游仙志向，又若云间飞鸿般舒翼扬声，激情歌唱自己的生命理想。实际上，整个汉代都沉浸于升仙的理想化世界，这样的神仙世界，其土壤的湿度和温度都非常适宜道教的生长，而道教的茂盛生长，又充实了汉赋的写作内容和"铺采"风格。

二　道教与诗歌

道教与诗歌的关系如何？能否有"道教诗歌"这样的概念？如果有，怎么定义？我们或许可以将其定义为：抒发表达了道教信仰的诗歌就是"道教诗歌"，这是一种在道教信仰体验下或按其科仪要求应运而生的诗歌创作。这些赞美和歌颂神仙以及神仙长生的"圣歌"体现了"道教诗歌"的那种神圣性美感，表达了道教信徒的特殊宗教情感及其对人生的终极关怀，为中国诗歌中独特的一类。《文心雕龙·祝盟》称："楚辞招魂，可谓祝辞之组纚也。汉之群祀，肃其旨礼，既总硕儒之仪，亦参方士之术。"② 于此可见，诗歌与宗教仪式有一种密切关系，而汉代的祭祀仪式（自然包括汉武帝祭拜神仙在内）加入了"方士之术"，这当中或许就包含早期的道教诗歌。

钟嵘《诗品》精彩揭示："灵祇待之以致飨，幽微藉之以昭告，

① 黄叔琳注、李详补注、杨明照校注拾遗《增订文心雕龙校注》卷二《诠赋》，中华书局2012年版，上册第95页。

② 《增订文心雕龙校注·祝盟》，中华书局2012年版，上册第122～123页。

动天地，感鬼神，莫近于诗。”[①] 也就是说，祭祀昭告灵祇，惊天动地，感召鬼神，最佳捷径就是诗。而在道教那里不仅仅如此，神仙不只是接受人写诗献祭，神仙自己也好写诗，故在道经中保存了神仙真人写的大量“仙诗”、“仙歌”，以启示修道者。这些“仙诗”、“仙歌”的产生，与道经的制作方式一样，都是具有接通人神本事的灵媒——道士转述的，由神仙降授而经道士转述的不是凡间作品，而是“此曲只应天上有”的神仙诗歌，这是道士才有的特权。道士通过神仙附体法术或自己在幻觉中化身为神仙写下的“仙诗”、“仙歌”，主要功能在于道教神学教化，宣示道教世界观、人生观和价值观，劝人修道成仙，启示修道者，神仙世界才是最美好最洁净的生存空间，而凡间不过是秽土浊尘，不值得贪恋。超越凡尘的“仙境”与“飞升”，成为这些“仙诗”、“仙歌”的主要意象，成为召唤修道者坚定信仰的神曲。如晋代道士许迈，“著诗十二首，论神仙之事焉”。[②] 即以写诗的方式，论说神仙的存在。“仙诗”与“仙歌”的区别或许在于：“仙诗”通常主要采用吟诵方式，没有曲与之相配。当然也有例外，比如秦始皇曾“使博士为《仙真人诗》，及行所游天下，传令乐人歌弦之”。[③] 当有需要时，“仙诗”也可以谱上曲放声歌唱。“仙歌”则有曲与之相配合，主要采用唱诵方式。比如《无上秘要》卷二十《仙歌品》就有：“上元无英帝君歌”，与之相配合的是“上元洞门变真内章之曲”；有“中元黄老帝君歌”，与之相配合的是“中元洞化内真章曲”；有“下元白元帝君歌”，与之相配合的是“下元洞虚化真章曲”。[④]“仙歌”大约类似于凡间歌词，谱上曲子，配以乐器，神仙们

① 许文雨《钟嵘诗品讲疏》，成都古籍书店1983年版，第1页。
② 《晋书·王羲之传》，中华书局1974年版，第7册第2107页。
③ 《史记·秦始皇本纪》，中华书局1982年版，第1册第259页。
④ 《无上秘要》卷二十，《道藏》第25册第48页。

即可在天界特定场合，譬如宴饮时高歌一曲。在道教眼里，神仙如同凡夫俗子一样，爱吟诗，好唱歌。

（一）“仙诗”

“仙诗”既有托称仙人所作，也有道士、文人学士所作。

“仙诗”暗藏天机于内，故以隐语秘言预告凡夫俗子的命运，将要发生的事件，形式上展现为“诗谶”。《真诰》中即收录了这样的“诗谶”：“曾参出田，丹心同舟。素糸三迁，来庇方头。”什么意思？陶弘景事后揭破玄机说：“此四句是离合，作‘思玄’字，即长史之字也”。原来，这四句四言诗，使用拆字的方式隐秘道出长史（许谧）的字“思玄”，结合下文预告其将在神仙世界“封伯作侯”。又：“凤巢高木，素衣衫然。”陶弘景注解称：“此八字是作长史小名‘穆’字也。”又：“履顺思真，凝心虚玄。”陶弘景注解称：“仍取此‘思’字‘玄’字，即成长史字也。”这是关于许谧的字和小名。关于许掾，清灵真人授诗云：“企望人飞，若感若成。威不内接，骄女远屏。三四纵横，以入帝庭。历纪建号，得为太龄。亦必秀映，四司元卿。翻然纵羽，遂登上清。”陶弘景注称：“此离合掾大名翙字也。”另外又有所谓：“琼刃应数。”陶弘景注称：“此‘琼刃’字即是掾小名玉斧也，与外传青录义同，故云应数。”[①] 此诗谶中暗藏天机，是在预告许掾飞登“上清”，“应数”成仙。

“仙诗”成为神仙与凡人恋情故事中相会的“蓝桥”。《搜神记》卷一《弦超》讲述：魏人弦超，嘉平（249—254）中，夜“梦有神女

---

① 吉川忠夫、麦谷邦夫编《真诰校注》卷二《运象篇第二》，中国社会科学出版社2006年版，第49、62页。按：《真诰》卷二十《翼真检第二》也有类似说法：“‘凤巢高木，素衣衫然’者，配况长史名也。‘曾参出田云云’者，离合长史字也。许仙侯、许卿者，得真位也”；“有云‘琼刃’者，譬训掾小名也，即《青录》所载若‘锋’者矣。‘企望人飞云云’者，即离合掾官名也。”（中国社会科学出版社2006年版，第593页）

来从之。自称天上玉女，东郡人，姓成公，字知琼。早失父母，天帝哀其孤苦，遣令下嫁从夫。”天上玉女成公知琼，“姿颜容体，状若飞仙。自言年七十，视之如十五六女”，于是与弦超结为夫妇。赠送弦超诗一篇，有二百余言，不能悉录，大意是说：“神仙岂虚感，应运来相之。纳我荣五族，逆我致祸灾。”夜来晨去，只有弦超见之，他人不见。后事情泄露，迫不得已与弦超分别时，“又赠诗一首。把臂告辞，涕泣流离”。[①] 既有强势的表白，口气十分坚决，非娶她不可，又有千种柔情蜜意，万般缠缠绵绵。《艺文类聚》卷七十九引《杜兰香别传》讲述：杜兰香，自称是南阳人，于西晋建兴四年（316）春数次与张传相会，说是“阿母所生，遣授配君”。作诗曰：“阿母处灵岳，时游云霄际。众女侍羽仪，不出墉宫外。飘轮送我来，岂复耻尘秽。从我与福俱，嫌我与祸会。”[②] 这里所说的“从我与福俱，嫌我与祸会”，与仙女成公知琼的“纳我荣五族，逆我致祸灾”，异曲同响，表现出一往情深，对于爱情锲而不舍的精神。这一类仙凡恋情故事中，大多离不开玉女清声，宓妃妙曲，以诗传情，“仙诗”这座“蓝桥”，搭起仙凡之间感情的沟通交流。

“仙诗”表达了道教神仙长生思想，以文学方式展现信仰的力量。晋成公绥“仙诗”就放声吟诵：“盛年无几时，奄忽行欲老。那得赤松子，从学度世道。西入华阴山，求得神芝草。珠玉犹戴土，何惜千金宝。但愿寿无穷，与君长相保。”[③] 感慨时间飞逝如电，人生突然之间就变老了，还是不惜一切学习仙道吧，只有如此，才能够“寿无

---

① 《汉魏六朝笔记小说大观》，上海古籍出版社1999年版，第287～288页。

② 《艺文类聚》卷七十九《灵异部下·神》，上海古籍出版社1999年版，下册第1348页。

③ 《艺文类聚》卷七十八《灵异部上·仙道》，上海古籍出版社1999年版，下册第1333页。

穷”，“长相保”。为什么呢？因为在古人眼里，神仙是没有时间观念的，时间在神仙那里是凝固的，或者说神仙世界的时间与凡间大异其趣，所谓“山中方七日，世上已千年”，正是仙界时间的写真。既然已经成了仙，就不再有“奄忽行欲老”的时间担忧，就不再会行叹坐愁白首无成，古人为何不见仙思齐，穷追不舍呢？这也正是神仙的魅力所在。

由此，“仙诗”不能不表现出对神仙生活的艳羡之情。如沈约《和刘中书仙诗》云：“霞衣不待缝，云锦不须织。”“清旦发玄洲，日暮宿丹丘。昆山西北映，流泉东南流。霓裳拂流电，云车委轻霰。峥嵘上不睹，寥廓下无见。”① 晋湛方生《庐山神仙诗》渴望能够：“吸风玄圃，饮露丹霄。室宅五岳，宾友松乔。”② 这样的逍遥自在，毫无羁绊，翻飞丹霞，这样的与道翱翔，与时变化，这样的与宇宙自然永恒相伴，多么令人向往呵！在这里，神仙与审美接通了，神仙信仰追求表现为诗一般美的意境。不死成仙本是不可能的，明知不可能，却偏要勇气十足地挑战这不可能，这就是“仙诗”的生命理想主义，这就是“仙诗”的作者对终极关怀的自白。毋庸置疑，“仙诗”在当时，具有颠覆性、前卫性、挑战性。

（二）“仙歌”

“仙歌”表达了道教不死成仙的生命美学，又将其与具体的修道结合起来。《无上秘要》卷二十《仙歌品》吟诵：“灵纲落天纪，九斗翠玉虚。……飞步遨北汉，长龄天地居。”“乘我羽行驾，飞步织女河。保灵空常化，永忘天地多。”据称：“凡修飞步七元行九星之道，

---

① 《艺文类聚》卷七十八《灵异部上·仙道》，上海古籍出版社 1999 年版，下册第 1335 页。

② 《艺文类聚》卷七十八《灵异部上·仙道》，上海古籍出版社 1999 年版，下册第 1334 页。

无此歌章，皆不得妄上天纲，足躡玄斗。”“仙歌”与“修飞步七元行九星之道”，是紧密连在一起的，没有这些“仙歌”的“歌章”，修道无效，只是种妄想。“仙歌”有“阳歌”、“阴歌”之分，这些“歌曲之美，是太极紫阳公阳歌九章，以曜九晨之道，阴歌六章，以利六气之精。咏之者，凝三神，有之者，除不祥”，“能恒讽咏者，使人精魂合乐，五神谐和，万邪不侵”。据称，“仙道本由运，冥中亦已判，无运亦不启”，“阳歌”在仙房中由“神童神女所歌者，亦以下教当得道之人，应为仙者使闻咏之”。[①]《无上秘要》归类的仙歌，主要与上清经派的经教思想有关。在这里，一般人与仙歌是无缘的，只有命中注定具备仙“运”得道之人，即“应为仙者”才有资格被神仙“下教”，得闻“仙歌”。幸运的人们放声咏唱着仙歌修道，凝聚精神气，和谐辟邪，吉祥如意，按照“已判”的命运安排，一步一步地走向神仙世界。“仙歌”有“合声齐唱”的合唱，还有采取“答歌”形式的对歌，可以打着拍子“击节而歌”，也可以配上各种仙家乐器高歌。看起来，上清经派想象的神仙世界歌声“洞响”，“灵音骇空”，仙乐飘飘，快乐无央。

“仙歌”还演唱了老子化胡的故事，成为与佛教竞争信仰市场有力的宣传武器。《化胡歌七首》放声高唱：“我往化胡时，头载通天威。金紫照虚空，焰焰有光晖。……胡王心怖怕，叉手向吾啼。作大慈悲教，化之渐微微。”“广宣至尊法，教授聋俗人。与子威神法，化道满千年。”“我昔化胡时，西登太白山。……化胡成佛道，丈六金刚身。时与决口教，后当存经文。”[②] 在此，老子以第一人称口吻唱颂

① 《无上秘要》卷二十《仙歌品》，《道藏》第25册第48、50、49页。

② 逯钦立辑校《先秦汉魏晋南北朝诗·北魏诗》卷四，中华书局1983年版，下册第2248、2249页。

化胡故事，为胡人创“作大慈悲教”，“广宣”道教的“至尊法”。在当时的道教看来，老子“化胡成佛道”，说明道教产生于佛教之前，资格更比佛教老，而且佛陀不过是老子的化身，佛教是由老子化身产生的，故道教的地位高于佛教，应该排位在佛教之前。这无疑是在向听众宣传，你们应该选择信奉道教。“仙歌”成为道教同佛教争夺信众的工具之一。

“仙歌”一方面抬高自己，贬低佛教，另一方面又吸取佛教“无生”说。“仙歌”如此唱道：“哀此去留会，劫尽天地倾。当寻无中景，不死亦不生。”[①]“玄归自可保，何以怨无生。”[②] 不要发牢骚埋怨“无生”，如果没有生，当然就不会有死的问题了。假若“不生”或者说“无生”，吾人已经进入到不生不灭的境界，还用得着修仙了道么？这与道教固有主张的神仙“长生”说，恐怕已经相去甚远哦。所谓“劫”的概念，也是取自佛教。“仙歌”还受到魏晋玄学以及玄言诗的影响，探讨世界的形而上问题。所谓：“芥子忽万顷，中有蓬莱山。小大固无殊，远近同一缘。彼作有待来，我作无待观。”“无待太无中，有待大有际。小大同一波，远近齐一会。……有无得玄运，二待亦相盖。”“无待两际中，有待无所营。体无则能死，体有则摄生。东宾会高唱，二待奚足争。”所谓：“游海悟井隘，履真觉世秽。僻轮宴重室，筌鱼自然废。”[③] 这些“仙歌”所唱“无待”、“有待”以及“筌鱼”，出自庄子，皆魏晋玄学讨论的热点话题，也是玄言诗所涉及的内容。道教“仙歌”，可谓是自然而然地加入到时代的“高唱”中。

“仙歌”哀叹世人不信神明，“不信冥中神”，“恃力害良善”，“纵

① 《无上秘要》卷二十《仙歌品》，《道藏》第25册第52页。
② 《上清高上灭魔洞景金元玉清隐书经》，《道藏》第33册第770页。
③ 《无上秘要》卷二十《仙歌品》，《道藏》第25册第51、52页。

意行不仁”；对神明采取功利态度，有病乱求神，心中并不敬神，所谓“得病叩头请，外恭心不敬”。结果是“生时不恭敬，死便偿罪缘”；“三魂系地狱，七魄悬著天”；“生神不卫护，煞神来入身”；“神明在上见，遣使直往牵。从上头底收，系著天牢门”。不敬神者，死后将难逃公正审判，被打入“天牢”受罚。因此告诫“世愚人”，“莫怨神不佑，由子行不仁”；“善恶毕有报，业缘须臾间”；“神明必报人”。因此奉劝世上之人，“何不敬真神，生死得升天。生荣死者乐，生死得蒙恩”；“何不学仙道，人身常得存”；“行则飞仙从，威仪上柱天。朝登天东头，暮到于天西。戏乐九天外，纵意极周旋”。敬奉真神，成仙了道，这是何等荣耀，何等威严之事，出行有“飞仙”作侍从，一早一晚，从天东头飞到天西，在九天之外，“纵意”游戏欢乐，自由自在。更有尹喜真人现身说法，苦口婆心“告世人”：“欲求长生道，莫求时世荣。我昔得道时，身为关府君。一日三赏赐，杂彩以金银。不以为己有，施与贫穷人。白日沾王事，夜便习灵仙”；“心精不退转，今作天人师”。[①] 劝说世人以修道作为人生目标，不要一味追求世俗的荣华。

“仙歌”进入了小说，开启人们的“神仙觉悟”，觉悟自己不过是“行尸之身”，引导凡人“仰慕灵仙”，坚信“天下有神仙之事”。与上清经派密切相关的《汉武帝内传》讲述，西王母命侍女安法婴歌“元灵之曲”，其曲曰：“空洞成元音，至灵不容冶。太真嘘中唱，始知风尘苦。”又曲曰：“妙畅自然乐，为此玄云歌。韶尽至韵存，真音辞无邪。”当西王母等一众仙人与汉武帝“酒酣周宴”时，上元夫人自弹自唱起《步元》之曲，其辞曰：“挹景练仙骸，万劫方童牙。谁言寿

① 逯钦立辑校《先秦汉魏晋南北朝诗·北魏诗》卷四《太上皇老君哀歌七首》、《尹喜哀叹五首》，中华书局1983年版下册，第2251、2252、2250页。

有终，扶桑不为查。”西王母又命侍女田四飞答歌曰：“二仪设犹存，奚疑亿万椿。莫与世人说，行尸言此难。”① “真音辞无邪”的仙歌，开导行尸走肉的世人，神仙世界一片“妙畅自然乐”，而人间则处处“风尘苦”。只要天地还存在，神仙就一定会存在，神仙没有寿终之时，神仙永葆青春，“万劫方童牙”。既然如此，为什么还要怀疑神仙的存在呢？为什么还不赶紧修仙了道呢？这是用仙歌的妙畅“真音”，打动凡夫俗子们信仰神仙。

“仙歌”配合道教科仪进行，这就叫《步虚声》。依陈国符先生之见：“《步虚声》，当用以吟咏步虚辞。《太上真人敷灵宝斋戒威仪诸经要诀》（此书出世，当在东晋末叶）谓灵宝斋法，启事，烧香祝愿，礼十方，毕：‘斋人以次左行，旋绕香炉三匝，毕。是时亦当口咏《步虚蹑无披空洞章》。所以旋绕香者，上法玄根无上玉洞之天大罗天上，太上大道君所治七宝自然之台，无上诸真人，持斋诵咏，旋绕太上七宝之台。今法之焉。’……又注曰：‘仙公（国符按：此即葛仙公）曰：常想见太上真人在高座上转经而说法也。’故口咏步虚章时，必旋烧香炉。步虚之义，见《晁志》。其言云：‘《步虚经》一卷，右太极真人传左仙公。其章皆高仙上圣朝玄都玉京，飞巡虚空所讽咏，故曰步虚。’《洞玄灵宝升玄步虚章序疏》云：‘心通玄道，神咏步虚，游履经法。学者神悟，曰经也，观随声游，故曰咏也。’”刘宋时期的陆修静斋仪，“今存《太上洞玄灵宝授度仪》及《洞玄灵宝斋说光烛戒罚灯祝愿仪》。《洞玄灵宝斋说光烛戒罚灯祝愿仪》指‘步虚’是对天宫中神仙巡行时吟诵之声的模仿，称：‘圣众及自然妙行真人，皆一日三时，旋绕上宫，稽首行礼，飞虚浮空，散花烧香，手把十绝，

① 《汉魏六朝笔记小说大观》，上海古籍出版社 1999 年版，第 142～143、157～158 页。关于《汉武帝内传》详见后文小说部分。

啸咏洞章，赞九天之灵奥，尊玄文之妙重也。今道士斋时，所以巡绕高座，吟诵步虚章，正是上法玄根，众圣真人朝宴玉京时也。'"① 由上述可见，步虚辞乃配乐仙歌《步虚声》的歌词，是道士做科仪过程中，对天宫中神仙"朝玄都玉京，飞巡虚空"时吟诵之声的模仿，因此叫作"步虚"。天上众圣真人，一日三时，在空中飞迈太虚步"持斋诵咏"，要"旋绕太上七宝之台"，所以道士口咏步虚章时，一定旋烧香炉，巡绕高座，这也是对天宫中神仙的模仿。时至今日，我们看宇航员在太空优雅漫步的样子，即可想见神仙飞步虚空的状态，道士所谓"步虚"，即模仿神仙在虚空行走并口咏仙歌。这类仙歌，大多与"灵宝斋法"即灵宝经派的科仪相关联。《洞玄灵宝玉京山步虚经》收录《洞玄步虚吟》十首，即为六朝灵宝经派做科仪时采用的仙歌。歌中唱道："玄元四大兴，灵庆及王侯。七祖升天堂，煌煌耀景敷。""六度冠梵行，道德随日新。宿命积福庆，闻经若至亲。天挺超世才，乐诵希微篇。冲虚太和气，吐纳流霞津。胎息静百关，寥寥究三便。泥丸洞明景，遂成金华仙。魔王敬受事，故能朝诸天。皆从斋戒起，累功结宿缘。飞行凌太虚，提携高上人。""积学为真人，恬然荣卫和。永享无期寿，万椿奚足多。大道师玄寂，升仙友无英。公子度灵符，太一捧洞章。""众仙诵洞经，太上唱清谣。香花随风散，玉音成紫霄。五苦一时迸，八难顺经寥。妙哉灵宝囿，兴此大法桥。"② 这些仙歌采用当时流行的五言诗形式，普通人看不出有何特殊之处，但在道教眼里却并非凡人的作品，而是仙真降授给凡间的宝贝。"此曲只应天上有"，只不过仙真为了度化世人，便通过仙歌把度化的信息经过道士做仪式传达给凡人，激发其信道之心，先从"斋戒起"，积

① 陈国符《道藏源流考》，中华书局2014年新修订版，第239～241页。
② 《洞玄灵宝玉京山步虚经》，《道藏》第34册第626页。

累功德，与神仙“结宿缘”，不仅使自己“遂成金华仙”，“升仙友无英”，也使自己的“七祖升天堂”，解脱无尽苦难。“众仙”的仙歌对世人的“开悟”，就像一座巨大的“法桥”，把那些“闻经若至亲”，“积学为真人”的修道者，从有限的此岸世界由此“法桥”超度到无限的彼岸神仙世界，以便“永享无期寿”。“众仙”豁达大度，开放包容，善于学习新事物，故佛教语汇“五苦”“八难”“法桥”诸如此类，都网罗进仙歌，从而保证更有效地点化“提携高上人”，使这些“超世才”早日升仙。

作为道教曲的步虚词，也感染了文人，提笔仿作，以抒写自己对神仙世界的向往，对神仙飞升之美的想象，对道家、道教玄理的感受。北周庾信写下《步虚词十首》，熟练地运用道教典故语汇，咏唱自我心声：“中天九龙馆，倒景八风台。云度弦歌响，星移空殿回。”“赤凤来衔玺，青乌入献书。”“回云随舞曲，流水逐歌弦。石髓香如饭，芝房脆似莲。”“东明九芝盖，北属五云车。飘飖入倒景，出没上烟霞。”“五香芬紫府，千灯照赤城。凤林采珠实，春山种玉荣。夏笛三山响，春钟九乳鸣。”这些想象中的神仙世界景象，也表达了诗人的向往之情。“寂绝乘丹气，玄冥上玉虚”；“停鸾宴瑶水，归路上鸿天”；“丹丘乘翠凤，玄圃驭斑麟”；“灵驾千寻上，空香万里闻”。神仙乘丹气、乘翠凤，“鸿天”上或四处巡行，或宴饮取乐，万里飘香，如此生活，好不潇洒自在，好不美妙，令诗人神往。“无妨隐士去，即是贤人逃。”这样美妙的神仙世界，正是隐士贤人最理想的归宿之处。“汉武多骄慢，淮南不小心。蓬莱入海底，何处可追寻。”在赞美隐士贤人求仙的同时，忍不住讥讽骄横的帝王是无仙可寻的。“无名万物始，有道百灵初。”“凝真天地表，绝想寂寥前。有象犹虚豁，忘形本自然。”“道生乃太一，守静即玄根。”在羡慕神仙生活的同时，不免大发玄思，这就和玄言诗不分伯仲了。“赤玉灵文下，朱陵真气来”；“龙泥印玉策，天火练真文”。想象着道教的“真文”在天火中炼成，道教的“赤玉灵文”降临凡间。道教这些“真文”、“灵文”降临凡间干什么来了？“逍遥闻四会，倏忽度三灾。”① 那就是救度人间的灾难来了。诗人如此熟知道教经文的产生方式及神圣功能，可见他对道教了解之深，反之亦说明道教步虚词已走出道教之外，获得文人的接受，对文士的创作产生了强烈的吸引力和影响力。或许，骚人墨客们会为这些步虚词谱上曲，作为“仙歌”在宴饮中演唱，为生活增添几许神仙乐趣吧？

“仙歌”尽管说教味道浓厚，言理吐论，寄托信仰而发，套话较多，显得有点程式化呆板，但对神仙世界及神仙生活的描绘和礼赞，想象力极其丰富，所用手法大胆夸张，铺张词藻，发声脱俗，富有浪漫之美，对中国古典浪漫主义诗人很有影响力。“仙歌”的道德说教也并非全是概念化的直白，道德与审美交融，德性往往透过诗性巧妙地呈现出来。六朝留存的“仙歌”，以上清经派和灵宝经派最具有代表性，前者多由女仙降授给修真者，主推西王母，充满哲理智慧，后者推出太上大道君，经由仪式表达仙意，把神仙世界那种恢宏华丽的场面演给信众看。无论采取何种形式，二者都给自己的作品贴上神仙制造的标签，都充满了神仙以悲天悯人精神“开悟”启迪世人信仰道教的旨意。

（三）“游仙诗”

《文选》专门立“游仙”为一种诗体，收录了何劭《游仙诗》一首，郭璞七首。鲁迅先生《汉文学史纲要》以为，秦始皇使博士所

---

① 《乐府诗集》卷七十八庾信《步虚词十首》，中华书局1979年版，第4册第1099～1100页。

作、现已失传的《仙真人诗》，“盖后世游仙诗之祖”。[①] 明确以《游仙》作为题目的诗出自曹植。曹植之前，如其父曹操的一些诗，内容已经在描绘游仙，但并未以《游仙》为题。游仙诗出自文人的创造，继承发展了《庄子·逍遥游》那种无拘无束、自由自在、灵魂出窍、精神出游的风格，也继承发展了从骚赋以来翱翔宇宙的游仙传统，并借鉴了道教神仙意象的许多元素。

游仙诗是生命理想主义的产物，生命的理想追求在诗中得以抒发，诗人把对时间、对生死的超越，寄托于这一理想，也把对溷浊世道的超越，寄托于这一理想。诗人生命的理想境界是要成仙，但现实却是残酷无情的，死亡焦虑不时地逼迫过来，所谓“从古皆有没，念之中心焦”，[②] 只好借游仙表达理想，在游仙过程中超越残酷无情令人焦虑的现实。当然，在今人看来，这种理想最终结果只能化为空想或幻想。古代诗人在游仙中“伤时”，忽而慷慨激昂，忽而惆怅满怀，悲从中来，流露出对时光飞逝或浓或淡哀愁叹息的生命情调。就在感伤大发的同时，诗人又在游仙中超越了时间和存在，解脱生死，展现真实的生命意识流，更在游仙中抨击这令人厌恶的污秽“浊世”，表示要弃世去“远游”，展翼高翔，与赤松结友，同王乔为伴。另外也有借游仙诗批评神仙之说“迂怪”的。不论是正面的赞颂，还是反面的抨击，游仙竟然成为文学题材之一，不管是得意文人，还是失意文人，游仙诗居然成为他们的共同嗜好，可见道教神仙思想的巨大社会影响。当然，游仙诗在自居正统的“文以载道”者的法眼中，只不过是未入流的东西，还有宣扬怪力乱神的嫌疑。下面我们就从曹魏开始，粗略地看看隋唐之前游仙诗的大体情况。

---

① 《鲁迅全集》，新疆人民出版社 1995 年版，第 4 卷第 510 页。

② 王瑶编注《陶渊明集·己酉岁九月九日》，人民文学出版社 1956 年版，第 34 页。

魏文帝曹丕《折杨柳行》，想象西山仙童赠送五色仙药，服药后身体长出翅膀，乘云飞行太空上："西山一何高，高高殊无极。上有两仙童，不饮亦不食。与我一丸药，光耀有五色。服药四五日，身体生羽翼。轻举乘浮云，倏忽行万亿。流览观四海，茫茫非所识。……百家多迂怪，圣道我所观。"① 尽管诗的最后落脚于儒家的"圣道"，否决了此前游仙的想象和观感，但对"五色"仙药及仙界的想象力还是令人叹为观止的，而身体长出翅膀，飞上云端，凌波轻度，"倏忽行万亿"，则沿袭自古以来的"羽人"飞行形象，欲在宇宙间自由自在翱翔，可谓是异翔同飞。

陈思王曹植《游仙》感叹人生短促，岁月易逝，人间郁郁寡欢，意欲如神仙般自由翱翔九天，东南西北任性行游："人生不满百，岁岁少欢娱。意欲奋六翮，排雾陵紫虚。蝉蜕同松乔，翻迹登鼎湖。翱翔九天上，骋辔远行游。东观扶桑曜，西临弱水流，北极玄天渚，南翔陟丹丘。"《升天行》中想用乘蹻术，到蓬莱，见众仙："乘蹻追术士，远之蓬莱山。灵液飞素波，兰桂上参天。玄豹游其下，翔鹍戏其巅。乘风忽登举，仿佛见众仙。"② 人世间的各种压力，人生不得志引起的苦闷，都在游仙意境中得以解脱。这与志得意满魏文帝曹丕的游仙感受，是截然不同的。而对游仙的怀疑，却与曹丕有相似之处。《赠白马王彪》其五咏叹人生如朝露，自己的身体并非像"金石"一

---

① 韩格平主编《魏晋全书》，吉林文史出版社2006年版，第1册第158页。

② 赵幼文《曹植集校注》卷二，人民文学出版社1984年版，第265、266页。按：乘蹻术为汉代道教想象的一种高速飞行法术，借此可以在广袤无垠的太空中自由飞翔，尽快到达目的地。据葛洪的描述："若能乘蹻者，可以周流天下，不拘山河。凡乘蹻道有三法：一曰龙蹻，二曰虎蹻，三曰鹿卢蹻。或服符精思，若欲行千里，则以一时思之。若昼夜十二时思之，则可以一日一夕行万二千里。"（王明《抱朴子内篇校释·杂应》，中华书局1985年版，第275页）除了"乘蹻术"，另有"服符精思术"等，可知"周流天下"的游仙必须借助于某种"术"才能进行。

样坚硬长久，想到此就不免心中悲痛：“存者忽复过，亡殁身自衰。人生处一世，去若朝露晞。年在桑榆间，景响不能追。自顾非金石，咄唶令心悲。”其七怀疑儒家天命论，但对求仙更有种受骗上当的感觉：“苦辛何虑思？天命信可疑！虚无求列仙，松子久吾欺。变故在斯须，百年谁能持。”① 曹操在《善哉行》中对世人为神仙所欺骗痛心疾首：“痛哉世人，见欺神仙。”② 曹植与其父不同，他是为自己长久求仙无果感到被骗。由此也可见，曹植曾有过长久的求仙经历。可以说，曹植在对待神仙问题上有着颇为复杂的情感纠葛。在《辨道论》中，他认为“神仙之书、道家之言”，“其为虚妄甚矣哉”！“世虚然有仙人之说。仙人者，傥猱猿之属与？世人得道化为仙人乎？”指认神仙为“虚妄”、“虚然”。而在《释疑论》中，他一开始接触“道术，直呼愚民诈伪空言定矣”！等到看见曹操“试闭左慈等令断谷，近一月，而颜色不减，气力自若。常云可五十年不食”。于是解除了对道术的怀疑——“复何疑哉”！由此“乃知天下之事不可尽知，而以臆断之，不可任也”。他甚至带着悔恨万分的心态表白：“但恨不能绝声色，专心以学长生之道耳。”他在游仙诗《飞龙篇》中，仍然怀揣着“难老”的梦想：“晨游太山，云雾窈窕。忽逢二童，颜色鲜好。……授我仙药，神皇所造。教我服食，还精补脑。寿同金石，永世难老。”在《髑髅说》中，曹植则借髑髅之口阐明死亡的形而上哲理：“夫死之为言归也。归也者，归于道也。道也者，身以无形为主，故能与化推移。阴阳不能更，四时不能亏。……与道相拘，偃然长

---

① 赵幼文《曹植集校注》卷二，人民文学出版社 1984 年版，第 298、300 页。钟嵘《诗品》给予曹植诗以极高评价：“其源出于《国风》。骨气奇高，词采华茂，情兼雅怨，体被文质。粲溢今古，卓尔不群。”（成都古籍书店 1983 年版，第 39 页）

② 韩格平主编《魏晋全书》，吉林文史出版社 2006 年版，第 1 册第 76 页。

寝，乐莫是逾。”[①] 死后归于“道”，道自体本身“以无形为主”，阴阳四时不能使之变化毁损，人死即与道合一，还有什么欢乐能超越这一点呢。这与庄子一派中厌生乐死的生命观达成一致。《庄子·至乐》中髑髅说：“死，无君于上，无臣于下，亦无四时之事，从然以天地为春秋，虽南面王乐，不能过也。”成玄英疏曰：“从容不复死生，故与二仪同其年寿。虽南面称孤，王侯之乐亦不能过也。”[②] 庄子的死亡“至乐”颂，显然影响曹植的生死观，尤其当他在现实中遭遇不幸时，难免生出以死亡解脱痛苦之思。不过，神仙的吸引力毕竟是巨大的，曹植尽管在理智上不相信道教的神仙不死，甚至以死为归道，与道长寝，与自然合为一体，然而在生理本能上，在情感心态上，却又十分依赖道教的神仙不死给予安慰，甚至想方设法找理据，说什么“天下之事不可尽知”，我们没有认识到的东西多得很，对神仙之事不能轻易“臆断之”。理智上不相信神仙，甚至站在哲理高度颂扬死亡，表现出庄子式的“与化推移”，情感上又宁信其有，巴不得其有，这就是作为王侯同时又是文人的曹植生命体验的复杂性。

法国学者侯思孟在《曹植与神仙》中提出这样一个问题，“当曹植写作‘神仙’诗的时候，他的目的何在”？对这一问题，侯思孟相信到现在为止共有三个答案：“（1）曹植讽刺性地表达了他对自己生活的不满，而他对长生的兴趣则是次要的，是不重要的。（2）他在写作祝酒歌。（3）他实际上是在探索长生，热切地希望能获得长生。”

---

① 赵幼文《曹植集校注》卷一、卷三，人民文学出版社1984年版，第187、189、396、397～398、524～525页。按：法国学者侯思孟《曹植与神仙》认为，《辨道论》曾被佛教徒攻击道教时利用，但没有什么理由说佛教徒对曹植的文字作了篡改。“曹植对于长生的态度，随着他年龄的增长，也变得越来越复杂，否定的态度也越来越少了”。（《法国汉学》第四辑，中华书局1999年版，第188、191页）又：或云曹植《释疑论》系葛洪伪造，但如此讲并无确凿证据，仅是推论而已。

② 《南华真经注疏》卷六《至乐》，中华书局1998年版，下册第361页。

侯思孟认定，那些坚持第二种观点的人，实际上也相信第一种观点，因此，三个答案实际上只有两个："或者是讽刺诗，或者是宗教信念。"侯思孟说："就我所知，所有的评论者全都赞成第一种答案，只有吴兢（670—749）是一个例外。"吴兢《乐府古题要解》在"欲升天"标题下，认为曹植《飞龙篇》等诗"皆伤世人不永，俗情险艰，当求神仙翱翔六合之外。其词盖出楚歌《远游篇》也"。侯思孟表明自己的观点说："在我看来，这些诗歌表达了发自内心的对自由的真诚的渴望。""曹植在对神仙的认识上，晚年比早年具有了更多的同情心。在这些诗歌中，曹植从自己在日常生活的挫折中解脱了出来，从他认为自己全部理想的绝对失败中解脱了出来。"① 对于曹植这样一种带有某种程度宗教情怀的生命体验之复杂性，我们不能简单地判定说，其游仙诗只不过是一时兴起的游戏之作，或只是在讽刺时事。毋宁说，渴望飞升游仙，这是曹植借以应对现实中生命悲剧遭遇的精神武器，是一种情感的慰藉，是对于生死的一种理想式超越。而在这样一种超越精神的激励下，曹植文思泉涌，爆发出其创作中最具浪漫情怀、最有个性特点的作品来，取得了高超的文学成就。钟嵘给予曹植诗高度赞颂："骨气奇高，词采华茂，……粲溢今古，卓尔不群。"② 此处所谓"骨气"，在我们看来，就应该包括神仙"骨气"在其中。进而言之，文学史上所谓"建安风骨"，如果扩充其内涵，神仙之"风骨"也应包含在其中，这样更全面一些吧。

阮籍也同样是如此，理智上对神仙抱怀疑不相信态度，感情上却希望能像神仙一样逍遥遨游天外。其《咏怀》四言诗吐露了对神仙的

---

① 《法国汉学》第四辑，中华书局 1999 年版，第 212、214、218 页。

② 许文雨《钟嵘诗品讲疏》，成都古籍书店 1983 年版，第 39 页。

向往："焉得乔松，颐神太素，逍遥区外，登我年祚。"[①] 他的情感寄托、生命理想追求，主要体现在八十二首《咏怀》五言诗。其四感伤青春逝去成丑老："春秋非有托，富贵焉常保。清露被皋兰，凝霜霑野草。朝为媚少年，夕暮成丑老。自非王子晋，谁能常美好。"其三十五甚至想拉住时光之车，不让其动："壮年以时逝，朝露待太阳。愿揽羲和辔，白日不移光。"其十八悲叹好花不常开，好景不常在，人死不复生："岂知穷达士，一死不再生。视彼桃李花，谁能久荧荧！"其十五面对坟墓，面对死亡，面对无限时间流逝，对儒家"荣名"的价值观发生了疑问，突然觉悟到了，神仙才是难能可贵的："开轩临四野，登高有所思。丘墓蔽山冈，万代同一时。千秋万岁后，荣名安所之！乃悟羡门子，噭噭今自嗤。"[②] 其二十三想象神仙所过的那种逍遥自得生活，恨不得立马就能与他们一起去高翔遨游："仙者四五人，逍遥晏兰房。寝息一纯和，呼噏成露霜。沐浴丹渊中，照耀日月光。岂安通灵台，游瀁去高翔。"其三十五看破仕途争夺，宁愿与神仙为伍翱翔宇宙："登彼列仙岨，采此秋兰芳。时路乌足争，太极可翱翔。"其三十二表示："愿登太华山，上与松子游。"因为只有与神仙一道远游才可以长生。其二十四歌咏："愿为云间鸟，千里一哀鸣。三芝延瀛洲，远游可长生。"远游不仅可长生，还能消除掉名利场的忧虑烦恼。其二十八说："系累名利场，驽骏同一辀。岂若遗耳目，升遐去殷忧。"[③] 然而，谁看见过神仙呢？谁又能证实神仙的存在？其十充分表达了他的矛盾心态："焉见王子晋，乘云翔邓林。独有延年术，可以慰我心。"神仙虽不见，延年术却是实实在在的，

① 陈伯君《阮籍集校注》，中华书局2012年版，第207页。
② 陈伯君《阮籍集校注》，中华书局2012年版，第219、315、276、265～266页。
③ 陈伯君《阮籍集校注》，中华书局2012年版，第289、315、310、291、299页。

可以宽慰他那颗渴望长生的心。其四十一把这种矛盾困惑的心态表达得更复杂："生命无期度，朝夕有不虞。列仙停修龄，养志在冲虚。飘飖云日间，邈与世路殊。荣名非己宝，声色焉足娱。采药无旋返，神仙志不符。逼此良可惑，令我久踌躇。"死亡无常，在死亡面前，声色荣名都不足道，只有"与世路殊"即不死的神仙才自由自在。然而，神仙邈远，传说中那些采药求仙的一去不回，他们果真成仙了吗？得不到验证呵！神仙究竟存不存在？这个问题使作者感到困惑踌躇。神仙难以令人信服，但阮籍仍抱着一线希望，要是能成仙多好啊。其五十仍然还在想着招呼神仙以求永恒："清露为凝霜，华草成蒿莱。谁云君子贤，明达安可能。乘云招松乔，呼噏永矣哉！"对神仙既怀疑（因为得不到实证），又向往，作为生命的理想，绝不放弃追求。其六十五表露无遗："王子十五年，游衍伊洛滨。朱颜茂春华，辩慧怀清真。焉见浮丘公，举手谢时人。轻荡易恍惚，飘飖弃其身。飞飞鸣且翔，挥翼且酸辛。"虽然神仙可闻而不可见，虽然自我感伤不与神仙同类，阮籍还是表示愿意学习做神仙。其七十八娓娓道来："昔有神仙士，乃处射山阿。乘云御飞龙，嘘噏叽琼华。可闻不可见，慷慨叹咨嗟。自伤非畴类，愁苦来相加。下学而上达，忽忽将如何！"[①] 阮籍少时习儒，本有济世志，无奈丛林政治的生态环境险恶污浊，"从政者殆而"，士人性命少有全者，迫不得已转向山林游仙体道，其对生命的感悟，人生观与价值观，走向了反叛传统名教。名教中人的传统价值观历来担心"立身苦不早"，"奄忽随物化"，历来是

---

① 陈伯君《阮籍集校注》，中华书局2012年版，第247、326、344、370～371、398页。钟嵘《诗品》评论说：阮籍"《咏怀》之作，可以陶性灵，发幽思。言在耳目之内，情寄八荒之表，洋洋乎会于风雅"（成都古籍书店1983年版，第46页）。所谓"八荒之表"，即包含阮籍笔下的神仙世界。

“荣名以为宝”。[①] 孔子说“君子疾没世而名不称焉”。[②] 荀子赞美孔子：“济之日，不隐乎天下，名垂乎后世。”[③] 名垂后世，这是儒家的最高价值。阮籍《大人先生传》描写的儒家君子是：“少称乡间，长闻邦国，上欲图三公，下不失九州牧，故挟金玉，垂文组，享尊位，取茅土，扬声名于后世，齐功德于往古。”[④] 就是要做大官，取得令人尊敬的地位，扬名于后世。现在阮籍居然声称“荣名非己宝”，居然质问“千秋万岁后，荣名安所之”？这岂非是藐视官本位人生观，离经叛道，否定了“名”的价值？而对名教的离叛，当然要另寻人生出路。尽管对神仙不死持怀疑、不可知的态度，生命情调显得愁云惨雾，十分感伤，但悲极生乐，离苦得乐，乐在神仙世界，因此阮籍最终还是选择了冲出“名利场”，与神仙结伴翱翔天际，以此作为生命的理想化目标去追求。

嵇康追求的不朽是想“登仙”，已与儒家传统所谓的立德、立言、立功“三不朽”，大相径庭了：“人生寿促，天地长久。百年之期，孰云其寿。思欲登仙，以济不朽。”他采用诗歌来表述自己的生命理想：“逝将离群侣，杖策追洪崖。焦明振六翮，罗者安所羁。浮游太清中，更求新相知。比翼翔云汉，饮露湌琼枝。多念世间人，夙驾咸驱驰。冲静得自然，荣华安足为！”他的人生志向，就是不慕世俗的荣华富贵，长久离开那些俗不可耐之人，像蝉子脱壳一样，剥去世俗强加在自己身上的“秽累”，采药服食，返老还童，与仙人一起，飘飖乘云去游仙。他这样吟诵自己的愿望说：“遥望山上松，隆冬郁青葱。自遇一何高，独立迥无双。愿想游其下，蹊路绝不通。王乔异我去，乘

① 《文选》卷二十九《古诗十九首》，中华书局1977年版，第411页。

② 《论语·卫灵公》，上海古籍出版社1987年版，第67页。

③ 《二十二子·荀子·王霸》，上海古籍出版社1986年版，第311页。

④ 陈伯君《阮籍集校注》，中华书局2012年版，第163页。

云驾六龙。飘飖戏玄圃，黄老路相逢。授我自然道，旷若发童蒙。采药钟山隅，服食改姿容。蝉蜕弃秽累，结友家板桐。临觞奏九韶，雅歌何邕邕。长与俗人别，谁能睹其踪。”嵇康甚至想象自己服用神药后，生出羽翼，变形而仙，与仙人乘云遨游八极的情形：“思与王乔，乘云游八极。凌厉五岳，忽行万亿。授我神药，自生羽翼。呼吸太和，练形易色。歌以言之，思行游八极。”对于“荣名”，他的态度比阮籍更为激烈：“荣名秽人身，高位多灾患。未若捐外累，肆志养浩然。”[①] 身体比荣名贵重，而“肆志”更是高贵：“身贵名贱，荣辱何在。贵得肆志，纵心无悔。”他纵心追求的所谓“肆志”就是：“乘风高游，远登灵丘。托好松乔，携手俱游。朝发太华，夕宿神州。弹琴咏诗，聊以忘忧。”[②] 他自觉选择的人生乐处，可以看出颇受道教养生长寿影响：“又闻道士遗言：饵术黄精，令人久寿。意甚信之；游山泽，观鱼鸟，心甚乐之；一行作吏，此事便废，安能舍其所乐，而从其所惧哉?”[③] 一旦为官吏，便不是自由身了，这些陶然自得的人生乐趣也就废掉了，这是他最为惧怕的。嵇康和其他游仙诗人一样，感伤人生短促，相对“终极”来说，即便长寿如彭聃者生命也太短：“人生譬朝露，世变多百罗。苟必有终极，彭聃不足多。”身体不能长久托付这人间世：“哀哉人间世，何足久托身。”既然这人间世是如此靠不住的，那还是把自己的生命、把自己的身体放心地托付给神仙，去与神仙为邻居吧。他想要“羽化华岳，超游清霄”。他感到“俗人

---

① 戴明扬《嵇康集校注》卷一《兄秀才公穆入军赠诗十九首》、《述志诗二首》、《游仙诗一首》、《重作四言诗七首》、《与阮德如一首》，中华书局 2014 年版，上册第 14、58、64～65、84、113 页。

② 戴明扬《嵇康集校注》卷一《兄秀才公穆入军赠诗十九首》，中华书局 2014 年版，上册第 32、29 页。

③ 戴明扬《嵇康集校注》卷二《与山巨源绝交书》，中华书局 2014 年版，上册第 198 页。

不可亲，松乔是可邻。何为秽浊间，动摇增垢尘。”他想象“慷慨之远游，整驾俟良辰。轻举翔区外，濯翼扶桑津。徘徊戏灵岳，弹琴咏太真。沧水澡五藏，变化忽若神。姮娥进妙药，毛羽翕光新”。[①] 这正是嵇康的终极关怀之所在。与阮籍的怀疑论、不可知论相径庭的是，嵇康相信神仙存在，只不过神仙禀之自然，不能通过学习获得：“夫神仙虽不目见，然记籍所载，前史所传，较而论之，其有必矣；似特受异气，禀之自然，非积学所能致也。”[②] 或许，在嵇康心目中认为自己就是这样一种“特受异气，禀之自然”的非常之人，他常在诗中把自己变成了逍遥快乐的神仙，神仙世界不再遥不可及，而是变得那么唾手可得；或许，神仙只是其对生命的深沉神秘体验，是一种理想化的超越现实的生命状态，他要用“诗言志”，把处于这种生命状态的自我表现出来。

郭璞以《游仙诗》抒发兼济天下的胸怀，同时睥睨豪门权贵荣耀，表示要远离险恶风尘而游仙：“京华游侠窟，山林隐遁栖。朱门何足荣，未若托蓬莱。……进则保龙见，退为触藩羝。高蹈风尘外，长揖谢夷齐。”好男儿进则匡时济世，建功立业，从而彪炳青史，退则独善其身，隐逸求仙，留名仙史。从现实的遭遇说，仕途险恶，宦海浪凶，壮志难酬，还不如“山林隐遁栖”，“托蓬莱”而求仙。隐遁与游仙，在这里结合为一体，奠定了文人游仙诗的“隐—仙”传统。郭璞的《游仙诗》，同样免不了对光阴飞逝的哀叹：“临川哀年迈，抚心独悲咤”；“采药游名山，将以救年颓”；“静叹亦何念，悲此妙龄逝。在世无千月，命如秋叶蒂”。对神仙长生的企羡：“赤松林上游，

---

① 戴明扬《嵇康集校注》，中华书局 2014 年版，上册第 137、138、136、137～138 页。

② 戴明扬《嵇康集校注》，中华书局 2014 年版，上册第 252～253 页。

驾鸿乘紫烟。左挹浮丘袖，右拍洪崖肩。借问蜉蝣辈，宁知龟鹤年。”在神仙世界，时间放慢了脚步，神仙们竟然能够“奇龄迈五龙，千岁方婴孩”，一定要找到他们呵。“寻仙万余日，今乃见子乔。”几十年的千辛万苦追寻，终于见到神仙了，多么渴望与他们一道“永偕帝乡侣，千岁共逍遥”，自由自在地掌控时间啊。神仙之道，虽然妙不可言，但不应该只是羡慕，更重要的在于行动起来：“明道虽若昧，其中有妙象。希贤宜励德，羡鱼当结网。”郭璞还以《游仙诗》咏史，讥讽帝王的无仙气，无仙才，所以枉费心机，求仙失败：“燕昭无灵气，汉武非仙才。”① 刘勰评论郭璞的诗：“江左篇制，溺乎玄风，嗤笑徇务之志，崇盛亡机之谈。袁孙已下，虽各有雕采，而辞趣一揆，莫与争雄；所以景纯仙篇，挺拔而为俊矣。”② 认为郭璞《游仙诗》已跳出“溺乎玄风”、“嗤笑徇务之志”的江左诗风，因而显示出与众不同的挺拔俊俏之美。钟嵘《诗品》评论说：郭璞“《游仙》之作，辞多慷慨，乖远玄宗。……乃是坎壈咏怀，非列仙之趣也”。③ 同样认为郭璞《游仙诗》已经远离“玄宗”风气，从而能直抒胸臆，“坎壈咏怀”，而且用辞“慷慨”。挺拔慷慨，这是南朝评论家对郭璞《游仙诗》风格的点评。但说郭璞《游仙诗》“非列仙之趣”，只是纯粹借此而“咏怀”，似有完全站在儒学标准上审视之嫌，并未能准确地把握住郭璞的游仙心态。须知郭璞的“徇务之志”也好，“坎壈咏怀”也好，都是借助于“列仙之趣”来做文章，在充满仙趣中咏怀，“列仙之趣”就是其游仙诗的本旨之所在，这趣味中仙名显然是高于功名的。并且郭璞的“列仙之趣”是真实的，真心真意地相信神仙存在，

---

① 聂恩彦《郭弘农集校注》，山西人民出版社 1991 年版，第 295～309 页。

② 《增订文心雕龙校注》卷二《明诗》，中华书局 2012 年版，上册第 65 页。

③ 许文雨《钟嵘诗品讲疏》，成都古籍书店 1983 年版，第 80 页。

而非“装”出来的，这是他生命体验和审美体验的实实在在产物，他热切地渴望经由隐居修炼打通前往神仙世界的道路。

时间与生命存在问题，这不仅是郭璞《游仙诗》的主题，也是所有《游仙诗》的一大主题，是诗人作品的情感基调所在，也是诗人们最为关心的惊心动魄话题。“天地能长久，神仙寿不穷。”① 比起普通人来，精英们对时间似乎更容易多愁善感，更能深切感受到人生的短促，过一日就少一日，不得不在游仙中寻求“神仙寿不穷”这一生命的理想境界，在游仙中消解对于死亡的焦虑，从而超越死亡。《游仙诗》毫无疑问是诗人生命体验和审美体验的产物。在此，生命体验作为审美对象，在游仙中令诗人们体验到生命的无限美好，是一种值得永恒留恋的美。浪漫的游仙过程，同时也是审美的过程，生命不再是空虚，生命也不再显得丑陋，生命虽然短促，然而美好，只要有所作为，最终是会有机会飞升成仙的。这是对生命之美的大彻大悟，是生命情绪的自然流露，不需要伪装自己，也不怕别人说格调不高，如此质朴坦诚，对生命永恒性追求的本能，就在游仙中释放出来了。游仙也表达了诗人对这个残酷浑浊世界的厌恶，恨不得立刻逃离这个世界。诚如琅邪王氏家族的王融《游仙诗五首》之五所高声咏唱的：“忽与若士遇，长举入云霄。”② 如果一旦遇见了神仙，便立马随之“入云霄”，潇洒于洁白无瑕的神仙世界。《庄子·天地》已经在说：“千岁厌世，去而上仙，乘彼白云，至于帝乡。”③ 文人的《游仙诗》承袭了这一“厌世”而求仙的精神。从逃离令人厌恶的现实“浊世”到“去而上仙”，期间有一过程，这一过程往往由隐逸来完成，无论

① 《乐府诗集》卷六十四王褒《轻举篇》，中华书局1979年版，第3册第923页。

② 逯钦立辑校《先秦汉魏晋南北朝诗·齐诗》卷二《游仙诗五首》，中华书局1983年版，中册第1398页。

③ 郭象、成玄英《南华真经注疏》，中华书局1998年版，上册第241页。

这一隐逸是身在山林中的隐逸还是身在庙堂上的“精神隐逸”。隐逸的生活，常常需要用精神旅游——游仙来填充，这样的精神旅游体验，无疑会给隐逸者带来某种强烈的快感，从而成为其修行的方式之一，借此即由隐而仙。于是，隐逸与游仙，在文人的《游仙诗》中，便结下了不解之缘，在诗歌中一起展现出来，形成一个经久不衰的“隐—仙”历史传统。这是《游仙诗》的另一大主题。

（四）“乐府诗”[①]

据学者不完全统计，三十余首汉乐府诗中，除了部分涉及神仙长生的作品，还有六首基本上是叙述神仙主题的。从真情流露毫不矫揉造作的汉乐府诗中，我们可以观察当时的社会生活方式、人生价值观，可以发现神仙思想在民间社会较为广泛传播的情况。神仙故事在民间借助于歌谣传播，这当中恐免不了有能歌善舞的道士身影在其中发挥作用，政府音乐机构采集起来，选择其中一部分在宫廷中演奏，成了“为乐当及时”这一日常生活方式的重要内容。由此也可看到庙堂与江湖在追求神仙方面不谋而合，异翔同飞。

汉乐府诗写游仙的前提是什么？一言以蔽之，就是人命短促的深重压迫感，就是对死亡的焦虑和恐惧，由此想到要游仙。《怨诗行》透露了其中的一些信息：“天道悠且长，人命一何促。百年未几时，奄若风吹烛。嘉宾难再遇，人命不可续。齐度游四方，各系太山录。人间乐未央，忽然归东岳。当须荡中情，游心恣所欲。”[②] 人命短促而且不可再续，人世间的欢乐还没有享受够，突然之间就要去泰山地狱报到了。所以应当放纵情欲，及时行乐。汉代的挽歌更是把这个前

---

① 限于篇幅，这里仅以汉乐府诗为例。

② 逯钦立辑校《先秦汉魏晋南北朝诗·汉诗》卷九《怨诗行》，中华书局1983年版，上册第275页。

提充分展示了出来。《薤露》悲哀地歌唱："薤上露，何易晞。露晞明朝更复落，人死一去何时归?"人这一辈子，真还不如容易干燥的薤上露水，露水干了第二天一早又会再有，人死一去了什么时候才是归期哟。《蒿里》抱怨催命鬼前来捉拿人命："蒿里谁家地，聚敛魂魄无贤愚。鬼伯一何相催促，人命不得少踟蹰。"① 人死后，魂魄不再会有贤愚之分了。要害不在这里，要害在于"鬼伯"的催促，活生生的人命说没就没了。这是一代又一代人的反复哀叹，每代人都感同身受。人命如"风吹烛"的怨歌，哀伤死亡的挽歌，逼迫着汉乐府游仙诗出场。

《太平御览》卷九八四《药》引《乐府歌诗》曰："仙人骑白鹿，发短耳何长。道我奉上药，览之获无疆。来到主人门，奉药一玉箱。主人服此药，身体日康强。发白复还黑，延年寿命长。"② 骑着白鹿，耳朵长长的仙人，引导诗作者获得长生无疆的"上药"，作者的身份或许是有道术的门客，又将此药奉献"主人"，主人服用后，白发变黑，延年益寿。于此可以窥视汉代民间社会服用长生不老药的风气。乐府诗多涉及仙药。如果说《太平御览》所引的《乐府歌诗》是要把药献给不知名的"主人"，那么《宋书·乐志》所录《董桃行》则要把药"奉上陛下"："教敕凡吏受言，采取神药若木端。白兔长跪捣药虾蟆丸，奉上陛下一玉柈，服此药可得即仙。服尔神药，无不欢喜。陛下长生老寿，四面肃肃稽首，天神拥护左右，陛下长与天相保

---

① 逯钦立辑校《先秦汉魏晋南北朝诗·汉诗》卷九《薤露》、《蒿里》，中华书局1983年版，上册第257页。按：逯钦立引崔豹《古今注》曰："《薤露》、《蒿里》，并哀歌也，本出田横门人。横自杀，门人伤之，为作悲歌。言人命奄忽如薤上露，易晞灭也。亦谓人死魂魄归于蒿里。故有二章，至孝武时，李延年乃分二章为二曲。《薤露》送王公贵人，《蒿里》送士大夫庶人。使挽柩者歌之，亦呼为挽歌。"

② 《太平御览》卷九八四《药部·药》，中华书局1960年版，第4册第4359页。

守。"[①] "凡吏"奉命采取、献上神药，敬祝吾皇万寿无疆。社会从上到下，各个层次都在服用仙药，这是文学作品对社会生活的再现。欢乐的日子太少了，苦恼的日子太多，还是服药游仙吧，借以忘记生活中的忧愁烦恼，更不要去管"来日大难"，且抓住"今日相乐"的机会，这是《善哉行》作者的人生价值观："来日大难，口燥唇干。今日相乐，皆当喜欢。经历名山，芝草翻翻。仙人王乔，奉药一丸。自惜袖短，内手知寒。惭无灵辄，以报赵宣。月没参横，北斗阑干。亲交在门，饥不及餐。欢日尚少，戚日苦多。以何忘忧，弹筝酒歌。淮南八公，要道不烦。参驾六龙，游戏云端。"[②] 这或许抒写了那些中下层失意士人对人生的感受。人生短促，忧愁却长得很，人也不是仙人王子乔，预测不了自己的寿命长短，不知道究竟能够活到哪一天，所以不能在愁郁中荒废日子，而是应当及时行乐，这是《西门行》作者的人生感受："出西门，步念之。今日不作乐，当待何时。夫为乐，为乐当及时。何能坐愁怫郁，当复待来兹。饮醇酒，炙肥牛。请呼心所欢，可用解愁忧。人生不满百，常怀千岁忧。昼短而夜长，何不秉烛游。自非仙人王子乔，计会寿命难与期。人寿非金石，年命安可期；贪财爱惜费，但为后世嗤。"[③] 没有豪情壮志，也不用豪言壮语，有的只是坦陈自己的真情实感，表现出一种面对时间多愁善感的颓废美，在与神仙不用计算时间的对比中感慨"人寿非金石"，更何况黑夜占用了人生那么长的时间，为什么不抓紧把这时间抢回来？喝酒吃肉，消费吧，作乐吧，千万不要做被后人嗤笑的守财奴。这丝毫没有小人儒的虚饰，把自己的真实想法深藏不露，而是坦白得可爱，质朴

① 《宋书·乐志》，中华书局1974年版，第2册第612页。
② 《宋书·乐志》，中华书局1974年版，第2册第616页。
③ 《宋书·乐志》，中华书局1974年版，第2册第617页。

得可爱，说出了当时社会大众想要吐露的心声。这样的心声，那时的庙堂上层是完全能够接受的，因为他们实际上就生活在这种热烈追求神仙，“为乐当及时”的状态中。也有一些诗歌，借着吟诵神仙，为当今皇帝歌功颂德、粉饰太平，衷心祝愿皇帝的寿命能够“万年”延长：“王子乔，参驾白鹿云中遨。参驾白鹿云中遨，下游来。王子乔，参驾白鹿上至云戏游遨，上建逋阴广里践近高。结仙宫过谒三台，东游四海五岳上，过蓬莱紫云台。三王五帝不足令，令我圣朝应太平。养民若子事父明，当究天禄永康宁。玉女罗坐吹笛箫，嗟行圣人游八极。鸣吐衔福翔殿侧，圣主享万年。悲今皇帝延寿命。”① 毫无疑问，诗中反映了汉代社会各阶层对神仙与太平普遍追求的心态，太平代表着人们对于现世的真切关怀，而神仙则代表了人们的终极关怀。还有一些诗歌，想象着自己终于得道成仙了，在升天的途中，居然路遇仙人赤松子，与之一道畅游天上神仙世界：“邪径过空庐，好人常独居。卒得神仙道，上与天相扶。过谒王父母，乃在太山隅。离天四五里，道逢赤松俱，揽辔为我御，将吾天上游。天上何所有，历历种白榆。桂树夹道生，青龙对伏趺。凤凰鸣啾啾，一母将九雏。”② 仙人赤松子竟然为作者当车夫，带他在天上满世界兜风。更有大胆放肆地想象着天公拿出美酒，河神端出下酒菜，青龙白虎当侍者，南斗北斗做乐工，嫦娥织女奉献首饰玉器，盛情款待自己的诗：“今日乐上乐，相从步云衢。天公出美酒，河伯出鲤鱼。青龙前铺席，白虎持榼壶。南斗工鼓瑟，北斗吹笙竽。姮娥垂明珰，织女奉瑛琚。苍霞扬东讴，清

① 逯钦立辑校《先秦汉魏晋南北朝诗·汉诗》卷九《王子乔》，中华书局1983年版，上册第261～262页。

② 逯钦立辑校《先秦汉魏晋南北朝诗·汉诗》卷九《陇西行》，中华书局1983年版，上册第267页。

风流西歙。垂露成帷幄，奔星扶轮舆。”① 这是多么惬意呵，多么享受呵，多么艳丽呵！神仙世界是充满了欢乐的，游仙的确令人愉悦舒服。像这样，谁不乐意游仙呢？如此丰富的想象力，也完全不输文士的游仙诗。看来，游仙不只是骚人墨客的专利，百姓大众也乐此不疲呀。这都是死亡催逼结出的硕果，是无限欢乐的仙界对凡人的巨大吸引力。这也是那个时代大众人生观的表露，说出了大众心声。

道教神仙，没有庄严冷漠的面纱罩在脸上，而是和蔼可亲，充满人情味，随时随地化作凡人混迹人间，天上人间都有神仙的踪迹。神仙采灵芝充饥，取玉泉解渴，飘浮如游云，矫健若惊龙，纵浪大化中，超越生死而自由自在翱翔。神仙可上九天揽日月入怀，可下四海捉鳖归来，视通东南西北数万里，思接古今上下几千年。神仙世界是瑰丽多彩的乐园，铺陈着世间从未有过的奇珍异宝，存在着与人间完全不同层次的时间跨度，所谓仙界方七日，世上已千年。以神仙长生为题材的道教辞赋诗歌，充满了审美创造力，就这样把血肉丰满的神仙艺术形象创造出来了，超越现实的神仙世界创造出来了，由此打通了人类与永恒之间的“互联网”，满足了人类的生命创造的冲动。道教辞赋诗歌对“游仙”的创造，是无中生有的创造，是于无声处听惊雷的创造，其焕然如珍珠夺目，于是百世阙文、千载遗韵由此而出。

---

① 逯钦立辑校《先秦汉魏晋南北朝诗·汉诗》卷十《艳歌》，中华书局 1983 年版，上册第 289 页。

略论两晋南北朝道教与书法

书法艺术的根在于文字，没有文字，何来书法？书法在文字基础上发展起来，书法若是脱离开文字凭空书写，那岂不成了无米之炊？所以说，文字制约着书法。因此，讲到两晋南北朝道教与书法，不能不联系文字来讲。

从甲骨文和金文看，其文字主要用于神人之间的沟通交流，这种沟通交流很显然是由巫祝来把持的，故最早的书法有可能由巫祝兴起，后来的道士则延续了巫祝的这一功能。道士出于画符、上章的需要，多通书法。至晚从秦代起，老子“道法自然”的思想已成为中国书法的指导思想。李斯《用笔法》指出：“夫书之微妙，道合自然”；“用笔法，先急回，后疾下，鹰望鹏逝，信之自然，不得重改。如游鱼得水，景山兴云，或卷或舒，乍轻乍重”。[①] 书道必须合乎自然，如同自然界的“游鱼得水，景山兴云”之类，舒卷自如。显然已经深受道家思想影响。道教继承了书道合乎自然的思想，强调字与书法的自然性：“忽有天书，字方一丈，自然见空，其上文彩焕烂，八角垂

① 《全上古三代秦汉三国六朝文·全秦文》卷一，中华书局1958年版，第1册第123页。

芒，精光乱眼”；“结飞玄紫气自然之字”；“诸天内音，自然玉字，字方一丈，自然而见空玄之上”。这些“天书”和“自然之字”，都与云气相互关联：“阴阳初分，有三元、五德、八会之气，以成飞天之书，后撰为八龙云篆，明光之章”；“又有八龙云篆，明光之章，自然飞玄之气，结空成文字”；“皇文帝书，皆出自然虚无空中，结气成字，无祖无先，无穷无极，随运隐见，绵绵常存”；“八龙云篆是根宗所起，有书之始也”；“篆者，撰也。撰集云书，谓之云篆”。道教的“符”也是取法于云气星象：“符者，通取云物星辰之势。……符中有书，参似图象。”这些云篆天书又与中国文化图腾、神异动物——“龙”联系在一起：“演八会为龙凤之文，谓之龙书。”① 无论是云书也好，龙书也好，当中的云气星象及龙，都是自然之物的神异化和奇妙组合，成为道教眼目中字与书法的源头活水，与上述李斯所谓“游鱼得水，景山兴云，或卷或舒，乍轻乍重”的观点不谋而合，本源皆来自于老子“道法自然”的哲学思想。道教文字书法是自然现象的符号，它从自然世界出发，仰观天象，俯察地象、水象，近取诸身，远取诸物，展现自然界万物，是道士们观察体验大自然的产物，是道士们象思维的产物，把天象、地象和水象都纳于其中。而“飞天之书”和“结空成文字”又凸显文字书法的神圣性与权威性，这也是有深厚历史文化传统的。《三国志·魏书·管宁传》载，魏明帝青龙四年(236)诏书有：“宝石负图，状像灵龟……仓质素章，麟凤龙马，焕

---

① 《云笈七籤》卷七，《道藏》第22册第40～43页。按：由于中国文字的特殊性，文字和书法自然而然联系在一起。道教所谓“自然之字”也就是所谓“飞天之书(法)”，文字和书法密不可分。另据庾元威《论书》所说：上百种书体中，有日书、月书、风书、云书、科斗书等，这些“皆纯墨”；又有龙虎篆、仙人篆、科斗虫篆、云篆、仙人隶等，这些“皆采色”(《全上古三代秦汉三国六朝文·全梁文》卷六七，中华书局1958年版，第4册第3355页)。由此看来，道教的云篆一类“飞天之书(法)”，是有来头的，吸取了自古以来的书法遗产，并非完全出于其创造。

炳成形，文字告命，粲然著明。”这里所谓“宝石负图”，裴松之注引《尚书·顾命篇》注曰：“《河图》，图出于河，帝王圣者之所受。”①此种天然“图”上的文字，非同一般，乃是种“告命”的文字，只有真命天子或圣人才能承受得起。可以说，道教的文字书法就继承了河图洛书的这种神圣传统，表现的是天心天意，由此展示出道教文字书法的神圣不可侵犯性和最高权威性。这是道教文字书法的神学思想。

两晋南北朝是中国书法艺术史的高峰期之一，公认为中国书法艺术史的黄金时代。这个黄金时代的降临，是与当时的世家大族分不开的，尤其是与信仰道教的家族密不可分。两晋南北朝时，天师道家族与书法的关系惹人注目。在论及天师道家族与书法关系时，陈寅恪先生揭示：“东西晋南北朝之天师道为家世相传之宗教，其书法亦往往为家世相传之艺术，如北魏之崔卢，东晋之王郗，是其最著之例。旧史所载奉道世家与善书世家二者之符会，虽或为偶值之事，然艺术之发展多受宗教之影响。而宗教之传播，亦多倚艺术为资用。治吾国佛教美艺史者类能言佛陀之宗教与建筑雕塑绘画等艺术之关系，独于天师道与书法二者互相利用之史实，似尚未有注意及之者。”那个时代的道教世家，同时也是书法世家，道教与书法“互相利用”，相得益彰，这一点，在陈寅恪先生写作本文的当时尚未被学界所注意。陈先生将其揭示出来，其学术意义非常重大。陈先生并指出：“南朝书法自应以王、郗二氏父子为冠，而王氏、郗氏皆天师道之世家，是南朝最著之能书世家即奉道之世家也”。在北朝则“崔、卢皆天师道世家”，“史云：‘魏初重崔、卢之书。’然则北朝最著之能书世家即奉道

① 《三国志·魏书·管宁传》，中华书局1982年版，第2册第361、362页。

之世家也”。[1] 讲述这个时代的道教与书法，无法脱离开信仰道教的家族与书法的紧密关系去言说，否则便有违历史的真实性。

琅邪王氏为“奉道之世家”，书法也是其家族世代相传的艺术之一，且为其家族艺术成就中最显著的一门，特别以东晋时期的成就最为突出。祝嘉《书学史》附录东晋书家一百一十三人，其中琅邪王氏有二十人，约占百分之十八，而当中王羲之、王献之的书法更成为历代书法家摹写的样板。琅邪王氏还创作了大量的书学理论著作，继承并发展了汉末以来书论中形意结合，以意为主的主张，强调书法的整体美和变化美。这些书法理论，用形象化的语言描述了书法的笔画之美，体现了中国书法艺术书画结合的特点。琅邪王氏中王廙，工于书画，被誉称“过江后为晋代书画第一”，王羲之曾向他请教书法，其“书为右军法”。他的书法理论主张“书乃吾自书”，对此俞剑华评论道：必须自书乃能发展个性，独具风格，否则庸碌依人，则奴书而已。[2] 琅邪王褒与顾野王并为时任扬州刺史宣城王的宾客，宣城王“于东府起斋，令野王画古贤，命王褒书赞，时人称为二绝”。[3] 王褒书法之“绝”，由此可见一斑。王褒后入北方，“贵游等翕然并学褒书”。本来，赵文深“少学楷隶，年十一，献书于魏帝。……雅有钟、王之则，笔势可观”。王褒到来后，“文深之书，遂被遐弃。文深惭恨，形于言色。后知好尚难返，亦改习褒书”。[4] 其书法之“绝”，影响力之大，引得北方书法家赵文深也不得不“改习褒书”。总之，魏

---

① 《陈寅恪史学论文选集·天师道与滨海地域之关系》，上海古籍出版社 1992 年版，第 183、184 页。

② 俞剑华《中国古代画论类编·平南论画》，人民美术出版社 2014 年版，上册第 14 页。

③ 《南史·顾野王传》，中华书局 1975 年版，第 6 册第 1688 页。

④ 《北史·赵文深传》，中华书局 1974 年版，第 9 册第 2751 页。

晋南北朝时期，人们对书法的重视远远超越其他艺术门类，在这种风气之下，琅邪王氏家族子弟世擅书法，以其卓越的书法成就为后人称道，不愧为与道教有紧密关系的书法世家。[①]

道教家族泰山羊氏，以书法传家，羊欣为其代表人物。泰山羊氏的书法渊源于汉末著名书法家蔡邕。泰山羊氏与陈留蔡氏世为婚媾，蔡邕为躲避宦官迫害，曾依泰山羊氏十二年之久。蔡邕工于隶书，结体方正，为世所重。蔡邕之女蔡文姬，也是著名书法家。泰山羊氏家族中以书法名家的，首先是羊祜。羊祜的外公蔡邕，母亲蔡文姬。在其母亲家陈留蔡氏的影响之下，羊祜成为名重一时的书法家。庾肩吾《书品》将羊祜与其他十八人一同列为下之上品，评价这十九人"并擅毫翰，动成楷则；殆逼前良，见希后彦"。[②] 也就是说，羊祜与其他十八人的书法已接近前世名家，又成为后来者的"楷则"。羊祜从子羊忱，同样以书法著称于世，《世说新语·巧艺》赞其"博学工书"，又说"诸羊后多知书"。刘孝标注引《文字志》揭示羊忱"性能草书，亦善行隶，有称于一时"。[③] 庾肩吾《书品》将羊忱书法与羊祜同列为下之上品。泰山羊氏中，最著名的书法家当属羊欣。羊欣十二岁时，由于某种机缘巧合，得到王献之"书裙数幅"，本来就"工书"的他，因此书法"弥善"。[④] 此即羊氏家族津津乐道的"客来书裙"故事。羊欣书法得到王献之真传，在隶、行、草各体上均有很高的造诣，特别是擅长隶书。庾肩吾《书品》将羊欣书法列为中之上

---

① 参见赵静《魏晋南北朝琅邪王氏家族文化研究》，中华书局2013年版，第146～151页。

② 《全上古三代秦汉三国六朝文·全梁文》卷六十六，中华书局1958年版，第4册第3345页。

③ 余嘉锡《世说新语笺疏》，上海古籍出版社1993年版，第718页。

④ 《宋书·羊欣传》，中华书局1974年版，第6册第1661页。

品，揭示说："羊欣早随子敬，最得王体。"① "善隶书"的王僧虔，在评论诸家书法时说："宋文帝书，自云可比王子敬，时议者云'天然胜羊欣，功夫少于欣'。"指出："羊欣书见重一时，亲受子敬，行书尤善，正乃不称名。孔琳之书天然放纵，极有笔力，规矩恐在羊欣后。丘道护与羊欣俱面受子敬，故当在欣后。范晔与萧思话同师羊欣，后小叛，既失故步，为复小有意耳。萧思话书，羊欣之影，风流趣好，殆当不减，笔力恨弱。"齐高帝善书，且笃好书法，曾"求能书人名"，王僧虔"上羊欣所撰《能书人名》一卷"。② 据说宋文帝元嘉（424—453）世，"羊欣受子敬正隶法，世共宗之，右军之体微古，不复见贵"。③ 由上述可见羊欣书法"最得王体"，"见重一时"，"世共宗之"。羊欣还是一位书法史家和书法理论家，所撰《采古来能书人名》，为最早的书法家评传著作，在书法史上具有重要地位。《采古来能书人名》采录秦代至西晋历朝书法名家六十九人，包括朝代、郡望、姓名等，并历叙籍贯、师承以及所擅书体。书中尤对二王书法推崇备至，可见其宗承二王的理论体系。该书对王羲之的高度推崇，为王羲之在书法史上至圣地位的确立起到很大的作用。《采古来能书人名》所倡导的"天然"（与"功夫"相对应）的书法理念，也成为后世书法评论的一大基准。④

丹阳陶氏既是天师道世家，又是书法世家。陶翊《华阳隐居先生

① 《全上古三代秦汉三国六朝文·全梁文》卷六十六，中华书局1958年版，第4册第3344页。

② 《南齐书·王僧虔传》，中华书局1972年版，第2册第597、596页。按：据本传所载，王僧虔说，如果能与其兄同赴国难而"归九泉"，则"犹羽化"。可见其为道教信仰者，此亦道教与书法之一例。

③ 《南齐书·刘休传》，中华书局1972年版，第2册第613页。

④ 以上参见刘硕伟《两晋泰山羊氏家族文化研究》，中华书局2013年版，第299～303页。

本起录》说：陶弘景的祖父陶隆，“好学读书，善写”；父亲陶贞宝，“善藁隶书，家贫，以写经为业，一纸直价四十。书体以羊欣、萧思话法”。而陶弘景则是“四五岁便好书，今犹有六岁时书，已方幅成就”。陶弘景特别“善隶书，不类常式，别作一家，骨体劲媚”。又《陶先生小传》也称赞其“善书，得古今法”。① 《华阳陶隐居内传》则云：当陶弘景“五六岁时，酷爱学书，虽戏弄罗前，唯执笔砚”；“六岁便解书”；盛赞其“广金书之凤篆，益琅函之龙章”。② 显而易见陶弘景的书法有家学渊源，六岁时已经有所“成就”，其隶书除了传承父亲之外，又“得古今法”，自成一体，与众不同。《华阳陶隐居集》卷上，记载了陶弘景与梁武帝讨论王羲之书法的“真迹”等问题，陶弘景声称，他“遇得飞白一卷，云是逸少好迹，臣不尝别见，无以能辨。唯觉势力惊绝，谨以上呈。……臣昔于马澄处见逸少《正书目录》一卷。澄云：右军《劝进》、《洛神赋》诸书十余首，皆作今体，唯《急就篇》二卷，古法紧细”。③ 可知陶弘景不仅善书法，而且注重收访名家书迹，严加考证真伪，不以孤证断定“真迹”，并常与同好交流切磋。他的这些工作，也为中国书法史留下珍贵的史料。唐人张彦远《论鉴识收藏购求阅玩》称，昔陶隐居启梁武帝曰：“晚爱楷隶。……每以得作才鬼，犹甚顽仙。”④ 于此可见，陶弘景喜爱的是楷书、隶书，不太欣赏草书。他的志向是宁愿作“才鬼”，或许

① 《云笈七籤》卷一百七，《道藏》第22册第730、731、732页。按：王僧虔论书法时评价说：“羊欣书见重一时，亲受子敬。行书尤善，正乃不称名”；萧思话师从羊欣，“萧思话书，羊欣之影，风流趋好，殆当不减，笔力恨弱”（《南史·王昙首传》，中华书局1975年版，第2册第604页）。陶弘景父亲陶贞宝的“书体”即以当时的书法名家羊欣、萧思话为“法”。

② 贾嵩《华阳陶隐居内传》，《道藏》第5册第501、510、512页。

③ 《华阳陶隐居集》卷上，《道藏》第23册第644页。

④ 《全唐文》卷七百九十，上海古籍出版社1990年版，第4册第3670页。

书法就是其“才鬼”的一个标志。

那么，道教为何如此注重书法，尤其是重视楷书、隶书，且与书法结下不解之缘？这是陈寅恪先生未及详细加以探讨的。归纳起来，大约有这样一些原因。

原因之一，与写经、画符有关。除了通神获得的神仙笔迹外，道士或奉道之人自己也抄写经书，以广流传，或者抚慰心灵，甚至有靠写经度日者，如陶弘景父亲陶贞宝因为家中贫穷，即以写经作为谋生手段。《太平御览》卷六六六引《太平经》称：“郗愔，字方回，高平金乡人。为晋镇军将军。心尚道法，密自遵行。善隶书，与右军相埒。手自起写道经将盈百卷，于今多有在者。”[①] 郗愔本为天师道世家，善隶书，喜欢抄写道经，这不是为了谋生，而是“心尚道法，密自遵行”的表现形式，纯粹是精神上的一种依托。又王僧虔论书法称：“郗愔章草亚于右军。”[②] 则郗愔不仅善隶书，而且章草也十分了得。在道教中，写经与画符是密切关联的：“三君手迹，杨君书最工，不今不古，能大能细。大较虽祖效郗法，笔力规矩并于二王。而名不显者，当以地微，兼为二王所抑故也。掾书乃是学杨，而字体劲利，偏善写经画符，与杨相似。郁勃锋势，迨非人功所逮。长史章草乃能，而正书古拙，符又不巧，故不写经也。”[③] 杨羲的书法，大体上

---

① 《太平御览》卷六六六，中华书局1960年版，第3册第2974页。

② 《南史·王昙首传》，中华书局1975年版，第2册第604页。

③ 吉川忠夫、麦谷邦夫编《真诰校注》卷十九《翼真检第一》，中国社会科学出版社2006年版，第569页。据不完全统计：杨羲书写有《灵宝五符》一卷，《王君传》一卷，《中黄制虎豹符》，《酆公事》一卷；许翙书有《飞步经》一卷，《西岳公禁山符》，《太素五神》，《二十四神》，《回元隐道经》一卷，《八素阴阳歌》一卷，《列纪》、《黄素书》一短卷，抄《魏传》中《黄庭经》（吉川忠夫、麦谷邦夫编《真诰校注》卷二十《翼真检第二》，中国社会科学出版社2006年版，第581～582页）。可惜这些书法今人皆不能得见，实为中国书法史上的一大遗憾事。

“祖效”郗愔，而“笔力”并不弱于二王，假如不是因为“地微”，可与二王齐名。毫无疑问，他应该在书法史上占有重要的一席之地。许翙书法学习杨羲，字体劲利，擅长于“写经画符”，而许谧却只能够写“章草”，符也画不好，因此不写经。由此看来，“正书”不合要求的道士，是不能参与“写经画符”的。所谓“正书”，在当时应该就是隶书：“今经书相传，皆以隶字解天书，相杂而行也。”[①] 显然，当时是以隶书作为“正书”来抄写解释“天书”道经的。对草书，当时道教是排斥的：“学士及百姓子草书伪意罪”；“道学不得为草书”；“道学不得教人为草书”。[②] 道士不仅自己不得写草书，也不准教他人写草书，否则就是触犯了戒条，是有“罪”的行为。所谓“草书伪意”，暗示草书不能表达道经的“真意”，这是当时道教反对草书的根本所在。《老君说一百八十戒》以戒律的方式规定：“不得作草书与人。”[③] 其含义，应当是说道士不得用草书抄写道经给人，否则就是犯了戒条。南北朝时书法的时尚，人多以草书、隶书见长，如王褒姑夫，梁国子祭酒萧子云“特善草隶”。[④] 道教采用隶书，禁止草书，并不一概否定时尚，实在是出于宗教上的考虑和需要。

原因之二，与上章、画符有关。《陆先生道门科略》指责那些“愚伪道士”既没有科戒作为依据，又不能“辩劾虚实，唯有误败故章，谬脱之符，头尾不应，不可承奉，而率思臆裁，妄加改易，秽巾垢砚，辱纸污笔，草书乱画”。[⑤] “故章”当指上章的标准书法，“愚伪道士”却随心所欲，任意篡改，用草书来“乱画”。这些人的“谬

---

① 《云笈七籤》卷七，《道藏》第22册第40页。
② 《无上秘要》卷四十四、四十五，《道藏》第25册第150、153页。
③ 《云笈七籤》卷三十九，《道藏》第22册第270页。
④ 《周书·王褒传》，中华书局1971年版，第729页。
⑤ 《陆先生道门科略》，《道藏》第24册第782页。

脱之符”，同样也是不守章法，乱画桃符。上章、画符，本来都是非常神圣的事情，这些“愚伪道士”居然敢于犯神作乱，简直是大逆不道。在道教神学看来，上章的字写得工整漂亮，就会得到神的赞赏，取悦于神，神一高兴了，自然会满足人的祈求。反之，上章的字若写得太丑太草，神看不懂，岂非会遭到神的责怪？不仅实现不了上章的诉求，反而自讨苦吃。所以当时道教以戒律形式规定，道士必须使用正书亦即隶书来上章、画符。上章、画符的书法，不是写给人看的，其实质是写给神看的，这是道教神学的需要。因此，道教对上章、画符书法的规定严密，与世俗不同，不同点就在于其独具的神圣性。《灵宝玉鉴·书章法则》就严格作出规定：“姓名只作一字书，不许折破。臣字不为头，鬼字不首，不得悬生露死。”注解说：“魂魄之字，丧亡之类，并须回避，不令上头。”又《正一书章四十五条令》规定：“北陡安太清四十八字，三寸书之”；“纸墨笔砚，必使洁净，不得秽污杂用”；“书章闭口，不得有所饮食”；“书章不得败字，不成不合者止”；“书章当匍匐恭敬，不得蹲踞”；“书章道士书细字”；“书章毕，先阴读校一遍”。若违背这些条令，以犯“三刑科”论处，惩罚是“扫道路桥梁三十日”。另有《正一书章法式》规定：“至诚书之，不得与人言语。须当闭炁书，未了不得放笔。不可令脱落揩改涂注，如误则换纸。”“勿使笔画灭裂，仍勿擅改章文。”“书章之时灵官功曹、十二书佐监临左右，功过必录，纤悉无遗，禁戒威严莫越于此，慎也。”[1] 这里，对于上章的书写格式和禁忌，写什么字，字体大小，书写时必须遵守的规矩，以“至诚”恭敬的态度书写，认真校对等，都有十分严密的规定；并警告书章道士小心谨慎从事，因为书章时有

① 《灵宝玉鉴》卷十八，《道藏》第10册第276、278～279页。按：《灵宝玉鉴》大约为南宋时编纂，尽管如此，其中不乏南北朝流传下来的内容，如其所引《赤松子历》等。

神灵“十二书佐”在监察，其中的纤细功过都记录下来，“威严”无比，神圣无比。如果违反了这些条令，还有具体的惩罚措施。上章、画符的神圣性，有功必赏，有过必罚，这些都促使道士认真讲究书法，以神圣不可侵犯的心态对待书法。

原因之三，正如龚鹏程先生所指出的：道教是一种“信仰文字的宗教”，“讲究经典、信任文字，所有术法，其实都环绕着文字信仰而来”。“由人们对文字的信仰，会形成‘文字通神’的观念，这一观念在道教经符中表现得淋漓尽致。而书法作为一门艺术，它必然不只是字的形体线条而已，更要让字显现出一种生命力，使字能令观者洞达存有的奥秘。因此，书法与道教在本质上有类同性。”① 道教对文字的信仰恐怕在世界宗教中首屈一指，这与中国古代神话相关。当“河出图，洛出书”的神话广为流传时，中国人对文字的信仰已形成“文字通神”的观念，甚或就把文字看作是自然神的产物，这个观念最具代表性的说法便是道教所谓“天书”。道教既是“信仰文字的宗教”，也是信仰生命的宗教，文字在道教那里就是生命的护法神，为人们的生命消灾灭难，驱邪治病，给人们的生命带来幸福平安，带来终极的关怀。而中国的书法艺术表现的是一种生命美学，生命力强烈地体现在书法艺术灵动的线条结构中。正是生命使道教与书法艺术“在本质上有类同性”，生命的道教与生命的书法艺术由此而紧密地结合在一起，去完成令我们的生命一帆风顺、获得救度的使命。因此我们讲，道教文字书法是道士生命的感受和体验，是道士对生命问题的认识，是道教神仙长生信仰的象征符号，是宇宙生命的象征符号，是道教神学的生命语言，讲述了生命的故事，凝聚了道教对于生命不死的迫切

① 龚鹏程《道教新论二集·道教与书法艺术》，南华管理学院，1998 年，第 464、475 页。

期望。这种对文字的信仰，甚至形成带有道教色彩的书法理论。泰山羊氏家族的羊欣，"本工书"，"尤长隶书"，由于某种机缘，得到王献之"书裙数幅"，书法"因此弥善"。[①] 日本学者谷口铁雄在《羊欣传记及其书论——关于"天然"之概念的产生》一文中指出，羊欣书学思想中"天然"概念的产生，是出于类似道家扶乩的"灵告"书体的认识而提出的。羊欣笃好降灵受诰，在逾越正常意识的精神状态之下，按照"神灵"的启示自动书写而成，这种不受显意识支配的书体往往具有迥异于传统书法的风神气象，因此羊欣在基于道教信仰的背景上，在其书论中提出"天然"的书学概念。[②] 我们在上文已经揭示，李斯《用笔法》主张"书之微妙，道合自然"；用笔法也要"信之自然"。[③] 这一主张是说书道必须合乎自然，如同自然界的"游鱼得水，景山兴云"之类，舒卷自如，未涉及神灵信仰。而羊欣书学思想中"天然"概念则来自其道教信仰的背景，书法要按照"神灵"的启示自动书写而成。这是羊欣书学"天然"论与李斯《用笔法》"自然"论的迥然不同之处，后者是属于道家的，前者是属于道教的。

吕静《春秋时期盟誓研究》揭示汉字的使用功能："商周时期文字的使用功能，是与神灵交通的媒介，是实行政治支配的工具。汉字长期被王室垄断、被王室操纵的历史，使得汉字本身附着了神圣的魔力和政治的权威。"[④] 道教的"符"脱胎于汉字，看似"天书"，实际上其使用功能，同样是与神灵交通的媒介，具有使唤神灵、驱除鬼怪的"神圣魔力"和宗教权威性，显示了文字沟通神灵的特殊力量。中

① 《宋书·羊欣传》，中华书局 1974 年版，第 6 册第 1661 页。

② 参见刘硕伟《两晋泰山羊氏家族文化研究》，中华书局 2013 年版，第 316 页。

③ 《全上古三代秦汉三国六朝文·全秦文》卷一，中华书局 1958 年版，第 1 册第 123 页。

④ 吕静《春秋时期盟誓研究》，上海古籍出版社 2007 年版，第 198 页。

国文字本就是用图像符号表现的，故称象形文字。而“道符”则是道教独门特有的图像文字，是道教信仰文字神圣性的一种特殊表现符号，用神秘图像来表达天意，道士以此天象符号指挥神灵遵照“道符”的号令行动。符箓派的道士认为，借助于“道符”的无比威力，即可以成仙了道，解决生命不死的问题。早在道教的初始形态方仙道时期，“道符”与“不死”即有了密切关联。《汉书·郊祀志》就记载公玉带说：“黄帝时虽封泰山，然风后、封钜、岐伯令黄帝封东泰山，禅凡山，合符，然后不死。”① 这意思是说，与“符”相合，才能够不死。在道教眼里，“道符”本身就是生命获得不死的象征符号，表现了生气勃勃的生命世界，是生命的一种载体。“道符”的这种神圣功能与其来历的非同一般性有关系。葛洪曾经转述其师郑隐的话说：“郑君言符出于老君，皆天文也。老君能通于神明，符皆神明所授。今人用之少验者，由于出来历久，传写之多误故也。又信心不笃，施用之亦不行。又譬之于书字，则符误者，不但无益，将能有害也。书字人知之，犹尚写之多误。故谚曰，书三写，鱼成鲁，虚成虎，此之谓也。七与士，但以倨勾长短之间为异耳。然今符上字不可读，误不可觉，故莫知其不定也。世间又有受体使术，用符独效者，亦如人有使麝香便能芳者，自然不可得传也。虽尔，必得不误之符，正心用之。但当不及真体使之者速效耳，皆自有益也。凡为道士求长生，志在药中耳，符剑可以却鬼辟邪而已。诸大符乃云行用之可以得仙者，亦不可专据也。昔吴世有介象者，能读符文，知误之与否。有人试取治百病杂符及诸厌劾符，去其籤题以示象，皆一一据名之。其有误者，便为人定之。自是以来，莫有能知者也。”② 从葛洪的述说中可见，“道符”是一

① 《汉书·郊祀志》，中华书局1962年版，第4册第1246页。

② 王明《抱朴子内篇校释·遐览》，中华书局1985年版，第335～336页。

种天书，由“神明”授予能够通神的老君，再由老君传出来。对于符必须有虔诚的信仰之心，使用起来才有效。由于道符“出来历久”，传写多错误，加上信心不笃，所以“今人用之”不灵验。错误的符不仅无效，而且“有害”。从前，“吴世有介象”，尚“能读符文，知误之与否”，对于错误的“道符”能够确定下来。而到了葛洪的时代，符上的字已不可读，也不知道究竟是对还是错，需要凑巧碰见“不误之符”，还得“正心用之”，才会有效果。这就使道符的所谓“得仙”功效大打折扣。在信奉金丹道的葛洪眼中，符的功能至多可以“却鬼辟邪”，求长生还得靠金丹大药；“诸大符”号称其可以“得仙”，其实专门依赖它是靠不住的。葛洪对于符的作用抱怀疑态度，显然也不擅长用符。但对于符箓派的道士来说，道符却是其最可靠的“得仙”工具，也是其为信众日常生活提供服务的看家本事。道士们所画的符，除了其神学功能外，实际上也成为一门独特的书法艺术。

关于符的神秘性，鲁迅说过：“至于符的驱邪治病，那就靠了它的神秘性的。……符的威力，就因为这好像是字的东西，除道士以外，谁也不认识的缘故。”① 唯其神秘，除道士外谁都不认识，符才有了在人们日常生活中发挥“威力”的用武之地。道符有一种隐喻的保护功能，除了治病的符，还有护身符，起到心理疏导，克服恐惧感，使人安心的作用，满足人们平安吉祥的心态，及时安抚使用者的心灵。“符”是道教作为“信仰文字的宗教”最典型的象征符号，也是道教独家拥有的书法艺术，一直流传至今，成为弥足珍贵的非物质文化遗产，即使从书法艺术的角度说，亦需要有传承人继往开来，从现在到未来都还有发扬光大的必要性。

---

① 《鲁迅全集·且介亭杂文·门外文谈》，新疆人民出版社 1995 年版，第 2 卷第 611 页。

论南朝道教与儒、佛并存互动的关系

早在东汉时代，道教已开始与儒、佛的互动关系。对儒家伦理思想，道教不遗余力加以吸取，这在《太平经》中有鲜明反映。对佛教，则把其看作是西方来的神仙，将其附会于黄老道教。统治者也将黄老道与佛摆在一起供奉。楚王刘英“晚节更喜黄老，学为浮屠斋戒祭祀”；“诵黄老之微言，尚浮屠之仁祠”。[①] 襄楷闻听汉桓帝在宫中同时建立了“黄老、浮屠之祠”；又引当时人所言老子入夷狄化为佛陀，佛陀抵御住了天神所遣美女的诱惑，“其守一如此，乃能成道”。[②] 表明佛教传入中土后，道教与之有较好的互动，以至于汉代社会的一般人也把佛教等同于道教，用道教术语“守一”来形容佛陀。从考古材料看，四川所发现的 2 世纪至 3 世纪的“佛像”，巫鸿认为实际上是当地道教美术的一个组成部分。巫鸿对五斗米道艺术进行的研究，使他重新考虑四川发现的所谓“佛像”的宗教意义。他很早就注意到目前所知汉代美术中的佛教因素，包括佛像和其他来源于佛教艺术的题材，大都发现于墓葬或道教寺观遗址。这些形象的引进

---

① 《后汉书·楚王英传》，中华书局 1965 年版，第 5 册第 1428 页。

② 《后汉书·襄楷传》，中华书局 1965 年版，第 4 册第 1082 页。

是因为它们被用来宣传传统的神仙观念或为萌芽中的道教美术提供材料。与其把它们叫作早期佛教图像，不如把它们称为早期道教图像。在这些图像出现的2世纪末至3世纪初，佛教并没有在四川一带流行，相反倒是五斗米道在这里占有统治地位。仔细观察，这些外来神像往往与传统神仙家或道教题材混用，用来装饰与四川道教信仰大有关系的崖墓、钱树和钱树座。这些“佛像”从不是独立的，而是属于神仙家或道教图像体系。① 考古材料反映的道教与佛教图像混搭在一起的现象，正好说明汉代道教与佛教紧密互动的关系。

魏晋时，道教与儒、佛互动的关系得到进一步加强，道经大量吸取儒、佛的内容，以完善自己的神学理论。到南朝，道教与儒、佛并存互动的关系出现新格局。

一 南朝道教与儒、佛并存互动关系的时代背景

在南朝动乱的时代，社会在精神上普遍希望宗教圣光的照耀，以寻求精神上的解脱、思想上的安慰，从而摆脱完全绝望的处境。东汉末以来，儒家思想的削弱，给思想统治留下了巨大的真空，这个真空不填补，整个统治秩序便有漏洞，因为无信仰者比有信仰的人可怕得多，这种人无所顾忌，胡作非为，对统治秩序的稳定是极大的威胁。动乱的社会为维持相对安定，也需要有一套价值标准来维系人心，继玄学之后，宗教便成为统治人们头脑的有力武器，成为医治人们心灵创伤的有效药品，受到社会各阶层的热烈拥抱。在中外文化冲突交流气候下，宗教占领思想界，成为风行一时的人生价值观。不仅统治者

① 巫鸿《礼仪中的美术》下卷《地域考古与对“五斗米道”美术传统的重构》，三联书店2005年版，第503～504页。

而且被统治者也迫切需要宗教，希望在其中找到精神的寄托，发现安身立命的出路。社会上上下下这种迫切的精神渴求，为宗教的流行扬起了风帆，宗教在思想文化领域中占有重要的一席之地。为什么宗教受到人们青睐，成为人生价值追求？为什么宗教在思想文化领域占据了重要地位？

首先，这与苦难不堪的社会背景分不开。当社会系统陷入了无序状态，战争、灾荒、饥饿、走马灯式的改朝换代等这一切，都在毁坏人们牧歌田园式的安宁生活，带给人们血淋淋的、惨不忍睹的人生。苦难的时代最需要福音，悲凉的人生尤呼唤宗教，宗教趁机大行，人们陶醉在幸福的佛光与快乐的仙境中。有人说过："宗教的历史就是所有惶恐不安的民族试图找到一个藏身之处以抵御那未知的黑暗与恐怖的历史。"① 为了抵御那些"未知的黑暗与恐怖"，人们纷纷跑到宗教中寻找藏身之处。有的找到了道教的太上老君，有的找到了佛教的弥勒佛，信念弥勒，死后得以往生兜率天宫，免除轮回；又称释迦预言，弥勒将自兜率天降生，世界变得幸福美满，人寿八万四千岁，安稳快乐，没有水火刀兵饥荒之灾。② 藏身于佛光或仙境中，时代带给人们的黑暗与恐怖人生，有了心灵慰藉。正由于时代的分裂动荡，世道艰险，人生无安全保障，使外来的与本土的宗教文化市场得以扩充，思想领域中呈现宗教思想十分活跃的景象。这是宗教占据思想文化领域重要地位的一个原因。

其次，从汉末魏晋起，人们的生命意识有了更强烈的觉醒，对死亡的恐惧，对生存的眷恋，对生命短促的哀叹，这种种悲观的生命情

---

① 欧文·斯通《心灵的激情》，中国文联出版公司 1986 年版，第 213 页。

② 参见唐长孺《魏晋南北朝史论拾遗·北朝的弥勒信仰及其衰落》，中华书局 1983 年版，第 197 页。

调，不时流露于汉末魏晋人的言谈中。建安七子之一的阮瑀《七哀诗》曰："良时忽一过，身体为土灰。冥冥九泉室，漫漫长夜台。"[①] 郭璞《游仙诗》曰："临川哀年迈，抚心独悲吒。"[②]《晋书·孝武帝纪》载孝武帝晚年说："自古何有万岁天子邪！"[③] 对生命的忧患意识进一步激发了对神仙的向往，道教神仙长生思想流行一时。神仙长生观念先秦已发生，秦汉时在社会上产生较大影响，到魏晋更成为一大社会思潮，为社会各阶层所信奉。士大夫层中服食长生之风流行，不乏信奉神仙者，嵇康《养生论》认为："夫神仙虽不目见，然记籍所载，前史所传，较而论之，其有必矣。"[④] 相信神仙存在不虚。何敬宗《游仙诗》："长怀慕仙类，眩然心绵邈。"[⑤] 恋慕神仙之心，跃然纸上。帝王中如晋哀帝"雅好黄老，断谷，饵长生药，服食过多，遂中毒，不识万机"。[⑥] 在一般民众中，神仙思想的影响力不小。据《晋书·孙恩传》载：孙恩叔父孙泰起事，后为司马道子所诛，"众闻泰死，惑之，皆谓蝉蜕登仙"。其后孙恩举事，便"号其党曰'长生人'"，"其妇女有婴累不能去者，囊簏盛婴儿投于水，而告之曰：'贺汝先登仙堂，我寻后就汝。'"孙恩投海，"妖党及妓妾谓之水仙，投水从死者百数"。[⑦] 很显然，孙恩利用了民众信仰神仙长生的心理来鼓动起事。上述表明，神仙长生思想在社会各层广为传播。帝王对神仙长生的追求尤其执着，乃至执迷不悟。不幸，这种现象并没有持续

---

① 郁贤皓、张采民《建安七子诗笺注》卷七《七哀诗》，巴蜀书社1990年版，第272页。

② 《文选》卷二十一郭璞《游仙诗》，中华书局1977年版，第307页。

③ 《晋书·孝武帝纪》，中华书局1974年版，第1册第242页。

④ 《文选》卷五十三嵇康《养生论》，中华书局1977年版，第727页。

⑤ 《文选》卷二十一何敬宗《游仙诗》，中华书局1977年版，第306页。

⑥ 《晋书·哀帝纪》，中华书局1974年版，第1册第208～209页。

⑦ 《晋书·孙恩传》，中华书局1974年版，第8册第2632、2633、2634页。

太久，因为对于讲求实用理性的中国人来说，一切都要有验证才能使其信服，偏偏神仙不死谁也未曾亲见，经不起检验，正如《汉书·郊祀志》所说："考神仙之属，未有验者。"[①] 就连帝王们动用举国之力求仙，也没有结果。这样一来，道教生命观便为佛教生命哲学所盖过，轮回涅槃成为人们追求终极关怀的时尚。佛教的轮回涅槃说，比道教的神仙说更"玄微深远，难得而测"，对广大民众具有更大的诱惑力。"佛法以有生为空幻，故忘身以济物。"[②] 并认为魂神不灭："魂神固不灭矣，但身自朽烂耳。身譬如五谷之根叶，魂神如五谷之种实。根叶生必当死，种实岂有终亡?"[③] 五谷的"种实"在生死场中循环，不会灭亡，人的灵魂就如同五谷的"种实"一样。自佛教的生命哲学流传开，普通民众对于死亡的恐惧感由此得到释放，生命有了终极依托之后，面对无常的人生，不再那么惶惶不可终日。可以说，佛、道教对于普通民众生死问题的这种解脱功能，乃是只解决极少数精英终极关怀——"三不朽"的儒家所不具备的，这种功能正是大众所急切渴求的。这是宗教占据思想文化领域重要地位的另一个原因。

最后，既然宗教在思想文化领域中占据了重要地位，宗教成为人们时髦的人生观，既然宗教可以医治乱世人们的精神痛苦，那么统治者有什么理由不将其作为思想统治的工具而大加利用呢？思想统治是维护政治秩序的重要一环，当人们失去了精神家园，找不到安身立命场所的时候，就会造成思想混乱和危机，不利于统治秩序的稳定。东汉以后，社会思想体系中儒家思想的衰退，造成一个较大的思想真

---

① 《汉书·郊祀志》，中华书局1962年版，第4册第1246页。

② 《广弘明集》卷八《二教论》，上海古籍出版社1991年版，第144页。

③ 《弘明集》卷一《牟子理惑论》，上海古籍出版社1991年版，第3页。

空，需要有新的思想意识来补偿，以修复思想统治的篱笆，而宗教信仰恰恰具有这样的补偿功能。从中国历史的实际情况考察，道佛二教的确弥补了儒家思想的不足，给痛苦的生灵以精神上的抚慰，解除了人们在生死问题上的终极紧张状态，给社会的心理宣泄提供了场所，一切罪恶和不公在仙光佛影中被消除，这些功用，都非儒家思想所能够代替。道佛二教还具有某些调节功能，其“宗教的思想、宗旨、规范、祭祀活动和宗教组织，实质上是调节人们行为的调节器。作为一种标准体系和社会认可的行为方法的基础”，道佛二教“调节着人们的思想，意志和行为”。① 这种调节思想的功能，无疑对统治者的思想统治有所裨益，如果其运用得当的话。这也是宗教占据思想文化领域重要地位的原因之一。

随着汉代经学倒塌，思想界形成的巨大真空最初由玄学来填补。玄学虽风行一时，但毕竟只停留在哲理探究，得不到众多“下里巴人”的理解和回应，对统治者来说，不是理想的雅俗共赏的思想工具，于是玄学隐退，道佛二教思想特别是佛学便时麾起来。佛学既有某种哲理的思辨，又有通俗易懂解决人生终极关怀问题的学说，诸如神魂不灭、三世轮回、因果报应等等，正好满足了社会心理的需求，解决了儒、玄不能解答的人生课题，又为数量众多的“愚夫愚妇”所能理解，成为思想界的一颗新星冉冉上升。按道教所说，能够成仙者数量有限，而佛教声称其信仰之车能运载无量众生到达彼岸，脱离苦海，获得“解脱”。由此佛教击败本土道教，在信仰的市场上胜出，席卷神州大地。

佛学弥补了儒家思想的不足处，完善了思想统治，适应了新的时代潮流和需求，这从下列例证可见。《高僧传·康僧会传》载：东吴

---

① 伊·尼·亚布洛柯夫《宗教社会学》，四川人民出版社1989年版，第121页。

末帝孙皓曾问："佛教所明，善恶报应，何者是耶?"康僧会答称："夫明主以孝慈训世，则赤乌翔而老人见；仁德育物，则醴泉涌而嘉苗出。善既有瑞，恶亦如之。故为恶于隐，鬼得而诛之；为恶于显，人得而诛之。《易》称'积善余庆'，《诗》咏'求福不回'，虽儒典之格言，即佛教之明训。"孙皓追问："若然，则周孔已明，何用佛教?"康僧会解释说："周孔所言，略示近迹，至于释教则备极幽微。故行恶则有地狱长苦，修善则有天宫永乐。举兹以明劝沮，不亦大哉!"[①] 康僧会先向吴主说明儒佛在"善恶报应"问题上有一致之处——"儒典之格言，即佛教之明训"。进一步他指出，儒家的善恶报应观比较浅近，远不如佛教的那样"备极幽微"，从终极上解决问题。这意思就是说，佛教弥补了儒家讲善恶报应的不足和不尽人意处。又释慧琳《均善论》载黑学道士的观点说："周、孔为教，正及一世，不见来生无穷之缘，积善不过子孙之庆，累恶不过余殃之罚，报效止于荣禄，诛责极于穷贱，视听之外，冥然不知，良可悲矣。释迦关无穷之业，拔重关之险，陶方寸之虑，宇宙不足盈其明，设一慈之救，群生不足胜其化，叙地狱则民惧其罪，敷天堂则物欢其福，指泥洹以长归，乘法身以遐览。"[②] 认为儒学只解决现世问题，而对彼岸世界，对于生死这一人生的头等大事却没有涉及，佛教则恰恰解决了儒家避而不谈的问题，从终极处惩恶扬善，而泥洹法身说则指引人们渡过迷津，找到一个无限光明的归宿。这种指责正好道出了周、孔之教已经不能满足当时人们解决生死问题的心理需求，而这不能满足处恰好是佛教能给予人们的，这就弥补了儒家在思想统治方面留下的空间。当时佛教界或崇佛者中有很多人提出过周、孔之不足，并认为此不足正是佛教

① 《高僧传·康僧会传》，上海古籍出版社1991年版，第7页。
② 《宋书·夷蛮传》，中华书局1974年版，第8册第2389页。

之长处所在，建议统治者充分运用佛教所长。梁武帝有段话颇耐人寻味："夫神道冥默，宣尼固已绝言；心数理妙，柱史又所未说。非圣智不周，近情难用，语远故也。是以先代玄儒，谈遗宿业，后世通辩，易沦滞来身。非夫天下之极虑，何得而详焉!"① 意指儒、道都有理论上的缺陷，很多问题都未涉及，而且难以运用于现实的"近情"，只有佛教的"宿业"、"来身"才算得上"天下之极虑"，才是详备周全的。

道教虽不如佛教那样精致，那样能迷惑人，然也有其独特的个性和价值。道教宣传快乐论的人生哲学，而且绞尽脑汁要把这种快乐永远维持下去，长生不老说不知吸引了多少人为之奋斗不息。道教又探讨了治国与治身之道的关系，以生命长久为享有国祚长久的前提条件。这套生命政治学理论并非说说而已，而有很强的可操作性，道士们据此理论为统治者提供延年益寿的仙药，深得统治者欣赏。道教发明了各式各样的享乐生活方式，把天上的神仙世界移植到地下的皇宫和贵族庄园，填补了统治者精神生活的空虚无聊，物质生活的种种不满足，又为民间提供了符水治病、捉鬼驱邪的法术，这些法术与民俗相结合，成为不可或缺的民间信仰。从这一角度看，道教那种操作性很强的神学理论，也弥补了社会思想的某些空缺，尽管道教的解脱生死信仰敌不过佛教。既然道、佛二教各自以其独有的思想价值弥补了儒家思想衰落后的思想真空，有益于统治，统治者又何苦不将其大加利用呢?

在统治者眼里，宗教是驯服和控制人们的有效工具，统治者利用宗教的主要目的是维持地上的秩序，而非追寻终极的灵魂得救，宗教于是成为统治者搞思想统治的法宝。统治者之所以能祭起这一法宝控

① 《弘明集》卷九《立神明成佛义记》，上海古籍出版社 1991 年版，第 55 页。

制人们的头脑，乃是因为不安全的动荡社会促使各阶层的人们都产生对宗教的需求，王公大臣、士大夫流、平民百姓都在服食宗教以治疗精神痛苦，获得心理平衡，甚至皇帝本人也需要这种滋补，以弥补精神上的空虚。社会各阶层都发现了宗教的妙用，只不过各自所发现的品位不同罢了。这是统治者利用宗教实施思想统治的现实依据。所谓思想统治，不仅只针对被统治者，统治集团本身也需要统一思想认识，也需要某种价值尺度约束思想，指导行为，故思想统治的对象包括统治者本身和被统治者。实际上，古代的宗教之风也首先是由统治者煽起来的，经统治者大力提倡而贯穿到全社会。

社会越离乱，人们越易滋生对理想国的追求，各种乌托邦思想流行于魏晋南北朝。其中佛教宣传一种祈求往生弥勒净土（兜率）的思想，其创始人为道安。道安之前关于弥勒的经典已译出《弥勒下生经》、《弥勒菩萨所问本愿经》等几种。道安常与弟子法遇、昙戒等八人，依据佛经所说，同在弥勒像前立誓，发愿上生兜率。以后，又出现了一种祈求往生弥陀净土（极乐）的思想，其创始人是法旷，大弘弥陀净土法门的则是慧远。慧远于元兴元年（402）与刘遗民、周续之、宗炳等，在庐山般若台精舍阿弥陀佛像前，建斋立誓，共以往生西方净土为期。① 道教则宣传“壬辰之运”，太平盛世将要降临，“有真君出世”，天下大治，人民没有刀兵水火之灾，恶人受罚，善人享福，国土永泰。道、佛二教的这些乌托邦思想使人们在观念上接受了既定的现实命运，憧憬着美妙的未来，平静地等待太平盛世的降临。这显然对于维护和稳定现存社会秩序发挥着正能量功能，统治者不会不欢迎它。于是统治者紧紧抓住宗教这道圣光，用其作为加固思想统治的工具，统治者竭力调解中外文化冲突和儒、释、道三教关系的目

① 参见中国佛教协会编《中国佛教》（一），知识出版社1980年版，第26页。

的即在于此。

二　南朝道教与儒、佛并存互动的关系何以能成立

南朝道教与儒、佛并存互动的关系，亦即所谓三教关系。三教，实质上指的是道家和道教、儒家和儒教、佛教。但古时的人一般并没有将儒家和儒教、道家和道教区分开，[①] 笼统地称之为儒教、道教，我们姑且因循古人的提法。

中国宗教、中国思想向来以儒、释、道三教而著称，此正如陈寅恪先生所云："南北朝时，即有儒释道三教之目，至李唐之世，遂成固定之制度。如国家有庆典，则召集三教之学士，讲论于殿廷，是其一例。故自晋至今，言中国之思想，可以儒释道三教代表之。此虽通俗之谈，然稽之旧史之事实，验以今世之人情，则三教之说，要为不易之论。"[②] 牟宗三先生也曾这样讲过："中国哲学包含很广。大体说来，是以儒释道三教为中心。""中国哲学的中心是所谓儒、释、道三教。其中儒、道是土生的思想主流，佛教是来自印度。""明末以前二千多年来中国的三教所代表的文化生命，不但在发展成长的过程中未有停顿，而且高潮迭起。"[③] 东汉以后，儒教的沉浮史、佛教在中国传播的历史与道教的形成发展史，也就是儒释道三教关系逐步形成发展的历史，佛教入乡随俗，道教随机应变，都获得统治者承认，形成中国思想史、哲学史和学术史、宗教史上所谓的"三国演义"。此种

① 南朝佛教切割道家老子和道教的关系，目的是为了贬低道教，清除道教"老子化胡说"的社会影响，而非从理论上区分道家与道教的不同。

② 陈寅恪《金明馆丛稿二编·冯友兰中国哲学史下册审查报告》，生活·读书·新知三联书店 2001 年版，第 283 页。

③ 牟宗三《中国哲学的特质》，上海古籍出版社 1997 年版，第 1、82、84 页。

“三国演义”的目的就在于，争夺思想文化的领导权。

儒、释、道三教形成之前已有“三教”的观念。《春秋元命包》说：“三王有失，故立三教以相变。夏人之立教以忠，其失野，故救野莫若敬。殷人之立教以敬，其失鬼，救鬼莫若文。周人之立教以文，其失荡，故救荡莫若忠。如此循环，周则复始，穷则相承。”① 《白虎通德论》第七卷《三教》说得更详细：“王者设三教何？承衰救弊，欲民反正道也。三正之有失，故立三教，以相指受。夏人之王教以忠，其失野，救野之失莫如敬。殷人之王教以敬，其失鬼，救鬼之失莫如文。周人之王教以文，其失薄，救薄之失莫如忠。继周尚黑，制与夏同。三者如顺连环，周则复始，穷则反本。”忠、敬、文三教以忠为先，而且三者不可单行，为什么如此？“三教所以先忠者，行之本也。三教一体而分，不可单行。顾王者行之有先后。何以言三教并施，不可单行也？以忠、敬、文无可去者也。教所以三何？法天、地、人。内忠外敬文饰之，故三而备也。即法天、地、人各何施。忠法人，敬法地，文法天。人道主忠，人以至道教人，忠之至也。人以忠教，故忠为人教也。地道谦卑，天之所生，地敬养之，以敬为地教也。”② 这是汉朝人所讲的忠、敬、文三教。

何谓“教”？《春秋元命包》说人效法天行事谓之教：“天人同度，正法相授。天垂文象，人行其事，谓之教。教之为言效也。上为下效，道之始也。”③《白虎通德论》第七卷《三教》也说：“教者效也。上为之，下效之。民有质朴，不教不成。故《孝经》曰：‘先王见教

① 安居香山、中村璋八辑《纬书集成》中册，河北人民出版社 1994 年版，第 619 页。

② 《白虎通德论·三教》，上海古籍出版社 1990 年版，第 57～58 页。

③ 安居香山、中村璋八辑《纬书集成》中册，河北人民出版社 1994 年版，第 620 页。

之可以化民。’……欲民斯效。”① 三教之“教”，其核心涵义是“教化”。何谓“教化”？董仲舒以“贤良对策”汉武帝时说：“凡以教化不立而万民不正也。……古之王者明于此，是故南面而治天下，莫不以教化为大务。立大学以教于国，设庠序以化于邑，渐民以仁，摩民以谊，节民以礼，故其刑罚甚轻而禁不犯者，教化行而习俗美也。”“故养士之大者，莫大太学；太学者，贤士之所关也，教化之本原也。”② 在董仲舒看来，教化之根本在于办学校，兴教育，培育人才。道教解释“教”说：“教者教也，化者变也。谓敷弘太上之教，广变人天之化。”③ “教化”或者指“教育”。《玄宗直指万法同归》卷一就说：“穷理治天下，莫大于儒；性超生死，莫大于释；复命御三才，莫大于道。夫三家者，同一太极，共一性理，鼎立于华夷之间，均以教育为心也。”④ 可以说，儒释道三教均以“教育为心”。按照《太上妙始经》揭示：“道之教化，以师为主。故授张镇南正一之法，令世世子孙执持文教化。”⑤ “教化”是种师教，是文教，天师执持经文以教化信众。教化的方法，身教重于言教。《云笈七籤》卷八十九《诸真语论》宣扬身教最珍贵：“圣人以身教，教可珍也。”⑥ 同书卷三《道教序》称：“上古无教，教自三皇五帝以来有矣。教者，告也。有言、有理、有义、有授、有传，言则宣，教则告。”“告”的含义，应当为告诫、告知。而“立教者，圣人救世愍物之心也，悟教则同圣

① 《白虎通德论·三教》，上海古籍出版社1990年版，第58页。

② 《汉书·董仲舒传》，中华书局1962年版，第8册第2503～2504、2512页。

③ 《玄坛刊误论》，《道藏》第32册第627页。

④ 《玄宗直指万法同归》，《道藏》第23册第913页。

⑤ 《太上妙始经》，《道藏》第11册第433页。

⑥ 《云笈七籤》卷八十九《诸真语论》，《道藏》第22册第622页。

人”。[1] 圣人立教的旨意，就在于告诫人们要怀抱救世愍物之心，悟得此理则与圣人一样。

总之，对于三教之“教”的本来意义，我们要从“教化”之义去把握，而不能完全以现代所谓“宗教”之“教”来理解。当然，也不能否认三教之“教”有相当一部分与现代所谓“宗教”之“教”是吻合的，尤其是佛道二教之“教”。

董仲舒以《公羊春秋》“大一统”思想劝说汉武帝“罢黜百家，独尊儒术”，但这一吃独食主义的意识形态主张，在汉代即宣告失败，在中国历史上也从未真正实现过。为什么独尊“儒术”行不通，最终仍然是儒释道三教并行？何以在高度中央集权的“大一统”政治体制下，意识形态、文化思想战线是多元化的，[2] 主流是儒释道“三元化”的？中国人为何接受政治大一统、思想意识形态多元化的现实？这些都是值得我们深思的问题。更深刻的问题在于，按照逻辑推导，高度中央集权的政治体制自然而然需要一元化的意识形态、文化思想与之相适应，然而历史的事实却是：自秦汉以来，中国古代高度中央集权的政治体制下却形成了意识形态、思想文化领域儒、释、道三元并存的局面。为什么会出现这样的局面呢？换言之，南朝的道教与儒、佛何以能够并存互动呢？

在中国古代社会，每当社会动荡不安，中央集权制遭削弱时，却正是思想界较为活跃之日。自东汉末天下解纽，社会历史发生一大巨变，思想文化领域也随之而发生巨变，汉时定于一尊的儒家失去了往日在思想文化领域内的统治地位，“宪章弛废，名教颓毁”，再也无力

---

① 《云笈七籤》卷三《道教序》，《道藏》第22册第12页。参阅《大道论·垂教章》，《道藏》第22册第899页。

② 所谓“多元”，除了儒释道三元，还有形形色色的民间信仰、民间文化存在。

独自垄断。儒家独霸思想领域的局面破裂，各家学说破门而出，魏晋南北朝是这种情况的典型。南北分治给思想文化的发展带来新契机，中央集权大一统的破裂，北方少数民族的入主中原，加速了外来佛教文化的传播，促进了中外文化的冲突与交流，而在中外文化的冲突交流中逐步形成了儒、释、道三家鼎足而立的态势。其实早在东汉，此三家已存在，不过在大一统汉王朝下，儒家唯我独尊，只此一家，统治者也不允许释道作为分店开张，中外文化的交流十分有限，进展不快。自东汉末不同的政治势力逐鹿中原，思想领域起巨变，人们的思想信仰能作较自由的选择，于是释、道趁机发家，俘获信徒，流传开来。儒、释、道三教并存，思想界三家“逐鹿中原”的局面渐次形成。

魏晋南北朝分而治之的时代背景，三教于此时形成不是偶然的。假设汉代高度中央集权的社会条件一直保持，则道教的形成和佛教的传播都会成问题。十六国时后赵中书著作郎王度揭示说：“佛出西域，外国之神，功不施民，非天子诸华所应祀奉。往汉明感梦，初传其道，唯听西域人得立寺都邑，以奉其神，其汉人皆不得出家。”① 由此可见，汉帝国是禁止汉人百姓信仰佛教的，若不是汉朝的衰亡，则佛教很难如此快地风行中土大地。道教也在汉代遭到压制，处于地下状态，随着汉末朝廷衰败，才获得生长发育机会。因此可以说，汉代高度中央集权体制“大一统”的崩溃，给儒释道三教局面的最终形成提供了历史机遇。从东汉末黄巾道教取而代之式的造反到魏晋南北朝，是宗教在中国古代政治史上灿烂夺目的时代，虽不能与欧洲中世

① 《高僧传·竺佛图澄传》，上海古籍出版社 1991 年版，第 65 页。又见《全上古三代秦汉三国六朝文·全晋文》卷一四八王度《奏禁奉佛》，中华书局 1958 年版，第 3 册第 2317 页。

纪的宗教政治媲美，但完全可以压倒中国古代社会的其他时期，此前此后的中国宗教似乎都从未在政治生活中发挥如此大的作用。佛道二教都参与了当时的政治斗争，各派政治力量也在想方设法利用佛道二教的势力。南北朝改朝换代频繁、南北方分治的社会背景所造成的混乱，带给新兴起的佛道二教千载难逢的迅速发展条件，终于完成三教共存的态势，这是南朝道教能与儒、佛并存互动的历史机遇。

南朝道教与儒、佛并存互动在皇权认可下得以实现。在中国，宗教从未在宗法一体化的社会结构之外形成独立的政治力量，与官僚政治相抗衡。由于没有独立的宗教力量，如由僧侣组成的强有力教会团体独立自主地发展有关宗教学说，进行宗教教育等，对神学的最高解释权操在皇权之手，皇帝代天说话，自称为天子，不仅管“地”，同时也管“天”。宗教活动只是国家事务的一部分，其目的在于维持地上的统治秩序，宗教教义通常只能够按照皇权的需要来构思和发展，以迎合皇帝的“旨意”，于是宗教不仅不能成为精神上的领袖，反而沦落成统治者驯服教化子民百姓的工具。因此中国古代社会中，政教关系的基本状况不是冲突对抗，而是协调一致的，这种协调一致建立在教权对皇权的俯首服从之上。中国的政教关系虽然也有过一些短暂的冲突，但只要皇权一动用其专制力量，教权便甘拜下风，为皇权玩弄于股掌之中，执政者始终有权对宗教活动采取一切有效措施进行控制，不准其越轨。政教矛盾之中，宗教始终处于次要的方面，从未占据过主导地位，从来没有出现过欧洲历史上那种国家利益从属于罗马教皇政策的时期。总之，皇权始终高踞教权之上，教权顺从皇权并与其保持步调一致，二者关系基本保持协调，这就是中国政教关系的大体特征。这样的政教关系特征，使得三教并存的最终完成是在皇权的认可下实现的，也使三教关系在皇权的一手掌控下主次分明、协调发展。皇权之所以认可三教同时并存，是因为儒家在生死问题上持不可知论，所谓“未知生，焉知死”，生死皆不可知。用今天的话讲，儒家思想缺乏对普通老百姓乃至帝王将相的终极关怀，它所继承弘扬的立德、立言、立功“三不朽”，只解决极少数知识分子精英或功绩卓著的帝王死后扬名千古、永垂不朽的问题，绝大多数老百姓和王侯将相在“三不朽”中却找不到心灵安慰和关怀，死后只能成为所谓一块“土馒头”下无声无息的“粪土”，他们实在是心有不甘。而儒家的这一缺陷在佛道二教特别是佛教的思想中得到弥补，绝大多数老百姓和王侯将相在佛道二教特别是佛教的信仰中找到安慰和关怀，解决了最终去向的问题。佛道二教在这方面安稳人心、有益治化的功能是儒家无法替代的，这是皇权所以认可三教并存的重要依据。因此，尽管历朝历代都有所谓正统“醇儒”提出要消灭佛道二教、独尊儒教的政策，但却总是得不到统治集团的整体响应，只有个别帝王依据其爱好及形势需要，采取一些临时措施，或“灭佛”或“灭道”，风头一过，佛道二教很快便卷土重来。南朝时代的统治集团，已经离不开佛道二教对其治理的强有力支撑了！

中国自古以来“和而不同”的传统哲学，承认道并行而不相悖，具有辩证思维方式，毕竟归本圆融，这使三教共存取得一种哲学理念的保证。早在西周末年，史伯已提出：“和实生物，同则不继”的理念[①]，认为不同的事物和合而产生万物，相同的事物则难以为继。这就是中国人后来常讲的“和而不同”。这话如果倒过来讲，就是“不同而和”，其实意思都一样，即不同的事物之间可以和平共处，相辅相成。这样的哲学理念用在处理与异质文化的关系上，那就是和合、包容，结果便是“有容乃大”。熊十力先生指出：“中国人发明辩证法

---

① 《国语·郑语》，上海古籍出版社 1988 年版，第 515 页。

最早，而毕竟归本圆融。此处大可注意。辩证法本不为偏端之执也。”[①] 辨证法中国人发明得最早，对于不同的文化能够归本圆融。还必须指出，原始多神崇拜的特点，使我国古代各族对他族的神祇祭祀系统并不排斥，商灭夏之后留给夏人土地保持他们自己的祭祀，周灭掉商以后也保留了商的祭祀，秦汉时仍然允许各诸侯国的神祇存在。古代遗留下来的各种各样的神祇系统，“和而不同”地共存共荣，这样的多神崇拜传统，也是三教形成的价值土壤。为什么呢？池田大作曾经这样说：“在多神教的社会里，由于原来就承认多种价值的存在，所以对外来文化和思想也具有宽容性。因此不必改变根基就可以把外来的东西全部吸收进来。就是说，它具有这样一种倾向：不管接受什么外来的东西，都能保持住自己基本东西不变而继续存在。”[②] 可见其原因就在于多神教允许不同价值观和不同文化思想的共存，对于外来的文化具有包容性并能以自己为主加以吸收，且保持住自己基本东西不变而继续存在，中国传统的多神崇拜正是如此。这是南朝道教能与儒、佛并存互动的价值土壤。

南朝道教与儒、佛并存互动反映了中国人宗教信仰的功利主义特征，实用主义态度，多神崇拜，有灵则信，有用就信，有奶就是娘。包括帝王将相，达官贵人，只要带来实惠，只要祈求得到福应，见庙就烧香，见神就叩拜，信仰成为人们祈福避祸的一种工具。从中国古代流传下来的俗语中，有一些就表现出中国人宗教信仰的这种功利主义特征，比如“无事不登三宝殿”，“平时不烧香，临时抱佛脚”等等。正是由于这种功利主义精神，不断强化了多神崇拜，随着时代流

① 《中国现代学术经典·熊十力卷》，河北教育出版社 1996 年版，第 530 页。

② 《展望二十一世纪——汤因比与池田大作对话录》，国际文化出版公司 1985 年版，第 377 页。

变，陆陆续续有许许多多新的神祇不断加入“神”的队伍，接受人们顶礼膜拜。正是由于这种功利主义精神，使绝大多数中国人都自然而然地接受了宗教的多样性，并不归属于某一种特定的宗教，在信仰上很富有宽容的精神，宗教情感也十分富于包容性，海纳百神，三教共奉。对于一般信仰者来说，多一只青蛙多四两力，多一个神就多一个保护者。对于统治者来说，这当然是种有原则的宽容，原则就是在儒家纲常名教基础上的社会政治秩序必须得到巩固和加强，对外来的思想文化、意识形态则坚持“以夏变夷”而非“以夷变夏”的原则。中国人那种功利主义、实用主义的信仰特征和宽容精神，提供了人生追求的宽松环境，于是以道养生，以佛理心，以儒修身齐国平天下，各有各的妙用，这自然十分有利于南朝道教与儒、佛并存互动局面的形成。

中国古代社会的基本细胞是男耕女织的家庭，基础的社会组织是以血缘为纽带的家族组织，儒家礼教就是根据这种家族组织的特点建立起来的，是适应和维持社会基础组织之稳定的，因而十分符合统治者的需要，这一要害点是外来佛教和本土道教都不敢反对，也不能取而代之的，它们只有积极迎合、适应这一中国社会的传统礼教。佛、道教皆因为承认了名教纲常最终获得统治者包容和承认，并起到补充控制社会稳定的功能，使名教更具神圣性。由儒教纲常维系的社会政治秩序得到佛、道教的加盟和支持，因而进一步强化、神圣化，补充作用十分明显。另外，从传统的神道设教观出发，无论何种宗教，只要有利于“王化”，都被允许存在。

早在晋代，何充等人就认定：佛教“寻其遗文，钻其要旨，五戒之禁，实助王化”。[①] 桓玄曾问王谧：“佛教之兴，亦其旨可知。岂不以六夷骄强，非常教所化，故大设灵奇，使其畏服。既畏服之，然后顺轨。此盖是大惧鬼神福报之事，岂是宗玄妙之道邪?”[②] 这意思是说，作为手段让被统治的少数族“畏服”、“顺轨”，是可以保留佛教一席之地的。刘宋文帝赞扬说：“若使率土之滨皆纯此化，则吾坐致太平，夫复何事!”[③] 刘宋初，何承天就多次指出：“佛经但是假设权教，劝人为善耳，无关实叙。”[④] 在何承天看来，佛教思想是从劝人为善出发的一种“假设权教”，和中国传统思想没有实质上的分歧，故大人君子将其“兼而存之”。既然佛教（当然也包括道教）“实助王化”，能帮助统治者“坐致太平”，那么道佛二教受到统治者的青睐，承认其有不可替代的地位，也就不足为奇了。南朝统治者关于道佛二教在社会政治生活中有助于“王化”的认识，也推动了三教关系的成立。

南朝道教与儒、佛并存互动关系能够形成，与人们尤其是士大夫的精神需求也有很大关联。当士大夫穷则独善其身时，需要有丰富多彩的精神武器来支撑，换言之，需要具备应对人生不同处境的精神资源，使其获得更大的精神生活空间。故作为精神产品生产者的古代士人，尤其需要多元而非一元的文化学术思想，从这个角度看，三教都有其存在的价值，佛道对独善其身的士人思想的滋润也许更大些。在中国历史上，真正能够学而优则仕、达则兼济天下的士人是不多的，

---

① 《弘明集》卷十二《尚书令何充奏沙门不应尽敬》，上海古籍出版社 1991 年版，第 81 页。

② 《全上古三代秦汉三国六朝文·全晋文》卷一一九《难王谧》，中华书局 1958 年版，第 3 册第 2144 页。

③ 《弘明集》卷十一《何令尚之答宋文皇帝赞扬佛教事》，上海古籍出版社 1991 年版，第 70 页。

④ 《广弘明集》卷十八《报应问》，上海古籍出版社 1991 年版，第 231 页。

功名不成的大多数士人，也许更多的是沉浸在佛老之中，即便是那些在位的官员，退朝之际也得借助于佛老来放松放松。费正清、赖肖尔《中国：传统与变革》就指出："事实上道家学说是作为中国文化主体思想观念的极好平衡在起作用。集权给人民的自由以极大限制，儒家道德及坚持社会的一致起了更大的限制作用，但在道家学说中，个人能够自我表现，人的才智可以随意发挥。儒家和道家都不是西方意义上的绝对排它性的宗教，因此个人甚至整个社会可以同时既信奉儒家又信奉道家，在这两种学说的基础上可能要比在单单一种学说的基础上更能够达到健全的心理上的平衡。一个人掌权时通常是儒家的实证主义者，试图拯救社会，而在无权时就成了道家的无为论者，寄情于自然。在早晨是积极的官员，晚上就成为好幻想的诗人或是爱好山水之徒。这种哲学和人格上的均衡二重性一直保持到现代。"[①] 这里虽然只讲了士大夫们儒道互补的情况，其实放开了说，儒释道三教互补及其对士人人格的塑造同样是如此。个人的心理平衡中失去了佛道二教，往往就没有健全的心理，尤其是士人，在不能实现"达则兼济天下"的雄心壮志时，心理处于某种强烈的压抑下，所谓郁郁寡欢正是此种情况的写照，随之而来的是身体健康也大受影响。费正清、赖肖尔看到当官者仍然离不开道家思想作为其精神生活的补充品，这和郭象所谓"圣人虽在庙堂之上，然其心无异于山林之中"是同一个意思。三教并存互补而构成一个平衡的人生，这从我们中国人的日常话语中也反映出来。人们常说"大丈夫能伸能屈"，这能伸能屈的大丈夫形象，就是由三教互补塑造起来的。一方面三教塑造了中国人特别是士人的人格心理，另一方面中国人已然在生活中、在精神上脱离不

---

① 费正清、赖肖尔《中国：传统与变革》，江苏人民出版社 1995 年版，第 50～51 页。

开三教了，形成对于三教的强烈依赖。这也是南朝乃至后来的历朝历代儒释道三教得以并存互动的原因之一。

胡适先生曾问：“就中国知识分子来说，究竟有没有什么中国人的概念或信仰可以取代其他宗教人类不朽观念呢?”他自问自答：“当然有的，据《左传》记载，公元前549年——即孔子不过是两岁大的孩子的时候——鲁国的一个聪明人叔孙豹曾说过几句名言，即所谓有三个不朽：‘太上有立德；其次有立功；其次有立言。虽久不废，此之谓不朽。’……这段话两千五百年来一直是最常被援引的句子，而且一直有着重大的影响。这就是一般所谓的‘三不朽’。”他揭示说：“这古老的三不朽论，两千五百年来曾使许多的中国学者感到满足。它已经取代了人类死后不朽的观念，它赋与了中国士大夫以一种安全感，纵然死了，但是他个人的德能、功业、思想和语言却在他死后将永垂不朽。”[①] 然而我们必须指出，儒家继承传统的立德、立功、立言“三不朽”说，只是解决极少数极少数人的死亡焦虑问题，满足了不到亿分之一人对不朽的追求（即使是中国士大夫也只有非常少的精英实现了这一追求)。绝大多数人怎么办？他们既不能立德，没有希望立功，也无法立言，仰望着蓝天，如何实现其心中秘藏的永垂不朽的愿望？极具理性的儒教对一般人包括帝王将相们的梦想不予关注，人们在其中找不到永久的慰藉，不少人去道教、佛教中寻找解决生死问题的答案。这一点，就连国外的学者都已观察到：儒教，“这个简单而又几乎是理性的宗教，并不能使中国人十分满意。它的教条没有给人们留下幻想的余地，对于他们的希望和梦想，也没有回报的赐予，对于他们日常生活中充满的迷信，也没有鼓励和慰藉的作

---

① 《胡适学术文集·中国哲学史》上册《中国人思想中的不朽观念》，中华书局1991年版，第545、546页。

用。……中国人，尤其是南方人，最为迷信，他们遭到极具理性的儒家思想的统御，他们渴求有一种信仰，使中国像其他国家一样，得到永久的慰藉”。[1] 生死乃是人生的最大问题，古今中外的各种宗教莫不对此作出自己的解答。宗教满足了信仰者对死亡之后人往哪里去的关怀，即所谓终极关怀。美国学者 A·哈维兰指出：“一切宗教都满足许多社会和心理需求。这些需求中，有一些——例如，正视死亡和解释死亡的需求——是普遍性的”。[2] 可见，一切宗教都将对人们解释死亡的需求给予心理上的满足，对人的终极关怀作解释，当然这种解释五花八门，各说不一。儒家所谓“未知生，焉知死”对此永恒的“大事”却避而不谈，对人的终极关怀不作解释，这也使儒家在高度中央集权的“大一统”社会中，承担不起思想文化领域的全部责任，实现不了其一花独放的“罢黜百家，独尊儒术”的理想，因而迫不得已，不得不让道教、佛教占领一部分思想的地盘，大家共同来解决中国人的人生问题。

三 “夷夏之辨”及南朝政府处理道教与儒、佛关系的政策

中国文化早熟，具有比较强烈的文化自信，对其他信仰形态持开放、接受的态度，这一点由夷夏之辨可见。夷夏之别的产生，当然是因为二者之间确实存有差别，在民族血统、地理环境、文化习俗、思维方式等多方面有着差异。在种种差别中，以孔子为代表的儒家把文化的不同放在第一位。在儒家看来，夷夏之分的关节点在于文化的

---

① 《港台及海外学者论中国文化》上册威尔·杜兰《人民和国家（节录）》，上海人民出版社 1988 年版，第 47 页。

② A·哈维兰《当代人类学》，上海人民出版社 1987 年版，第 502 页。

“文明”与“野蛮”，而不在于血统和地缘。儒家对华夏文化自视甚高，认为对于“夷蛮”之民，文化的征服远远胜于武力的征讨，所谓“远人不服，则修文德以来之”,[①] 即强调用思想文化、价值观念来对“夷狄”进行和平演变。同时，儒家文化还承认夷狄之民并非是竖子不可教也，仁义礼智信、忠孝等信条虽在野蛮之邦也能够实行，盖因它们是放之四海而皆准的真理，是人类社会都会接受的普遍价值。在儒家眼里，其文化有能力感化落后的夷狄文化，且能够为这些低级文化形态所接受。到汉代，儒学被尊为朝廷正统之后就更增添了自信心。何休这样描绘孔子的三世图景：在据乱世，“内其国而外诸夏”；在升平世，“内诸夏而外夷狄”；在太平世，“夷狄进至于爵，天下远近小大若一”。[②] 太平世界，夷狄接受了儒家文化，实行礼义，从而夷夏无分别，天下统一在华夏文化的旗帜下。故在《公羊春秋》义法的观念中，夷夏之辨有两个主要含义：(1) 夷夏文化确有差别，应该具备“夷夏之防”的心理，“尊夏攘夷”，不得“以夷变夏”。这就含有对异质文化轻视、防备乃至于攻击的意思。(2) 只能“用夏变夷”，使夷狄接受华夏文化，行礼义，由夷狄而华夏，循着文化的大同进入夷夏无别的太平之世。这含有改造、利用和融汇异质文化的可能性在内。总的讲，夷夏之间虽然有别，但夷夏之别并非固定不变，夷狄认同并接受华夏文化从而进化了，即为华夏本家。换句话说，其他夷蛮文化都属于低级形态文化，一旦接受并被华夏文化同化则“中国之”。这就为佛教进入中国社会并融合进中国文化成为“三教”之一，准备了可行的文化条件。

---

① 《论语·季氏》，上海古籍出版社 1987 年版，第 70 页。

② 《十三经注疏》下册何休《春秋公羊传解诂·隐公元年》，上海古籍出版社 1997 年版，第 2200 页。

从南朝的现实情况看，在中原传统思想文化聚集的南方，政府也并不拒绝舶来品，一般都奉行以夏化夷、变夷从夏的思想文化政策，既不排斥外来佛教文化，又对其加以因地制宜的改造，使之与中夏文化相交流融合，以适应统治的需要。梁武帝甚至废除掉某些儒家礼仪，采用佛门清规。《广弘明集》卷二十六《断杀绝宗庙牺牲诏》，记载梁武帝于即位第十二年下诏，去宗庙牺牲，用吃素等佛教仪轨来拜祀祖先庙堂。[①] 这一时期，南朝统治者对传统的"夷夏之辨"文化观，将其具体制定为开放的思想文化政策予以实施，使三教成立的文化条件从理论形态落到了文化政策的实处，有利于三教的形成发展。

再就是统治者处理三教关系政策的因素，也不可忽视。以梁武帝为例，梁武帝在信仰上先奉道而后信佛，发生过大的转变，是南朝最有名的佞佛皇帝，然而通观其对三教关系的处理，实质上仍是三教并行不废，只不过特别崇奉佛教而已。尽管他曾经宣布老子、周公、孔子等为"邪道"，发誓要舍邪事正，并且劝公卿百官侯王宗族亦随其一道"反伪就真，舍邪入正"，[②] 但这只不过是表示其信仰佛教的坚贞不渝而已，在实际的政策执行上，他并没有彻底"舍弃"儒、道二教，而且还把儒家经术作为治国理民之首。他"诏求硕学，治五礼，定六律，改斗历，正权衡"。天监四年（505）下诏："二汉登贤，莫非经术，服膺雅道，名立行成。魏、晋浮荡，儒教沦歇，风节罔树，抑此之由。朕日昃罢朝，思闻俊异，收士得人，实惟酬奖。可置《五经》博士各一人，广开馆宇，招内后进。"[③] 天监八年（509）诏："朕思阐治纲，每敦儒术……其有能通一经、始末无倦者，策实之后，

① 《广弘明集》卷二十六《断杀绝宗庙牺牲诏》，上海古籍出版社 1991 年版，第 304 页。

② 《广弘明集》卷四《舍事李老道法诏》，上海古籍出版社 1991 年版，第 116 页。

③ 《梁书·儒林传》，中华书局 1973 年版，第 3 册第 661～662 页。

选可量加叙录。”① 由此可见他仍然敦重儒教，以五经取士，招徕人才治理国家。无怪齐高祖对杜弼说：“江东复有一吴儿老翁肖衍者，专事衣冠礼乐，中原士大夫望之以为正朔所在。”深恐“士子悉奔肖衍”，以至于人才“流散”，无法治国。② 这正道出了梁武帝大兴儒家礼教，欲使天下士子归心的政治用意。史家总结魏晋到宋齐梁实行儒教的情况说：“魏、晋浮荡，儒教沦歇，公卿士庶，罕通经业矣。宋、齐之间，国学时复开置。梁武帝开五馆，建国学，总以《五经》教授，经各置助教云。武帝或纡銮驾，临幸庠序，释奠先师，躬亲试胄，申之宴语，劳之束帛，济济焉斯盖一代之盛矣。”③ 这段话表明，儒教自魏晋“沦歇”后，到宋、齐仍未恢复元气，直到梁武帝时才稍显中兴气象，这与其大力倡导是分不开的。对道教，他宣称不再信仰，但实际上对道教炼丹服药还是很感兴趣的，要道士为他炼制神丹，以图长生不老；政治上的大事，也屡屡向号称“山中宰相”的著名道士陶弘景“咨询”。由此可知，梁武帝固然佞佛，但并未罢黜儒、道而独尊佛教，而是三教共行。这样处理三教关系，与其提倡“三教同源”说是分不开的。梁武帝作《述三教诗》，自称：“少时学周孔，弱冠勤六经”；“中复观道书，有名与无名，妙术镂金版，真言隐上清”；“晚年开释卷，犹月映众星”。申明自己对儒、道、释三教经书都曾经涉猎，尤其相信佛经如月光照映众星。这既显示了他崇信佛教的程度，把佛教比作月亮，儒、道只不过是“众星”，但另一方面，也暗示人们儒、道似众星拱月一样拱卫着佛教，交相辉映，缺一不可。故他接着说：“穷源无二圣，测善非三英”；“差别岂作意，深浅

① 《梁书·武帝纪》，中华书局 1973 年版，第 1 册第 49 页。
② 《北齐书·杜弼传》，中华书局 1972 年版，第 2 册第 347～348 页。
③ 《陈书·儒林传》，中华书局 1972 年版，第 2 册第 433～434 页。

固物情”。[①] 三教的深浅差别，他是不会在意的，因为三教归根结底是同源的。既然他对三教关系的认识是同源异流，那么他处理三教关系的政策顺理成章便是三教并行不废。从梁武帝这一典型个案中我们可以发现，南朝统治者三教并行不废的政策，推进了三教并存互动在中国的一步步成立，最终演变成为传统思想文化三元共轭的定局。

以上，说明了南朝道教与儒、佛为什么能够并存互动。以下，我们将具体分析南朝道教与儒、佛在思想理论上与政治上的关系，来进一步透视道教与儒、佛的并存互动关系。

四　南朝道教与儒、佛在思想理论上的关系

有种意见认为，三教相互倾轧，并非招徕信众之争，而纯属政治角逐。[②] 其实，三教关系有两层，一层是思想理论上的关系，三教之间既有理论之争又有吸取融通，这是思想角逐互动，是招徕信众之争；另一层则是政治地位高低先后的关系，三教之间在统治者面前争风吃醋，互争优劣，贬低他方，抬高我方，这是政治角逐倾轧。

汉魏时期的佛教信徒，基本上用中土流行的宗教观念和文化传统来理解宣传佛教，这使得佛教的传播一开始就有华夏文化的气味，比较容易为社会各阶层所接受。这样，政府便没有对佛教大加挞伐，使其在中国的思想文化界立住了脚。在稳住阵脚后，佛教试图进一步扩大其影响，和道教、儒教发生了冲突。面对外来佛教文化挑战，引起了以儒、道为主的本土传统文化的不同反应，有主张排斥的，有主张

---

① 《广弘明集》卷三十《述三教诗》，上海古籍出版社 1991 年版，第 365 页。

② 参见谢·亚·托卡列夫《世界各民族历史上的宗教》，中国社会科学出版社 1985 年版，第 281 页。

变革的，有主张吸取的，由此产生中外文化一系列冲突与交流，发生过“夷夏之辨”的争论、“老子化胡说”的纠纷、“沙门敬王者”的风波，这是冲突，表现为明流。也发生过外来佛教比附黄老学和道教，唱和于魏晋玄学，终至佛玄合流，佛教一步步中国化，道教模仿学习佛教，完善自己的经典、组织、科仪，这是交流，表现为暗流。历史地看，外来佛教文化和本土文化在冲突中得到交流，在交流中慢慢融汇，这与政府实行“以夏变夷”的相对开放性思想文化政策分不开。佛教也在冲突中灵巧地处理了自己和传统文化在伦理观念上的矛盾，承认以儒家伦常为代表的传统文化的权威地位，进一步取得了统治者信任，终于和传统文化融为一体。

道教与儒、佛在思想理论上既有论争，又有吸取与补充。理论之争通常是道与儒联手与佛教交锋，表现出本土文化与外来文化的冲突，发生了重大且有深远历史影响的神灭论与神不灭论之争。神灭论体现中国传统文化的灵肉一元论，神不灭论则反映了外来佛教文化的灵肉二元论，这一争论在牟子《理惑论》中已显示端倪，到齐梁时演为高潮，开展了一场大争论，争论中产生了范缜的著名论文《神灭论》。出身儒门的范缜通经术，精《三礼》，南齐时曾侍奉竟陵王萧子良。萧“子良精信释教，而缜盛称无佛。子良问曰：‘君不信因果，世间何得有富贵，何得有贱贫？’缜答曰：‘人之生譬如一树花，同发一枝，俱开一蒂，随风而堕，自有拂帘幌坠于茵席之上，自有关篱墙落于粪溷之侧。坠茵席者，殿下是也；落粪溷者，下官是也。贵贱虽复殊途，因果竟在何处？’子良不能屈，深怪之。缜退论其理，著《神灭论》”。[①] 认为“神即形也，形即神也，形存则神存，形谢则神

① 《梁书·范缜传》，中华书局1973年版，第3册第665页。

灭”。据说，“此论出，朝野喧哗。子良集僧难之而不能屈”。[1] 到梁武帝时，范缜与神不灭论者的争论又起。天监六年（507）范缜正式发表《神灭论》，搞得梁武帝手忙脚乱，又是《敕答臣下神灭论》，称“观三圣设教，皆云不灭”；[2] 又是组织人马，写出一篇篇《难范缜神灭论》的文章。[3] 但范缜并未屈服，使论敌“无以折其锋锐”。[4] 最后梁武帝不得不诏令停止争辩。这场争论反映出儒家与佛教在人生观、生死观上价值取向根本不同，儒家的偶然论、神灭论与佛教因果论、神不灭论对人生问题的解决是迥异其趣的。除此而外，北齐杜弼与邢邵曾辩论神灭与否问题。邢邵认为：“人死还生，恐为蛇画足”；“神之在人，犹光之在烛，烛尽则光穷，人死则神灭”。杜弼则声称：“神之于形，亦犹君之有国。国实君之所统，君非国之所生。不与同生，孰云俱灭？”二人之间“前后往复再三，邢邵理屈而止”。[5] 可见神灭论与神不灭论之争在南北方都引起关注，尤其在南方争论十分激烈，成为以儒教为主、道教配合默契与佛教进行理论之争的一个焦点问题。

同神灭与否之争相比，刘宋时慧琳《白黑论》所引起的争论及何承天《达性论》引起的辩难影响虽小些，但也反映了三教理论之争的一个侧面。慧琳可以说是佛教的叛逆者，所著《白黑论》[6] 以白学先生代表中国传统文化发言，以黑学道士代表佛教讲话，用对话体批评了佛教的“空”义和因果报应学说。“论行于世。旧僧谓其贬黜释氏，

① 《南史·范缜传》，中华书局1975年版，第5册第1421～1422页。

② 《弘明集》卷十《敕答臣下神灭论》，上海古籍出版社1991年版，第61页。

③ 参见《弘明集》卷九《难范缜神灭论》、《难范中书神灭论》，上海古籍出版社1991年版，第55～60页。

④ 参见《弘明集》卷九《难范中书神灭论》，上海古籍出版社1991年版，第60页。

⑤ 《北齐书·杜弼传》，中华书局1972年版，第2册第351、352页。

⑥ 《白黑论》又名《均善论》。

欲加摈斥。”[①] 围绕着《白黑论》，何承天与宗炳展开了论争。[②] 何承天又作《达性论》，以儒家三才论驳佛教众生说，并对佛教因果报应说提出疑问和批评，于是颜延之撰《释何衡阳达性论》，与何往复论难。[③] 顾欢《夷夏论》则攻击佛教“下弃妻孥，上绝宗祀。嗜欲之物，皆以礼伸，孝敬之典，独以法屈。悖礼犯顺，曾莫之觉，弱丧忘归，孰识其旧”。[④] 三教理论之争的战场可谓硝烟弥漫。

三教理论之争的炮火如此猛烈开打，既是为了更多地招徕信众，扩大自己的阵地和影响力，也是为了引起统治者的注意和支持，提高自己在官方心目中的政治地位。比如《白黑论》、《达性论》引起的争论就为宋文帝所关注，并赞成佛教的观点，表彰说：“必求性灵真奥，岂得不以佛经为指南耶？颜延年之折《达性》，宗少文之难《白黑论》，明佛法汪汪，尤为名理。并足开奖人意。”[⑤] 这样的表彰，显然有助于扩大佛教在思想界的影响，提高和巩固其政治地位。

理论之争只是道教与儒、佛思想理论关系的一面，另一面则相对更隐蔽些，即互相之间的学习和吸取。这种吸取补充是暗中贩运的，公开场合下都不承认学习、吸收过对方长处。佛道二教都曾暗中吸取对方理论精华，以充实提高自己，相对来说道教学习的东西更多一些，甚至不少道经的名词术语都大量采自佛教，也有改头换面、移花接木的。佛、道二教又都采纳了儒家忠孝仁义的伦理价值观，以使自

① 《宋书·夷蛮传》，中华书局1974年版，第8册第2391页。

② 论争文字见《弘明集》卷二《明佛论》、卷三《宗居士炳答何承天书难白黑论》，上海古籍出版社1991年版，第10～16、18～22页。

③ 参见《弘明集》卷四《达性论》、《释何衡阳达性论》，上海古籍出版社1991年版，第22～27页。

④ 《南史·顾欢传》，中华书局1975年版，第6册第1876页。

⑤ 《弘明集》卷十一《何令尚之答宋文皇帝赞扬佛教事》，上海古籍出版社1991年版，第70页。

己更适合中国世俗社会的胃口。保守的儒家，文化心态比较封闭，特别是儒家老冬烘先生更加存门户之见，实行关门主义，不肯屈节下就释、道思想，呼吸些新鲜的理论空气，这也是魏晋南北朝隋唐时期儒学衰蔽，在思想理论上无所建树的原因之一。当然，儒学中也不乏喜新好奇之士，他们破门而出，暗中学习释老，兼通三教。整个儒家阵营暗中学习释老，以改造提高传统儒学，当是唐以后的事，魏晋南北朝隋唐时期的儒家尚未完全走出夷夏之间大防的误区。

为三教间互通有无、互相补充推波助澜的，是广为流行的三教同源论。中国传统文化中既有夷夏大防的封闭的文化心态，也有百虑一致、殊途同归的开放的文化心态，这后一种心态便演成了一部分人力主三教一致论。产生于汉魏之际的《牟子理惑论》，最早透露出个中信息。《牟子理惑论》认为佛道"导人致于无为"，"视之无形，听之无声"，与道家老子之道差不多；又称佛道"居家可以事亲，宰国可以治民，独立可以治身"，与儒家相一致。[①]《牟子理惑论》中既引证佛经，又大量引证《老子》、《论语》和《孝经》等儒道经典，显示了对儒、释、道三教作认同的倾向。需要指出的是，《牟子理惑论》赞成道家，对道教则嗤之以鼻，它对道家和道教作了明确区分，并特别突出了佛教与道家在思想上的同一性。此后，东晋孙绰著《喻道论》，进一步阐发儒、释、道三教一致说："周孔即佛，佛即周孔，盖外内名之耳……周孔救极弊，佛教明其本耳，共为首尾，其致不殊。"[②]又称："夫佛也者，体道者也。道也者，导物者也。应感顺通，无为而无不为者也。"[③] 这样，就在思想上把儒、释、道三教结合起来了，

① 《弘明集》卷一《牟子理惑论》，上海古籍出版社 1991 年版，第 2 页。

② 《全上古三代秦汉三国六朝文·全晋文》卷六十二《喻道论》，中华书局 1958 年版，第 2 册第 1811 页。

③ 《弘明集》卷三《喻道论》，上海古籍出版社 1991 年版，第 17 页。

合三为一。东晋慧远亦认为："苟会之有宗，则百家同致。"[①] 到了南朝特别是南朝后期，三教同一的呼声越来越高，主张此论的士人和政府官员日益增多，他们常常找出三教的共同点，尽量掩饰其间的差异，使之融会贯通。如张融《门律》指出："道也与佛，逗极无二，寂然不动，致本则同。"[②] 刘勰《灭惑论》认为："孔释教殊而道契。"[③] 这些观点都在指出三教思想上的会通之处。

与三教同一论相呼应，出现学通三教的学者。南齐张融，死时"左手执《孝经》、《老子》，右手执小品《法华经》"，[④] 以示平生学兼三教。梁代徐勉"以孔释二教殊途同归，撰《会林》五十卷"。[⑤] 梁王褒著《幼训》诫诸子："吾始乎幼学，及于知命，既崇周、孔之教，兼循老、释之谈，江左以来，斯业不坠，汝能修之，吾之志也。"[⑥] 此时讲学也能打破门户，比如陈朝徐孝克，"居于钱塘之佳义里，与诸僧讨论释典，遂通《三论》。每日二时讲，旦讲佛经，晚讲《礼》《传》，道俗受业者数百人"。[⑦] 甚至出现儒、释、道三教人士同传一师之业的现象，如陈朝张讥"讲《周易》、《老》、《庄》而教授焉。吴郡陆元朗、朱孟博、一乘寺沙门法才、法云寺沙门慧休、至真观道士姚绥，皆传其业"。[⑧] 可见到南朝后期，道教与儒、佛合流的步伐加快了，思想的融会贯通逐渐明朗化。

总之，南朝时期，道教与儒、佛在思想理论上的关系是双向度

① 《广弘明集》卷二十七《与刘遗民等书》，上海古籍出版社 1991 年版，第 315 页。
② 《弘明集》卷六《门律》，上海古籍出版社 1991 年版，第 39 页。
③ 《弘明集》卷八《灭惑论》，上海古籍出版社 1991 年版，第 52 页。
④ 《南齐书·张融传》，中华书局 1972 年版，第 3 册第 729 页。
⑤ 《梁书·徐勉传》，中华书局 1973 年版，第 2 册第 387 页。
⑥ 《梁书·王规传》，中华书局 1973 年版，第 3 册第 584 页。
⑦ 《陈书·徐孝克传》，中华书局 1972 年版，第 2 册第 337 页。
⑧ 《陈书·张讥传》，中华书局 1972 年版，第 2 册第 444～445 页。

的，既有理论交锋、思想辩难、矛盾冲突的一面，又有相互吮吸、相互补充、调和贯通的一面。这样一种两面性，既与人们对待外来佛教文化各自所抱的心态不同有关，也反映出中印文化在冲突中交流，在交流中汇通的大走向。

五　南朝道教与儒、佛在政治上的关系

这种关系主要是指道教与儒、佛追逐政治地位高低，争取统治者的大力扶持。在政治地位之争中，儒教始终保持着正统地位，居于释道之上，更多的是佛、道二家在朝廷上互争先后高低，并常因此而起激烈冲突。南北朝时，道教与儒、佛在这方面的关系有明显的地域差别，南方着重于通过理论之争和评判价值优劣来提高各自地位，引起统治者的器重；而北方则要直捷了当得多，佛道二教争先恐后，各显神通，意欲坐上国教的宝座，这种竞争在北方政府反佛或排道的运动中起了推波助澜的作用。在政治地位角逐中，北方好似豪放派，南方却如婉约派，前者大刀阔斧，后者温文尔雅。不论在南方还是北方，道教与佛教的政治地位之争，其目的并非是觊觎世俗权力，取皇权而代之（在中国也无此可能），而是通过政治地位之争获得“国主”的扶持，借助王权来“立法事”，在思想文化统治领域中得以占据优先权。

在世俗社会中，凡欲谋取权力宝座者，总是首先大造舆论，针对社会心理，广作政治宣传，以证明自己取得权力的合法性。与此异曲同工，道佛二教的政治地位之争，也是从造舆论着手的，即首先“正名”，宣传自己天生丽质，血统高贵。倾向于佛教的《牟子理惑论》品评说：尧、舜、周、孔各有其师，“四师虽圣，比之于佛，犹白鹿之与麒麟，燕鸟之与凤凰也。尧、舜、周、孔且犹与之，况佛身相好

变化，神力无方，焉能舍而不学乎”?[①] 说到道教就更可怜了，其与佛教相比，“比其类，犹五霸之与五帝，阳货之与仲尼；比其形，犹丘垤之与华恒，涓渎之与江海；比其文，犹虎鞹之与羊皮，斑纻之与锦绣也”，简直不可同日而语。通过比较，得出结论说：“道有九十六种，至于尊大，莫尚佛道也。”[②] 比较来比较去，无非是天上地下，唯佛独尊。东晋高僧慧远，在其《沙门不敬王者论·体极不兼应第四》中比较儒释异同，虽承认儒释“出处诚异，终期则同”，但最后却归结到二者“不得同年而语，其优劣亦已明矣”,[③] 言下之意即佛教优于孔家。这样的评判优劣，已不仅仅是站在被告席上为佛教不违礼教作辩护，颇有主动进攻，为佛教张目之气势。既然释优儒劣，那么佛教我行我素，与儒家并立于思想领域有何不可？可见，价值优劣评判是争取占领思想文化领域一席地位的手段，这种手段佛教方面十分懂得并善于运用。宗炳《明佛论》（一名《神不灭论》）称：“彼佛经也，包五典之德，深加远大之实；含老庄之虚，而重增皆空之尽。”[④] 佛教不仅包含儒、道之精华，而且比后者更加“深远”，说理更透彻。这是向世人展示佛教理论的绝顶高明。顾欢《夷夏论》比较佛道二教时说：“佛教文而博，道教质而精。精非粗人所信，博非精人所能。佛言华而引，道言实而抑。抑则明者独进，引则昧者竞前。……佛是破恶之方，道是兴善之术。兴善则自然为高，破恶则勇猛为贵。佛迹光大，宜以化物；道迹密微，利用为己。优劣之分，大略在兹。”表面上较为公允，实则“意党道教”，认为道教其实优于佛

① 《弘明集》卷一《牟子理惑论》，上海古籍出版社 1991 年版，第 2 页。

② 《弘明集》卷一《牟子理惑论》，上海古籍出版社 1991 年版，第 6 页。

③ 《弘明集》卷五《沙门不敬王者论·体极不兼应第四》，上海古籍出版社 1991 年版，第 32 页。

④ 《弘明集》卷二《明佛论》，上海古籍出版社 1991 年版，第 10 页。

教。于是宋司徒袁粲托为道人通公反驳："仙化以变形为上，泥洹以陶神为先。变形者白首还缁，而未能无死；陶神者使尘惑日损，湛然常存。"指出佛教对于生死的解脱高于道教。顾欢作答："道教执本以领末，佛教救末以存本"，再次肯定道优释劣。① 针对《夷夏论》，明僧绍作《正二教论》，肯定佛教地位最高，周孔、老庄稍次，道教居下，特别是道教符箓派，"怪诞惑世，符咒章劾"，"诬乱已甚"。② 为了贬低他人，抹黑他人，抬高自己，唱红自己，不惜歪曲篡改历史事实，这是三教通用的手法。

从所谓"老子化胡说"也可看出佛道二教为争取优越地位，不择手段，竭尽编造之能事。"老子化胡说"，最初起于东汉佛教传进来后。汉桓帝时，襄楷上书提到："或言老子入夷狄为浮屠。浮屠不三宿桑下，不欲久生恩爱，精之至也。天神遗以好女，浮屠曰：'此但革囊盛血。'遂不眄之。其守一如此，乃能成道。"③ 这说明，东汉已有老子化胡之说，传说中老子和佛陀是二位一体的，老子的"道"和佛陀的"道"都讲"守一"，是一回事。东汉的老子化胡说，实际上是要证明佛教和黄老道（早期道教）是一家人，祖宗都是老子。在汉代本土思想文化占统治地位的情况下，外来佛教要取得统治者承认并能为他们所理解、所信奉，只有依附在汉民族已有的宗教上。且当时人们对佛教了解不多，尚不清楚它的庐山真面目，只看到其法术和中国的道术有相似之处，所以自然而然的把两者看成一回事，顺理成章也就相信老子化胡说。似可推论，老子化胡说大约在东汉为佛道二教所乐意接受，因为黄老道可借此进一步抬高老子地位，显出自己神通

---

① 《南齐书·顾欢传》，中华书局 1972 年版，第 3 册第 932、933、934 页。

② 《弘明集》卷六《正二教论》，上海古籍出版社 1991 年版，第 38 页。

③ 《后汉书·襄楷传》，中华书局 1965 年版，第 4 册第 1082 页。

广大，从而更受宫廷上层的崇奉；而佛教则通过化胡说为帝王所接受，不致因来自“夷狄”或因上层社会理解欣赏不了而被拒之门外。还有可能是早期佛教传播者把佛教介绍给中国人时构造出此说，以利佛教在中土的流传。退一步说，即或不是他们所造，但在宣传佛教时也会附带宣扬化胡说。无论如何，有一点可以肯定，外来戎神被宫廷上层把它和黄老道摆在一起祀奉，化胡说起了一定作用。

三国时，老子化胡说在佛道二教间发生异议。鱼豢《魏略·西戎传》说：“临儿国，《浮图经》云其国王生浮屠，浮屠，太子也。……《浮屠》所载与中国《老子经》相出入，盖以为老子西出关，过西域之天竺，教胡。浮屠属弟子别号，合有二十九。”[①] 这时人们随着译经事业的发展，对佛教的了解逐渐增多，佛陀的传记介绍进来了，人们发觉和道经的说法有出入，佛教表现出不承认化胡说的倾向，道教却增加了化胡说的内容。东汉化胡说称老子入夷狄化为佛陀，此时《老子经》又云老子是佛陀之师，“教浮屠”。化胡说故事的内容在进一步发展，越编越完善。

西晋时，化胡说又添新内容。晋武帝累征不起的皇甫谧著《高士传》，其中有老子化胡的记载，所言较简。从散见的资料看，皇甫谧不仅以老子为佛陀之师，且以《浮图经》，为老子所作，这比《魏略》所载又有新的发展。晋惠帝末，佛教在社会上的影响益增，此有所长彼有所消，道教的扩展受到妨碍，出现了佛道二教互争地位的迹象。道士祭酒王浮乃撮合历史上的老子化胡故事，加上自己发挥，创作《老子化胡经》，证明老子是佛教祖师，道教本在佛教之上。《高僧传》卷一《帛远传》载：帛远“平素之日与浮每争邪正，浮屡屈，既不自

① 卢弼《三国志集解》卷三十《魏书·乌丸鲜卑东夷传》注引鱼豢《魏略·西戎传》，中华书局1982年版，第706页。

忍，乃作《老子化胡经》以诬谤佛法”。[①] 王浮平时就常和沙门帛远争论佛道二教的邪正高低，其扬道抑佛的思想由来已久，不吐不快，遂成此经。《老子化胡经》在元代遭到彻底焚毁，故明朝编修的《正统道藏》与《万历续道藏》都无存录。今有敦煌写本《老子西升化胡经》、《太上灵宝老子化胡妙经》残卷，依稀可见王浮经文的内容。王浮的经文集历史上老子化胡说之大成，既给后来道士创作各种化胡故事以启示，又给后世留下一段佛道之间大打出手争地位的公案。

南北朝时，佛道二教在朝廷上争地位的场面越演越多、越演越烈，“化胡说”成为道教贬低佛教、抬高自己地位的有用工具，并且作为“夷夏之辨”中攻击佛教的一个武器。顾欢《夷夏论》引道经《玄妙内篇》说：“老子入关之天竺维卫国，国王夫人名曰净妙，老子因其昼寝，乘日精入净妙口中，后年四月八日夜半时，剖右腋而生。堕地即行七步，于是佛道兴焉。”[②]《三破论》说：“胡人无二，刚强无礼，不异禽兽，不信虚无。老子入关，故作形象之教化之。”[③] 北魏孝明帝正光元年，清通观道士姜斌与沙门昙无最辩论，斌引《老子开天经》称老子西入化胡成佛。[④] 略举数例，已可见《化胡经》开了风气之后对各种道经造作化胡故事的影响，以及道教徒纷纷引用老子化胡说同佛教徒争地位、比高低。

为了谋取优先地位，道佛二教还不惜大力揭发对方反叛乱政的“隐私”。刘勰《灭惑论》揭发道教说：“事合氓庶，故比屋归宗。是以张角、李弘，毒流汉季，卢悚、孙恩，乱盈晋末。”[⑤] 释道安《二

① 《高僧传·帛远传》，上海古籍出版社 1991 年版，第 8 页。

② 《南史·顾欢传》，中华书局 1975 年版，第 6 册第 1875～1876 页。

③ 《弘明集》卷八刘勰《灭惑论》引，上海古籍出版社 1991 年版，第 52 页。

④ 参见《续高僧传·昙无最传》，上海古籍出版社 1991 年版，第 303 页。

⑤ 《弘明集》卷八《灭惑论》，上海古籍出版社 1991 年版，第 52 页。

教论》揭露道教“侠道作乱”，“黄巾鬼道，毒流汉室，孙恩求仙，祸延皇晋，破国害民，惑乱天下”。[①] 释玄光《辨惑论》攻击道教有“五逆”之罪，其中之一便是“侠道作乱”，“破国坏民”。[②] 道教也以其人之道还治其人之身，大声疾呼：“佛邪乱政”，“王化不平，皆由佛乱”。[③] 闻名遐迩的齐道士《三破论》，历数佛教对于国家、家庭和个人的致命破坏，将国破、家亡、身灭的罪名，都扣在佛教头上。《三破论》的所谓三破指的是：“第一破曰入国而破国者。诳言说伪，兴造无费，苦克百姓，使国空民穷，不助国，生人减损。况人不蚕而衣，不田而食，国灭人绝，由此为失。日用损费，无纤毫之益，五灾之害，不复过此。”“第二破曰入家而破家。使父子殊事，兄弟异法，遗弃二亲，孝道顿绝。忧娱各异，歌哭不同，骨血生雠，服属永弃。悖化犯顺，无昊天之报。五逆不孝，不复过此。”“第三破曰入身而破身。人生之体，一有毁伤之疾，二有髡头之苦，三有不孝之逆，四有绝种之罪，五有亡体从诫，唯学不孝。何故言哉？诫令不跪父母，便竞从之，儿先作沙弥，其母后作阿尼则跪其儿。不礼之教，中国绝之，何可得从！”[④] 指斥佛教对于国家的政治和经济是最大的灾害，对于家庭的伦常关系是最大的破坏，对人的身体是最大的罪过。从多角度多方面攻击佛教，最后得出的主张是：对这种违背礼教的东西，应令其在中国绝迹，岂可听从它存在！道佛二教这样互揭老底，无非是企图离间对手与统治者的关系，无非是想借统治者之手去弱化对方，自己好享有专宠，称霸思想文化领域。当然，这不过是道佛二教的一厢情愿而已。统治者心里有数，除了特殊情况的需要利用道佛二

① 《广弘明集》卷八《二教论》，上海古籍出版社 1991 年版，第 146 页。
② 《弘明集》卷八《辨惑论》，上海古籍出版社 1991 年版，第 49、50 页。
③ 《广弘明集》卷九《笑道论》，上海古籍出版社 1991 年版，第 154、155 页。
④ 《弘明集》卷八刘勰《灭惑论》引，上海古籍出版社 1991 年版，第 51 页。

教的这种矛盾，拉一方打一方之外，通常都是调解二教之争，平衡二者关系。

上述表明，南朝道教与儒、佛的政治角逐中更多的是道佛二教的激烈竞争，二教通过品评优劣、互揭老底等手段大造舆论，借此宣传自己，展现自己风采，试图在统治者面前树立起自己的良好形象，以求得“国主”的大力支持，在竞争中击败对手，占领思想领域之鳌头。综合道教与儒、佛的关系审视，儒学尽管一度衰落，在思想理论上很少新建树，但仍然保持了其崇高的政治地位，在统治者心目中的正统形象并未改变，纲常名教依然很适合中国古代社会的需要，因为宗法血缘社会的基本结构并未遭到破坏，故道佛二教是无法与之竞争政治地位上的头把交椅的。于是在道佛二教间展开了搏斗，斗法的结果，佛教不仅稳住了脚跟，而且坐上了第二把交椅，当然，坐在这把交椅上的佛教已是经过中夏传统文化洗礼，逐步中国化的佛教。佛教之所以能击败道教，除了其善于宣传张扬自己，更主要的还是其信仰理论的丰富新颖，更能解答当时人们对人生无常、生命苦难的疑问和困惑，为许多信仰者所鼓掌欢迎；理论争辩的大出风头，压过道教，为其政治地位的上升添加了不少的筹码。南朝道教与儒、佛间的冲突融合，从历时性去考察，大体上南朝初至中期，道教与儒、佛鼎立的局面比较明朗化，佛教与中国传统文化的矛盾之处为人们更深刻地认识，加之佛教迅速地扩充其势力范围，威胁到了儒、道二家，于是儒、道联盟与佛教的论争频频发生，冲突达到高潮；到南朝中至后期，三教论争渐渐退潮，三教同源、三教同一的调和论慢慢抬头，学通三教的学人增多，三教合流的趋势日益不可阻挡，经过隋唐五代的进一步加强，到宋代产生出新的更高的中国思想文化。

总之，南朝道教与儒、佛并存互动关系能够形成，其社会背景是高度统一的中央集权制一度遭到分割，出现南北社会的分裂动荡等等，其思想文化背景则是中印文化的冲突与交流、挑战与回应。南朝道教与儒、佛并存互动关系的总特征是：在理论之争中，通常是道与儒联手同佛教交锋，交锋中彼此又交流互动，由交流互动趋于融合；在政治地位之争中，则争先恐后，互不相让，特别是道佛二教为了争坐第二把交椅用尽全力，各出奇招，最终结局是按儒先、释次、道后的顺序排座次。

在中国传统思想文化中，道家具有学术上的开放性和包容风格，它不拘一格，博采众家之长，融汇贯通，正如司马谈论六家要旨时指出的：道家“因阴阳之大顺，采儒墨之善，撮名法之要”。[①] 道家这种学术上的外向开放精神后来为道教所继承，道教不仅不排斥其他思想流派，反而大胆摄取他门他派的思想原料，以滋养丰富自己。道教不仅勇于吸收本土传统文化的营养成分，而且对于外来佛教文化也抱着开放融通的态度，学习借鉴舶来品的精华，尽管这种学习不是公开的（拿古人的话说叫“偷取”），表面上还采取一些激烈的攻击形式。可以这么说，正是道家、道教促成了佛学的中国化，从而使中国哲学的理论思辨性上升到新的高度。作为古代印度文化载体的佛教，能在中土大地扎下根并一步步中国化，为中国人逐渐认识，这与道家、道教分不开。汉代人视佛教为一种道术，佛教因此而得以稍广流传。到魏晋，佛学又倚傍玄学道家而传播。南北朝隋唐时，佛教逐步中国化，在这一中国化过程中对道家、道教都有所吸取。比如，许多佛教高僧都热心于注释老子《道德经》。又如，受道家影响，中国佛学的理论具有自然主义特征。再如，道教神仙长生的思想对佛教也有影响，天台二祖南岳慧思在其《誓愿文》中，发誓要“求长寿命”，“得

---

① 《史记·太史公自序》，中华书局1982年版，第10册第3289页。

好芝草及神丹”，“借外丹力修内丹”。[①] 这个时期，道教也大量吸收佛教的思想内容，甚至许多名词术语都佛教化了，以此来不断充实提高自己。这充分体现了道教理论形态的开放性和融贯性。比如《太上洞渊神咒经》吸收了般若本无论思想；《度人经》袭取三界及随劫轮回思想；《真诰》仿照《佛说四十二章经》；《本际经》讲诸法空寂无常，一切果报皆由业缘；《洞玄灵宝定观经》改造止观和定慧说；道教重玄学派对佛教中道观的运用。如此等等，都说明道教对待佛教这一异质文化的态度比保守的儒家开放，同时也表明佛学对道教的影响是普遍的，道教接受其影响也是广泛的，不仅仅局限于佛教的一宗一派。正是这种主动引进吸取异质文化的精神，使道教在理论上不断提高。

当然，南朝道教中人对待外来文化的态度也并非是铁板一块，完全一样，也有持排斥保守态度的。著名的“三破论”即以“入国破国，入家破家，入身破身”为炮火，猛烈轰击外来佛教文化。温和一点的反对派，以“夷夏论”为武器，宣传夷夏之间大防，华夏正宗，主张“以夏变夷”，反对“以夷变夏”，从而附和保守的儒家“夷夏之辨”的言论。但这并不是道教的主流。道教的主流，是以博大之胸怀去拥抱外来的佛教文化，主张儒释道三教同源异流，三教在思想上应当融汇合一，三家人应该亲如一家人。其代表性人物陶弘景，就援引佛教的轮回学说入道教，晚年接受佛戒，临死前又遗令僧人道士并在门中，僧人在左，道士在右。[②] 他对儒家思想也十分精通，可以说他的信仰中以道为主、儒释道的成分都有，实为三教合流与和平共处思

---

① 慧思《誓愿文》，石峻等《中国佛教思想资料选编》第1卷，中华书局1981年版，第418页。

② 《南史·陶弘景传》，中华书局1975年版，第6册第1900页。

想的身体力行者。

南朝道教与儒、佛的融合及和平共处关系，对于当今中西文化的冲突与交流，富有启迪的作用。牟宗三先生在《中国哲学的特质》中讲过："中国第一次面对西方，是在南北朝隋唐时代，面对的是印度的佛教文化（对中国说，印度亦可说属于西方）。而现在第二次面对的是西方的科学、民主与基督教的文化。""中国以前曾根据传统的儒、道思想与佛教相摩荡，结果以儒道的智慧心灵吸收并且消化了佛教，今日一样也可以传统的儒释道三教与基督教相摩荡而融化基督教。无论如何，中国传统的大本，是不可亦不会丧失的。"① 我们可以这样来理解这些话头：中国文化已经拥有第一次成功地融会贯通西方外来佛教文化的十分宝贵的经验，中国文化也有能力积极运用这些成功经验来应对第二次外来的西方文化——基督教，将其与中国文化融为一体。按照牟宗三先生的预测："中国传统的三教始终可以再得显扬，而且很可能由于耶教的刺激摩荡而得崭新的发展。三教是几千年来中国人智慧积累而得的大本原、大传统，它们具有内在的'沛然莫之能御'的潜力，将来仍会是中国人思想的主流。"② 当然这是融会贯通了基督教后的新三教，或者说是第二次中西文化交流汇合后产生的崭新中华文化，将成为未来"中国人思想的主流"。

南朝道教与儒、佛的融合及和平共处，对未来地球文化、普遍价值的形成也具有启发意义，对于未来不同文化之间的冲突与融和，对不同的意识形态、思想文化之间如何和谐相处可资借鉴。汤因比在其与池田大作的对话中已经指出："就中国人来说，几千年来，比世界任何民族都成功地把几亿民众，从政治文化上团结起来。他们显示出

① 牟宗三《中国哲学的特质》，上海古籍出版社 1997 年版，第 89、90 页。

② 牟宗三《中国哲学的特质》，上海古籍出版社 1997 年版，第 91 页。

这种在政治、文化上统一的本领，具有无与伦比的成功经验。这样的统一正是今天世界的绝对要求。”[①] 的确是如此，中国人具有世界上独一无二的延续了几千年的政治、文化上如何和谐统一的“无与伦比的成功经验”，我们希望这一成功经验将对于世界和谐与人类进步发展作出应有的贡献，对未来的世界大同提供可资借鉴的典型意义！

① 《展望二十一世纪——汤因比与池田大作对话录》，国际文化出版公司 1985 年版，第 294 页。